GEWAGTES SPIEL

Michael H. Kater

Gewagtes Spiel

Jazz im Nationalsozialismus

Aus dem Amerikanischen übersetzt
von Bernd Rullkötter

Kiepenheuer & Witsch

1. Auflage 1995

Umschlaggestaltung Nina Rothfos, Hamburg
Umschlagmotiv Ullstein Bilderdienst, Berlin
Satz Jung Satzcentrum GmbH, Lahnau
Druck und Bindearbeiten Mohndruck, Gütersloh
ISBN 3-462-02409-4

Inhalt

Abkürzungen

AEF	Allied Expeditionary Forces (Alliierte Expeditionsstreitkräfte)
BA	Bundesarchiv Koblenz
BBC	British Broadcasting Corporation
BDC	Berlin Document Center
BEF	British Expeditionary Forces (Britische Expeditionsstreitkräfte)
DAF	Deutsche Arbeitsfront
DIA	BBC Data Inquiry Service Archive, London
DTU	Deutsches Tanz- und Unterhaltungsorchester
Gestapo	Geheime Staatspolizei
HJ	Hitlerjugend
IfZ	Institut für Zeitgeschichte München
Kadeko	Kabarett der Komiker
NHSA	Niedersächsisches Hauptstaatsarchiv Hannover
NRV	Norddeutscher Regatta-Verein
NSBO	Nationalsozialistische Betriebszellenorganisation
NSDAP	Nationalsozialistische Deutsche Arbeiterpartei
OKW	Oberkommando der Wehrmacht
PA	Privatarchiv
RAD	Reichsarbeitsdienst
RBT	Radio Berlin Tanzorchester
RIAS	Rundfunk im Amerikanischen Sektor
RKK	Reichskulturkammer
RMK	Reichsmusikkammer
RRK	Reichsrundfunkkammer
RTK	Reichstheaterkammer
SA	Sturmabteilungen (Braunhemden)
SAB	Staatsarchiv Bremen
SAH	Staatsarchiv Hamburg
SAM	Staatsarchiv München
SS	Schutzstaffel (Schwarzhemden)

*Für meine Mutter,
die mich an die Musik heranführte*

»Swing ist musikalischer Hitlerismus. Dabei gibt es eine Massenempfindung des ›Sichgehenlassens‹.«

Professor Harry D. Gideonse, Columbia University,
zitiert in der *New York Times,* 2. November 1938

»Man hat einmal einen berühmten Jagdflieger und Ritterkreuzträger gefragt, was er täte, wenn er, vom Feindflug zurückkehrend, sein Zelt betrete. Er antwortete: ›Ich suche mir einen Sender mit Tanzmusik, strecke mich auf mein Feldbett und denke an gar nichts, bis ich Hunger kriege.‹«

Podium der Unterhaltungsmusik, 15. Juli 1943

»Was mit Ellington anfängt, das hört mit dem Attentat auf den Führer auf!«

SS-Sturmbannführer Hans Reinhardt
Gestapo Hamburg, Juli 1944

Vorwort

Es ist unmöglich, dieses Buch zu beginnen, ohne zunächst ein paar persönliche Anekdoten zu erzählen, denn wenn sich gewisse Ereignisse in meinem Leben nicht abgespielt hätten, wäre es wahrscheinlich nie geschrieben worden.

Ende 1959 war ich ein sehr junger Student der Geschichte in München. Ich konnte mich nicht entscheiden, ob ich mein Studium an der Universität fortsetzen oder für immer in Jazzbands Vibraphon spielen sollte, wie ich es auf Studentenveranstaltungen in Toronto getan hatte und es nun fast jeden Abend in Schwabing tat. Eines Abends stieß ich auf einen feudalen Club in der Nähe der Universität, in dem ein Quintett mit einem ausgezeichneten Vibraphonisten auftrat. Ich fragte ihn, ob ich mitspielen dürfe, und der Musiker nickte zu dem Schlagzeuger hinüber, einem lebhaften, schlanken Mann mit dunklem Teint, der mir wohlwollend seine Erlaubnis gab. Nachdem ich die Gruppe bei einer Reihe von gängigen Jazznummern begleitet hatte, gab mir der Schlagzeuger und Bandleader bei meinem Abschied ein paar aufmunternde Worte mit auf den Weg. Er hieß Freddie Brocksieper, und ich ahnte nicht, daß ich ihm Jahrzehnte später von neuem in Schwabing begegnen würde, wenn auch unter ganz anderen Umständen.

Wie es sich ergab, unterdrückte ich meinen Wunsch, Berufsmusiker zu werden, und wurde statt dessen Historiker – komme, was da wolle. Mitte der siebziger Jahre beschloß ich, mich wieder ernsthaft der Musik zu widmen. Als »reifer Student« schrieb ich mich am Fachbereich Jazzmusik der York University ein und spielte mehrere Jahre halbprofessionell mit einigen der besseren Absolventen, wobei ich meinen Stil änderte, von Swing auf Post-Bebop oder »Mainstream«. Wann immer mich Forschungsaufträge nach Deutschland führten, suchte ich Gelegenheiten, in Jazzbands mitzuspielen. Auf diese Weise lernte ich Joe Viera kennen, der einen der wenigen Jazz-Lehrstühle in Europa innehatte und daneben seine eigene Combo in München leitete. Er trat regelmäßig auf dem alljährlichen internationalen Jazzfestival in Burghausen (nahe der österreichischen Grenze) auf, das er mitbegründet hatte und wo ich einmal in seiner Band mitspielen durfte. Viera beeindruckte mich nicht nur als vorzüglicher Musiker und Lehrer, sondern auch als Wissenschaftler. In seinem Haus in Schwabing hatte er ein riesiges Archiv voller Material über die Entwicklung des Jazz in Europa. Sein Ziel war, wie er mir sagte, die definitive Geschichte des europäischen Jazz nach dem Zweiten Weltkrieg zu schreiben. Aber was war mit dem Jazz vor 1945? Viera kannte nur ein paar Studien über diese Zeit – und noch weniger, die sich mit dem Jazz in Deutschland beschäftigten. Er gab zu, zur Zeit ein solches Projekt nicht in Angriff nehmen zu können.

Zu Beginn der achtziger Jahre bewog mich dieses Gespräch mehr als alles andere, mit einer intensiven Untersuchung des Jazz im Dritten Reich zu beginnen. Weitere Diskussionen mit Viera überzeugten mich, daß es sich vielleicht lohnen würde, diese Beziehung gründlich zu analysieren, um sowohl über die Musik als auch über den Charakter des deutschen Faschismus mehr herauszufinden. Zudem wurde damals die Sozial- und Kulturgeschichte Nazideutschlands zunehmend erforscht; auch unter diesem Gesichtspunkt konnte sich eine genauere Betrachtung des Jazz als aufschlußreich erweisen.

Als ich mit meinen Recherchen begann, schien das Problem der Quellen unüberwindlich. Es gab keine leicht definierbaren Primärquellen und kaum ein Dutzend Abhandlungen über das Thema. Die bei weitem beste war das Buch des Berliner Schallplattensammlers Horst H. Lange, das sich mit allen Aspekten des deutschen Jazz von seinen Anfängen bis zum Jahre 1960 beschäftigte. Doch da er es bereits 1966 veröffentlicht hatte, war es mittlerweile veraltet, und es enthielt keinen einzigen Dokumentennachweis. Damals hoffte ich noch auf die gewaltige Sammlung unveröffentlichter Aufzeichnungen der Reichsmusikkammer, heute im Berlin Document Center, war aber nicht sicher, wieviel »Jazzmaterial« ich dort wirklich finden würde.

Ernsthaft begann meine Forschung 1986, nachdem Viera mich überzeugt hatte, daß ich mit so vielen Augenzeugen wie möglich sprechen müsse. Er meinte hauptsächlich Musiker und lieferte mir die ersten Anhaltspunkte. Doch bald wurde klar, daß ich zwei sich überschneidende Gruppen interviewen mußte, wenn ich ein Gesamtbild der Ära erhalten wollte: Jazzfans und Jazzimpresarios. Während ich das in Angriff nahm, was sich als eine unglaublich lange und beschwerliche Reihe von Interviews erweisen sollte, wurde ich praktisch von einem früheren Musiker an den anderen, von einem Jazzfan an dessen Freund oder Freundin weitergereicht. Zuweilen lebten diese Personen nicht nur in unterschiedlichen Provinzen oder Ländern, sondern auch auf unterschiedlichen Kontinenten. Und häufig hatten sie längst das Pensionsalter erreicht. Besonders was die Musiker anging, hatte ich Glück, daß ich mit mehreren noch kurz vor ihrem Tod sprechen konnte. In einem Fall konnte ich den Betreffenden nicht interviewen, weil er bereits im Sterben lag, und ein anderer starb drei Wochen, nachdem ich mich mit ihm getroffen hatte.

Unter den sechs oder sieben Personen, die in erster Linie meinen Dank verdienen, muß ich unbedingt Viera nennen, der sich an einem Punkt einschaltete, als Erfolg und Scheitern sich die Waage hielten. Dietrich Schulz-Köhn gewährte mir nicht nur freundlicherweise zahlreiche ausführliche Interviews, stellte mir viele persönliche Dokumente und anderes Anschauungsmaterial zur Verfügung, sondern ermöglichte auch wichtige Begegnungen mit Menschen aus seiner bewegten Vergangenheit. Schließlich lernte ich Hans Otto Jung kennen, einen hervorragenden Interpreten sowohl des Jazz als auch der klassischen Musik und einen Förderer der Künste im weitesten Sinne. Seine Liebenswürdigkeit war grenzenlos, besonders wenn es darum ging, mich mit Informationen und Bergen von Privatpapieren zu versorgen. Er ließ mir eine Gastlichkeit zuteil werden, die man sonst nur einem Freund gewährt. Ihm und seiner Frau Ursula, die ebenfalls keine Mühe scheute, nötige Verbindungen für mich herzustellen, habe ich herzlich zu danken. Durch die Vermittlung der beiden begegnete ich Werner Daniels, einem mittlerweile aus dem Arbeitsleben ausgeschiedenen Düsseldorfer Manager, der mir nicht nur Kopien seiner im Krieg erschienenen Jazz-Rundschreiben überließ, sondern auch Insiderinformationen über viele Aspekte des Musikgeschäfts jener Tage hatte. Genauso wie spezifische Detailkenntnisse über die Situation an der Front, an der er gedient hatte. Auch Kurt Michaelis gab mir mehr-

mals allgemeine und Detailauskünfte; ich konnte mich immer darauf verlassen, daß er sogar ausgesprochen triviale Fragen beantworten würde. Zu guter Letzt: Thorsten Müller führte mich in das ein, was von der einstigen Hamburger Swing-Szene übriggeblieben war; er verhalf mir zu Gesprächen mit mehreren früheren Benny-Goodman-Fans, die eigene, äußerst grausame Begegungen mit der Gestapo durchgemacht hatten.
Ich muß allen, die im Anhang dieses Buches genannt sind, für ihre Kooperation danken. Joe Viera behielt recht, sie lieferten mir mehr Einzelheiten über den Jazz während des Dritten Reiches, als ich in jedem Archiv hätte finden können. Gleichwohl bin ich den Leitern des Bundesarchivs in Koblenz und des Berlin Document Center sehr verpflichtet, besonders Daniel P. Simon, der meine Bitten, mir Einblick in immer neue Teile der Unterlagen der Reichsmusikkammer zu gewähren, nie ausschlug.
Im Laufe des gegenwärtigen Projekts – wie auch in der Vergangenheit – erhielt ich großzügige Unterstützung durch den Social Sciences and Humanities Research Council of Canada in Ottawa. Die York University, die mir für 1990/91 ein Walter-L.-Gordon-Forschungsstipendium zuerkannte, hat meine Bemühungen in finanzieller wie in anderer Hinsicht unbeirrbar unterstützt. In Deutschland konnte ich die Hilfe des Deutschen Akademischen Austauschdienstes (DAAD) sowie der Alexander von Humboldt-Stiftung in Anspruch nehmen.
Während dieses Buch noch im Manuskriptstadium war, hatte ich das Glück, daß Teile des Textes von Jazzexperten, die auch Wissenschaftler und meine Freunde waren, geprüft wurden. Mein Kollege Robert Witmer, Professor für Ethnomusikologie an der York University und einer meiner früheren Jazzlehrer, hat mir freundlicherweise eine Reihe strittiger musikwissenschaftlicher Probleme erläutert. Stuart Marwick, dessen Leidenschaft für die Jazzmusik nur von seinem Humor und seiner literarischen Finesse übertroffen wird, rettete mich hier und dort durch seine umsichtige Redaktion vor einigen Peinlichkeiten. Kristie Macrakis machte ebenfalls mehrere wertvolle Verbesserungsvorschläge; in ihrem Fall habe ich ein schlechtes Gewissen, weil sie gerade dabei war, eine sehr wichtige eigene Arbeit zu schreiben.

Für anregende Gespräche während all der Jahre, für Hilfe mit Quellenmaterial und verschiedene Vorschläge bin ich folgenden Personen zutiefst verpflichtet: Roy Ackerman, Gerhard Conrad, Gordon A. Craig, Eike Geisel, John Gittins, Eric J. Hobsbawm, Peter Jelavich, Klaus Krüger, Robert Jay Lifton, Rainer E. Lotz, Rainer Lübbren, Sybil Milton, Albert D. Mott, Michael Pointon, Clark Reynolds, Josef Škvorecký und Jürgen W. Susat. Gerhard A. Ritter aus München und Adelheid von Saldern aus Hannover luden mich ein, das Thema Jazz im Dritten Reich und damit verbundene Fragen mit ihren Kollegen und Studenten zu diskutieren, ebenso wie Robert Jay Lifton (in New York) und Kristie Macrakis (einmal in Harvard und später, während sie sich als Humboldt-Stipendiatin an der Freien Universität Berlin aufhielt). Ich habe von diesen lebhaften Diskussionen sehr profitiert.

Manche obskure Quelle wäre nicht zugänglich geworden, wenn sich Mary Hudecki und John Carter von der Fernleihe der York University nicht die Mühe gemacht hätten, sie für mich aufzuspüren – zuweilen an entlegensten Orten. Ihnen gebührt mein Dank, ebenso wie Nancy Lane von Oxford University Press. Ihre unentwegte Unterstützung half mir in mehreren kritischen Phasen der Entstehung des Buches.

Meine Frau Barbara und meine Töchter, beide im Teenageralter, haben während der Recherchen und der Niederschrift dieses Buches eine ungeheure Geduld bewiesen – und sich dabei so manche Jazzaufnahme anhören müssen. Das Ergebnis der zahllosen Gespräche mit meiner Frau war, daß ich komplexe Fragen noch gründlicher analysierte, besonders wenn psychologische Aspekte eine Rolle spielten. Auch von ihrem absolut sicheren ästhetischen Gespür habe ich mich leiten lassen. Zu meiner Überraschung inspirierte es mich beim Schreiben, wenn meine Töchter im Rahmen verschiedener Schulaufgaben auf der Flöte oder dem Saxhorn übten, obgleich das, was sie spielten, nicht gerade Jazz war.

Als ich dieses Vorwort schrieb, war ich sicher, daß es trotz der reichlichen Unterstützung, die ich erhalten habe, immer noch sachliche oder Interpretationsfehler gibt. Selbstverständlich bin ich mir bewußt, daß ich allein die Verantwortung für all diese Irrtümer oder Versäumnisse trage.

Einführung
Die ungewisse Kultur
Jazz in der Weimarer Republik

Berlin in den Zwanzigern! In diesen legendären Jahren kamen in die deutsche Hauptstadt durchschnittlich anderthalb Millionen ausländische Besucher. Als die schwarze amerikanische Tänzerin Josephine Baker hier 1925 aus Frankreich eintraf, war sie überwältigt: »Die Stadt hatte einen juwelenartigen Glanz, besonders bei Nacht, den es in Paris nicht gab. Die riesigen Cafés erinnerten mich an Ozeandampfer, die vom Rhythmus ihrer Orchester angetrieben werden. Überall war Musik.«[1]

Berlin war ein Schaufenster für die neuen Kunstformen und Talente, die durch den liberaleren Geist der nach 1918 entstandenen Weimarer Republik gefördert wurden. Es war der neue universelle Drehpunkt der gehobenen Kultur für den elitären Connaisseur, aber auch des leichteren Angebots für den aufstrebenden, »modernen« deutschen Massenkonsumenten.

Um 1927 wurde die klassische Kultur in nicht weniger als drei großen Opernhäusern, über vierzig Theatern und mehreren Konzertsälen dargeboten. In Museen und kleinen Galerien zeigte man die Kunst früher Dadaisten wie George Grosz und expressionistischer Maler wie Otto Dix und Oskar Kokoschka.

Im Romanischen Café – unweit der Kaiser-Wilhelm-Gedächtniskirche und des Kurfürstendamms – saßen geistreiche Zeitungskolumnisten und scharfsinnige Kritiker beim Bier, tauschten Ideen aus oder meditierten einfach nur; unter ihnen waren Alfred Kerr, Kurt Tucholsky und Erich Kästner. Universitätsstudenten zog es in diese Gegend, etwa wegen der luxuriösen Kinopaläste oder der zahllosen Bars, in denen man ewig hoffende Konzertpianisten finden konnte, die für ein paar Mark die Nacht klassische Musik spielten.[2]

Otto Dix, ein Stammgast im Romanischen Café, porträtierte die Tänzerin Anita Berber, die eine besondere, sich jeglicher Kategorisierung entziehende Kunstform zeigte. Diese bisexuelle Tochter eines Professors für klassische Musik verkörperte die Sinnlichkeit, in der Berlin in jenen Jahren schwelgte und die der Komponist Friedrich Hollaender in seinen Memoiren eingefangen hat: »Nacktes Frauenfleisch kitzelt die Augen … im Supermarkt der Erotik …, wo rote Schaftstiefelchen ein ganzes Arsenal von Erniedrigungen versprachen.« Anita Berbers Lieblingsort war ein Kabarett namens Weiße Maus, wo sie pornographische Tanznummern vorführte, um schließlich Champagnerflaschen auf den Köpfen lüsterner Zuschauer zu zerbrechen. Als sie im November 1928 nach lebenslangem Alkohol- und Kokainmißbrauch starb, fand sich eine Schar von Huren, Zuhältern, Barkeepern und Transvestiten zu ihrer Beerdigung ein.[3]

In seinen besten Tagen besaß das Berlin der Weimarer Republik mehr als zwanzig Kabaretts. Im großen und ganzen hatten sie ein anspruchsvolles Programm, darunter bissige politische Sketche, gewagte, manchmal richtig unanständige Tanzvorführungen und zündende Songs. Das berühmteste, 1924 gegründet, war das Kabarett der Komiker, das von seinen Gästen mit der liebevollen Abkürzung Kadeko belegt wurde. Deutsche Film- und Operettenstars, etwa Trude Hesterberg, traten hier auf, dazu ausländische Künstler wie Jeanette MacDonald und Josephine Baker. Zu seinen brillanten Satirikern gehörten Joachim Ringelnatz und Werner Finck. Einige der besten deutschen Komponisten, die sich der leichteren Muse verschrieben hatten – Friedrich Hollaender, Peter Kreuder, Mischa Spoliansky –, glänzten in seinen Programmen.[4]

Manche weniger bekannte Stücke wurden im Kabarettmilieu aufgeführt, zum Beispiel 1929 *Die zwei Krawatten*, für das man eine Nachwuchsschauspielerin verpflichtet hatte; ihr Name war Marlene Dietrich. Nachdem der austro-amerikanische Regisseur Joseph von Sternberg sie in diesem Stück gesehen hatte, beschloß er, ihr die Hauptrolle im *Blauen Engel* zu geben. Der Film hatte am 1. April 1930 in Berlin Premiere, und ein Star war geboren.[5] Damals begeisterten sich die Berliner bereits für Importe aus Hollywood, von denen der erste wirkliche Tonfilm, *The Singing Fool* mit Al Jolson (1928), einen unauslöschlichen Eindruck hinterlassen hatte.[6]

Während Kabaretts ein anheimelndes Ambiente zu bieten hatten und gewisse intellektuelle Anforderungen stellten, waren die Varietés größer und eher für ein breites Publikum gedacht. Von diesen Varietés gab es drei oder vier in Berlin; das bedeutendste war die Scala, die dem jüdischen Bankier Jules Marx gehörte und von ihm betrieben wurde. Die Scala faßte dreitausend Zuschauer, und manche ihrer Vorstellungen waren Matinees zu sehr erschwinglichen Preisen. Die Auftritte fanden in einer Zirkusatmosphäre statt: Clowns wie Grock und Rivel lösten orkanartiges Gelächter aus; Akrobaten schwangen sich durch die Luft; Dompteurnummern folgten Steptänzern und Wahrsagern; Komiker, populäre Sänger, Persönlichkeiten von Film und Bühne wetteiferten um die Gunst eines von Ehrfurcht überwältigten Publikums.

Das Markenzeichen der Scala waren die Revuetanzgruppen amerikanischen Stils, deren Mitglieder aufgrund ihrer Schönheit und ihrer wohlgeformten Beine ausgewählt wurden. Diese Mädchen heirateten häufig vermögende Gäste.[7] Eine andere riesige Revue wurde von Eric Charell inszeniert, der drei Jahre hintereinander die berühmten Tiller Girls direkt aus London engagierte. Von 1914 bis 1927 hatte der Pianist und Komponist Rudolf Nelson eine kleinere Revue im Nelson-Theater am Kurfürstendamm, wo er rund zwei Dutzend Shows produzierte.[8]

Eine einzigartige Neuheit in der Berliner Unterhaltungsszene waren die Five o'clock teas, die sich am Londoner und Pariser Vorbild ausrichteten. Sie wurden in den fünf ersten Hotels der Stadt abgehalten, von denen das Adlon und das Esplanade am versnobtesten gewesen sein dürften. Gesellschaftstanzorchester – geleitet zum Beispiel von Marek Weber, Bernard Etté und Dajos Béla – spielten für überwiegend jüngere Gäste; diese Gesellschaftstänzer gehörten in der Regel eher zur soliden Mittelschicht als zur Hautevolee. Sehr beliebte modische Tänze waren Charleston, Tango und Foxtrott.[9] Angehörige der gesellschaftlichen Elite und häufig auch der Halbwelt tanzten die Nächte hindurch in glanzvollen Etablissements mit vorzüglicher Küche und exotischen Bars, zum Beispiel im Barberina oder im Ambassadeurs in der Nähe des Kurfürstendamms. Verlockende Nachtclubs mit Namen wie Rio Rita, Kakadu oder Königin-Bar boten das gleiche in einem kleineren, eher noch teureren Rahmen.[10]

Ein großer Teil der leichten Berliner Unterhaltung war auf irgendeine Weise mit der neuen Kunst aus Amerika, dem Jazz, verbunden. Anita Berber tanzte manchmal im Eldorado, einer Homosexuellen- und Transvestitenbar, wo sie von Rudi Anhang, einem Tänzer und Jazzbanjospieler, begleitet wurde. Ihre Spezialität war ein verworfener Tanz mit dem Titel »Kokain«, zur Musik von Camille Saint-Saëns. Außerdem gehörte zu ihrem Repertoire ein Tanz mit dem Titel »Opium«, für den Mischa Spoliansky die Musik geschrieben hatte. Spoliansky, der Schöpfer der Partitur für *Die zwei Krawatten,* ließ im Orchestergraben eine Jazzband spielen, die aus dem amerikanischen Saxophonisten Teddy Kline, dem britischen Trompeter Howard McFarlane und einem zweiundzwanzigjährigen deutschen Pianisten namens Georg Haentzschel bestand.[11]

Spoliansky und Hollaender arbeiteten musikalisch im Kabarett der Komiker zusammen, das nicht nur ein eigenes, vom Jazz inspiriertes Programm darbot, sondern auch den amerikanischen Jazzbandleader Alex Hyde vorstellte.[12] Hollaender hatte die Musik für den *Blauen Engel* geschrieben, und in diesem Film wurden ganz kurz auch die Talente der Weintraub Syncopators präsentiert, der bekanntesten Jazzcombo Deutschlands, in der Hollaender einst Klavier gespielt hatte. Die Syncopators hatten große Erfolge in der Scala, deren Direktor 1929 auch die Revellers, ein amerikanisches jazzorientiertes Gesangsensemble, sowie andere Gruppen engagierte.[13] Zudem spielte Hollaender in Rudolf Nelsons Revue Piano, und Nelsons Freund Charell konnte sich die deutsche Premiere von Paul Whitemans Jazzorchester im Großen Schauspielhaus als Verdienst anrechnen.[14]

Der Jazz kam erst ganz am Ende des Ersten Weltkriegs, als er bereits in England und Frankreich Fuß gefaßt hatte, nach Deutschland. Wahrscheinlich lernten deutsche Gefangene ihn in französischen Lagern kennen, und die alliierten Besatzungsstreitkräfte dürften Schallplatten und Notenblätter in das besiegte Land mitgebracht haben. Der weithin bekannte »Tiger Rag« wurde bereits im Januar 1920 von einer in Berlin ansässigen Plattenfirma vermarktet.[15] Der Jazz wurde außerdem durch die Tanzmanie der Nachkriegszeit gefördert, mit der man die Erinnerungen an den Krieg abschütteln wollte. 1918 kamen Foxtrott und Tango in Deutschland in Mode, ein Jahr später der Onestep und der Boston. Der Shimmy war 1920, der Twostep 1922 modern, und der berühmte Charleston beherrschte schließlich um 1925 die Szene.[16] Wirtschaftliche Unruhen und die Inflation von 1920 bis 1923 machten große deutsche Orchester, die die neuen Jazztänze spielten, zu einer Seltenheit. Häufiger waren kleine Bands mit einem Pianisten, einem Schlagzeuger und einem Geiger, der auch das Saxophon, dieses archetypische Jazzinstrument, spielte.[17]

Nachdem 1924 finanzielle Stabilität erreicht worden war, konnte von einem zunehmend vergnügungssüchtigen Publikum mehr harte Währung für die Unterhaltung ausgegeben werden. Deshalb entstanden Mitte der zwanziger Jahre zunehmend anspruchsvollere und größere Bands. Sie spielten gewöhnlich in feudalen Großstadthotels zu Gesellschaftstänzen auf und konnten, wenn nötig, ein Jazzfluidum – oder was damals dafür galt – produzieren. Die prominentesten dieser Orchester waren die von Bernard Etté, Marek Weber und Dajos Béla; sie arbeiteten normalerweise in Berlin, gaben aber auch Gastspiele in wichtigen regionalen Zentren wie Leipzig, Hamburg, Frankfurt und München.

Etté, ein ehemaliger Friseur, baute 1923 ein konventionelles Trio zum Salonorchester aus. Er wirkte nach Aufenthalten in den Vereinigten Staaten – 1924 und 1927 – bahnbrechend für den »amerikanischen« Sound.[18] Marek Weber führte die Nachmittagsteetänze zuerst 1924 im Hotel Adlon ein, wo er bis 1928 engagiert war. In jenem Jahr machte er sich zu einer landesweiten Tournee auf.[19] Béla war Webers guter Freund und Rivale. Spoliansky spielte in dieser Band 1925 Klavier, neben dem Trompeter Howard McFarlane. Gegen Ende der Weimarer Republik trat das Orchester in sämtlichen prominenten Berliner Etablissements auf, etwa im Eden oder im Excelsior, von wo seine Musik 1931 im Rundfunk übertragen wurde.[20]

Zwei deutsche Bands, die sich mehr als jede andere bemühten, amerikanischen Jazz zu liefern, waren Eric Borchards kleine Combo und Stefan Weintraubs Syncopators. Beide waren schon Ende der zwanziger Jahre zur Legende geworden. Borchards Combo war bereits 1925 populär, als er in den angesehensten Filmtheatern aufzutreten begann; 1927 wurde er in einem örtlichen Reiseführer als »die beliebteste Gestalt der Berliner Nachtwelt« bezeichnet. Letzten

Endes fiel der Bandleader den Hauptlastern des Jahrzehnts zum Opfer: Sex und Drogen. Auf einer Tournee im Juli 1931 tötete der morphiumabhängige Borchard versehentlich eine seiner Freundinnen, als er versuchte, sie nach einer Überdosis wiederzubeleben. Er wurde vor Gericht gestellt und verurteilt; bald darauf verschwand er von der Bildfläche.[21]

Sämtliche Mitglieder der Weintraub Syncopators – 1924 eine reine Amateurband aus fünf Schuljungen – beherrschten mehrere Instrumente mit erstaunlichem Geschick. Stefan Weintraub glänzte an Piano, Schlagzeug, Gitarre, Xylophon, Vibraphon, Celesta und Ukulele. Die Band wurde Anfang 1927 schlagartig berühmt, als Friedrich Hollaender sie in seinen Revuen einsetzte. Eine Zeitlang übernahm Hollaender selbst das Klavier, woraufhin Weintraub auf Schlagzeug umstieg. Die Band trat in ganz Deutschland auf und gab sogar Clubgastspiele in europäischen Nachbarländern.[22]

Nach 1923 bemühten sich die ersten Bandleader in Deutschland, die ernsthaft Jazz spielen wollten, möglichst viele Musiker aus den USA, Großbritannien und Kanada zu engagieren; sie wußten nur zu gut, daß deutsche Instrumentalisten bald in der Lage sein würden, mit ihnen gleichzuziehen. Die Anglo-Amerikaner andererseits wurden von guten, auf einer stabilisierten Mark beruhenden Gehältern angezogen, und sie wußten den Respekt zu schätzen, der ihnen von Musikern und Fans gleichermaßen gezollt wurde. Einige blieben nur kurz, zum Beispiel der amerikanische, im Chicago-Stil spielende Schlagzeuger Dave Tough. Er kam 1927 mit seinem Freund Danny Polo, einem Saxophonisten und Klarinettisten, nach England und dann nach Deutschland, wo er sich ein paar Wochen lang aufhielt, bevor er weiterzog. Doch andere, darunter auch Polo, fanden Gefallen an Berlin und am Tourneeleben und blieben bis weit in die Ära des Dritten Reiches hinein.[23]

Unter denen, die in Deutschland blieben, war der amerikanische Banjospieler und Gitarrist Mike Danzi wahrscheinlich der wichtigste. Nicht wegen seines Jazzstils, den man lediglich passabel nennen konnte, sondern weil er eine lange Zeit in Deutschland verbrachte, und wegen seines Einflusses auf deutsche wie auf hier lebende anglo-amerikanische Kollegen. Danzi traf im November 1924 in Hamburg ein und arbeitete kurzfristig in der Borchard-Band, bevor

er sich Alex Hydes amerikanischem Orchester auf dessen Gastspielreise anschloß. In den folgenden Jahren wirkte er bei zahllosen Berliner Schallplattenaufnahmen mit und spielte früher oder später in fast allen nennenswerten deutschen Jazz- und Tanzgruppen.[24]
Ein anderer Ausländer – diesmal aus England – war der Saxophonist Billy Bartholomew, der sich von Danzi dadurch unterschied, daß er einen komplizierten Jazzstil beherrschte und ein eigenes, kommerziell erfolgreiches Orchester gründen konnte, das die Fans bis weit in die dreißiger Jahre hinein begeisterte. Bartholomew hatte 1924 bei Borchard gespielt, und im Mai 1928 erhielt seine eigene Band den begehrten Auftrag, den Berliner Delphi-Palast, einen gewaltigen Multimedia-Unterhaltungskomplex, zu eröffnen.[25] Er arbeitete besonders gern mit englischsprachigen Kollegen zusammen, etwa mit den Amerikanern Nick Casti und Teddy Kline, die Trompete und Holzblasinstrumente spielten. Diese Amerikaner übernahmen auch Studioaufträge, während sie von einer Band zur anderen wanderten, alle unter deutscher Leitung.[26] Als Bartholomew 1924 noch für Borchard arbeitete, hatte er Harold M. Kirchstein zum Freund gewonnen, einen in New York geborenen deutschen Banjospieler und Gitarristen, der gerade zum zweitenmal nach Deutschland zurückgekehrt war. 1927 wirkte Kirchstein in Bélas Orchester mit; dies war eine Zwischenstation auf dem Weg zu einer fruchtbringenden Komponisten- und Arrangeurkarriere, die ihn Anfang der dreißiger Jahre berühmt machen sollte.[27]
Die Anglo-Amerikaner wurden von ein paar einheimischen Anhängern sehr bewundert, die zu jung waren, um die traditionelle Tanzorchestererfahrung eines Etté oder Weber zu haben, und sich ohnehin mehr für die harmonischen und melodischen Möglichkeiten des Jazz im New-Orleans- oder im Chicago-Stil interessierten als für seine Rolle beim Gesellschaftstanz. Hauptsächlich waren es die Pianisten Franz Grothe und Georg Haentzschel – beide 1907 in Berlin geboren –, die eine in der Hektik der späten zwanziger Jahre geschmiedete, lebenslange Freundschaft verbinden sollte. Grothe begann 1926, also bereits im Alter von neunzehn Jahren, als Mitglied der Borchard-Gruppe. Ein Jahr später wechselte er zu Bartholomew über, und von 1928 an war er im namhaften Béla-Orchester. Nachdem er die Grundlagen seiner Jazztechnik bei dem Amerika-

ner Danny Polo gelernt hatte, machte er sich bald einen Namen als Komponist und Arrangeur, hauptsächlich von Bostons und Foxtrotts einige entstanden nach seiner Zusammenarbeit mit Anglo-Amerikanern wie Howard McFarlane.[28]

Haentzschel war vielleicht noch stärker am Jazz interessiert. Seine große Chance kam 1928 als Pianist bei Marek Weber. Danach arbeitete er für Lud Gluskin, der eine amerikanische, mit der Jean-Goldkette-Organisation in Detroit verbundene Gastspielband leitete. Haentzschels Klavierstil wurde von seinen amerikanischen und englischen Freunden so dauerhaft beeinflußt, daß er 1930/31 bei den Syncopators mitmachte, deren musikalisches Niveau als das höchste unter deutschen Jazzbands galt.[29]

Zu dieser jüngeren Generation deutscher Jazzmusiker – es mögen nicht mehr als zwanzig gewesen sein –, deren Entwicklungsjahre in die Endphase der Weimarer Republik fielen, gehörten auch der Posaunist Walter Dobschinski und der Klarinettist Ernst Höllerhagen. Dobschinski begann als Pianist, doch gegen Ende der zwanziger Jahre wechselte er zur Posaune, denn wenn man vor dem Ensemble stand, hatte man einen besseren Blick auf »allerhand hübsche Mädchen, mit denen man sich nach dem Auftritt verabreden konnte«. 1930 hörte der aufstrebende Schweizer Bandleader Teddy Stauffer ihn in Berlin und engagierte ihn auf der Stelle.[30] Höllerhagen, nach den Mittdreißigern ebenfalls ein Mitglied von Stauffers Original Teddies, war Absolvent des Kölner Konservatoriums sowie ein Veteran verschiedener Stummfilmorchester. Im Januar 1933 spielte dieser junge Musiker in einem unbekannten Zwölfmannorchester im Berliner Café Corso, wo ein Kritiker ihn als »ein wahres Phänomen« auf der Klarinette beschrieb.[31]

Berlin war ein Mekka für Jazz-Großtaten, denn nur ein paar deutsche Großstädte eiferten der Metropole nach, und dies in viel kleinerem Stil. Hamburg – mit seiner internationalen, auf dem Hafen basierenden Unterhaltungsindustrie, die von der Halbwelt wie von vermögenden Kaufleuten getragen wurde – kam Berlin am nächsten. Es gab mehrere Schauplätze für gastierende Tanz- und Jazzmusiker: das Café Heinze, wo Stauffers Band gern auftrat; das Trocadero, in dem Orchester wie das Marek Webers spielten; und – weit weniger reputierlich – das Tanzkasino Faun im Vergnügungsviertel St. Pauli.[32] In Leipzig besuchten Sachsen, die sich amüsieren wollten, den Kristallpalast, wo Josephine Baker im Januar 1929 einen Kurzauftritt hatte und die Weintraub Syncopators acht Monate später die Jazzliebhaber faszinierten.[33]

Aber verglichen mit dem kosmopolitischen Berlin waren diese Städte weiterhin zu provinziell, um eine einheimische Jazzkultur aufrechterhalten zu können, was bedeutete, daß hoffnungsvolle örtliche Jazzkünstler früher oder später in die Hauptstadt ziehen mußten. So war es bei Fritz Brocksieper, der 1912 als Sohn eines deutschen Vaters und einer griechischen Mutter in Konstantinopel geboren wurde. In der Hauptstadt des osmanischen Sultans marschierte er als Fünfjähriger häufig neben Militärkapellen her, die nahöstliche Musik erdröhnen ließen, und es waren die türkischen Zimbeln, die ihn am stärksten begeisterten. Nachdem seine Familie 1918 wieder nach München umgesiedelt war, wandte sich der junge Fritz später – auf Kosten einer Ingenieurausbildung – dem Schlagzeug zu; Anfang der dreißiger Jahre hörte man ihn häufig in mittelmäßigen Münchner Bands. Abgesehen von einer Amateurjazzgruppe aus Universitätsstudenten gab es dort keine Bands, in denen Fritz heranreifen konnte, und an ansässigen Amerikanern fehlte es ohnehin. Zwangsläufig ließ er sich in Berlin nieder, doch erst nach Jahren mühseliger Gastspielarbeit, die hauptsächlich mit einfacher Tanzmusik bestritten wurde.[34]

Die meisten deutschen Musiker jedoch hatten Gelegenheit, bedeutende Bands auf deren Tourneen zu hören und sich zum Vorbild zu nehmen. Die erste hatte ihr deutsches Debut im Jahre 1925, als sich die wirtschaftlichen Verhältnisse langsam besserten. Es war das Orchester des schwarzen Pianisten Sam Wooding, der sich daheim in den Vereinigten Staaten einen Namen gemacht hatte, doch im Pantheon der Jazzgrößen keine herausragende Figur war. Woodings ausschließlich schwarze Elfmannband begleitete die Chocolate Kiddies Negro Revue – mit der Musik von Duke Ellington –, die speziell für eine europäische Gastspielreise zusammengestellt worden war. Nach Auftritten in London und Paris feierten sie im Mai 1925 vor einem hingerissenen Publikum im Berliner Admiralspalast ihre deutsche Premiere.[35] Danach benannte Wooding seine Band nach der Revue und zog mehrere Jahre lang durch ganz Europa; er

wiederholte seinen Publikumserfolg in deutschen Großstädten wie Leipzig und Hamburg und periodisch in Berlin.
Der Pianist betonte stets, daß er nicht für Tänzer, sondern für Zuhörer spielen wolle, und er hatte den hochfliegenden Ehrgeiz, einen achtbaren »sinfonischen« Jazzstil zu kreieren – für einen Jazzmusiker, wie Kritiker meinen, weniger anerkennenswert.[36] Doch ungeachtet all seiner künstlerischen Mängel hatte Wooding das Gespür, amerikanische Spitzenmusiker seiner Zeit zu verpflichten, vor denen sich europäische Musiker und Zuhörer nur verneigen konnten: Tommy Ladnier und Doc Cheatham für die Trompeten, Willie Lewis und Garvin Bushell als Holzbläser und Herb Flemming für die Posaune. Wooding überzeugte nicht nur eine Vielzahl zunächst gleichgültiger Zuhörer von dieser Musik, sondern er gab auch zumindest einem deutschen Musiker, Ernst Höllerhagen, die Möglichkeit, direkt von ihm zu lernen, als der sich seiner Band für kurze Zeit anschloß.[37]
Sam Wooding wird manchmal als der schwarze Paul Whiteman bezeichnet.[38] Weil Whiteman der produktivste Vertreter des ambitiösen »sinfonischen« Jazzstils war, durch den sich Wooding als schwarzer Künstler zu legitimieren suchte. Doch in den Vereinigten Staaten engagierte Whiteman ebenfalls Jazzstars wie Bix Beiderbecke (Kornett), Eddie Lang (Gitarre) und Frankie Trumbauer (Holzblasinstrumente); außerdem übte er entscheidenden Einfluß auf Nachwuchsmusiker wie den Pianisten Art Hodes aus.[39] Whitemans »sinfonisches« Jazzorchester, das nicht authentischen, sondern verwässerten, verfeinerten Jazz darbot, hatte seine Berliner Premiere im Juni 1926 im Großen Schauspielhaus – mit George Gershwins *Rhapsody in Blue* – und erhielt ähnlich hohes Lob wie Wooding bei seiner.[40] Auch Whitemans Musik war, wie der amerikanische Wissenschaftler Gunther Schuller gemeint hat, »darauf angelegt, Menschen nicht tanzen, sondern der Musik lauschen zu lassen«, was trotz der Tanzmarotten der späten zwanziger Jahre Eindruck auf deutsche Musiker ebenso wie auf Fans machte.[41] Der Erfolg des Bandleaders wurde 1930 durch einen schlechten amerikanischen Film, *The King of Jazz,* der wiederholt in deutschen Kinos lief, noch gesteigert, obwohl Puristen Whiteman bereits wegen seiner unverhohlen kommerziellen Neigungen verspotteten.[42]

Das nächste Orchester, das die Deutschen begeisterte, wurde von dem britischen Showman Jack Hylton geleitet. Dieser Meister der Bühne hatte das Talent, die besten Musiker Englands für seine Band auszuwählen, beschäftigte aber auch Kanadier und im Ausland lebende US-Amerikaner. Hylton hatte sein deutsches Debüt im Januar 1928 in der Berliner Scala, und er errang sofort den Ruf, über die »beste und populärste Jazzband Europas« zu verfügen.[43] Abgesehen von amüsanter Akrobatik zeichneten sich Hyltons Männer durch ihr Rhythmusgefühl und ihre Disziplin sowie dadurch aus, daß sie englische und amerikanische Hitmelodien spielten, die in Deutschland noch selten zu hören waren. Mit seiner leichten Hand, seinem Humor und der schieren Präzision seines Stils war Hylton dem Wesen des Jazz näher und so ein wirksames Gegengewicht zu der Schwülstigkeit Woodings und Whitemans. Doch er neigte ebenfalls zu einem »sweet« Sound, der auch Whitemans Musik charakterisierte.[44] Bei mehreren Besuchen in Deutschland gelang es Hylton, ein außergewöhnlich treues Publikum für sich zu gewinnen, das sich sogar in mittelgroßen Städten danach drängte, ihn zu hören, getreulich seine Platten kaufte und ihm am Radio lauschte.[45]

Die zukunftsträchtige Wirkung dieser bedeutenden Musiker, wie unterschiedlich ihre Grundhaltung dem Jazz gegenüber auch gewesen sein mochte, wurde dann und wann durch Besuche anderer Meister, sämtlich aus den Vereinigten Staaten, erhöht. Zum Beispiel wurde Josephine Baker, die indirekt eine Botschafterin des Jazz war, 1925 von Claude Hopkins' bewährtem Ensemble begleitet, dem damals der jugendliche Sidney Bechet angehörte. Die Baker kehrte 1927 allein nach Berlin zurück, und Bechet spielte zwei Jahre später in der Wild-West Bar der Hauptstadt, wo er für eine Sensation sorgte.[46] Im Mai 1929 reiste der Multiinstrumentalist Adrian Rollini, der am bekanntesten für sein Spiel auf dem Baßsaxophon war, für ein paar Tage von London nach Berlin, wo er sich zwanglos mehreren örtlichen Combos anschloß und sie durch sein Können begeisterte.[47]

So wurde eine Generation deutscher Jazzfans an die faszinierende Jazzkultur herangeführt, geschaffen von einheimischen und angloamerikanischen Musikern. Sie waren zumeist zwischen 1910 und

1920 geboren und stammten aus der Mittelschicht. Viele kamen aus Berlin, aber infolge von Tourneen, Grammophonaufnahmen und Rundfunkprogrammen auch aus anderen großen Städten, sogar aus der Provinz. Als Teenager hatten sie sich ausnahmslos, beeinflußt von ihren privaten Musiklehrern, Eltern oder Schulkameraden, die Popmelodien der damaligen Zeit angehört, häufig Tanzmusik von wenig Raffinesse. Ihre üblichen musikalischen Medien waren das Familienklavier, private Schallplattensammlungen und – immer häufiger – Rundfunksendungen. Doch mit zunehmender Reife entwickelte sich auch ihr Geschmack. Bald lauschten sie den Arrangements deutscher Tanzorchester wie denen Webers oder Bélas, die unmißverständliche Jazzanklänge hatten.

Neben diesen Gemeinsamkeiten der Jazzerziehung gab es individuelle Vorlieben und Gelegenheiten zur Erweiterung des Horizonts, die jene jungen Leute unterschiedlich beeinflußten. Oft ging das Interesse am Jazz mit einer gewissen Weltgewandtheit einher. Kurt Michaelis, ein neunzehnjähriger Zahntechnikerlehrling aus Leipzig, reiste im Sommer 1932 nach London, um sich Louis Armstrong persönlich anzuhören. Armstrongs Platten waren in Michaelis' kleinem Freundeskreis herumgereicht worden. Junge Jazzfans besuchten regelmäßig Konzerte von gastierenden Stars, etwa Wooding, Hylton oder Bobby Hinds britischer Zehnmannband. Wie Michaelis abonnierte der Gymnasiast Dietrich Schulz aus Magdeburg im benachbarten Sachsen-Anhalt die englische Jazz-Zeitschrift *Melody Maker*. Es war die angesehenste Publikation ihrer Art in Europa, und sie hielt die beiden Jungen von nun an über die neuesten Jazznachrichten auf dem laufenden. In Zentralberlin erlebte der Student Hans Blüthner regelmäßig Live-Auftritte prominenter deutscher Bands, aber er bevorzugte die hochgelobten Konzerte der britischen Künstler Billy Bartholomew und Jack Hylton. Er genoß die Musik Bartholomews am 8. April 1931 im Delphi und die Hyltons anderthalb Jahre später im Universum.[48] Diese drei jungen Männer ahnten nicht, welch entscheidende Rolle sie im Dritten Reich für das Überleben des Jazz spielen sollten!

Zwangsläufig versuchten sich diese jungen Fans an einem Instrument – mit unterschiedlichem Erfolg. Einige, wie Rolf Goldstein in Berlin, waren als kleine Kinder in der Lage, amerikanische Popmusik nach dem Gehör zu spielen, und improvisierten über die Melodien. Auch Dietrich Schulz' Magdeburger Klassenkamerad Fritz Schulze beherrschte das Keyboard so, daß er in seinen Gymnasialjahren von Mitschülern ebenso wie von Lehrern gefeiert wurde. Dietrich Schulz selbst probierte zuerst die Geige, dann das Schlagzeug und schließlich die Posaune aus, aber er machte keine Fortschritte. Hans Otto Jung, der Sohn eines vermögenden Winzers aus Lorch am Rhein, hatte das Glück, daß der klassische Komponist Paul Hindemith sein Elternhaus besuchte. Bei diesen Gelegenheiten hörte der Junge zuerst, wie Mitglieder von Hindemiths Amar-Quartett die Klassiker spielten, und dann lauschte er Jam Sessions, bei denen der berühmte Komponist, von Vater Jung auf dem Kontrabaß begleitet, eine »heiße« Fiedel vorführte.[49]

Musikalisch gestärkt wurde diese kleine, aber wachsende Gruppe durch einheimische und importierte Aufnahmen. Marek Webers Orchesterklänge waren bereits 1921 auf Schallplatten zu hören.[50] 1924/25 machte Alex Hydes gastierende amerikanische Band – keine bemerkenswerte Gruppe – Aufnahmen für die Berliner Firmen Vox und Deutsche Grammophon.[51] 1926 schuf die Deutsche Grammophon ihre Deutsche-Brunswick-Serie. Sie war Lizenznehmerin der American Brunswick, vermarktete deren Produkte in Deutschland und durfte eigene Schallplatten pressen, häufig mit den englischen oder amerikanischen Schallplattenmatrizen. Das führte zu einem enormen Aufschwung für den Jazz in Deutschland, denn nun wurden original amerikanische Gruppen bei den Fans viel bekannter. So wurde Duke Ellingtons »The Mood«, gespielt von seinem berühmten Cotton Club Orchestra, 1930 in einem Schallplattenverzeichnis der Deutschen Brunswick aufgeführt. Die renommierte Musikzeitschrift *Melos* beschrieb das Stück als eine »Verbindung von mechanisch-starrer mit spontan-explosiver Rhythmik, in kühnen, grellen, jedoch sehr kunstvoll abgestimmten Farben«.[52]

Eine amerikanische Aufnahme von Ellingtons »Ring Dem Bells« und »Three Little Words«, im August 1930 in Hollywood eingespielt, war Dietrich Schulz' erste Jazzschallplatte. Im Februar 1932 bekam er nach dem Abitur zehn Mark von seiner Mutter. Eine Schallplatte kostete RM 2,50, er kaufte sich insgesamt vier Platten.

In jenem Monat konnte man sich in Magdeburg für zehn Mark hundert Eier kaufen![53]
Ellington war einer von zwei schwarzen amerikanischen Favoriten der Jazzliebhaber. Der andere war Louis Armstrong, der seinen internationalen Ruhm im Juni 1928 mit der großartigen Aufnahme des »West End Blues« durch seine Hot Five Band untermauert hatte. Doch Armstrongs deutsche Bewunderer kannten noch mehr. Kurt Michaelis mochte die Trompetenversion des populären deutschen Schlagers »Armer Gigolo« (»Just a Gigolo«) am liebsten, und 1928 lernte der junge Günter Boas aus Dessau Armstrongs Aufnahme des »Basin Street Blues« durch Paul Impkamp kennen, einen Bauhaus-Studenten Paul Klees, der bei den Boas zur Untermiete wohnte.[54]
Der unverwüstliche »Tiger Rag«, gespielt von verschiedenen einheimischen und ausländischen Gruppen, wurde ebenfalls zu einem Sammlerstück; Michaelis sammelte mit Hingabe so viele Versionen wie möglich, unabhängig vom Interpreten. Hier zeigt sich eine der Schwierigkeiten im musikalischen Lernprozeß dieser Fans: Wegen seiner Struktur ließ sich der »Tiger Rag« – wie jede Ragtime-Melodie – nur mühsam als ein Jazzstück spielen, denn er war eher ein Ausdrucksmittel für witzige Effekte als für die Improvisation, die schließlich das Wesen des Jazz ausmacht.[55]
Da Schallplatten teuer waren, machten sie gewöhnlich unter den Fans die Runde und wurden getauscht wie Briefmarken. Manchmal konnte man Platten aus zweiter Hand recht billig kaufen, vielleicht für fünfzig Pfennig das Stück, doch darunter gab es nur selten Kostbarkeiten.[56] Die Qualität der Grammophone verbesserte sich, und gleichzeitig wurden sie zugänglicher für diese Freundeskreise, die sich in der Wohnung eines glücklichen Besitzers versammelten. Aus den unhandlichen Apparaten mit mechanischem Antrieb und Metalltrichter der frühen zwanziger Jahre wurden kompakte, tragbare Geräte für die Benutzung außer Haus und hübsche, elektrisch angetriebene und verstärkte Musiktruhen. Die Plattenfirma Electrola vermarktete solche Geräte in den späten zwanziger Jahren mit großem Erfolg. Ein neues Grammophon kostete mehr als hundert Mark, doch aus zweiter Hand war es manchmal schon für weniger als die Hälfte zu haben.[57]

1929 war der Absatz neuer Grammophone auf dem Höhepunkt; danach gingen die Käufe wegen der Wirtschaftskrise zurück. Das gleiche galt für Schallplatten, auch sie wurden für viele Käufer zu teuer. Für die jungen Jazzfans milderte sich das Problem jedoch dadurch, daß der Rundfunk – sowohl deutsche als auch gewisse ausländische Sender – eine reichere Auswahl bot.[58]
Die deutschen Rundfunksendungen hatten am 29. Oktober 1923 in Berlin mit der Live-Übertragung eines klassischen Konzerts begonnen. Um 1930 gab es achtundzwanzig Regionalsender in ganz Deutschland, die ihre Programme auf der Mittelwellen-Frequenz ausstrahlten, so daß man an jedem Ort des Landes wenigstens ein Programm hören konnte. Tanzmusik, zu der natürlich auch die damaligen Anfänge des Jazz gehörten, wurde meist spät abends gesendet; im Sommer 1924 erklärte fast die Hälfte der Zuhörer ihre Vorliebe für eine solche Unterhaltung, die damit knapp vor der Oper rangierte.[59]
Das Empfangsmedium in den frühen Zwanzigern war der Kristalldetektor mit Kopfhörern. Wegen des hohen Preises von Röhrenempfängern lieferte er jungen Jazzliebhabern mit kargem Taschengeld bis zum Ende des Jahrzehnts die Hauptverbindung zur Außenwelt der Musik. Wie das Grammophon wurde der Kristalldetektor im Laufe der Jahre besser und billiger. Aber schon im Januar 1933 waren 93 Prozent sämtlicher deutschen Empfänger elektronische Röhrenmodelle, und man konnte fast in jedem Haushalt der Mittelschicht einen solchen Apparat finden.[60]
Paradoxerweise wurde das erste vom Jazz inspirierte Programm am 24. Mai 1924 aus München – schwerlich ein Zentrum der neuen Musik – gesendet. Es war die Live-Aufnahme einer Band, die im Regina-Palasthotel spielte. Nach Paul Whitemans Berliner Erfolg von 1926 wurde Jazz in engerem Sinne zu einem häufigeren Bestandteil von Rundfunkprogrammen. 1927 wurde die Musik bekannter deutscher Tanzorchester an bestimmten Tagen gegen Mitternacht gesendet. Dabei hatte der Jazz eine etwas ungewisse Position unter einer Vielzahl von Popmelodien, die großenteils nicht aus Amerika, sondern aus Deutschland stammten.[61]
Das spiegelt sich sehr gut in Hans Blüthners sorgfältig geführtem Tagebuch wider. Er verzeichnete darin die Sendungen, die er sich

von März 1929 bis Anfang 1932 in Berlin anhörte: Bands wie die von Etté, Weber und Béla herrschen vor, die weniger bekannten, stärker jazzorientierten Orchester von Fred Bird (Felix Lehmann) und Ben Berlin tauchen nur sporadisch auf. Der junge Hans war anscheinend sehr beeindruckt von den Weintraub Syncopators, die am 29. August 1929 Al Jolsons »Sunny Boy« und Kahns »That's My Weakness Now« (neben kommerziellem Schund) spielten. Er klebte nämlich ein Bild der Gruppe in sein Tagebuch und verzierte es mit eigenen Zeichnungen.

Im Juni 1930 hörte Blüthner einen von Ellington komponierten und von den Comedian Harmonists – ein deutsches Männersextett, das den Revellers nacheiferte – gesungenen Foxtrott. Und später im selben Monat erfreute er sich an Sam Woodings »Negermusik«; eine ganze Tagebuchseite war für das Foto eines ungenannten schwarzen Saxophonisten reserviert. Danach erschien auch Jack Hylton immer häufiger, gleichfalls mit positiven Kommentaren.

Um 1930 wurden diese Live-Auftritte in der Regel von Schallplattenaufnahmen verdrängt, womit die »Jazz-Stunden« zu einem immer wiederkehrenden Teil von Blüthners Programm wurden. Es wurde immer geläufiger, eine Mischung von Künstlern zu hören: Louis Armstrong, gefolgt von Ellington und der geschmacklosen deutschen Band Paul Godwins (März 1931), den weißen amerikanischen Trompeter Red Nichols, gefolgt von dem deutschen Pianisten Peter Kreuder, Whiteman und wiederum Duke Ellington (Juni 1931).[62]

Als die viel empfangsstärkeren Tischgeräte in die Haushalte vordrangen, konnten die jungen Jazzfans auch ausländische Sender wie BBC London und Radio Toulouse hören. Nach dem Herbst 1930 konnte, hauptsächlich im Rheinland, auch das kommerzielle Radio Luxemburg empfangen werden; es strahlte ein aufregend modernes Repertoire, das man in Deutschland leicht mithören konnte, für die Britischen Inseln aus.[63]

Bezeichnenderweise zeigten diese jungen Freunde des Jazz, sobald ihr Geschmack sich entwickelt hatte, eine Vorliebe für schwarze amerikanische Musiker, besonders für Louis Armstrong und Duke Ellington. Deutsche Jazzkünstler dagegen wurden viel niedriger eingestuft. Mit der Zeit hatte ein Akkulturationsprozeß die Fans von einfachen, populären deutschen Schlagern, die sie vielleicht am Anfang ihrer Teenagerzeit bevorzugten, zu den gehaltvollen Kompositionen eines Irving Berlin oder Jelly Roll Morton und zu den allgemeinen Bluesformen geführt. Dadurch erfuhren – oder erspürten – sie, was im Kern Jazz war und was sich nur dafür ausgab. Doch wenn man sie aufgefordert hätte, »Jazz« für wissenschaftliche Zwecke zu definieren, wären sie bestimmt genauso um eine Antwort verlegen gewesen wie heutige Musikwissenschaftler. Es ist fast unmöglich, eine erschöpfende und völlig befriedigende Definition dieser Musik zu finden.

Also was ist Jazz? Gunther Schuller, dem früheren Präsidenten des New England Conservatory of Music, ist eine bessere Definition gelungen als jedem anderen. Schuller verfügt über imposante Referenzen. Er ist nicht nur ein klassisch ausgebildeter Hornist, bekannter Komponist und Dirigent sowie hervorragender Musiktheoretiker, sondern er arbeitete auch mit Jazzmusikern wie Miles Davis und John Lewis zusammen. Jahrzehntelang hat er kluge Analysen der Jazzmusik geliefert und dabei überzeugend festgestellt, daß das wichtigste Kriterium des Jazz darin bestehe, ob er »swingt« oder nicht. Doch dieser Aussage in einem seiner Bücher widerspricht die Behauptung in einem anderen, daß manche Musik, beispielsweise die von Duke Ellington, durchaus als Jazz zu bezeichnen sei, obwohl sie keinen »Swing« habe.[64]

Wenn jemand wie Schuller in seinem Urteil schwanken kann, so muß man auch berücksichtigen, daß die besten Jazzmusiker selbst Wandlungen unterworfen sind, nicht nur von einem Stil zum anderen, sondern auch qualitativ. So benötigte der Saxophonist Coleman Hawkins – wahrscheinlich der größte der Welt vor Charlie »Bird« Parker – zehn Jahre, um die Möglichkeiten seines Instruments völlig auszuschöpfen. Erst 1933 hatte er »einen Ton entwikkelt, der nie zuvor auf einem Saxophon gehört worden war«.[65] Von Louis Armstrong dagegen heißt es, er habe sich um 1928 den unteren Ebenen des Kommerzialismus angenähert, nachdem seine große Innovationsperiode hinter ihm lag, an die er nach Schullers Meinung nie wieder anknüpfen konnte.[66]

Obwohl jeder Versuch, Jazz zu definieren, zwangsläufig willkürlich erscheint, hält man es allgemeinhin für begründet, dieser Musik vier Erkennungsmerkmale zuzuschreiben. Eines davon ist der Rhythmus. Aber wenn der Jazzrhythmus normalerweise als synkopisch bezeichnet wird, so reicht dies nicht aus. »Downbeats« und »Upbeats« bedeuten, daß Noten mit rhythmischen Variationen vom Hauptbeat gespielt werden können, die so subtil sind, daß sie sich der Notation entziehen; wenn Musiker nicht in eine afro-amerikanische Kultur hineingeboren werden, kann es lange dauern, bis sie diese Fertigkeit erwerben.

Eine zweite Eigenart des Jazz ist die Melodie. Sowohl komponierte als auch natürlich gewachsene Jazzmelodien (wie das Arbeitslied auf den Baumwollfeldern) verwenden in ihrem linearen oder horizontalen Fluß skalenförmige Elemente, die nicht ausschließlich aus Dreitönen bestehen, diatonisch oder westlich sind. Sie beziehen kleine Terzen, verminderte Septimen und Nonen auf eine Weise ein, die dem traditionell geschulten Ohr seltsam vorkommt, bis es gelernt hat, sie zu akzeptieren.

Das dritte Kennzeichen des Jazz ist die Harmonie. In der Jazzharmonie wird die melodische Konstruktion auf eine vertikale Art dupliziert, so daß ein Akkord, der eine bestimmte Note in der Melodie stützt, die spezifisch verminderten (oder erhöhten, je nachdem) Noten enthalten kann. Die jazzspezifische Kunst der Improvisation verlangt von den Musikern sofortige melodische und harmonische Abweichungen von der vorgegebenen (komponierten) Linie, und zwar innerhalb der zu ihrer Zeit akzeptierten Praktiken (oder sogar darüber hinaus, wenn sie Pioniere wie Armstrong oder später Charlie Parker sind). Dies kann häufig zur Ersetzung eines musikalischen Grundmusters durch ein anderes führen, etwa zur chromatischen Erhöhung von vier Takten, wodurch das Original dann überlagert wird.

Der vierte Bestandteil des Jazz – er rührt wiederum vom afro-amerikanischen Ursprung der Musik her – ist die tonale Mutation. Die in der klassischen Musik so hochgeschätzte Klarheit des Klanges wird häufig in einen verschwommenen oder »schmutzigen« Zustand gewandelt. Dieser leitet sich etwa von einer ganz schwachen und flüchtigen Abflachung der Tonhöhe eines Saxophonisten her, von der Verwischung oder Verschleifung einer tiefen Note auf dem Kontrabaß oder von der Unreinheit, die durch das »Wah-Wah« des Posaunendämpfers produziert wird.

Aber aus all diesem resultiert mehr als die Summe seiner Teile. Das Wesen des Jazz liegt in der Auflösung verschiedener Spannungen, die bewußt während des Spiels einer Melodie heraufbeschworen werden: etwa die Spannung, die entsteht, wenn man eine Linie in parallelen reinen Quarten harmonisiert, oder die in einem kurzen, polyrhythmischen Muster zu finden ist, das nach der Rückkehr zu einem beruhigerenden Unirhythmus strebt. Die größte Faszination des Jazz, sein »Swing« eben, kommt dadurch zustande, daß diese Spannung bis zum letzten Moment verlängert wird, in dem die Auflösung noch möglich ist, ohne die gesamte Struktur des Stückes unwiederbringlich zu verderben. Die Fähigkeit, die Dynamik einer solchen Spannung aufzubauen und die Auflösung hinauszuzögern, ist das Merkmal des wahren Jazzmusikers.

Davon wußten durchschnittliche deutsche Mitglieder von Tanzorchestern kaum etwas. Sie wurden einfach durch eine sich wandelnde, anglophile Mode gezwungen, die neue Musik, den »Jazz« also, zu spielen. Ohne dieses Wissen – und ohne jegliche Anleiter, abgesehen von ein paar amerikanischen Einwanderern – spielte der gewöhnliche Instrumentalist einer deutschen Tanzkapelle etwas, das dem Jazz bestenfalls ähnelte (in der Regel hatte er es auf irgendeiner Schallplatte gehört). Er griff sich die, wie er meinte, kennzeichnende Eigenschaft des Jazz heraus und versuchte, sie auf seinem Instrument zu reproduzieren. Bandleader übernahmen diese Aufgabe manchmal stellvertretend für das gesamte Orchester.

Die Mängel zeigten sich am deutlichsten im Bereich des Rhythmus. Theoretiker unterstreichen ständig, wie schwer es Jazzanfängern falle, den Puls zu halten, das heißt das für den perfekten Jazzkünstler charakteristische gleichmäßige Tempo. Das galt besonders für die sich nun am Jazz versuchenden Interpreten volkstümlicher deutscher Musik, denn sie waren an Marschtempi mit ihrem Nachdruck auf dem ersten (»starken«) Beat jedes Taktes gewöhnt, nicht an die Jazztradition mit ihrer gleichwertigen Gewichtung sämtlicher Beats.[67] Die deutschen Musiker der Republik versuchten, ihren Mangel an Gespür für einen sicheren Puls durch übermäßigen Lärm wettzumachen, denn sie hielten das Schlagzeug für das wichtigste Jazzinstrument und den laut zum Ausdruck gebrachten Rhythmus für den Inbegriff des Jazz.

In Deutschland führten die Verwechslung von Jazz mit Lärm und die Identifizierung von Lärm mit Schlagzeugklang zu dem seltsamen und immer wieder verwirrenden Phänomen, daß man das Schlagzeug selbst als »ein Jazz« bezeichnete. »Das Jazz« hatte also, vornehmlich in den frühen zwanziger Jahren, die Aufgabe, so viel Lärm wie möglich, ohne Rücksicht auf einen natürlichen rhythmischen Puls, hervorzubringen. Viele Möchtegernmusiker wandten sich »dem Jazz« zu, weil es das leichteste Element der attraktiven Unterhaltungsneuheit zu sein schien. Außerdem machten die Showbeigaben, zum Beispiel eine Kuhglocke oder ein tibetanischer Woodblock, den Schlagzeuger zum begehrtesten Mitglied einer Band.[68]
Die Possenreißerei der frühen deutschen Schlagzeuger mit ihren komischen Hüten und albernen Pappnasen wurde dann auch von anderen Orchesterangehörigen übernommen, die solche Mätzchen in ihr Spiel einbauten. Man höre sich das gekünstelte Lachen des Altsaxophons (sowie das bleierne Schlagzeug) in Eric Borchards Aufnahme von »Aggravatin' Papa« (1924) an![69] Mehr noch, von Jazzbandmitgliedern wurde definitionsgemäß erwartet, daß sie für Stimmung sorgten, Witze erzählten und als musikalische Clowns die fragwürdigsten Instrumente benutzten, etwa singende Sägen, Harmoniumgeigen und die Lotusflöte.[70] In diesem Sinne unterschied sich die Musik nicht im geringsten von einer anderen Form des kommerzialisierten Jazz in den Vereinigten Staaten, dem sogenannten *nut jazz*, bei dem es vor allem auf verdrehten Humor ankam.[71]
Den ernsthafteren unter den jungen deutschen Jazzmusikern gefielen solche Elemente nicht. Georg Haentzschel brachte seinen Unmut sogar über die berühmten Weintraub Syncopators zum Ausdruck, deren ständige Faxen er für so unangemessen hielt, daß er die Gruppe nach ein paar Monaten verließ. Seiner Meinung nach gingen ihre Verrenkungen immer wieder auf Kosten der musikalischen Gesamtqualität.[72] Erst in der zweiten Hälfte der zwanziger Jahre schwächten sich die Komik und die Lautstärke des Jazz ein wenig ab. Unzweifelhaft wurde der Einfluß von Künstlern aus Amerika, wo die Verfeinerungen bereits begonnen hatten, nun zunehmend stärker. Dies kam dem anspruchsvolleren Konsumentengeschmack in der deutschen Gesellschaft selbst entgegen.[73]
Ein anderer Faktor, der der Entwicklung des Jazz in Deutsch-

land schadete, war die Vermengung von echten Jazzelementen mit Überresten des kontinentalen Salontanzstils. Die Musiker der Salontanzorchester waren klassisch ausgebildete und oft frustrierte Konzertsolisten, die Noten lesen konnten und ein Repertoire von mittleren bis leichten klassischen Stücken beherrschten, etwa die »Wilhelm-Tell-Ouvertüre« oder Bach-Gounods »Ave Maria«.[74] Deshalb war die Tanzmusik, die in der Republik gespielt wurde, gewöhnlich ein Potpourri: Salonmelodien halbklassischer Herkunft, oft Operetten und Walzer sowie importierte moderne Tänze, manchmal in einer amerikanischen Originalversion wie der Foxtrott »Out of Nowhere«, doch meistens im Gewand salopper deutscher Schlager wie »Wo sind deine Haare, August?«.[75] Alles wurde von demselben Orchester mit wechselnder Instrumentierung gespielt. Die meisten Violinisten zum Beispiel konnten mit dem Saxophon oder der Trompete umgehen, und Cellisten waren auch in der Lage, die Tuba zu spielen.[76] Streichinstrumente waren typisch für die traditionellen Café- und Salonorchester, und wenn die neuen Tanznummern »à la Jazz« gefordert wurden, überwogen weiterhin die Geigen, die dem Gesamtklang ein zuckersüßes Timbre verliehen.[77]

Die großen deutschen Tanzorchesterleiter der zwanziger und frühen dreißiger Jahre waren sämtlich aus dieser älteren Tradition hervorgegangen, und bezeichnenderweise beherrschten die meisten von ihnen – etwa Etté, Weber und Béla – die Geige. Ettés Fürsprecher priesen sogar den Stil der Kennmelodie des Maestro, die von kräftigen, süßen Geigen gestützt wurde, da sie alle »fremden Schärfen« ausgelöscht habe und dadurch edel und einzigartig deutsch geworden sei.[78] Es entbehrt nicht der Ironie, daß der vorausblickende und geschäftstüchtige Etté als erster den »alleramerikanischsten« Jazz gefördert hatte, was durch seine Reisen in die Neue Welt und sein Engagement amerikanischer Musiker belegt wird. Alle deutschen Bandleader versuchten wie Etté, aus Prestigegründen die besten Jazzmusiker zu rekrutieren, selbst wenn sie ihren persönlichen Geschmack hintanstellen mußten, wie etwa Weber, der den Jazz in Wirklichkeit haßte und sogar noch weniger davon verstand als Etté oder Béla. Doch in diesem Fall eröffnete das Diktat der Mode jüngeren Musikern wie Georg Haentzschel außerordentliche Möglichkeiten. 1928 von Weber angestellt, war er vorsichtig genug, sein wirkliches Jamming, mit dem Kern der amerikanischen Jazzmusiker in der Band, erst dann zu beginnen, wenn sich der Leiter abends verabschiedet hatte! Natürlich wirkte er auch an Webers oberflächlichen Jazzaufnahmen für Electrola mit.[79]

Die aufkommenden deutschen Jazzmusiker gaben sich alle Mühe, das richtige amerikanische Feingefühl zu bekommen, das so häufig durch ihre glänzende europäische Technik überlagert wurde. Die Improvisation fiel selbst jenen mit einem guten Gehör nicht leicht. Sie blieben lange Zeit Nachahmer, die Bix Beiderbecke oder Red Nichols imitierten – also hauptsächlich weiße Künstler, denn im Gegensatz zu vielen Fans blieben die Musiker seltsam blind gegenüber den kreativen Schwarzen im Zentrum des Jazz. Häufig übertrugen sie originale Soli von importierten Schallplatten in Noten und spielten dann vom Blatt. Bei anderen Anlässen paßten sie ihren Stil dem vermeintlichen Modus an und spielten dann frei weg – und zweifellos überaus gräßlich.[80] Es ist aufschlußreich, wenn man heutzutage den deutschen Pianisten, wahrscheinlich Spoliansky und Haentzschel, in Lud Gluskins und Dajos Bélas Bands von 1927/28 zuhört. In Gluskins »Crazy Rhythm« ebenso wie in Bélas »Deep Henderson« sind ihre kurzen Soli stockend, unsicher, was die Modulation angeht, und ihnen fehlt die feste Perkussion der gebürtigen amerikanischen Musiker.[81]

Aus geschäftlichen Gründen gaben viele deutsche Musiker nicht nur vor, Jazz spielen zu können, sondern sogar Amerikaner zu sein, und legten sich deshalb englische Namen zu. Ganze Bands schlossen sich dieser Masche an, wobei sie sich auf die Unfähigkeit der meisten deutschen Unterhaltungskritiker verlassen konnten, ihren Betrug zu durchschauen. Anfang 1925 nannte sich zum Beispiel ein deutscher Musiker, der die Freiheitsstatue wahrscheinlich nie zu Gesicht bekommen hatte, »Herr Mike Sottnek aus New York« und machte Reklame für seine »amerikanische Jazz-Tanzkapelle«. Aber alles, was an der Musik echt war und sich wirklich in Anlehnung an die amerikanische Jazzszene entwickelt hatte, wurde von aufgeklärten deutschen Musikern und Musikwissenschaftlern dankbar anerkannt.[82]

Der wichtigste dieser Musikwissenschaftler war Alfred Baresel. Er hatte in Leipzig Musik studiert und wurde 1920, mit siebenundzwanzig Jahren, Klavierlehrer am Konservatorium. Kurz darauf begann er, Musikkritiken für bedeutende Leipziger Tageszeitungen zu schreiben, und seine musikwissenschaftlichen Artikel wurden von progressiven Musikzeitschriften wie *Melos* gedruckt.[83] Baresel war der erste deutsche Musiklehrer und -kritiker, der den Jazz absolut ernst nahm. 1925 veröffentlichte er ein Jazzlehrbuch, das Musikern bei der Kunst der Improvisation und sogar bei der Komposition moderner Tanzmelodien helfen sollte. 1928 schlossen sich für das Klavier bestimmte Jazz-Etüden an, in denen er versuchte, die kennzeichnende Einstellung des Genres zu Rhythmus und Harmonie zu betonen. Ein Jahr später folgte eine auf den neuesten Stand gebrachte Version seines *Jazzbuches* von 1925, in dem der Jazz nun enthusiastisch als »die originellste Musizierart unserer Tage überhaupt« beschrieben wurde. Baresel machte besonders auf den einzigartigen Rhythmus der Neger aufmerksam und warnte vor einer übermäßigen Benutzung der Geige in jeder wahren Jazzstruktur.[84] Mit Artikeln in angesehenen Zeitschriften erwies er sich als ein engagierter Fürsprecher der neuen musikalischen Sprache, wobei er die Bedeutung von Orchestern wie dem Jack Hyltons geduldig erklärte.[85] Unter den Förderern der modernistischen Musik in der Republik stimmten Baresels gleichermaßen beredte Kollegen Eberhard Preußner, Hans Heinz Stuckenschmidt und andere mit ihm darin überein, daß Jazz eine dynamische neue Kunstform sei, die nicht einfach abgetan werden könne, sondern mit Respekt behandelt werden müsse.[86]

Was die meisten dieser Kritiker am Jazz beeindruckte, war sein Potential zur Verjüngung klassischer, jedoch schal gewordener Musik in den Arbeiten postromantischer Epigonen wie Engelbert Humperdinck oder Wilhelm Kienzl. Ihnen schlossen sich modernistische Komponisten wie Paul Hindemith, Kurt Weill und Ernst Křenek an, die bewußt Jazzelemente in ihre Musik einbauten. Křeneks überaus erfolgreiche Oper *Jonny spielt auf* (1927) stellte sogar eine fast perfekte Symbiose der beiden musikalischen Stile dar.[87]

Für die musikalische Moderne auf dem Höhepunkt der Republik war der Jazz ein Gottesgeschenk. Dies war zumindest die Meinung, die Humperdincks früherer Schüler Dr. Bernhard Sekles vertrat,

einer der Hauptmusikerzieher des Landes. Als Direktor des renommierten Frankfurter Hoch'schen Konservatoriums richtete er im Januar 1928 einen Jazzlehrgang ein, vor allem weil deutsche Musiker nicht genügend Rhythmus zu haben schienen.[88] Der Lehrgangsleiter war Dr. Matyas Seiber, ein dreiundzwanzigjähriger Schüler von Zoltán Kodály, der bald darauf ein modernes Übungsbuch für Schlagzeuger veröffentlichte. Seiber lehrte Theorie und Ensemblemusik und unterrichtete seine Studenten im Spiel konventioneller Jazzinstrumente. Einer dieser Studenten war 1932 der Jazzfan Dietrich Schulz aus Magdeburg.[89]
Der idealistische Seiber war überzeugt, daß Jazz auf allen Ebenen der Jugenderziehung eine wichtige Funktion habe, da seine rhythmischen Eigenschaften für Kinder besonders attraktiv seien.[90] Und er war nicht als einziger dieser Meinung. Zu den vielen experimentierfreudigen Pädagogen der Weimarer Republik gehörte auch Ernst John aus Leipzig. 1927 engagierte er Heini Wenskats örtliche Tanzkapelle für eine Vorstellung vor neunhundert Jugendlichen, die, wie nicht überraschen dürfte, spontan auf den Beat reagierten. Fünf Jahre später nahm die Leipziger Karl-Marx-Grundschule den Jazz in ihren Lehrplan auf.[91] Aufgeklärte, linksgerichtete Teile der Jugendbewegung waren ebenfalls vom Jazz durchdrungen, dessen erneuernde Kräfte man im Kampf gegen ein überholtes bürgerliches Wertesystem gerne anführte.[92]
Neben dem unmittelbaren Nutzen für die Freizeit sahen viele kreative Geister der Weimarer Republik im Jazz das Wesen des Modernismus der damaligen Zeit, einen Einfluß in Richtung höherer Qualität und verstärkter Emanzipation – kurz, zur Demokratie für die Deutschen. Sie schrieben dem Jazz therapeutische Wirkungen gesellschaftlichen Ausmaßes zu, die zur neuen Objektivität eines Hindemith oder der Bauhaus-Künstler paßten. Es ist kein Zufall, daß das Dessauer Bauhaus nach 1925 eine eigene Studenten-Jazzband unterhielt.[93] Die technische Präzision des Jazz im Idealzustand war tatsächlich vergleichbar mit dem Funktionalismus von Bauhaus-Malern wie Paul Klee und ihren postexpressionistischen Freunden, von denen einige, etwa George Grosz, diese Musik verehrten.[94]
Laut dem brillanten jungen Historiker Eckart Kehr war »der Jazz doch nun mal die Musik dieses Jahrzehnts«. Er machte diese Äuße-

rung am Ende der Weimarer Republik, bevor er in die Vereinigten Staaten abreiste, wo er, ein erbitterter Gegner der aufstrebenden Nationalsozialisten, im Frühjahr 1933 an einer Herzkrankheit starb.[95] Mit seinem Beiklang des Modernismus war der Jazz ebensosehr ein Nutznießer der deutschen Nachkriegsleidenschaft für amerikanische Errungenschaften wie ihr Katalysator. Manche betrachteten ihn als die Verkörperung des amerikanischen Vitalismus. Eines der vielen Zeugnisse dafür war sein Zusammenwirken mit der unbekümmerten, optimistischen Tanzgruppenkultur der Kabaretts und Revues von Berlin.[96] Sogar zutiefst pessimistische, an Spengler orientierte deutsche Schriftsteller wie Hermann Hesse konnten sich dieser Haltung nicht entziehen. In seinem berühmten Roman *Der Steppenwolf* hat der autobiographische Held Harry Haller, ein erklärter Europäer, zuerst Einwände »gegen Grammophone, Jazz und moderne Tanzmusiken« sowie gegen die Vorstellung, »daß jetzt in meiner Stube, neben Novalis und Jean Paul, in meiner Gedankenklause und Zuflucht amerikanische Tanzschlager erklingen und ich dazu tanzen sollte«. Aber dann fügt er sich trotzdem.[97]
Doch sogar in der liberalen Atmosphäre der Weimarer Demokratie war die öffentliche und private Einstellung zu Schwarzen, mithin auch zu Afro-Amerikanern, höchst zwiespältig, was die wenigen schwarzen Jazzmusiker in Deutschland zu spüren bekamen. Der allgemeine Rassismus jener Tage ließ keine Duldung von Schwarzen zu, ungeachtet ihrer gesellschaftlichen Stellung oder ihrer Herkunft.
Zum Beispiel nahmen nationalistische Studentenverbindungen keine Mitglieder auf, die farbig oder mit farbigen Frauen verheiratet waren. Als Margret Boveri, später eine der herausragenden, kritischen Journalistinnen der dreißiger Jahre, ein Verhältnis mit einem schwarzen amerikanischen Gastwissenschaftler hatte, wurde sie von ihren Kollegen und Freunden gemieden. Exzentrischen Vertretern der Bühnen- oder Kunstwelt fiel es leichter, Liebschaften mit Farbigen zu haben, etwa dem jüdischen Autor Joseph Roth, der selbst ein alkoholkranker Außenseiter der Gesellschaft war.[98]
Der deutsche Starkult um schwarze Persönlichkeiten wie Josephine Baker war in Wirklichkeit nur eine Verkehrung der Rassenvorurteile. Gute deutsche Bürger hielten es für ungefährlich, mit diesem

Symbol des Eros zu flirten, das die potentielle Unmoral zu verkörpern schien – schon der bloße Hauch der Versuchung war befriedigend genug. Bei aller Sinnlichkeit der gesamten leichteren Kultur Berlins war die Baker ebendeshalb populär, *weil* sie eine Außenseiterin war, die dem Publikum die prickelnde Illusion der Sünde bot, ohne die moralischen Maßstäbe jemals zu gefährden. Hinter der Fassade der Beliebtheit lauerte die grimmige Realität, daß sie als Angehörige einer fremden Rasse nicht akzeptiert wurde.[99] Die gleiche heuchlerische Toleranz lag der Hochachtung zugrunde, mit der normale Deutsche Sam Wooding und seinen schwarzen Musikern auf deren häufigen Tourneen begegneten. »Menschenmengen folgten uns ganze Straßen hindurch«, erinnert sich Woodings Trompeter Doc Cheatham. Diese schwarzen Amerikaner machten auf die Deutschen, ganz unabhängig von ihren Jazzkenntnissen, einen höchst exotischen Eindruck.[100]

In Frankreich wurden schwarze Künstler wie Baker und Sidney Bechet stets uneingeschränkt akzeptiert, nicht zuletzt deshalb, weil die Franzosen die Farbigen aus ihren eigenen Kolonien traditionsgemäß als vollberechtigte Bürger ansahen. Dadurch wurde die Entwicklung der dortigen Jazzmusik bleibend durch ihre wahren Urheber – und sehr zu ihrem Vorteil – beeinflußt.[101] In Deutschland, wie auch bis zu einem gewissen Grade in England, wurden die Schwarzen durch die Geringschätzung und Furcht, die man ihnen gegenüber hegte, an die Peripherie der Jazzszene verbannt. Unter den Mitgliedern von deutschen Tanz- oder Jazzbands, etwa in Borchards Band von 1928, gab es extrem wenige Schwarze.[102]

Schwarze deutscher Nationalität, gewöhnlich Abkömmlinge aus den früheren afrikanischen Kolonien, wurden in Tanzorchestern wie Zirkussensationen eingesetzt – vorzugsweise als Lärmerzeuger am Schlagzeug. Man erwartete offensichtlich von ihnen, daß sie die Rolle der »schwarzen Boys« im amerikanischen Süden spielten, also die von einfältigen Eingeborenen, die den überlegenen Weißen untertänig dienten.[103] Dies wird trefflich durch eine Anzeige aus dem Jahre 1926 illustriert: Ein rheinisches Hotel benötigte zwei Neger, den einen als komischen Kellner und den anderen als komischen Schlagzeuger. Die beiden künftigen Mitarbeiter wurden gewarnt, »keine Phantasiegage« zu erwarten.[104]

1932, als sich die nationalistischen Gefühle verhärteten, verbot das autokratische Kabinett Papen jegliches Engagement von farbigen Musikern.[105] Damals wurde Papens Regierung von allen konservativen Musikern und Musikkritikern unterstützt, die den Jazz als ein Produkt der »Nigger«-Kultur herabgesetzt hatten. Ein Kritiker sprach von »Negergejohl«, das er eher für albern als für humoristisch hielt. Der einzige Zweck der »Niggermusik« bestehe darin, Unflätigkeiten in die Gesellschaft einzuführen, schrieb ein anderer.[106] Diese gehässige Polemik erreichte einen anfänglichen Höhepunkt, als achtbare Persönlichkeiten des musikalischen Establishments wie Hans Pfitzner und Siegmund von Hausegger Sekles wegen der Einrichtung seines Frankfurter Jazzlehrgangs tadelten, wobei sie sich heftig über »Niggerblut« und die »Rhythmik bauchtanzender Neger« ausließen.[107]

Der Musikkritiker Paul Schwers beschwor sarkastisch Bilder von lüstern zum Zweck der Zeugung tanzenden schwarzen Jungen und Mädchen herauf.[108] Dies war als eine Breitseite gegen das wichtigste Merkmal des angeblichen Primitivismus der Neger gedacht: ihre übertriebene Sexualität. Durch ein solches Bild sollte angedeutet werden, daß innerhalb der schwarzen Rasse instinktive, niedrigere Kräfte stets die Oberhand über die von den Weißen definierte Moral und Vernunft gewönnen. Da die Sinnlichkeit eine enge Beziehung zum Tanz hatte und fraglos – ebenso wie die typisch zotigen Texte – dem Jazz schwarzer Herkunft eigen war, galt diese Musik als moralisch und ästhetisch minderwertig, verglichen mit der deutschen Hochkultur.

Die Geringschätzung des Jazz in Deutschland läßt sich unmittelbar damit erklären, daß die Verlierer des Ersten Weltkriegs ihre kompromittierende Kolonialvergangenheit, besonders im Zusammenhang mit eingeborenen Völkern, nicht überwinden konnten. Hier lagen die Keime eines Rassismus, der schließlich von der Negrophobie über den Antisemitismus zu den Vernichtungslagern der Nazis führte.

Schon lange vor dem Weltkrieg hatten die deutschen Eroberer ihre einheimischen Untertanen mit herablassender Verachtung behandelt, wobei sie gleichzeitig behaupteten, unvergleichlich humaner als die Briten oder Franzosen mit der Kolonialbevölkerung umzugehen.[109] Eine ganze Schar von deutschen Sozialdarwinisten und etliche Kolonialbeamte betonten nicht nur die angebliche Unfähigkeit der afrikanischen Schwarzen, ihren Sexualtrieb zu zügeln, sondern auch ihre Liederlichkeit, ihre fehlende Gefühlstiefe, ihren Phantasiemangel, ihre Faulheit, Brutalität und ihren Drang zur Lüge und zum Diebstahl.

Die Intelligenz europäischer Art gehe den Schwarzen völlig ab, sagte der Anthropologe Eugen Fischer, und sein Kollege Fritz Lenz unterstützte diese Behauptung: »Geniale Leistungen im europäischen Sinne hat nie ein Neger hervorgebracht.« In einer Rassenhierarchie wurden die Schwarzen der deutschen Kolonien weit unter den Weißen, in der Nähe der Primaten eingestuft, wobei Mulatten eine etwas vorteilhaftere Position beanspruchen durften. Logischerweise plazierte man die Deutschen nordischen Typs am Gipfel der Rassenpyramide.[110]

Bis 1918 waren solche Vorurteile der herrschenden deutschen Schicht durch die afrikanische Erfahrung in Fleisch und Blut übergegangen. Gewöhnliche Deutsche sahen Farbige erst wieder im Jahre 1919, als mehrere tausend Senegalesen, Sudanesen, Madagassen und nordafrikanische Araber in der französischen Besatzungsarmee am Rhein dienten. Die Senegalesen, also diejenigen mit der dunkelsten Haut, wurden bis Januar 1920 nach Syrien verlegt; nach dem Frühjahr 1925 blieben 2500 Nichtweiße neben regulären französischen Truppen auf deutschem Boden.

Die deutsche öffentliche Meinung, durch die zunehmende Propaganda der radikalen Rechten angestachelt, machte die schwarzen Besatzungsstreitkräfte nun um so nachdrücklicher für alle denkbaren sozialen Übel verantwortlich, insbesondere für sexuelle Übergriffe auf unschuldige Mädchen und Frauen. Eine Freudsche Interpretation würde hier auf die Furcht des deutschen Mannes um seine eigene Potenz hinweisen. Eine Furcht, die in Kolonialzeiten, als die Schwarzen nahezu wie Sklaven behandelt wurden, bereits sehr ausgeprägt war, aber sie verstärkte sich noch drastisch in einer Situation, in der Schwarze auf deutschem Boden eine Machtposition einnahmen. Die Verzerrungen wurden so alltäglich und waren so tief verwurzelt, daß sogar Fritz Giese, ein einflußreicher, enthusiastischer Fürsprecher der amerikanischen Revuekultur und Bewunderer der schwarzen Jazzrhythmik, wie viele andere die Franzosen verurteilte, weil sie den Deutschen eine »Provozierung ihres natürlichen menschlichen Rassegefühls« zugemutet hätten.[111]

Die deutsche Meinung über die amerikanischen Schwarzen, durch pseudowissenschaftliche Forschungen gestützt, war kaum schmeichelhafter. Eugeniker wie Fischer und Lenz übernahmen nur zu gern die Ergebnisse amerikanischer Kollegen, die angeblich die Minderwertigkeit amerikanischer Schwarzer bewiesen, und bereicherten solche Erkenntnisse durch eigene Weisheit. Vornehmlich Lenz wiederholte das Stereotyp von der »berüchtigten geschlechtlichen Unbeherrschtheit« der Schwarzen und erkannte gleichzeitig ihre Begabung für Jazzmusik an. Dadurch, daß er sexuelle Unersättlichkeit und den Hang zum Jazz nebeneinanderstellte, wurde diese Musik einmal mehr als das bloße Erzeugnis niedriger Instinkte charakterisiert.[112]

Zugleich stellte man eine Verbindung zwischen rassisch minderwertigen Schwarzen und Juden her. Juden waren im Jazz nicht nur als Musiker und Komponisten, sondern auch als Manager und Agenten anerkannt. In Deutschland verschmolz der Negerhaß nach dem Ersten Weltkrieg mühelos mit dem bereits bestehenden Antisemitismus und verstärkte diesen sogar, denn den Juden wurden oft rassische Verwandtschaft mit den Schwarzen und ähnlich verwerfliche Eigenschaften nachgesagt. Von sexueller Eifersucht motiviert, verteilten deutsche Männer 1919 Flugblätter, auf denen sie ihre Frauen vor »Juden, Negern, Russen, Mongolen« warnten. Und die Juden mußten einen Teil der Schuld tragen, die man den Franzosen wegen ihres »Neger-Juden-Krieges« gegen die Deutschen gab.[113]

Daß Juden besonders talentierte Jazzkünstler sind, ist ein Gemeinplatz, der sich ebensosehr von ihrer sozioethnischen wie von ihrer vielfältigen religiösen Tradition herleiten läßt. Das wird häufig sogar von jüdischen Forschern unterstrichen. Unstreitig traten Juden in der Weimarer Republik als Vorkämpfer neuer Kunstformen wie Jazz, Kabarett und Film hervor, und sie gehörten sowohl als Schöpfer wie als Impresarios zur Vorhut des Modernismus.[114] Die meisten Leiter von Jazz-Tanzorchestern waren Juden, häufig aus Osteuropa, zum Beispiel Béla, Weber, Efim Schachmeister, Paul Godwin und Ben Berlin. Das gleiche galt weitgehend für die führende

Jazzcombo der damaligen Zeit, die Weintraub Syncopators, und für die Comedian Harmonists, jene vom Jazz inspirierte Gesangsgruppe. Mischa Spoliansky und Friedrich Hollaender, der sein Talent zwischen Jazz, Revue und Kabarett aufteilte, waren Juden, ebenso wie Paul Hirson. Dieser, ein früherer Kellner und Jazzfan, agierte in den späten Jahren der Republik als gelegentlicher, doch sehr tüchtiger Arbeitsvermittler für Dutzende von Berliner Ensemblemusikern.[115]

Zu den jüngeren jüdischen Musikern, die ein Gefühl für das Wesen des Jazz zu haben schienen und mit relativer Leichtigkeit heiße Chorusse spielen konnten, gehörten die Trompeter Adolf (»Adi«) Rosner (hin und wieder bei den Syncopators) und Rolf Goldstein (1931/32 bei Borchard). Juden waren auch der Pianist Martin Roman, gleichfalls ein ehemaliger Syncopator und 1929 der Begleiter von Sidney Bechet, sowie der Saxophonist Freddie Schweitzer, dessen großartige Leistungen Jack Hylton bewogen, ihn über den Kanal nach Großbritannien zu holen.[116] Ein erheblicher Teil der Jazzschallplattensammler im Berliner Fanclub waren Juden, und Tabaris, eine der beliebtesten Düsseldorfer Tanzbars, wurde sogar von den Juden selbst scherzhaft als »Tanz-Bar Israels« bezeichnet.[117]

Der heftige Angriff auf Bernhard Sekles und Matyas Seiber, weil sie das Frankfurter Konversatorium durch einen Jazzlehrplan verunreinigt hätten, war also teilweise vom Antisemitismus motiviert, denn beide Musiker waren Juden. Überwiegend beruhte der Konflikt jedoch auf der spießbürgerlichen Haltung, die das Establishment der klassischen Musik an den Tag legte. Während man Sekles für einen blinden Idealisten hielt, der seine Energie einem anrüchigen Zeitvertreib widmete, betrachtete man seinen Mitarbeiter Seiber, einen klassischen Cellisten mit Jazzerfahrung in den Vereinigten Staaten, als einen gewissenlosen Opportunisten und Karrieristen. An der Spitze der gegen Frankfurt gerichteten Kampagne standen führende Komponisten und Dirigenten wie Pfitzner, Hausegger und der Kölner Professor Hermann Abendroth.[118]

Die gesamten zwanziger Jahre hindurch bekriegte Pfitzner den Jazz im Namen all seiner Kollegen von der »Hochkultur«, indem er wiederholt Schmähungen veröffentlichte. Dieser betagte Mann, der in beruflicher Hinsicht eindeutig von den Modernisten ausgestochen wurde, bekämpfte den Jazz, weil er »der musikalische Ausdruck des Amerikanismus« sei. Für Pfitzner war die Musik eine Form der Obszönität.[119]

Richard Strauss und der Dirigent Karl Muck, obwohl zivilisierter in ihrem Betragen, teilten solche Gefühle mehr oder weniger.[120] Strauss' Freund Siegfried Wagner – Richard Wagners Sohn, der nicht nur selbst Komponist war, sondern mit Hilfe der Bayreuther Festspiele auch einen großen Teil des musikalischen Lebens in Deutschland kontrollierte – verunglimpfte den Jazz als Manifestation der »Neger-Rhythmen« und beklagte dessen Einfluß auf die modernen Komponisten.[121]

Letzteres machte traditionellen Musikkritikern besonders stark zu schaffen. Für sie war es eine Lästerung, daß die Hauptperson von Křeneks Oper *Jonny spielt auf*, ein amerikanischer Schwarzer, der eine Jazzgeige spielt, das Ende einer verworrenen Handlung als Sieger erlebt. Schlimmer noch, die westliche klassische Musik wird in der Oper verspottet, und weiße Heldinnen verfallen dem Reiz des schwarzen Musikers. Der junge amerikanische Komponist George Antheil, ein ständiger Besucher Berlins, wurde kritisiert, weil er »Negerjazz, mechanische Klaviere, usw.« in seine Kammermusik aufgenommen hatte.[122]

Konservative Kritiker hatten genausoviel Mühe mit den harmonischen Freizügigkeiten, die sich der Jazz herausnahm, wie mit den neuen Klängen der klassischen Modernisten. Die mikrotonalen »Blue-Sound«-Nuancierungen eines Jazzsaxophons irritierten sie ebensosehr wie die von Alois Hábas Spezialklavier erzeugten Vierteltöne.[123] Das Urteil des hochgeachteten Musikhistorikers Alfred Einstein, der den Jazz als die »Erfindung eines Niggers in Chicago« und »den scheußlichsten Verrat an aller abendländischen Zivilisationsmusik« verwarf, faßte in seiner Schärfe die zahlreichen unterschiedlichen Einwände zusammen und war wegen seines Respekt einflößenden Tons um so schädlicher.[124]

Auf dem viel weiteren Feld, auf dem die konservative Opposition der Republik die meisten Formen des Modernismus und der Demokratie angriff, wurde der Jazz zu einem starken Symbol des kulturellen Verfalls. Gewiß deckten sich solche Gefühle mit Empfindungen des Abscheus, die auch scheinheilige Traditionalisten in den Vereinigten Staaten zum Ausdruck brachten. Aber es gibt keinen Zweifel daran, daß die militärische Niederlage und die daraus resultierende Verletzung der nationalen Ehre die Parteinahme für den Jazz in Deutschland zu einem noch größeren Sakrileg werden ließen.[125] Dort schrieben ihm konservative Theologen von Günther Dehns Kaliber die gleichen dekadenten Eigenschaften zu, wie es patriotische Vereinigungen ehemaliger Frontkämpfer – etwa der Jungstahlhelm – taten. Ihre vernichtenden Urteile wurden eifrig von reaktionären Kritikern aus Alfred Hugenbergs Presseimperium, hauptsächlich von Friedrich Hussong, unterstützt.[126]

Erzieher und Sprecher der Jugendbewegung neigten ebenso wie die Theologen dazu, die Gefahr der sexuellen Verderbnis hervorzuheben, die dieser Musik und ihrer Nachtclubatmosphäre eigen sei. Eine Gefahr, die konservative Ärzte mit dem gesamten Phänomen eines selbstzerstörerischen Lebens in Zusammenhang brachten.[127] Auch die reaktionären Studentenverbindungen wiesen den Jazz zurück.[128]

Viele dieser Kritiker waren bereits heimliche oder offene Anhänger der nationalsozialistischen Bewegung, die jede Erscheinungsform des Modernismus vehement ablehnte. Faschistisch gesonnene Frontkämpfer des Ersten Weltkrieges und Mitglieder der antisemitischen Freikorps, etwa der Aristokrat Ernst von Salomon und der Medizinstudent Kurt Blome, taten sich mit anderen Angehörigen der radikalen Rechten zusammen, um Juden und Schwarze zu brandmarken. Deren »Niggermusik« wurde für eine List gehalten, die dazu diene, nordische Frauen in die Falle gemeiner Sexualität zu locken.[129] Die völkischen Autoren Gerhard Schumann und Edwin Erich Dwinger schrieben Bühnenstücke und Romane, in denen junge weiße Mädchen dem Reiz des erotischen Saxophons erlagen und teutonische blonde Helden von den unsittlichen Jazzliedern billiger Prostituierter verführt wurden.[130] Ein eugenisch beflügelter Rassist, der exzentrische Jugendführer Muck Lamberty, versammelte Jungen und Mädchen im Rahmen eines »Auslesefeldzugs«. Wie Charles Manson vier Jahrzehnte später in Kalifornien, hatte er sexuelle Beziehungen zu den Mädchen und schwängerte mehrere von ihnen – das alles im Namen der rassischen Erneuerung und

Adolf Hitlers und als Protest gegen die Juden, die Schwarzen und den Jazz.[131]

Auch in Musikerkreisen fehlte es nicht an solchen Nazidemagogen. Damals sahen sich mehrere neoklassische Komponisten – die Epigonen von Beethoven, Brahms und Wagner – in die Defensive gedrängt; nicht einmal Traditionalisten vom Schlage Pfitzners konnten sich gegen präserielle Musik, Atonalität und die Neue Objektivität der Modernen behaupten. Deshalb geriet mancher drittklassige Musiker in Versuchung, die vorherrschende Jazzkultur dafür verantwortlich zu machen. Joseph Snaga zum Beispiel, der harmlose Operetten mit Titeln wie *Das Bildnis der Favoritin* komponierte, war stolz darauf, daß er für seine Premieren nur »arische« Künstler einsetzte. Auf diese Weise wollte er gegen »jüdische Musik« und »Negermusik« protestieren.[132] Der Musikkritiker Dr. Alfred Heuss geißelte die Atonalität und die »Orgien im Neger-Jazz« bereits 1920; ein Jahr später wurde er Herausgeber der völkischen *Zeitschrift für Musik* in Leipzig, die dem Führer zujubelte und gegen den Jazz sowie den ihm zugrunde liegenden Modernismus wetterte.[133] Hugo Rasch, ein anderer Musikkritiker und Hitlerjünger, begann eine der heftigsten je geführten Attacken auf den Jazz und auf Bernhard Sekles' vermeintliche antideutsche Verschwörung.[134]

Allmählich verbreitete sich dieser Haß auf den Jazz und seine Subkultur in der gesamten Nazipartei, die Hitler mit seinen Gefährten unter großen Mühen aufbaute, nachdem er Ende 1924 aus dem Landsberger Gefängnis entlassen worden war. Der Haß griff auch auf die Hitlerjugend über, die darauf aus war, Konflikte in der bürgerlichen deutschen Jugendbewegung zu schüren.[135] Die wackeren Braunhemden lehnten den Jazz genauso ab wie die nationalsozialistischen Lehrer und Frauenbündlerinnen.[136] Und der Nationalsozialistische Ärztebund verwies mit Nachdruck auf die Folgen einer zunehmenden Geburtenziffer unter den Schwarzen in Südafrika.[137]

Adolf Hitler selbst hat offenbar keine eigenen Erklärungen über den Jazz in der Weimarer Republik abgegeben. Es steht jedoch fest, daß er als Anhänger Richard Wagners jeglichen Modernismus in den Künsten, also auch in der Musik, ablehnte; im Parteiprogramm vom Februar 1920 drohte er Regierungsmaßnahmen gegen »entartete« Tendenzen in Kunst und Literatur an. Andererseits legte er keine konkreten Pläne für die Erneuerung einer im engeren Sinne germanischen Kultur vor. Der Jazz als ein angeblich entartetes Produkt von Negern und Juden war ihm mit Sicherheit verhaßt, doch vermutlich keiner Diskussion wert. Immerhin sprach er in seinen frühen Reden wiederholt von der »schwarzen Schmach« am Rhein. Solche Äußerungen waren natürlich bei allen rechten Politikern der damaligen Zeit gang und gäbe. Wie zu erwarten, enthielten seine Äußerungen über die Senegalesen jede Menge Hinweise auf die sexuelle und eugenische Gefahr für unschuldige deutsche Frauen. Laut Hitler waren es zudem die Juden, die den Negern diese Frauen »anboten«, nachdem sie alles in ihrer Macht Stehende getan hätten, die Frauen in den Tanzsälen sexuell zu verderben. Aus alledem läßt sich schließen, daß Hitlers Meinung über den Jazz und seine ausgeprägten Ansichten über eine Rassenhierarchie in einem Zusammenhang standen, wobei der Jazz die unterste Stufe einnahm.[138]

Der Führer hatte zwei Berater an seiner Seite, die für die Gestaltung der neuen Kulturpolitik eine entscheidende Rolle spielen sollten: Joseph Goebbels und Alfred Rosenberg. Goebbels hatte in Heidelberg in deutscher Literatur promoviert. Hitler ernannte ihn im November 1926 zu seinem Gauleiter in Berlin; er war ein aufmerksamer Beobachter der Künste, ein Journalist mit einer Befähigung zu glänzender Prosa und ein Amateurpianist von mäßigem Talent.

Wie Goebbels' Tagebuch aus den letzten Jahren der Republik belegt, nahm er sich die Zeit, Klavier – hauptsächlich populäre klassische Stücke – zu spielen, und er genoß das vielfältige Konzertleben der Hauptstadt. Was die leichte Unterhaltung anging, so bevorzugte er Operetten (wie Hitler) und gelegentlich eine große Revue in der Scala.[139] Seine Auslassungen über das pulsierende Berliner Nachtleben machen deutlich, daß er sich von diesem »Sündenbabel« eher abgestoßen als angezogen fühlte. Allerdings konnte er sich – Schürzenjäger, der er war – dessen sinnlicher Lockung nicht ganz entziehen.[140]

Im Laufe der Zeit erlebt Goebbels einige der im weiteren Sinne symbolträchtigen Manifestationen der Jazzkultur und kann die Vorurteile eines kleinstädtischen, kleinbürgerlichen Rassisten, eines Menschen, der Juden und Schwarze haßt, nicht verleugnen: Eine schwarze Revue, wahrscheinlich mit Josephine Baker, ekelt ihn an, ebenso wie die Lieder der Revellers im Berliner Rundfunk. »Negertum, die Kunst des Untermenschen« – so lautet Goebbels' mißbilligendes Urteil. Seine Einschätzung des Films *The Singing Fool,* in dem der jüdische Schauspieler Al Jolson einen schwarzen Sänger darstellt, ist so überaus gehässig wie die des Kadeko, wo er nur Juden vor sich sieht. Auch *Der blaue Engel,* mit Hollaenders Partitur und einem Kurzauftritt der Weintraub Syncopators, löst seinen Zorn aus; für ihn ist dies von der stinkenden Stadt ausgespiener »Unrat«.[141]

Dr. Goebbels wußte, ebenso wie Hitler, daß er nach einem Regierungswechsel als Minister die Verantwortung für die kulturelle Erneuerung Deutschlands übernehmen würde. In Gesprächen mit dem Führer im Januar und erneut im August 1932, als sich die Machtübernahme der Nazis abzeichnete, wurden Goebbels die Zuständigkeit für Film, Rundfunk, Kunst und Kultur insgesamt sowie ein neues, revolutionäres Propagandaministerium zugesagt. Doch bevor es dazu kam, mußte Goebbels seinen Rivalen Alfred Rosenberg ausschalten. Der Baltendeutsche Rosenberg war Chefredakteur des *Völkischen Beobachters,* der nationalen Tageszeitung der Nazis.[142]

Der in München wohnende Rosenberg hatte sich viel enger mit dem Jazz vertraut gemacht, als Goebbels oder Hitler es sich je zumuten wollten. Für diesen Pseudogelehrten verkörperte jene »kretinhafte« amerikanische Kunstform die gesamte Bosheit einer Verschwörung von Juden und Negern, durch die die deutsche Kultur untergraben werden sollte.[143] Um dieser Verschwörung zu begegnen und um gleichzeitig konservative, gebildete Angehörige der deutschen Oberschicht für die Nazipartei zu gewinnen, gründete Rosenberg Anfang 1929 den Kampfbund für deutsche Kultur. Er widmete ihn der Verteidigung deutscher Werte, indem er die Beziehungen zwischen »Rasse, Kunst und Wissenschaft« unterstrich. Die Mission des Bundes bestand darin, den weiteren »Verfall unserer kulturellen Grundlagen« zu bekämpfen. Davon waren die bildenden Künste ebenso wie das Theater, der Film, der Rundfunk und natürlich die Musik betroffen. Bezeichnenderweise gehörten Dr. Alfred Heuss von der rassistischen Leipziger *Zeitschrift für Musik* und Richard

Wagners Schwiegertochter Winifred zu den frühesten Mitgliedern des Kampfbundes.[144]
Während sich der Kampfbund im Reich und besonders in der Hauptstadt ausbreitete, mußte Goebbels den Eindruck haben, kaltgestellt worden zu sein. Nachdem er 1932 eines der Berliner Treffen des Kampfbundes besucht hatte, sagte er voller Bosheit über die bunte Mischung der dortigen Angebote: »Das also nennt sich ›deutsche Kultur‹! Schlechte Sänger und gute Zauberer.«[145] Gleichwohl hatte der Gauleiter einen Verbindungsmann in der Organisation, einen frühen Nazikämpfer namens Hans Hinkel, der für Goebbels' Berliner Zeitung *Der Angriff* arbeitete. Wie sich später zeigte, war Hinkel der administrative Drahtzieher, der den eindrucksvollen Erfolg des Kampfbundes bis 1933 bewirkte. Seine Beziehung zu Rosenberg kühlte sich in demselben Maße ab, wie er Goebbels' Vertrauen gewann.[146]
Unter Hinkels Leitung als Generalsekretär begann der Kampfbund eine heimtückische Kampagne gegen alles Jüdische. Er forderte eine verstärkte schöpferische Tätigkeit durch wahrhaft nordische Künstler, die den altersschwachen Modernismus meiden sollten. Fortan lud man stattliche Matronen und ehrwürdige Herren zu allen Regionaltreffen des Kampfbundes ein, wo sie Schubert-Lieder oder Beethoven-Quartette vortrugen. Im Gegensatz dazu und ganz im Einklang mit den Bräuchen der Nazis behandelte man Schwarze mit ihrer Musik als eine rassische Verirrung und beklagte ihr sexuelles Verhalten. Die Weimarer Kultur stellte sich den Nazis wie folgt dar: »Neger, Bauchtänzer, Bordellsänger als geistige Führer.« Das völkische Diktat verlangte die Auslöschung dieses Übels: Der Jazz mußte vernichtet werden.[147]
Dieses Vorgehen des Kampfbundes wurde indirekt gefördert, als die Nationalsozialisten im Januar 1930 die Thüringer Staatsregierung übernahmen. Im April wurde eine Verfügung gegen die »Negerkultur« erlassen, die »Jazzband- und Schlagzeug-Musik, Negertänze, Negergesänge, Negerstücke« verbot. Damit rückte man den Jazz in die Nähe der modernen Gemälde von Paul Klee und Wassily Kandinsky, die ebenfalls der öffentlichen Aufmerksamkeit entzogen waren. Das Verbot blieb wirksam, bis die Naziregierung ein Jahr später abgewählt wurde.[148]

Anfang der dreißiger Jahre geriet der Jazz in Deutschland in eine zwiespältige Position. Da er ursprünglich keine deutsche Kunstform war, fiel in der deutschen Nachkriegsgesellschaft derselbe Schatten des Mißtrauens auf ihn wie auf andere amerikanische Importe. Die wurden, so etwa die rationellen Verfahren der Fabrikproduktion oder die Demokratie selbst, allgemein als Auswüchse des Modernismus betrachtet. Die demokratische Art und Weise, in der Jazzmusiker gewöhnlich improvisierten – nämlich als im wesentlichen gleichberechtigte Mitglieder der Gruppe –, verstärkte diesen negativen Eindruck. Einerseits verärgerte die Mitwirkung von Amerikanern in der Jazz- und Tanzmusikszene deutsche Nationalisten; andererseits bemerkten sogar gutwillige Republikaner schmerzlich ihre Unfähigkeit, diese Musik zu machen oder zu verstehen. Die Rückendeckung durch die Fans war noch dürftig, und die Verteidigungsversuche aus aufgeklärten Kreisen des Establishments waren, wie der Fall von Professor Sekles zeigt, ebenso naiv in ihrer Planung wie unbeholfen in ihrer Ausführung. Die Ernsthaftigkeit, mit der das Frankfurter Konservatorium seinen Jazzlehrgang durchzog, war eher charakteristisch für die strenge deutsche Mentalität als für amerikanische Unbeschwertheit. Und da der Jazz so leicht mit den ungern geduldeten Minderheiten oder Parias der deutschen Gesellschaft, mit der Halbwelt, den Verderbten, den Schwarzen und Juden identifiziert werden konnte, mußte er den sozialen und rassischen Heuchlern stets suspekt erscheinen – selbst wenn sie sich insgeheim an der eigenartigen Ästhetik dieser Musik delektierten. Dieses Schicksal teilte der Jazz weitgehend mit anderen Bereichen der modernistischen Nachkriegskunst: mit der postexpressionistischen Malerei, dem Bauhaus und der atonalen Musik.

Die Wirtschaftskrise, die Ende der zwanziger Jahre begann, verstärkte diese Schwierigkeiten und schuf neue. Für die Tanz- und Jazzmusik hatte sich die eigentliche Krise schon mehrere Jahre vor dem Herbst 1929 auf verschiedenen Ebenen abgezeichnet. In ihrem notorischen Zustand professioneller Desorganisation waren Musiker selbst nach der Stabilisierung der Währung Anfang 1924 häufig wirtschaftlichen Unbilden zum Opfer gefallen. Da das Geschäft der leichten Unterhaltung äußerst anfällig war, gerieten Ensemblemusi-

ker immer als erste in Bedrängnis, denn die Zuschauer, Agenten und Gastronomen bezahlten sie stets als letzte, wenn überhaupt.
Meisterhafte Tanzorchestermusiker, die auch brauchbare Jazzkünstler waren, bildeten keine Ausnahme von dieser Regel. Die neue Rentenmark sorgte langsam für Steuererleichterungen, und immer mehr Deutsche finanzierten mit ihr auch wieder ihr Amüsement, aber Restaurant- und Clubeigentümer wurden weiterhin durch strenge örtliche und regionale Unterhaltungssteuern belastet, die ihren Profit beschnitten. Auch die für ein Uhr in den meisten Großstädten, darunter Berlin, verhängte Sperrstunde wirkte sich negativ auf die Gewinne aus, denn sie hielt die Gäste davon ab, sich bis in die späte Nacht hinein zu amüsieren. Deshalb zahlte man Musikern unzulässig niedrige Gagen, und ihre klägliche Selbstorganisation hatte zur Folge, daß unfähige, doch schamlos auf Konkurrenz eingestellte Außenseiter durch kein professionelles Prüfungssystem ausgeschaltet wurden. Während das Heer von Unterhaltungskünstlern wuchs, waren mögliche Arbeitgeber in einer relativ starken Position, denn da es keinen offiziellen Tarif gab, engagierten sie nur die billigsten Kräfte. Verglichen mit den Vorkriegsbedingungen war das reale Musikereinkommen im Durchschnitt erheblich gesunken, und sogar 1925–27, in den Jahren des Wohlstandes für die meisten anderen Verdiener, gab es bei ihnen Arbeitslosigkeit. Zeiten mit einer außergewöhnlich schlechten Hochsaison, etwa während der unfreundlichen Sommer von 1925 und 1926, trugen dazu bei, die sonst in Kur- und Badeorten stets vorhandenen Arbeitsmöglichkeiten zu vernichten.[149]
Seit Mitte 1926 wurden die Belastungen durch Steuern und Sperrstunden allmählich aufgehoben, und immer mehr Deutsche besuchten Live-Shows – zugunsten der Einkommen der Unternehmer als auch der Musiker. Der Höhepunkt dieser Entwicklung war in der Karnevalszeit von 1929, als eine »bacchantisch gesteigerte Tanzlust, die Freude am wirbelnden Rhythmus in der Musik« zu verzeichnen war.[150] Allerdings wurden Luxussteuern und Sperrstunden nie völlig aufgehoben. Dies könnte ein wichtiger Grund für die Schwere der Depression gewesen sein, die die meisten Musiker nach März 1930 unter den restriktiven Regierungen Brüning, Papen und Schleicher lahmlegte.[151]

Ein anderer Umstand, der den Musikern früher als jeder anderen Berufsgruppe in Deutschland zu schaffen machte, war das Aufkommen des Tonfilms in der ersten Hälfte 1929, das heißt vor dem Börsenkollaps vom Oktober in New York. Der Tonfilm sorgte dafür, daß nun zahllose Instrumentalisten auf der Straße saßen, denn in den luxuriösen großstädtischen Kinos hatten bis zu achtzehn Musiker und in den kleineren Kinos zumindest ein Pianist oder sogar ein Quartett im Orchestergraben gespielt. Angehende Jazzmusiker wie Georg Haentzschel und Ernst Höllerhagen hatten als Studenten in Filmtheatern gearbeitet. Viele andere, die dem Jazz zuneigten, aber nicht talentiert genug waren, um ein Engagement in einem berühmten Tanzorchester oder in einem Berliner Aufnahmestudio zu finden, spielten bis weit nach 1920 in Kinos.[152]

Die frühesten der deutschen »Tonfilme« waren, wie ihre amerikanischen Pendants, Stummfilme mit Text- und Musikunterlegung. In dem ersten, der seine Premiere im Januar 1929 in Berlin feierte, verwendete man die Stimme des berühmten Tenors Richard Tauber. Die meisten der elf 1929 in Deutschland produzierten »Tonfilme« folgten diesem Muster. Doch im Dezember wurde der erste echte deutsche Tonfilm, *Melodie des Herzens* mit der Musik von Paul Abraham, unter dem überschwenglichen Jubel der Kritiker und zur Bestürzung der meisten Ensemblemusiker gezeigt.[153]

Im Frühjahr 1929 ersetzten manche Kinoeigentümer ihre Orchester zunächst durch Grammophone und dann durch eine Filmtonausrüstung, und die ersten Musiker wurden fristlos entlassen. Danach verschlechterte sich die Lage zusehends. Zum Beispiel beschäftigten die großen Berliner Ufa-Theater, für die 1928 zweihundert Orchestermusiker gearbeitet hatten, zwei Jahre später nur noch fünfzig für die wenigen übriggebliebenen Stummfilme. Im Herbst 1930 war die Rede von achttausend Musikern in ganz Deutschland, die infolge der Filmrevolution ihre Anstellung verloren hätten. Anfang 1933 hatte sich die Zahl dieser »Kinoopfer« nahezu verdoppelt.[154]

Seit Ende 1929 blieben die meisten Deutschen wegen der sinkenden Löhne und der zunehmenden Arbeitsplatzverluste ohnehin lieber zu Hause, als sich in Tanzsälen oder Bierstuben zu vergnügen. Das führte zur Entlassung weiterer Instrumentalisten, die zu der Schar der bereits untätigen Kino-Entertainer hinzukamen. Die Musikergagen stürzten ins Bodenlose. Nicht selten spielte ein Musiker einen Abend lang in einer bunt zusammengewürfelten Band, nur um nicht stempeln gehen zu müssen, obgleich die Gage nach den Abzügen höchstens zur Deckung seiner Kosten reichte.[155] Im Februar 1930 waren »Klamottenbälle«, zu denen man seinen Verzehr selbst mitbrachte, in Berlin zum letzten Schrei geworden. Dadurch büßten Hotel- und Clubeigentümer mögliche Einkünfte aus dem Verkauf von Speisen und Getränken ein. Große Tanzetablissements wie das Palais de Danse in Berlin mußten ihre Tore schließen; Cafés, Clubs und Hotelfoyers wurden nun mit Rundfunk- oder Schallplattenmusik berieselt. Auch Regierungserlasse führten zum Rückgang öffentlicher Tanzvergnügen. Viele Musiker kehrten nun, im Rahmen des Möglichen, zu anderen Beschäftigungen zurück, zum Beispiel der junge Berliner Schlagzeuger Max Rumpf, der im bürgerlichen Leben Optiker war.[156] Der Schallplattenverkauf nahm ebenfalls stark ab, da sämtliche Arten von Aufnahmen unerschwinglich wurden, und die Berliner Studioszene ließ Zeichen der Konjunkturschwäche erkennen.[157] Unter diesen Verhältnissen konnten sich nur die allerbesten Musiker und solche mit langjährigen Kontakten ihren Lebensunterhalt verdienen. Zu ihnen gehörten Georg Haentzschel und sein Freund Franz Grothe, der Pianist Fritz Schulze aus Magdeburg sowie der Berliner Trompeter Rolf Goldstein.[158]

Diese Härten trafen die vielen ausländischen Instrumentalisten in der deutschen Tanz- und Jazzszene besonders schwer. Der politische Einfluß der Nationalsozialisten wuchs ständig, vornehmlich nach der Reichstagswahl vom September 1930, und ein hypernationalistischer Geist der Intoleranz führte nicht nur zu einer stärkeren Diskriminierung der Juden im Lande, sondern auch dazu, daß man Nichtdeutsche für die Arbeitsplatzverluste der Deutschen verantwortlich machte.

Ausländische Musiker waren nach der für sie lukrativen Währungsstabilisierung von 1924 praktisch ohne Kontrolle nach Deutschland eingereist. Die meisten waren Ungarn, häufig Juden, die den Hang der Deutschen zur Zigeunermusik zu nutzen verstanden. Einige Spanier und Südamerikaner profitierten von der zunehmenden Tangomanie; Amerikaner und Briten schlugen Kapital aus dem

Verlangen des Publikums nach Jazz – oder dem, was dafür gehalten wurde. Die Zahl dieser Ausländer konnte nicht eingeschränkt werden, denn der Versailler Vertrag hatte den deutschen Regierungen eine Politik der offenen Tür verordnet. Es gab zwar viele Klagen von seiten deutscher Musiker, aber jeder Gutinformierte wußte, daß die Republik schwerlich gegen die ausländischen Gäste vorgehen konnte. Denn das hätten in den Nachbarländern viele tausend angesehene deutsche Ensemblespieler, die traditionsgemäß dort arbeiteten, zu spüren bekommen. Was speziell den Jazz betraf, so wußte jeder Gutinformierte auch, daß deutsche Instrumentalisten einiges von den Angelsachsen lernen konnten – ganz zu schweigen davon, daß die Anziehungskraft und der finanzielle Erfolg einer deutschen Band durch die Mitwirkung von ein paar Amerikanern erhöht wurden.[159]
Aber die Stimmung sogar der Vernünftigen wurde nach dem Herbst 1929, als weitere deutsche Musiker der Entlassung entgegensahen, immer unversöhnlicher. Etliche Militante forderten, daß Deutschland Gesetze gegen die ausländischen Konkurrenten erließ oder daß man früher ausgestellte Arbeitsgenehmigungen annullierte. Manche verwiesen auf den verstärkten Chauvinismus in den Nachbarländern, der deutsche Musiker um ihren Arbeitsplatz bringe. Genau das hatte Haentzschel 1930 als Mitglied von Lud Gluskins Band in Paris erlebt: Während man die Amerikaner feierte, wurde der Berliner ausgewiesen. Und zur selben Zeit, da einige Beobachter fälschlich behaupteten, daß die Qualität des deutschen Jazz unermeßlich gestiegen sei, wurde Jack Hyltons überall bewunderte Big Band im *Artist,* einer Fachzeitschrift für deutsche Musiker, geschmäht.[160]
Wichtige britische und amerikanische Jazzmusiker begannen um 1931, das Land zu verlassen, weil sie fremdenfeindlichen Belästigungen durch Kollegen ebenso wie durch Behörden ausgesetzt waren. Einer von ihnen war Haentzschels Freund Teddy Kline, der nach New York zurückkehrte; Howard McFarlane trat die Rückreise nach England an. Nur ein paar Ausländer hielten bis 1933 durch: die Gitarristen Mike Danzi und Harold Kirchstein, die Holzbläser Billy Bartholomew und Danny Polo. Jazzmusikern wie Kai Ewans, Fud Candrix und Jack de Vries, aus Dänemark, Belgien und Holland, gelang es, auf der Szene zu erscheinen, aber nur kurz-

fristig. Eine nennenswerte Ausnahme war der Rumäne James Kok, der 1932 eine der feurigsten, hauptsächlich mit deutschen Musikern besetzten Big Bands in Berlin leitete.[161]

Gegen Ende der Weimarer Republik schien die Jazzkunst in Deutschland in mehr als einer Hinsicht im Niedergang begriffen zu sein. In der finsteren Atmosphäre der Wirtschaftskrise mochte Zynikern oder sorglosen Elementen nach einem Tanz auf dem Vulkan zumute sein, doch die Allgemeinheit kehrte zu einem romantischeren musikalischen Repertoire zurück. Diese Haltung spiegelte sich auch in den Kostüm- und Musikfilmen jener Zeit wider. Anfang der dreißiger Jahre waren der sentimentale Kitsch des kommerziellen Liedes und der alte Salon- und Kaffeehausstil in der Musik wieder vorherrschend, der Walzer löste den Foxtrott ab. Veraltete Instrumente wie das Harmonium, das, nur von einem einzigen Musiker kontrolliert, einen trügerischen Orchestersound hervorbringen konnte, tauchten wieder auf, aus wirtschaftlichen wie aus geschmacklichen Gründen. Traditionelle Bandleader von Bernard Ettés Rang schworen dem Jazz öffentlich ab und begrüßten statt dessen die guten alten deutschen Tanzformen.[162]

Der Jazz in Deutschland reflektierte damals zwangsläufig eine allgemeine Krise der Musik in den Vereinigten Staaten, die, wie uns Schuller mitteilt, nach der künstlerischen Erschöpfung im Jahre 1928 begann und später durch den wirtschaftlichen Verfall verstärkt wurde.[163] Sogar die wohlwollendsten deutschen Kritiker stimmten darin überein, daß der Jazz seine Vitalität durch den Verzicht auf die Kunst der Improvisation verbraucht habe, daß er schal geworden sei und keine Spannkraft mehr besitze. Es sei ihm nicht gelungen, die Klassiker zu inspirieren, was sich auch in den Schwierigkeiten ausdrücke, die einige Modernisten nun durchmachten.[164] Der Komponist Karol Rathaus hatte bereits 1927 von einer »Jazzdämmerung« gesprochen, und der Musikerzieher Matyas Seiber machte drei Jahre später Andeutungen dahingehend, daß das Genre wenig Überraschungen für die Zukunft berge.[165]

Während die erklärten Feinde des Jazz schadenfroh den Tod der Musik vermeldeten, entstand tatsächlich der Eindruck, daß diese Kunstform genauso ein Opfer der antimodernistischen Reaktion geworden war wie das avantgardistische Bauhaus oder andere experimentelle Formen in der ernsten Musik, den graphischen Künsten oder der Literatur.[166] Der Frankfurter Kritiker Theodor Wiesengrund-Adorno – als Schüler von Sekles und Alban Berg selbst ein Avantgardist, der den Jazz jedoch haßte – war der Meinung, diese Musik sei letztlich an ihrem unbescheidenen Anspruch auf Anerkennung als originale Kunst gescheitert. Herablassend bezeichnete Adorno den Jazz als einen Teil des Kunstgewerbes.[167] Aber in diesem Fall wurde die Analyse des brillanten Gelehrten durch sein persönliches Vorurteil beeinträchtigt.

Fraglos erlitt auch der Jazz während der allmählichen Erstickung der Republik einen qualvollen Rückschlag. War er denn nicht eines der großartigsten Erzeugnisse des Weimarer Geistes und die Hoffnung vieler gewesen, die sich für aufgeklärt hielten? Adorno und sämtliche Kenner ahnten nicht, daß der Jazz, diese unberechenbare und ambivalente Kulturform, wieder zu voller Gesundheit erwachen sollte. Diese Entwicklung, die nicht ohne Probleme und Kompromisse war, vollzog sich paradoxerweise unter einer Diktatur. Gleichwohl war sie kräftig genug, um das Überleben des Jazz in Deutschland über die Katastrophe von 1945 hinaus zu sichern. Denn in der letzten Hälfte der zwanziger Jahre hatte sich der Jazz bei allen Unvollkommenheiten zu fest verwurzelt, als daß die Stürme des politischen Wandels ihn hätten fortwehen können.

1. Auf dem Index
Die Vorkriegskampagne des Dritten Reiches

Ideologische Grundlagen und Polemik

»Nun kannst du ja einpacken mit deinem Jazz!«[1] Der Musiker, der diese Worte zu einem jazzbegeisterten Kollegen sagte, war ein langjähriger Anhänger Adolf Hitlers. Er machte die Äußerung am 30. Januar 1933 – genau an dem Tag, als Hitler in Berlin zum Reichskanzler ernannt wurde. Sofort verbannte Professor Fritz Stein, Direktor des Berliner Konservatoriums und ein Verehrer der Volksmusik, den Jazz aus seinen heiligen Hallen.[2]

Damals konnte der konservative Essayist Friedrich Hussong schreiben, daß der Berliner Kurfürstendamm zu einem Synonym für die Weimarer Republik geworden sei. Er versinnbildliche die Launenhaftigkeit der Ära, meinte Hussong, die Perversionen und die Ohnmacht ihres Theaters; hier zeigten sich »der Tod der Musik in der Jazzband, Niggersong und Negerplastik, Verbrecherglorie, Proletkult, wurzelloser Pazifismus, blutloser Intellektualismus, Dramatik für Abtreibungspropaganda, Salonkommunismus, schwarzrotgoldene Repräsentationsversuche, Futurismus, Kubismus, Dadaismus« – kurz: »jede Fäulniserscheinung einer sich zersetzenden Gesellschaft«.[3] Nun, da Hitler an der Macht sei, würden diese Verhältnisse hinweggefegt werden.

Professor Stein sah sich durch eine offizielle Ablehnung des Jazz im Dritten Reich bestätigt, und das zu Recht. Der Jazz wurde sozusagen auf den Index gesetzt: Man verunglimpfte ihn in Musikzeitschriften ebenso sehr wie in Tageszeitungen und Illustrierten; in Regierungsverordnungen und im Rundfunk wurde gegen ihn schwadroniert, und die öffentliche Meinung schmähte ihn als »Nigger-Jazz«.[4]

Diese Polemik hatte einerseits mit der nationalsozialistischen Geringschätzung für die meisten Dinge amerikanischer Herkunft zu tun, es sei denn, es handelte sich um technische Produkte wie Autos oder Filme. Auf einer anderen, verwandten Seite wurzelte die Polemik in der rassistischen Nazi-Ideologie, die sämtliche »Nichtarier« – besonders Schwarze und Juden – heftig diskriminierte.

Solange die Nazis an der Macht waren, mißverstanden und verzerrten sie die Psyche und Kultur der Amerikaner und blieben blind und taub für jegliche Art der Belehrung. Sie glaubten unerschütterlich, das Volk der Vereinigten Staaten sei korrupt, anspruchslos und von kindlicher Mentalität, aufgeschlossen für Vergnügungen, aber unfähig zu Tiefe oder höherer Bildung. Vor allem Hitler und Goebbels verachteten die Amerikaner wegen deren relativ großer Toleranz gegenüber rassischen Minderheiten – also Schwarzen und Juden –, die nun aus der deutschen Volksgemeinschaft ausgesondert wurden.[5] Es hieß, die nationale Kultur Amerikas spiegele den zerstörerischen Einfluß dieser Minderheiten wider. Beispielsweise kommentierte Goebbels: »Der Beitrag der Vereinigten Staaten zum Weltmusikbesitz besteht bekanntlich nur aus einer verjazzten Negermusik, die überhaupt ... keiner Beachtung wert ist.«[6]

Die nationalsozialistische Verachtung der Schwarzen, seien sie amerikanischer oder afrikanischer Herkunft, drückte sich bestenfalls in einer herablassenden Einstellung zum Gesellschaftsleben oder der Kultur aus, die man innerhalb der Reichsgrenzen bei Negern beobachten konnte. Nach guter Missionarstradition wurden die afrikanischen Schwarzen als »das Schokoladenvolk« bezeichnet; man schrieb ihnen bescheidene Talente zu, was sie für das Geschenk der deutschen Kultur, wenn nicht gar der Religion, empfänglich mache; und man meinte, sie seien stets am Rande der Verdammnis, da sie ihre Triebe nicht beherrschen könnten.[7] Obwohl Hitler zweideutige Aussagen über die Zukunft der deutschen Kolonien in Afrika machte, beanspruchte er im Prinzip Oberhoheit über die früheren eingeborenen Untertanen in Togo oder Kamerun. Das war Wasser auf die Mühlen eifriger deutscher Imperialisten, die alle Schwarzen für ausbeutbar hielten.[8]

Nach 1933 waren die wenigen farbigen Nachkommen früherer Bewohner der Kolonien, die legal als deutsche Bürger im Reich wohnten, täglichen Anfechtungen ausgesetzt, ihre Integration in die Ge-

sellschaft wurde gewaltsam verhindert. Gewöhnlich mußten sie sich auf eine Tätigkeit im Zirkus beschränken, wo man sie wie unreife Minderjährige beaufsichtigte. 1936 versuchte ein Zirkusunternehmer, eine Gruppe unabhängiger deutschkolonialer Schwarzer zu übervorteilen, die überall im Land Varieténummern vorgeführt hatten. Unter dem typischen Vorwand, daß sie infolge von »sexuellen Exzessen« erhebliche Disziplinprobleme verursacht hätten, bat er die Regierung um Erlaubnis, die Schwarzen einzusperren, damit er ihr »sittlich einwandfreies Leben« garantieren könne.[9] In Wirklichkeit wollte er sie natürlich nur für sein eigenes Geschäft ausnutzen.
Ausländische Schwarze mußten sich ebenfalls Beleidigungen gefallen lassen. Ein berühmt-berüchtigtes Beispiel war die entwürdigende Art, mit der Hitler schwarze amerikanische Medaillengewinner bei den Berliner Olympischen Spielen von 1936 behandelte; er weigerte sich etwa, die Hand des vierfachen Goldmedaillengewinners Jesse Owens zu schütteln, und er wandte anderen Schwarzen bei der Siegerehrung den Rücken zu. Wie Hitler brachte auch Goebbels seine Verachtung offen zum Ausdruck.[10] Die Kunst war von solchen diskriminierenden Praktiken nicht ausgenommen. Die berühmte klassische Sängerin Marian Anderson, eine schwarze Amerikanerin, durfte während einer Europatournee 1935–36 »im Hinblick auf ihre Hautfarbe als Negerin« in Deutschland keine Konzerte geben.[11] Schwarze Künstler aus der Jazzwelt wie Duke Ellington, Louis Armstrong und Coleman Hawkins waren von demselben Verbot betroffen und konnten erst nach 1945 in Deutschland auftreten.
Wie in den zwanziger Jahren wurde diese Ablehnung der Schwarzen mit Hilfe einer damals verbreiteten Pseudowissenschaft begründet, aber auf eine radikalere Weise. Joachim Mrugowsky, den die Alliierten später als einen von Heinrich Himmlers führenden Verbrecherärzten hängten, schrieb 1939, daß die Ideen der Aufklärung widerlegt seien, denn nun könne man die »naturgegebenen Unterschiede« zwischen Schwarzen und Weißen klar erkennen. In dieser Meinung wurde er von prominenten Rassenhygienikern wie dem Münchener Professor Theodor Mollison, dem ersten Mentor des Auschwitz-Arztes Josef Mengele, sowie von Professor Ernst Rodenwaldt unterstützt, der in Heidelberg Rassenkunde lehrte.[12]
Mehr denn je waren Rassenhygieniker nun vom Primat der Erbfak-

toren überzeugt. Kein Umwelteinfluß der Welt könne einen Neger in »einen friesischen Bauern« verwandeln, denn »ein Neger kann sich waschen, so viel er will, er wird niemals ein Weißer«.[13] Da die schwarze Erbmasse bei sexuellen Beziehungen zwischen Schwarzen und Weißen stets dominieren werde, wurden gemischtrassige Verbindungen durch die Nürnberger Rassengesetze vom September 1935 verboten.[14] Eine der ersten Folgen dieser Gesetzgebung war 1937 die Zwangssterilisierung der »Rheinlandbastarde«. Die Väter dieser farbigen Kinder waren dunkelhäutige französische Kolonialsoldaten, die nach dem Ersten Weltkrieg in der Besatzungsarmee am Rhein dienten.[15]

Vor diesem Hintergrund wurden auch schwarze Jazzmusiker von der nationalsozialistischen Polemik aufs Korn genommen. Man führte vier Argumente an, doch da die deutschen Kritiker kaum grundlegende Jazzkenntnisse besaßen, war nur eine einzige ihrer Behauptungen halbwegs überzeugend.

Erstens konnten sich die Musikwissenschaftler nicht einigen, ob der afrikanische Kontinent oder die Vereinigten Staaten als historische Heimat des Jazz identifiziert und verantwortlich gemacht werden sollten. Dieser gescheiterte Definitionsversuch beeinträchtigte ihre Glaubwürdigkeit als Kenner eines Genres, das präzise gekennzeichnet werden mußte, bevor man es dauerhaft auslöschen konnte.

Zweitens wurde die Synkope als Hauptbestandteil des Rhythmus ausgemacht und angegriffen, der für den Jazz typisch und für die Marschmusik ungeeignet sei. Im Unterschied zu den Deutschen gelte: »Kein Negerstamm marschiert!«[16] Aber dieses Vorgehen scheiterte, als den Musikwissenschaftlern einfiel, daß sich sogar Johann Sebastian Bach der Synkope bedient hatte. Daraufhin kamen sie überein, daß nicht die Synkope als solche, sondern der Kontext, in dem sie auftrete, zu verurteilen sei – ein wenig überzeugender Kompromiß.

Drittens bot sich das Saxophon, jenes hochspezialisierte Jazzinstrument, als natürlicher »Sündenbock« an, besonders, da deutsche Jazzmusiker seine Handhabung erst seit Mitte der zwanziger Jahre langsam und unvollkommen erlernt hatten. Allerdings schaltete sich die deutsche Musikinstrumente-Industrie sehr rasch in diese Polemik ein, da ihr Saxophonabsatz zurück ging. Daraufhin mußte

wiederum ein neuer Kurs eingeschlagen werden. Man erklärte, das Saxophon sei im 19. Jahrhundert von Adolf Sax, einem nach Belgien ausgewanderten Deutschen, erfunden worden. Folglich habe man zuerst durch die klassischen Kompositionen von Franzosen wie Claude Debussy von dem Instrument gehört. Andererseits hatte auch Richard Strauss eine Vorliebe für das Instrument gezeigt, weshalb nicht das unglückselige Instrument selbst zu tadeln sei, sondern seine Ausbeutung für den Jazz durch die Schwarzen. Sie hätten seinen ursprünglich edlen Ton verfälscht und es mißbraucht, um die ohnehin erregenden Rhythmen zu unterstreichen. Auch dieses Argument wurde durch die allgemein bekannte Tatsache geschwächt, daß Sax in Wirklichkeit Belgier war (sein Vorname lautete Adolphe). Und obwohl man annahm, daß jazzspezifische Klänge wie verminderte Blue Notes besonders effektvoll von schwarzen Saxophonisten beherrscht wurden, konnte das Wesen dieses Blasinstruments schwerlich einer ursprünglich schwarzen Kultur, ob aus Amerika oder Afrika, zugeschrieben werden.
Das vierte Argument richtete sich einmal mehr auf die heimtückischen sexuellen Kräfte des Jazz. Wenn die verführerische Sinnlichkeit des Jazz zu einer Zeit eugenisch begründeter Rassenvorwürfe von zügellosen Primitiven erzeugt wurde, mußte man sie zwangsläufig als verderblich für die nationale Moral einstufen. Da kein Einwand gegen dieses Argument erhoben werden konnte, gefiel es den Musikkritikern am besten.[17]
Zudem ließ sich die Anklage wegen ausschweifender Sexualität nur zu gut mit den gleichzeitigen Ausfällen gegen die Juden verbinden. Verglichen mit den Aussagen gegen Neger und Juden in der Weimarer Republik, waren die der Hitlerdiktatur differenzierter und auch bösartiger – hauptsächlich, weil sie auf einem gehobenen pseudowissenschaftlichen Niveau vorgetragen wurden. Rassistische Anthropologen behaupteten, daß die Juden einen beträchtlichen Anteil negroiden Blutes besäßen (ein Urteil, das in erster Linie auf den dilettantischen, doch einflußreichen Jenaer Professor Hans F. K. Günther zurückging). Gleichwohl wurden die Juden höher als die Schwarzen eingestuft, da sie angeblich über ausgeprägtere Geisteskräfte und stärkere Entschlossenheit verfügten – im Gegensatz zu den unbekümmerten, animalischen Schwarzen.[18] Ein hoher Grad

von Rationalität habe die Juden mit der Fähigkeit zu abstraktem Denken ausgestattet, das sie, im Unterschied zu den hirnlosen Schwarzen, zu besonders »jüdischen« kulturellen Leistungen befähige: zum Beispiel zur »jüdischen Physik«, wie der Heidelberger Nobelpreisträger Philipp Lenard anmerkte, oder, in der Musik, zur rationalen Perversion der Atonalität, was sich durch Arnold Schönberg veranschaulichen lasse.[19]

Da die Juden als Vertreter beider Kunstformen galten, war es kein Zufall, daß die Nazis atonale modernistische Musik und Jazz so bereitwillig nebeneinanderstellten. Die Verknüpfung wurde der deutschen Öffentlichkeit im Frühjahr 1938 ganz deutlich gemacht: Reklameplakate für eine Düsseldorfer Ausstellung »entarteter Musik«, nach dem Vorbild der Ausstellung »entarteter Kunst« im Vorjahr, zeigten einen affenähnlichen, mit einem Davidstern geschmückten Neger, der in ein Saxophon blies. Im Veranstaltungskatalog, der ein identisches Bild auf dem Umschlag hatte, wurden die entsetzlichen modernen Komponisten ausführlich behandelt, und in diesem Zusammenhang war auch vom Jazz die Rede.[20]

Nationalsozialistische Musikwissenschaftler räumten ein, daß jüdisch-amerikanische Komponisten wie George Gershwin und Irving Berlin nennenswerte Beiträge für die Jazzwelt geleistet hätten. Aber sie hielten deren musikalische Schöpfungen für clever ersonnene Kopien der von Schwarzen hergestellten Originalprodukte.[21] Laut diesen Nazis bestand die Hauptfunktion der Juden im Jazz darin, daß sie als Werbefachleute und Mittelsmänner für den Massenmarkt arbeiteten. Jüdische Jazzmusiker seien in der Regel Arrangeure, Dirigenten oder Konzertagenten.

Sogar Benny Goodman wurde um 1938 nachgesagt, er habe eine intellektualisierte Version, genannt »Swing«, von der schwarzen Urform entlehnt. Goodman habe das bereits bestehende Medium auf eine typisch jüdische Art kompliziert und es dann international vermarktet! Da die Juden die Schwarzen in eine erniedrigende Partnerschaft hineingezwungen hätten, sei das Etikett »Nigger-Juden-Jazz« so gerechtfertigt wie je. »Niggerei und jüdische Frivolität« – also Einfalt und Gerissenheit – hätten sich vereint.[22]

Ein Hitlerjugendführer sagte 1936: »Der Nigger hat ein sehr ausgeprägtes Gefühl für Rhythmus, und seine ›Kunst‹ war höchstens

natürlich, aber uns gegen das Gefühl gehend. So was gehört nun mal in einen Hottentottenkral und nicht in ein deutsches Tanzlokal. Der Jude dagegen brachte die Verzerrung gewollt.«[23]
Die These wurde von einem Musiker vereinfacht, der aus Brasilien schrieb (er gehörte zum Orchester eines Ozeandampfers): »Neger und Juden haben dem deutschen Volk fast 15 Jahre hindurch Schmutz Musik [*sic!*] hingeworfen, und dieses mit ausrotten helfen ist mein Wunsch.«[24] Man hielt den Schwarzen zugute, daß sie die sexuelle Komponente des Jazz naiv und ohne rassische Hintergedanken einsetzten. Von den Juden dagegen hieß es, sie hegten den systematischen Plan, das Blut deutscher Mädchen und Frauen durch Akte »musikalischer Rassenschande« zu vergiften.[25]
Wer waren die Männer, die solche Schmähungen ausstießen? Der wichtigste war der ehemalige Funktionär des Kampfbundes für deutsche Kultur, Dr. Fritz Stege, der regelmäßig eine boshafte Kolumne gegen alle »undeutsche« Musik in der Musikerfachzeitschrift *Artist* beisteuerte.[26] Der 1896 geborene Stege hatte seinen Vater im Ersten Weltkrieg verloren, als mittelloser junger Mann klassisches Klavier studiert und sich dem Musikjournalismus zugewandt. Zwar schloß er sich erst 1930 der NSDAP an, doch er sah in der extremen Rechten bereits seit 1920 eine »unbeirrbare politische Richtung«.[27]
Nicht so allgegenwärtig wie Stege war der neun Jahre jüngere Herbert Gerigk, der Ende der zwanziger Jahre den Ehrgeiz hatte, Musikprofessor zu werden. Die Knappheit an Hochschulstellen hatte ihn in den Journalismus verschlagen; bis 1933 war er in die Partei und in die SA eingetreten und hatte sich mit Alfred Rosenberg verbündet, der ihn als Musikkritiker des *Völkischen Beobachters* beschäftigte. Gerigk war Koautor eines Buches über die Juden in der Musik und schloß sich im April 1939 der SS an.[28]
Es liegt auf der Hand, daß diese Männer und ihresgleichen durch soziale und ökonomische Entwurzelung sowie rechtsradikale Neigungen – gegen Ende der Republik sehr häufig unter jungen Intellektuellen – bereits früh ins Lager der Nazis getrieben wurden. Danach hielten sie an dem einmal gewählten Bekenntnis fest und bauten bis zum Untergang 1945 darauf ihre Karriere auf.
Es gab jedoch auch kompliziertere Fälle. Einer war der Alfred Baresels, des etablierten Leipziger Musikwissenschaftlers, der in den

zwanziger Jahren geradezu ein Verkünder des Jazz gewesen war.[29] Vielleicht fürchtete er als exponierter Freund des Genres, daß seine Tage als Klavierlehrer am Leipziger Konservatorium gezählt sein könnten. Deshalb lobte er Anfang 1933 die neue Kulturpolitik des Regimes. Er, der einst den Einfallsreichtum der Schwarzen als die Essenz des Jazz herausgestellt hatte, sprach sich 1936 gegen »negrischen Trommelrhythmus« aus. Und 1937 trat er der Partei bei – keineswegs zu früh, denn ein Jahr später wurde Baresel von Max Merz, einem echten Kämpfer gegen den Jazz, geheimer Absprachen mit Juden bezichtigt.[30]

Baresel wurde vermutlich aus existentieller Notwendigkeit zum »Renegaten«. Man darf bezweifeln, daß er den Untergang des Jazz wirklich gewünscht hat. Andere Musikwissenschaftler waren davon überzeugt, daß das Ende des Jazz durch Hitlers Machtantritt nahe sei. Zu ihnen gehörte Theodor Adorno. Er hatte den Jazz bereits am Ende der Republik inbrünstig gehaßt, und er frohlockte zu Beginn des Naziregimes über die Aussicht, daß die Behörden diese Musik völlig verbieten würden – eine seltsame Position für einen »Halbjuden«, der im Frühjahr 1934 nach England emigrieren sollte.[31] Aber Adorno stand eine Enttäuschung bevor; aller Polemik zum Trotz wurde der Jazz nie offiziell verboten.

Erste öffentliche Kontrollen

Am Anfang des Dritten Reiches hatte Hitler Joseph Goebbels zum Zensor des gesamten Kulturlebens der Nation gemacht, mit Ausnahme des Bildungswesens sowie der preußischen Theater und Opern. Als Propagandaminister gründete Goebbels bis September 1933 die Reichskulturkammer (RKK) mit Abteilungen für Rundfunk, Theater, Film, Literatur, Presse und Musik. Diese Organisation leitete sich direkt von Rosenbergs Kampfbund her, den Goebbels seit 1932 mit Unterstützung seines Handlangers Hans Hinkel hatte unterwandern lassen. Hinkel, einst Rosenbergs Kreatur, hatte sich mittlerweile längst als Verlagsleiter von Goebbels' Berliner Zeitung *Der Angriff* unentbehrlich gemacht.[32] Goebbels selbst übernahm den Vorsitz der neuen Organisation, und Hinkel wurde im

Frühjahr 1935 ihr Geschäftsführer. Der vierunddreißigjährige Hinkel hatte kein Universitätsstudium absolviert und weder im Kulturbereich gearbeitet noch irgendein Interesse daran erkennen lassen. Durch seine Berufung auf diesen überaus wichtigen Posten unterstrich Goebbels einmal mehr, daß es ihm ausschließlich darum ging, die Kultur als ein Propagandainstrument zur Manipulation der öffentlichen Meinung einzusetzen.[33]

Unter Goebbels' Vorsitz wurde die Reichsmusikkammer (RMK), eine der sechs RKK-Abteilungen, zunächst von dem weltberühmten Komponisten Richard Strauss geleitet. Er wurde unterstützt von politisch gesonnenen Musikern wie Professor Peter Raabe, dem drittklassigen Dirigenten der Aachener Sinfonie und dortigen Vorgänger Herbert von Karajans. Aber im Oktober 1935 löste der zweiundsechzigjährige Raabe ihn ab, da Strauss nicht als aufrichtiger Nazi galt.[34] Bereits im Februar 1934, auf der ersten Tagung der RMK, hatte sich Raabe über die Erneuerung der deutschen Musik im Geiste des Nationalsozialismus ausgelassen. Er sprach davon, daß es nötig sei, die Hausmusik wiederaufleben zu lassen, jedoch den Foxtrott und andere Beispiele des »schlechten Geschmacks« zu unterdrücken. Genauso kategorisch beklagte Raabe den Einfluß der Juden, besonders, was den Ausstoß minderwertiger Musik betreffe. Im Rahmen einer gutgeplanten Werbeaktion verkündete er sein Mitgefühl mit den vielen tausend Musikern, die infolge der wirtschaftlichen Erschütterung immer noch arbeitslos waren.[35]

Von Herbst 1933 bis 1938 widmeten sich die RMK-Verwalter der Aufgabe, die Musik und die Musiker im Dritten Reich zu zentralisieren. Wenn man die früheren chaotischen Zustände bedenkt, war dies keine Kleinigkeit. In einem Land mit 66 Millionen Menschen gab es im Sommer 1933 ungefähr 94 000 arbeitsfähige Instrumentalisten und Sänger aller Richtungen und Qualifikationen. Einige waren noch in unterschiedlichen Gruppen organisiert, doch die meisten waren völlig ungebunden.[36] Mehr als die Hälfte gehörte sicherlich in den Bereich der leichten Unterhaltung.

Der Grad der Professionalisierung war auf diesem Gebiet in Deutschland damals so niedrig, daß praktisch jeder mit einem Mindestmaß an musikalischer Begabung – selbst wenn er nur ganz selten und fast ohne Bezahlung arbeitete – als Musiker bezeichnet werden konnte. Es gab keine Diplomprüfungen und keinen festgefügten Modus der Spezialisierung als amtliche Kriterien für den Status eines Berufsmusikers. Deshalb konnte der blutigste Anfänger – vielleicht ein Zitherspieler, der am Wochenende in einem bayerischen Dorf auftrat, oder der Milchmann, der sich in Berlin als Jazzschlagzeuger betätigte – genauso in dieses Heer von Musikern eingereiht werden wie der Cello- oder Flötenstudent am Konservatorium, der auf eine Karriere als Mitglied eines Sinfonieorchesters oder letztlich als Solist setzte. Während der Wirtschaftskrise machte sich der negative Effekt dieses Zustandes dadurch bemerkbar, daß Amateure, besonders in der leichten Muse, wo die Maßstäbe laxer waren, besser qualifizierten Musikern mit einer formalen Ausbildung aufgrund von Beziehungen oder durch eine Vielfalt von Tricks Anstellungen wegschnappten.

Daher bestand eines der ersten proklamierten Ziele der neuernannten Bürokratien darin, die unausgebildeten oder Hobby-Musiker von den professionellen Künstlern zu trennen. Dies entsprach den korporativen Ideen des Nationalsozialismus, der ähnliche Differenzierungen etwa in der Medizin (um Naturheiler von akademisch ausgebildeten Ärzten zu unterscheiden) und im Justizwesen (um die Stellung von Anwälten gegenüber Rechtskonsulenten zu erhöhen) durchsetzen wollte.[37]

Um ihr Monopol zu festigen, ging die RMK zuerst so vor, als gehörten sämtliche Musiker automatisch in ihre Zuständigkeit. Musiker erhielten die notwendigen Lizenzkarten und waren verpflichtet, einen monatlichen Beitrag zu zahlen.[38] Die Selektion begann sofort und dauerte Jahre. Bis 1938 verteilte Hinkel Tausende von Fragebögen an Musiker jeglichen Kalibers, um persönliche und ihre Ausbildung betreffende Daten zu sammeln.[39] Wenn ihre Zeugnisse fragwürdig wirkten, wurden provisorische Mitglieder durch örtliche Ausschüsse professionellen, wenn auch recht willkürlichen Prüfungen unterzogen. Wer bei diesen theoretischen und praktischen Tests wiederholt scheiterte oder sie gar nicht erst ablegte, sollte aus dem RMK-Verzeichnis gestrichen oder in die untergeordnete Kategorie eines Gelegenheitsmusikers verwiesen werden.[40]

Bezeichnenderweise konnte man die Prüfungen auch gegen unerwünschte Künstler einsetzen, zum Beispiel gegen Jazzmusiker, wenn nötig unter Vorspiegelung falscher Tatsachen. Dies wäre beinahe dem Jazzschlagzeuger Hans Klagemann widerfahren, der trotz einer unzureichenden formalen Ausbildung jahrelang in einigen der bekanntesten deutschen Combos gespielt hatte. Ihm wurde der RMK-Status erst im März 1936 nach mehreren Prüfungsanläufen gewährt. Höchstwahrscheinlich handelte es sich hier um einen Auswuchs an Xenophobie, da die Nazis einen früheren Mitarbeiter des britischen Jazzers Billy Bartholomew treffen wollten.[41] Doch recht häufig wurden die Kontrollen umgangen oder ignoriert, manchmal nach einer Bestechung von RMK-Funktionären.[42]

Selbstverständlich wollte Goebbels bei diesem langwierigen Aussiebungsprozeß seine persönlichen Qualitäts- und Geschmacksmaßstäbe in der Musik – oder vielleicht, soweit sie ihm bekannt waren, sogar die des Führers – durchsetzen. Nach seinem Aufstieg an die politische Macht hatte Goebbels viel weniger Zeit für das Klavier; er benutzte es hauptsächlich, um Frauen aus der Film- und Theaterwelt zu verführen. Sein musikalischer Geschmack blieb im wesentlichen unverändert: leichte Klassiker, einige Operetten, Revuemelodien. Er verabscheute populäre Schlager, wußte ihre Wirksamkeit jedoch zu schätzen, wenn es um die Kontrolle der öffentlichen Stimmung ging. Ebenso war er nachsichtig gegenüber disziplinierter Tanzmusik, die von berühmten Bands wie der Jack Hyltons oder mittelmäßigen deutschen Orchestern wie dem Emanuel Rambours dargeboten wurde. Und er duldete sogar vom Jazz inspirierte Konzerte wie die der Peter-Kreuder-Combo. Solche Musik war geeignet für öffentliche Anlässe wie den jährlichen Presseball oder sonstige Empfänge oder dafür, seine Geliebten – und auch seine schöne Frau Magda – zu beeindrucken.[43] Aber der Minister persönlich, der das »Wesen« der Musik in ihrer »Melodie« sah (nebenbei gesagt, eines der häufigsten gegen den Jazz vorgebrachten Argumente), lehnte diese Kunstform so entschieden ab wie eh und je – genauso, wie er auch die modernen atonalen Kompositionen mißbilligte.[44] Wiederholte Gerüchte, daß er heimlich Hunderte von Jazzschallplatten sammele, beruhten auf Falschinformationen.[45]

Während Goebbels also mit Hilfe seiner RKK stillschweigend musikalische Richtlinien festlegte, die unzweifelhaft von seinem persönlichen Geschmack geprägt waren, ist der tatsächliche Grad seines Eingreifens sehr schwer zu ermitteln. Denn oft mußte der Minister, wie in den Kriegsjahren besonders deutlich wurde, im Interesse der hohen Politik Zugeständnisse machen, vielleicht abweichend von seinen privaten Präferenzen. Die mögliche Rolle von Hitlers persönlichem musikalischen Geschmack ist noch unergründlicher. Die Toleranz des Führers war geringer – man beachte den einzigartigen Nachdruck, den er auf Marschmusik, ausgewählte Operetten und jede Menge Wagner legte! Doch gleichzeitig, was paradox scheint, war er weit davon entfernt, Einfluß auf die kulturellen Neigungen der Öffentlichkeit zu nehmen. Diese Aufgabe überließ er bewährten Handlangern.[46]

Die erste Gruppe von Musikern, die unter den neuen Vorschriften der RMK litt, waren die Ausländer. Unter ihnen wurden Jazzmusiker besonders eifrig unter die Lupe genommen, denn ihre Musik war so wenig deutsch wie sie selbst. In Anbetracht der wirtschaftlichen Schwierigkeiten, die sich auf die gesamte deutsche Musikszene auswirkten, war dies kaum erstaunlich. Wie die Weimarer Republik selbst, wurden Ausländer in einer Zeit der nationalen Not als Sündenböcke behandelt. Doch nun wurde ihre Situation weitaus ernster, denn die Regierung hatte sich entschieden hinter die Feinde aller Ausländer gestellt.

Nach Januar 1933 dachte man in Deutschland weiterhin angestrengt über den Mangel an Arbeitsplätzen für Ensemblemusiker nach, besonders für Personen über fünfunddreißig. Die verfügbaren Posten waren häufig mit anstrengender und schlechtbezahlter Arbeit verbunden, und die Anstellung war nie garantiert. Die mannigfachen Steuern, die sämtliche Regierungsinstanzen der Unterhaltungsindustrie, vor allem Restaurants, zumuteten, wurden mehrere Jahre lang nicht reduziert. Zu Beginn des Regimes brachte die flaue Feriensaison von 1933 und 1934 Musikern wenig Arbeitsmöglichkeiten in Gebirgskurorten und an der Küste, denn Hitlers konsumierendem Volk fehlte es immer noch an Bargeld für nicht lebensnotwendige Dinge.[47]

Im November 1934 war die Gesamtzahl arbeitsfähiger Musiker – jener, die anonym von Volkszählungsämtern registriert wurden – von den fast 94000 des Jahres 1933 auf ungefähr 86000 geschrumpft; Tausende hatten sich dem Arbeitsmarkt entzogen. Aber die Erwerbslosenziffer lag immer noch bei 12 000 (verglichen mit 24 000 im Vorjahr). Zudem verdiente die große Mehrheit aktiver Musiker nicht einmal 1200 RM im Jahr – ein Einkommen, das erheblich unter dem eines Bergarbeiters lag.[48]

Infolgedessen erhob die RMK die Einrichtung von Arbeitsplätzen für ihre eingetragenen Mitglieder zu einer ihrer Prioritäten.[49] Bis 1935 hatte man einige Fortschritte gemacht, indem man unerwünschte Personen ausschaltete, die Schaffung neuer Stellen förderte und die Notleidenden mit einer Mindestunterstützung über Wasser hielt. Doch während die Zahl der Arbeitslosen Schätzungen zufolge am Ende des Jahres wiederum um die Hälfte verringert worden war, blieb ein Fünftel aller deutschen Musiker weiterhin unbeschäftigt, und die absolute Zahl der Geringstverdiener hatte sich kaum geändert.[50] Erst 1936, mit einer kontrollierten Wirtschaft und einer Vielzahl von Aktivitäten aufgrund der Olympischen Spiele verbesserte sich die Situation merklich. Mittlerweile trugen obligatorische Vertragsvereinbarungen zwischen Musikern und ihren Arbeitgebern dazu bei, die Gehälter und Arbeitsbedingungen zu vereinheitlichen, und gleichzeitig zeitigten die Maßnahmen gegen Ausländer und andere unerwünschte Personen Resultate.[51] Das Jahr 1937 war offenbar das erste seit langem, in dem die Stellenangebote für Musiker die Stellengesuche in den Zeitungen übertrafen.[52]

Am 1. November 1933 spezifizierte die RMK in ihrer ersten Verordnung, daß ausländische Musiker denselben Bedingungen zu unterliegen hätten wie inländische Arbeitnehmer. Das bedeutete, daß jeder, der ständig im Reich wohnhaft war, von der Zentralkartei erfaßt werden und einen der braunen RMK-Ausweise bei sich tragen mußte, die ihn zur Arbeitsaufnahme berechtigten. Im Idealfall sollte er auch Hinkels Fragebogen ausfüllen und darin seine Religion und seinen »arischen« Status angeben.[53] Von Oktober 1935 an erging eine weitere Reihe von Verordnungen, die die Benutzung ausländischer Namen durch deutsche Künstler verbot.[54] Im September 1937 mußten ausländische Musiker von ihrem deutschen Arbeitgeber speziell bei der RMK registriert werden, und drei Monate später verbot man die Verteilung »aller ausländischen« Noten, es sei denn, sie wurde ausdrücklich vom Propagandaministerium genehmigt.[55]

Allerdings hatten nationalsozialistische Tanzmusiker 1933 bereits begonnen, ihre ausländischen Kollegen, unabhängig von offiziellen Sanktionen, unter Druck zu setzen. Während des unmittelbaren Schocks nach Hitlers Machtübernahme hatten weitere Ausländer das Reich verlassen, womit sie dem Beispiel der früheren Opfer der Wirtschaftskrise folgten.[56] Danach rechtfertigten die Nazis ihre Maßnahmen in der Regel damit, daß Nichtdeutsche einen unverdienten Vorteil gegenüber einheimischen Musikern genössen und dies wirtschaftlich ausnutzten. Erhielten Ausländer doch eine sechzigprozentige Ermäßigung für ihre Eisenbahnfahrten![57]

Einen absurden Grad erreichte die Fremdenfeindlichkeit in Fällen, in denen man ausländischen Ensembleleitern vorwarf, sie hätten sich an den Gagen ihrer deutschen Angestellten bereichert. Damit nicht genug, sie seien sogar für Entlassungen und den finanziellen Zusammenbruch ihres Auftraggebers verantwortlich gewesen (wozu es angeblich 1934 in Tilsit kam).[58] Wie sei es möglich, daß, wie jemand ausrechnete, 1936 alle 61 aktiven Gastmusiker in Düsseldorf auf das Jahr umgelegt 6768 RM verdienten, während 388 einheimische Kollegen leer ausgingen?[59] Der amerikanische Gitarrist Mike Danzi erinnert sich an das Widerstreben seiner deutschen Jazzfreunde, die ihn wie gewöhnlich begleiten wollten, nun jedoch offizielle Konsequenzen fürchteten. Auch der britische Oldtimer Billy Bartholomew erlebte allerlei Anfeindungen; 1937 beschloß er, nur Deutsche für seine wenigen, noch verbliebenen Engagements zu beschäftigen, und Ende 1938 kehrte er nach England zurück.[60]

Nicht nur ständig im Reich wohnhafte Ausländer wie Danzi und Bartholomew hatten Anlaß zur Klage. Den Musikern von ausländischen Gastorchestern konnte es aus einer Vielzahl von Gründen ebenso schlecht ergehen. Im Falle des schwedischen Swingmeisters Arne Hülphers kritisierte man entartete Klänge und exklusive Gagen. Der Schweizer René Schmassmann mit seinen Lanigiro [Original] Hot Players wurde verdächtigt, schwülstigen Jazz »jüdischer« Art zu spielen.[61] Der erfolgreichste Big-Band-Sound der späten dreißiger Jahre, nämlich der des Berner Saxophonisten Teddy Stauffer, wurde im Herbst 1936 in einer der nationalsozialistischen Fachzeitschriften als »Juden-Jazz« verleumdet, der zur »Sabotage deutscher Kultur« diene. Die Artikel erschienen nach Stauffers Berliner Triumph während der Olympischen Spiele und waren natürlich von schierem Neid diktiert. Erst nachdem Stauffer sein Repertoire um eine abgeschmackte Nichtjazzkomposition von Hans Brückner, dem Chefredakteur der betreffenden Zeitschrift, erweitert hatte, wurde er plötzlich heftig gelobt. In Berlin und Hamburg forderte er die Nazis weiterhin durch alle denkbaren musikalischen Beleidigungen und überhaupt durch sein aufsässiges Benehmen heraus, wobei er sich allein auf seine phantastische Beliebtheit verließ. In Hamburg wurde ein Verbot gegen ihn verhängt. Dann, 1938 in Leipzig, verjazzte er das Horst-Wessel-Lied. Daraufhin wurde sein Aufenthalt im Reich riskant; im Sommer 1939 reiste er zurück in die Schweiz.[62] Hinweise auf jüdische Verbindungen waren die Regel; damit belegte man sämtliche Gastmusiker, die, wie es hieß, entweder ihre jüdische Identität nicht zu erkennen gegeben hatten oder insgeheim für Juden arbeiteten. Zwar war es in der Praxis unmöglich, doch fanatische Nazis hätten am liebsten die Ahnentafel jedes Gastmusikers nach dem »arischen« Gehalt – oder vielmehr nach dem Fehlen eines solchen – durchforscht.[63] Nachdem man in den Nürnberger Gesetzen vom September 1935 Zigeuner, neben Juden und Negern, als rassisch unerwünscht definiert hatte, wurden auch sie in die Hexenjagd einbezogen. Denn sie produzierten nicht nur anstößige Klänge (von denen einige mit dem Jazz verwandt waren, wie die Musik Django Reinhardts bewies), sondern sie gehörten auch einem schwer faßbaren rassischen Typ an: Zigeuner konnten (ausländische) Ungarn oder Juden oder beides sein, vielleicht auch Rumänen oder Slawen, oder sie konnten ihre rassische Herkunft überhaupt leugnen und sich als anständige Deutsche ausgeben.[64]

Razzien gegen Juden und Jazz

Die Entfernung jüdischer Musiker – und natürlich auch der Jazzanhänger unter ihnen – ging planlos und mühsam vonstatten, war aber so unabwendbar wie die Ächtung der Ausländer. Da ursprünglich kein deutscher Musiker unter seinem Namen in einer Zentralkartei erfaßt war, wurden sämtliche Juden aufgefordert, sich bis Januar 1934 bei der (im Herbst 1933 gegründeten) RMK registrieren zu lassen. Aber nicht alle jüdischen Musiker scheinen der Vorschrift nachgekommen zu sein, denn es war schwieriger, Juden nach ihrer ethnischen Zugehörigkeit oder ihrer Religion zu identifizieren, als man zunächst angenommen hatte.[65] Mehrere Male vor 1939 glaubte Goebbels, daß sich die Dachorganisation, die RKK, all ihrer jüdischen Künstler entledigt hätte, doch er wurde immer wieder bitter enttäuscht. Seinem Tagebuch zufolge stieß er besonders in der RMK auf unvorhergesehene Hindernisse.[66]

Eine der möglichen Ursachen der Schwierigkeit bestand darin, daß Hans Hinkel, Goebbels' entschlossenster Helfer, erst im Frühjahr 1935 für die RMK zu arbeiten begann und sich um zu viele andere Ämter kümmern mußte.[67] Da niemand im deutschen Kulturbereich »die Jüdische Frage« besser kannte als er, brachte kein anderer die zur Bewältigung des Problems erforderliche Dynamik auf. Der Antisemitismus war unzweifelhaft Glaubenssache für Hinkel, der im März 1931 in Himmlers SS eingetreten war und bereits in den frühen antijüdischen Kampagnen des Kampfbundes für deutsche Kultur Sachkenntnis erworben hatte.[68] Unmittelbar nach dem Machtwechsel hatte Ministerpräsident Göring Hinkel zum Staatskommissar im preußischen Kultusministerium ernannt. In dieser Funktion beaufsichtigte Hinkel weite Bereiche der kulturellen Tätigkeit von Juden. Dann, im Juli 1935, betraute Goebbels ihn damit, das gesamte deutsche Kulturleben von Juden zu »säubern«, wodurch er zusätzlichen Einfluß gewann.[69]

Ein anderer wahrscheinlicher Grund hatte mit dem umständlichen Prozeß zu tun, der für die »Säuberung« vorgesehen war. Er zog komplizierte bürokratische Vorgänge und juristische Erwägungen nach sich, die alle zeitraubend waren. Aber das Regime wollte seinen Antisemitismus gesetzlich verankern, statt eine hektische Treibjagd auf die Juden zu veranstalten. Deshalb händigte man jüdischen wie nichtjüdischen Musikern Fragebögen aus, in denen sie ihre Religion und ihre sogenannte arische Zugehörigkeit angeben sollten. Gleichwohl war es möglich, die Wahrheit zu verbergen, bis man von der Bürokratie eingeholt wurde.[70] Musiker sahen keine Verpflichtung, ihre Abstammung freiwillig preiszugeben; in den meisten Fällen, in denen Musiker des Judentums verdächtigt wurden, verlangten RMK-Funktionäre, daß man ihnen Familienurkunden vorlegte. Häufig wurden Juden auch aufgefordert, sich der Eig-

nungsprüfung zu unterziehen, und ihre Durchfallquote scheint, was nicht überrascht, hoch gewesen zu sein.[71]
Die Grundlage für den Ausschluß aus der RMK bildete Absatz 10 einer Verfügung vom 1. November 1933. Danach durfte der RMK-Präsident – zuerst Strauss, dann Raabe – »das Recht zur weiteren Berufsausübung« aufheben, wogegen allerdings Widerspruch, sogar vor einem Gerichtshof, eingelegt werden konnte.[72] Was die drei jüdischen Mitglieder der Jazzgesangsgruppe Comedian Harmonists betraf, dauerte es bis Februar 1935, bevor sie unwiderruflich aus der deutschen Musikszene verbannt wurden.[73]
Trotz alledem war es möglich, dem feingesponnenen Netz zu entgehen. Immer wieder wurden »nichtarische« Musiker von RMK-Kontrolleuren bei Auftritten ertappt. In solchen Fällen konnte es zu einem Strafverfahren wegen Übertretung des ursprünglichen RKK-Gesetzes vom September 1933 kommen. Die Berliner Sängerin Margot Friedländer, deren Vater Jude war, trat ohne eine braune Lizenzkarte illegal in der Hauptstadt auf – anscheinend mit stillschweigender Duldung eines Clubeigentümers, der sie zynisch unterbezahlte. Damals blieb sie unentdeckt.[74]
Ein dritter Grund für die Langsamkeit der antijüdischen Maßnahmen lag darin, daß sie schlecht auf die antisemitische (ihrerseits nicht einheitliche) Gesamtpolitik der Nazis abgestimmt waren. Die Judenverfolgung der Nazis hatte drei Höhepunkte: den Frühjahrsboykott von 1933, den nach der Verabschiedung der Nürnberger Gesetze im September 1935 und das ganze Jahr 1938, das im November die auf Goebbels' Initiative zurückgehende »Kristallnacht« hervorbrachte.[75] Im Frühjahr 1933 blieben jüdische Musiker ungeschoren, da die RMK noch nicht existierte und es ihren Vorgängerorganisationen in der Partei an Autorität fehlte. Die Gesetze von 1935 dagegen hatten offenkundige Folgen für jüdische Musiker und für den nun unter Anklage stehenden Jazz. Inzwischen war auch der Judenjäger Hinkel aufgestiegen. Allerdings bereitete der Zustrom von Ausländern zu den Olympischen Spielen von 1936 Schwierigkeiten, zum Beispiel im Fall teilweise jüdischer Musiker wie Margot Friedländer, denn die antisemitischen Aktivitäten wurden abgeschwächt oder eingestellt. Dies galt zweifellos für Berlin mit seinem enormen Showbusiness.[76] Aber im November 1938 war

die »Säuberung« der RMK so gut wie beendet; die meisten jüdischen Musiker hatten das Reich verlassen oder schlugen sich mit irgendeiner ganz anderen Beschäftigung durch.
Sehr wenige jüdische Musiker – wahrscheinlich weniger als hundert, darunter eine noch geringere Anzahl von Tanz- und Jazzmusikern – konnten, nachdem ihre Identität einmal bekannt war, legal im Dritten Reich auftreten. Einer von ihnen war der Trompeter Sigmund Petruschka, der mit einer zum Teil jüdischen Band, Sid Kay's Fellows, seit den späten Jahren der Weimarer Republik im Berliner Haus Vaterland und dann bis zum 6. April 1933 in Dresden gearbeitet hatte.[77] Danach war er hauptsächlich als Komponist und Arrangeur tätig, meistens für die Big Band von James Kok, der Petruschkas Foxtrott »Der Fliegende Hamburger« Anfang 1934 für die Deutsche Grammophon aufnahm. Petruschka arrangierte auch Theo Mackebens Tango »Sprich nicht von Treue«, der im Frühjahr 1935 auf dem Berliner Presseball, ironischerweise unter der Schirmherrschaft von Joseph Goebbels, gespielt wurde. Ein paar Monate später wurde Petruschka, wie er sich erinnert, vom RMK-Präsidenten mitgeteilt, daß man ihm die endgültige Mitgliedschaft in dieser erhabenen Organisation verweigere und daß er unverzüglich das Recht verliere, einen musikalischen Beruf auszuüben.[78] Da die Nazibuchhalter ihn nun zu fassen bekommen hatten, durfte sich Petruschka glücklich schätzen, daß er eine Art Karriere unter dem zweifelhaften Schutz des Kulturbundes deutscher Juden fortsetzen konnte. Diese jüdische Kulturorganisation war 1933 mit Hinkels Hilfe und mit Billigung der Gestapo gegründet worden. Der Kulturbund, der ausschließlich jüdische Künstler beschäftigte, lieferte ein buntes Unterhaltungsprogramm – von klassischem Theater bis hin zu jiddischer Volksmusik – für die zunehmend in Ghettos zusammengefaßten jüdischen Gemeinschaften, hauptsächlich in Ballungszentren wie Berlin, Frankfurt und Hamburg. Petruschka, dessen Fellows mäßig vom Swing beeinflußt waren, aber auch Elemente der jüdischen Volksmusik betonten, produzierte eine Tanzaufnahme mit hebräischen Texten, gesungen von Ferris Gondosch (früher bekannt als Friedrich Goldstein, Schlagzeuger in Ben Berlins Big Band). Die Schallplatte, unter dem exklusiv jüdischen Label Lukraphon hergestellt, wurde in jüdischen Geschäften nur an Juden

verkauft. Petruschka machte illegal weiterhin Arrangements für andere »arische« Auftraggeber, und zwar fast bis Januar 1938, als er endlich nach Palästina ausreisen durfte.[79]

Wenn die meisten jüdischen Tanz- und Jazzmusiker Deutschland in den ersten zwei Jahren der Naziherrschaft freiwillig verließen, dann aus zwei Hauptgründen: Erstens waren sie zu bekannt, um ihre Identität verbergen zu können, denn die lautstarke Nazipropaganda gegen den »Nigger-Juden-Jazz« in der Republik hatte ihre Namen bereits verbreitet. Zweitens waren sie nach dem Januar 1933 Schikanen und körperlichen Mißhandlungen durch Nazis ausgesetzt.

Zu der ersten Kategorie – also zu den Juden, die lange vor Januar 1933 aufs Korn genommen wurden – gehörten gefeierte Größen der deutschen Kaffeehausgesellschaft, etwa Dajos Béla, der im März 1933 nach Amsterdam zog, von dort nach Paris und sich schließlich in Buenos Aires niederließ. Unmittelbar nach ihm gingen Marek Weber und die noch stärker an Tanzmusik orientierten Bandleader Efim Schachmeister, Ben Berlin und Paul Godwin in die Emigration.[80] Rudi Anhang, der Gitarrist, der einst die obszöne Tänzerin Anita Berber begleitet hatte, hielt länger durch, da er in der Band des prominenten Tanzorchesterleiters Bernard Etté abgeschirmt war; doch Anfang 1936, nach der Verabschiedung der Nürnberger Gesetze, folgte er Bélas Einladung und schloß sich dessen argentinischem Rundfunkorchester an.[81]

Die umschwärmten Weintraub Syncopators waren im Januar 1933 in Frankfurt aufgetreten und im Februar in den Berliner Wintergarten zurückgekehrt. Im März begannen sie eine Europatournee, die sie zuerst nach Prag, durch die gesamte Schweiz und nach Kopenhagen führte. Während eines späteren Aufenthaltes in Rotterdam im September 1933 beschlossen sie offenbar, Deutschland fernzubleiben. Sie machten sich zu einer Odyssee auf, in deren Verlauf sie die Sowjetunion, Japan und schließlich Australien bereisten, wo Stefan Weintraub selbst in den Ruhestand trat. Während sein einstiger Pianist Franz Wachsmann in Hollywood Karriere machte und zu einem gefeierten Filmkomponisten wurde, ließ sich Weintraubs früherer Trompeter, der in Berlin geborene Adi Rosner, in Rußland nieder (nach langen Umwegen über Belgien und Polen kurz nach dem Januar 1933). Später wurde er von Stalins Regime nach Sibirien verbannt.[82]

Rosner gehörte zu der zweiten Kategorie von Juden – zu jenen, die verschiedene Belästigungen durch die Nazis erlitten. Andere in dieser Gruppe waren die Brüder Charly und Gert Reininghaus, die eine Band namens Charly Gertyn's Blue Boys geleitet hatten und dann nach Holland ausgereist waren; viel später kamen sie in einem Konzentrationslager der Nazis um. Auch Rudi Grünauer, der in Erich Börschels Band in Königsberg gespielt hatte, der Posaunist Hans Lachmann und der vielversprechende Berliner Trompeter Rolf Goldstein gingen nach Holland.[83] Nach Verhören durch die Gestapo flüchtete der Berliner Amateuragent Paul Hirson, der so vielen Jazzmusikern in schweren Zeiten geholfen hatte, 1937 zu Dajos Béla nach Buenos Aires.[84] »Die Juden verschwanden«, erinnerte sich der Pianist Georg Haentzschel 1980 in seiner Kölner Wohnung. »Bei den Streichern merkte man es ganz deutlich.«[85]

Jüdische Jazzmusiker mußten verschiedene Erniedrigungen durch die Nazis hinnehmen, bevor sie ausreisen durften. Adi Rosner zum Beispiel wurde von SA-Männern in einer Bar am Berliner Alexanderplatz zusammengeschlagen, bevor er 1933 nach Belgien abfuhr.[86] Goldstein wurde von Musikfunktionären der Nationalsozialistischen Betriebszellenorganisation (NSBO) angefallen, während er im Palmensaal des Hauses Vaterland spielte (von wo aus er am 27. Februar 1933 den Reichstagsbrand beobachten konnte).[87] Der Pianist Martin Roman, der damals eine andere Band in dem riesigen Gebäudekomplex des Hauses Vaterland leitete, wurde von SS-Männern am Saaleingang angehalten. Als er sie hinter sich gelassen hatte, erfuhr er von seinem Violinisten Peppie Marcel, daß dieser als Mitglied der NSDAP nun die Band übernommen habe. Der völlig verblüffte Roman wurde physisch von Marcel bedroht und beschloß, den unrechtmäßigen Nachfolger zu verklagen. Wahrscheinlich hätte der Pianist vor Gericht gesiegt, doch seine Mutter überredete ihn, nach Amsterdam zu fliehen. Dort konnte Roman sich verstecken, bis man ihn – viel später – nach Auschwitz brachte, wo er knapp dem Tode entging.[88]

In jenen frühen Nazijahren sorgte James Kok für eine *cause célèbre.* Der »halbjüdische« Rumäne war 1929 in Deutschland eingetroffen

und hatte bis 1932 die beste Berliner Big Band aufgebaut, sie spielte gewöhnlich in dem repräsentativen Club Moka Efti. Im November 1934 stieß das Magdeburger Klaviergenie Fritz Schulze zu ihr. Daneben beschäftige Kok andere vorzügliche junge Jazzmusiker wie die Holzbläser Erhard Bauschke und Kurt Wege, die früher in Petruschkas Sid Kay's Fellows mitgewirkt hatten.[89] Dann, Ende Januar 1935, erschien Jack Hylton zu einem neuen Besuch in Berlin, um die Jazzfans zum erstenmal seit der nationalsozialistischen Machtübernahme zu beglücken. Fremdenhaß und Eifersucht führten zu schlechten Kritiken in der offiziellen Presse. Als Zeichen ihres Mitgefühls schickten ihm sein Bewunderer Kok und dessen Kollege einen Kranz mit der tollkühnen Aufschrift: »Allen bärtigen Kritikern zum Trotz, kommen Sie wieder, Meister Hylton!« Man weiß nicht, wer der »bärtige Kritiker« war, doch der Vorfall löste einen Proteststurm seitens nationalsozialistischer Fanatiker aus.[90]
Bei Koks nächstem Auftritt im Moka Efti erschienen, wie sich der Pianist Fritz Schulze erinnert, Braunhemden, die immer wieder brüllten: »Juden raus!« Erst jetzt hatten die peniblen Naziforscher Koks »halbjüdische« Abstammung aufgedeckt. Sein Engagement in dem Berliner Club war vertraglich bis Ende April abgesichert worden, doch seinen nächsten Vertrag für eine Sommersaison auf der Ostseeinsel Rügen konnte er nicht erfüllen. Die RMK schloß ihn aus, und im Mai, nachdem er der Verfolgung durch die SS knapp entgangen war, fand er Zuflucht in England. Im Dritten Reich ließ er ein Erbe zurück, das von den liebevollen Erinnerungen seiner Musikerfreunde sowie von einigen phantastischen Aufnahmen (in vielen Fällen von Petruschka arrangiert) wachgehalten wurde. Kok überlebte den Krieg und ließ sich später in der Schweiz nieder.[91]
Der Mann, der James Koks »nichtarische« Herkunft ans Licht gezerrt hatte, war der Nazi Hans Brückner, der auch Teddy Stauffer unter Druck setzte. 1935 war er ein korpulenter achtunddreißigjähriger Tenor, ein Veteran des Ersten Weltkriegs und etlicher Provinzoperetten. Er war Verleger und Chefredakteur von *Das deutsche Podium,* einer leichtgewichtigen Halbmonatsschrift für nationalsozialistische Musiker. Der in München ansässige Brückner hatte sich der NSDAP angeschlossen; er war ein Bewunderer des Nürnberger Gauleiters und Judenhassers Julius Streicher und er-

wies sich als ein erklärter Feind des Jazz, der Schwarzen und der Juden.[92] Seiner Ansicht nach war die antisemitische Politik des Regimes nicht weitreichend und schnell genug; vor allem verärgerte ihn die Tatsache, daß die RMK-Säuberung jüdischer Tanz- und Jazzmusiker unter Verzögerungen und bürokratischer Unfähigkeit litt. Deshalb widmete er seine Verlegerkarriere dem Ziel, so viele »Musikjuden« wie möglich zu entlarven und aus dem Geschäft zu vertreiben. Dies war nicht immer leicht, da Juden, wie viele im Unterhaltungsbereich, Künstlernamen benutzten und außerdem häufig weder durch ihre physische Erscheinung noch durch ihr Verhalten von ihren »arischen« Kollegen zu unterscheiden waren.
Also ignorierte Brückner vorsätzlich die nach dem »Röhm-Putsch« vom Juni 1934 getroffene Führerentscheidung, daß die Nazirevolution gestoppt werden müsse. Die weitere Nationalisierungspolitik des Regimes solle einem angemessenen bürokratischen Verfahren folgen, weshalb Parteimitglieder nicht zur Selbsthilfe greifen dürften, schon gar nicht gegen Juden. Brückner jedoch unterstützte den Antisemitismus an der Basis. Seine Reporter zerrten jüdische Musiker eigenhändig von der Bühne oder beschimpften sie unter dem Vorwurf, »arische« Deutsche zu verdrängen, in seiner Zeitung.[93] Er machte sie zum Ziel eines unbarmherzigen Kreuzzugs, der sie beruflich ruinierte, bevor irgendein Gesetz greifen konnte.
Eines der von Brückner ins Auge gefaßten Opfer war der Violinist Paul Weinapel, der im September 1935 zusammen mit anderen »Nichtariern« in der eleganten Berliner Sherbini-Bar arbeitete. Während *Das Podium* Weinapel verleumdete, wurde sein jüdischer Pianist von Fritz Schulze abgelöst; dieser hatte gerade Koks Big Band verlassen und war unstreitig »arisch«. Weinapels Gruppe zog dann in die benachbarte Ciro-Bar, und Brückner konnte verkünden, daß die Sherbini-Bar endlich »eine rein arische Kapelle« beschäftige.[94] Aber nun mußte er die Ciro-Bar auf seinen Index setzen, und Anfang 1936 wurde »der polnische Jude Weinapel (Woynapel)« in aller Stille wieder von der Sherbini-Bar angestellt![95]
Brückner mochte beim Fang seiner Beute auf Hindernisse stoßen, doch seine Verleumdungskampagne hatte weitreichende Folgen. Harold Kirchstein, der deutsch-amerikanische Gitarrist und Mitgründer des erfolgreichen Jazzseptetts Goldene Sieben, arbeitete in

sämtlichen Aufnahme- und Tonfilmstudios und erhielt ständig überschwengliche Kritiken in der Nazipresse. Doch er wurde, wahrscheinlich mit Hilfe von Brückners Handlangern, durch seinen jüdisch klingenden Namen zu Fall gebracht. Da Kirchstein, dessen Mutter polnischer Abstammung war, seine »arische« Herkunft den Nazibehörden gegenüber nicht beweisen konnte, verschwand er mit Unterstützung Georg Haentzschels 1937 eines Tages über Nacht aus Deutschland, kehrte in seine amerikanische Heimat zurück und wurde letzten Endes in Hollywood seßhaft.[96]
Unterdessen hatte Brückner ein Problem. Kaum hatte er eine jüdische Combo für die Vertreibung auserkoren, entdeckte er zu seinem Mißmut, daß mancher deutsche Musiker immer noch jüdische Tanznummern spielte. Auch andere Nazizensoren, etwa Fritz Stege, konnten nicht verwinden, daß Melodien von Irving Berlin und George Gershwin weiterhin zum Repertoire mehrerer deutscher Bands gehörten. Zum Beispiel wurden die jungen Berliner Bandleader Hans Rehmstedt und Kurt Widmann, die bereits Swing-Experten waren, im Herbst 1937 streng von Brückner verwarnt.[97] Gegenargumente, daß Zuhörer solche Musik häufig verlangten, wurden mit der Begründung zurückgewiesen, daß es die Pflicht »arischer« Musiker sei, ihr Publikum durch die stetige Vorführung nichtjüdischer Programme zu erziehen.[98]
Zu Brückners weiterem Verdruß wurden seine musikalischen Säuberungen durch ein, wie er meinte, Netz internationaler jüdischer Verleger behindert, die unerwünschte Musikalien durch geheime Kanäle aus dem Ausland ins Reich einschleusten. Viktor Alberti beispielsweise, dem die wunderbare Alberti-Schallplatten-Vertriebs-GmbH an der Berliner Rankestraße – eine Schatzkammer für jeden Jazzfan – gehörte, war nach dem Januar 1933 nach Budapest emigriert. Er hatte die Geschäftsführung einem Verwandten, Nikolaus Weiß, überlassen. Laut Brückner empfing Weiß jüdische Sendungen sowohl von Alberti aus Ungarn als auch von seinem Cousin Ladislaus Schugal aus Italien.[99] Einige ehemals jüdische Musikalienhandlungen in Berlin, Leipzig und Hamburg schmuggelten angeblich nach der »Arisierung« jüdische Ware aus einem neuen Hauptquartier in Wien ein, bis der Anschluß im März 1938 dieser Tätigkeit einen Riegel vorschob. Vorher sollte Österreich lediglich

drei nichtjüdische Musikverleger gehabt haben! Insbesondere hegte man den Verdacht, daß Irving Berlins Melodien durch Felix Ehrenfreunds Wiener Bristol Publishers in Deutschland vermarktet wurden. Aber New Yorker Broadway-Produzenten wie Shapiro und Bernstein und ähnliche jüdische Firmen in London wurden ebenfalls bezichtigt, den deutschen Markt zu verseuchen.[100] Als man Ende Dezember 1937 »ausländische« Musik offiziell verbot, stieß diese Verfügung deshalb auf den lauten Beifall der Judenjäger, deren Fremdenhaß vom Antisemitismus noch angetrieben wurde.[101]
Im Frühjahr 1937 erhielt Brückner Dankesbriefe von nationalsozialistischen Kapellmeistern. Sie hatten die heimtückischen Juden in der Tanzmusik mit Hilfe eines Lexikons identifizieren können, das Brückner und Streichers Vertraute Christa Maria Rock 1935 zusammengestellt und vertrieben hatten. Es trug den Titel »Das musikalische Juden-ABC« und enthielt die Namen, Geburtstage und die Herkunft Tausender »nichtarischer« Musiker und Komponisten im internationalen Bereich. James Kok war darin aufgeführt, ebenso wie Dajos Béla, Paul Weinapel und die »Weintraub Syncopaters« (*sic!*).[102]
Zu dieser Zeit benutzten deutsche Musiker bereits die zweite Auflage, die 1936 herausgekommen war. Die erste hatte zahlreiche Fehler enthalten – 92 unter 4782 Einträgen, wie Brückner später gestand, aber wahrscheinlich war die Zahl weit höher.[103] Ralph Benatzky zum Beispiel, ein deutscher Komponist von Operetten und populären Liedern, hatte bereits im September 1933 bei den Behörden gegen die »Verleumdung«, Jude zu sein, protestiert, doch er wurde noch 1935 fälschlich als solcher bezeichnet. In der zweiten Auflage von 1936 war dieser Fehler berichtigt worden, denn Frau Rock, die Frau eines Düsseldorfer Zahnarztes, und Brückner selbst gaben sich große Mühe, regelmäßige Korrekturen im *Podium* zu veröffentlichen. Die Auflage von 1936 hatte Irving Berlin erwähnt, doch seinen ursprünglichen Familiennamen Balines vergessen; dies wurde in einer *Podium*-Liste vom Februar 1937 richtiggestellt. Hier war auch der Name eines gewissen Benny Goodman, »Jazzmusiker, Leiter einer Jazzkapelle in London«, abgedruckt. Goodmans Alter ego an der Klarinette, Artie Shaw, fehlte in sämtlichen Verzeichnissen (sein wirklicher Name war Arthur Arshawsky). Ge-

rüchte besagten, daß die Nazis, einschließlich Rocks und Brückners, ihn für den Sohn des irischen früheren Musikkritikers George Bernard Shaw hielten![104]
Brückner, der die dritte Auflage 1938 unter großen persönlichen Kosten herausgebracht hatte, war innerhalb der Partei zur Zielscheibe des Spottes geworden. Nichtsdestoweniger veröffentlichte die NSDAP 1941 ihren eigenen beglaubigten Judenführer; allerdings wurden Jazzmusiker diesmal demonstrativ ausgenommen.[105]
So ein Milieu war äußerst belastend für die wenigen »nichtarischen« Tanz- und Jazzmusiker, die in Deutschland bleiben und arbeiten durften. Sie waren fast ausnahmslos zur Hälfte oder zu drei Vierteln »arisch«, weshalb sie sogar von Goebbels' RKK und den Urhebern der Nürnberger Rassengesetze vom September 1935 vorläufig toleriert wurden. Wenn »Vierteljuden« um den obligatorischen RMK-Status nachsuchten, hatten sie normalerweise Erfolg, auch wenn es Schwierigkeiten geben konnte, wie im Falle des Trompeters Hans Berry. Die »Halbjuden« jedoch konnten nur mit einer fünfzigprozentigen Erfolgschance rechnen.[106] Der ausgezeichnete »halbjüdische« Tenorsaxophonist Eugen Henkel scheint zeitweilig mit einem RMK-Auftrittsverbot belegt worden zu sein, doch sonst hatte er keine Probleme, selbst nicht, nachdem sich die Besucher eines Clubs, in dem er spielte, über seine »jüdische Nase« beschwert hatten.[107] Der in Konstantinopel geborene Schlagzeuger Fritz Brocksieper, der diesen Vorfall miterlebte, war selbst »Vierteljude«, doch er wurde, soweit man weiß, nicht belästigt.[108] Die heranreifende Jazzsängerin Evelyn Künneke genoß einen gewissen Schutz, obwohl ihre Mutter »Halbjüdin« war, denn ihr Vater, der große Operettenkomponist, wurde von Goebbels und Hitler persönlich geschätzt.[109]
Da die Nazis die Juden und den Jazz bequemerweise miteinander verknüpften, führte eine Kampagne gegen die einen in der Regel auch zu einer Anklage des anderen. Umfassendere Verordnungen gegen Tanz- und Jazzmusiker nahmen in dem Maße zu, wie sich die antisemitische Politik selbst im Laufe der Zeit – zunächst bis zum Vorkriegshöhepunkt im November 1938 und dann danach – verstärkte. Umgekehrt konnten offizielle und halbprivate antijüdische

Offensiven durch zunehmende Enthüllungen über den Charakter des Jazz und Anschuldigungen gegen ihn verstärkt werden. Diese Radikalisierung, durch die voneinander abhängige Variablen sich gegenseitig, wenn auch ungleichartig, beeinflußten, kennzeichnete die Dynamik der Hitlerdiktatur.

Die Rassengesetzgebung vom September 1935 hatte einiges mit so einer wechselseitigen Determinierung zu tun. Das gleiche galt für den Übergang der RMK-Präsidentschaft von Richard Strauss auf Peter Raabe, also eine scheinbar zufällige Angelegenheit. Strauss war zwar kein Freund des Jazz, doch er haßte ihn nicht inbrünstig, und seine Schwiegertochter sowie sein Lieblingslibrettist Stefan Zweig waren Juden. Im Unterschied zu dem weltberühmten Strauss war der provinzielle Sinfoniedirigent Raabe ein leidenschaftlicher Nationalsozialist. Er begrüßte sämtliche Rassenmaßnahmen Hitlers und forderte ausdrücklich, daß die deutsche Musik von fremden Elementen zu befreien sei. Es wurde eines seiner erklärten Ziele, »ausländische Jazz- und Tanzmusik vollkommen zu beseitigen und durch Schöpfungen deutscher Komponisten zu ersetzen«.[110]

Seit Januar 1933 wurden sämtliche Tanz- und Jazzmusiker in verschiedenen Stadien ihrer Karriere durch Behörden aller Art unter Druck gesetzt. Dieser Druck verstärkte sich im Laufe der Zeit, wie sich der Saxophon- und Klarinettenbläser Franz Thon erinnert. Der Trompeter Charly Tabor bezeugt: »Die Angst, die Angst war halt da, immer da.«[111]

Wegen der polykratischen Natur des Naziregimes, doch auch wegen der Internationalität des Jazz wurden Verbote gegen ihn zuerst – und hauptsächlich – auf der örtlichen Verwaltungsebene der Provinzen erlassen. Wochen und Monate vor der Gründung des Propagandaministeriums beziehungsweise der RMK wurden Live-Jazzauftritte von NSDAP-Funktionären in Frankfurt, Regensburg (der Heimat des erznationalsozialistischen Bosse-Musikverlagshauses), Passau und Bamberg (unweit des Bayreuther Schreins) untersagt. In Frankfurt war Professor Sekles' Jazzlehrgang am Hochschen Konservatorium Ende Februar 1933 gestrichen worden.[112] Dann kam es zu einem kurzen Abflauen der Verbotswelle, da die RKK Zeit für ihre Konsolidierung benötigte, und wegen mehrerer äußerer Entwicklungen, etwa der Olympischen Spiele von 1936, Vorsicht angeraten war. Aber während die RKK zögerte, waren die Rassengesetze verabschiedet worden, so daß sich die radikaleren Kräfte auf regionaler Ebene wiederum durchsetzten. Zum Beispiel verbot der Gauleiter von Pommern das Spielen von Jazzmusik in einem wortreichen Erlaß vom November 1938. Dieser Erlaß ging der »Kristallnacht« um vier Tage voraus; auch wenn es keinen ursächlichen Zusammenhang zwischen den beiden Ereignissen gab, zeigte er doch deutlich die große Intoleranz in dieser Entwicklungsphase des Regimes.[113] Im selben Jahr verkündeten der Polizeichef von Freiburg, von den Nazis kontrollierte Gastronomenverbände in Stuttgart sowie Parteibehörden in ganz Württemberg, Franken und Thüringen ähnliche Gesetze für ihren Zuständigkeitsbereich. Im März und Mai 1939 folgten Verordnungen des Gauleiters von Sachsen und der Kölner Stadtverwaltung.[114] Das Verbot wurde auch auf Parteikader wie die Deutsche Arbeitsfront und den Nationalsozialistischen Deutschen Studentenbund ausgeweitet; die Leitung deutscher Jugendherbergen hatte dem Jazz bereits im August 1933 abgeschworen.[115]

An der Spitze der Verwaltungshierarchie hatte Minister Goebbels mittlerweile eine gewisse Abneigung erkennen lassen, durch seine RMK allgemeinverbindliche Verbote zu erlassen – trotz weitverbreiteten Drucks aus den Provinzen, die er leicht kontrollieren konnte.[116] Um bestimmte Bevölkerungskreise nicht unnötig zu verärgern, sprach er sich fürs Überreden und Überzeugen statt für offene Restriktionen aus. Dies war die Philosophie, von der sein Ministerium geleitet wurde, und ein weiteres Zeichen für den planlosen Totalitarismus des Hitlerregimes.[117] Der ansonsten ungeduldige Raabe kam dieser Vorsicht nach, wenn er wiederholt anmahnte, daß »öffentliche Selbsterziehung« den Vorrang vor »behördlichen Verboten und Geboten« haben müsse.[118]

Daher rührten die relativ geringe Zahl und die Reserviertheit von RMK-Erlassen. Nach dem Verbot von ausländischen Pseudonymen 1935, das sich schließlich sogar auf den englischen Begriff »drummer« (Schlagzeuger) erstreckte, bis hin zu den technischen Beschränkungen für Auslandstourneen von 1937 (die nicht nur Jazzmusiker betrafen), wurden wenige Verfügungen gegen live gespielten Jazz erlassen.[119] Dann, zwei Monate vor der »Kristallnacht«, verbot Goebbels persönlich die Musik von Irving Berlin, die Aufführung von Friedrich Hollaenders Filmmusik für *Die Dschungelprinzessin* sowie – als Inbegriff des »Juden-Nigger-Jazz« – Sholom Secundas populäres »Bei mir bist du shein«.[120] Das Lied dieses Komponisten jiddischer Musicals für die New Yorker Bühnen veranlaßte Raabe im Frühjahr 1939, eine »Liste über unerwünschte und schädliche Musik« herauszubringen. Im Juli folgte ein Verbot swingorientierter Tanzmusik, und einen Monat später legte der Präsident fest, »daß das Spielen von Werken jüdischer Autoren unerwünscht ist«.[121]

Die Kontrollen entsprachen ihren unterschiedlichen Ursprüngen: In den Provinzen wurden sie radikal von den Partei- und Polizeibehörden durchgesetzt, während die befugteren RMK-Wächter umsichtiger vorgingen. Die Bemühungen beider Gruppen wurden nie miteinander koordiniert. Deshalb kam es zu Anfang des Regimes infolge der abträglichen Propaganda mancherorts vor, daß SA-Männer einem Tanzorchestermitglied das Saxophon aus dem Mund schlugen; oder SS-Angehörige verboten zumindest die Benutzung des Instruments, obwohl die RMK dies nie verlangt hatte.[122] 1938 zerrte ein örtlicher Polizeitrupp den Jazzflötisten Eddie Unger willkürlich vom Podium einer Timmendorfer Strandbar. Die Gestapo schloß eigenmächtig das Frankfurter Café Hippodrom, nachdem man Klänge der Swingmelodie »A-Tisket, A-Tasket« gehört hatte.[123]

Die RMK-Vollstrecker waren in physischer Hinsicht nicht so gefährlich, doch sie besaßen eine Aura der Allgegenwart und Allmacht, besonders in der Hauptstadt, wo der Jazz um sich griff. Hier schwärmten sechs oder sieben von ihnen gewöhnlich bis Mitternacht in Bars wie Ciro, Barberina, Sherbini oder Quartier Latin und in weniger berühmte Lokalitäten aus. Angeblich hielten sie Ausschau nach den braunen RMK-Lizenzkarten, nach Schwarzarbeitern, Juden und Ausländern sowie danach, ob die Beiträge bezahlt worden waren. In Wirklichkeit hatten sie natürlich die Aufgabe, Musiker in sämtlichen Bars und Tanzetablissements einzuschüchtern, damit diese keinen Jazz spielten. Zu diesem Zweck beschlagnahmte man Notenblätter, nahm die Musiker wegen Geringfügigkeiten fest und drangsalierte sie überhaupt bei jeder Gelegenheit.

Besonders gefährlich waren Erich Woschke, ein Gelegenheitspianist, der auch Orgel und Akkordeon mäßig beherrschte, und Otto Föhl, Parteimitglied seit Mai 1933.[124] Durch ihre Machenschaften wurde der Jazzmann Walter Leschetitzky aus der RMK ausgeschlossen; er hatte nämlich erklärt, daß jeder deutsche Musiker mehr oder weniger auf Juden oder Schwarze angewiesen sei. Als der Berliner Big-Band-Leiter Heinz Wehner ein Jahr nach den Olympischen Spielen wegen seiner heißen Swingnummern in einem unerträglichen Maße schikaniert wurde, beschloß er, sich vorübergehend nach New York abzusetzen.[125]

Rundfunk und Schallplatten

Der Rundfunk, das rasch wachsende Medium aus den mittleren Jahren der Weimarer Republik, wurde zu einem unverzichtbaren Bestandteil von Joseph Goebbels' Propagandaapparat, denn Goebbels hatte seinen Wert für die Manipulation der öffentlichen Meinung bereits früh erkannt. Nach der Entlassung des alten Personals ernannte der Minister seine eigenen Kumpane, zumeist fanatische junge Männer, die er formen und denen er uneingeschränkt trauen konnte. Durch wechselseitige Ernennungen wurde der Rundfunk fest sowohl mit dem Propagandaministerium als auch mit der RKK verbunden, wo man – analog zur RMK – eine Reichsrundfunkkammer (RRK) gründete. Nach dem Juli 1933 wurde Eugen Hadamovsky unter Goebbels Chef sämtlicher Rundfunksender des Reiches; wie Hinkel war er ein gescheiterter Student und ein brutaler Vertreter der neuen Diktatur. Im März 1937 wurde der instinktlose Hadamovsky von Dr. Heinrich Glasmeier abgelöst, dem Leiter des Kölner Rundfunks, der weniger dynamisch war, den anderen Bürokraten des Dritten Reiches weniger mißfiel und sich, so langweilig er wirkte, auch versöhnlicher zeigte. Unter beiden Männern war die Jazzpolitik im wesentlichen durch ein, wenn auch schwankendes, Zensurdenken bestimmt.[126]

Der Rundfunk machte unter Goebbels riesige Fortschritte. Von 1932 bis 1943 wuchs die Zahl der Hörer im Reich von vier auf über sechzehn Millionen. Schon 1937 lauschte fast ein Drittel des Publikums Superhet-Empfängern, den empfangsstärksten verfügbaren Rundfunkgeräten. 1937 übertraf die Gesamtzahl von Rundfunkhörern in Deutschland, damals über acht Millionen, die Großbritanniens.[127]

Wie die RMK mußten die RRK und die Reichs-Rundfunk-Gesellschaft (die neue Dachorganisation deutscher Sender, die der RRK verantwortlich war) im Hinblick auf Personal- und Inhaltskontrolle ein ideologisches Problem lösen. Ihre Aufgabe war jedoch nicht ganz so schwierig, da sie es mit viel weniger Personen zu tun hatten, von denen die meisten auf ihrer Gehaltsliste standen. Nach einer ersten Entlassung namentlich bekannter Juden im Frühjahr 1933 machte die Rundfunkbürokratie 1934–35 konzertierte Versuche, eine zentrale Judenkartei anzulegen (wie Rock und Brückner in späteren Jahren), um der weniger bekannten Juden habhaft zu werden; Ausländer wurden ebenfalls diskriminiert.[128] Um die Koordination zwischen den darstellenden Künsten und dem Rundfunk zu sichern, wurde im Sommer 1936 auf Geheiß von Präsident Raabe ein Verbindungsausschuß gegründet. Er wurde passenderweise von Dr. Fritz Stege geleitet, der ständig im *Artist* gegen »nichtarische« Musik wetterte.[129]

Sobald Goebbels einen Überblick über den neuorganisierten Rundfunkbereich hatte, beschloß er, auf Kosten der ernsteren Programme eine Politik hochwertiger, leichter Unterhaltungsmusik einzuschlagen. Dafür gab es zwei Gründe. Zum ersten hatte er erkannt, daß die große Mehrheit der Hörer, die laufend durch Angehörige der weniger gebildeten und kulturell weniger anspruchsvollen sozialen Schichten verstärkt wurde, nach der schweren Tagesarbeit für die Volkswirtschaft einfache, triviale Ablenkungen benötigte.[130] Vom Standpunkt derjenigen, die am Jazz interessiert waren, bot das möglicherweise durch die Tarnung als Tanzmusik einen gewissen Schutz – je nachdem, wie man sie definierte.

Zum zweiten, und das war wichtiger für den Jazz, wußte Goebbels, daß mächtige ausländische Sender, zum Beispiel Radio Luxemburg, geistvollere leichte Musik, darunter Jazz des New-Orleans- und des neuen »Swing«-Stils, in die Heime vieler Deutscher, die diese Programme empfangen konnten, ausstrahlten. Eine größere Gefahr bestand darüber hinaus darin, daß diese Sendungen von Nachrichten in englischer Sprache, zumal mit antinationalsozialistischer Propaganda, eingerahmt sein konnten! Um diesen Gefahren zu begegnen, mußte der Minister wohl oder übel ein Mindestmaß an deutschen Jazzproduktionen in seinen eigenen Sendern akzeptieren, vielleicht zu risikolosen späten Nachtstunden.[131]

Goebbels bewegte sich hier auf einem schmalen Grat: Er scheute auf der einen Seite eine Konzentration von schwergewichtigen Angeboten, etwa von Beethoven oder Philosophievorträgen, während er auf der anderen Seite die Militärmärsche ablehnte, die die Deutschen unmittelbar nach der Machtübernahme in den Rundfunksendungen ständig hatten hören müssen.[132] Die goldene Mitte sah er in gemäßigter leichter Unterhaltung, aber da sie weiterhin den verhaßten Jazz einschließen konnte, mußte er sehr umsichtig vorgehen. Wie die kommenden Jahre zeigen sollten, hatte er dabei nur geringen Erfolg.

Da Goebbels das Medium Rundfunk, im Unterschied zur Live-Musikszene, hinreichend kontrollierte, konnte er das Prinzip von Zuckerbrot und Peitsche anwenden: Wenn er dem Publikum etwas wegnahm, das er für ungeeignet hielt, ersetzte er es durch irgendein anderes Beruhigungsmittel. Was den Jazz betraf, schwankte seine Politik bis Kriegsbeginn mehr oder weniger zwischen diesen beiden Extremen. Vor der Neuorganisation des Rundfunks im Reich durch den Minister hatte der Berliner Sender Funkstunde den Jazz im März 1933 völlig aus seinem Programm verbannt, und der Stuttgarter Sender erwog eine ähnliche Maßnahme. Deshalb verfiel Goebbels zunächst auf einen Kompromiß, um einen bestimmten Teil der Bevölkerung nicht unnötig zu verärgern.[133] Der Berliner Deutschlandsender konnte auf Langwelle überall in Deutschland empfangen werden. Hier richtete Goebbels die Goldene Sieben als eine Art Modellorchester ein; es verfügte über Jazzmusiker mit eindrucksvoller Befähigung, die allerdings durch Arrangements und einen Nazichef gezähmt wurden. Dieser Chef war der neunundzwanzigjährige Willi Stech, ein klassisch ausgebildeter, hervorragender Tanzpianist mit besten nationalsozialistischen Referenzen. Er schrieb viele der Arrangements, wobei ihm der Gitarrist Harold Kirchstein half (Stech versuchte später vergeblich, Kirchstein eine »arische« Herkunft bescheinigen zu lassen). Zu den beiden stießen

Adalbert und Waldemar (»Waldi«) Luczkowski an Geige beziehungsweise Schlagzeug, Franz Thon an Saxophon und Klarinette, Kurt Hohenberger an der Trompete und Erhard Krause an der Posaune. Diese Studioband nahm ihre Arbeit im Dezember 1934 auf.[134]

Es lag auf der Hand, daß das Adjektiv »golden« im Namen der Combo die vom Propagandaminister beabsichtigte goldene Mitte anzeigen sollte. Aber spielten diese Musiker Jazz oder nicht? Noch heute sind die Meinungen geteilt. Georg Haentzschel, der es wissen sollte, meint: »Jazz war es nicht. Es waren teilweise sehr geschickte Arrangements für die kleine Besetzung; Kirchstein besonders blies den amerikanischen Atem ein.« Eine westdeutsche Swing-Zeitschrift äußerte sich 1987 viel enthusiastischer. Über eine der Interpretationen der Gruppe schreibt sie schwärmend: »Ein ausgefeiltes Swing-Arrangement! Man experimentiert mit anglo-amerikanischen Klangfarben, von striktem Swing-Schlagzeug durch Waldi Luczkowski unterlegt. Ein trockenes tp-Solo von Kurt Hohenberger und Klarinetten-Phrasen im jazzigen Endchorus.«[135]

Vor knapp sechzig Jahren waren die Urteile genauso uneinheitlich. Während die Nazi-Musikpresse die Lockerung des »schwülstigen Jazzklanges« durch die Gruppe lobte (und damit ihre didaktische Funktion anerkannte), meinte ihr Studiotoningenieur, daß sie stets eine amerikanische Qualität eingeschmuggelt habe. Die Mitglieder hätten herausfinden wollen, wie weit sie gehen konnten, wenn sie »nicht morgen abgeholt werden« wollten. Goebbels und seine Männer übten nur einen bescheidenen Einfluß auf diese Musik aus, deshalb swingte sie immer noch so stark, daß die urteilsfähige britische Jazz-Zeitung *Melody Maker* die Bandmitglieder als »die allerbesten deutschen Musiker auf ihrem Höhepunkt« bezeichnete.[136] Die noch erhaltenen Kostproben der Musik scheinen diese Ansicht zu bestätigen.[137]

Wahrscheinlich war es diese relative Jazzqualität der Goldenen Sieben, die zumindest einem bedeutenden deutschen Rundfunkfunktionär Sorgen machte und im Sommer 1935 zu ihrer Entfernung aus dem Deutschlandsender führte. Daraufhin unterzeichnete die Band einen kommerziellen Schallplattenvertrag bei

Electrola, und Haentzschel löste den Pianisten Stech ab, der als ständiger Rundfunkmanager keine Nebenbeschäftigung ausüben durfte.[138]
Nach der Ausschaltung der Goldenen Sieben setzte der ehrgeizige Hadamovsky, mit Goebbels' unzweifelhafter Duldung, ein umfassendes Verbot der Jazzmusik auf sämtlichen deutschen Wellenlängen für den 12. Oktober an. Dies wurde in München auf einer Generalversammlung aller Direktoren der Rundfunksender verkündet, ein paar Wochen nach der Verabschiedung der Rassengesetze, was Hadamovskys direkten Hinweis auf das »kulturbolschewistische Judentum« erklärt. Um die Botschaft auch außerhalb der Rundfunksender arbeitenden Musikern zu verdeutlichen, hatte man ebenfalls eine ausgewählte Gruppe von Komponisten eingeladen.[139]
Bei dieser Gelegenheit wurde ein Sonderausschuß ernannt, der im deutschen Rundfunk gespielte *Nicht*-Jazzmusik überprüfen sollte. Zu ihr gehörten unbarmherzige Jazzfeinde wie Stege, der HJ-Musikchef Wolfgang Stumme und der RMK-Sekretär Heinz Ihlert, aber auch – hier zeigte sich wiederum Goebbels' Flexibilität – der tolerantere Nazipianist Stech.[140]
Um niemanden im Zweifel zu lassen und um die Arbeit des Ausschusses einzuleiten, erläuterte Otto Fricke, der Direktor von Radio Frankfurt, seinen Kollegen im Dezember nicht nur die anrüchige Geschichte des Jazz, sondern auch die Kriterien zu seiner Erkennung. Dazu benutzte Fricke eine American-Negro-Aufnahme von »Dinah« und andere illustrative Live-Bandmusik. Der Vortrag wurde im ganzen deutschen Sendebereich ausgestrahlt, so daß Jazzfan Dietrich Schulz, der damals an der Universität Königsberg Wirtschaftswissenschaft studierte, Frickes höchstes Grauen über die »entsetzlichen Disharmonien« notieren konnte.[141]
Während Frickes Ermahnungen ihnen noch in den Ohren klangen, machten sich Stege und seine Mitzensoren daran, Stücke wie Raymond Scotts »Christmas Night in Harlem« (in Deutschland vertrieben von der Berliner Filiale der New Yorker Firma Francis, Day and Hunter) zu verbieten, ebenso wie »Alle meine kleinen Wünsche«, eine flotte Komposition des deutschen Swingpianisten Franz Mück.[142] Um absolut sicherzustellen, daß sich keine der

Rundfunktanzbands zu weit in verbotenes Territorium vorwagte, wurde ihnen eine Reihe von Parteispionen zugewiesen.[143]

Theoretisch war die Kontrolle der Schallplattenindustrie eine sogar noch wirksamere Methode zur Unterdrückung der Jazzmusik als die des Rundfunks. Denn Schallplatten wurden mit den Namen ihrer Hersteller verzeichnet, und diese waren ihrerseits bei den Handelsbehörden registriert. Aber gerade durch den fortdauernden Außenhandel waren den Nazis die Hände gebunden, denn lange bestehende Vereinbarungen, die internationale Schallplattengesellschaften wie RCA Victor vor 1933 getroffen hatten, konnten nicht einmal von der Hitlerdiktatur über Nacht gebrochen werden. Das Regime war auf den Außenhandel angewiesen, um kostbare Devisen zu erhalten. Und wenn deutsche Aufnahmen von Beethoven-Sinfonien, dirigiert von Wilhelm Furtwängler, im Ausland verkauft werden sollten, dann mußte man auch den Import der Jazzplatten von British Decca oder American Vocalion nach Deutschland gestatten – ungeachtet dessen, daß ein Schwarzer wie Louis Armstrong und ein Jude wie Jean Goldkette an solchen Platten mitwirkten.[144]

Dadurch war die Möglichkeit halboffizieller Schikanen, die Hans Brückner so sehr liebte, nicht ausgeschlossen. Und so kritisierten er und andere Parteiaufseher wiederholt den jüdischen Einfluß, der in den internationalen Geschäften der deutschen Schallplattenindustrie überwiege.[145] 1936 wurde Telefunken von Fritz Stege gemaßregelt, weil die Gesellschaft Heinz Wehners Big Band als »Swing-Orchester« vorgestellt hatte. Ungefähr zur gleichen Zeit beobachtete der Jazzanhänger Dietrich Schulz, wie SA-Männer Jazzschallplatten zertrampelten, die sich junge Leute an einem Ostseestrand bei Königsberg angehört hatten.[146]

Deutschjüdische Jazzkünstler verschwanden von deutschen Schallplatten, weil sie ihre Arbeit aufgegeben hatten und vom Rundfunk auf eine schwarze Liste gesetzt worden waren. Dieses Schicksal ereilte den seit langem in Deutschland ansässigen James Kok, nachdem er im Mai 1935 nach London ausgereist war. Dabei hatte *Der Artist* noch am 15. desselben Monats Koks neueste Deutsche-Grammophon-Aufnahme (von der deutschen Zweigstelle der RCA Victor), nämlich die Single »Jungle Jazz – Harlem«, als ein

Die Weintraub Syncopators bei einer Ballettprobe in Berlin, 1931. Bandleader Stefan Weintraub hält die Baßtrommel. (Ullstein Bilderdienst, Berlin)

Die James Kok Band in Berlin, 1934–35. Fritz Schulze sitzt am Klavier. Erhard (»Funny«) Bauschke, Koks Nachfolger als Bandleader, ist hinter der rechten Schulter des Maestros zu sehen. (Ullstein Bilderdienst, Berlin)

Die Goldene Sieben bei einer Berliner Studioaufnahme 1935. Von rechts: Adalbert Luczkowski (Geige), Erhard Krause (Posaune), Kurt Hohenberger (Trompete), Franz Thon (Saxophon), Willi Stech (Klavier), Waldi Luczkowski (Schlagzeug), Harold M. Kirchstein (Gitarre). (Ullstein Bilderdienst, Berlin)

Femina-Tanzpalast in Berlin, Mitte der dreißiger Jahre. (Ullstein Bilderdienst, Berlin)

Emblem des Sherbini-Nachtclubs in Berlin, Mitte der dreißiger Jahre. (Privatarchiv von Kurt Michaelis, Dreieich)

Nach einem Abend im Sherbini-Nachtclub, 19. Januar 1936, um drei Uhr morgens. Von links nach rechts: Dietrich Schulz, Herb Flemming, Joachim-Ernst (»Fiddlin' Joe«) Frommann, Fritz Schulze, Kurt (»Hot-Geyer«) Michaelis. Vorn: ein nicht identifizierter schwarzer Angestellter des Nachtclubs, angeblich ein Zigarettenverkäufer. (Privatarchiv von Kurt Michaelis, Dreieich)

Die Jack Hylton Band während einer Gastspielreise im Februar 1938 in Berlin. (Ullstein Bilderdienst, Berlin)

Teddy Stauffer bei einem Berlinbesuch 1956. (Ullstein Bilderdienst, Berlin)

Eine typische Hamburger Swingszene, ca. 1939. Der führende Swing Alfred Dreyer steht an vierter Stelle von links, Helga Rönn und Hans-Joachim (»Tommie«) Scheel an fünfter und sechster Stelle. Außen rechts ist Ursula Nielsen. Zu der Gruppe gehören bezeichnenderweise auch Ausländer, nämlich der Italiener Aldo Patzono (stehend als dritter von links) und ein englischer Freund (achter von links). (Privatarchiv von Hans-Joachim Scheel, Mississauga)

Mitglieder des Leipziger Hot Club an einem ihrer »blauen Montage«, März 1934. Von links: Kurt (»Hot-Geyer«) Michaelis, Joachim-Ernst (»Fiddlin' Joe«) Frommann, Hans-Hugo (»Dreamy-Hot«) Helbig. (Privatarchiv von Kurt Michaelis, Dreieich)

Jutta und Inga Madlung mit ihrem jüngeren Bruder, Hamburg, Anfang 1942. Sie sind mit Säcken bekleidet. (Privatarchiv von Inga Madlung-Shelton, London)

Auf der Bühne der Berliner Scala, 1939. Otto Stenzel steht rechts neben dem Clown. Man beachte die asiatischen Künstler. (Ullstein Bilderdienst, Berlin)

»vorbildlich und exakt gespieltes ›heißes‹ Arrangement« gelobt. Doch ein Jahr später wurden all seine landesweit bewunderten Singles in einer Rezension gängiger deutscher Tanzmusikplatten einfach ignoriert.[147]

Ausländische Jazzplatten konnten im allgemeinen in den besseren Musikgeschäften, etwa im Berliner Alberti-Schallplattenladen, gekauft werden, solange keine Knappheit herrschte. Wenn man solche Platten erwarb, war es stets empfehlenswert, es ohne allzu großes Aufsehen zu tun, denn Polizisten in Zivil konnten in der Nähe sein und sich Notizen machen. In dem ungewissen Terrain der Nazigesetzlichkeit konnten solche Käufe später als Vergehen interpretiert werden, besonders in Verbindung mit echten strafbaren Handlungen. Um sowohl Knappheiten wie Schikanen zu vermeiden, war es natürlich am besten, solche Produkte im Ausland zu erstehen oder sie sich von ausländischen Versandfirmen schicken zu lassen. Dies war bis zu einem bescheidenen Betrag von zehn Mark pro Monat erlaubt.[148]

Für die hochgeschätzten ausländischen Jazzaufnahmen, ob sie nun direkt importiert oder von deutschen Lizenzfirmen verkauft wurden, kam das Ende im Dezember 1937. Am 9. Dezember vertraute Goebbels seinem Tagebuch seine Genugtuung an, denn »letzte Reste der Schallplattenindustrie werden nun auch arisiert«.[149] Am 14. Dezember, fünf Monate nach George Gershwins weithin publiziertem Krebstod, gab Goebbels' Ministerium eine Anweisung heraus, in der es hieß, daß »alle Schallplatten, an denen nichtarische Autoren oder Künstler mitgewirkt haben, mit Wirkung vom 1. April 1938 für den Verkauf in Deutschland verboten« seien.[150]

Gewisse Ereignisse hatten diese Entwicklung gefördert. Nach einem zweijährigen Schweigen über »die Jüdische Frage«, das in einem hohen Grade durch die Olympischen Spiele verursacht war, hatte Hitler seine öffentlichen Angriffe gegen die Juden auf dem Parteitag vom September 1937 wiederaufgenommen. Vor allem tobte er über die Rolle der Juden im Bolschewismus und ihre angebliche Mitwirkung auf republikanischer Seite im Spanischen Bürgerkrieg. Dem britischen Historiker Ian Kershaw zufolge wurde damit »die neue Welle antijüdischer Aktionen und Propagandamaßnahmen vorbereitet, die in den letzten Monaten des Jahres 1937 begann

und sich im ganzen folgenden Jahr fortsetzte«, bis sie schließlich ihren Höhepunkt in der »Kristallnacht« fand.[151]
Spätestens seit Februar 1937 war die jüdische Abstammung Benny Goodmans, des amerikanischen »King of Swing«, in Nazideutschland bekannt, wenn auch nicht in weiten Kreisen. Im Oktober 1937 soll er in New York ein Benefizkonzert für General Francos Gegner gegeben haben. Zwar läßt sich heute nicht mehr verifizieren, ob dieses Konzert stattfand, doch Goodman hätte zweifellos die Gelegenheit dazu gehabt, denn seine Band war gerade nach einer Tournee durch Kalifornien und Texas nach New York zurückgekehrt. Damals erhielt Goodman national und international Ovationen als brillantester Jazzmusiker aller Zeiten.[152] In der 1937 von Electrola veröffentlichten »Swing Music«-Broschüre wurde er als »einer der besten Klarinettisten der Welt« bejubelt, und man hatte seit anderthalb Jahren in Deutschland ziemlich stark für seine Swingaufnahmen geworben. Doch nun wurde er von Goebbels' Handlangern als Hauptmissetäter des »Juden-Jazz« angeprangert, und man verbot seine Musik. Dies beeinträchtigte den Absatz seiner importierten oder in Deutschland in Lizenz gepreßten Platten ebenso, wie den seiner von anderen Künstlern gespielten Kompositionen und seiner publizierten Notenblätter.[153] Gleichzeitig wurden die Aufnahmen aller anderen bekannten jüdischen Jazzmusiker und, nicht viel später, auch die jüdischer klassischer Komponisten verboten.[154]
Die Verbote wurden im Laufe des gesamten Jahres 1939 durch verschiedene Verfügungen auf andere jüdische Musik und Musiker, etwa auf Irving-Berlin-Melodien, ausgedehnt.[155] Der Königsberger Student Dietrich Schulz erinnert sich, 1938 in einem Berliner Electrola-Schallplattengeschäft eingekauft zu haben. Goodman- und Gershwin-Aufnahmen waren bereits ausverkauft, doch auf dem Regal lagen noch einige Mendelssohn-Werke. Schulz, der jegliche Musik liebte, kaufte sie alle.[156]
Nach dem Frühjahr 1938 begann also eine potentielle Krisenperiode für deutsche Sammler von Jazzschallplatten. Aber da die Nazibehörden, was typisch war, das Verbot ausländischer Jazzaufnahmen sehr uneinheitlich handhabten, war es oft möglich, Löcher in dem sehr unvollkommenen Netz zu finden. Man konnte immer noch Platten im Ausland bestellen und hoffen, daß sich unwissende

Zollbeamte täuschen ließen. Diese Hoffnung erfüllte sich für Schulz in Magdeburg. Andere schmuggelten Schallplatten unter hohem Risiko für sich selbst über die Grenze, zum Beispiel Teddy Kleindin, ein Mitglied von Heinz Wehners Gruppe, als sie aus Schweden zurückkehrte.[157] Alberti, seit langem auf dem Index der Nazis, verkaufte weiterhin heimlich anglo-amerikanische Jazzaufnahmen, wobei falsche deutsche Etiketten auf die Originalplatten geklebt wurden.[158]

Der wohlhabende junge Jazzliebhaber Hans Otto Jung aus Lorch am Rhein, der selbst ein geübter Swingpianist war, brachte von Besuchen in Italien verbotene Platten mit. Außerdem bedrängte er die im internationalen Geschäft tätigen deutschen Plattenfirmen. Im Juni 1938 schrieb er an Electrola: »Es ist sehr schade, daß Sie in letzter Zeit so viele Platten von Ihren Listen streichen mußten, weil diese Platten angeblich nichtarischer Herkunft sind. Die Swingfreunde (und dazu gehöre auch ich) bedauern dies besonders, da ihnen solche Meister, wie gerade Benny Goodman u. Fletcher Henderson genommen sind.« Er bekam keine Antwort auf diese Beschwerde, doch die Deutsche Brunswick informierte ihn schriftlich, daß Singles aus ihrer Sammlung – darunter Duke Ellingtons Komposition »In A Sentimental Mood«, gespielt von Jimmy Dorsey – nun nicht mehr verfügbar seien. Ein Jahr später spendete Kristall, ein großer Berliner Einzelhandel, einen gewissen Trost, denn Jung erhielt dort Exemplare eines veralteten Katalogs, in dem es noch – mittlerweile ein reines Memento – einen Eintrag für Benny Goodmann *(sic!)* gab![159]

Bezeichnenderweise bedauerte Jung nicht nur den Verlust des jüdischen Musikers Goodman, sondern auch den des schwarzen Big-Band-Leiters Henderson. Durch das Verbot vom 17. Dezember 1937 waren implizit auch schwarze Künstler wegen ihrer »nichtarischen« Rassenzugehörigkeit ins Visier geraten, wiewohl die Nazis erhebliche Schwierigkeiten hatten, sämtliche ausländische Schwarze zu identifizieren. Ende November hatte die SS Goodman, Irving Berlin und George Gershwin sowie »ein halbes Dutzend Neger« gebrandmarkt.[160] Letztlich war es schiere Ignoranz, die das Propagandaministerium veranlaßte, die Werke gewisser schwarzer Musiker zu verbieten und die vieler anderer nicht zu beanstanden.

Auch die Behandlung einzelner Musiker war in sich nicht schlüssig: Während Jung zum Beispiel die Suche nach Henderson-Schallplatten im Juni 1938 aufgegeben hatte, waren die Aufnahmen des Bandleaders immer noch in einem Brunswick-Katalog vom März 1939 enthalten.

Ellingtons »Sentimental Mood« war zwar gestrichen, doch demselben Katalog zufolge bot die Brunswick mehrere andere Werke des Meisterpianisten an, beispielsweise »Caravan«, vorgetragen von der schwarzen Gesangsgruppe The Mills Brothers. Diese Version wurde erst im Juli 1939 ausdrücklich verboten.[161] Das unlogische Verhalten der Nazis mochte manchen schwarzen Künstlern eine Zeitlang zugute kommen, doch umgekehrt konnte es auch »Nichtariern« schaden, die fälschlich für Juden oder Schwarze gehalten wurden. Dies widerfuhr dem vollendeten amerikanischen Altsaxophonisten Frankie Trumbauer, der laut Brunswick-Katalog von 1936 »deutscher Abstammung« war. Da Goebbels' Experten ihn für einen Juden hielten, war sein Name spätestens bis 1939 aus den Listen der deutschen Marken verschwunden.[162]

Anläufe zu einem »Deutschen Jazz«

Goebbels' Kontrollen des Jazz mit Hilfe seines Einflusses auf Live-Auftritte, Rundfunk und Schallplattenindustrie waren negative Maßnahmen gewesen, die sich gut in Hitlers diktatorisches System einfügten. Aber nicht zuletzt deshalb, weil sowohl der Führer als auch Goebbels als populäre Staatsmänner gelten wollten, hatten die Maßnahmen keinen endgültigen, sondern einen vorläufigen Charakter. Hitler und Goebbels verachteten den Jazz und *wünschten* keinen Kompromiß, aber sie wurden durch ihren Unwillen, als Tyrannen zu erscheinen, und durch die Unzulänglichkeit ihrer Bürokratie zu Zugeständnissen gezwungen. Goebbels' Tagebücher sind nach 1932 voll von Bekundungen einer tatsächlichen oder eingebildeten Liebe zum Volk sowie von Äußerungen der Entrüstung über die Unfähigkeit seiner Verwaltungsbeamten auf allen Ebenen.

Hitler und Goebbels sahen sich selbst als populistische Revolutionäre, die etwas Neues aufbauten. Um den Eindruck von Wohltätigkeit zu verstärken, beschlossen sie, die negative Politik gegen den Jazz alten Stils durch eine positive Politik zu ergänzen. Die sollte der Schaffung eines neuen deutschen Idioms, eines »Deutschen Jazz«, dienen. Doch dieser Versuch war von Anfang an zum Scheitern verurteilt, denn er lief auf die sprichwörtliche Quadratur des Kreises hinaus. Goebbels könnte erkannt haben, daß der Jazz in Deutschland eine elitäre Musik war, die einer kleinen, dynamischen unteren Mittelschicht sowie einigen Teilen der Oberschicht jüngeren Alters gefiel – kurz gesagt, jenen Bevölkerungsteilen, aus denen künftige führende Politiker im Idealfall nachrückten. Eines der Probleme des Jazz war jedoch, daß er häufig in vulgäre Tanzmusik eingebettet war, für die sich breite Bevölkerungskreise begeisterten. Diese Verbindung mit der Tanzmusik stand im Widerstreit mit jeglichem Elitedenken und hatte sogar in nichtdiktatorischer Zeit häufig dazu geführt, die Anerkennung des Jazz als Kunstform zu untergraben.

Die originellen deutschen Versuche, einen nazispezifischen Jazz zu schaffen, waren schon deshalb überholt, weil die Nazikomponisten und -arrangeure nur zu altmodischen deutschen Musikstilen und -formaten greifen konnten. Die nun sehr ausgeprägten populistischen Absichten neutralisierten auch alle besonderen Aspekte des Jazz, die sein Raffinement ausmachen. Die Nazis vereinfachten die neue Musik in melodischer und harmonischer Hinsicht allzusehr und setzten grob herkömmliche Instrumentierungen und Intonationen ein. Sie hofften, den neuen Sound als Tanzmusik dadurch für mehr Menschen attraktiver zu machen. Gemeinhin war der Jazz seltsamerweise immer noch bei seinem ursprünglichen amerikanischen Namen genannt worden, wie aus den Fachzeitschriften ersichtlich ist; dadurch konnte man den Begriff implizit auf eine breite Vielfalt von Tanz- und Unterhaltungsgenres ausdehnen, die vom New-Orleans- oder Chicago-Jazz weit entfernt waren. Aber nun beschloß man, die neuen Schöpfungen von der alten, verabscheuten Terminologie zu befreien. Bei ihrem ersten Versuch, eine nie dagewesene deutsche Kunstform zu produzieren, bezeichneten die Nazis ihr geplantes Erzeugnis als »Neue Deutsche Tanzmusik«.[163]

Die Heranziehung der Goldenen Sieben für den Rundfunk war 1934 der erste Anlauf dazu gewesen, Vorbilder für deutsche Tanz-

und Jazzmusiker zu schaffen. Da die Aufgabe der Goldenen Sieben jedoch an ihrem immer noch zu amerikanischen Sound gescheitert war, hatte Hadamovsky, in Verbindung mit den Zensurinstanzen, im Oktober 1935 sein Jazzverbot für das gesamte Rundfunknetz ausgesprochen. Doch diese Verfügungen wurden von Zuhörern wie Musikern für unnötig drastisch gehalten, so daß Goebbels' Ministerium unter Druck geriet. Seine Vertreter hatten deshalb den Einfall, ein weiteres, frischeres Vorbild für den deutschen Jazz aus der Taufe zu heben – eines, das für alle Zeiten seinen Zweck erfüllen sollte.[164] Man wollte einen Rundfunkwettbewerb abhalten, bei dem man deutsche Bands einlud, sich für örtliche und regionale Konkurrenzen sowie für das Finale in Berlin zu qualifizieren; das Urteil sollte von einem interessierten Zuhörerpublikum und einer Expertenrunde gefällt werden. Der erste Preis war ein dreimonatiger Vertrag in Höhe von 18 000 Mark mit dem nationalen Sendernetz; die zweit- und drittplazierten Bands würden ähnliche, wenn auch kürzere Engagements erhalten.[165]

Das Unternehmen erhielt den ausdrücklichen Segen der beiden führenden Tanzorchesterleiter Deutschlands, Barnabás von Géczys und Oskar Joosts.[166] Sie selbst konnten aus drei Gründen nicht an dem Wettbewerb teilnehmen. Erstens durften sich nur Neulinge ohne frühere Rundfunkengagements bewerben. Zweitens – und das war wichtiger – waren Géczy und Joost bereits zu bekannt, um sich zu einer derartigen Aktion herabzulassen. Drittens hatte sich schon herausgestellt, daß ihre Musik als Jazzersatz untauglich war, da sie das jüngere, puristische Publikum nicht begeistern konnte.[167]

Nicht, daß sie den Behörden unwillkommen gewesen wären – ganz im Gegenteil! Der achtunddreißigjährige Géczy war ein klassisch ausgebildeter Ungar, der Streichinstrumenten vor Blasinstrumenten den Vorzug gab; er dirigierte sein häufig schmalziges Gesellschaftsorchester mit einer Disziplin, die den Nazis sehr zusagte. Der frühere Budapester Konzertmeister hatte den Aufstieg in die erlauchtesten Kreise des offiziellen Deutschland geschafft. Als Günstling von Goebbels und Hitler konnte er die höchsten Gagen in den exklusivsten Ballsälen der Nation verlangen. Géczy war im Grunde kein Nazi, sondern in erster Linie ein Opportunist, der seinen Vorsatz, keine jüdischen Kompositionen zu spielen, weithin bekanntgemacht hatte.[168]

Oskar Joost, ein Jahr jünger als Géczy, unterschied sich von ihm dadurch, daß er in der Republik zunächst ein vielversprechender Jazzbandleader gewesen war. Doch dann hatte er seinen Stil den von ihm erahnten neuen Richtlinien des Regimes angepaßt. Er kannte sich mit dem Jazz aus und beschäftigte Jazzmusiker, unter denen der Trompeter Kurt Hohenberger sowie der Pianist und Arrangeur Franz Mück am kreativsten waren. Aber der Violinist und Saxophonist Joost, ein extrem nationalistischer Teilnehmer am Ersten Weltkrieg, machte kein Geheimnis aus seinem Haß auf die Juden; er war im April 1933 in die NSDAP eingetreten. Von 1930 an spielte seine Band in einem der ersten deutschen Hotels, dem Berliner Eden, und im Oktober 1935 begann sie eine neue Bühnenshow in dem riesigen Femina-Ballsaal. Durch diese Arbeit und ein kleines Parteiehrenamt wurde Joost aufs beste mit leitenden Berliner Rundfunkangestellten und mit dem Kulturbürokraten Hans Hinkel bekannt.[169]

Der neue deutsche Musikwettbewerb hatte von Anfang an – und in seinem Verlauf – mehrere gravierende Mängel. Zum einen wurde er durch sich widersprechende Ziele behindert: Obwohl das Ereignis eigentlich dazu diente, einen zeitgenössischen deutschen Musikstil zu finden, führte es in der Praxis dazu, daß sich bis dahin unbekannte Tanzorchester vorstellten. Außerdem gehörten zu den Schiedsrichtern auf nationaler Ebene einige Männer, die allem, was dem Wesen des Jazz nahekam, mit tiefen Vorurteilen begegneten, so daß das Ergebnis für Kenner von vornherein feststand. Eugen Hadamovsky war Vorsitzender des Beurteilungsausschusses. Der klassische Komponist Professor Paul Graener von der RMK war, wie sein neuernannter Chef Peter Raabe, ein erklärter Jazzfeind. Dr. Willy Richartz von der Berliner Rundfunkzentrale hatte den Sturz der Goldenen Sieben veranlaßt, und Dr. Fritz Stege, der mit einiger Verspätung hinzukam, war seit langem berüchtigt für seine Antijazzkampagne.[170] Um sich bei den Schiedsrichtern einzuschmeicheln, spielten viele Bands während des dreistufigen Wettbewerbs nach Möglichkeit Richartz' eigene Kompositionen. Es waren die Werke eines Mannes, der die »Melodie« hochhielt, wie er selbst einmal Stege gegenüber äußerte. Er hatte langweilige Stücke wie den Foxtrott »Melodie der Liebe« und den Marschfoxtrott »In der Krone ist großer Manöverball« geschrieben.[171]

Der Wettbewerb dauerte bis Anfang März 1936. Er war überall im Reich nachlässig organisiert. In Königsberg fehlten Saiten am Konzertflügel; in Hamburg durfte eine Band in ihrem gewohnten Rahmen auftreten, wodurch sie unfairerweise sämtliche Stimmen ihrer Fans erhielt; das für die Bewertung zuständige Publikum begann häufig zu tanzen, statt sich ernsthaft mit der Musik zu beschäftigen. Natürlich könnte man all diese Dinge als Bagatellen abtun.[172] Aber während letztlich ungefähr fünfhundert Bands aus ganz Deutschland an dem Ereignis teilnahmen, durchschaute wenigstens ein Regionalsender, der Kölner Rundfunk, die Absurdität des Ganzen und verzichtete darauf, Finalisten in die Hauptstadt zu schicken.[173]

Der Skandal in der verworrenen Endrunde, die am 13. März 1936 sinnigerweise im Berliner Zoo abgehalten wurde, machte die Zensurpläne der Bürokraten deutlich und entlarvte Hadamovsky als einen unbeholfenen Fanatiker. Die Fritz-Weber-Band – eine selbst nach kritischen deutschen Maßstäben recht heiße Formation, die bereits in einigen der besseren Clubs Deutschlands spielte – hatte die Ausscheidung von Radio Hamburg gewonnen.[174] Sie erschien sämtlichen wahren Jazzfans, sowohl im Publikum als auch unter den Hörern des nationalen Rundfunknetzes, als Favorit und wurde tagelang als sicherer Sieger gehandelt. Aber ein solches Ergebnis wäre peinlich für Goebbels' Personal gewesen, denn es hätte die alten Werte bestätigt, die ja gerade beseitigt werden sollten. Deshalb wurde das Abschlußvotum dahingehend manipuliert, daß ein völlig unbekanntes Orchester, die von Radio Frankfurt gesponserte Willy-Burkart-Gruppe, den ersten Preis erhielt (wonach man nie wieder von ihr hörte). Eine ebenso harmlose Band belegte den zweiten Platz, und Weber mußte sich mit dem dritten Preis trösten.[175]

Am Ende war niemand zufrieden: weder die Verantwortlichen des Regimes, denen es nicht gelungen war, einen brauchbaren Ersatz für den modernen Jazz zu finden; noch die Organisatoren, die durch die Anwendung von Gaunermethoden das Gesicht verloren hatten; noch die vielen mittelmäßigen Musiker, die einfach hereingelegt worden waren, denn sie hatten Geld und Zeit aufgewandt,

um sich eine vorübergehende und meist nur örtlich begrenzte Publizität zu verschaffen. Gewiß, Weber und seine Fans hatten gut lachen: Er war ohnehin nicht auf diese Werbung angewiesen, danach spielte er in ganz Deutschland ständig vor vollen Häusern.[176]
»Wenn aber eine Einrichtung derart im Volke Wurzel geschlagen hat wie der Jazz«, sinnierte Stege, »dann ist es nahezu unmöglich, mit Verboten allein Erfolge zu erzielen, wenn man nichts Besseres an die Stelle der Jazzband zu setzen weiß.« In diesem Fall sagte der nationalsozialistische Musikkritiker einmal die Wahrheit.[177]
Gleichwohl ließen die Versuche der Nazis, einen »Deutschen Jazz« zu kreieren, nach diesem Fiasko nicht nach. Vom Sommer 1936 bis Anfang 1937 arbeitete Oskar Joost mit Hadamovsky und Richartz an einer Absprache, die darauf abzielte, eine beispielhafte Tanzband sowie eine neue RMK-Abteilung unter seiner Leitung zu schaffen. Der flexible Bandleader hatte sich im Frühjahr 1936 beim Regime beliebt gemacht, indem er eine freiwillige Reserveausbildung in der neugegründeten Wehrmacht ableistete. Er hatte bereits einen Vertrag mit dem auf der Langwelle zu hörenden Deutschlandsender, wo seine Band auf eine Weise spielte, die anderen Tanzmusikern als Anleitung dienen sollte. Dies war höchstwahrscheinlich von dem reaktionären Richartz veranlaßt worden.[178]
Im Herbst 1936 war Joost in der Lage, Hinkel einen detaillierten Vorschlag zu unterbreiten; er benötigte dessen Kooperation, wenn sein RMK-Plan verwirklicht werden sollte. Unterstützt von Hadamovsky und Richartz, beabsichtigte Joost, ein »Musterorchester für den gesamten deutschen Rundfunk« zu leiten.[179] In dieser Funktion sollte Joost so präzise wie möglich festlegen, wie deutsche Tanzmusik – vom Jazz ganz zu schweigen – von seiner eigenen und anderen deutschen Bands gespielt werden mußte. Seine eigene Big Band sollte über nicht mehr als vier Saxophone verfügen (hier zeigte sich wieder die klassische Ablehnung des Jazz), aber sie würde elf Streichinstrumente, darunter sechs Geigen, verwenden. Spezielle Kompositionen und Arrangements sollten so geschrieben werden, »daß auch die letzte Kapelle – und mag ihre Besetzung noch so klein sein – sich einmal an den Programmen des geplanten Orchesters sowie an dem Aufführungsstil ein Beispiel nehmen kann«. Jeder seiner Mustermusiker sollte vom Reich ein Gehalt in Höhe von etwa 700

Mark monatlich erhalten, wobei ein Sonderbonus für den Leiter vorgesehen war – Gesamtaufwand 200 000 RM. Die musikalischen Arrangements würden zusätzlich bezahlt werden.[180]

Mitte November hatten sich Joosts Pläne stärker herauskristallisiert. Da der Bandleader als künftiger Jazzpolizist Deutschlands Vollmachten »im Geiste und Sinne des nationalsozialistischen Führerprinzips« benötigte, sollte sich Hinkel für die Gründung der speziellen RMK-Tanzmusikabteilung engagieren. Joost beabsichtigte vor allem, den Einfluß der Juden auszuschalten, »dieser Brunnenvergifter« wie Friedrich Hollaender, Mischa Spoliansky und Viktor Alberti, die als Vermittler in dem durch die Hintertür betriebenen Notengeschäft immer noch eine spürbare Kontrolle ausübten. Joost argumentierte, daß sein neues RMK-Amt unter der unmittelbaren Aufsicht von Präsident Raabe mit nationalsozialistischer Führungsautorität auszustatten sei. Durch seine Vielfachfunktion als Zensor für Tanzmusik im Rundfunk, auf Schallplatten, auf der Bühne, im gesamten Musikverlagsgeschäft und letztlich im Film hoffte Joost, jedes ihm zur Prüfung vorgelegte Stück als »musikalisch wertvoll« oder »rhythmisch ungeeignet« einstufen zu können. Nur eine so radikale Säuberungsaktion, behauptete Joost, biete die Chance, die deutsche leichte Unterhaltungsmusik vor dem fortschreitenden Verfall zu retten.[181]

Die Verhandlungen zwischen Joost und dem launenhaften Hinkel zogen sich bis weit ins Jahr 1937 hinein, aber damals zeichnete sich der Abstieg des Rundfunkchefs Hadamovsky bereits ab. Am 17. März teilte Joost Hinkel mit: »Herr Dr. Richartz bat mich aber nochmals, die Sache unbedingt zu beschleunigen, da sonst das Projekt in diesem Jahre ins Wasser fallen würde.« Doch zwei Tage später ließ Goebbels den ungeschickten Hadamovsky durch den Kölner Rundfunkchef Heinrich Glasmeier ablösen, woraufhin sich Joosts groteskes Hirngespinst in Luft auflöste. Der Bandleader betätigte sich weiterhin in den Gesellschaftsballsälen der Nation, doch ohne besondere Vollmachten. Er starb während des Zweiten Weltkriegs an Lungenentzündung, nachdem er an der russischen Front gedient hatte.[182]

Auch diese Eskapade setzte dem nationalen Neukonstruktionsunternehmen noch kein Ende. Es gab einen weiteren, noch komische-

ren Versuch, den Jazz durch ein Kunstprodukt zu ersetzen. Dafür war Wilhelm Hartseil verantwortlich, ein strammer sechsundvierzigjähriger SA-Mann mit einer wechselvollen Vergangenheit, der im Zuge der Goebbelschen Umbildung von Rundfunkposten im März 1937 neuer Direktor des Leipziger Senders wurde.[183] Hartseil hatte den Geistesblitz, den Jazz durch Gesellschaftstanzmusik zu verdrängen. Er wollte unter Mitwirkung professioneller Tanzlehrer verschiedene »neu-deutsche« Tanzstücke mit geeigneten Orchestern aufführen. In einem kleineren Maßstab als der Wettbewerb von 1935 bis 1936 sollten diese Ereignisse im Rundfunk – wenn auch nur in Sachsen durch den Reichssender Leipzig – ausgestrahlt werden.
Die Serie begann im Januar 1938 und zog sich weit bis in den Herbst des Jahres hinein; dazu wurden viele örtliche Tanzsäle in Sachsen und sogar in Nachbargebieten genutzt. Man ermutigte die Hörer, Briefe an den Sender zu schreiben, und die Reaktion war überwiegend positiv, denn nur diejenigen, die banale Musik von vornherein zu schätzen wußten, machten sich die Mühe, zur Feder zu greifen. Welchen Zweck konnte es haben, Kritik zu üben? Daraufhin ließ der Direktor des Senders, eitel wie er war, die schmeichelhaftesten Auszüge vervielfältigen. Diese Briefe belegten natürlich, daß »Nigger- und Juden-Jazz« entsetzlich sei (aber nun dank den Nazis wenigstens vom Leipziger Sender nicht mehr ausgestrahlt werde); daß es *tatsächlich* deutsche musikalische Alternativen gebe, zum Beispiel Kompositionen für den neugeschaffenen »Eisenbahntanz«; und daß solche ermutigenden Aktionen häufiger wiederholt werden sollten.[184] Andererseits wußte Hartseil wahrscheinlich nur zu gut, daß sein Unternehmen mehr als einfältig gewesen war und keinesfalls diejenigen beeindruckt hatte, auf die es wirklich ankam: die treuen New-Orleans-Jazz- und Swingmusiker und ihre nicht auszurottenden Fans in Deutschland.
Abgesehen von albernen, isolierten, verzweifelten Offensiven, die von der SA und der HJ in den letzten Monaten vor dem Krieg eingeleitet wurden, war dies das Finale des nationalsozialistischen Kampfes um die Verdrängung des Jazz.[185] Der Jazz war zwar auf den Index gesetzt worden, aber man konnte ihn nicht unterdrücken, und das Regime war nicht in der Lage, einen auch nur annähernd tauglichen Ersatz für ihn zu finden.

2. Trotziger Jazz
Die Wiederbehauptung einer Kultur

Der Jazz lebt

Der Jazz im Dritten Reich erwies sich als eine unverwüstliche Kunst. Infolge der unvollkommenen Kontrollen, der verbesserten Bedingungen nach der Wirtschaftskrise und der zentralen Lage Berlins, das 1936 pompöse Gastgeberin der Olympischen Spiele war, bestand diese Musik nicht nur weiter, sondern gedieh sogar nach dem Januar 1933 in Deutschland prächtig – bis hin zum Kriegsausbruch. Die Gegner wie die Liebhaber der Jazzmusik haben dies anschaulich und klar bezeugt und dadurch die fortbestehende Nachkriegslegende widerlegt, daß der Jazz nach den Olympischen Spielen in eine Periode der Unterdrückung zurückgefallen sei.[1]

»Ja – es ist wahr: der Jazz lebt noch immer unter uns – trotz aller Verbote und Verordnungen«, lamentierte Fritz Stege im März 1937. Die Braunhemden bemerkten ein Jahr später, daß der Swing »in den vornehmsten Nachtlokalen der Reichshauptstadt und der Provinz« eine überragende Rolle spielte. Gegen Ende des Jahres machten übereifrige nationalsozialistische Studenten ähnliche Schuldige ausfindig: »Der Jazz blüht in den repräsentativsten Hotels, die gleichsam das Aushängeschild des Deutschen Reiches für den Ausländer sind, ebenso in den Bars, die ihre Tore erst öffnen, wenn das Sonnenlicht des Tages verschwunden ist.« Musiker und Fans waren der gleichen Meinung, aber sie hegten genau umgekehrte Gefühle. »In Berlin hört man viel diese nervenzerstörende Triebmusik«, lautete im Dezember 1935 nach einer heißen Nacht die ironische Botschaft eines Leipziger Jazzbegeisterten an seine zu Hause gebliebenen Freunde. Und hinsichtlich der Olympischen Spiele entsann sich Otto Stenzel, der souveräne Bandleader des Scala-Orchesters, ein paar Jahre vor seinem kürzlichen Tod: »Es war enorm viel los und war wunderbar, und wir konnten heiß spielen, wie wir wollten; es war die Swingmusik der Amerikaner.«[2]

Aber war es wirklich »die Swingmusik der Amerikaner«? In den Vereinigten Staaten hatte die Jazzmusik seit den späten zwanziger Jahren so etwas wie eine Metamorphose durchgemacht. Gunther Schuller verweist darauf, daß eine schöpferische Krise in der Musik führender Stilisten wie Louis Armstrong und die Auswirkungen der Weltwirtschaftskrise zusammenfielen, so daß eine doppelte Zwangslage für den Jazz entstand. Als sich die Musik in den frühen dreißiger Jahren erholte, tat sie es auf der Grundlage der alten melodischen, harmonischen und rhythmischen Formen. Aber sie gewann ihre Stärke auf eine andere, progressive Art wieder.
Bedeutende Elemente dieses Wandels lagen in einem neuen Einsatz der traditionellen Rhythmus-Gruppe, wo antiquierte Instrumente wie Tuba und Banjo endlich von moderneren verdrängt wurden, in diesem Fall von Kontrabaß und Gitarre. Pianisten und Schlagzeuger übernahmen genauso wie Bassisten und Gitarristen konstruktivere Rollen sowohl in der Rhythmus-Gruppe wie auch als Solisten. Rhythmisch kam es zu einem Übergang von einem Two-Beat-pro-Takt zu einer Four-Beat-Artikulation, die auf dem Kontrabaß (»walking bass«) und der Baßtrommel ausgeführt wurde. Man brachte Riffs ein, also ständig wiederholte Zwei- und manchmal Vier-Takt-Phrasierungen. Und in melodischer Hinsicht wurden die Solochorusse eleganter, innovative harmonische Gestaltungen wie etwa erweiterte Akkorde und alterierte Noten wurden phantasievoller eingesetzt. Da die wirtschaftliche Situation nach der Depression solchen Luxus zunehmend ermöglichte, vergrößerten die Jazzcombos die Zahl ihrer Mitglieder. Die typische Swingformation der späten dreißiger Jahre war eine Big Band mit bis zu sechzehn Instrumentalisten, die von ihrem Leiter dirigiert wurden. Das erforderte für jede Gruppe – Blechblas- oder Holzblas- oder sogar Streichinstrumente – individuell arrangierte Partituren, was die Gelegenheiten zu Soli ziemlich einschränkte. Aber was Soli betraf, wurden Saxophone, besonders das Tenorsaxophon, nun verstärkt eingesetzt. Auch andere Instrumente, die früher nur selten die Führung übernahmen, schoben sich in den Vordergrund: die Gitarre als Solostimme, das Vibraphon, die Klarinette. Mit all diesen Instrumenten wurden jetzt Soli mit größerer Präzision und einer neuen und lockeren Brillanz vorgetragen; Improvisationslinien wurden viel

fließender und ließen die häufig zackigen, grobschlächtigen Muster des New-Orleans-Jazz weit hinter sich. Der neue, Swing genannte Spielmodus ließ die Klangstruktur des Jazz viel glatter und üppiger werden.

Diese epochalen Wandlungen definierten das Wesen des Jazz maßgebend, bis Mitte der vierziger Jahre der Bebop die späteren Entwicklungen einleitete. Heute weiß jeder, daß niemand stärker auf den Umschwung hingearbeitet hat als der weiße Chicagoer Klarinettist Benny Goodman. Trotzdem sollte betont werden, daß Goodmans plötzlicher Ruhm nach dem einzigartigen Triumph im Palomar Ballroom (Los Angeles) im August 1935 mehr oder weniger zufällig war. Der schwarze Pianist Fletcher Henderson, obwohl insgesamt in seinem Sound viel kruder, hatte einige Jahre zuvor die Grundlagen für die Swingmusik gelegt, ohne selber die Früchte seiner Arbeit ernten zu können. Hendersons Pionierrolle für den Swing wird ganz klar erkennbar, wenn man sich zum Beispiel seine 1934 gemachte Aufnahme von »Wrappin' It Up« anhört. Für die Musikwelt, die Welt der Unterhaltung und natürlich die Welt des Gesellschaftstanzes hatte Benny Goodman, der bald als der »King of Swing« gefeiert werden sollte, diese Musik ganz allein erfunden, und kaum jemand wollte wissen, daß er in Wirklichkeit Hendersons Arrangements benutzt hatte – und weiterhin benutzte.[3]

Es gibt mithin zwei Hauptgründe dafür, daß der Swing in Deutschland im Kontext der einheimischen Kultur nicht die gleiche Bedeutung haben konnte wie der Swing in Amerika und sich sogar erheblich von ihm unterschied. Der eine ist selbstverständlich, daß die Deutschen (wie die anderen Europäer) den Swing nicht kreierten oder in irgendeiner Weise zu seiner Entwicklung beitrugen; wie schon vorher im Bereich des Jazz kopierten sie bestenfalls den neuen Stil von amerikanischen Originalen. Der zweite Grund ist, daß ein notwendiger ethnomusikologischer Faktor für die Entwicklung des Swing, wie man sie in den Vereinigten Staaten erlebte, in Deutschland nicht vorhanden war. In Amerika hatte sich, wie Schuller bemerkt, nach schweren wirtschaftlichen Problemen »eine spezielle Identität zwischen einem Volk und seiner Musik« herausgebildet. Der Swing wurde fast eine National- oder Volksmusik, die sehr viele Amerikaner verstehen – und zu der sie offensichtlich tanzen konnten![4] In Deutschland dagegen kannten nur kleine, eher elitäre Bevölkerungsschichten den Swing. Er war alles andere als ein Massenphänomen, obgleich sein Klang und seine Färbung das vorherrschende Gesellschaftstanzmilieu auch noch auf der trivialsten Ebene beeinflußten.

Deutsche und Nichtdeutsche haben diese Unterschiede subjektiv, aber gleichwohl aufschlußreich kommentiert. Deutsche Tanzmusiker machten selbstkritisch vor allem das Schlagzeug für den fehlerhaften Rhythmus, insbesondere verunglückte Synkopierungen, verantwortlich. Da es damals riskant war, auf die Amerikaner zu verweisen, nannten sie britische Big-Band-Schlagzeuger als Vorbilder, von denen man lernen könne.[5] Was die Melodiker angehe, hieß es 1933 abschätzig in einer Zeitschrift, so könne man die Gesamtzahl wahrer Improvisatoren in Deutschland »bequem in einem größeren Taxi unterbringen«.[6] Der »Wundergeiger« Helmut Zacharias, der gegen Ende des Zweiten Weltkriegs für den deutschen Jazz wichtig war, sagte über Jazz und deutsche Musiker: »Im Blut liegt's ihnen nicht.«[7] Die meisten ernsthaften Fans teilen seine Ansicht. Heute bestätigen sie, daß sie damals nicht einmal an den besten deutschen Jazzmusikern Interesse gehabt hätten, weil die Alternative – amerikanische Aufnahmen – stets zugänglich gewesen sei. Sogar für die Goldene Sieben, der man offiziell »heiße« Musik zur Last legte, müsse gelten: »Das war so ein bißchen schlapp, nicht so exakt, wie die Amerikaner das machten« (der Hamburger Fan Panagopoulos); damit nicht genug, sie seien »zu deutsch« (der Baden-Badener Impresario Berendt). Jazz made in Germany erinnerte den Berliner Hans Blüthner an Märsche; er sei »chemisch gereinigt« gewesen, erklärte der Frankfurter Saxophonist Emil Mangelsdorff mir kürzlich.[8]

Sachkundige Außenstehende waren in ihrem Urteil noch strenger. Der amerikanische Gitarrist Mike Danzi hielt im allgemeinen wenig von deutschen Schlagzeugern.[9] Martha Dodd, die Tochter des amerikanischen Botschafters in Berlin, meinte, daß »nur ein paar Nachtclubs versuchen, Jazz zu spielen, und sie sind sehr schlecht«.[10] Die überzeugendste Einschätzung stammt von einem New Yorker Schallplattensammler, der mehr oder minder regelmäßig mit einem Leipziger Fan korrespondierte. Nachdem er Telefunken-Aufnahmen von Kurt Hohenbergers Combo erhalten hatte, übte er freimütig Kritik. Im August 1938 schrieb er seinem Brieffreund: »Die Platten sind sehr interessant und zeigen, daß man die richtige Idee hat. Aber es gibt nur sehr wenig Inspiration, die sie so richtig drauflosspielen läßt. Die Männer spielen gut vom Blatt, und theoretisch gesehen kann man nach dem Zeug tanzen, aber ich muß sagen, die wirklich scharfen Sachen laufen immer noch hier in der Stadt N. Y., auch in Chicago und Kansas City.« Er habe die Platten einigen Freunden vorgespielt, »Musikern wie Eddie Condon und Mezz Mezzrow, und es hat nicht gefunkt. So zurückhaltend und ohne Ehrlichkeit... Schließlich ist Jazz ein typisch amerikanisches Produkt und ein Teil von uns hier drüben«.[11] Noch vernichtender ist die Tatsache, daß Charles Delaunay selbst die besten deutschen Jazzmusiker in seiner berühmten zweiten Auflage von *Hot Discography* (1938) nicht aufführte, unter den Hunderten von Amerikanern aber seine französischen Landsleute wie Alix Combelle und Stephane Grappelly, Briten wie Ted Heath und Spike Hughes und sogar die niederländische Gruppe Het Ramblers berücksichtigte.[12]

Bei alledem darf man nicht vergessen, daß Deutschland damals nicht die einzige zweit- oder drittklassige Jazznation war. Der Historiker Frederick Starr vom Oberlin College in Ohio hat überzeugende Beispiele dafür vorgelegt, daß die Russen damals sogar noch gräßlicher spielten. Und auch die Briten, die zu den besten in Europa gehörten, hatten ihre unsicheren Momente.[13] Keiner dieser Musiker – ob Engländer, Deutscher, Russe, Schwede oder Schweizer – hatte das, was Coleman Hawkins als das Werkzeug jedes wahrhaft originellen Jazzkünstlers bezeichnet: »Ich spiele einfach eine Menge Dinge, stelle sie um und spiele sie ganz anders, als ich es vielleicht ein Jahr vorher getan hätte... Ich habe nämlich nie aufgehört.«[14] Die Deutschen hörten früh auf, und dann immer wieder.

Es ist klar, daß ein solches Pauschalurteil nicht befriedigend ist. Man muß versuchen, die Musiker im Dritten Reich der Vorkriegszeit nach ihrer Qualität einzustufen. An der Spitze rangierten ein paar Jazzmusiker, die nach Art ihrer bewunderten amerikanischen Vorbilder improvisieren konnten, wenn sie auch nie zu einer wirklich eigenständigen Leistung fähig waren. Das Improvisieren über die auch »Head« genannte ursprüngliche Melodie wurde von deutschen Jazzmusikern damals nicht für selbstverständlich gehalten. Als Erwin Lehn, heute der Nestor der deutschen Big-Band-Leiter, Mitte der dreißiger Jahre ein Provinzkonservatorium besuchte, lasen seine Kommilitonen und er Transkriptionen von Jazz-Chorussen – zum Hohn ihrer SA-Lehrer. »Erst später kamen wir darauf, daß man diese Dinge auch improvisieren konnte«, sagt Lehn. Und ihr Talent gab ihnen offensichtlich recht.[15] Schon als exzellente Nachahmer kamen die Spitzenprofis den amerikanischen Originalen oft bemerkenswert nahe. Die besten von ihnen beherrschten die Improvisationskunst amerikanischen Stils. Die noch überlebenden Musiker stimmen darin überein, daß der Klarinettist Ernst Höllerhagen auf eine fast identische Art wie Benny Goodman improvisiert habe. Höllerhagen war den größten Teil der dreißiger Jahre hindurch der unbestrittene Star von Stauffers Original Teddies und hielt sich deshalb nicht immer in seiner deutschen Heimat auf. Heute ist sein glatter, verführerischer Sound unverwechselbar, etwa in Stauffers Spiel von »I Left You for the Leader of the Swingband« oder in Kurt Hohenbergers Version von »What Will I Tell My Heart« (Dezember 1937).[16]

Der führende Pianist der Nazizeit war der Magdeburger Fritz Schulze, der bis Frühjahr 1935 für James Kok und dann im kleinen Rahmen in verschiedenen Berliner Bars – Ciro, Sherbini, Patria – arbeitete. 1937 stieß er im luxuriösen Quartier Latin zu Kurt Hohenbergers Combo, die sich seinerzeit in der Besetzung mit der Goldenen Sieben überschnitt (bei denen Schulze auch mitwirkte).[17] Verschiedene Beispiele von Aufnahmen zeigen uns heute, daß Schulze aufgrund seiner fast genialen Begabung wie Teddy Wilson (dessen Platten ihm von Kok empfohlen worden waren), aber manchmal auch wie Billy Kyle klingen konnte. Man achte auf seine frei swingenden Soli in den gelockerten Versionen von Kurt Hohenbergers »Jammin'« und von »Limehouse Blues« (1938)![18] Man wußte, daß Schulze Arrangements von amerikanischen Aufnahmen kopierte oder Soli niederschrieb. Dann prägte er sie sich ein und spielte sie nach Art der »Halbgötter«.[19] Im Dezember 1937 lobte die bedeutende amerikanische Jazz-Zeitschrift *Down Beat* ihn als »den weitaus größten Swingmusiker« des Reiches, »einen der besten auf dem gesamten Kontinent«; wenn er die Gelegenheit dazu hätte, könne er in Amerika »einer der herausragenden Jazzpianisten werden«.[20] *Down Beat* hatte recht. Schulze selbst erzählt, daß Jack Hylton häufig in seinen Club gekommen sei, um ihm zuzuhören. Hylton habe unbeweglich vor einem Whiskyglas gehockt und beim Abschied stets gesagt: »Jungs, es war großartig!«[21] Schulze, der Frank Sinatra äußerlich und in seinem unbekümmerten Lebensstil ähnelte, fand seinen Meister nur in Art Tatum, dessen umwerfende harmonische Modulationen er nicht kopieren konnte.[22] Aber wer in den Vereinigten Staaten hätte das gekonnt?

Nummer drei auf der Liste dürfte der Gitarrist Hans Korseck gewesen sein. Er war nicht so gesellig wie der Playboy Schulze und nicht so grüblerisch wie der untersetzte, alkoholabhängige Höllerhagen, sondern wirkte mit seiner Drahtbrille und seinem zurückgekämmten Haar äußerst introspektiv. Seine Berliner Witwe, Hilde Korseck, hat liebevolle persönliche Erinnerungen an ihren Mann vorgelegt. Korseck, 1911 geboren, stammte aus einer streng religiösen preußischen Familie. Er studierte zunächst Medizin, die Gibson-Plektrongitarre wurde zu seiner zweiten Leidenschaft. Anfang der dreißiger Jahre spielte er in einer unbekannten Berliner Band, den Weißen Raben, wechselte aber bald zu Stenzels Scala-Band und zu Peter Kreuders sehr kommerzieller Jazzgruppe. Nach Harold Kirchsteins Flucht ersetzte er diesen 1937 in der Goldenen Sieben und wirkte auch häufig in der daraus hervorgegangenen Hohenberger-Combo mit. Zwischendurch reiste er mit seinem Freund, dem Pseudojazz-Akkordeonisten Albert Vossen, nach New York, wo seine Idole Benny Goodman und Tommy Dorsey den faszinierten jungen Mann bei ihren Proben zuhören ließen. »Die Eindrücke damals haben ihn überwältigt, waren prägend und haben Maßstäbe gesetzt.«[23]

Hans Korseck wurde während der Recherchen zu diesem Buch von seinen noch lebenden Kollegen einmütig als der herausragende deutsche Jazzgitarrist der dreißiger Jahre bezeichnet. Er könnte der erste Gitarrist des Reiches gewesen sein, der linear-melodisch wie Charlie Christian oder Django Reinhardt improvisierte, statt nach Art der Banjospieler oder des längst unsterblichen Freddie Green von der Basie-Band Akkorde zu greifen (was in den frühen dreißiger Jahren immer noch beliebt war). Leider gibt es kaum Belege für diese Hypothese, denn in den wenigen noch erhaltenen Aufnahmen der Kreuder- und der Hohenberger-Band ist Korsecks Instrument recht gedämpft, und man hört ziemlich deutliche Akkorde.[24] Doch all seine früheren Kollegen und seine Witwe beteuern, daß er sehr modern improvisieren konnte, und in seinem persönlichen Plattenverzeichnis ist der unverfälschte Swingeinfluß nicht zu übersehen. Dieses Dokument ist ein seltenes Zeugnis für das Geschick sämtlicher deutschen Musiker, die Zensur und die Kontrollen der Nazis zu umgehen, aber auch für Korsecks ausgezeichneten Geschmack. Es gibt keinen Grund, an Hilde Korsecks Worten zu zweifeln, daß sich das ausgiebige Studium von Schallplatten, die Hans oft heimlich bei Alberti kaufte, stark auf sein Spiel ausgewirkt habe. In dem Verzeichnis finden wir hauptsächlich die Namen von amerikanischen Musikern: Boswell Sisters, Joe Venuti, Eddie Lang, Ellington, Armstrong, Lunceford und Artie Shaw. Ein gutes Drittel der Eintragungen ist dem King of Swing und Tommy Dorsey vorbehalten. Die meisten Melodien sind typische Swingsongs, darunter mehrere »jüdische« Nummern von Gershwin und Irving Berlin. Fred Astaire singt Gershwins »Shall We Dance« und den immerwährenden Lieblingssong des Komponisten, »I've Got Rhythm«; der britische Jude Bert Ambrose trägt Berlins »Isn't It a Lovely Day« vor, und Sophie Tucker, ebenfalls Jüdin, schmettert »My Yiddishe Mama«.[25]

Soweit man feststellen kann, waren Höllerhagen, Schulze und Korseck reine Jazzer, also Musiker, die ihren Idealen auch auf dem Gebiet der leichten Unterhaltung nie untreu wurden. Selbst wenn sie zum Gesellschaftstanz aufspielten, etwa in dem Ostseebadeort Timmendorf, widmeten sie sich im Grunde nur ihrem geliebten Swing. In dieselbe Kategorie von Puristen, wenn auch von anderem musikalischen Rang, gehörten mehrere andere Musiker der Berliner Szene. Sie spielten in den verschiedenen Big Bands, übernahmen Studioarbeit und schlossen sich mit Kollegen zu kleinen Gruppen für Clubauftritte zusammen.

Der Münchner Schlagzeuger Fritz Brocksieper war einer von ihnen. Er war erst im Sommer 1938 in die Hauptstadt gekommen und hatte damals Waldi Luczkowski – ebenfalls ein guter Jazzer – als Schlagzeuger in der Goldenen Sieben vertreten. Doch bald fühlte er sich

auch in Etablissements wie der Ciro-Bar heimisch.[26] Brocksiepers Hang zum Swing ließ ihn einen der Fehler seines Vorbildes Gene Krupa unkritisch übernehmen. Krupa, Goodmans Schlagzeuger, war bekannt für seinen ungewöhnlichen Lärm, der immerhin einiges mit der deutschen Tradition gemeinsam hatte.[27] Unter Brocksiepers älteren Kollegen war im Sommer 1939 auch Hans Klagemann, der eine ganz andere Perkussionsdynamik bevorzugte, gewöhnlich war er eine der Stützen der Kreuder-Gruppe; er wurde bezeichnenderweise »Katzenpfote« genannt, gehörte aber nicht zu den bei der Allgemeinheit beliebtesten Jazzschlagzeugern.[28] Eine prominente Rolle spielte noch Willi Kettel, der zu Kriegsbeginn in der Hohenberger-Combo arbeitete.
Unter den anderen Holzbläsern von Bedeutung, die gut improvisieren konnten, ohne Höllerhagens Kaliber zu haben, war der »halbjüdische« Eugen Henkel, ein Absolvent von Seibers Frankfurter Jazzseminar und Hawkins-Anhänger; er beeindruckte Hylton so, daß er von ihm ein Arbeitsangebot erhielt. Daneben gab es Höllerhagens großartigen Schüler Detlef Lais sowie Franz Thon, Kurt Wege und Herbert Müller, der wegen einer auffälligen Zahnlücke »Mäusezahn« genannt wurde.[29]
Starpianisten in Schulzes Stil waren Haentzschel, Wernicke und Mück. Unter dem Einfluß seines alten Freundes Franz Grothe und seines Mentors Theo Mackeben wandte sich der Veteran Georg Haentzschel immer häufiger der Filmmusik zu. Aber mit der gleichen Virtuosität begleitete er die Goldene Sieben oder Solisten wie den Vibraphonisten Kurt Engel, den Red Norvo des Dritten Reiches, der auf einer prosaischeren Ebene für die Kesselpauken in der Staatsoper zuständig war.[30] Auf seinem Höhepunkt spielte Helmuth Wernicke vorzüglich Klavier bei Heinz Wehner, und Franz Mück zog als sehr begehrter Swinger herum, wenn er nicht Oskar Joosts gesetztere Partituren in einer Gesellschaftstanzband spielte. Die Kontrabaßbegleitung übernahmen gewöhnlich Otto Tittmann, Paul Henkel oder Rudi Wegener.
Als einer der besten Posaunisten galt Walter Dobschinski. Er spielte während dieses gesamten Zeitraums für Stauffer, hielt sich aber häufig genug in Berlin auf, um kleinere Engagements zu übernehmen. Dobschinski, der mit Stauffers Teddies auf einem Luxus-

dampfer arbeitete, hatte in New York Freundschaft mit Pee Wee Hunt geschlossen (nach eigenen Angaben deutscher Herkunft) und war von diesem beeinflußt worden.[31] Hinzu kamen Erhard Krause, ebenfalls von der Goldenen Sieben, und Willi Berking, der mehrere andere Instrumente vortrefflich beherrschte und sehr oft zusammen mit Albert Vossen, dem mit Korseck befreundeten Akkordeonisten, auftrat. Korseck an der Gitarre nicht ganz ebenbürtig, doch von großem Elan und Potential, waren der staatenlose Armenier Meg Tevelian, der Rußlandflüchtling Serge Matul, der gerne Brandygläser an der Decke zerschmetterte, und Hans Belle, der aus dem Reich stammte. Belle hatte die Starrolle in einer überraschend modernen Formation aus Piano, Gitarre und Akkordeon, die amerikanische Swingmelodien wie Ella Fitzgeralds »A-Tisket, A-Tisket« pflegte. Dieses Bartrio scheint sehr gefragt bei vielen der Berliner »Beautiful People« gewesen zu sein; darunter das weltoffene Filmidol Willy Fritsch, der eine Leinwandehe mit der Britin Lilian Harvey geschlossen hatte.[32]

Die damaligen Trompeter einzuschätzen ist recht kompliziert, allein wegen der Dominanz des schon häufig erwähnten Kurt Hohenberger. Dieser Schwabe war siebenundzwanzig Jahre alt, als die Goldene Sieben 1935 einen potentiell sehr gewinnbringenden Vertrag mit Electrola unterzeichnete. Deshalb beherrschte er, was Publizität und kommerziellen Erfolg betraf, die Trompetenszene der deutschen Jazzhauptstadt ganz eindeutig. Sein Stil war an Red Nichols ausgerichtet, aber er spielte ruhiger und sauberer und gab Arrangements den Vorzug, statt im strengen Sinne zu improvisieren. Daher sind die Kritiker geneigt, ihn als einen nicht wirklich swingenden Musiker abzutun. Zweifellos gehörten in der Sieben wie auch in der späteren Hohenberger-Combo Musiker wie Thon, Haentzschel und Schulze eher als Hohenberger selbst zum harten Kern der Swinger. Allerdings hatte auch Nichols in den Vereinigten Staaten vor dem Aufkommen des klassischen Swing auf einen recht kommerziellen Stil Wert gelegt. Auf der Bühne des Quartier Latin war Hohenbergers Musik im Juli 1937 »ziemlich heiß«, wie der *Podium*-Kritiker Heinz Roger bissig schrieb (was einen anderen Grund dafür liefert, daß die Nazis historisch gesehen der Sieben immer mit Mißtrauen begegneten). Aber drei noch lebende Experten erklären überzeugend, daß

Kurts Trompete bestenfalls »dezent« (Gunter Lust), »sehr sanft« (Werner Daniels) oder »zu unterkühlt« (Franz Heinrich) gewesen sei.[33] In dem sauberen, straff organisierten »What Will I Tell My Heart« vom Dezember 1937 bläst Hohenberger acht Takte eines schönen, aber höchstwahrscheinlich vorher festgelegten Solos.[34]
Mit Sicherheit gab es mindestens zwei weniger bekannte Trompeter, in Berlin und außerhalb, die als souveräne Improvisatoren ein schnittigeres Horn bliesen. Der eine war der schon erwähnte Hans Berry, der andere Charly Tabor. Der scharfsinnige deutsche Amateurimpresario Hans Blüthner bemerkte 1947 in der schwedischen Zeitschrift *Orkester Journalen* über Berry, er sei der »überragende Trompeter« des Reiches gewesen. Jedenfalls war Berry weltgewandter als die Stuttgarter Heimatpflanze Hohenberger. Er hatte Erfahrungen bei Billy Bartholomew, den Swiss Lanigiro Hot Players und natürlich bei Teddy Stauffer gesammelt. Damit nicht genug: 1935 arbeitete er in Genf mit Hawkins zusammen und später, in dem belgischen Badeort Ostende, mit der schwarzen Band von Willie Lewis. 1934 nannte ihn *Der Artist* einen »unerhörten ›Hot‹-Trompeter«, und kurz darauf hielt man ihn in der Redaktion immer noch, wenn auch abfällig, für »einen ganz heißen Jungen«. Das war, bevor man Berrys israelitischen Großvater ans Tageslicht befördert hatte, denn danach wird er aus den schon beschriebenen Gründen nicht mehr offiziell erwähnt.[35]
Der 1914 in Wien geborene Charly Tabor spielte mit der italienischen Band von John Abriani in ganz Deutschland und Holland und kam dann auf Einladung seines Münchener Jazzkameraden Brocksieper nach Berlin. Als der Harry-James-Jünger dort eintraf, sollte er ein Engagement in der Carlton-Bar antreten: Für »eine ganz vornehme, dezente Kapelle, da war ich zu heiß. Ich müßte viel mehr Melodie blasen«. Interessanterweise wurde die Gruppe von Albert Vossen geleitet, was genausoviel über den konventionellen Stil dieses Akkordeonisten wie über das ungezügelte Jazztemperament des jungen Charly aussagt.[36]
Immerhin war die Carlton-Bar eine jener erlauchten Stätten der Hauptstadt, wo Jazz oder Pseudojazz gespielt wurde; sowie in mehreren ähnlichen Lokalen zwischen 1933 und 1940, die sich auf einer Fläche von vielleicht 5000 Quadratmetern am Berliner

Kurfürstendamm, westlich der Kaiser-Wilhelm-Gedächtniskirche, konzentrierten.

Andere Vergnügungshöhlen waren Bars wie Sherbini, Königin, Roxy, Uhu, Kakadu, Rosita, Patria, Ciro und ein Dutzend weniger bedeutende Lokale. Livrierte Portiers scheuchten alle außer den sehr elegant und vornehm wirkenden Besuchern davon, wodurch auch die verhaßten RMK-Spione ferngehalten wurden, denn die waren stets schäbig gekleidet. (Wenn sie sich doch hineindrängten, um die Musik zu überprüfen, waren die Künstler bereits von einer geheimen Glocke gewarnt worden und zeigten falsche Songtitel auf ihren Notenblättern vor, etwa »Schwarzer Panther« statt »Tiger Rag«.) »Diese Bars, die eine schwache Ähnlichkeit mit den Swing-Saloons der 52nd Street haben, sind winzige Nachtclubs, luxuriös ausgestattet und nie mit mehr als zwei Räumen von mikroskopischen Ausmaßen, wo fraglos das beste Publikum der Stadt bewirtet wird«, höhnte die Zeitschrift *Down Beat.* Internationale und deutsche Filmstars waren hier regelmäßig zu sehen, etwa Robert Taylor und Brigitte Horney, die eine in der Presse vielbeachtete Affäre mit dem lebenslustigen Stauffer hatte. Hoher und niedriger Adel sowie die vermögende Oberschicht fanden sich in diesem Milieu ein, dazu die Halbwelt, Industrielle und höhere Offiziere wie der Luftwaffenoberst Ernst Udet. »Drinks fangen bei einem Dollar pro Schluck an«, setzte *Down Beat* sein fragwürdiges Lob fort, »und man kann ausgezeichnete Speisen zu einem Preis genießen, der ebenfalls unangenehm hoch ist.«[37]

Das Quartier Latin, das Lieblingsetablissement des Pianisten Fritz Schulze, galt als »der bei weitem exklusivste... feudalste, eleganteste und versnobteste Berliner Nachtclub, und es ist nicht nur die beste *boîte de nuit* Deutschlands, sondern sogar eines der erlesensten Etablissements auf dem Kontinent«. Schulze erinnert sich zudem an das »exklusive Publikum: international, vor allen Dingen auch Botschafter«. Ein gewöhnliches Bier war hier so teuer, daß sogar einigermaßen wohlhabende Besucher es sich kaum leisten konnten. Prinz Bernhard zur Lippe-Biesterfeld, ab 1937 der Gemahl der niederländischen Kronprinzessin Juliana und heute einer der reichsten Männer der Welt, wurde einmal dabei beobachtet, wie er sich an einem Glas des billigsten Cognacs festhielt, nachdem er sich mit

schlechtestem Fusel in einer Kneipe auf der anderen Straßenseite aufgemuntert hatte.[38]
Der Eigentümer und Geschäftsführer des Quartier Latin war, wenigstens bis 1937, ein Herr Dajou von nachweislich exotischer (rumänischer, nicht jüdischer!) Abstammung. Die Sherbini-Bar hieß so nach ihrem ägyptischen Eigentümer, dem Jazzschlagzeuger Sherbini, der die Stieftochter von Graf Conny Frankenberg geheiratet hatte. Herrn Ahmed Mustafa, einem weiteren Ägypter, gehörte die berühmte Ciro-Bar.[39]
Neben diesen elitären Vergnügungen gab es den grandiosen Haus-Vaterland-Komplex, den Wintergarten, die Scala, den Delphi-Palast und die Femina; sie alle hatten hochwertigen Jazz, sogar mit internationalem Flair, zu bieten. Das Haus Vaterland hatte viele, in unterschiedlichen Stilen ausgestattete Räume, in denen regionale Gerichte zu haben waren; hier spielten alle möglichen Orchester (gewöhnlich zum Tanz), von einer bayerischen Schrammelkapelle bis hin zu einer kleinen Swinggruppe. Zum Beispiel arbeitete John Abrianis Zehnmannorchester im Herbst 1937 im Vaterland-Palmensaal.[40] Im Wintergarten und der Scala waren populäre Varietéshows zu Hause, an denen der berühmte Schweizer Clown Grock oder der italienische Operntenor Benjamino Gigli mitwirken konnten; einige jazzartige Stücke gehörten gleichfalls zum Programm. Die Hauskapelle der Scala unter Otto Stenzel war für ihre Neigung zum Jazz bekannt; Stenzel beschäftigte viele echte Jazzmusiker wie Korseck und den Trompeter Karl Hohenberger, Kurts weniger profilierten Bruder. Wie zur Zeit der Weimarer Republik war dabei der musikalische Gehalt weniger wichtig als die effektvolle Darbietung und die brillante Zurschaustellung technischer Fertigkeiten, und natürlich konnte man nicht tanzen. Delphi und Femina hatten mehr mit den prächtigen Hotel-Tanzetablissements wie dem Eden-Dachgarten oder dem Adlon-Ballsaal gemein, denn dort spielten Big Bands zum Gesellschaftstanz. Im Gegensatz zu den erlesenen Hotels war das Publikum hier größer, jünger und kam überwiegend aus der Mittelschicht. Man konnte paarweise oder – und das war entscheidend – ohne Begleitung kommen, in der Hoffnung, einen Partner zum Tanzen oder vielleicht für einen Flirt zu finden. Die Femina war aus mehreren Gründen einzigartig. Für Männer oder

Frauen, die einen möglichen Tanzpartner im Saal entdeckten, gab es 225 Tischtelefone mit Anweisungen in deutscher und englischer Sprache sowie eine Rohrpost, mit der man erotische Botschaften austauschen konnte. Täglich spielten vier Orchester (darunter immer eine namhafte Swingband), die fünfzehnhundert Tänzer auf drei Podien begeisterten. An Sommerabenden öffnete sich eine gewaltige Kuppel, die den Blick auf das Firmament freigab – ein unglaubliches Schauspiel für die festlich gestimmte Menge. Einmal sah Dietrich Schulz den Zeppelin *Hindenburg* »majestätisch, geräuschlos« vorbeischweben.[41]

In einer ähnlichen, aber weniger opulenten Umgebung, nämlich im zentralen Moka Efti (es gab einen weiteren derartigen Club in einem Vorort), setzte die »arisierte« James-Kok-Band ihre glänzende Karriere fort, wenn auch unter einigen merklichen Nachteilen. Koks Gruppe war bis zum Frühjahr 1935 die führende deutsche Big Band gewesen. Außer zwei Niederländern hatte der Rumäne nur deutsche Musiker beschäftigt, und zwar hervorragende wie Schulze am Klavier, den Saxophon- und Klarinettenbläser Kurt Wege (der sich bald auch der Goldenen Sieben anschloß) sowie den Klarinettisten, Pianisten und Scat-Sänger Erhard (»Funny«) Bauschke, der trotz gelegentlicher Mätzchen auf der Bühne professionell mit seinem Instrument umging.[42]

Es war Bauschke, der beschloß, die Kok-Band unter seiner Leitung weiterzuführen, damit das geplante Engagement auf der Insel Rügen im Sommer 1935 erfüllt werden konnte.[43] Bauschke baute die Gruppe ein wenig um, doch zum Glück behielt er Wege und engagierte den gerade beginnenden Multiinstrumentalisten Erwin Lehn sowie den ehrgeizigen jungen Trompeter Günter Herzog, der später bei Stauffer spielte. Dann unterzeichnete der Bandleader einen Vertrag für Januar 1936 mit dem Moka Efti, wo er bis 1942 bleiben sollte. Mehr noch, er wurde zu einer Institution in Berlin, wo tanzwütige Jugendliche häufig zur Melodie eines berühmten Swingstückes sangen: »Erhard Bauschke spielt im Moka Efti einen Swing, Goody, Goody ...«[44]

Die Existenz dieses Liedchens ist ein weiterer Beweis dafür, wie durchlässig die Antijazzmaßnahmen der Nazis waren. Ende 1936 wurde Bauschke von den Nazis gelobt, weil er alle »fremdländi-

schen Übertreibungen« vermeide, und Hans Brückner meinte ein Jahr später sogar, daß der Orchesterchef, abgesehen von ein paar englischen Stücken, »die gute, deutsche Produktion« bevorzuge. Doch Bauschke übernahm unbemerkt immer mehr überwiegend amerikanische Swingmelodien in sein Repertoire. Zum Beispiel war er der erste, der Benny Goodmans klassischen »Organ Grinder's Swing« in Deutschland spielte und populär machte.
Diese Melodie hörte Dietrich Schulz, als er der Band eines Abends lauschte. Fachmännisch notierte er sich, daß Bauschke ein Arrangement des britischen Juden Bert Ambrose spielte, das im Reich noch von der Deutschen Brunswick geliefert wurde. Das »Goody Goody«-Liedchen der Fans entsprach Goodmans eigenem Arrangement bei Electrola, und außerdem spielte die Band Irving Berlins »Alexander's Ragtime Band« nach dem Arrangement des Casa-Loma-Orchesters bei Brunswick. An jenem Abend intonierte Bauschke auch den »Tiger Rag«, den »Basin Street Blues« und »Whispering«, aber er spielte ebenfalls ein paar Tangos und zwei Foxtrotts, denn diese deutschen Nummern konnten pro forma als Zugeständnis an die Machthaber dienen. »Jetzt hat niemand mehr Veranlassung zu sagen, es gäbe keine guten Kapellen in Deutschland«, bemerkte Schulz zu seiner Genugtuung. »Durch das Abschreiben von Plattenarrangements hat sich das Orchester einen Stil, eine Präzision und einen Swing angeeignet, wie es auf kürzerem Wege nicht möglich ist.«[45]
Die frühere Reputation von James Kok kam seinem Nachfolger Bauschke stets zugute, doch spätestens gegen 1937 machte ihm Heinz Wehner die Rolle des führenden deutschen Big-Band-Chefs streitig. Dieser neunundzwanzigjährige Absolvent der Hannoverschen Musikhochschule wurde im Frühjahr 1934 national bekannt, als seine Big Band Konzerte in Hamburg und Timmendorf gab. Dabei hielt sie sich, wie Koks Band, an den vorherrschenden Casa-Loma-Stil. Im Sommer stießen Wernicke, Berking und Müller zu ihm, und am 1. September feierte Wehner seine Premiere im Berliner Europa-Haus, einem weiteren großen Tanzsaal. Wehner und seine Männer benutzten das Europa-Haus als Stützpunkt und reisten von dort aus immer wieder nach Hamburg, Leipzig und Düsseldorf, den drei anderen bedeutenden Jazz-Zentren des Reiches.

Außerdem spielte Wehner mit seinem Telefunken-Swing-Orchester zahlreiche Schallplatten ein.
Im Winter 1936/37 unternahm Wehner eine Tournee durch Schweden, danach war er ständig, mit Ausnahme eines New Yorker Aufenthalts im Sommer 1937, entweder im Delphi oder in der Femina zu hören. Gegen Sommer 1939 hatte Müller die Band verlassen, doch zwei andere hervorragende Musiker waren neu hinzugekommen: der Holzbläser Teddy Kleindin und der niederländische Trompeter Henk Bruyns. Ein bekannter ausländischer Orchesterchef sagte damals, daß Wehner jedem Vergleich mit dem britischen Showbandleader Henry Hall standhalte.[46]
Tatsächlich ist Wehners musikalischer Stil häufig mit der disziplinierten Spielweise englischer Big Bands verglichen worden. Die Zeitschrift *Down Beat* charakterisierte Wehners Kapelle als die »beste große Band im Nazireich«. So lieferte sie einen geeigneten Maßstab für die Produktionen anderer deutscher Orchester. Es ist kennzeichnend für die Gesamtqualität des deutschen Jazz in dieser Zeit, daß Wehners Band sehr unterschiedlich spielte. Im Januar 1937 spotteten die Schweden über den offiziell von Telefunken verliehenen Namen »Swing-Orchester« und stuften die Band ironisch zu »einem guten und wohlvorbereiteten Tanzorchester« herab. Sie hielten die Rhythmus-Gruppe für »schwer und mechanisch«, und sogar der Starposaunist Willi Berking kam ihnen »ein bißchen unmodern« vor. Maestro Wehner, der eine Geigen- und Trompetenausbildung hinter sich hatte, wurde wegen seines fehlerhaften Gesangs und seiner Nervosität auf der Bühne gerügt. Der *Down-Beat*-Kritiker Douglas McDougall hatte ähnliche Vorbehalte, was Wehners Verhalten auf der Bühne anging, und dessen Arrangements schienen ihm »überwiegend ziemlich aufgeblasen«. Die Schweden wiederum fanden sein Repertoire altmodisch. Wer sich Wehners damals beliebteste Melodie anhört, den Wernicke-Foxtrott »Fräulein Gerda«, wird zustimmen, daß die Technik diszipliniert, aber bis zur Sterilität schwerfällig ist; ein hölzerner, marschähnlicher Beat wird von einer bleiernen, uninspirierten Rhythmus-Gruppe gehalten. Deutscher Jazz auf dem Höhepunkt? Der intelligente Schulz meinte 1937, daß Wehner um einiges hinter Bauschke zurückstehe.[47]

Zweifellos übertrafen manche der weniger bekannten Bands der Berliner Jazzszene – die von Hans Rehmstedt, Georg Nettelmann, Fritz Weber, Kurt Widmann, Walter Schacht und besonders Max Rumpf – Wehners Orchester mitunter an reinem Swinggehalt, doch im allgemeinen wirkten ihre Produktionen viel uneinheitlicher, und die wirklich mitreißenden Glanzpunkte waren dünn gesät.[48] Kein Wunder also, daß deutsche wie ausländische Experten den kleinen und geschmeidigen Jazzcombos den Vorzug vor den Big Bands des Reiches gaben. Allerdings waren diese kleinen Gruppen strenggenommen nicht von echtem Swing geprägt. Was die Big Bands betraf, so galten die ausländischen Künstler – Teddy Stauffer, Arne Hülphers, Henry Hall und Jack Hylton – ohnehin als unerreicht.

Hyltons Stern ging nach dem Januar 1933 in Deutschland jedoch langsam unter, als lebhaftere, hinreißendere ausländische Bands, vor allem Stauffers Gruppe, auftauchten. Nach seiner spektakulären Gastspielreise von 1935, die zu Koks Ausweisung führte, kehrte Hylton noch zweimal – im Februar 1937 und genau ein Jahr später – nach Berlin zurück, was den zähen Hylton-Kult verlängerte. Aber der gestelzte Stil des Briten, der nun statt der klassischen amerikanischen Jazzkompositionen von Henderson, Ellington oder Gershwin die üblicheren Popmelodien favorisierte, bot wenig Spielraum für die kontrollierte Leidenschaft des Swing. Deshalb verlor Hylton bei der wachsenden Zahl von Kennern dieser Musik seinen überragenden Einfluß und galt bald als überholt. Die Verantwortlichen des Regimes sahen seine Anwesenheit im Reich nach der Kok-Affäre nicht besonders gern, obwohl Hylton 1935 ein Benefizkonzert für arbeitslose RMK-Musiker organisiert hatte. Denn man verübelte ihm die hohen Gagen, die er in harten Devisen für sich verlangte. Auch daß jüdische Musiker in seiner Band spielten – etwa der aus Deutschland emigrierte Freddy Schweitzer – verübelte man ihm, obwohl er den bei ihm gastierenden Coleman Hawkins bewußt in Holland zurückgelassen hatte. Auf einem seiner Berliner Besuche wurde Hylton von Goebbels' Ministerium angewiesen, daß Juden ganz hinten in der Band zu sitzen hätten, wenn Hitler und sein Gefolge in einer Vorstellung erscheinen sollten. Angeblich ignorierte Hylton diese Anordnung; es ist nicht bekannt, ob der Führer je ein Jazzkonzert besuchte. Wie auch immer, es steht fest,

daß Hylton infolge der internationalen Vereinbarungen über Gastspiele und der nicht lückenlos wirksamen Antiausländergesetzgebung nicht aus Deutschland ferngehalten werden konnte.[49]
Bis zu einem gewissen Grade kann man sagen, daß Hyltons Platz 1939 von dem Bandleader der Londoner BBC, Henry Hall, eingenommen wurde, der Berlin im Januar und Februar für vier Wochen besuchte. Heute meinen einige Kritiker, daß Hall einen noch starreren Stil als Hylton gehabt habe.[50] Außerdem scheint er der Diktatur gegenüber viel entgegenkommender gewesen zu sein als Hylton, denn er ließ seine jüdischen Bandmitglieder demonstrativ in der Heimat zurück.[51] Nachdem er in der Scala und im deutschen Rundfunk aufgetreten war, schrieb er in der britischen Zeitschrift *Rhythm* einen schmeichelhaften Artikel über Deutschland. Obgleich er Hunderte von Uniformen auf den Straßen gesehen hatte, versicherte er seinen Landsleuten, daß die Deutschen »bestimmt keinen Krieg wollen« – und das, nachdem Premierminister Chamberlain gerade streitbar das Ende des Appeasements ausgerufen hatte! Hall war voller Lob für einen Staat, der seinen Arbeitern reichlich Gelegenheit zur Entspannung zu geben schien (was er von seiner Beobachtung fast kostenloser, sonntagmorgendlicher Konzerte ableitete). Zudem hatte Hall das »prickelnde Erlebnis, Zeuge einer Fackelparade von Hitlers SA-Männern zu werden, und es war ein wundervoller Anblick, noch eindrucksvoller durch die Inbrunst der fanatischen Zivilisten, für die der Fackelzug abgehalten wurde«. Hall, der schließlich Benny Carter als seinen Arrangeur in London engagiert hatte, äußerte sich über den kreativen Einfluß des »großartigen Klarinettisten« Ernst Höllerhagen in Berlin. Aber er gelangte auch zu dem wenig erstaunlichen Urteil, daß in Deutschland »die Bands im großen und ganzen unseren rhythmisch weit unterlegen sind«. Zwar schätzte er die Technik der Orchester und Instrumentalisten als »extrem hoch« ein, doch insgesamt »fehlt es dem Jazz in Deutschland merklich an Swing«.[52]
Zumindest eingefleischte Nazis dürften durch ein solches Sammelsurium von Gedanken nicht abgeschreckt worden sein. Sie waren ohnehin angenehm überrascht über Halls clevere Einstellung gegenüber jüdischen Bandmitgliedern (angeblich hatte er niemals Juden engagiert) und auch über seinen zurückhaltenden, harmlosen

musikalischen Stil. Nach eigenen Angaben hat Hall, wie Hylton, ansehnliche Gagen in Pfund Sterling erhalten.[53]
Unter den ausländischen Big-Band-Leitern galten Teddy Stauffer und Arne Hülphers als ernstzunehmende Swinger. Beide Männer gingen mit ihrem Swing sogar bis an die äußerste Grenze, Stauffer auf eine bewußt gewagte Art, Hülphers eher versehentlich. Stauffer hatte seit 1930 hin und wieder an verschiedenen Orten in Deutschland gespielt, bis er bei den Olympischen Spielen im Juli 1936 durch einen großen Auftritt im Delphi die Nummer eins in der Jazzlandschaft wurde. Er selbst beherrschte Saxophon und Klarinette nur mangelhaft und hatte kaum Gelegenheit, sein ursprüngliches Instrument, die Geige, herauszustellen. Aber er besaß ein außerordentliches Charisma als Orchesterchef und inspirierte seine allerbesten Musiker zu herausragenden Leistungen. Der Klarinettist Höllerhagen war natürlich der Star, aber der Posaunist Walter Dobschinski und der Schweizer Pianist Buddy Bertinat (später auch Jack Trommer), oft begleitet von Kurt Hohenberger, Kleindin und Thon, zeichneten sich durch ihr Zusammenspiel sowie durch rasante Swingsoli aus. Die Qualität der Soli schwankte allerdings manchmal, was man an den Aufnahmen von »Limehouse Blues« (1937), »The Big Apple« und »St. Louis Blues« (beide 1938) erkennen kann. Ein großer Teil von Stauffers Erfolg ging auf Dobschinskis zahlreiche Arrangements zurück. Wenn der gutaussehende Teddy bei den jungen Frauen seiner großen deutschen Swinggemeinde der Hahn im Korbe war, so wurde Walter, ein dunklerer Typ, durch das Wissen entschädigt, daß er die wahren Jünger auf seiner Seite hatte. Die Original Teddies waren in Deutschland sogar an noch mehr Orten zu finden als Wehners Mannen: Nach den Olympischen Spielen reisten sie häufig nach Hamburg, aber auch nach Leipzig und Düsseldorf, abgesehen von gelegentlichen Auftritten in ihrer Heimat.[54]
Im Rückblick beeindruckt der schwedische Swingmeister Arne Hülphers die Musikwissenschaftler mindestens genausosehr wie der gebürtige Berner Stauffer. Hülphers' Gruppe war die bei weitem beste schwedische Jazzband; sie stand in der imponierenden skandinavischen Tradition von Hakan von Eichwald, Kai Ewans und Aage Juhl-Thomsen (die beiden letzten waren Dänen). Doch im Unterschied zu seinen skandinavischen Kollegen, die häufig kommerzielle

Musik, absichtlich ohne jeden Swing, machten, ließ sich Hülphers auf keine Kompromisse ein. Anders als Wehner – und genau wie Stauffer – spielte er ausschließlich originale amerikanische Swingnummern, zu denen er, wie der Schweizer, unmittelbaren Zugang hatte. Zwischen 1936 und 1939 kam Hülphers häufig nach Berlin, manchmal begleitet von der Sängerin Greta Wassberg.[55]

Wassberg verkörperte ein Phänomen, das die Deutschen weder begriffen, noch zu schätzen wußten: die menschliche Stimme im Jazz, besonders die Frauenstimme. Zwar arbeiteten ein paar Sänger in deutschen Gruppen – in erster Linie Peter Rebhuhn und Horst Winter –, doch ihr Stil war bemerkenswert unausgereift, und es gab fast keine Vokalistinnen. Wenn sich auch ein paar Jazzliebhaber am Genie der Solistin Ella Fitzgerald erfreuten, die damals gerade bekannt wurde, so hat doch niemand in Berlin oder in einer der anderen Jazzhochburgen jemals versucht, sie zu kopieren, wie man Goodman oder Harry James kopierte.

Obwohl die deutsche Jazzszene von 1933 bis zum Kriegsbeginn hier in groben Zügen so beschrieben wird, als hätte es sich um eine einheitliche, in Berlin konzentrierte Entwicklung gehandelt, so war die Realität doch äußerst vielschichtig. Neben der alltäglichen Routine für die Musiker, die, oberflächlich betrachtet, ganz unauffällig war, gab es Besonderheiten und Ausnahmen von der Regel. Diese hatten in nicht geringem Maße mit den durchaus nicht lückenlosen Kontrollen des Regimes auf allen bürokratischen Ebenen zu tun. Solche Unregelmäßigkeiten förderten den Fortschritt des Jazz im faschistischen Deutschland. Drei Beispiele sollen genügen, um die Situation zu illustrieren.

Erstens, obwohl sich Jazz und vom Jazz inspirierte Tanzmusik hauptsächlich auf Berlin konzentrierten, fanden sie auch in gewissen Provinzzentren begrenzten Zuspruch, wie in Münster, wo es in den örtlichen Hotels und Restaurants eine recht aktive Clubszene gab.[56] Leipzig, Hamburg und Düsseldorf sind bereits als Jazz-Zentren erwähnt worden. Sogar die vergleichsweise rückständige bayerische Hauptstadt München war nicht immun, vor allem weil einige Bands, etwa die von Georg Nettelmann, dort gastierten, die eine Art Zwischenstellung einnahmen.[57]

Zweitens, der Jazz erschien manchmal in einer überraschenden

politischen Umgebung. Im Sommer 1939 besuchte ein junger Fan, mit Unterstützung des »Kraft durch Freude«-Programms der NSDAP, den Ostseebadeort Warnemünde. Dort entdeckte er, daß in seinem kleinstädtischen Strandhotel die aufregendsten Soli zu hören waren. In dem Saal im Parterre machte ein kleines Trio, geführt von einem jungen Geiger, eine Jam Session; die Musiker hatten offenbar Stephane Grappelly vom Hot Club de France gehört. Der Saal war mit Hakenkreuzfahnen geschmückt, und braun uniformierte Männer und ihre Frauen hatten offenkundig ihre Freude an den sprühenden Rhythmen von »Tiger Rag«, »Dinah« und »Sweet Georgia Brown«. Der am höchsten dekorierte Nazi bedankte sich dann herzlich bei dem jungen Bandleader – dem achtzehnjährigen Helmut Zacharias. Vier Jahre später war Zacharias einer der führenden Jazzviolinisten Europas, er rangierte nur hinter Grappelly und dem Dänen Svend Asmussen. Nachdem Zacharias die ganze Woche so zündend für dankbare Sommergäste gespielt hatte, war er zum Gesprächsthema in der Kleinstadt geworden, und die Parteiortsgruppe engagierte ihn an seinem freien Tag![58]
Ein drittes Zeichen für die Vitalität des Jazz war, daß es ganz im Gegensatz zum Naziprotokoll hier und da sogar noch einen Schwarzen gab, der in jenen Jahren in Deutschland Jazz spielte. Um 1936 war der amerikanischen Posaunist Herb Flemming, früher bei Sam Wooding, neben seinem Begleiter Fritz Schulze die Hauptattraktion in der piekfeinen Berliner Sherbini-Bar. Es heißt, daß Flemming dort habe auftreten können, weil er einen ägyptischen Paß besaß. Aber obwohl er arabische Eltern hatte und deshalb strenggenommen nicht schwarz war, hatte er unzweifelhaft die amerikanische Staatsbürgerschaft und galt in den USA als »farbig«. Der amerikanische Botschafter Dodd hatte sich persönlich eingeschaltet, um Flemming eine Arbeitserlaubnis zu verschaffen; seine Gründe sind unbekannt, aber sie könnten etwas mit der freizügigen Atmosphäre während der Olympischen Spiele zu tun gehabt haben. Flemming verließ Deutschland schließlich im Juni 1937.[59] Im Hamburger Block House produzierte unerklärlicherweise ein schwarzer Pianist Boogie-Woogies, Blues und ähnliche Klänge. Und ein schwarzer Schlagzeuger namens Jimmy aus Deutsch-Südwestafrika unterhielt die Gäste in der Berliner Kajüte-Bar, oben im Berolina-

Haus, noch im Sommer 1939 mit einer sonst ausschließlich weißen Band.[60]

Die Jazzgemeinde und ihre Hohenpriester

In Deutschland wie anderswo konnte Jazz nicht in einem luftleeren Raum gespielt werden – man mußte ihn hören und genießen. Und wie in den Vereinigten Staaten und in England benötigte die Jazzmusik in Deutschland während der dreißiger Jahre zwei tragende Elemente, um existieren zu können: ein großes Zuhörer- und Tanzpublikum, das sich auf die kommerzielleren Qualitäten der Musik einstellte, und einen kleinen, elitären Kern von Puristen, die den Jazz als eine Kunstform betrachteten, die Musik ernsthaft studierten, sie sogar zu spielen versuchten und ihre Schöpfer anbeteten. In Deutschland waren diese puristischen Anhänger von eminenter Bedeutung, weil die aktivsten unter ihnen den Jazz nicht nur als einen Lebensstil pflegten, sondern häufig sogar wie Impresarios arbeiteten. Dadurch übten sie einen unschätzbaren Einfluß auf die Entwicklung dieser Musik unter Hitler aus – einen Einfluß, der sich als entscheidend für ihr Überleben erweisen sollte.

Eine Schlüsselfigur in diesem Filigrannetz mit dem heimlichen Zentrum in Berlin war Dietrich Schulz, der frühere Magdeburger Abiturient, der es noch in der späten Weimarer Zeit unter Seiber und Sekles in Frankfurt mit dem Posaunenspiel versucht hatte. Schulz war ein vielgereister junger Mann. 1932, noch in Frankfurt, wurde das Studium der Wirtschaftswissenschaften zu seiner Hauptbeschäftigung, denn er hatte erkannt, daß sein Talent als Jazzposaunist begrenzt war. Anfang 1933 war Seibers Lehrgang, wie schon erwähnt, abgesetzt worden. Im Sommer und Herbst 1933 besuchte Dietrich das University College von Exeter im südwestlichen England, wo er sein Englisch vervollkommnete, im Sommer 1934 zog er nach Königsberg in Ostpreußen, um sein Wirtschaftsstudium an der dortigen Universität fortzusetzen. Er schloß im Dezember 1935 als Diplomvolkswirt ab und promovierte im Mai 1939.[61]

Aber diese Zusammenfassung beschreibt nur den bürgerlichen Menschen Dietrich Schulz. Seine innere Leidenschaft galt stets dem

Jazz, »meinem Lebenselixier«, wie er viel später gestand. Bezeichnenderweise war das Thema seiner Doktorarbeit die internationale Schallplattenindustrie, mit starker Betonung der Jazz- und Tanzmusik; es ist eine noch heute überaus lesenswerte Arbeit.[62] Die Recherchen zu diesem Thema führten ihn so oft nach Berlin, daß er in der fachlichen Welt der Jazzmusik und der einträglicheren der deutschen Plattenindustrie Fuß fassen konnte.

Seit den Zeiten der Weimarer Republik war der vielsprachige Schulz ein eifriger Leser ausländischer Jazz-Zeitschriften, etwa des französischen Journals *Jazz Tango Dancing* und besonders des britischen *Melody Maker.* Aus dem französischen Magazin erfuhr er sehr viel über die zentrale Rolle des künftigen französischen Doyens der Jazzmusik, Hugues Panassié; aus dem britischen lernte er genausoviel über den irischen Musiker und Kritiker Patrick (»Spike«) Hughes. Panassié war überwiegend von dem amerikanischen Klarinettisten Milton (»Mezz«) Mezzrow beeinflußt, der dem jungen Franzosen 1929 zufällig bei Schallplattenaufnahmen in Paris begegnet war. Später sollte Panassié dem Amerikaner einiges verdanken: Sein erstes Buch, *Le Jazz Hot,* 1934 erschienen, hatte nicht nur auf Schulz Einfluß, sondern sogar auf amerikanische Musikwissenschaftler vom Kaliber Gunther Schullers. Bis 1934 war Panassié auch zu einem der Mitgründer des maßgeblichen Pariser Hot Club de France geworden, der die kometenhafte Karriere von Django Reinhardt und Stephane Grappelly einleitete.[63]

1934 führte Schulz' Begeisterung über Panassiés Arbeit zu dem Entschluß, das Buch ins Deutsche zu übersetzen – eine Aufgabe, die er nicht vollendete. Aber nach einem Briefwechsel mit dem französischen Impresario – beide waren damals grüne Jungen von zweiundzwanzig Jahren – wurde Dietrich im November 1935 das erste eingetragene deutsche Mitglied des Hot Club. Im Spätsommer 1936 konnte er Panassié in dessen elterlichem Château etwas östlich von Bordeaux besuchen. Voller Stolz schrieb er seinem Vater: »Ich verbringe den Tag mit gut schlafen und essen, faulenzen und Platten hören, damit ich neue Kräfte habe für Paris.« In diesem Château de Gironde traf Schulz mit Panassiés Freunden Pierre Nourry und Charles Delaunay zusammen, die den Hot Club mitbegründet hatten. Später, in Paris, begegnete Dietrich seinem Idol Django

Reinhardt; er besuchte ihn dort noch einmal aus Anlaß der Weltausstellung 1937, wo er zufällig auch einen unbekannten neunzehnjährigen amerikanischen Trompeter namens John Birks Gillespie hörte. Um 1938 hatten sich Schulz' Kontakte zu Panassié und Charles Delaunay – dieser war der Sohn der berühmten postkubistischen Maler Robert und Sonia (Terk) und selbst Künstler – derart verstärkt, daß Charles während des Krieges Dietrichs Mitarbeit an der künftigen Bibel von Jazzpuristen der ganzen Welt würdigte: der zweiten Auflage von Delaunays Klassiker *Hot Discography.*[64]

Trotz seiner Jugend war Dietrich Schulz auf dem Weg, der kenntnisreichste und hervorragendste Jazzkritiker Deutschlands zu werden. 1933, während seines Aufenthalts in England, hatte er den früheren Bassisten und Arrangeur Spike Hughes besucht, der sich mittlerweile immer mehr dem Jazzjournalismus zugewandt hatte und der Spiritus rector von Schulz' geliebtem *Melody Maker* war.[65] Schulz eiferte bereits seinen Vorbildern, den Impresarios Hughes, Delaunay und Panassié, nach. Nachdem er James Koks Band Anfang November im Berliner Moka Efti gehört hatte, plauderte er mit dem Maestro über Personalprobleme in der Gruppe. Kok sagte, daß einer seiner beiden Pianisten die Band verlassen wolle. Daraufhin schlug Schulz dem Orchesterchef vor, seinen Magdeburger Schulkameraden Fritz Schulze zu testen, der ungewöhnlich gut sei. Fritz wurde sofort aus der Provinz herbeigerufen, von Kok in ein oder zwei Sessions geprüft und auf der Stelle engagiert.[66]

Panassiés und Hughes' glänzende Plattenkritiken in den Zeitschriften veranlaßten Dietrich außerdem dazu, an die Deutsche Grammophon in Berlin zu schreiben und sich lobend über den Jazz-Nebenzweig der Firma, die Deutsche Brunswick, zu äußern. Er behauptete kühn, daß ihm die Bemerkungen des Kommentators, des angesehenen klassischen Musikwissenschaftlers Hans Heinz Stuckenschmidt, recht dürftig vorkämen, weil sie »gegenseitig austauschbar« seien. Die Deutsche Grammophon antwortete sofort, bot ihm Stuckenschmidts prestigeträchtigen Posten an und schickte ihm eine Auswahl von Aufnahmen. Dies war der Beginn von Schulz' langer und erstaunlicher Karriere als Berater der Jazzschallplattenindustrie in Deutschland. Bei der Berliner Firma war man froh, einen Experten angestellt zu haben. Zum Beispiel schlug Dietrich im September 1935 vor, daß Brunswick gewisse Platten amerikanischer Jazzmusiker herausbringen solle, die bis dahin nur in ihrem Ursprungsland erhältlich waren. Aber er setzte sich auch für die Big Band von Heinz Wehner ein (der bald einen Vertrag mit der Konkurrenzfirma Telefunken unterzeichnen sollte). Diese Band – hier stimmten Schulz und die Leute von der Deutschen Grammophon überein – sei dem Orchester von Kok »vollkommen ebenbürtig«.[67]

Anfang 1936 war Schulz' Autorität bei der Deutschen Brunswick in demselben Maße gewachsen wie seine eigene Begeisterung für die Arbeit als Jazzkritiker. Deshalb erhielt er die Möglichkeit, drei öffentliche Vorlesungen im Delphi-Palast, diesem heiligen Ort der deutschen Jazzfans, zu organisieren; hier bemühte er sich, einem großen Publikum zu erklären, »was es mit dem Swing so auf sich hatte«. Am 20. Januar benutzte er Brunswick-Aufnahmen von Spike Hughes, Ellington und Bert Ambrose als Kostprobe für seinen Vortrag, den er leicht abgewandelt im März und April wiederholte. Nach dem noch erhaltenen Protokoll der ersten Sitzung zu schließen, waren diese Vorträge allzu lehrerhaft und trocken. In der Vorlesung vom März zum Beispiel wurde recht akademisch zwischen Swing-, Instrumenten-, kommerziellen und Vokalkategorien unterschieden. Der Dozent stufte Ambrose und die Dorsey Brothers als »kommerziell« ein (Benny Goodman war noch nicht auf der Szene erschienen).[68] Schulz setzte diese Arbeit dadurch fort, daß er im weiteren Verlauf des Jahres 1936 Mitautor des offiziellen Brunswick-Jazzplattenkatalogs wurde. Darin waren Künstler wie Ellington, Ambrose, Henderson, Grappelly und Hawkins aufgeführt. Über Goodman merkte er nun an, daß dieser erst seit kurzem »ein eigenes Orchester« habe; ein Foto zeigte, wie der King of Swing lächelnd eine Klarinette blies.[69]

Die Nazizensoren hatten mittlerweile vom Pariser Hot Club – und von Dietrich Schulz – Witterung bekommen. Daran war der temperamentvolle Impresario selbst schuld. In einem nicht gerade bescheidenen Brief an die amerikanische Popzeitschrift *Metronome* hatte er in fast perfektem Englisch geschrieben, daß der Swing »in Deutschland rasche Fortschritte macht, und ich arbeite zur Zeit an einer großen Kampagne für die Swingmusik ... Clubs werden überall im Land gegründet werden, Schallplattenkonzerte werden abgehalten werden, mehr und bessere Schallplatten werden auf den Markt kommen«. Er plane, die drei sehr erfolgreichen Delphi-Vorträge an anderen Orten, etwa in Hamburg und Köln, zu wiederholen. »Ich bin stolz darauf, Deutschland swingbewußt gemacht zu haben«, prahlte Dietrich. »Vor ein paar Monaten war das Wort Swing fast unbekannt, aber nun benutzen es alle großen Schallplattenfirmen: Electrola... und natürlich Brunswick, wo mir die Produktion untersteht.«[70]

Dietrich Schulz – der Swing-Diktator Hitlerdeutschlands? Das war zuviel für Fritz Stege, den offiziellen Musikkritiker des Regimes. Nachdem Stege den Hot Club de France und dessen Quintett Mitte September verrissen hatte, unternahm er einen Monat später einen persönlichen Angriff auf Schulz. Deutschland besitze nun einen »Swing-Reformator«, schrieb er höhnisch, wobei er sich direkt auf *Metronome* bezog. Deutschland solle erwachen und mit freundlicher Genehmigung von Herrn Dietrich Schulz die Gabe des Neger-Swings entgegennehmen. Alle deutschen Musiker würden Schulz dankbar sein, spottete Stege. Aber der Nazifunktionär trat zu diesem Zeitpunkt nicht noch drohender auf, wofür nur der heuchlerische Geist der internationalen Brüderlichkeit verantwortlich sein konnte, den das publizitätssüchtige Dritte Reich als Gastgeber der Olympischen Spiele heraufbeschwören wollte.[71]

Anfang 1937 schickte der selbstbewußte Schulz der amerikanischen Musikzeitschrift *Tempo* einen weiteren Brief, in dem er erklärte, er habe »drei Rhythmusclubs in Deutschland – in Berlin, Königsberg und Magdeburg – gegründet«.[72] Das war ebenfalls eine Übertreibung, denn obwohl Schulz eine unstrittige Rolle in allen drei Fan-Gruppierungen spielte, hatte er in Wirklichkeit keine von ihnen gegründet; außerdem gibt es Zweifel daran, daß Magdeburg je einen organisierten Club besaß. Ein früherer Angehöriger des Königsberger Jazzclubs hat angedeutet, daß die ostpreußische Gruppe immer sehr locker gewesen sei; am Jazz interessierte junge Leute hätten einander zwanglos und unregelmäßig besucht, und eines Tages sei Dietrich Schulz von einem Freund vorgestellt worden. Der Kreis habe überwiegend aus Studenten bestanden, die Jazzplatten ausgetauscht, mit Vergnügen gehört und zuweilen in Gesellschaft Gleichgesinnter über sie diskutiert hätten.[73]

Das zutiefst provinzielle Königsberg war für eine Live-Jazzszene ungeeignet. Die Gäste der örtlichen Cafés und Bars bevorzugten den üblichen kommerziellen Schund, obwohl Erich Börschel, der die Tanzband des Rundfunksenders leitete, ein ehrgeiziger, vom Jazz inspirierter Musiker war.[74] Wie auch immer, sobald sich Schulz der Königsberger Gruppe Anfang 1935 angeschlossen hatte, setzte er sich als dessen »Präsident« an die Spitze. Er verfaßte nach dem Vorbild der Rundschreiben des Pariser Hot Club regelmäßig erscheinende Schriften mit Platteninformationen und Vorschlägen für die Erstellung eines Plattenverzeichnisses.[75] Schulz mag auf eine zu teutonische Art an den Jazz herangegangen sein – man hat ihn manchmal als »den Buchhalter des deutschen Jazz« bezeichnet –, aber er hatte es schließlich mit genauso systematischen Deutschen zu tun. Sie hatten nichts gegen seine Einstellung einzuwenden und waren sogar dankbar für Schulz' gutgemeinte Didaktik.

Es steht außer Frage, daß Schulz ernstlich bestrebt war, viele verständnisvolle, ernsthafte Interessenten für seine Musik zu finden. Sein Kontakt zu den Berliner Jazzfans kam durch seine gelungene Werbung im Delphi-Palast im Januar 1936 zustande. Einer seiner dortigen Zuhörer war Hans Blüthner, der gleichermaßen engagierte, wenn auch nicht annähernd so gebildete Kenner der Tanzkapellen der späten Republik.[76] Blüthner führte Schulz dann in den Melodie-Klub ein, den auch Fritz Schulze, Dietrichs alter Freund, manchmal aufsuchte. Diese Jazzliebhaber fühlten sich natürlich von Schulz angezogen, sie respektierten sein enzyklopädisches Wissen und seine persönlichen Beziehungen zu den Größen von Paris und London. Ende 1935 hatte Schulz zudem einen Brief von Kurt Michaelis erhalten, der eine von Dietrichs häufigen Mitteilungen in einer englischen Zeitschrift gesehen hatte. Schulz traf dann mit dem eigenwilligen »Tiger Rag«-Sammler in Berlin zusammen. Dort verbrachten sie am 18. Januar 1936, kurz vor der ersten Delphi-Vorlesung, einen festlichen Abend im Sherbini, wo sie sich von dem Swing Fritz Schulzes und des amerikanischen Posaunisten Flemming bezaubern ließen.[77]

Damals war Michaelis ein führendes Mitglied im Leipziger Hot Club, und Dietrich Schulz konnte seine regelmäßigen, mit der Maschine getippten Blätter mit Erklärungen zum Jazz und vor allem den neuen Angeboten von Brunswick an ihn weitergeben. Die erhaltenen Exemplare dieser Serie zeigen, daß Schulz – vielleicht wissentlich – für mehrere amerikanische Juden Reklame machte, als ihre Musik bereits seit einigen Monaten verboten war. Im Herbst 1938 lobte er die Klarinettisten Meyer Weinberg und Artie Shaw, die Bassisten Art Shapiro und Artie Bernstein, den Schlagzeuger Godfrey Hirsch und die Trompeter Manny Klein und Charlie Spivak. Nur Benny Goodmans Name – zu berüchtigt, um gedruckt zu werden – fiel nun durch Abwesenheit auf. Der dritte Kreis, nach Berlin und Leipzig, den Schulz beeinflußte, war der von Hans Otto Jung in Lorch am Rhein. Der Pianist Jung, der bald der Kopf des Frankfurter Jazzkreises werden sollte, wurde durch Blüthners Vermittlung ebenfalls dankbarer Empfänger von Schulz' Jazznachrichten.[78]

Hans Blüthner, einst der »Schlagermann« in seiner Klasse, besuchte auch im Dritten Reich regelmäßig Berliner Combos und Big Bands. Seine jahraus, jahrein geführten Tagebücher waren genauso sorgfältig wie Schulz' Plattenverzeichnisse.[79] Hans war 1933 zwanzig Jahre alt, und sein früher oberflächlicher, wenn nicht gar fader Geschmack schärfte sich mit der Zeit ohne Zweifel in Richtung des Eklektizismus. Er entwickelte die Vorlieben eines anspruchsvollen Jazzsammlers. Blüthners Tagebuch der Bands, die er zwischen 1933 und 1938 hörte, erstaunt sowohl durch seine Methodik als auch durch die Art, wie es einen kulturellen Reifeprozeß widerspiegelt. Zum Beispiel hörte sich Blüthner am 2. Februar 1933 – Hitler war erst seit drei Tagen an der Macht – im Schillersaal das Kirchhöfer-Orchester an (eine für den Jazz nicht existierende Band). Diese Eintragungen setzen sich mit den Namen Arkadi Flato, Dol Dauber, Gerhard Hoffmann und Harry Borgend fort – alle waren fraglos unbedeutend. Dann, am 12. August, hörte Hans die swingende Georg-Nettelmann-Kapelle mit dem Pianisten und Sänger Helmuth Wernicke, was bereits eine gewaltige Verbesserung war.

Danach (bis September 1935) werden immer häufiger sehr gute Gruppen genannt, etwa die von Bartholomew, James Kok, Jack Hylton und Kurt Widmann. Blüthner war auch am 30. April 1935 bei Koks letztem Konzert im städtischen Moka Efti mit Wege, Bauschke, Schulze und dem Gitarristen Meg Tevelian dabei. Am

10. Mai 1935 hörte Blüthner den Neuling Wehner im Europa-Haus und besuchte danach wiederholt seine Konzerte. Erhard (»Funny«) Bauschke, der im Januar 1936 seinen neuen Vertrag im Moka Efti antrat, wurde für immer einer von Hans' Lieblingsmusikern.
Im Tagebuch erscheint auch die Flemming-Combo mit Thon, Schulze und dem Ägypter Sherbini am Schlagzeug, die Dietrich Schulz bereits am 23. April in Sherbinis exklusivem Versteck an der Uhlandstraße erlebt hatte. (Inzwischen waren diese beiden hervorragenden Jazzfans schon gut miteinander bekannt.) Der Däne Aage Juhl-Thomsen spielte drei Tage später in der Femina. Und dann gab es natürlich noch die Original Teddies! In diesem Sommer des Berliner Olympiajahres hatte man eine reiche Auswahl an echter Swingmusik, doch Stauffer wurde in der Werbung überall an erster Stelle genannt. Blüthner hörte ihn im Delphi nicht weniger als dreimal im Juli, wiederum im September und viermal im Oktober. Im vorderen Teil des Tagebuches führte Hans sämtliche Mitglieder dieser fantastischen Band mit Namen und Instrumenten auf – eine Würdigung, die er keinem anderen Orchester zuteil werden ließ. Der Rest des Tagebuches enthält bis September 1938, von sehr wenigen Ausnahmen abgesehen, nur allererste Namen, was überzeugend belegt, daß Hans Blüthners Jazzausbildung nun abgeschlossen war.[80]
Blüthner wurde zum wichtigsten Mann im Berliner Melodie-Klub, der authentischsten und bestorganisierten Gruppe von Jazzfans in der Metropole. (Natürlich gab es in dieser Großstadt noch andere, kleinere und weniger bedeutende Gruppierungen.)[81] Seine Anfänge lassen sich bis ins Jahr 1934 zurückverfolgen, nämlich bis zu einer Werbekampagne Adalbert Schalins. Er war der »arische« Geschäftsführer von Alberti, dem zunehmend diskriminierten jüdischen Musikalienhandel in der Rankestraße. Der Musiker und Arrangeur Schalin, Herausgeber des firmeneigenen *Musik-Echos,* war möglicherweise bereits 1932 von dem vielseitig begabten jüdischen Amateurmusiker Robert (»Bob«) Kornfilt angeregt worden. Kornfilt, der aus der Türkei stammte, war zur Zeit des Regimewechsels ein enger Freund von Blüthner.[82]
Der junge Hans wurde im Herbst 1934 Banklehrling und schaute weiterhin häufig bei Alberti vorbei. Er kaufte sich mit dem Geld,

das er nun verdiente, immer mehr wunderbare Platten und wurde später von Schalin angeregt, sich dem Club anzuschließen. Eine ausgewählte Gruppe von Clubmitgliedern – nicht mehr als rund zwanzig – kam im Café Hilbrich am Kurfürstendamm zusammen, um sich die erlesensten Platten, ausnahmslos aus Amerika, anzuhören. Die Mitgliedschaft war fast kosmopolitisch, sie umfaßte mehrere gebildete Berliner Juden, darunter Kornfilt selbst, Heinz Auerbach und Franz (»Fanny«) Wolf. Dietrich Schulz besuchte den Club hin und wieder nach dem Januar 1936 und tauschte Platten mit Wolf und anderen. Ungefähr zwölf Monate später führte Schulz einen siebzehnjährigen »Halbjuden« namens Gerd Peter Pick in den Melodie-Klub ein. Pick war ein sachkundiger Verkäufer bei Televox, einer kleinen, aber bedeutenden Berliner Firma, die Schallplatten produzierte und selbst verkaufte.[83]

Inzwischen hatte sich der Club bereits in harte Puristen und eine großzügigere kommerzielle Abteilung gespalten. Die Puristen, unter ihnen Auerbach und Wolf, zogen sich in eine Privatwohnung zurück, nachdem der Pachtvertrag für das so günstig gelegene Café abgelaufen war. Blüthner und ein paar seiner Anhänger, darunter Pick, die diese Kunst nicht dogmatisch betrachten wollten, suchten für sich eine ähnliche Unterkunft.

Ihre Fraktion, die sich nun »Magische Note« nannte, wurde im Sommer 1938 durch ein neues, allerdings fernes Mitglied vom Rhein verstärkt: Hans Otto Jung. Dieser noch nicht ganz achtzehnjährige Pianist, der als Kind von Hindemith seinen Segen bekommen hatte, schickte sich an, in Frankfurt Volkswirtschaft zu studieren, um sich auf die spätere Übernahme der familieneigenen Weinkellerei vorzubereiten. Als Swingenthusiast hatte er einen Brief an Electrola in Berlin geschickt, um eine bestimmte Benny-Goodman-Platte zu bestellen. Blüthner, der Electrola nun, ebenso wie Schulz, hin und wieder Beratungsdienste leistete, war beauftragt worden, sich um die Bestellung zu kümmern. Am 22. Mai 1938 hatte er Jung mitgeteilt: »Wir haben hier einen Swing-Club ›Magische Note‹, und würden Ihnen, wenn Sie Interesse daran haben, von unserem Tun gern erzählen. Gibt es dort am Rhein noch mehr Swing-Fans? Ich hoffe es.« Jung hatte die illegale Goodman-Platte pünktlich erhalten und war im März 1939 im Besitz eines Mitgliedsausweises

der Magischen Note. Der Ausweis trug die Nummer 15, was das Schicksal des Clubs schon andeutete.
Jung und Blüthner hatten sich im Oktober 1938 in Berlin getroffen, um die faszinierenden Konzerte von Wehner und Stauffer zu besuchen. Etwa zehn Tage später wurden die deutschen Juden in der »Kristallnacht« massiven Gewaltmaßnahmen ausgesetzt. Damals war bereits deutlich, daß das Schicksal des führenden Berliner Jazzclubs besiegelt war. Die Abspalterfraktion war in Auflösung begriffen. Auerbach hielt es für geraten, nach Buenos Aires auszuwandern, und Wolf fuhr mit dem letzten Schiff nach New York, wo er sich mit Alfred Lion zusammentat. Dieser ebenfalls emigrierte Berliner Jude hatte gerade die Jazzplattenfirma Blue Note gegründet. Lion und »Francis Wolfe« machten Blue Note später zum Vorreiter des aufkommenden Bebop-Stils. In den letzten Monaten vor dem Krieg waren nur noch Blüthner selbst und der »Halbjude« Pick in der Hauptstadt übriggeblieben; sie besuchten einander heimlich in ihren Wohnungen. Zu Kriegsbeginn war es eine riskante Sache geworden, Verbindungen zu einem Jazzclub zu haben.[84]
Als Blüthner im Mai 1938 eine Postkarte an Jung schickte, war Hans Otto gerade zum Reichsarbeitsdienst (RAD) eingezogen worden. Er wurde jedoch am 26. Oktober freigestellt und konnte kurz mit Blüthner in Berlin zusammentreffen. Die Atmosphäre war gespannt, erinnert sich Jung, obwohl der Krieg durch das Münchner Abkommen gerade abgewendet worden war. Nachdem Jung zum Wehrdienst eingezogen worden war, reiste er am 10. November auf der Fahrt zu seinem Wehrmachtskommando durch Köln. Dort sah er die Verwüstungen, Verbrechen der SA an den Juden der Stadt. Was für eine Brutalität, dachte Jung. Was für Menschen sind dazu fähig? Ist das alles im Rahmen des Gesetzes?
Jung war der bei weitem sensibelste und trotz seiner Jugend der gebildetste dieser Jazzanhänger. Fast ein Wunderkind mit absolutem Gehör, hatte er 1925 im Alter von fünf Jahren angefangen, Klavier zu spielen. Danach wurde er einige Jahre von Paul Hindemiths Vertrauter und Kollegin Emma Lübbecke-Job unterrichtet. Diese Pianistin war ebenfalls mit der kultivierten Familie Jung befreundet. Dadurch kam Hans Otto als relativ reifer Musiker zum Jazz, der gewissenhaft und mit Freude Beethoven-Sonaten und Chopin-Etü-

den übte und um 1933/34 die damalige Schlagermode und alles andere, was er im deutschen Rundfunk hörte, verabscheute. Durch Schallplatten und ausländische Sender nahm der junge Mann Kontakt mit der internationalen Welt des Swing auf. Seine Vertrauten waren sein jüngerer Bruder Rudolf und ein einziger gleichgesinnter Schulkamerad. Hans Otto und Rudolf spielten im Schulorchester, bisweilen riskierte der Ältere einen Blues oder einen Boogie-Woogie auf dem Schulklavier. Dies schüchterte seine Klassenkameraden ein, denn sie hatten nicht das geringste Verständnis für diesen hochgewachsenen, schmalen Jungen, der nichts für die bei eingefleischten Nazis so beliebten groben Scherze und derben Sportarten übrig hatte.[85]

Im Sommer 1936 korrespondierte der Teenager ungezwungen mit deutschen, französischen und englischen Plattenfirmen und sammelte internationale Schallplattenkataloge und -broschüren. Hans Otto war weltgewandt genug, schwer erhältliche Swingscheiben direkt in London oder Paris zu bestellen. »Ihr geschätztes Schreiben ist uns heute morgen zu Händen gekommen«, antwortete das Musikgeschäft City Sale & Exchange in der Londoner Fleet Street Jung am 27. April 1937. »Wir werden die Freude haben, Ihnen jede Bestellung, mit der Sie uns beehren wollen, nach Erhalt Ihrer Zahlung per Scheck oder durch internationale Postanweisung zu übersenden.«[86]

Auf diese Weise gelangte Jung in den Besitz gedruckter Schallplatteninformationen nicht nur von der Deutschen Brunswick, Electrola oder Alberti, sondern auch von der Englischen Brunswick, RCA Victor und Vocalion. Seine Exemplare des Londoner »Gramophone record« enthielten »eine monatliche Übersicht aufgenommener und im Rundfunk gesendeter Musik, herausgegeben von Leonard Hibbs«.[87] Die überaus detaillierten Beschreibungen in diesen Broschüren, genauso wie die ausländischen Schallplatten selbst, bewogen Jung, an einer Leserumfrage des *Melody Maker* teilzunehmen, den er natürlich abonniert hatte. Im Herbst 1937 schrieb er mit unverhohlener Begeisterung nach London, der schwarze Pianist Herman Chittison habe »solch einen wunderbaren Anschlag und ›Schwung‹ wie kein anderer. Sein ›walking bass‹ in der linken Hand und seine Phrasen in der rechten Hand sind wirklich großartig...

Herman Chittison *[sic!]* hat mir meinen ersten Eindruck von Swingmusik verschafft.« Mit fast gespenstischer Sachkenntnis erkor er Roy Eldridge, Tommy Dorsey, Johnny Hodges, Hawkins, Goodman und Reinhardt zu seinen weiteren Lieblingsmusikern. Unter den Bassisten gefiel ihm Bob Haggard, und am Schlagzeug imponierte ihm der dynamische Krupa. Am Vibraphon fiel seine Wahl auf Lionel Hampton, und Armstrong und Ella Fitzgerald waren seine bevorzugten Sänger.[88]

Hans Ottos Sammlertätigkeit wurde durch den Arbeits- und den Wehrdienst unterbrochen, er verabscheute beide. Der zarte junge Mann war in einer Wehrmachtausbildungseinheit im westfälischen Gütersloh stationiert, doch er hielt es dort nur zehn Tage lang aus. Zu seinem Glück wurde er auf einen erträglicheren Posten bei Stuttgart, in der Nähe seiner Großeltern, versetzt. Hier tat er sich mit einem Amateurschlagzeuger und einem klassischen Geiger zusammen, für die Jung Jazzstücke niederschrieb. Sie nannten sich die Jungle Rhythmicians und spielten zur Freizeitunterhaltung ihrer Kameraden. Dann erkrankte Jung an einer Rippenfellentzündung und verbrachte vier Monate in einem Sanatorium. In diesem Zeitraum brach der Krieg aus.[89]

Mittlerweile war die Familie Jung rheinaufwärts von Lorch nach Rüdesheim, ganz in der Nähe von Frankfurt, umgezogen. In der Mainmetropole blühte der Jazz nicht gerade, obwohl die Weintraubs und später einige der besseren deutschen Big Bands dort gastierten.[90] Und natürlich war Frankfurt der Sitz von Sekles' experimentellem Hoch'schen Konservatorium! 1932–33 war der begabte Saxophonstudent Rudi Thomsen unter Seibers Jazzschülern gewesen und hatte Freundschaft mit seinem Kommilitonen Dietrich Schulz geschlossen. Thomsen machte seinen Frankfurter Vetter Carlo Bohländer mit dem Jazz bekannt, und bald darauf fing Carlo an, Trompete zu spielen. Schulz begegnete dem schlaksigen Fünfzehnjährigen 1934 in Frankfurt.[91] Wie sein viel älterer Vetter wollte Carlo Berufsmusiker werden, und 1935 erhielt er ein Vierjahresstipendium für das Konservatorium. Er beschäftigte sich mit Harmonielehre, Trompete und Klavier, doch da der starre Kursus ihn enttäuschte, legte er nie eine Abschlußprüfung ab. Im August 1936 heuerte Carlo, vom Swing und der Sehnsucht nach dessen Geburtsland überwältigt, als Schiffsjunge auf dem Dampfer *Deutschland* an, der gerade von Hamburg nach New York auslief. Carlo hielt sich nur fünf Tage in New York auf und verbrachte den größten Teil seiner Zeit in der 42nd Street; der Kriegsausbruch hinderte ihn daran, noch einmal dorthin zu reisen.[92]

Emil Mangelsdorff wohnte ebenfalls in Frankfurt. Er war kaum acht Jahre alt, als Hitler an die Macht kam. Er hatte seine unvergängliche Liebe zum Jazz dem Rundfunk zu verdanken und Ellingtons Aufnahme von »Dinah« (1932). Emil brachte sich selbst das Spiel auf dem Akkordeon bei – schwerlich ein Jazzinstrument – und bildete mit anderen gewieften Jungen aus seinem Arbeiterviertel eine Amateurband. Im Sommer 1939 spielten sie Tanzmusik in den ärmeren Vororten; sie hatten weder das finanziell unterstützte Talent eines Jung noch die formale Ausbildung eines Bohländer, aber sie befriedigten ihre Lust auf amerikanische Melodien. Dann wurde Emil zum landwirtschaftlichen Einsatz herangezogen, und unversehens brach der Krieg aus.[93]

Der Zahntechniker Kurt Michaelis aus Leipzig war 1933 zwanzig Jahre alt geworden. Er stand bereits im Mittelpunkt von vier oder fünf gleichgesinnten jungen Männern, die ungefähr alle zwei Wochen an »Blauen Montagen« informelle Jazztreffen in ihren bescheidenen Wohnungen abhielten. Wie in Berlin oder Königsberg versammelten sie sich um ein Grammophon herum und genossen amerikanische, britische und deutsche Aufnahmen (in dieser Reihenfolge). Ein älterer, wohlhabender Bekannter fuhr sie manchmal mit seinem Auto in die ein paar Stunden entfernte Hauptstadt. Hier ergötzten sie sich an den vielgepriesenen Wundern des Showgeschäfts: an einem nachmittäglichen Tanztee in der Femina oder im Moka Efti, am Besuch eines teuren Clubs bis in die Morgenstunden hinein oder an einem Musikfilm. So etwas war in Leipzig so nicht möglich. Die blühende Handels- und Messestadt hatte zwei oder drei Veranstaltungsorte für Gesellschaftstanz und wurde deshalb nur unregelmäßig von prominenten Jazz- und Showgruppen besucht, etwa von denen Abrianis, Stauffers oder Wehners. Im Spätsommer 1936 konnten Michaelis und seine Freunde in dem führenden Café Drei Könige sogar die Klänge eines weniger bekannten Wiener Orchesters genießen: Karl Ballabans Dance Symphonists

spielten eine Art Pseudojazz, basierend auf »jüdischen« Kompositionen von Gershwin und Berlin, und das immerhin so gut, daß sie sich den Zorn des selbsternannten Zensors Hans Brückner zuzogen.[94]
Durch die systematische Lektüre des *Melody Maker* erfuhr Michaelis, der von seinem besten Freund Joachim Ernst (»Fiddlin' Joe«) Frommann »Hot-Geyer« getauft worden war, von einem Londoner namens Carlo Krahmer, einem halbprofessionellen Schlagzeuger, der sich ebenfalls auf das Sammeln von »Tiger Rag«-Platten spezialisiert hatte. Diesen Mann mußte Kurt kennenlernen! Im Juli 1934 machte sich Hot-Geyer zum zweitenmal in seinem Leben nach London auf, er kam bei fernen Verwandten in einem Außenbezirk unter. Carlo wohnte auf der anderen Seite der Stadt, und Hot-Geyer fuhr täglich mit dem Zug hin und her, um ihn zu treffen. Carlo, der irgendwann deutsche Vorfahren gehabt hatte, war fast blind. Er genoß hohes Ansehen bei den Londoner Jazz- und Tanzfreunden, und durch ihn wurde Michaelis mit Max Abrams, dem jüdischen Schlagzeuger der Hylton-Kapelle, bekannt, der sehr freundlich zu ihm war. Doch einmal, nachdem Michaelis in einem Londoner Jazzclub dem britischen Armstrong-Anhänger Nat Gonella zu später Stunde zugehört hatte, wurde er von einer Gruppe junger englischer Juden angesprochen: Er müsse einfach ein Spion Hitlers sein, sonst hätte man ihm doch nicht erlaubt, außerhalb Deutschlands herumzureisen! Carlo erwiderte den Besuch und kam, begleitet von seinem Freund, dem Altsaxophonisten Gerry Cane, im Juli 1936 nach Leipzig. Zwei Jahre später, wieder in London, wurde Carlo Krahmer, bevor er seine Schallplattenfirma Esquire gründete, Schlagzeuger in Claude Bampton's Blind Band, deren Pianist ein gewisser George Shearing war.[95]
Wie sein Königsberger Landsmann Dietrich Schulz schickte Kurt Michaelis Notizen und Briefe an anglo-amerikanische Fachzeitschriften, um internationale Aufmerksamkeit zu erregen. Im September 1937 versuchte der patriotische Hot-Geyer, ausgehend von seiner eigenen Erfahrung, das hartnäckige Gerücht zu zerstreuen, Hitler habe den Jazz in Deutschland verboten. In einem kuriosen Englisch veröffentlichte Kurt eine auf den ersten Blick korrekte Erklärung in der Zeitschrift *Tempo* für Fans in Kalifornien: »Es ist

nicht wahr, daß wir keinen Jazz in Deutschland haben, denn es gibt viele Jazzbanders. Wir haben Brunswick-Platten von all den berühmten Hot-Stars, von Armstrong, Red Nichols, dem jazzigen Mr. Ellington und von Red Hot Benny Goodmans Boys. Amerikanische Zeitungen sagen euch nicht die Wahrhaftigkeit über unsere Jazzwelt hier drüben.«[96]

Anderthalb Jahre später übermittelte der junge britische Pianist und Jazzjournalist Leonard Feather den Lesern des *Melody Maker* eine Nachricht von seinem »Briefpartner in Leipzig«: Die deutschen Gesetze seien nun strikter geworden. Feather hatte versucht, sich eine sehr seltene Goodman-Aufnahme mit Hilfe von Hot-Geyer zu verschaffen, doch dieser entschuldigte sich dafür, daß er »aus offensichtlichen Gründen« die Platte nicht besorgen könne. Aber Feather zitierte auch Michaelis' Worte, daß »›Platten-Hausmannskost‹ in Privatwohnungen« noch möglich sei. Hot-Geyer äußerte seine Absicht, »im Spätsommer nach jammy London zu kommen, und möchte mit Ihnen in Bekanntschaft treten, Mr. Feather«.[97]

Hot-Geyer traf zwar nie mit Feather zusammen, der in den folgenden Jahren sehr viel für den amerikanischen Jazz tat, doch von 1937 bis 1939 unterhielt er eine sehr ausgiebige Korrespondenz mit zwei amerikanischen Sammlern, die er wahrscheinlich besucht hätte, wenn der Krieg nicht ausgebrochen wäre. Nach einem weiteren Brief Hot-Geyers an *Tempo*, in dem er einen Austausch von Schallplatten anbot, nahm ein mit Sicherheit jüdischer New Yorker Zahnarzt namens Henry H. Sklow im Herbst 1937 mit ihm Kontakt auf. Dieser Absolvent von Tufts and Harvard, der neun Jahre älter als Hot-Geyer war, war anscheinend begeistert über die Aussicht, mit dem Deutschen Freundschaft zu schließen. »Ich habe mich wirklich sehr gefreut, so rasch von Ihnen zu hören, und ich glaube, daß es uns großen Spaß machen wird, einander so weit über den Ozean hinweg zu schreiben. Ich bin sicher, daß unser Ideenaustausch über die ›Swing‹ genannte Sache und andere persönliche Mitteilungen höchst interessant für uns beide sein werden.« Sklow besaß eine recht gutgehende Praxis an der Holland Avenue, war verheiratet und hatte eine kleine Tochter; er schrieb jedoch, daß »die Ehe... mein Hobby, den SWING, nicht behindert«. Seine Sympathie galt Ellington, Goodman und Bob Crosby; außerdem schätzte er

Norvo, Chick Webb und Basie. Im Grunde mochte er nur amerikanische Musiker. Es dürfte Michaelis ziemlich überrascht haben, daß der Zahnarzt nicht das geringste Interesse an deutschen oder auch britischen zeitgenössischen Bands erkennen ließ. Deshalb war es sehr schwierig, ihn mit im Dritten Reich von Brunswick neu herausgegeben US-Aufnahmen (solchen, die Dietrich Schulz für die Firma ausgewählt hatte) zufriedenzustellen, denn die Originale wurden manchmal noch in New York verkauft.[98]

Folglich profitierte Michaelis wahrscheinlich viel mehr von diesem Austausch als Sklow. Zum einen erhielt er erlesene Sammlerstücke aus New York, etwa Teddy Wilsons »Blues in C Sharp Minor«. Henry schickte ihm diese Platte als Weihnachtsgeschenk, denn er wußte, »daß Sie heutzutage in Ihrem Staat die Pfennige zusammenhalten müssen, und hier fällt es mir wahrscheinlich ein bißchen leichter, Ihnen Freude zu bereiten«.[99] Michaelis konnte außerdem so sein Englisch, die Lingua franca des Jazz, auffrischen, er unterstrich in den Briefen ihm unvertraute Wendungen wie »inferior« (minderwertig) oder »in cash« (in bar) und schrieb sich die deutschen Wörterbuchübersetzungen auf. Leider war dieses Verfahren im Fall von Slangausdrücken nicht immer erfolgreich; zum Beispiel begriff er nie die Bedeutung von »nuts« (»Nüsse«, doch im Slang »verrückt«), er bezog den Begriff wörtlich auf die beliebte Frucht.[100]

Hot-Geyer muß grün und gelb vor Neid geworden sein, wenn er von Sklows persönlichen Jazzkontakten in New York las, beispielsweise zu Mezzrow und Condon, oder von seinen privaten Plaudereien mit Goodman. Am 16. Januar 1938 fand Goodmans historisches Swingkonzert in der Carnegie Hall statt. Henry schickte Kurt eine ausführliche Beschreibung, so daß der »Jazzgeier« seine Freunde vom Blauen Montag mit einem exklusiven Bericht aus erster Hand beeindrucken konnte: »Jede Nummer ist umwerfend, und Benny gab mehrere ›Evergreen‹-Zugaben. Im Saal waren wenigstens 4000 Menschen, und Sie können sich vorstellen, wie sich die Jazzfreunde auf und vor der Bühne tummelten.«[101]

Michaelis' anderer amerikanischer Brieffreund war ein junger Mann aus Kalifornien; auch er hatte einen der Briefe von Hot-Geyer an *Tempo* beantwortet. Er war wählerischer als Sklow und deshalb noch schwerer zufriedenzustellen; zum Beispiel hielt er die Kataloge der

Deutschen Brunswick, die Hot-Geyer ihm schickte, für »ein wenig enttäuschend«[102]. Aber er hatte viel weniger Geld und war gesellschaftlich mehr oder minder entwurzelt. Zwar hatte er die University of California absolviert, aber er war kurz zuvor geschieden worden und hatte »eine Reihe von Dingen für meinen Lebensunterhalt ausprobiert, von Sozialarbeit bis hin zu einer fotografischen Tätigkeit für eine Zeitung, alles ohne allzu großen Erfolg«. Im Frühjahr 1937 war er achtundzwanzig Jahre alt, wohnte in Los Angeles zur Untermiete, versuchte sich als Autor für Sport- und Kriminalgeschichten und bediente hauptsächlich Revolverblätter.[103]

Neben dieser Arbeit und seiner Plattensammlerei – er bevorzugte Armstrong, Fletcher Henderson und den Klarinettisten Frank Teschemacher, erwärmte sich jedoch langsam für Goodman – war er bemüht, Erfahrungen im polizeilichen Bereich zu sammeln. Zum Beispiel wollte er mithelfen, den aufsehenerregenden dreifachen Dyer-Kindesmord in Inglewood zu lösen. Seine große Chance kam später, als der schwarze Pianist Luis Russell ihn 1937 auf eine Konzertreise seiner Band (die gemeinschaftlich von »Satchmo« Armstrong geleitet wurde) durch Kalifornien mitnahm.[104]

Anfang 1938 brachte der ziellose junge Mann seine einzigartigen Erfahrungen zu Papier, hatte Glück und konnte eine publizistische Karriere im Jazz beginnen. Mitte der vierziger Jahre gründete er Dial Records, eine Stütze des aufkommenden Bebop-Stils. Noch später wurde er berühmt als Biograph und nicht unumstrittener Promoter eines seiner Schallplattenkünstler, Charlie »Bird« Parkers. Der Name dieses Mannes, der letztlich Jazzgeschichte machte, war Ross Russell.[105]

Es gab noch zwei andere bedeutende Jazzgemeinden, die ohne irgendeine nennenswerte Verbindung zu Dietrich Schulz oder zum Melodie-Klub florierten, wiewohl man zufällige Kontakte aufnahm. Dies waren die Zirkel, in deren Mittelpunkt Werner Daniels in Düsseldorf und Dieter Zimmerle in Münster standen. Andere Fanclubs sollen wenigstens zwischenzeitlich in Breslau, Hamm, Rostock, Eisenach, Dessau, Darmstadt und sogar in München existiert haben. Aber allein die Tatsache, daß die Informationen dürftig sind, deutet darauf hin, daß es sich nur um kleine Gruppen mit einer schwachen Organisation gehandelt haben kann. Trotzdem unterstreicht die Existenz dieser Clubs die Universalität und Popularität der Tanz- und Jazzmusik im ganzen Deutschen Reich, nicht nur in der Hauptstadt. Allerdings besteht hier auch eine Beziehung zum Phänomen der »Swing-Jugend«, von dem später in diesem Kapitel die Rede sein wird.[106]

Werner Daniels wurde 1919 in Düsseldorf geboren und verließ die Schule mit fünfzehn Jahren, um Industriekaufmann zu lernen. Wie so viele seiner Generation entwickelte er seine Vorliebe für den echten Jazz über die Tanzmusik im Rundfunk und auf deutschen Schallplatten, zuerst für die abgedroscheneren nationalen Produkte, dann für die interessanteren ausländischen. Düsseldorf, dieses arrogante und vornehme Finanzzentrum des Ruhrgebiets, war in gewisser Hinsicht mit dem bescheideneren Leipzig zu vergleichen, denn Stauffer, Wehner, Hohenberger, Schacht und Hülphers traten dort hin und wieder im Tabaris, im Café Cornelius, im Kaskade und im Café Mainz auf. Wenn man Glück hatte, spielten vereinzelt swingende örtliche Combos an gemütlicheren Orten wie der Carlton-Bar und Bei Toni.[107]

Noch im Gymnasium hatte Werner ein paar Jazzenthusiasten kennengelernt, die sich mit ihm zusammen Rundfunksendungen und Schallplatten anhörten. Und 1936 wurde der International Swing Rhythm Club gegründet, in dessen Mittelpunkt Werner stand. Obwohl es keine Satzung gab, wie sie die ordnungsliebenden Deutschen so gern haben, sammelte man Mitgliedsbeiträge, um *De Jazzwereld,* die führende niederländische Jazz-Zeitschrift, abonnieren zu können. Im Rückblick ähneln diese jazzbegeisterten Teenager einer Schulbande, die sich nach dem Abendessen trifft, um Räuber und Gendarm zu spielen; sie lebten noch weitgehend in ihrer jugendlichen Phantasiewelt.

Sämtliche Mitglieder legten sich englische Namen zu, begrüßten einander mit Ausdrücken wie »Swing High« und versuchten, sich so weit wie möglich mit den Schwarzen in Harlem und im ländlichen amerikanischen Süden zu identifizieren – nicht mit der Hitlerjugend, der die meisten von ihnen angehörten. Und es gab Zeichen deutscher Gründlichkeit. Sorgfältig gedruckte Mitgliedsausweise enthielten englische Spalten für »name«, »dwelling place« *(sic!)* und »nationality«; ein »certifate« *(sic!)* sollte garantieren, daß das beigeheftete Foto »represents the possessor of this statement and is subscribed with his own hand. The possessor is member of this club. The admission attest« – in diesem zitierten Fall bürgten für den Neuzugang die etablierten Mitglieder »James Bristol« und »Oliver Kingston«. Auf einer »contribution card« auf der Rückseite des Ausweises waren die jährlichen Mitgliedsgebühren eingetragen und das Wort »Germany« aufgestempelt. Ironischerweise waren die Mitgliedsnummern – wie im Fall der NSDAP, die in Daniels' Geburtsjahr gegründet wurde – künstlich hochgesetzt, um den Club größer erscheinen zu lassen; Hitlers ursprüngliche Nummer bis November 1923 war 555 gewesen (in Wirklichkeit 55); Werner Daniels' Nummer war eine runde 100.[108]

Die Clubmitglieder trafen sich zweimal monatlich, um einander Schallplatten vorzuspielen, ausländische Jazz-Zeitschriften zu studieren, nach Drehbüchern aus England und New York zu schauspielern und anonyme Leserbriefe zu schreiben, in denen die kritischen Artikel der Tageszeitungen über gastierende Bands wie die Hyltons beanstandet wurden. Nicht zuletzt taten sie sich im Herbst 1937 mit einer Amateurjazzband zusammen. Diese Jungen des Gymnasiums Fürstenwall spielten nach Notenblättern, die man immer noch in Geschäften wie Suppan an der Karlstraße kaufen konnte, sie verzichteten fast auf jegliche Improvisation. Einige Musiker widmeten sich so gut wie möglich mehreren Instrumenten; zum Beispiel beschäftigte sich Gustav (»Utta«) Königstein mit Trompete, Geige und Schlagzeug oder Artur (»Lang«) Aengenvoort mit Altsaxophon und Klavier. Die Proben fanden in ihrer Schule oder in der Bierstube Neußer Hof statt und arteten häufig nach beträchtlichem Bierkonsum zu »Swing-Partys« aus. Halbprofessionelle Auftritte, die etwas mehr als ein Taschengeld einbrachten, kamen mit Hilfe von Sportclubs oder auf jährlichen Schulfeiern zustande.

Werner (»James«) Daniels selbst spielte die Rhythmusgitarre. Er komponierte mehrere Stücke, einige mit deutschem Text, aber auch das Instrumentalstück »Jammin' James« und den pubertären »Red Week Blues« mit sexuellen Anspielungen auf schüchterne, aus der Ferne verehrte Mädchen. Ende 1939 tat er sich mit dem begabten Hobbypianisten Theo Hoeren zusammen, dessen privat aufgenommene Version von »Honeysuckle Rose« und einige Cembalostücke (1940) im Stil von Teddy Wilson und Fats Waller heute den Amateur fast nicht mehr erkennen lassen. Der Rhythm Club löste sich auf, wie die Frankfurter und die Rüdesheimer Gruppe, als mehrere Mitglieder im Frühjahr 1939 zum Reichsarbeitsdienst eingezogen wurden; vorher hatten sie Rundschreiben gedruckt, in denen sie recht unbefangen die Qualität gastierender Bands und andere musikalische Bagatellen erörterten.[109]

Verglichen mit dem Düsseldorfer Rhythm Club war Dieter Zimmerles Münsteraner Club 1936 eine viel lockere Angelegenheit, wo der Geist der Bewegung an die Stelle knabenhafter Besessenheit von Registern, formalen Regeln oder auch unschuldigen Mädchen trat. In diesem Sinne waren die Gefährten des zwanzigjährigen Zimmerle viel reifer als die Düsseldorfer: In der Zeit des Heranwachsens machen drei Jahre Altersunterschied viel aus. Die Münsteraner Fans spielten zwar keine Instrumente, aber sie hörten im Café am Domplatz aufmerksam ihre Schallplatten, zumeist Scheiben aus Berlin. Sie genossen den kameradschaftlichen Umgang mit den wenigen gastierenden Musikern, zum Beispiel dem Preisträger Fritz Weber. Mit ihnen trafen sie sich in einem der beiden wichtigen Veranstaltungsorte dieser Universitätsstadt: Roxel und Kaiserhof. In Berlin, wo Zimmerle aufgewachsen war und seine Schwester wohnte, besuchte er oft die Femina oder das Europa-Haus, um Hülphers' Band zu erleben oder mit Heinz Wehner zu plaudern. Zu später Stunde schloß er sich ihnen in der Insel am Innsbrucker Platz an, einem legeren Künstlerlokal, in dem man Jazzfans und -musikern Bratwurst und Bier servierte. Auf einem dieser Ausflüge nach Berlin kam es auch zu einer Begegnung zwischen Zimmerle und Schulz, wahrscheinlich im Melodie-Klub; sie erkannten einander am Bahnhof daran, daß sie beide den *Melody Maker* in der Hand hatten.[110]

Nach der Beschreibung dieser unterschiedlichen Gemeinden und ihrer »Prediger« ist es vielleicht hilfreich, auf gewisse soziokulturelle Gemeinsamkeiten – oder ihr Fehlen – hinzuweisen. Hinsichtlich der sozialen Zusammensetzung der Jazzfans meint Eric Hobsbawm, daß es – so die Typologie für Großbritannien – eine sehr starke Dominanz der Mittelschicht gegeben habe; die Oberschicht sowie die Arbeiterklasse seien merklich unterrepräsentiert gewesen. Er verweist auch auf eine Altersstruktur vom späten Teenageralter bis hin zu ungefähr dreißig Jahren und auf Merkmale einer Gruppenrevolte, wenn nicht gegen die Elternautorität, dann gegen das materielle und kulturelle Wertesystem der Mittelschicht.[111] Einige, allerdings nicht alle, dieser Beobachtungen treffen auch auf die Jazzliebhaber im Dritten Reich zu.

Im großen und ganzen stammten die Fans aus der soliden Mittelschicht, mit ein paar Vertretern der Elite und des Proletariats. Diese Jazzfans wollten mit diesem neuen Kult in der Regel den Status ihrer Mittelschichtfamilie übertreffen, sie waren nach oben orientiert. Dietrich Schulz liefert das auffälligste Beispiel. Sein Vater war Volksschullehrer, ein typischer Beruf für die untere Mittelschicht in Deutschland, und der Sohn war entschlossen, sich durch den Erwerb eines Doktortitels in die Elite hinaufzuarbeiten. Zudem stellte er – nach dem von ihm bewunderten englischen Vorbild – 1938 den Antrag, seinen Familiennamen von Schulz in Schulz-Köhn ändern zu lassen (der zweite Teil war der Mädchenname seiner Mutter). Unzweifelhaft hielt er »Schulz« für zu gewöhnlich.[112]

Dies ist ein klares Beispiel für soziale Mobilität, bei der der Jazz eine entscheidende Rolle gespielt haben könnte. Aber Fälle, in denen eine solche Mobilität geringfügig oder ungewiß war – wiederum in der unteren Mittelschicht –, sind nicht weniger typisch. Hier könnte man beim Jazz Zuflucht genommen haben, um ein Gefühl der Unsicherheit zu überwinden. Hans Blüthner hatte seinen Vater verloren, war vom Gymnasium abgegangen, um Banklehrling zu werden, und dann in einen kleinen Familienbetrieb eingetreten. Seine Zukunft war durchaus nicht sicher. Der Leipziger Fiddlin' Joe Frommann hatte seine Berufstätigkeit Ende der zwanziger Jahre als Verkäufer in einem Musikgeschäft begonnen, doch während der großen Zeit des Leipziger Hot Clubs verkaufte er Kaffee (und spielte gelegentlich in örtlichen Bars Klavier). In dem Zusammenhang ist auch Carlo Bohländer aus Frankfurt zu erwähnen. Seine Eltern besaßen ein Antiquitätengeschäft, er selbst strebte einen akademischen Abschluß am Konservatorium an, jedoch ohne Erfolg.[113]

Außerdem gab es etliche Jazzanhänger, die, wie sie selbst wußten, sozial abgestiegen waren und die Jazzkultur bewußt für eine (wenn auch fragwürdige) gesellschaftliche Anerkennung einsetzten. Einer von ihnen war Werner Daniels. Obwohl sein Vater als Architekt zur Elite gehörte, verließ Werner mit fünfzehn Jahren das Gymnasium, um die Karriere eines mittleren Angestellten anzutreten. In dieser Gruppe war auch Dieter Zimmerle, der die Abiturprüfung mit Mühe bestand und an der Universität scheiterte (sein Vater war Wehrmachtoberst und hatte damit eine hohe gesellschaftliche Position). Ähnliches galt für Kurt Michaelis, den Sohn eines Gymnasiallehrers, der schließlich den relativ bescheidenen Beruf eines Zahntechnikers ausübte, und für den Dessauer Günter Boas, den Sohn eines Direktors der regionalen Gaswerke, der ein Medizinstudium in Angriff nahm, es jedoch aufgeben mußte.[114]

Die proletarische Ausnahme war der Frankfurter Emil Mangelsdorff, der Sohn eines Buchbinders. Emil blieb denn auch von den klein- und gutbürgerlichen Jazzfans isoliert, bis er in den Kriegsjahren Bohländer, Jung und andere kennenlernte und mit ihnen die »Harlem«-Gruppe bildete. Jung selbst war ein Bilderbuchsprößling der Oberschicht – der totale Gegenpart von Mangelsdorff am anderen Ende des sozialen Spektrums. Einige weitere Berliner gehörten ebenfalls in diese Elite-Kategorie: Olaf Hudtwalcker, der Erbe eines Reedereivermögens, und der bereits als Anwalt praktizierende Günter von Drenkmann, der Sohn eines hohen Justizbeamten aus dem niederen Adel.[115] Für Mangelsdorffs Gefühl der sozialen Zugehörigkeit dürfte der Jazz nebensächlich gewesen sein, ebenso wie für Jung und die wenigen anderen seiner Gesellschaftsschicht.

In eine Sonderkategorie, gesellschaftlich nicht so leicht faßbar, fielen die Juden und »Halbjuden« dieser Gruppen. Nach den Maßstäben des Dritten Reiches waren sie echte Ausgestoßene, egal, in welchen wirtschaftlichen Verhältnissen sie lebten, welchen Status ihre Familien und welche Ausbildung sie selbst hatten. In ihrer objektiv bedenklichen Situation hofften sie, sich durch die Mitgliedschaft in diesen Jazzclubs abzusichern. Dies galt zum Beispiel für Pick, Wolf und Kornfilt in Berlin und für ein oder zwei Leipziger Fans, die Kameraden von Hot-Geyer und Fiddlin' Joe. Ihre Situation war jedoch letztlich hoffnungslos, denn realistischerweise konnten sie das, woran ihnen am meisten lag, nicht erwarten: nicht einmal so sehr einen normalen gesellschaftlichen Aufstieg als einfach die Achtung und Unterstützung, die normalen – oder, wenn man so will, traditionellen – Mitgliedern der deutschen Gesellschaft zuteil wurden.

Bei weitem die Mehrheit der Clubmitglieder hielt sich also an die Werte und den Verhaltenskodex der Mittelschicht und des höheren Bürgertums. Sie wollten sozial aufsteigen und übernahmen die Allüren von Parvenüs. Daß Englisch als Fachsprache, wie fehlerhaft auch immer, vorgeschrieben war, sicherte ein Mindestmaß an Bildung und hielt die ungehobelte Arbeiterschicht fern.[116] Für diejenigen, die zudem den Ehrgeiz hatten, aufzutreten und angemessene Treffpunkte zu finden, war ein bescheidener Familienwohlstand unerläßlich, wie die Düsseldorfer Fans entdeckten, als sie Instrumente kauften und Clubmitglieder mit den Autos ihrer Väter zu Engagements brachten.[117] In dem ritualisierten Rahmen der eingeführteren Clubs, vornehmlich in Berlin und Leipzig, herrschten gewisse Regeln, die bei Zusammenkünften eingehalten wurden (und die der jugendlichen Gruppe in Düsseldorf als Vorbild dienten). In Leipzig servierte man Tee und Kekse, und bei den Gesprächen der Berliner Experten wurden das gestelzte »Herr« und »Sie« verwendet. Man mied Alkohol, doch zumindest einer der ständigen Berliner Besucher, Carlo Boger, war ein Trinker, und auch die Leipziger Fans entspannten sich nach Tanz- oder Konzertereignissen bei Bier oder Wein.[118]

Die Kleiderordnung wurde peinlich genau genommen, in Berlin und Leipzig waren Jacketts und Krawatten vorgeschrieben. Unter Schulz-Köhns strenger Herrschaft in Königsberg mußte man bei einem abendlichen Vortrag des »Präsidenten« über Swingmusik einen »dunklen Anzug« tragen; diesem Ereignis folgten gewöhnlich ein Film und eine förmliche Tanzveranstaltung.[119] Der typische deutsche Ordnungssinn ließ sowohl Schulz-Köhn als auch Michaelis besonders vermerken, daß der Zigeunergitarrist Django Reinhardt während der Weltausstellung von 1937 in Paris wie ein Vagabund gekleidet gewesen sei, wiewohl Schulz-Köhn großzügig einräumte: »Schon die ersten Töne ... ließen das alles vergessen.«[120]

Diese Pedanterie grenzte bei einigen der jüngeren Jazzanhänger an Fetischismus, etwa in Münster und Düsseldorf; sie trugen das Haar länger und protzten mit vorzüglich geschneiderten Mänteln und weißen Schals.[121] Es wäre jedoch unrichtig, dieses Verhalten in Anlehnung an Eric Hobsbawms Analyse für Großbritannien als Zeichen eines Generationskonfliktes oder einer politischen oder sozialen Rebellion zu betrachten, denn diese jungen Männer unterhielten ausnahmslos gute Beziehungen zu ihren Eltern und waren bereit, sich der Gesellschaft anzupassen. Der Jazz diente ihnen als Statussymbol oder auch als Mittel der Mobilität – und dies schien ihnen legitim.[122] Politisch gesehen war die Lage etwas komplizierter, weshalb sie gründlicher im nächsten Abschnitt behandelt wird. Aber an dieser Stelle darf festgestellt werden, daß die Haltung zum Regime zwischen milder Ablehnung, Gleichgültigkeit und manchmal sogar einer gewissen Billigung schwankte – kurz gesagt, von einer Revolte gegen Hitlers Diktatur konnte keine Rede sein.

Nichtsdestoweniger trifft Hobsbawms scharfsinnige Beobachtung hinsichtlich des Alters auch auf die deutschen Fans zu: Sie waren selten über dreißig Jahre alt; Jazz spricht eher die leichter zu erregenden und zu begeisternden Jugendlichen an. Hobsbawms Urteil trifft auch zu, was die sexistische Haltung jungen Frauen gegenüber betrifft, die für nahezu alle hier erwähnten jungen Männer typisch war. Hobsbawm schreibt: »Traditionsgemäß verhält sich der Jazzmusiker (und, ihm nacheifernd, der Jazzfan) Frauen gegenüber genau wie der herkömmliche italienische Operntenor.« Und Jazzfans waren, wie er erläutert hat, fast ausschließlich Männer. Obwohl sie eine leise Verachtung Mädchen gegenüber hegten, wenn es um ihre reinen Sammlerambitionen ging, waren sie dennoch nicht bereit, ihre natürlichen Triebe zu verleugnen. Deshalb hatten sie Freundinnen, selbst auf das Risiko hin, ihr Jazzdogma durch den Zwang, zum Swing zu tanzen, gefährden zu müssen.[123] Um dies in die richtige Perspektive zu rücken, muß man allerdings darauf hinweisen, daß die Beibehaltung der gesellschaftlichen Trennung von Männern und Frauen, indem man die Geschlechtsunterschiede betonte, nicht nur ein erklärtes Ziel in der nationalsozialistischen Zeit war. Vielmehr war dies schon immer die Praxis aller deutschen Männer gewesen, in der Weimarer Republik wie im Kaiserreich, die weniger konventionellen vielleicht ausgenommen.

Der naheliegende Zusammenhang zwischen männlichem Jazzpurismus und Frauenfeindlichkeit wird jedoch durchbrochen, wenn man nach Berlin schaut. Hier gab es unter den puristischen Jazzfans auch einige anerkannte weibliche Mitglieder im Melodie-Klub.[124] Andererseits beansprucht Blüthner für die Hauptstadt, was Michaelis kategorisch auch für Leipzig äußerte: daß man »damals ja auf dem Standpunkt stand: Frauen haben nichts mit dem Jazz zu tun«[125]. Aber Hot-Geyer und Frommann hatten feste Freundinnen, die Spitznamen wie »Wespe« und »Bonzo« und »Bienenkorb« hatten. Die Männer gingen großmütig mit ihnen tanzen, natürlich zu Swingklängen, und an ihren rein männlichen Blauen Montagen tauschten sie auch Geschichten über ihre Eroberungen aus.[126] Blüthner begleitete Mädchen zu den berühmten Berliner Nachmittagstanztees; ob er jedoch selbst tanzte, ist unbekannt.[127] Sexuell freizügiger war wahrscheinlich nicht die Düsseldorfer (sie waren zu jung und zu korrekt erzogen), sondern die von Zimmerle geleitete Münsteraner Gruppe. Seine Freunde und er zogen sich sogar gerne für Mädchen elegant an. Wenn sie sich in Berlin aufhielten, machten ihnen die Tischtelefone und das Rohrpostsystem in der Femina großen Spaß; dort suchten sie erotische Abenteuer zu den Melodien von Stauffers Schweizer Teddies.[128]

Es gilt als anthropologische Tatsache, daß die Einmischung von Frauen in Männerbeschäftigungen sogar in weniger traditionalistischen Gesellschaften gefürchtet ist – gleichgültig, ob es sich dabei ums Angeln, Computer-Hacking, Briefmarkensammeln oder, wie in diesem Fall, um die ernste Diskussion über Jazz handelt. Die Puristen unter den Jazzfans im Dritten Reich hatten allerdings in Berlin ihre Hochburg; vielleicht wegen der dort ansässigen jüdischen Intellektuellen und der beherrschenden Rolle von Alberti, dem vielseitigen Schallplattengeschäft, das die anspruchsvollen Jazzliebhaber belieferte. Im Allerheiligsten des Melodie-Klubs dominierte die Aura einer Geheimgesellschaft, ebenso wie bei all seinen halblegalen, geradezu verschwörerischen Aktivitäten. Hier duldeten die Puristen, geführt von Auerbach und Wolf (der seinen Eklektizismus später mit seiner New-York-Orientierung für die Blue-Note-Plattengesellschaft fortsetzte), nur »schwarzen Jazz« und nichts »Modernes« – eine Engstirnigkeit, die später von Panassié in Frankreich geteilt wurde.

Als Blüthner Ende 1934 in den Melodie-Klub eintrat, brachte er

»Swingin' Uptown« von Jimmy Luncefords Band als seine Einführungsplatte mit. Die Musik war im Januar aufgenommen worden, also durchaus noch vor der verdächtigen populistischen Swingbewegung. Der aufkommende Swingstil um diese Zeit – mit seinen modernen Klängen hervorragend zum Tanzen geeignet und kommerziell vielversprechend – löste bei den Dogmatikern heftige Gewissensbisse aus. Denn war dies als »Jazz« zu bezeichnen? Blüthner hörte, daß jemand seine ganze Jack-Teagarden-Sammlung verkauft habe, nur weil er erfahren hatte, daß der erste Posaunist weiß war! Gerd Peter Pick, der dem Melodie-Klub Anfang 1937 beitrat, brachte einige aktuellere Platten als Blüthner mit. Daraufhin wurde er von der mittlerweile brüchigen Organisation sofort verwarnt, wenn auch nicht ausgeschlossen. Nach der Spaltung akzeptierten die befreiten »Kommerziellen«, geleitet von Blüthner und Pick, sowohl »schwarzen Jazz« (Henderson, Ellington, Fats Waller) als auch die »weiße« Variante. Auf der Liste ihrer Favoriten von 1938 finden wir die britischen Big-Band-Chefs Ambrose und Lew Stone, aber auch die weiße Casa-Loma-Band sowie, zugegebenermaßen, Kok und Wehner.[129]

Die Leipziger Regeln waren weniger streng, aber auch hier wurde eine theoretische Grenze zwischen dem strengen Geschmack eines Puristen und den, wenn auch verzeihlichen, großzügigeren Sympathien gezogen. Die geselligeren Leipziger – sie machten manchmal bis sieben Uhr morgens in der Stadt durch, die Goethe sein »Klein-Paris« genannt hatte – fanden sich mit den unterschiedlichen Neigungen ihrer Mitglieder ab. Zum Beispiel duldeten sie Hot-Geyers Interesse am »Tiger Rag«, einem Stück, das nach Jazzbegriffen recht fragwürdig war. Kurt legte sich sogar eine satirische amerikanische Version der »Schnickelfritzers« zu, die Ross Russell ihm geschickt hatte. Ross an Kurt: »Sie ist so schlecht, daß du vor Lachen sterben wirst!« Einige der Leipziger Fans mochten Jazzversionen von Liszts »Liebestraum«; manchmal hörten sie sich auch die Hawaii-Gitarre an (mit der Armstrong 1936–37 experimentierte). Man lauschte dem schmalzigen Guy Lombardo und seinen Royal Canadians, gewöhnlich gegen Ende einer anstrengenden Nacht, zumal Hans-Hugo Helbig (»Dreamy-Hot«) ihn nun einmal so gern mochte.[130]

Schallplatten zu sammeln war also für all diese Jazzfans unbedingt erforderlich. »Jeder Jazzfan ist ein Plattensammler, im Rahmen seiner finanziellen Mittel«, schreibt Hobsbawm.[131] Inzwischen ist klar, daß einheimische Aufnahmen – Platten der tapfer swingenden Kok, Wehner, Bauschke, Hohenberger (Goldene Sieben) oder sogar Bartholomews oder der Teddies – nicht die erste Wahl dieser Liebhaber gewesen sein konnten.[132] Schallplattengesellschaften wie Telefunken, Electrola und Odeon, über die Hadamovsky in seiner Rundfunkverfügung vom Oktober 1935 nicht herzog, produzierten solche Scheiben massenweise nicht nur für den heimischen Konsum weniger kritischer Hörer, sondern insbesondere für den Export in die Nachbarländer, etwa nach Polen und in die baltischen Republiken.[133]

Die deutschen Fans bevorzugten vielmehr schwarze, weiße amerikanische und britische Künstler – in genau dieser Reihenfolge. Die kostbarsten Originale erhielten sie – wenn nötig mit Hilfe verschiedener Tricks – direkt von der Quelle, im Idealfall aus New York. Aber trotzdem verzichteten sie nicht auf das Beste, was die deutsche Schallplattenindustrie anzubieten hatte. Und hier ist es erstaunlich, wie viele verbotene Früchte dank der Ignoranz des Regimes immer noch ins Land gelangen konnten: nämlich die ausländischen Originalmatrizen, die von deutschen Firmen weiterverarbeitet wurden. Lange vor dem Wendepunkt des 1. April 1938, der das Verbot »nichtarischer« Schallplattenkünstler markierte, wurden geächtete Musiker jüdischer Herkunft wie Lud Gluskin, Marek Weber und der frühere Weintraub Syncopator Adi Rosner immer noch (oder wiederum) von Gesellschaften wie Electrola vermarktet – zum Verdruß von Hans Brückner, der ein Auge auf dic krassesten Verstöße hatte.[134] Die Nazis machten sogar einen Kotau vor britischen Juden wie Ray Noble, Joe Loss, Harry Roy und Bert Ambrose, da sie deren Big-Band-Swing für eine erträgliche Alternative zu dem gefährlicheren amerikanischen Angebot hielten. Dabei hatten sie nicht die geringste Ahnung von der ethnischen Zugehörigkeit dieser Männer.[135] Damit nicht genug, all diese britischen Juden, auch Roy Fox und Lew Stone, wahrscheinlich der leidenschaftlichste Swinger von allen, wurden im Frühjahr 1938 von deutschen Firmen vermarktet und regelmäßig mit Anzeigen in Fachzeitschriften des Dritten Rei-

ches beworben. Damit wurde stillschweigend auch Werbung für die jüdischen Musiker gemacht, die in den britischen Bands spielten: etwa für den Trompeter Max Goldberg, den Pianisten Monia Liter und den Saxophonisten Joe Crossman.[136]
Doch selbst nach dem 1. April 1938 nahm die Zahl der Werke englisch-jüdischer Jazzkünstler in Deutschland zu, denn in ihrer Dummheit fanden die Nazivollstrecker keine verläßliche Methode, »Arier« zu identifizieren. Die Deutsche Brunswick machte weiter wie zuvor und erfreute alle Fans im Reich mit »So Rare«, eingespielt von Lew Stone im Februar 1938, »Cherokee«, vorgetragen von Noble im Januar 1939; und mit »Deep Henderson«, dargeboten von Ambrose im Mai 1939. Die Labels von Electrola und Alberti boten eine ähnliche Auswahl.[137] Fans wie Hot-Geyer und Blüthner konnten viele dieser Platten legal in deutschen Geschäften erwerben. Nachdem die Goodman-Titel zurückgezogen worden waren, konnte man den amerikanischen Juden Artie Shaw wenigstens bis April 1939 auf deutschen Schallplatten hören – genauso wie viele schwarze amerikanische Künstler, etwa Teddy Wilson, Ellington und Hawkins.
Oder wie den Pianisten Luis Russell. Im Dezember 1937 hatte sein weißer Namensvetter Ross Russell seine Karriere als Jazzautor damit eingeleitet, daß er den Pianisten durch Bestechung veranlaßte, ihm einen Platz in Satchmo Armstrongs Tourneebus zu verschaffen. Er hatte Luis eine 1936 herausgebrachte Neuauflage von dessen eigener, zehn Jahre alter Single »Sweet Mumtaz« geschenkt; die Platte gehörte zu der neuen »Classic Swing«-Serie, die Ross von Kurt Michaelis erhalten hatte.[138] Außerdem erhielt man in Deutschland die Platten der Nachwuchssängerin Ella Fitzgerald, deren »A-Tisket, A-Tasket«, im Mai 1938 zusammen mit ihrem Mentor Chick Webb aufgenommen, bis zum Ende des Jahres in deutschen Swingkreisen groß in Mode war. Wie im Falle der meisten schwarzen Künstler ahnte die Naziregierung nicht, daß dieses Mädchen seine Karriere in einem Ghetto in Harlem begonnen hatte – was letztlich den Jazzliebhabern des Reiches zugute kam.[139]
Im Oktober 1938 veranstaltete Dreamy-Hot vom Leipziger Club eine große Feier aus Anlaß seiner Abreise nach Istanbul, wo er zwischenzeitlich als Innenarchitekt arbeitete. Die internationalen

»Ausflüge« dieser deutschen Jazzfans führten in überraschend ferne Länder und waren – in diesem Ausmaß und für Männer aus dieser Gesellschaftsschicht – in dem devisenarmen Dritten Reich sehr untypisch. Die Ursache dieser Weltoffenheit lag natürlich in der amerikanischen Herkunft des Jazz und seiner anglo-amerikanischen Lebensader. Ein deutscher Jazzjünger mußte sich definitionsgemäß an New York, London oder Paris orientieren, wie die Beispiele von Schulz-Köhn, Bohländer und Hot-Geyer bereits gezeigt haben. Michaelis war im Sommer 1937 wieder in London, nachdem er die Pariser Weltausstellung besucht und sich dort mit Delaunay und Panassié getroffen hatte – etwas, das Ross Russell nachhaltig beeindruckte. Zwischendurch reiste Michaelis nach Turin, wo er um sein Idol Armstrong herumscharwenzelte.[140]
Auch Hans Blüthner war ein unverbesserlicher Globetrotter. Wann immer er die Möglichkeit hatte, reiste er nach England, nach Skandinavien oder sogar in die Mittelmeerländer; und natürlich war er 1937 in Paris. Er korrespondierte mit dem britischen Impresario Ralph Venables, wurde in einer Brüsseler Musikzeitung »als ein Gründer des Jazzclub« erwähnt und bemühte sich um weitere Briefpartner in Schweden.[141] Jung fuhr nach England und Italien, und die Düsseldorfer und Münsteraner zog es ins benachbarte Holland, das bereits damals als Jazzhochburg galt. Zimmerle erzählt eine bittersüße Geschichte darüber, wie seine Freunde und er 1935 in den Zug nach Amsterdam stiegen, um sich Coleman Hawkins anzuhören. In Hilversum wurden sie aus dem Zug geholt, weil man ihnen den unsinnigen Vorwurf machte, einen Lastwagenfahrer überfallen zu haben. Nach ihrer Entlassung verpaßten sie Hawkins in der niederländischen Hauptstadt, doch sie hatten immerhin die Möglichkeit, ein paar heiße einheimische Bands zu hören. Da sie ihr Geld ausgegeben hatten, mußten sie in den frühen Morgenstunden zu Fuß zum Bahnhof gehen, wo sie von Matrosen beschimpft wurden, die erkannten, daß ihr Englisch einen deutschen Akzent hatte. »Die Schiffer sprangen auf und schrien uns mit ›Heil Hitler‹ an; wir rannten weg, so schnell wir konnten. Wir haben gelacht und gesagt: ›Ausgerechnet wir, die gegen die Nazis sind!‹ «[142]
Die Wechselbeziehung zwischen Kosmopolitismus und Toleranz erklärt die (sonst nicht typischen) freundschaftlichen Bindungen,

die durch den Jazz zwischen »Ariern« (wie den Leipzigern Michaelis und Frommann) und ihren jüdischen Clubkameraden geknüpft wurden. Einer dieser Juden war Hermann Ucko, der kurz vor der »Kristallnacht« im Herbst 1938 nach Palästina auswanderte. Ein anderer »halbjüdischer« Freund war Heiner (»Fats«) Kluge, der sich im Juni 1938 in Leipzig vorläufig noch in Sicherheit fühlen konnte. Bei diesem immer zu Scherzen aufgelegten Leipziger Fanclub wurden sogar Geländeläufe – »Arier gegen Juden« – in den umliegenden Wäldern organisiert, als wolle man die Rassenpolitik der Nazis verhöhnen.[143]

Anscheinend gab es keine Juden in der Düsseldorfer, der Münsteraner und der Großfrankfurter Gruppe. Dagegen gaben die Juden in der Berliner Jazzgemeinschaft bis zur Spaltung von 1936 bis 1937 den Ton an. Verständlicherweise hatten die zahlreichen jungen Juden der Hauptstadt einen besonderen Hang zur Jazzmusik. Noch bevor Blüthner dem Club beitrat, traf er sich häufig mit Gesinnungsgenossen an den Stränden des Wannsees; alle hatten tragbare Grammophone bei sich. Sechs von zehn waren Juden. 1936 besuchte Hans seinen alten Schulfreund, Werner Perdeck, einen jüdischen Emigranten, in London. Das Schicksal seines jüdischen Freundes Pick ergriff Blüthner zutiefst. Picks jüdischer Vater wurde von einer russisch-jüdischen Frau in Grunewald versteckt, die ihrerseits unter dem Schutz eines anständigen Polizisten alten Typs stand. Dann begingen Gerd Peters jüdische Tante und ihr »arischer« Mann Selbstmord, und der junge Pick persönlich hatte Zusammenstöße mit der Gestapo, die ihm mit fingierten Beweisen Homosexualität vorwarf. Gerd Peter und Hans, durch ihre Jazzleidenschaft zusammengeschmiedet, wurden unzertrennlich.[144]

Die Wertschätzung ausländischer Elemente, entstanden durch die Jazzkultur, wurde dadurch unterstützt, daß alle Clubmitglieder amerikanische Filme liebten. Bis weit in den Zweiten Weltkrieg hinein ließ Goebbels die Vorführung vieler amerikanischer Filme im Reich zu. Er bewunderte sie und wollte, daß die Deutschen deren Technik so gründlich wie möglich nachahmten.[145] Revuefilme und Abenteuerstreifen mit Clark Gable, Dick Powell, Greta Garbo und Marlene Dietrich in den Hauptrollen wurden häufig in den großen Filmpalästen der Stadtzentren gezeigt. Sehr beliebt waren Filme mit den Sängern Nelson Eddy und Jeanette MacDonald. Für die deutsche Electrola sangen Macdonald und Eddy »Indian Love Call« und »Farewell to Dreams« – Melodien, die auch von deutschen Jazzmusikern gespielt wurden.[146]

Doch eine ganz unverfälschte Sensation für Jazzfans – und ein von Goebbels' Ministerium nicht vorhergesehenes Phänomen – war der außergewöhnlich intelligente Musikfilm *Broadway Melody*, in dem die unwiderstehliche Eleanor Powell zu Swingmelodien steppte. »You Are My Lucky Star« wurde zu einem Welthit, den Tanzbegeisterte wie Jazzfans gleichermaßen schätzten. Vor allem die Mädchen in den Städten entwickelten eine Vorliebe für Eleanor und ihre Kollegin Frances Langford. Die siebzehnjährige Margot Hielscher, die nach 1936 Swingplatten bei Alberti kaufte und sich während des Krieges der deutschen Jazzszene anschloß, sah die deutsche Premiere des Films im Berliner Marmorhaus; sie war außer sich vor Erregung. Danach schwänzte sie tagelang die Schule, um sich diesen Film wieder und wieder anzuschauen. Leonore Boas, die sich als Düsseldorfer Gymnasiastin für Kurt Hohenberger begeisterte, erinnert sich, daß Eleanor für ihre ganze Klasse »der Gott« war. Andere Filme dieses Genres reichten an diesen Erfolg heran, konnten ihn aber nicht übertreffen: Cole Porters *Born to Dance* und Irving Berlins *On the Avenue* sowie *Swing High, Swing Low* und die 1938 gedrehte Fortsetzung der *Broadway Melody*.[147] Bei Aufenthalten in der Hauptstadt sah sich der Jazzkenner Frommann die erste Version des Films im April 1936 mehrere Male im Marmorhaus an und hielt sie für »unerhört gut«. Blüthners Freunde erfreuten sich dort genau zwei Jahre später an der Fortsetzung. Außerdem sahen sie *Dschungelprinzessin* mit Dorothy Lamour, einen Film, den die Leipziger Fans auch in ihrem heimischen Kapitol-Filmtheater bewundern konnten. Die Leipziger waren nicht weniger anspruchsvoll als die Berliner. Denn den Franco-Propagandafilm *Helden in Spanien*, den sich Michaelis und seine Kameraden ein paar Monate später ansahen, bezeichneten sie als eine »müde Angelegenheit«.[148]

Eine weitere ausländische Quelle der Inspiration war der Rundfunk. Nach dem Herbst 1935 hatte Goebbels dafür gesorgt, daß kein Jazz und keine mit ihm verwandte Musik im deutschen Rundfunk ausgestrahlt wurden (nicht, daß dies zuvor oft geschehen wäre). Andererseits hatte er bis dahin noch keine Möglichkeit gefunden, die Bürger des Reiches vom Einschalten ausländischer Sender abzuhalten. Der bei weitem beliebteste Sender für Jazzfans war Poste Parisien, eine Privatstation in der französischen Hauptstadt mit der respektablen Leistung von sechzig Kilowatt (genauso stark wie der Münchener Sender). Einzelheiten über den Pariser Sender verbreiteten sich in den Berliner Jazzkreisen. Zum Beispiel war Willie Lewis' Band, die seit 1934 ständig im Pariser Chez-Florence-Club spielte, samstag abends regelmäßig zu hören, ebenso wie Benny Carter, Herman Chittison und Bill Coleman.[149]

Großen Zuspruch fand auch Radio Luxemburg, nun nach Radio Moskau der stärkste Sender in Europa. Er strahlte immer noch viel populäre Musik, darunter die englischer Swingbands, in Richtung Großbritannien aus und war auch in ganz Deutschland leicht zu empfangen.[150] Andere regional zu empfangende ausländische Sender, deren Angebot das der deutschen stets übertraf, waren Sottens und Beromünster in der Schweiz; hinzu kamen schwedische, dänische und niederländische Kanäle, einige amerikanische Kurzwellensender und natürlich die Londoner BBC mit Stücken von Ambrose, Hall, Roy Fox und Jack Payne.[151]

Ein großer Teil dieser Musik diente Fans als Vorbild, die selbst den Ehrgeiz hatten, Jazz zu spielen. Hans Otto Jung feilte seinen Swingstil sorgfältig mit Hilfe dieser Programme aus. Der Leipziger Fiddlin' Joe Frommann soll das Klavier fast genausogut beherrscht haben; jedenfalls gut genug, um ihm einen gewissen Nebenverdienst zu verschaffen. Auch die Düsseldorfer Amateure benötigten solche Vorbilder. Fast jeder Fanclub hatte ein oder zwei Mitglieder, die Hobbymusiker waren, wenn auch nur wenige, wie Jung, das Potential besaßen, großartige Künstler zu werden. In Berlin erwies sich Bob Kornfilt als ein so tüchtiger Amateurarrangeur, daß Bauschke eine seiner Charts spielte.[152]

Das, worauf es all diesen Fans – neben der Schallplattensammlerei und dem Anhören ausländischer Rundfunkprogramme – in erster Linie ankam, war der enge persönliche Kontakt zu den Musikern aller Nationalitäten. Ein Merkmal des Jazz in jenen Jahren bestand darin, daß er nur durch die wechselseitige Beziehung von Künstlern und Publikum wachsen konnte; das eine war ohne das andere verlo-

ren. Dies galt besonders für Nazideutschland, wo der Jazz ständig bedroht war. Dieter Zimmerle und seine Kameraden freundeten sich mit vielen der jüngeren Bandmusiker an und kamen, wann immer man in Berlin war, abends in der Insel mit ihnen zusammen, wo informelle Gespräche über sämtliche Aspekte der Musik stattfanden. In Leipzig saßen die Blaue-Montag-Mitglieder stets dicht am Podium, wo sie mit ihren Musikergefährten ein, wie Hobsbawm es genannt hat, »Komplott der Wertschätzung« genossen. Musiker waren nur allzugern bereit, ihren Fans Autogramme zu geben, wie etwa Stauffer, als er und seine Teddies eine Karte für den Hot-Geyer-Freund Herbert Becke unterzeichneten.[153]
Sehr bemerkenswert war die beherrschende Rolle, die die echten Kenner sogar den besten Künstlern gegenüber einnahmen. Zimmerle wies gastierende Bands im Münsteraner Kaiserhof an, »Dinah« oder den altbewährten »Tiger Rag« zu spielen, und man gehorchte ihm widerspruchslos.[154] Blüthner, der freundschaftlich mit Fritz Schulze und Hans Korseck verkehrte, setzte aus Anlaß von Stauffers Abreise sogar einen feierlichen Abschiedsbesuch für die gesamte Mitgliedschaft der Magischen Note an. Sein Ansehen bei Musikern war inzwischen derart gestiegen, daß Teddy oder andere prominente Bandleader aufmerksam auf jede seiner Reaktionen achteten, wenn ein gewisses Stück gespielt wurde. Arne Hülphers belohnte eine solche Sachkenntnis mit Insidergeschenken: amerikanischen Schallplatten aus Schweden zu einer Zeit, als Berliner Geschäfte sie, gleichgültig, welcher Preis geboten wurde, nicht mehr verkauften.[155]

Jazz und Politik

Im Sommer 1947 erhielt Hanns Mohaupt in Berlin einen dringenden Brief aus New York von seinem Bruder, dem emigrierten Komponisten Richard Mohaupt. Richard erkundigte sich bei Hanns nach dem Aufenthaltsort eines gewissen Siegfried Muchow, eines früheren Pianisten der Scala-Revue. »Dieses Schwein hat mich jahrelang bei der Gestapo denunziert«, schrieb Richard Mohaupt. »Seine Denunziationen haben mich im Jahre 1936 vor das Sondergericht gebracht.« Mohaupt wollte, daß der Mann vor Gericht gestellt wurde.[156]

Der Fall von Richard Mohaupt und der Scala mit all seinen Weiterungen beleuchtete das heikle Thema der Beziehung zwischen Tanz- und Jazzmusikern und der Alltagspolitik im Dritten Reich. Der bezichtigte Siegfried Muchow, 1906 geboren und vermutlich ein enger Verwandter von Reinhard Muchow, dem Gründer der Nazigewerkschaft NSBO, hatte im April 1931 als Pianist in der Scala begonnen. Als fanatischer Nationalsozialist und NSBO-Vertreter der Scala-Angestellten prallte er 1932 sofort mit dem Scala-Musikdirektor Otto Stenzel zusammen. Dieser war 1930 zu dem berühmten Varieté gekommen und stand auf gutem Fuße mit dem Gründer und Besitzer Jules Marx. Für den weiteren Erfolg ihrer Revue waren Marx und Stenzel auf erstklassige internationale Artisten und Musiker angewiesen – und das während der Wirtschaftskrise, als die Fremdenfeindlichkeit in der deutschen Unterhaltungsindustrie grassierte. Siegfried Muchow war verärgert über diese Situation. Nachdem er sich 1932 bei einer Straßenrauferei mit Kommunisten den Arm verletzt hatte, nahmen Marx und Stenzel das zum Vorwand, ihn zu entlassen.

Aber kaum war Hitler ins Kanzleramt eingezogen, wurde Muchow wieder angestellt. Im Mai 1933 mußte Marx unter dem Druck der SA nach Paris ausreisen, und der nichtjüdische künstlerische Direktor Eduard Duisberg übernahm seine Position. Muchow nutzte seinen politischen Einfluß (allerdings ohne Duisbergs Zutun, der ein Nazigegner war) und intrigierte mit Erfolg, um im Juli 1933 Stenzels Stellvertreter als Dirigent des Scala-Orchesters zu werden. Da Muchow seine Intrigen gegen die tolerante und weltoffene Revueführung nicht einstellte, wollte Stenzel seine Rolle so weit wie möglich beschneiden und bestand darauf, nur ein symbolisches Gehalt für seine Tätigkeit als stellvertretender Dirigent zu zahlen.[157]

Teils um Muchow entgegenzuwirken, aber auch, um Richard Mohaupt zu helfen, engagierte Stenzel diesen 1934 als Ersatzmann und Arrangeur. Dies war schwerlich eine angemessene Position für den neunundzwanzigjährigen Mohaupt, doch er war bereits politisch schwer belastet und brauchte eine Zuflucht. In den späten Jahren der Weimarer Republik hatte dieser begabte Pianist und Komponist zur musikalischen Avantgarde gehört und war als Mitarbeiter von Hanns Eisler, Kurt Weill und Bertolt Brecht maßgeblich an der Politik der Kommunistischen Partei beteiligt gewesen. 1931 hatte er zusammen mit seiner russisch-jüdischen Frau, der Violinistin Rosa Gottlieb, eine erfolgreiche Konzerttournee durch Asien und die Sowjetunion unternommen.[158] Nach dem Januar 1933 nahm Mohaupt jegliche Arbeit an, die er als Filmkomponist finden konnte. Der mitfühlende Stenzel unterstützte ihn dann mit ausdrücklicher Billigung des weltmännischen Duisberg, mit dem Stenzel in der Sache übereinstimmte.

Muchow warf Stenzel später vor, dieser habe Mohaupt lukrative Arrangements (viele davon »jüdische« Stücke) zugeschanzt und Muchow selbst dadurch zusätzliche Einnahmen verbaut, was wahrscheinlich stimmte. Um sich an Mohaupt und Stenzel zu rächen, beschloß Muchow, sorgfältig über die nazifeindlichen Äußerungen Buch zu führen, die unter den freien Geistern der Scala an der Tagesordnung waren. Außerdem brachte er alles zu Papier, was die Anklage, es gebe eine »jüdische Politik« bei der Personalverwaltung und im künstlerischen Repertoire der Scala, untermauern konnte. Im Oktober 1936 hatte er genug Material über Mohaupts nazifeindliche Bemerkungen gesammelt, um ein Verfahren durch eines der gefürchteten Nazisondergerichte gegen den Komponisten einleiten zu lassen. Das Ergebnis war eine strenge Verwarnung für den Angeklagten. Mohaupt gelang es später, sich die Unterstützung von Musikern der Stenzel-Band zu sichern, was dazu führte, daß die wenigen überzeugten Nazis in der Scala-Organisation isoliert wurden. Folglich mußte Muchow weitere Komplotte anzetteln. Im Frühjahr 1937 ließ er eine frühere, gegen Streicher gerichtete Äußerung Stenzels sowie Einzelheiten über Mohaupts rassisch verdächtige Ehe an das Schmutzblatt *Der Stürmer* des Nürnberger Gauleiters Streicher durchsickern. Daneben beschwerte er sich heftig darüber, daß man regelmäßig »jüdische« Kompositionen wie Gershwins *Rhapsody in Blue* spiele. Daraufhin veröffentlichte *Der Stürmer* Anfang Mai 1937 eine wüste Beschimpfung der Scala, Mohaupts und Stenzels.[159]

Und nun kam der Stein ins Rollen. Da Muchow die RMK über seine Erkenntnisse unterrichtet hatte, beauftragte sie ihren Hauptauf-

seher Erich Woschke mit einer offiziellen Ermittlung. Den ganzen Mai hindurch setzte Woschke Vernehmungen für die Hauptbeteiligten an, insbesondere für Muchow und Stenzel, und konnte jeden Vorwurf Muchows erhärten. Danach hatte Woschke keine Mühe, Mohaupts sofortigen Ausschluß aus der RMK zu erwirken und ihn so um seinen Lebensunterhalt zu bringen.[160]
Unterdessen war Goebbels' persönliches Interesse an dem Fall geweckt worden. Seit den Zeiten der Weimarer Republik hatte er die Scala regelmäßig besucht. Nach einem anstrengenden Tag genoß er häufig ihr begeisterndes Programm, wobei er manchmal von seiner Frau Magda und sogar vom Führer begleitet wurde. Immer, wenn Stenzel der Besuch von Goebbels durch das Propagandaministerium angekündigt wurde, konnte der Orchesterleiter vorbereitete Änderungen an seinem »jüdisch« orientierten Programm vornehmen. Wenn Goebbels und sein Gefolge den Saal kurz vor Beginn der Vorstellung betraten, mußten gewöhnliche Deutsche aufstehen, den Naizgruß entbieten und warten, bis sich die hohe Gesellschaft bequem in der ersten Reihe niedergelassen hatte.[161]
Deshalb war Goebbels überrascht, im *Stürmer* nicht nur die verschiedenen Vorwürfe gegen Stenzel und seine Kollegen zu lesen, sondern auch die Mitteilung, »daß die ›Hott-Musik‹ (jüdisches Jazz-Gedudel) eingestellt und dafür eine anständigere Musik gespielt« werde, sobald die Würdenträger des Regimes auftauchten. Zuerst reagierte Goebbels ungläubig; er war nie ein Freund des widerlichen Streicher gewesen und hielt den Angriff des Gauleiters für unbegründet. Erst am 2. Juni, als die RMK-Untersuchung bereits seit einigen Wochen im Gange war und Goebbels' eigene Männer die Umstände diskret ausgeforscht hatten, machte er Streicher ein paar Zugeständnisse. Drei Tage später war Goebbels überzeugt, daß die Scala vom »Kulturbolschewismus« durchsetzt sei: »Jetzt schreite ich aber ein.« Anfang Oktober hatte der Minister, der sonst nicht prüde war, sexuelle Anspielungen auf der Scala-Bühne entdeckt. Vier Wochen später beschloß er, das Theater völlig zu »arisieren«. Hitler selbst unterstützte diesen Plan, der Anfang 1938 durchgeführt werden sollte. Gleichzeitig wünschte der Führer einen Gesetzentwurf, der vorsah, »daß Juden keine deutschen Theater- und Kulturveranstaltungen mehr besuchen dürfen«. Das

Gesetz trat im November 1938 in Kraft. Schon im Januar konnte einer von Goebbels' Mitarbeitern über die Scala melden: »Sie ist jetzt ganz zahm geworden. Wie wir sie haben wollten.«[162]
Das erste Opfer dieser nunmehr von höchster Stelle autorisierten Säuberung war natürlich Richard Mohaupt. Nach seinem Ausschluß aus der RMK Ende Mai 1937 benutzte der Arrangeur ein Pseudonym, unter dem er seine Arbeit für Stenzel fortsetzen konnte. Höchstwahrscheinlich durch Vermittlung von Stenzel und Duisberg, die auf gutem Fuße mit dem Scala-Enthusiasten Hinkel standen, erteilte dieser Reichskulturverwalter Mohaupt eine Sondergenehmigung, weiterhin Partituren für die Revue zu schreiben. Schließlich war Mohaupt nicht irgendwer. Im November wurde bekannt, daß seine neue Oper, *Die Wirtin von Pinsk,* Anfang des folgenden Jahres in Dresden Premiere haben würde. Es dirigierte kein anderer als Karl Böhm, einer der Lieblinge des nationalsozialistischen Kulturestablishments. Die Premiere fand wie geplant am 10. Februar 1938 statt, doch nach einer scharfen Kritik in Goebbels' Berliner Wochenzeitung *Der Angriff* kam es nur zu einer einzigen weiteren Aufführung. Es war klar, daß der Minister, im Verein mit Präsident Raabe, seinen Lakaien Hinkel überstimmt hatte. Im Juni wurde Mohaupts persönliche Lizenz zurückgezogen. Mohaupt setzte seine Arbeit für die Scala unerschrocken fort, dachte aber jetzt daran, ins Exil zu gehen. Nach weiteren Schikanen durch die RMK und sogar durch die Gestapo, die Hinkel nicht mehr abwenden konnte, reisten die Mohaupts im Winter 1938 in die Vereinigten Staaten aus.[163]
Offenbar wurde die Scala deshalb von radikalen Nazis angegriffen, weil sie eine der wenigen Einrichtungen im Reich war, die sich fast völlig auf internationale Künstler verließen und damit der offiziellen Ideologie zuwiderhandelten. Nur ein paar der Spitzenleute des Varietés, die Duisberg verpflichtete, waren gebürtige Deutsche, noch weniger dürften ausländische Juden gewesen sein, doch fast alle benötigten für die musikalische Begleitung ihrer Nummern mindestens ein oder zwei Stücke eines jüdischen Komponisten. In den Augen der Nationalsozialisten ein rassischer Makel. Dieses Rassenstigma haftete auch jüdischen Musikern gastierender Orchester an, zum Beispiel denen, die Hylton 1935 und 1937 mitbrachte.

Stenzel kannte die Bedürfnisse der Artisten bereits aus der Zeit vor Hitlers Machtantritt; unter Jules Marx hatte er selbst eine Vorliebe für George Gershwin, Jerome Kern sowie Irving Berlin entwickelt und mit vielen Juden Freundschaft geschlossen. Und da Stenzel und Duisberg genau wußten, daß die Nazis die Scala nicht nur für die Privatunterhaltung des Propagandaministers benötigten, sondern auch für das internationale Prestige des ganzen Landes, besonders während des Olympiajahres, gingen die beiden das Risiko ein, so viel »jüdischen« Gehalt wie möglich durchzusetzen. Wie der kontroverse Dirigent Wilhelm Furtwängler waren sie der Meinung, sich etwas mehr Freiheiten beim Umgang mit jüdischen Künstlern oder bei deren Schutz herausnehmen zu können als ihre weniger bedeutenden Kollegen des deutschen Showbusiness.[164] Viele von Stenzels Musikern vertraten den gleichen Standpunkt, weshalb Woschke im Mai 1937 zu Recht den Vorwurf erhob, daß sich das gesamte Scala-Orchester, mit unwesentlichen Ausnahmen, »ständig ablehnend gegen die gesteckten Ziele des Nationalsozialismus« verhalte.[165]
Der amerikanische Gitarrist Mike Danzi, der regelmäßig in Stenzels Band spielte, hat geäußert, daß es in jeder Kombination von rund zwanzig Musikern gewöhnlich einen harten Kern von neun Männern gab, die fähig waren, Jazzmusik zu spielen (obwohl das in den jeweils verschieden gestalteten Programmen der Scala nicht immer in Frage kam).[166] Unzweifelhaft gehörten Franz Thon, Kurt Wege, Paul Henkel, Erhard Krause, Kurt und Karl Hohenberger und Hans Korseck dann und wann zu diesen Künstlern.[167] Ernst (»Bimbo«) Weiland, dem unglaublich vielseitigen »Tricktrommler«, der für die Zirkusspanung während der Hochseilakrobatik sorgte (er spielte gerade, als der Sohn von »King Louis« im Oktober 1934 zu Tode stürzte), fehlte nicht viel, um Swing zu produzieren. Er bewies das bei einer Schallplattenaufnahme mit Billy Bartholomews Combo im August 1938, wiewohl die Musik eher zum Tanzen als zum Zuhören gedacht war.[168] Stenzel, klassisch ausgebildet wie seine damaligen Kollegen am Broadway, wurde selten aufgefordert, Swing oder New-Orleans-Jazz zu spielen, aber wenigstens hatte er die Möglichkeit, es zusammen mit so vielen begabten Instrumentalisten zu tun. Im Grunde seines Herzens war er ein Jazzmann, der diese Musik verstand und liebte.[169] Mohaupt hatte sogar

den »Tiger Rag« für ihn arrangiert, und Mohaupts Nachfolger als Chefarrangeur, Horst Kudritzki, war ein Swingexperte, obgleich seine »kommerzielle« Reputation im Vordergrund stand.[170]
Deshalb ist es wenig erstaunlich, daß Stenzel eine Vorliebe für heißblütige Jazzmusiker hatte – egal, ob es Deutsche waren oder Ausländer auf Besuch. Von seinem Stellvertreter Siegfried Muchow nicht unbemerkt, besuchte Stenzel im Februar 1937 eine Privatparty für Jack Hylton und einige seiner Männer, darunter der emigrierte Jude Freddie Schweitzer, in der Wohnung des Tanzorchesterchefs Eugen (»José«) Wolff. An der Party nahmen auch Bimbo Weiland und Swing-Bandleader Georg Nettelmann teil, ebenso wie, was bedeutsam war, der Vertraute aller Berliner Tanzmusiker, der jüdische Arbeitsvermittler Paul Hirson. Als Stenzel von RMK-Vertretern über dieses Ereignis vernommen wurde, mußte er einräumen, daß ihm das Verbot der Kontaktaufnahme mit unerwünschten Juden bekannt sei und daß er sich in Zukunft an diese Vorschrift halten werde.[171] Dies bewies Stenzel damals schmerzlich, daß seine Position in Deutschland bedroht war.
Stenzels wenn auch begrenztes Engagement in der Jazzkultur und seine Bloßstellung als Judenfreund mußten ihn Goebbels und dessen Ministerium für immer suspekt machen. Zudem trieb er die Dinge in anderen Bereichen des Showgeschäfts so auf die Spitze, daß seine ohnehin schwierige Situation nur noch heikler werden konnte. Seine »Crazy Show«, eine von Stenzels und Duisbergs Erfindungen, enthielt Mätzchen im amerikanischen Varietéstil, die Goebbels kitschig oder – im schlimmsten Fall – entartet vorkommen mußten. In einer dieser Vorstellungen parodierte Stenzel selbst, mit weißer Strumpfhose, schwarzen Lacklederstiefeln und einer idiotischen Perücke, einen Homosexuellen; zu der Musik des nicht »arischen« Fritz Kreisler warf er dem ähnlich bekleideten Filmkomiker Theo Lingen einen riesigen Ball zu. Der Choreograph dieser Nummer war kein Deutscher, sondern ein polnischer Amerikaner namens Anthony Nellie, was Wasser auf die Mühlen der fremdenfeindlichen Machthaber war. Für Goebbels, der Männer im Ballett für weibisch hielt, handelte es ich um eine ganz klare Provokation.[172]
Die amerikanische Atmosphäre der Scala wurde durch die Mitwir-

kung anderer US-Bürger gepflegt, etwa Mike Danzis oder Terry Castellanis, die die unwiderstehlichen, langbeinigen Revuegirls leitete. Diese proamerikanische Einstellung wurde auch durch den künstlerischen Direktor Duisberg gefördert, der die junge »vierteljüdische« Stepptänzerin Evelyn Künneke unter ihrem Künstlernamen Evelyn King wegen ihres überwältigenden »amerikanisierten Stils« engagierte. Duisberg begeisterte sich nicht nur für Amerika, sondern hatte auch eine Marotte für Großbritannien; für ihn war das Londoner Musical der Inbegriff erstklassiger leichter Unterhaltung.[173] Im Zusammenhang mit der Mohaupt-Affäre wurde Duisberg im Herbste 1937 ins Propagandaministerium beordert und dort heruntergeputzt. Anscheinend unbeeindruckt von solchen Maßnahmen, engagierte er ein Jahr später den Filmkomponisten Hans Sommer, der mit einer Jüdin verheiratet war. Zwei Wochen nach Beginn der Scala-Show kam die Gestapo, erteilte dem künstlerischen Direktor einen Verweis und warf Sommer hinaus. Dieser reiste sofort nach Hollywood ab.[174]

Duisberg und Stenzel spielten auch dadurch mit dem Feuer, daß sie die Kabarettclique begünstigten. Besonders seit der Mitte der Weimarer Republik, das heißt seit dem Aufstieg des Rechtsradikalismus, war das deutsche Kabarett politisch sehr scharfzüngig geworden. Unter demokratischen Verhältnissen bedeutete dies nur ein Minimum an persönlichem Risiko für die Kabarettisten. Aber die sardonischen Witzbolde waren auch nach Hitlers Machtübernahme nicht zu Zugeständnissen bereit. Deshalb klagte eine offizielle Stimme mitten im Zweiten Weltkrieg, das Kabarett sei »leider mit keinem neuen Geist erfüllt worden«.[175] Das Schlimmste, was diesen weiterhin aktiven Kritikern widerfahren konnte, wurde in den achtziger Jahren auf gespenstische Weise von der nordamerikanischen Fernsehserie »Hitlers SS: Ein Portrait des Bösen« gezeigt. Darin wird der mit einem Monokel bewehrte Kabarettdarsteller Putzi von der SS als »degeneriert« gefoltert und schließlich ermordet.

Bis zur Wirtschaftskrise konnte man die bissigste politische Satire im Kabarett der Komiker erleben, das der Wiener Jude Kurt Robitschek 1924 gegründet hatte. Nach 1930 milderte und entpolitisierte Robitschek seine Sketche aus Angst vor politischem Radikalismus – letztlich auch, um dem Kartenverkauf nicht zu schaden. Das Ka-

deko war linksgerichtet, hatte überwiegend jüdische Künstler verpflichtet und Position gegen die an die Macht strebenden Nationalsozialisten bezogen. Von Anfang an war es jazzorientiert; Mischa Spoliansky, Friedrich Hollaender und die Comedian Harmonists traten schon in der ersten Zeit im Kadeko auf.[176]
Zwei Komikerinnen im Kadeko, die ihre bissigen Kommentare bis ins Dritte Reich hinein nach dem Fortgang der Juden noch fortsetzten, waren die Chansonsängerinnen Claire Waldoff und Loni Heuser. Beide waren eng mit Stenzel befreundet und stets gerngesehene Gäste in der Scala.[177] Waldoff, eine gedrungene, kleine Person, die vor 1932 Marlene Dietrichs Liebhaberin gewesen war, genoß bei den Berlinern eine gewaltige Popularität. Denn obwohl sie aus dem Ruhrgebiet stammte, war sie in der Lage, vorstädtische Straßengören mit perfektem Berliner Dialekt darzustellen. Sie war die Freundin des kleinen Mannes. Im Kabarett der Komiker trat sie manchmal mit Loni Heuser auf, einer eleganten Brünetten, die mit Theo Mackeben, einem der Giganten der deutschen Operetten- und Filmmusik, verheiratet war. Mackeben stand seinerseits unter Verdacht, weil er wie Mohaupt vor 1933 eng mit Brecht, Weill und dem proletarischen Sänger Ernst Busch zusammengearbeitet hatte.[178]
Waldoffs Spezialität in der Scala war ein Lied, über das sich die Berliner totlachen konnten. Darin verspottete sie Hermann Görings Hang zu Uniformen, seine Dickleibigkeit und sein Amt als Ministerpräsident von Preußen. Es war die Parodie eines Limericks, den sie während der Weimarer Republik populär gemacht hatte, und deshalb um so lustiger. Der publicitybewußte Göring nahm das Lied gutmütig hin, als es 1933 zum erstenmal vorgetragen wurde, was die SA und die Hitlerjugend jedoch nicht davon abhielt, Waldoff zu bedrohen. 1936, als Claire wieder einmal in einer Scala-Premiere mitwirkte, war Goebbels so wütend, daß er Duisberg während der Pause einzuschüchtern versuchte.[179]
Heuser scheint unter dem riesigen Scala-Dach niemanden verärgert zu haben. Aber im Wintergarten, dem etwas weniger eindrucksvollen Konkurrenzunternehmen, sang sie Ende 1936 ein paar Couplets, die sie in Schwierigkeiten brachten. Sie nahm nicht nur Göring aufs Korn (da er jovial und lächerlich wirkte, war er stets ein Lieblingsobjekt dieser Komiker), sondern sie leistete sich auch eine

verklausulierte Attacke auf die Trunksucht des Arbeitsfrontführers Dr. Robert Ley und die allgemeine Regel des Regimes, daß man sich jeglicher Kritik zu enthalten habe. Daraufhin wurde sie sofort von Goebbels' *Angriff* und von der RKK selbst gemaßregelt.[180]

Werner Finck war der geistreichste dieser Spötter. Er vermochte das Wesen einer Situation auf eine Weise einzufangen und mit Wortspielen bloßzustellen, die in der deutschen Kabarettkultur bis heute unübertroffen ist. Als reiner Intellektueller verband er aus dem anglo-amerikanischen Sprachtum die Begabungen von Bill Cosby und Peter Sellers. Einmal rief er Gestapospitzeln, die er im Publikum entdeckt hatte, die improvisierte Bemerkung zu: »Kommen Sie mit, oder soll ich mitkommen?« Finck war 1932 zum letztenmal in der Scala aufgetreten, doch er war häufig im Kadeko zu finden und hatte ein eigenes Kabarett, die Katakombe, die direkt im Scala-Gebäude an der Lutherstraße untergebracht war. Aber jedesmal, wenn Finck mit einer Anzüglichkeit Erfolg hatte, war er erheblichen Gefahren ausgesetzt. Von Mai bis Juli 1935 sperrte man ihn ins Konzentrationslager Esterwegen. Da seine Katakombe geschlossen worden war, arbeitete er 1937–38 wieder im Kadeko, doch im Februar 1939 ließ der erboste Goebbels ihn unwiderruflich aus der RKK ausschließen.[181] Zu der Zeit gab der Propagandaminister strenge neue Richtlinien zur Einschränkung der politischen Satire heraus. Dazu kam es am Ende einer langwierigen Überwachung des Kabaretts der Komiker, die man absichtlich parallel zur Säuberung der Scala durchführte.[182]

Im Laufe der Jahre war Otto Stenzel durch seinen Umgang mit Kritikern der Hitlerdiktatur stark politisiert worden. Aber wie tief saß seine Hitlerfeindschaft, und wie typisch war er für die anderen Musiker auf dem Gebiet der leichten Unterhaltung – insbesondere des Jazz?

Eric Hobsbawm verweist auf den Ursprung des Jazz unter den Schwarzen des amerikanischen Südens und beschreibt ihn in sozioökonomischer, generationsbezogener, rassischer und politischer Hinsicht als ein Vehikel des Protestes und der Rebellion.[183] Da Jazz eine zutiefst nach Freiheit strebende Kunstform ist, haben sich politisch und kulturell unterdrückte Minderheiten in mehreren modernen Staaten die Botschaft des Jazz zunutze gemacht. Dies gilt nicht nur für das bolschewistische Rußland der vierziger und fünfziger Jahre, sondern auch noch für die kommunistische Tschechoslowakei Mitte der achtziger Jahre, wo die »Jazz-Sektion« eine offene Politik der künstlerischen Freiheit einschlug und dafür von der Einparteiendiktatur Lubomir Štrougals bestraft wurde.[184] Kubas Fidel Castro, einer der heute noch regierenden Diktatoren, hat den Jazz stets für subversiv gehalten.[185]

Die Situation im Dritten Reich der Vorkriegszeit war jedoch komplexer, hier wurden die Musik, die Musiker und ihre Bewunderer nicht automatisch auf den Sockel des politischen Widerstandes gehoben. Während Jazzfeinde diese Musik haßten, weil so viele Schwarze und Juden daran beteiligt waren, mag es als eine Anomalie erscheinen, daß deutsche Jazzliebhaber – Musiker wie Fans – sich nicht unbedingt deshalb dem Jazz verschrieben, weil sie die Sache der Schwarzen und Juden verfechten wollten. Anders ausgedrückt, sie mochten Jazz nicht unbedingt einfach deshalb, weil ein diktatorisches Regime Juden und Schwarze auf irgendeinen Index gesetzt hatte. Ungeachtet der rassistischen Nazipropaganda war die Figur des Negers zu abstrakt, um selbst für politisch bewußte junge Deutsche irgendeine Bedeutung zu haben; die des Juden war für sie zwar viel weniger abstrakt, wurde aber bloß als eine Randerscheinung in der Musik betrachtet. Der Idealtyp, eine Person, die ihr Engagement in der Jazzkultur von einer erklärten Ablehnung des Naziregimes herleitete, existierte jedenfalls nie als ein Mensch von Fleisch und Blut. Und wenn jazzbegeisterte Deutsche in der Regel nicht aus antirassistischen oder politischen Gründen rebellierten, dann noch viel weniger wegen generationsbezogener oder sozialer und wirtschaftlicher Mißverhältnisse.

Es gab jedoch Fälle, in denen mehrere Gründe zusammenkamen, da spielten Elemente des politischen oder gesellschaftlichen Nonkonformismus dann unweigerlich eine Rolle. Die individuelle Weigerung, sich den vorherrschenden politischen und kulturellen Mustern der Zeit anzupassen, war häufig das Ergebnis einer ausgeprägten Erziehung im Elternhaus (und manchmal auch in der Schule), sie konnte zu einer Übernahme des Jazz als einer gemäßigten Form des persönlichen Protestes führen.

Eine Reihe von Jazzfans fühlte sich vom Dienst in der Hitlerjugend abgestoßen, denn sie waren zuvor durch religiös oder sonstwie streng geschulte Familienangehörige erzogen worden. Werner Daniels und Hans Otto Jung stammten aus strikt katholischen Häusern mit Verbindungen zu der am Vatikan ausgerichteten Zentrumspartei. Vor 1933 war Jungs Vater ein führender Vertreter des Zentrums in Lorch gewesen; während Hitlers Herrschaft kam er am 1. Mai – nun ein nationalsozialistischer Feiertag – mit seinen gebildeten jüdischen Freunden zusammen, um Kammermusik zu spielen. Und bei dieser Gelegenheit äußerten sie sich auch kritisch über das Regime. In Düsseldorf mußte Daniels senior in seiner Karriere Rückschläge wegen seiner starken Beziehungen zum Zentrum hinnehmen. Der Vater von Emil Mangelsdorff in Frankfurt war ein überzeugter Sozialist, der seinen Sohn im Teenageralter mit den Prinzipien der Arbeiterklasse vertraut machte, ihm Einzelheiten über die nationalsozialistischen Konzentrationslager berichtete und dadurch sensibilisierte. Der Dessauer Günter Boas wurde zu Hause von liberalen Bauhaus-Künstlern und in der Schule von einem sozialistischen Lehrer beeinflußt. Dieter Zimmerle und Carlo Bohländer wurden zu Nonkonformisten, weil der paramilitärische Drill in den staatlichen Jugendgruppen und die intellektuelle Überheblichkeit in der Schule sie frustrierten.[186] Joachim Ernst Berendt in Berlin, ein Einzelgänger, der für die Mitgliedschaft im Melodie-Klub zu jung und zu schüchtern war, hatte einen nicht so fernen jüdischen Vorfahren; sein Vater war protestantischer Pfarrer und leitete eine große Stiftung. Sie umfaßte auch medizinische Einrichtungen, die sich den eugenischen Zielen der Nazis widersetzten. SA- und SS-Männer durchsuchten regelmäßig sein Haus, und im Dezember 1938, nach einer sehr deutlichen Predigt, wurde Pastor Ernst Berendt nach Dachau abtransportiert. Sein junger Sohn wurde voller Entsetzen Zeuge dieser Verhaftung.[187]

Abgesehen davon, daß Jazzfans dem Dienst in der Hitlerjugend auswichen, was bis zur ab März 1939 dann obligatorisch werdenden Einziehung möglich war, zeigten sie keine aufrührerischen Aktivitäten. Die verständliche Ausnahme war Hans Otto Jung, der in der Schule Pappkarikaturen von Hitler (in Gestalt eines betenden Mönches) und anderen Nazigrößen produzierte. Sie fielen der SA in die Hände, was ein polizeiliches Verhör nach sich zog.[188]

Unter den Musikern waren noch weniger als unter den Fans Anzeichen eines humanitären, sozialen oder politischen Bewußtseins (geschweige denn eines solchen Gewissens) zu finden. Dies lag wahrscheinlich an ihrer rein nach Nützlichkeit ausgerichteten Lebensweise, an ihren materiellen Interessen, ein Engagement zu bekommen, Geld zu verdienen und ein Mädchen für die Nacht aufzutreiben. Solche Aktivitäten verhinderten ein Engagement für geistige Fragen (schließlich waren viele aus recht einfachen gesellschaftlichen und beruflichen Verhältnissen aufgestiegen), sie führten vielmehr dazu, daß die Musiker wenn nötig nach der Pfeife der Herrscher tanzten. Die heute häufig vorgebrachte Überzeugung, daß sie im tiefsten Inneren »unpolitisch« gewesen seien, spiegelt dieses grundlegende Problem wider. Im Prinzip galt es für Tanz- und Jazzinstrumentalisten genauso wie für klassische und andere Musiker, was unlängst durch Studien über Richard Strauss und Furtwängler nachgewiesen worden ist.[189]

Das alles scheint im Einklang mit F. Scott Fitzgeralds berühmter Nebenbemerkung zu stehen, daß man in den Vereinigten Staaten im Jazz-Zeitalter »nicht das geringste Interesse an der Politik hatte«.[190] Die löbliche Ausnahme in Deutschland war Hans Korseck, ein besonders begabter und sensibler Künstler, der wie Berendt aus einem streng protestantischen Elternhaus kam und die Nazis so sehr haßte, daß er Goebbels am liebsten aus nächster Nähe erschossen hätte. (Als Gitarrist der Kreuder-Gruppe bekam er Goebbels zuweilen auf offiziellen Empfängen zu Gesicht.) Korseck hatte eine jüdische Freundin verloren, die nach Brasilien emigriert war. Auch seine spätere Frau, die er im Sommer 1939 kennenlernte, war kurz zuvor von einem ungarisch-jüdischen Dirigenten verlassen worden. Als erklärte Hitlerfeindin hatte sie bereits Gestapovernehmungen durchleiden müssen.[191]

Wenn die Liebe zum Jazz in diesen Fällen eine Folge des – wenn auch gemäßigten – Ungehorsams war, so konnte in anderen Fällen eine umgekehrte Kausalbeziehung vorgelegen haben: Ihr Einsatz für den Jazz als ein ästhetisches Produkt veranlaßte die Fans, die totalitäre Politik mit großem Mißtrauen zu betrachten. Der unerschrockene Hans Blüthner hat wiederholt geäußert, daß es für einen Jazzliebhaber unmöglich gewesen sei, den Nationalsozialismus und dessen Reich zu akzeptieren: »Die Anhängerschaft des Jazz war identisch mit Demokratie und Freiheit.«[192] Diese Sozialisation durch den Jazz, wenn man sie so nennen darf, dürfte mehr als ein Mitglied der Kult-Gemeinde Melodie-Klub durchlaufen haben, denn dessen festgefügte Rituale konnten prägend für die Weltanschauung der Teilnehmer sein. Der alkoholkranke Carlo Boger, eines der Clubgenies – er schrieb Kurzgeschichten, war ein glänzender Graphiker und ein Kenner guter Romane und Dramen –, lebte nach der Maxime, daß die Tyrannei keine künstlerische Freiheit dulden könne.[193] Boger wurde später eingezogen und fiel an der Front.

Unter den Musikern könnte Fritz Brocksieper ein Gleichgesinnter gewesen sein. Für ihn war das Jazzschlagzeug eine Passion, mit der sich nur Frauen und Glücksspiel annähernd vergleichen ließen. Auch er behauptet, daß alles, was den Fortschritt des Jazz behindern konnte, schädlich gewesen sei, und zwar *deshalb,* weil er und seine musikalischen Gefährten den Jazz für die höchste existentielle Ausdrucksform hielten. Die nationalsozialistische Politik gehörte möglicherweise eher zufällig in diese Kategorie des Schädlichen. Da Jazz Individualität verlangt, waren die Uniformen und Hakenkreuze der Nazis, die Gleichförmigkeit symbolisierten, ein Fluch für Brocksiepers schöpferische Kunst.[194] Trotzdem fällt es schwer, diesen vollendeten Swingkünstler als politisch, in einer Weise wie Korseck oder Boger, zu charakterisieren. Diese beiden waren einsichtige Männer, während Brocksieper sich weit mehr auf seinen Instinkt verließ.

Um ein vorläufiges Urteil zu fällen, muß man also unbedingt die Worte Horst H. Langes revidieren, die er vor bald dreißig Jahren in seiner Pionierarbeit über den deutschen Jazz der Vorkriegszeit schrieb: daß der Jazz nämlich, besonders innerhalb der Bastion des Berliner Fanclubs, »einen weiteren Kreis des geistigen Widerstandes« unter Hitler gebildet habe.[195]

Eine präzisere Beurteilung stammt von Dieter Zimmerle, der bemerkt hat, daß jemand, der den Jazz um seiner selbst willen mochte, nichts vom Regime zu fürchten gehabt habe; doch in Verbindung mit irgendeiner anderen unerwünschten Sache sei die Liebe zum Jazz potentiell tödlich gewesen.[196] Deshalb waren die »nicht-arischen« Jazzer – Pick oder Wolff oder Eugen Henkel oder sogar der unbesonnene Brocksieper – stets einem so hohen Risiko ausgesetzt.

Für andere Anhänger war das Bekenntnis zur Jazzmusik als einer Weltanschauung teilweise oder sogar völlig von der politischen Realität getrennt, in der sie lebten. Paradoxer- und erschreckenderweise erlaubte diese Trennung – die Verbannung des Jazz in ein Vakuum – dem Betreffenden, sich selbst mehr oder weniger an der Nazipolitik zu beteiligen. In extremen Fällen führten sie das unvorstellbare Doppelleben nationalsozialistischer Jazzliebhaber. Opportunismus als motivierende Kraft konnte niemals ausgeschlossen werden.

Einiges davon läßt sich dokumentieren. Der Schlagzeuger Hans »Katzenpfote« Klagemann spielte häufig für Hans Korseck und Peter Kreuder. Zwar erklärt er, »keinen Hang zur Politik« gehabt zu haben, doch er leugnet durchaus nicht, daß er sich den Nazisitten bequem anpaßte. Das entsprach seinem ureigenen Interesse, denn man muß bedenken, daß er wegen seiner beruflichen Qualifikation von der RMK drangsaliert wurde.[197] Obwohl Klagemann kein Mitglied der NSDAP war, zog er pflichtbewußt aus der Wohnung seiner jüdischen Hauswirte aus, nachdem ein Regimevertreter ihn 1936 verwarnt hatte. Und natürlich entbot er den Hitlergruß – und das anscheinend häufiger, als es nötig gewesen wäre.[198] Klagemanns viel jüngerer Kollege, das Geigenwunder Helmut Zacharias, war weder zu Hause noch in der Schule kritisch gegenüber dem NS-Regime erzogen worden; unter Professor Gustav Havemann, seinem wichtigsten Lehrer und einem der führenden Musikfunktionäre des Dritten Reiches, erlebte er als junger Mensch sämtliche Freuden des Dienstes in der Hitlerjugend. An der Berliner Musikhochschule trat er dem Nationalsozialistischen Deutschen Studentenbund bei. Er liebte die Kameradschaft, die Ausflüge, die Lagerfeuer. Wie er sich erinnerte: »Die Nazis waren weder sympathisch noch unsympathisch. Wir wußten ja nichts, auch nichts von KZs, nur daß es sie gab und daß man wie im Gefängnis einsaß.« 1938, als der »Zaubergeiger« Adolf Hitler etwas vorspielen mußte (Zacharias beherrschte das herkömmliche klassische Geigenrepertoire unglaublicherweise bereits als ganz junger Bursche), war er natürlich geschmeichelt

(und der Führer erschien ihm recht menschlich, keineswegs verrückt). Der junge Helmut verschwendete keinen Gedanken daran, daß der Jazz, in dem er allmählich zu einem Experten wurde, ihn kompromittieren könne.[199] Hätte er darüber nachdenken sollen?
Ein anderer, Hot-Geyer – der behauptet, daß seine Leipziger Clubfreunde die NSDAP-Mitgliedschaft abgelehnt hätten –, meldete sich 1935 freiwillig zum Reichsarbeitsdienst und lebte so seine stark nationalistischen Gefühle aus. Sechs Monate lang half er beim Bau der Autobahn bei Leipzig, legte sich eine gesunde Sonnenbräune zu und genoß jede einzelne Woche. Heute erklärt er, er habe diesen freiwilligen Dienst später als Vorwand benutzt, um das Angebot der Parteimitgliedschaft ausschlagen zu können, aber selbst damals hätte er wissen müssen, daß die NSDAP niemanden zwingen konnte, beizutreten.[200] Bei seinen Besuchen in London war er erbost über Juden, die ihn wegen seiner Loyalität zu Nazi-Deutschland verhöhnten, und gegenüber den Lesern der kalifornischen Zeitschrift *Tempo* nahm er in Schutz, was er für die Jazzpolitik der Berliner Regierung hielt.[201]
Eine andere Gruppe von Jazzanhängern lief entweder aus Überzeugung oder aus reinem Opportunismus – oder aus einer unbestimmbaren Mischung von beidem – zum Nationalsozialismus über. Den vorliegenden Unterlagen zufolge war Willi Stech, der clevere Pianist und Mitbegründer der Goldenen Sieben, von früh an Parteimitglied und gläubiger Nazi. Dennoch versichert Haentzschel, Stech habe gute Miene zum bösen Spiel gemacht, selbst wenn Musiker wie Kirchstein und Krause (verlobt mit der Amerikanerin Terry Castellani, der langbeinigen Chefin der Scala-Revuegirls) mit ihren Hitlerwitzen ein wenig zu oft über die Stränge schlugen.[202]
In noch eine andere Gruppe gehörte Peter Kreuder, ein ziemlich kommerzieller, doch im Grunde gewandter Jazzpianist, der in ganz Deutschland Konzerte gab. In seinen Memoiren betont Kreuder seine Nazigegnerschaft vor und während der Hitlerdiktatur. Tatsache ist jedoch, daß er zur Sicherheit bereits im August 1932 der NSDAP beitrat – einen Monat nach der Wahl, durch die sie zur größten Partei im Reichstag geworden war. Aus bisher unbekannten Motiven trat Kreuder im Oktober 1934 wieder aus der Partei aus, und er hatte, wie noch ausgeführt wird, in den folgenden Jahren

Joseph Goebbels bei der Verteilung von Geschenken an deutsche Luftwaffenangehörige, Heiligabend 1940. Hans Hinkel assistiert dem Propagandaminister. (Ullstein Bilderdienst, Berlin)

Fritz (damals »Freddie«) Brocksieper an seinem Schlagzeug, München, 1958–59. (Ullstein Bilderdienst, Berlin)

Georg Haentzschel bei der Prüfung eines Orchesterarrangements 1942. (Ullstein Bilderdienst, Berlin)

Die Peter-Kreuder-Gruppe beim Konzert, ca. 1940. Von links: Hans Klagemann (Schlagzeug), Otto Tittmann (Baß), Kreuder, Hans Korseck (Gitarre), Kurt Henneberg (Geige), Kurt Wege (Klarinette). (Ullstein Bilderdienst, Berlin)

Maurice Thomas, links im Bild, und Hans-Joachim (»Tommie«) Scheel in einem exklusiven Hamburger Tennisverein, August 1939, kurz vor Beginn des Zweiten Weltkrieges. (Privatarchiv von Hans-Joachim Scheel, Mississauga)

Albert Mangelsdorff (Posaune) und sein älterer Bruder Emil (Saxophon) während eines Live-Auftritts 1956. (Ullstein Bilderdienst, Berlin)

Weihnachtskonzert der Big Band des Soldatensenders Belgrad mit der Sängerin Kary Barnet, Dezember 1943. Bandleader Friedrich Meyer, in Wehrmachtuniform, sitzt rechts neben dem Konzertflügel. (Ullstein Bilderdienst, Berlin)

Die Sängerin Kary Barnet und Bandleader Heinz Wehner unterhalten Soldaten in einem Militärlazarett, November 1942. (Ullstein Bilderdienst, Berlin)

Margot Hielscher als Nachtclubsängerin Lola in dem 1942 gedrehten Film *Frauen sind keine Engel.* Regisseur war Willy Forst. Die Musiker auf dem Bild konnten nicht identifiziert werden, sie simulieren ihr Spiel höchstwahrscheinlich. (Ullstein Bilderdienst, Berlin)

Joachim Ernst Berendt als Jazz-Moderator beim Südwestfunk Baden-Baden 1959. (Ullstein Bilderdienst, Berlin)

Die Pianistin Jutta Hipp beim Spiel in einem deutschen Jazzclub 1955, kurz vor ihrer Ankunft in New York. (Ullstein Bilderdienst, Berlin)

Wehrmachtsleutnant Dietrich Schulz-Köhn vor einem Pariser Club nahe der Place Pigalle, wo Django Reinhardts Gruppe Ende 1942 auftrat. Zu Schulz-Köhns Linken stehen vier französische schwarze Kolonialmusiker und Henri Battut, ein französischer Jude. Ganz links im Bild Django Reinhardt. (Privatarchiv von Dr. Hans Otto Jung, Rüdesheim)

einige Schwierigkeiten mit dem Regime, doch schwerlich aus politischen Gründen.[203]

Und dann war da der galante Pianist Fritz Schulze, der sich – man glaubt es kaum – Anfang 1933, noch in Magdeburg, der SS anschloß. Kürzlich danach befragt, erklärte Schulze, er sei von Schulkameraden überredet worden, die ein paar Auftritte für ihn erhofft hätten. Gewiß, damals steckte das Land mitten in der Wirtschaftskrise, und sogar die besten Musiker hatten Mühe, ihr Auskommen zu finden. Letztlich blieben die Angebote für Schulze trotzdem aus, denn die SS tanzte nach einer anderen Pfeife. Schulze erkrankte an einer Blinddarmentzündung und brauchte so nicht am aktiven SS-Dienst teilzunehmen. Im Herbst 1934 zog er in die Hauptstadt, um für Kok zu spielen. Die SS verfolgte ihn danach noch jahrelang, zerrte ihn sonntag morgens, wenn er gerade aus den Bars zurück war, aus dem Bett und erschreckte seine Liebhaberinnen. Aber so einfach, wie Schulze in Himmlers Elitekorps eingetreten war, konnte er es auch wieder verlassen. Einer der höheren SS-Führer begeisterte sich immer wieder für Schulzes berühmten Swingstil im Quartier Latin. Eines Abends bat Fritz ihn, sich einzuschalten. Im Januar 1938 dankte ihm ein SS-Gruppenführer offiziell »für die der SS bisher geleisteten Dienste« und entließ den Teilzeitträger eines Schwarzhemds wieder in seine Glitzerwelt.[204]

Schulze behauptet, kaum eine Ahnung von der Tätigkeit der SS gehabt zu haben; er habe einer Morse-Fernmeldeeinheit angehört und sich nur für Wein, Weib und Gesang interessiert. Eine Karikatur des »unpolitischen Musikers«? Immerhin räumt Schulze ein, daß der Gedanke an von der SS organisierte Konzentrationslager ihn beunruhigt habe. Auch dürfte ihm der allgegenwärtige antisemitische Jargon im Schwarzen Orden nicht entgangen sein. Er leugnet seinen Opportunismus nicht und gesteht, daß er späteren Versuchen, ihn für die Partei anzuwerben, nur widerstanden habe, weil ihm durch die SS-Erfahrung deutlich geworden sei, wie sehr er seine Freiheit liebte.[205]

Dies alles wirkt ziemlich einleuchtend. Denn wir haben es hier mit einem Mann zu tun, der naiv genug war, nicht den mindesten Zweifel daran zu haben, daß der Jazz und die judenfeindliche SS miteinander vereinbar seien. Der junge Fritz war alles andere als ein zu metaphysischen Überlegungen neigender Intellektueller; vielmehr wurde er von einer unerschütterlichen Vitalität angetrieben. Viel komplizierter war es bei dem grüblerisch-analytischen Dietrich Schulz-Köhn. Er ist der wichtigste überlebende Zeuge, doch selbst er kann dem Historiker nicht helfen, das Rätsel seiner Vergangenheit zu lösen.

Das Rätsel beginnt damit, daß Schulz-Köhn, dieser kämpferische Verteidiger des amerikanischen Jazz, im Herbst 1933 mit einundzwanzig Jahren, während seines Studiums an der Universität Frankfurt, der SA beitrat.[206] Bekanntlich hatten die Braunhemden damals an allen deutschen Universitäten ungeheuren Einfluß, weshalb sich ihnen seinerzeit mehr als die Hälfte der männlichen Studenten anschloß.[207] Schulz-Köhn macht keinen Hehl aus seinem Konformismus; es sei, mit Blick auf seine künftige Karriere, leichter gewesen, dem Druck nachzugeben.[208] Andererseits fanden etliche Studenten durchaus Mittel und Wege, dem Druck standzuhalten – weshalb also gehörte Schulz-Köhn nicht zu ihnen?

Aller Wahrscheinlichkeit begriff Dietrich einfach nicht, daß Jazz und glühender deutscher Nationalismus einander deutlich ausschlossen. Alles deutet darauf hin, daß er, wie so viele seiner Gefährten, in Hitlers Bewegung in erster Linie folgendes sah: einen starken nationalistischen Impuls mit unleugbar häßlichen Nebeneffekten, die man einfach verdrängen mußte.[209] Niemand, der Schulz-Köhn damals kannte oder ihn heute kennt, würde ihm je vorwerfen, in irgendeinem Sinne ein »Nazi«, geschweige denn ein Antisemit, gewesen zu sein. Aber sein nationalkonservativer Vater, ein Volksschullehrer, der in Wirklichkeit eher ein Anhänger Bismarcks als Hitlers war, hatte ihm einen unbändigen Nationalismus vermittelt.[210] Etwa wie Michaelis, der für seine Person politische Stellung bezog, muß Schulz-Köhn geglaubt haben, daß Jazz und ein mächtiges nationalsozialistisches Vaterland ungeachtet all seiner Fehler vereinbar seien. Obgleich Intellektueller, blockte Schulz-Köhn ab, wenn er auch nur indirekt dazu aufgefordert wurde, über die Folgen eines solchen Kompromisses für die von ihm propagierte Kunst nachzudenken.

Aber das ist nur ein Teil des Gesamtbildes. Schulz-Köhn ließ seine SA-Mitgliedschaft Anfang 1936 vorübergehend ruhen, um mehr

Zeit für sein Studium zu haben.[211] Nach seinen Jazzvorträgen im Delphi-Palast, so harmlos sie waren und obwohl sie einige Zugeständnisse an das Regime enthielten[212], wurde er in der führenden SS-Zeitung angegriffen, wenn auch nur anonym als der »Werbefritze der Brunswicks«.[213] Im Oktober, drei Monate später, veröffentlichte Stege seine Schmähschrift. Und nur eine Woche später setzten die Braunhemden Steges Arbeit fort und drohten ihrem früheren Kameraden öffentlich mit Gewaltmaßnahmen. Sie würden »so ein kleines SA-Swing-Kommando« bilden, das es besonders auf den »lieben Dietrich« abgesehen habe. Zum Beispiel plante man, ihn ins Wasser zu tauchen, und überhaupt ließ sich nicht absehen, wozu diese Schläger fähig waren.[214]
Möglicherweise um solchen Gefahren zu entgehen, beschloß Schulz-Köhn im Februar 1938, in die NSDAP einzutreten; seine Aufnahme wurde rückwirkend zum Mai 1937 gültig.[215] Aber dieses denkbare Motiv – das edelste, das man Dietrich zuschreiben kann – beruht auf reinen Vermutungen, denn der Jazzdoktor selbst kann sich heute nicht mehr an irgendwelche Einzelheiten erinnern. Wurde er von seinem Vater in die Partei gedrängt? War es schnöder Karrierismus? Das letztere wäre nicht ganz unwahrscheinlich, denn als hoffnungsvoller Manager der Schallplattenindustrie hätte Schulz-Köhn von der Parteigenossenschaft profitieren können – wie wohl schon vorher von der SA-Zugehörigkeit.
Oder schloß sich Schulz-Köhn der Partei an, um die Aufmerksamkeit von seiner Beziehung zum Jazz abzulenken? Diese Möglichkeit, beteuert Schulz-Köhn einleuchtend, wäre nicht sehr sinnvoll gewesen, »denn als Student war ich ja doch ziemlich unabhängig« (auch benötigte er, wie seine vortreffliche Dissertation zeigt, das Parteiabzeichen nicht, um seine Promotionschancen zu erhöhen).[216] Letzten Endes bleibt das Rätsel in diesem Stadium unserer Nachforschungen ungelöst. Wie auch immer, Dietrichs Parteieintritt von 1938 lag auf einer Linie mit seinem früheren SA-Beitritt, denn seine patriotische Einstellung hatte sich nicht geändert. Mehr noch, sie sollte sich nach Kriegsbeginn verstärken, ebenso wie – paradoxerweise – seine Liebe zum Jazz.
Das Nebeneinander von Jazz als Dogma und nationalsozialistischer Ideologie wurde dann besonders deutlich, wenn hauptamtliche Na-

zis diese Musik genossen. Sie könnten es zynisch getan haben – ungefähr so, wie vielleicht Hitler spöttisch schmunzelnd im *Kapital* geblättert haben mag. Zwar war der Jazz häufig versteckt, zum Beispiel in der akzeptableren Tanzmusik, doch es gibt keinen Zweifel daran, daß überzeugte Nazis, die vor allem zurückschauderten, was mit Amerika, Schwarzen und Juden zu tun hatte, trotzdem in die verderbte Musik verliebt sein konnten. Der SS-Gruppenführer, der Fritz Schulze vor dem Dienst in seiner Organisation rettete, war ein Beispiel. Auch von anderen hohen Offizieren in Himmlers Schwarzem Orden wußte man, daß sie Stammgäste im Quartier Latin waren. Geschniegelte SS-Führer in maßgeschneiderten schwarzen Uniformen – sie stammten häufig aus der gesellschaftlichen Crème de la crème – mischten sich zwanglos unter die sonstige Hautevolee, die in den luxuriösen Swingbars der Hauptstadt verkehrte.[217] Unter den Gästen des Königsberger Jazzclubs waren wenigstens ein SS-Mann und ein ehemaliger NS-Studentenführer.[218] Nach Goebbels' gescheiterter Affäre mit der tschechischen Schauspielerin Lida Baarova begleitete sein Mitarbeiter Karl Hanke, der in Magda Goebbels verliebt war, die Frau des Propagandaministers 1939 wiederholt ins Ciro.[219]

Sogar die sprichwörtlichen Rowdys der Nazibewegung, die SA-Männer, naschten von der verbotenen Frucht. SA-Gruppenführer Graf Wolf-Heinrich von Helldorf, Polizeipräsident von Berlin sowie ein Nachbar und enger Freund der Familie Goebbels, schätzte das Quartier Latin. Die »halbjüdische« Sängerin Margot Friedländer, die in Berliner Bars wie Orangerie und Patria illegal amerikanische Evergreens sang, hatte eines Abends ein Rendezvous mit einem stattlichen, elegant gekleideten SA-Oberen (der nichts von ihrem jüdischen Hintergrund gewußt haben dürfte). Es war kein anderer als der Aristokrat Diether von Wedel, Goebbels' eigener Adjutant, der laut Friedländer »wie 'ne Eins auf alles Amerikanische stand« und dauernd in den nächtlichen Jazzkaschemmen herumlungerte.[220] Ausgerechnet SS und SA besuchten 1934 in Stuttgart auch eines der letzten Konzerte der Gesangsgruppe Comedian Harmonists, bevor sie wegen ihrer auch jüdischen Mitglieder aufgelöst wurde.[221]

Das Beispiel der Warnemünder Parteigenossen, die sich im Sommer 1939 Helmut Zacharias' Trio anhörten, läßt erkennen, daß sich sogar gewöhnliche Angehörige der Hitlerbewegung an dieser Musik erfreuten. Da der Jazz auf der schwarzen Liste stand, hatten sie das prickelnde Gefühl, etwas Anrüchiges zu tun.[222] Verbotene Früchte sind gewöhnlich doppelt so süß, und hier war das NS-Regime keine Ausnahme. Fritz Brocksieper erzählt uns eine letzte charakteristische Anekdote. Er arbeitete noch in München für Tanzkapellen, hatte jedoch kaum Gelegenheit, echten Jazz zu spielen. Eines Abends feierten Gauleiter Adolf Wagner und Hitlers Adjutant, SS-Obergruppenführer Julius Schaub, in aller Öffentlichkeit zu den Klängen von Brocksiepers Tanzband. Sie waren in Begleitung von Prostituierten aus der Schillerstraße und sprachen heftig dem Alkohol zu. Wagner bat dann um ein Lied des Juden Emmerich Kálmán. Während es gespielt wurde, rief Schaub: »Judenmusik!« Wagner drehte sich um und machte deutlich, daß *er* die Melodie verlangt habe. Daraufhin ging die Band zu Tanzmusik im Swingstil über mit etlichen englischen und amerikanischen Stücken. Die Bonzen feierten ausgelassen weiter, bis der betrunkene Wagner um drei Uhr morgens auf die Bühne stolperte und fast eine Geige zerbrochen hätte.[223]

Zum Abschluß soll das politisch subversive Verhalten der Hamburger »Swingjugend« untersucht werden. Dieses Phänomen erfordert mehr als eine nur den Jazz im Dritten Reich umfassende historische Betrachtungsweise. In einer Hinsicht gehört es in den weiteren Themenbereich der zeitgenössischen Jugendkultur und sollte am besten von Historikern, die auch etwas von Psychologie und Pädagogik verstehen, oder Soziologen behandelt werden. In einer anderen Hinsicht hat es mit den spezifischen Umständen Hamburgs zu tun; diese Hafenstadt mit ihrer traditionellen Weltoffenheit wurde von einer mächtigen Kaufmannselite mit weitgehend anglophilen Neigungen kontrolliert – hier ist die Demographie gefordert. Drittens war die Swingjugendbewegung eine direkte Reaktion auf gewisse Entwicklungen in der gesamten deutschen Gesellschaftstanzszene und nicht auf die Elbestadt beschränkt – deshalb könnte man auch die Kulturgeschichte der Mode bemühen.

Um mit dem letzten Punkt zu beginnen: Seit den späten Jahren der Weimarer Republik gab es in Deutschland eine große Zahl von Tanzlehrern, die durch und durch reaktionär war, wenn nicht im

engeren politischen Sinne, dann doch im Hinblick auf ihr Gewerbe. Jugendliche aus den besseren Familien erhielten gewöhnlich mehrere Monate lang, häufig während der Gymnasialzeit, Tanzunterricht, um ihre Ausbildung abzurunden. Deshalb meinten die Tanzlehrer einen didaktischen Auftrag von hohem moralischem oder gar patriotischem Wert zu haben, den viele von ihnen unter dem Nationalsozialismus verwirklicht sahen. In der restriktiven Zeit der späten Republik hatte einer ihrer Repräsentanten erklärt: »Die heutige Gesellschaftsordnung verlangt mehr denn je die Beherrschung von bestimmten Formen [als] Ausdruck einer aufmerksamen inneren Beherrschtheit.« Ein guter Tänzer sollte ästhetisch ansprechend wirken; auf eine kryptorassistische Art postulierten die Tanzlehrer eine Wechselbeziehung zwischen dieser körperlichen Ästhetik und der Charakterentwicklung.[224]
Nach der Gründung der RKK wurden die Tanzlehrer in deren Unterabteilung, die Reichstheaterkammer (RTK), einbezogen und standen damit um 1935 unter der Fuchtel des Propagandaministers.[225] Zwischen 1935 und Anfang 1938 suchten die Gesellschaftstanzfunktionäre des Reiches angestrengt nach einer deutschen Alternative zu den ausländischen, angeblich von »Negern« und »Juden« inspirierten Tänzen wie Foxtrott oder Charleston, die als Ausdruck finsterer Sexualität galten. Diese Bemühungen waren eng mit den Versuchen verknüpft, den Jazz als das ideale Medium für das moderne Tanzgenre zu ersetzen. Der Reichswettbewerb zur Schaffung einer »deutschen Jazzmusik« in den Jahren 1935–36 und das Tanzturnier von Radio Leipzig Anfang 1938 hatten in Wirklichkeit das doppelte Ziel, sowohl eine neue Tanzform als auch die passende Musik für diesen Tanz zu finden. Da beide Veranstaltungen kläglich scheiterten, hingen die Tanzlehrer des Reiches in der Luft. Sie waren verärgert über die offizielle Forderung, daß sie mit der Zeit zu gehen hätten, mußten aber auch ihr eigenes Unvermögen bei der Suche nach neuen Gesellschaftstanzideen einräumen.
Sie verfielen auf einen schäbigen Kompromiß: die künstliche Wiederbelebung längst veralteter deutscher Tanzformen, die den gewünschten Gemeinschaftsgeist auf Kosten von Individualität und Erotik betonten – zum Beispiel des Deutschländers, eines Gruppentanzes, oder des steifen Marsches. Andere wieder zum Leben er-

weckte historische Tänze waren der aseptische Rheinländer und die Polka; auch der traditionelle, doch bereits sterile Walzer war natürlich erwünscht. Im Einklang mit den Kollektiv-Zielen der Diktatur versuchten die Lehrer, so viele Elemente der deutschen Volksmusik wie nur möglich zu verwenden. Die modernen Foxtrotts und Tangos wurden zwar noch geduldet, aber die Betonung lag auf dem Marschfoxtrott, einer hölzernen, keimfreien deutschen Foxtrottversion, und der ursprünglich verführerische Tango wurde gouvernantenhaft und unerotisch.[226]

Die Lage spitzte sich 1938–39 zu, als die Hitlerjugend, deren Führer seit etlichen Jahren vergeblich auf neue Tanzvorlagen gewartet hatten, den Beschluß faßte, sich ebenfalls für die künstliche Wiederbelebung deutscher Tänze einzusetzen. Ihr blieb keine andere Wahl, denn etwa seit Mitte 1937 wandten sich die unbekümmerten, vergnügungssüchtigen jungen Deutschen in den Großstädten einem neuen »Gesellschaftstanz« namens »Swing« zu. Der Swingtanz beruhte auf dem amerikanischen Lindy Hop der späten zwanziger Jahre und forderte die lockere Bewegung sämtlicher Gliedmaßen; er wurde paarweise getanzt, mehr oder weniger wie ein Foxtrott. Die Partner tanzten manchmal langsam und Wange an Wange, doch meistens folgten sie dem hektischen Tempo der sie antreibenden Band, wobei sie auseinanderstrebten und dann wieder enge Nähe suchten, was sehr erotisch sein konnte. Die Musik war der Swing der Swing-Ära, im Idealfall die Benny Goodmans. Höchstwahrscheinlich war dieser Tanzstil unter dem Eindruck der Filme *Broadway Melody* und *Born to Dance* ins Reich vorgedrungen.[227]

Die HJ-Mitgliedschaft (für Jugendliche zwischen zehn und achtzehn Jahren) wurde zwar dringend empfohlen, aber sie war noch nicht obligatorisch. Deshalb begriffen die Leiter der Organisation, daß sie im Bereich des Gesellschaftstanzes irgend etwas bieten mußten, um ihre städtischen Mitglieder bei Laune zu halten und um neue Jugendliche zu gewinnen. Zu diesem Zweck hätten sie den Swingtanz übernehmen können, doch dieser galt natürlich als verderbt: entartet, amerikanisch und mit dem abscheulichen Jazz verknüpft. Darum versuchten sie es mit den nun propagierten neudeutschen Gesellschaftstänzen, begleitet von Mandoline, Zither,

Harmonika und Blockflöte. Aber sie hätten damit rechnen müssen, daß dies ihre Schwierigkeiten nur verstärken würde, denn es bewirkte genau das Gegenteil dessen, was sie beabsichtigt hatten: Statt sich den Zeitvertreib der Hitlerjugend zu eigen zu machen, drängten sich die Stadtmädchen und -jungen in Swingtanzsälen. Die Reaktion führte zu einer Gegenreaktion und zu einer weiteren Reaktion. 1938 begann eine Spirale, deren Ende sich nicht absehen ließ.[228]
Nirgends war dies deutlicher als in Hamburg, wo sich eine unabhängige kleine Kolonie allein auf der Grundlage des Swingtanzes zu entwickeln schien. Aber Anzeichen der Swingtanzmode waren in praktisch allen großen und oft sogar in mittleren Städten zu entdekken. Die puristischen Jazzplattensammler und Kenner der Live-Bands blickten verständlicherweise auf die Stenze und ihre »Pißnelken« herab, wie diese Burschen und ihre Freundinnen manchmal von den Bürgern genannt wurden. Während die Sammler den Jazz, auch die stärker kommerzialisierte Swingversion, als Kunst um ihrer selbst willen schätzten, mißbrauchten diese Faulenzer ihn nur für das nutzlose Vergnügen des Swingtanzes.[229] Diese unterschiedliche Wahrnehmung, ob berechtigt oder nicht, ist einer der Gründe, weshalb die Swingjugend als eine politische Erscheinung gesondert behandelt werden muß. Es trifft zu, daß die »Swings« im Rahmen der reinen Jazzgeschichte einen starken Kontrast zum kompromißlosen Melodie-Klub bildeten, aber sie hatten etwas mit den Münsteraner und sogar den Leipziger Fans gemeinsam, die alle ebenfalls gern tanzten. Und auch unter den »Swings« gab es viele Sammler.
Diese weitgehend unter zwanzig Jahre alten Tänzer wurden damals noch nicht als »Swings« bezeichnet, dieser Begriff kam erst nach dem Zweiten Weltkrieg auf. Sie waren offiziell als »Swingheinis« bekannt – ein Name, den ihnen die Behörden gegeben hatten; untereinander bevorzugten sie anglo-amerikanische Benennungen: »Swing-Boy«, »Swing-Baby« und so weiter. Ihre politische Bedeutung rührte ursprünglich daher, daß sie – damals und während des Krieges – ausdrückliche Verbote des Swingtanzes mit unterschiedlichen Risiken für sich selbst ignorierten.
Typischerweise wurden diese Verbote – durch parallele und manchmal sogar aufeinander abgestimmte Maßnahmen gegen die Swingmusik – auf örtlicher oder regionaler Ebene verhängt, in jedem Fall

mit ausdrücklicher Unterstützung durch das Berliner Regime. Die erste nachweisliche Verfügung wurde von der Tanzabteilung der RTK im Gau Essen und Düsseldorf erlassen; darin befahl man der Düsseldorfer Weinbar Bei Toni, wo wahrscheinlich häufiger Jazz gespielt wurde als sonst im Reich üblich, diesem Tanzstil ein Ende zu setzen. Das war im November 1937. Der Polizeipräsident von Freiburg schloß sich ein halbes Jahr später mit einer Aktion für seinen gesamten Zuständigkeitsbereich an, und nach weiteren sechs Monaten belegten Beamte des Gaus Weser-Ems ganz Bremen mit einem Verbot.[230] Anfang 1939 kam es zu Verfügungen in Osnabrück und im Ruhrgebiet, im Juni hatte man das Netz über große Teile Deutschlands ausgeweitet.[231] Um nicht ins Hintertreffen zu geraten, zogen Partei- und Staatsorgane nach: Wehrmacht, RAD, SS, Deutsche Arbeitsfront (DAF) und nationalsozialistische Studentenorganisationen.[232] Die HJ-Führung wartete recht lange mit ihrem eigenen Dekret, weil sie Anfang 1939 jedes Verbot mit ihrer – letztlich fruchtlosen – Förderung neudeutscher Tänze koordinieren wollte.[233]

In Berlin waren 1938 überall um Erhard Bauschkes Tanzpalast Moka Efti Schilder mit der Warnung aufgestellt, daß der Swingtanz verboten sei. Kellner gingen gegen Zuwiderhandelnde höflich, aber entschieden vor, doch meist ohne anhaltenden Erfolg. Kurt Widmann im Imperator mit seinen tausend Clubsesseln zog ebenfalls Fans an, und sogar in der noblen Femina waren sie zu beobachten.[234] Corny Ostermanns Swingorchester kündigte mutig eine neue Tanznummer an: »Ich tanz mit Fräulein Molly Swing«. Eine andere neue Standardnummer, die damals weithin gespielt wurde, trug den Titel »Come, Dance Swing Time With Me, My Darling«. Billy Bartholomew hatte sich nicht gescheut, das unbedarfte Lied im August 1937 für Odeon aufzunehmen.[235]

Wieder einmal trug Goebbels selbst die Schuld an den Mängeln der Verbotsaktion. Erstens hatte er verschiedenen Partei-, Kommunal- und Regierungsdienststellen – sogar einigen seines Ministeriums – gestattet, nach eigenem Gutdünken, ohne jede Zentralisierung, vorzugehen. Zweitens schritt er, wenn überhaupt, nur halbherzig ein, bis zu Beginn des Krieges kam es zu keinen ernsten Konsequenzen. Infolge wiederholter, öffentlich geäußerter Klagen über diese Situation durch zwei Kulturaufseher, Präsident Raabe von der RMK und Paul Graener, dem Chef der Komponistenabteilung dort, ließ der Minister den RTK- und den RMK-Präsidenten im Frühjahr 1939 eine lasche Verfügung herausgeben. Danach sollte die Veranstaltung von Gesellschaftstänzen von einer »Unbedenklichkeitserklärung« abhängig gemacht werden. Aber wie man diese Vorschrift durchsetzen sollte, blieb ein Geheimnis.[236]

In Hamburg verurteilte der Gesellschaftstanzfunktionär und RTK-Vorsteher Franz Büchler den Swingtanz im Januar 1938 als einen der »ärgsten Auswüchse der Negertanzperiode«. Achtzehn Monate später verhängten die Behörden der Hafenstadt ihr eigenes Verbot über die »niggerhafte Jaulmusik aus USA«.[237] Nun war die Bühne für eine der seltsamsten Protestbewegungen des Dritten Reiches bereitet.

Mitten im Zweiten Weltkrieg meldete die HJ-Führung, daß im Winter 1937–38 in Hamburg eine »Eisbahn-Clique« gebildet worden sei; ihr gehörten Jungen und Mädchen aus der höchsten Gesellschaftsschicht an, die einander durch das Gymnasium oder durch exklusive Sportclubs kannten: »Man besuchte gemeinsam ein bestimmtes Lokal, trug auffällige Kleidung und schwärmte für englische Musik und englischen Tanz.«[238] Dies war eine recht genaue Beschreibung dessen, was sich in den letzten beiden Jahren vor dem Krieg abgespielt hatte, obgleich die »Eisbahn-Clique« in dem innenstädtischen Park Planten un Blomen eher zufällig als durch organisatorische Bemühungen zustande gekommen war.[239] Mit »englischer Musik und englischem Tanz« meinte die HJ die vitale Hamburger Jazzszene, die nur von derjenigen Berlins übertroffen wurde, und natürlich den damals sehr beliebten Swingtanz.

Hamburg hatte zwar wenige einheimische Tanz- und Jazzorchester, doch praktisch alle nennenswerten deutschen internationalen Bands kamen zu Gastspielen, manchmal wiederholt und für längere Engagements. Unter den prominenteren Bands war zum Beispiel die Heinz Wehners, die im Mai 1934 ihren ersten Auftritt in Hamburg hatte und dann ein Jahr später wiederkam. Wehner spielte im Faun, einem der etwas anrüchigeren, von Tänzern geschätzten Lokale. Das feinste Etablissement der Stadt war das Café Heinze, wo Bartholomew im September 1935 gastierte, während Bauschke im

Faun auftrat. Max Rumpf stellte sich dort im Januar 1937 ein, und im Herbst spielte die swingende Combo des Klarinettisten und Sängers Horst Winter in der Tarantella-Bar des gehobenen Hotels Esplanade. Der schwedische Jazzkünstler Arne Hülphers war im Dezember im Faun, während ihm die Swiss Lanigiro Hot Players im Café Heinze Konkurrenz machten. Kurt Hohenbergers exzellentes Swingtett unterhielt die Feriengäste im Ostseekurort Timmendorf, der hauptsächlich von Hamburgern frequentiert wurde, im Sommer 1938 und 1939. Der Däne Kai Ewans kam im Dezember 1938 ins Faun, während Rumpf in einem anderen beliebten Lokal, dem Trocadero, auftrat.[240] Den vom Swingtanz faszinierten Jugendlichen hatten es zwei Bands besonders angetan: die niederländische Gruppe von John Kristel, der hier mit einem klassischen Salonrepertoire begonnen hatte, doch mit jedem Monat spritziger wurde; und natürlich Teddy Stauffers Band, die von März 1935 bis Ende 1938 entweder im Trocadero oder im Café Heinze engagiert war.[241]

In dem HJ-Bericht war die Oberschichtherkunft der Hamburger Swings durchaus korrekt hervorgehoben worden. Als Jazzmusikfans unterschieden sich die Swings von den Mitgliedern der Berliner, Leipziger oder Königsberger Hot Clubs – nicht zuletzt, weil ihre Anführer überwiegend aus einem vermögenden, in dieser Stadt einzigartigen Kaufmannsstand stammten. Ihr Zusammenhalt beruhte nicht auf der formellen Eintracht eines Jazzclubs, sondern vor allem auf der gemeinsamen Zugehörigkeit zu überaus wählerischen Sportvereinen und Eliteschulen. Sie waren ebenfalls Jugendliche, und in dieser Hinsicht ähnelten sie den Münsteraner und den Düsseldorfer Fans. Wenn die Eltern dieser Jungen und Mädchen keine Bankiers, Versicherungs- oder Grundstücksmakler, Import- und Exportkaufleute oder Reeder waren, dann arbeiteten sie als gutsituierte Akademiker, etwa als Ärzte und Anwälte. Die Eltern hatten traditionsgemäß eine weltoffene – zumeist anglophile – Einstellung, und manch ein Hamburger Swing hatte bereits England oder Amerika kennengelernt, indem er den Vater auf einer Geschäftsreise begleitet hatte. Dadurch kam es zu einer erstklassigen Erziehung und Bildung in den luxuriösen Elternhäusern, die in den besten Hamburger Bezirken wie Nienstedten und Harvestehude, Uhlenhorst und Flottbek lagen. Die Eltern schickten ihre Kinder auf berühmte Lehranstalten, etwa die Gelehrtenschule des Johanneums oder Marienau in der Lüneburger Heide. Marienau wurde bis zu den Nürnberger Rassengesetzen von einem hochgebildeten Humanisten, dem Hamburger Juden Max Bondy, geleitet. Er hatte seit der Weimarer Republik den Jazz und die Akzeptanz atonaler Musik und der Bauhaus-Kunst bei seinen Schülern gefördert. Diese Familien legten Wert auf kultivierte Unterhaltung, geistvolle Aufklärung, einen teuren, geschmackvollen und entspannten Lebensstil und auf liberale Politik – ein altehrwürdiges Wertesystem, das dem der Nazis diametral entgegengesetzt war. Schließlich waren die Hamburger der Oberschicht die Nachfahren jener stolzen Kaufleute, die ihre Stadt im 13. Jahrhundert zu einer der Stützen der politisch und wirtschaftlich dominierenden Hanse gemacht hatten.

Die Sportclubs, zum Beispiel der Norddeutsche Regattaverein (NRV) oder der Wassersport-Klub an der Alster sowie ein paar Tennis-, Eishockey- und Eislaufvereine, hatten eine gleichermaßen wichtige soziale Funktion. Ihre Rolle für die umfassend liberale Erziehung dieser wohlhabenden Jugendlichen ist nicht zu unterschätzen. Hier lernten die Mädchen und Jungen einander durch Festlichkeiten und freundschaftliche Wettbewerbe kennen, bei denen sie sich die Regeln des Fair play aneigneten. Gleichzeitig lernten sie, ungezwungen mit ihren Vorbildern umzugehen, den Eltern ihrer Freunde und den Freunden ihrer Eltern. Bei den häufigen gesellschaftlichen Veranstaltungen bevorzugte man anglo-amerikanische Musik, so daß die Teenager bereits in den Sportvereinen von frühauf mit der einen oder anderen Form des Jazz vertraut waren.[242]

Vor dem Krieg handelte es sich um eine unabhängige, homogene Gemeinschaft, zu der Mitglieder der unteren Gesellschaftsschichten anfangs keinen Zugang hatten, die charakteristischerweise jedoch auch prominente Ausländer und »Nichtarier« umfaßte. Angehörige des großen und oft geschäftlich einflußreichen diplomatischen Korps waren im allgemeinen gern gesehen. Ein paar sehr reiche Griechen und Iraner hatten sich im Zusammenhang mit dem Großhandel in Hamburg niedergelassen, lebten in diesem gesellschaftlichen Umfeld und zogen hier ihre Kinder auf. Sie zählten am Rande zu dieser vornehmen, auf Privatvereine konzentrierten Kultur. Der in den Niederlanden geborene Andreas Panagopoulos, Sohn eines griechischen Tabakgroßhändlers, kam als Kleinkind nach Hamburg; er lernte seine Muttersprache erst als Erwachsener, Demitrius (»Kaki«) Georgiadis war der Sohn eines zypriotischen Vaters, dem die riesige Leopold-Engelhardt-Zigarettenfirma gehörte, und einer deutschen Mutter; er selbst war in Bremen geboren, besaß jedoch einen britischen Paß. Kaki war achtzehn Jahre alt, als er 1937 das Erbe seines verstorbenen Vaters antreten mußte und plötzlich die Kontrolle über ein Vermögen hatte.

Da Kaki ein wenig älter war und über unbegrenzten Reichtum verfügte, wurde er zu einer Art Mittelsmann zwischen den Jugendlichen, die allmählich in die englischorientierte Jachtkultur hineinwuchsen, und den erfahreneren Weltmännern, die bereits einiges geleistet hatten und schon Ende Dreißig waren. Einer von ihnen war der »Halbjude« Fritz Simon, ein erfolgreicher Parfümhersteller; andere waren Bobby Dependorf, dem die größte chemische Reinigungsfirma Deutschlands gehörte; der Industrielle Ernst Carstens; und der Möchtegernsänger Axel Springer, dessen liberaler Vater eine Zeitung im Stadtteil Altona verlegte. Der Reeder Erik Blumenfeld war ebenfalls »Halbjude«. Sie alle hatten enge Freundschaft mit Teddy Stauffer geschlossen, der mit ihnen das gute Aussehen und die Vorliebe für alle denkbaren Feinheiten, auch für erotische Abenteuer, gemeinsam hatte. Springer sang sogar zuweilen in Stauffers Band. Der regelmäßige Hamburgbesucher Stauffer wurde zu einer Art Symbol für die Offenheit und internationale Orientierung dieser fest zusammengewachsenen Gruppe, die in ihrer Jazzleidenschaft zum Ausdruck kamen.[243]

Von 1937 bis zum Kriegsausbruch, der sein Leben drastisch ändern sollte, war Kaki der ungekrönte König der Hamburger Swingjugend. Anfang 1939 dürfte es mehr als hundert Swings gegeben haben, und wenn er sie nicht alle kannte, so war er ihnen zweifellos ein Begriff: der elegant gekleidete junge Gentleman mit den weichen Gesichtszügen, dem großartigen Horch-Kabriolett, der Schwäche für erlesene Restaurants, wunderschöne Showgirls und natürlich für amerikanischen Swing. Dutzende junger Männer bewunderten ihn aus der Ferne; einige von ihnen waren Kaufmannssöhne mit den besten Manieren und dem besten Geschmack und wahrscheinlich

fast genauso reich wie er. Aber sie fürchteten ihn auch, da er – genau wie der leutselige Axel Springer in der etwas älteren Gruppe – als unwiderstehlich für die Freundinnen aller anderen galt.[244]
Diese privilegierten Jugendlichen liebten den Jazz und den Swingtanz so, wie heute normale Heranwachsende vielleicht von den Hitlisten oder einer Diskothek fasziniert sind. Aber das Tanzen war für sie genauso wichtig wie die Musik, wenn nicht sogar wichtiger. Deshalb war ihr historisches und musikalisches Interesse am Jazz *an sich* zumeist oberflächlich, und sie gaben zeitgenössischem Swing im Goodman-Stil (Stauffers Jazzvariante) den Vorzug vor dem gereiften Armstrong oder dem Hawkins der mittleren Periode. Gleichwohl kaufte, sammelte und tauschte man Schallplatten, besonders da man sie für die Spezialität der Hamburger Swingszene benötigte: die Privatpartys in großzügigen Villen, gewöhnlich unter Aufsicht, doch manchmal auch in Abwesenheit der vertrauensvollen Eltern. Die Attraktion bei solchen Feiern waren zwei schöne junge Mädchen: die Geschwister Madlung, die Töchter eines »halbjüdischen« Anwalts von hohem Ansehen. Sie waren sehr musikalisch und konnten, begleitet von ihrem jüngeren Bruder, die amerikanischen Andrews Sisters erstaunlich präzise nachahmen. Die Andrews Sisters hatten die Boswell Sisters mit einem noch strafferen harmonischen Gesangsstil abgelöst. Inga und Jutta waren die Stars jeder Swingparty – nicht nur wegen ihres Gesangs, sondern auch wegen ihres großen Charmes und nicht zuletzt wegen ihrer Toleranz, was die bei diesen Zusammenkünften oft üblichen sexuellen Begegnungen anging.
Diese freizügig aufgewachsenen Jungen und Mädchen vermieden feste Bindungen. Sie waren viel eher zu sexuellen Experimenten bereit als ihre gesellschaftlich unter ihnen stehenden Altersgenossen. Zudem hatten sie ein gutes Gespür für die erotischen Akzente des Jazz, was ihnen beim ungezwungenen Swing-Tanzen im Hoteltanzsaal zustatten kam.
Außer in Privathäusern, Clubs oder gemieteten Sälen war Swing-Tanzen in dem großen Café Heinze, im Trocadero oder in dem engeren Ciro-artigen Nachtclub Tarantella üblich. Ein örtlicher Pianist namens Schröder, der sich Teddy Sinclair nannte, heizte in dem ebenfalls sehr beliebten Vierjahreszeiten-Keller an. Stauffer war na-

türlich der Star, und weil er Verbindungen zu den reiferen Swings hatte, kam es auch zu Kontakten mit den jüngeren Swings, besonders mit den Mädchen. Als die aufreizende achtzehnjährige Inga ihn 1938 im Trocadero spielen sah, verliebte sie sich auf der Stelle in den erheblich älteren Frauenhelden. Auf eine Eroberung erpicht, lenkte sie seine Aufmerksamkeit auf sich und überredete ihren Vater dann, ihr ein Saxophon zu kaufen. Danach trafen sich Inga und Teddy wochenlang täglich in seinem Zimmer im Vier Jahreszeiten, angeblich zum Saxophonunterricht. Die Erinnerung der stets verführerischen Inga an den Maestro ist immer noch ausgeprägt: »Jedes Mal, wenn ich zu ihm ins Hotelzimmer kam, hatte er einen roten Morgenrock an, passend zu seinen blonden Haaren.« Und: »Toller Mann, und immer knusperbraungebrannt, schneeweiße Zähne, schick!« Heute behauptet sie, daß die Begegnungen harmlos gewesen seien; ihr Vater fand nie etwas heraus.[245]

Die Begeisterung für ästhetisch ansprechende Dinge und Menschen war genauso kennzeichnend für die Hamburger Swingjugend wie ihre sinnlichen Interessen, das alles ging weit über die Förmlichkeiten der ernsthafteren Jazzclubs in anderen Städten hinaus. Dieser Wunsch, sich nicht nur von der großen Menge abzuheben, sondern auch ständig als etwas Besonderes anerkannt zu werden, zeigte sich an ihrem Verhalten zu Hause, in der Schule, in Sportvereinen und zweifellos auch in der Öffentlichkeit. Ihr Erscheinen und ihr Benehmen folgten einem für diese Heranwachsenden fesselnden Ritual. Von größter Wichtigkeit war die Kleidung. Die Jungen, die ja genügend Taschengeld hatten, kauften sich maßgeschneiderte Anzüge, manchmal mit Glencheckmuster, teure Schuhe mit Kreppsohlen, Trenchcoats und weiße Seidenschals aus besten Stoffen. Um sich ein britisches Flair zu verleihen, trugen sie Filzhüte oder Homburger und hatten sogar im hellsten Sonnenschein einen eng zusammengerollten Schirm mit. Sie ließen sich das Haar recht lang wachsen, und Accessoires wie ein kleiner Union Jack am Revers und *The Times* unter dem Arm rundeten die Aufmachung ab. Dem Gentleman-Look der Jungen entsprach das betont feminine Äußere der gleichermaßen modebewußten Mädchen, die kurze Röcke, Seidenstrümpfe und attraktive Blusen trugen. Lippenstift und lackierte Fingernägel gehörten dazu. Das Haar der Mädchen mußte lang und glänzend sein; schlichte Zöpfe und typisch deutsche Haarrollen waren verpönt.

Der Habitus mußte in der Öffentlichkeit zur Schau gestellt werden. Deshalb flanierten die Swings gewöhnlich am Spätnachmittag während der Hauptverkehrszeit durch die elegantesten Hamburger Straßen, vornehmlich über den Jungfernstieg. Um Solidarität zu demonstrieren, begrüßten sie einander mit gepfiffenen Swingrefrains und unterhielten sich mit Hilfe der ihnen bekannten englischen Sprachbrocken. »Hallo, old Swing-Boy!« war eine beliebte Anrede. Die reicheren Jungen, mit Kaki an der Spitze, fuhren in ihren Autos hin und her, die möglichst mit hübschen »Swing-Babys« gefüllt sein sollten. Am Abend begaben sich die verschiedenen Gruppen in eines ihrer Stammlokale, um Swing zu tanzen oder mit anderen Swings zu plaudern. Manchmal ging man auch ins Waterloo-Kino, um sich Filme wie *Broadway Melody* anzusehen. Auf Privatpartys und in den Clubs wurde ebenfalls Unterhaltung geboten. Guterzogene Swings kehrten stets vor der von den Eltern verhängten, wenn auch großzügigen Sperrstunde nach Hause zurück.[246] King Kaki dagegen hielt sich an seinen eigenen Zeitplan.

Worin also besteht die politische Bedeutung der Swings? Im Rückblick bestreiten fast alle von ihnen, rebellische Absichten gehabt zu haben, jedenfalls nicht in dieser Vorkriegsphase. Aber aus ihren, wenn auch subjektiven, Schilderungen wird deutlich, daß ihr auffälliges Gehabe als Herausforderung des diktatorischen Regimes gedacht war, das Individualismus bestrafte und öden Kollektivismus belohnte. Allerdings war das Gefühl, der übrigen Hamburger Bevölkerung überlegen zu sein, stets die Basis des locker versnobten, elitären Lebensstils gewesen, den die hanseatischen Kaufleute pflegten, ohne unbedingt Anstoß erregen zu wollen. Hitlers Machtübernahme hatte in dieser Hinsicht nichts geändert, wiewohl einige der städtischen Plutokraten, etwa Carl Vinzent Krogmann oder der Kaffeeimporteur C. C. F. Meyer, bereits recht früh zu dem Gesindel übergelaufen waren.[247] Aber als der Führer die Schrauben anzog, war die kosmopolitische Hamburger Oberschicht beunruhigt. Die anglo-amerikanischen Geschäftsverbindungen schienen gefährdet zu sein, und der zunehmende Antisemitismus beleidigte die Elite mit ihren offenen Sympathien für die Juden. In dieser Atmosphäre

einer sich abzeichnenden Systemkritik wurden ihre Kinder, die künftigen Swings, sozialisiert.
Diese zwischen 1920 und 1925 geborene Gruppe sah sich gegen Ende 1936 in der Situation, daß sich der offizielle Druck zum Eintritt in die Hitlerjugend verstärkte. Denn Reichsjugendführer Baldur von Schirach hatte in einer Verfügung vom 1. Dezember seine Entschlossenheit erklärt, sämtliche deutschen Jugendlichen fortan in die Naziorganisation einzubeziehen.[248] Dieser Tag kann als das eigentliche Geburtsdatum des Phänomens Swingjugend im ganzen Reich betrachtet werden, besonders in Hamburg, wo der Groll in Oberschichtkreisen bereits virulent war. Aber Hamburg hatte auch eine vielköpfige proletarische Bevölkerung, deren Kinder dem HJ-Druck in ähnlicher Weise standhielten, wenn auch aus etwas anderen Gründen. Jedenfalls stellte die einstimmige Entscheidung der Hamburger Swings von 1936 bis 1937, Schirachs Aufforderung *nicht* zu gehorchen, ihren ersten bewußten Akt des Widerstandes dar. Danach ging der dialektische Prozeß von Reaktion und Gegenreaktion seinen Gang. »Das Segeln war wichtiger, als Dienst in der HJ zu tun«, wie sich ein früherer Swing erinnert. Die hedonistische Philosophie der Swings mit ihrem Nachdruck auf Mode, sexueller Freizügigkeit, Jazz und dem Swingtanz war als Provokation, unterschwellig oder vorsätzlich, gegen Schirachs Gleichmacher gedacht. Die latente politische Spannung, die sich aus der Ablehnung des Dienstes in der HJ herleitete, verdichtete sich im März 1939 mit Schirachs Ankündigung, daß der Dienst obligatorisch sein werde. Die Hamburger Swings ignorierten auch diese Aufforderung. Da sie gleichzeitig in ihrem anzüglichen Benehmen noch einen Schritt weiter gingen, waren sie in einer gefährlichen Situation. Die Lage spitzte sich noch weiter zu, als die Stadt Hamburg im Juli desselben Jahres ein eigenes Swingtanzverbot erließ.[249]
Die Zusammensetzung der Hamburger Swings, die ja die Weltoffenheit ihrer Familien widerspiegelte, löste in der Hansestadt ein spezielles Problem aus. Wie im Musikgeschäft nährte sie die Fremdenfeindlichkeit der Nazis. Der junge Hans Engel, Sohn des Reichsbahn-Generalvertreters für Nordamerika, war 1935 aus New York nach Hamburg zurückgekehrt; er hatte mehrere jüdische Vettern und besuchte eine Zeitlang das »jüdische« Marienau. Da der

amerikanische Slang dieses blonden Teenagers besser war als sein Deutsch und er mit Jazzkenntnissen prahlen konnte, wurde er zum Idol seiner Altersgenossen. Als er sich über einen nationalsozialistischen Lehrer lustig machte, wäre er fast von der Schule gewiesen worden.[250] Axel Springer, 1938 Juniorpartner in dem bescheidenen Zeitungsverlag seines Vaters, versuchte, ihrem früheren politischen Redakteur, Dr. Hans E. Meyer, zu helfen, der aus dem Konzentrationslager Sachsenhausen geflohen war. Meyer wurde gefangen und zu Tode geprügelt, während man Springer intensiven Gestapoverhören aussetzte.[251] Andreas Panagopoulos und Kaki waren wegen ihrer nichtdeutschen Herkunft stets verdächtig; als Andreas eine Reise nach England machte, ließ die Gestapo ihn überwachen.[252] Maurice Thomas war belgischer Staatsbürger, der seine Verachtung für jegliches Zeremoniell der Nazis offen bekundete und sich mit Hans-Joachim (»Tommie«) Scheel anfreundete. Tommie ging demonstrativ mit weißem Hemd und kurzer Hose bekleidet zum Unterricht am Johanneum, wann immer die uniformierte Hitlerjugend eine Parade abhielt.[253]

Größere Schwierigkeiten gab es für die »Nichtarier«, von denen einige allerdings, wie die »vierteljüdischen« Geschwister Madlung, die völlige Integration in Hitlers völkische Gemeinschaft hätten wählen können, wenn sie zu ein paar Zugeständnissen bereit gewesen wären. Daß die Juden durch die Rassengesetze vom Herbst 1935 formell als Ausländer definiert wurden, war schon schlimm genug. Aber im November 1938, während und nach der »Kristallnacht«, wurde es lebensgefährlich, einen jüdischen Hintergrund zu haben *und* ein Swing zu sein. Nun gewann Dieter Zimmerles Aussage ihren schrecklichen Sinn: Eine Beziehung zur Jazzkultur sei schädlich, wenn sie mit anderen belastenden Umständen als Handhabe zur Verfolgung benutzt werden könne.

Kakis zukünftiger Schwiegervater Fritz Simon, der nur »Halbjude«, doch ein erklärter älterer Swing war, wurde in ein Konzentrationslager verschleppt und kehrte mit rasiertem Schädel zurück. Er konnte nach London emigrieren. Kakis bester Freund, Hajo Hartwig, dessen jüdische Mutter sich bereits in Brasilien befand, wurde von der Gestapo wegen angeblicher homosexueller Straftaten schikaniert – eine Beschuldigung, die er mit Hilfe einer Schar von »Swing-Babys« mühelos widerlegen konnte. Trotzdem hielt ihn die Geheimpolizei im Laufe des Jahres 1939 wiederholt fest; manchmal sperrte sie ihn stundenlang in einen großen Aktenschrank. Hartwig floh noch vor Kriegsausbruch nach New York, wozu er Kakis Hilfe benötigte. Er war ursprünglich von einem erbärmlichen Nazispitzel denunziert worden, weil er auf einer Swingparty in seiner behaglichen Wohnung – auch die Madlungs waren anwesend – lautstark Jazzschallplatten gespielt hatte.[254] Ein weiterer »Halbjude«, Hans Hirschfeld, dessen Familie eine Kette von Konfektionsgeschäften besaß, hielt sich am 10. November 1938, während der »Kristallnacht«, zur Ausbildung in Bremen auf. Hans und andere Juden, darunter sein auf Besuch gekommener Vater, mußten durch die ganze Stadt Spießruten laufen und wurden dann in ein Vorortgefängnis gesteckt.[255] Wie Hartwig wäre Hirschfeld vielleicht emigriert, wenn er gewußt hätte, daß sein Vater in einem Todeslager umkommen würde. Aber das geschah zu einem Zeitpunkt, als die politische Dimension der Jazzkultur unendlich komplexer geworden war und Spielraum sowohl für lebensrettende Aktionen als auch für Verbrechen schuf, was 1938 noch nicht zu erahnen war.

3. Der Jazz zieht in den Krieg Willfährigkeit und Widerstand, September 1939 bis August 1942

Forderungen des Militärs

»Der Jazz lebt noch!« jammerte ein Musikkritiker auf dem Höhepunkt des Zweiten Weltkriegs. Damit nicht genug, Parteigenossen, die den Untergang der Jazzmusik im Reich erwartet haben mochten, hätten es schon ein paar Wochen nach Kriegsbeginn besser wissen können.[1]

Diese Nationalsozialisten beklagten eine Situation, die, ohne daß sie es geahnt hätten, Propagandaminister Goebbels' eigenen Anweisungen vollkommen entsprach. Um des sozialen Friedens willen und zunächst auch, weil man den Krieg als ein kurzes Zwischenspiel geplant hatte, beschwor Goebbels einen Mythos der Kontinuität, des normalen Übergangs vom Frieden zum Krieg herauf. Um den Schock der Feindseligkeiten zu mildern, die bei der großen Mehrheit der Deutschen offenkundig nicht populär waren, mußte man alles vermeiden, was dem Normalbürger die Störung seines üblichen Tagesablaufs allzu deutlich gemacht hätte. Indem man die Illusion friedlicher Bedingungen zu Hause und am Arbeitsplatz aufrechterhielt und das ungewohnte Bewußtsein der Belastung und des Schmerzes verdrängte, konnte man die Härten dieses neuen Krieges leichter legitimieren. Kulturelle Ereignisse, die sich nach Art und Inhalt kaum von denen der Vorkriegszeit unterschieden, dienten zur Unterstützung des Propagandaapparats, der auch in vielen anderen Bereichen des Lebens der Nation emsig tätig war. Dutzende von elegant geschriebenen Artikeln in Goebbels' während des Krieges gegründetem Boulevardblatt *Das Reich* erinnerten weltgewandte Leser: »Das Leben geht weiter wie die Arbeit«; unvermeidliche Mängel repräsentierten nichts als eine neue Daseinsform. »Alles sollte so bleiben, wie es in Friedenszeiten war«, meinte *Das*

Reich im Januar 1941. Erst ein Jahr später, nachdem die Sowjetunion und die Vereinigten Staaten in den Krieg eingetreten waren, beschloß Goebbels, sein Vorgehen zu ändern. Die düster gewordene allgemeine Stimmung ließ ihn eingestehen, daß es unmöglich geworden war, »Frieden zu spielen«. In zweieinhalb Jahren sei man zu einem Volk im Krieg geworden.[2]

Doch wenigstens bis zu diesem Zeitpunkt wurden alle möglichen kulturellen Veranstaltungen gefördert, die die Bevölkerung beruhigen konnten. Bereits Mitte September 1939 hieß es in einem RMK-Erlaß nicht nur, daß das Konzertleben wie früher fortzusetzen sei, sondern auch, daß leichterer Musik ein angemessener Platz gebühre. Goebbels selbst bekräftigte diese Prinzipien ein paar Wochen später öffentlich, und im Frühjahr 1940 konnte sich das Regime rühmen, nicht weniger als dreihundert Theaterbühnen, achtzig Wandertheater und sechstausendsiebenhundert Kinos zu besitzen. Ein Jahr später führte der Minister demonstrativ besondere Veranstaltungen mit leichter Musik in mehreren Berliner Biergärten ein.[3]

Ein wesentlicher Bestandteil dieser Bemühungen war, daß Berliner Nachtclubs, in denen Jazz gespielt wurde, so lange wie möglich geöffnet blieben, obwohl es gewisse Einschränkungen gab. Zu den harmloseren Problemen – jedenfalls für die Nobeletablissements wie Ciro, Quartier Latin, Carlton oder Patria – gehörten die sinkende Qualität und Quantität alkoholischer Getränke, vor allem zur Zeit des Rußlandfeldzugs, als die Vorräte an erbeutetem polnischem Wodka und französischem Cognac verbraucht waren und der heimische Wein knapp wurde.[4] Bedeutsamer war, daß es plötzlich notwendig war, nachts aus Luftschutzzwecken totale Verdunkelungen einzuhalten. Dadurch blieben viele Kunden von vornherein zu Hause; dann wurde die Sperrstunde um zwei Stunden vorverlegt. Deshalb begannen und endeten sämtliche kulturellen Ereignisse viel früher am Abend, was dem Zauber des Berliner Nachtlebens schadete.[5]

Allerdings blieben Deutschland und besonders Berlin recht lange mehr oder weniger verschont von Luftangriffen, was der gesamten Unterhaltungsindustrie zugute kam. Erst im August 1940 kam es zu schweren britischen Attacken und am Ende des Monats zu merklichen Verlusten. Eines der ersten Opfer im Herbst war der begehrte Jazzbassist Paul Henkel. Eines Tages erzählte er seinem Freund Fritz Brocksieper, er habe einen Traum gehabt: Ein Kronleuchter sei von der Decke heruntergekracht und habe ihn um Haaresbreite verfehlt. In der folgenden Nacht wurde seine Wohnung von einer Bombe getroffen, und er erlitt leichte Verletzungen. Henkel sollte eilig mit einem Unfallwagen ins Krankenhaus gebracht werden, doch das Fahrzeug stieß mit einem anderen Krankenwagen zusammen, und Henkel kam um. Die gespenstische Geschichte der beiden verunglückten Krankenwagen schockierte die Hauptstadt.[6]

Im Laufe der Jahre 1940 und 1941 starben nur 448 Berliner infolge von Luftangriffen (die Verluste waren in stärker gefährdeten Gebieten wie etwa dem industrialisierten Rheinland viel höher). Da die deutsche Luftwaffe nächtliche britische Angreifer 1940 abwehren konnte, erlebte Berlin – im Gegensatz zu weniger gut geschützten Provinzzentren wie Lübeck, Rostock oder sogar Köln – eine ominöse Stille. Trotz zunehmenden Wohnungsmangels wuchs die Bevölkerung der Hauptstadt um hunderttausend Menschen. Nicht zuletzt deshalb blühten Kultur und leichte Unterhaltung in Berlin fast ohne Unterbrechung.[7]

Die größte Gefahr für die Tanz- und Jazzmusiker der Hauptstadt war die Einberufung, nachdem einige von ihnen, vornehmlich die Schlagzeuger Brocksieper und Willi Kettel sowie der Saxophonist Eugen Henkel, wegen des zeitweiligen Gesellschaftstanzverbots entlassen worden waren.[8] Wenn Jazzmusiker schon nicht an Politik interessiert waren, so mußte ihnen doch alles, was mit dem Krieg zu tun hatte, verhaßt sein, da es ihre künstlerische, sorglose Lebensweise und zudem ihren Unterhalt bedrohte. Einige Musiker wurden sofort, andere Anfang der vierziger Jahre eingezogen. Dadurch verschwanden ganze Big Bands, zum Beispiel die von Max Rumpf oder Erich Börschel.[9] Ein paar Musikern, etwa dem in der Schweiz wohnenden Ernst Höllerhagen, gelang es, dem Reich bei Kriegsausbruch fernzubleiben; andere, wie Hans Berry, kehrten im Kriegsverlauf nach Deutschland zurück, nur um dann eingezogen zu werden.[10] Heinz Wehners Band hatte Mühe, die Einberufung so vieler ihrer Hauptmitwirkenden zu überstehen, bis es dem Maestro gelang, seine Gruppe und seine eigene Karriere zu retten, indem er

1941 eine Wehrmachtanstellung beim deutschen Militärrundfunk in Oslo erhielt.[11]

Mehrere Musiker wurden zwar frühzeitig einberufen, durften jedoch in der Hauptstadt weiterarbeiten, bis man sie an den Fronten benötigte: Der Trompeter Charly Tabor wurde Ende 1941 in Rußland stationiert und der Geiger Helmut Zacharias ein Jahr später zu einer weniger bedrohlichen Aufgabe in das besetzte Holland entsandt.[12] Nach der Einberufung bemühten sich Musiker und Jazzfans gewöhnlich um Posten bei Nachrichteneinheiten, denn die besaßen kräftige Empfänger, mit denen man Jazz hören konnte; außerdem war die Gefahr, eine Waffe benutzen zu müssen, recht gering.[13]

Viele der bekanntesten Musiker Deutschlands traten noch lange nach 1942 in verschiedenen Orchestern im Reich auf. Der bedeutendste unter ihnen war der Trompeter Kurt Hohenberger, der sich mit dem Pianisten Fritz Schulze und den Holzbläsern Detlef Lais und Herbert Müller zusammentat; später stießen Kettel am Schlagzeug und der aus der Schweiz zurückgekehrte Walter Dobschinski zu ihm. Hohenbergers Combo, im Grunde ein Ableger der nun untergegangenen Goldenen Sieben, spielte in den berühmten Berliner Clubs, bis sie von der Wehrmacht unter Vertrag genommen wurde. Dann unterhielt sie, mit der chilenischen Sängerin Rosita Serrano, Soldaten in Holland und Belgien, an der französischen Kanalküste und in Paris.[14]

Wenn sich Musiker wie Kettel und Lais in Berlin aufhielten, bildeten sie mit anderen Deutschen, die immer noch ein Zivilleben führen konnten, stets wechselnde Gruppen. Zum Beispiel waren der Akkordeonist Albert Vossen, der Tenorsaxophonist Henkel und die Pianisten Franz Mück und Helmuth Wernicke in den ersten beiden Kriegsjahren wichtige Vertreter der hauptstädtischen Jazzszene. Noch prominenter als sogar in Friedenszeiten war Horst Winter, der singen konnte, doch als markanter Swingklarinettist à la Benny Goodman viel überzeugender war.

Hans Korseck blieb der herausragende Gitarrist, doch letztlich ereilte ihn ein tragisches Schicksal. Man stellte ihn vom Wehrdienst zurück, bis er sein Medizinstudium an der Berliner Universität im Dezember 1941 abgeschlossen hatte. Im Januar 1942 wurde Korseck an die russische Front geschickt, wo man großen Bedarf an Ärzten hatte. Gleichzeitig versuchte die RKK, ihn an die Heimatfront zurückverlegen zu lassen, denn seine großartige musikalische Begabung war unerläßlich für Goebbels' Propagandaapparat. Am 10. Juli, während Korseck in einer Sanitätseinheit bei Orel diente, teilte man ihm mit, daß er am folgenden Tag nach Berlin zurückkehren solle. Sein Befehlshaber schickte ihn in jener Nacht auf eine letzte Mission, und Hans, noch keine einunddreißig Jahre alt und mit einer schwangeren jungen Frau, erlag einem Kopfschuß.[15]

Doch während sich die Reihen der deutschen Jazzmusiker allmählich lichteten, wurden sie zunehmend durch ausländische – und häufig bessere – Künstler ersetzt. Die neuen Musiker stammten aus Ländern wie Holland, Belgien und sogar aus dem faschistisch regierten Italien, wo vielleicht eine noch fortschrittlichere Jazzkultur als im Reich entstanden war. Als Bürger mit Deutschland verbündeter oder von ihm besetzter Länder wurden sie nicht von der Wehrmacht eingezogen. Die große Mehrheit kam aus freien Stükken, da man ihnen Ruhm und Reichtum versprochen hatte; einige waren allerdings schon vor Kriegsausbruch in Deutschland aufgetreten.

Während englischsprachige Künstler wie Flemming, Danzi und Bartholomew Berlin verständlicherweise bis zum Herbst 1939 verlassen hatten, kam der in Mailand geborene Primo Angeli in der ersten Hälfte desselben Jahres nach Berlin. Er hatte eine klassische Konservatoriumsausbildung hinter sich, besaß bereits gute Tanzorchestererfahrungen und war sofort erfolgreich bei Eugen Henkel, Vossen und Brocksieper. Dieser dreiunddreißigjährige Pianist eiferte Teddy Wilson nach (ähnlich wie Fritz Schulze) und spielte bald eine wichtige Rolle für den Jazz, in exklusiven Bars wie dem Ciro und der Königin sowie in Aufnahmestudios.[16] Der Holzbläser Lubo D'Orio war Bürger des mit den Achsenmächten verbündeten Bulgarien und hatte seit Mitte der dreißiger Jahre für Männer wie Max Rumpf und Fritz Weber gearbeitet. 1940 gründete er seine eigene Combo und machte Stimmung im Berliner Uhlandeck, das rasch für seinen verwegenen Swing berüchtigt war.[17]

Zwei andere überragende italienische Musiker der Szene, die hauptsächlich mit ihren eigenen kleinen Gruppen und oft mit Landsleuten arbeiteten, waren Tullio Mobiglia und Alfio Grasso, die sich gegen Ende 1940 nach Berlin aufgemacht hatten. Der Tenorsaxophonist Mobiglia, ein Hawkins-Schüler, leitete ein Sextett nach Art Hohenbergers, das in der Patria- und der Rosita-Bar sowie in dem von offizieller Seite beargwöhnten Kabarett der Komiker Beifallsstürme auslöste. Mobiglia spielte sämtliche amerikanische Swing-Standardnummern wie »Honeysuckle Rose« und »Lady Be Good«, manchmal oberflächlich mit deutschen Titeln getarnt.[18] Grasso war ein Multiinstrumentalist, der am Tenorsaxophon und an der Gitarre glänzte und Anfang 1942 in den Bars der westlichen Berliner Stadtteile berühmt wurde. Nach den Urteilen von Soldaten zu schließen, die sich sein Sextett in der Patria-Bar anhörten, handelte es sich wahrscheinlich um die beste kleine Jazzformation, die damals im Reich Musik machte. Einer der Belege dafür, so heißt es, war das Fehlen jeglicher Notenblätter, Beweis für die vollkommene Fähigkeit des Sextetts, zu jedem Stück aus dem reichhaltigen amerikanischen Repertoire Improvisationen zu liefern.[19]

Die bedeutendsten Big Bands der Zeit wurden jedoch von niederländischen und belgischen Musikern geleitet. Eddie Tower, Jean Omer, Stan Brenders und Fud Candrix stammten aus Belgien, und Ernst van't Hoff kam aus Holland. Der Pianist van't Hoff hatte eine Fünfzehnmannband, in der hauptsächlich Landsleute von ihm spielten, aber er beschäftigte auch Deutsche wie den Saxophonisten und Klarinettisten Herbert Müller. Bis Anfang 1942 unternahm er Tourneen durch größere deutsche Städte wie Dresden, Düsseldorf, Frankfurt und Stuttgart. Doch nach Konzerten in der schwäbischen Metropole bezichtigte ihn die Gestapo, die seine Band verboten sehen wollte, »wilde bzw. jüdische Hot-Musik« dargeboten zu haben. Goebbels' RMK war jedoch anderer Meinung und verhinderte die Anklageerhebung. Danach ließ sich van't Hoff im Berliner Delphi-Palast nieder – zum Entzücken Hunderter von Soldaten auf Heimaturlaub.[20]

Viele hielten den Tenorsaxophonisten Fud Candrix aus Belgien für einen sogar noch sensationelleren Bandleader als van't Hoff. Candrix löste den niederländischen Orchesterchef im April 1942 im Delphi ab und blieb dort bis August. Er spielte hauptsächlich für Wehrmachtsangehörige, die nur in Uniform eingelassen wurden. Candrix'

Gruppe aus vierzehn Instrumentalisten und einer Sängerin beherrschte – wie van't Hoffs Band – alle amerikanischen Jazz-Standardnummern in modernen Arrangements. Oberflächlich gesehen war es eine Imitation der klassischen Swing- und bereits Postswinggruppen von jenseits des Atlantischen Ozeans.[21] Gemessen an dem Elan von van't Hoff und Candrix mußten die drei überlebenden deutschen Big Bands von Kurt Widmann (der weiterhin im Berliner Imperator auftrat), Georg Nettelmann und Erhard Bauschke im Moka Efti als höchstens zweitklassig eingestuft werden.[22]

Im allgemeinen war es also keine gute Zeit, um neue einheimische Jazz-Talente hervorzubringen oder die alten reifen zu lassen. Aber es gab eine wichtige Ausnahme: Helmut Zacharias, den blonden Wundergeiger der Vorkriegsjahre. 1940 war er zwanzig Jahre alt und studierte noch klassische Musik am Konservatorium. Aber die Nachricht von den Großtaten, die er im Vorjahr in den Seebädern vollbracht hatte, war von Mund zu Mund gegangen. Deshalb erhielt Helmut die Chance, bei Horst Winter oder Fritz Brocksieper in der Carlton- oder der Ciro-Bar mitzuspielen, bis seine liebevoll um ihn besorgte Mutter das verbot. Im Laufe des Jahres trat Odeon an Zacharias heran, und im November machte er eine Aufnahme mit einer kleinen Gruppe und mit Ernesto Romanoni, einem weiteren zugewanderten Italiener. Romanoni spielte Cembalo, denn, wie sich der Geigenvirtuose erinnert: »Mit Cembalo und Geige, das klang phantastisch, viel besser als mit Klavier.« Diese Swingplatte – mit einer von Theo Mackeben komponierten Melodie und mit Anklängen an die Tradition des Quintet du Hot Club de France – war eine Neuheit, die gewaltigen Erfolg bei den verschiedenen Rundfunksendern Berlins und der Wehrmacht hatte. Heute wird sie als einer der unerreichten Klassiker der europäischen Swing-Ära angesehen.

Zacharias widmete sich weiteren Schallplattenaufnahmen, zum Beispiel mit Georg Haentzschel und Hans Klagemann, und 1941 gehörte er zu Lubo D'Orios Gruppe. In dieser Zeit mußte er ganz in der Nähe zur Wehrmacht einrücken, erhielt jedoch Urlaub für seine Auftritte. 1942 wurde er in das niederländische Rundfunkzentrum Hilversum abkommandiert, wo er als Mitglied des Wehrmacht-Musikkorps weiterspielen konnte und überwiegend Soldaten und einige sachkundige holländische Fans unterhielt.[23]

Was die musikalische Qualität anging, so wurden die deutschen Jazzkünstler nun trotz Zacharias' unbestrittener Originalität von den Ausländern im Reich in den Schatten gestellt. Die Einheimischen waren bestenfalls brauchbare Imitatoren. Zacharias selbst hatte seinen Sound – wie die zwei oder drei Gitarristen in seiner Band (darunter Grasso) – bei Stephane Grappelly vom Pariser Hot Club und bei Django Reinhardt entlehnt; und das neuartige Cembalotimbre erinnerte offenkundig an Artie Shaws früher gegründete Gramercy Five.[24] Die Überlegenheit der niederländischen und mehrerer belgischer Big Bands gegenüber vergleichbaren deutschen Gruppen gründete sich auf amerikanische Arrangements (Candrix bevorzugte anscheinend die von Count Basie), eine glücklichere Instrumentierung, die Akkordeons und süßliche Violinen vermied, und auf ein freimütig, manchmal waghalsig amerikanisches Repertoire. Die Disziplin dieser Nordwesteuropäer, besonders in der Bläsergruppe, war beispielhaft, geradezu angelsächsisch, und erinnerte stark an die Technik Jack Hyltons und Henry Halls, der Briten der früheren Jahre. Auch wenn die Soloarbeit der Holländer und Belgier, was Technik, Intonation oder melodische Flüssigkeit betraf, derjenigen der Deutschen kaum überlegen sein mochte, war ihr Gefühl für Dynamik unzweifelhaft viel ausgeprägter.[25]
Die Niederländer und Belgier, ebenso wie die Italiener, demonstrierten, daß die besten ihrer deutschen Kollegen, ob in großen oder kleinen Formationen, das in Friedenszeiten erzielte Niveau nicht übertreffen konnten und nun wieder hinter das übrige Europa zurückfielen. Während Höllerhagens Klarinettendarbietungen merklich besser wurden, weil er seine Fertigkeiten in der Schweizer Zuflucht ungestört verfeinern konnte, blieb das einst bemerkenswerte Können des Trompeters Hohenberger, des Pianisten Schulze oder des Schlagzeugers Brocksieper auf dem Stand von 1939. Die Deutschen waren psychisch, wenn nicht gar physisch, beherrschter als die unbekümmerten Ausländer, die kein Interesse am Vaterland ihrer Gastgeber hatten und nicht von der Einberufung bedroht wurden. Die Einheimischen hingegen beugten sich dem Ernst der Kriegssituation, befolgten etliche Warnungen der RMK und hielten ihr Spiel im Zaum.

Diese Einschränkung ließ keine Fortschritte in Idee und Technik zu, durch die sich ein freier Künstler normalerweise belohnt sieht. Daher klingen deutsche Improvisationen der frühen Kriegsjahre heute furchtsam, wenn nicht fade; ihnen fehlt die Frische einer weniger verstörten Gesellschaft vor dem Konflikt. Harmlose deutsche Kompositionen wie »Die Männer sind schon die Liebe wert« lösen die früher bevorzugten amerikanischen Standardnummern ab; Akkordeons verwischen zunehmend eine reine Jazzqualität; heftiges Geratsche auf Rhythmusgitarren richtet vorher bestehendes instrumentelles Gleichgewicht zugrunde; Arrangements wirken lustlos, als hätte man sie mechanisch auswendig gelernt. Schlimmer noch, die nachlässige Synchronisation der Rhythmusgruppen vermittelt den Eindruck, daß sich die ewige Plage des deutschen Jazz, der gefürchtete »Umpapa«-Klang, wieder einschleicht, etwa in Kurt Hohenbergers Stück »Improvisation« von 1941. Zuckersüße Geigentöne drängen sich in den Vordergrund, besonders in den Big Bands; aus dem Stegreif gespielte Soli werden von geistlosen, mechanischen Riffs abgelöst; und der Gesamtrhythmus ist pochend und zusammenhanglos. Am übelsten: Sänger trällern alberne Texte zu unsäglich abgeschmackten Melodien.[26] In einer Zeit, da der Gesellschaftstanz vorübergehend verboten war, neigte bloße Tanzmusik paradoxerweise wieder einmal dazu, die Stelle des Jazz einzunehmen.

Es ist aufschlußreich, die einheimische deutsche sowie die von den Bündnispartnern übernommene Produktion mit den damaligen Entwicklungen des Jazz in den Vereinigten Staaten zu vergleichen. Am 11. Oktober 1939 machte Coleman Hawkins, der kurz zuvor aus Europa zurückgekehrt war, Musikgeschichte mit seiner Aufnahme von »Body and Soul«, einer solistischen Glanzleistung, die er vor einem mittelmäßigen Septett über vierundsechzig Takte hinweg improvisierte. Abgesehen von echter musikalischer Erfindungsgabe, einem unbeirrbaren Gefühl für Puls und Tempo und reiner Schönheit des Tones war dieses Werk noch mehr als andere zeitgenössische amerikanische Werke durch ein sublimes Gefühl für Transparenz und Gelöstheit gekennzeichnet. Dies war das Gegenteil der Hektik, die sogar die Belgier fälschlich für Dynamik und daher für Swing hielten.

Einige dieser bezaubernden Eigenschaften charakterisieren auch das verführerische »Moon Glow«, das der reifende Klarinettist Artie Shaw und seine Big Band am 23. Januar 1941 mit spärlicher Klavier- und unaufdringlicher Rhythmusgitarrenbegleitung sowie einem leise drängenden Posaunensolo aufnahmen. Rund acht Wochen später überraschte »Slow Down«, eine Decca-Aufnahme, die Zuhörer durch Nat King Coles harmonisch fortgeschrittenen Klavierstil und Oscar Moores lineares Solo auf der *Elektro*gitarre, die Reinhardt noch nie benutzt hatte. Vorher hatte das Nat Cole Trio »Sweet Lorraine« aufgenommen, wobei Moores Gitarre das Lied auf einem Nonenakkord mit einer von modernen Jazzmusikern sogenannten »Flat Five« beendete; dadurch wurde der Bebop mit seinem systematischeren Nachdruck auf Polyrhythmus und Chromatik vorweggenommen.
Und schließlich waren da Duke Ellingtons epochemachende Big-Band-Aufnahmen in den großen Jahren 1941–42: die Sparsamkeit der Instrumentenstimmen, die durchscheinende Klavierbegleitung des Duke hinter den Soli, die bescheidene, doch markante Rhythmusgitarre von Freddy Guy, die straffe, doch nie arrogante Schlagzeugarbeit von Sonny Greer! Es empfiehlt sich, Ellingtons »C-Jam Blues« vom 21. Januar 1942, der sich nach phantasievollen Soli von Ray Nance, Rex Stewart und Ben Webster langsam zu einem klangvollen Höhepunkt aufschwingt, mit dem unstrukturierten »Farewell Blues« zu vergleichen, den Candrix im April 1941 in Berlin aufnahm. Der letztere verfügt über kompetentes Riffspiel und mitreißende Klarinetten- und Trompetensoli, aber auch über ein aufdringliches Schlagzeug. Dafür schneidet Candrix besser ab, wenn man ihn Kurt Widmanns schlampigen »Hot Days« vom November 1941 gegenüberstellt: einem Blues, in dem jeweils zwölf Solotakte hintereinander von Trompete, Altsaxophon, Klavier und so weiter heruntergerasselt werden, mit der chronisch knalligen Rhythmusgitarre im Hintergrund.[27]
Wie unterschiedlich die Qualität ihrer Musik auch sein mochte, Candrix, Widmann und van't Hoff waren vom Propagandaministerium dazu ausersehen, Soldaten zu unterhalten, die in Berlin auf Heimaturlaub oder dort ständig stationiert waren. Natürlich hatte sich der gesamte Charakter der Hauptstadt infolge der starken mili-

tärischen Präsenz geändert.[28] Wehrpflichtige und Offiziere in Uniform wurden bevorzugt zu den Massenkonzerten eingelassen, die die Big Bands im Imperator, im Delphi oder in der Femina gaben. Aber diese früheren Tanzetablissements hatten nun ihren ursprünglichen Zweck verloren, denn uniformierte Männer durften nicht tanzen. Allerdings waren die kleinen Bars wie Carlton und Rosita, in denen Hohenbergers, Vossens oder Winters Combos spielten, immer noch so exklusiv, daß sie keine Uniformen zu dulden brauchten. Der Wehrmacht angehörende Fans, die diese Bars besuchten, mußten in Zivil kommen.[29]

Goebbels gestattete solche Unternehmungen nicht nur, sondern förderte sie sogar, wenn auch in Grenzen, denn er wußte zwar um die Notwendigkeit, die Zivilbevölkerung zu besänftigen, doch die geistige Verfassung der Streitkräfte wurde von ihm noch höher bewertet. Es gab zwei Gründe für seine Einstellung. Einerseits war er ein frustrierter Möchtegernteilnehmer des Ersten Weltkriegs, der wegen seines mißgebildeten Fußes nicht in die Schlacht hatte ziehen können. Daher setzte er sich mit wirklichen Kämpfern gleich, auf die er seine eigene Persönlichkeit projizierte. Andererseits wurde seine Politik dem Militär gegenüber von den gleichen kühlen Erwägungen geleitet wie – und das auch in Friedenszeiten – der allgemeinen Öffentlichkeit gegenüber: Je zufriedener die Soldaten waren, desto besser würden sie für das Reich kämpfen. Diese Verbindung von privater Sentimentalität und reinem Zweckdenken diktierte die Handlungen des Ministers, die dafür sorgen sollten, daß kulturelle Ereignisse den Kriegserfordernissen des Regimes dienten. Ironischerweise kam sein Verhalten der Jazzmusik wieder einmal zustatten.[30]

Der Propagandaminister wollte seinen Plan, die Soldaten ständig bei Laune zu halten, durch eine »Truppenbetreuung« verwirklichen. Sie war für Soldaten jeglichen Bildungsniveaus gedacht, ob sie eine formelle Ausbildung hinter sich hatten oder nicht und unabhängig von ihrer intellektuellen Reife und ihrem Geschmack. Nach einer Reihe von Vereinbarungen zwischen dem Propagandaministerium und Robert Leys »Kraft-durch-Freude«-Organisation wurden deutsche Künstler und Künstlerinnen zur speziellen Unterhaltung der Truppen unter Vertrag genommen; sie sollten zuerst

Militärstützpunkte im Inland, doch zunehmend auch in besetzten Ländern wie Frankreich, Holland und Norwegen besuchen.[31] Also entsandte man das Berliner Philharmonische Orchester oder eine bekannte städtische Theatertruppe, aber auch Trapezartisten, Komiker und beliebte Film- und Rundfunkentertainer zu Varietézwecken. Die Honorierung – bis zu RM 100 pro Tag – war äußerst großzügig, doch der wirkliche Anreiz für männliche Künstler bestand in der Möglichkeit, dem Wehrdienst zu entgehen, solange ihre Talente benötigt wurden.[32] Frauen wurden von der Aussicht auf spannende Erlebnisse, den kameradschaftlichen Umgang mit Männern, auf Reisen, und manchmal von der befriedigenden Hoffnung angezogen, eine patriotische Pflicht zu erfüllen. Diese öffentlich finanzierten Reisen, die bald unter Hans Hinkels persönlicher Leitung durchgeführt wurden, galten als willkommene Abenteuer, solange die deutschen Heere siegreich und ungefährdet waren. Das änderte sich jedoch nach dem Beginn des Rußlandfeldzugs im Juni 1941, denn nun traten die Entertainer häufig an der Front auf und konnten stets zur Zielscheibe für Partisanen werden. Außerdem ereigneten sich überraschende Unfälle, zum Beispiel an der Mittelmeerfront, wo ein Bühnenschauspieler von einer Klippe rutschte und im Ozean ertrank.[33]

Goebbels wußte sehr gut, daß die Soldaten – Wehrpflichtige und Offiziere gleichermaßen – rhythmisch akzentuierte Tanzmusik liebten, die das ganze Spektrum von unbedarften Amateurdarbietungen bis hin zum gekonnten Swing eines Wehner oder eines Hohenberger abdeckte. Auch wenn dem Minister das Extrem des reinen Jazz nicht behagte, fiel es ihm doch schwer, eine Grenze zwischen dieser Variante und der offiziell annehmbaren »deutschen« Tanzmusik zu ziehen. Deshalb konnte man an den Fronten letztlich spielen, was man wollte. Goebbels wußte auch, daß seine Vertragskünstler, technisch gesehen, nicht in die Zuständigkeit seines Ministeriums, sondern in die des Oberkommandos der Wehrmacht (OKW) fielen, wo seine Rechte beschränkt waren. Insbesondere hatten die zivilen RMK-Kontrollen im Reich kaum eine Bedeutung, doch da sie die Atmosphäre schafften, hinderten sie die Jazzmusiker sozusagen psychologisch daran, über die Stränge zu schlagen; in Verbindung mit anderen Vorschriften waren sie zumindest ein Ärgernis. Diese Kontrollen fehlten in den Kasinos und Offiziersmessen der Wehrmacht völlig, so daß echte Jazzmusiker unbeschwert aufspielen konnten. Sogar der wichtigtuerische Hinkel mußte klein beigeben, als er Fritz Brocksiepers Combo zu einem Konzert an der Kanalküste begleitete. Nachdem er den Soldaten erklärt hatte, daß jüdische und anglo-amerikanische Melodien nicht in Frage kämen, wurde der Generalsekretär von den Männern mit Äpfeln bombardiert. Hinkel zog sich hastig zurück, und die Band spielte sich in Rage, als sie »Bei mir bist du shein« brachte.[34]

Verständlicherweise wurde es 1940–41 zum ausdrücklichen Ziel praktisch jedes deutschen Tanz- und Jazzmusikers, der Truppenbetreuung zugeteilt zu werden, damit er seine Haut retten konnte. Männer im Wehrpflichtalter konnten einen speziellen Zivilstatus (uk-Stellung) erlangen, der ihnen erlaubte, Verträge für eine Reihe von Tourneen zu schließen. Andere, wie Zacharias oder Wehner, wurden sogar nach ihrer Einberufung von der Truppenbetreuung beschäftigt. Natürlich wußte keiner von ihnen, wann diese relative Begünstigung enden und ein Gewehr das Saxophon oder die Trompete ersetzen konnte. Für ganz wenige scheint sie unbegrenzt angedauert zu haben, etwa für Kurt Widmann, der in verschiedenen Feldlagern populär war. Wehners Big Band war um 1943 im Grunde sicher in Oslo untergebracht. Fritz Schulze schloß sich ihm dort – nach Auftritten mit Otto Stenzels Orchester im besetzten Polen – kurzfristig an. Doch während es Stenzel selbst gelang, sich in jenem Jahr ins faschistische Spanien abzusetzen, wurde Schulze schließlich doch eingezogen, ebenso wie sein alter Freund Hohenberger; beide Männer nahmen bis Kriegsende aktiv an den Kämpfen teil.

Brocksieper hatte früher den Befehl erhalten, sich in einer Garnison bei Berlin zu melden. Am Ende der Grundausbildung schluckte der Trommler ein Medikament, das einen Brechreiz auslöste, gerade während er beim Appell in Habachtstellung vor dem Feldwebel stand. Welch eine Szene – die Uniform des Feldwebels wurde beschmutzt! Man schickte Brocksieper in ein Berliner Lazarett, wo er ein Magengeschwür vortäuschte, bis seine Kunstfertigkeit wieder anderswo in der Hauptstadt gefragt war. Unterdessen geriet seine ursprüngliche Kompanie an der Ostfront in ein Minenfeld, und all seine Kameraden kamen um.[35]

Es wäre eine legitime, wenn auch nicht ganz schmeichelhafte Verallgemeinerung, wenn man behauptete, daß die deutschen Jazzmusiker Feiglinge waren, denn der Krieg beraubte sie ihrer Freiheit, sich künstlerisch auszudrücken. Was ihre Fans betraf, war die Sache komplizierter. Jazzanhänger mußten nicht notwendigerweise künstlerische Freiheit einfordern, um ihrer Leidenschaft zu frönen, selbst wenn es ihnen widerstrebte, zu den Waffen zu greifen, besonders für ein faschistisches Regime. Aber einige scheinen auch nichts gegen die Möglichkeit gehabt zu haben, aktiv am Gefecht teilzunehmen, was völlig im Einklang mit ihrem vor 1939 bekundeten Patriotismus gestanden haben könnte.

Dietrich Schulz-Köhn meldete sich noch als Student 1937–38, während der Semesterferien, freiwillig zur Offiziersausbildung; auf diese Weise konnte er die seinem Temperament entsprechende Waffengattung wählen. Als angehender Leutnant entschied er sich für die Artillerie, weil sein nationalistischer Vater während des Ersten Weltkriegs ebenfalls Kanonier gewesen war. Der Offiziersstatus war für diesen ehrgeizigen jungen Mann gleichbedeutend mit gesellschaftlichem Prestige; nun hatte er sein Schicksal wieder in der Hand. War diese Situation schädlich für seine Jazzinteressen? Nicht im geringsten, meint Schulz-Köhn, denn die liberaleren Streitkräfte tolerierten und förderten seine Neigungen sogar. Zudem hatte er, während er in besetztem Territorium stationiert war, viele Gelegenheiten, seltene oder verbotene Jazzplatten zu kaufen. Mehr noch, »wenn man Uniform trug, war das wie ein Schutzschild«. In den beiden ersten Kriegsjahren wurde der junge Doktor der Wirtschaftswissenschaften im nationalsozialistisch regierten Frankreich eingesetzt. Dabei hatte er etliche Möglichkeiten, die von ihm so geschätzten Jazzclubs in Paris zu besuchen, die – teils getarnt, teils mit einer deutschen Sondergenehmigung – weiterhin geöffnet waren.[36]

Schulz-Köhn war kein Kriegstreiber, aber nachdem er einmal für sein Land, mochte es auch nationalsozialistisch sein, im Einsatz war, scheute der Leutnant seine Pflicht nicht und erwarb schließlich sogar zwei Orden. Seiner Weltanschauung nach war dies mit dem Jazz vereinbar.[37]

Einige Mitglieder des Leipziger Hot Club, die nicht so gut ausgebildet oder politisch so bewußt waren wie Schulz-Köhn, dachten noch weniger über die Vereinbarkeit des Jazz mit einer faschistischen, aggressiven Kriegsführung nach. Der Clubleiter Kurt (»Hot-Geyer«) Michaelis wurde Anfang Januar 1940 einberufen und wegen seiner passablen Englischkenntnisse einer Luftaufklärungseinheit zugeteilt, die die Funksprüche britischer Piloten abfing und entschlüsselte. Anscheinend hatte er eine nachdenkliche Mitteilung seines New Yorker Brieffreundes Henry Sklow nicht einmal beantwortet. Dieser hatte Hot-Geyer in den letzten Augusttagen, als der Krieg bevorstand, einen Brief geschickt, um sich für sein plötzliches Schweigen zu entschuldigen. Der jüdische Zahnarzt schrieb: »Du sollst nicht glauben, daß es politische Meinungsverschiedenheiten waren, die mich abgehalten haben, denn ich bin überzeugt, daß es für zwei Seelen wie unsere mit einem gemeinsamen, aufrichtigen Interesse wie dem Swing keine Barrieren gibt. Wenn es um Kunst geht – und Swing ist eine Kunst –, existieren keine Fronten.« Hot-Geyer dürfte ihm beigepflichtet haben, denn immer wenn er keine englischen kodierten Mitteilungen entschlüsselte, benutzte er heimlich die starken Wehrmachtsempfänger, um mit seinen Kopfhörern britische Swingbands zu hören. Im Juni 1940 war Michaelis im dänischen Århus und dann in verschiedenen norwegischen Stützpunkten stationiert. Auch dort besuchte er die kleinstädtischen Geschäfte und freute sich, daß es Jazzschallplatten gab, darunter wertvolle klassische Scheiben aus Amerika und England. Hot-Geyer schickte sie sackweise nach Hause.[38]

Michaelis' bester Freund »Fiddlin' Joe« Frommann, nun vierunddreißig Jahre alt, gab sich einem geradezu genußvollen Leben hin. Er war wie Schulz-Köhn im besetzten Frankreich stationiert, besaß jedoch offenbar weder die Integrität noch die puritanische Moral des ernsten Dietrich. Denn der gesellige Frommann betrachtete Frankreich ohne Hemmungen als einen Platz, auf dem er in seiner langjährigen Jazzleidenschaft schwelgen konnte. Wenn der Jazz jemals wie eine unpolitische, hedonistische Ware ausgekostet wurde, dann von »Fiddlin' Joe«. Außerdem hatte ein Jazz-Lebensstil zusätzliche Vorteile. Im Herbst 1940 meldete Frommann in der groben Soldatensprache aus Rennes: »Das ist momentan unsere ganze Sorge: Was ißt man, was vögelt man, und wohin geht's am Sonntag?« Er hatte sich an den Stil des Pariser Hot-Club-Saxophonisten Alix Combelle gewöhnt und dessen Platten (sowie die Benny Carters) gekauft. Ein halbes Jahr später konnte er sich abends in Paris Combelle leibhaftig anhören, die gastierende Hohenberger-Combo erleben und sich mit Fritz Schulze, Delaunay und Schulz-Köhn unterhalten. Mit den Klängen von »Linger Awhile« im Hintergrund schrieb er die schwärmerischen Worte: »Ach, mein Geyerlein, so all das zu hören, wenn man Lust hat, ohne Sorgen hineinleben in den Tag, nur leben, lieben, hotten, glaubst Du, so hab ich's nicht einmal im civilen Leben gehabt.« Sein Hot-Club-Gefährte Kurt glaubte ihm.[39]

Nicht allen aus dem Leipziger Kreis ging es so gut. Der »halbjüdische« Heiner »Fats« Kluge war irgendwo als Ordonnanz eingesetzt worden, und man hörte nie wieder von ihm. Ein anderer Freund, der den Spitznamen »Hot-Ibsen« erhalten hatte, schwieg jetzt ebenfalls; er war in Rußland stationiert.[40] Was das genußvolle Leben mit Wein, Weib und Jazz betraf, so glich die Ostfront fraglos eher dem Fegefeuer, während Frankreich und seine Ausschweifungen an das Paradies erinnerten.

Mehrere von Werner Daniels' Düsseldorfer Jazzfreunden fanden sich gleichfalls im unwirtlichen Osten wieder. Daniels selbst, ein einfacher Soldat, war in Dessau und dann in Jüterborg bei Berlin; dort begann er im Herbst 1940 ein Jazz-Rundschreiben zu verfassen, das in mehreren Durchschlägen an seine Kameraden überall im Kriegsgebiet geschickt werden sollte. Das gesamte, 250 Seiten umfassende Dokument, das sich seit Herbst 1941 erhalten hat, ist ein Beweis dafür, daß sich die Düsseldorfer Gruppe zwar nicht gegen das unvermeidliche Schicksal der Einberufung auflehnte, doch eine behutsam kritische Stellung dem Hitlerregime gegenüber bezog. Zum Teil hatte diese Haltung mit dem Jazz zu tun, um dessen heikle Position man sehr genau wußte. Viele der Nachrichten waren ironisch, sogar selbstkritisch abgefaßt; das Rundschreiben trug den unauffälligen Titel »Musikalische Feldpost«, um böswillige Zensoren zu täuschen.[41] Selbst wenn man bedenkt, daß die Militäraufsicht weit weniger streng war als Partei- oder Polizeikontrollen, gingen Daniels und seine Freunde ein gewisses Risiko ein. Denn sie brachten sich schriftlich (alle unterzeichneten mit eigenem Namen) und unverhohlen mit einer Musik in Verbindung, die schließlich mehr denn je mit dem britischen Feind und dessen amerikanischen Alliierten, zu denen Schwarze und Juden gehörten, identifiziert wurde.

Über seine engere Gruppe früherer Düsseldorfer Jazzclubmitglieder wie Gustav (»Oliver Kingston«) Königstein und Theo (»Wilson«) Hoeren hinaus konnte Daniels auch neue Jünger gewinnen. Einige waren aktive Musiker, zum Beispiel Hans Kolda, ein Klarinettist und Saxophonist, der einst für Corny Ostermann gearbeitet hatte. Die tiefe Skepsis dieser Clique, was den Krieg und seine faschistischen Verursacher anging, zeigte sich, abgesehen von den manchmal vernichtenden Formulierungen, wohl am ehesten daran, daß keiner der Männer an einer Beförderung in den Offiziersrang interessiert war: »Wir wollten sie nicht – sie wollten uns nicht«, erklärt Daniels; die Hitleranhänger hätten gemerkt, »daß wir nicht auf dem Boden des Nationalsozialismus standen«. Männer wie Daniels galten als Belastung; ihnen war nicht zu trauen, weshalb sie nicht zu Offizieren befördert werden konnte. »Zum mindesten war unsere Liebe zum verpönten Jazz bekannt.«[42]

Der Herausgeber Daniels unterzeichnete jedes der zweimal monatlich erscheinenden Rundschreiben mit einem kräftig hervorgehobenen »Heil Hitler!« und reproduzierte von seinen Gefährten verfaßte Kritiken. Aus Holland schickte Theo Hoeren, auch er einfacher Soldat, seine Ansichten über die Platte »Black Boy Shuffle« des Juden Artie Shaw, die »mit Geld nicht zu bezahlen« sei; aber Hoeren hoffte auf einen Tabaktausch mit dem Ladenbesitzer. Der Gefreite Hans J. Maaßen schrieb aus Bremen, ihm habe die Persiflage in der »Feldpost« gefallen, in der alle Liebhaber der Swingmusik als Kriminelle bezeichnet wurden: »Ich komme mir jetzt vor wie ein Hochverräter.« Der Kompilator und Herausgeber Daniels selbst verspottete die schwarzen Schöpfer seiner geliebten Jazzstücke als »ekelhafte Kerle in Hemdsärmeln und Hosenträgern«, darunter Chu Berry, den Komponisten des allseits hochgeschätzten »Christopher Columbus«. Es gab aktuelle Spalten darüber, wer welchen Jazz wo spielte, besonders in Berlin und in den besetzten westlichen Ländern, und Leser tauschten Tips über die besten Fundorte für seltene und moderne amerikanische Platten aus. Nicht alle Nachrichten waren amüsant, nützlich oder sarkastisch verpackt, denn die Reihen dieser Fans lichteten sich. Zum Beispiel mußte Daniels Mitte Februar 1942 den Tod von Friedel (»Teddy«) Korte und Heinz (»Chicken«) Küster auf dem Schlachtfeld melden. Praktisch jeder der Freunde konnte am nächsten Tag einer feindlichen Kugel zum Opfer fallen.[43]

Daniels und seine Leute standen an der Grenze zwischen Willfährigkeit und Widerstand in einem Gewaltregime, das ihre Mittel zur Findung einer kulturellen Identität verächtlich zurückwies: den amerikanischen Jazz. Aber durch ihre Kriegsteilnahme – schließlich hielten sie sich für gute Deutsche – waren sie nie in der Lage, die Grenze zu überschreiten. Andere Jazzenthusiasten dagegen widersetzten sich letztlich – in erster Linie wegen ihrer früheren sozialen und kulturellen Orientierungen – dem Wehrdienst oder ließen sich, wie Fritz Brocksieper, einen Ausweg einfallen.

Der Trompeter Carlo Bohländer, fasziniert von Bildern des live gespielten New Yorker Jazz und der damit verbundenen individuellen Freiheit, wurde Anfang Oktober 1940 zur Wehrmacht eingezogen. Der chronisch untergewichtige Bohländer ersann eine List nach der anderen, um ehrenvoll entlassen zu werden. Wegen einer Kombination von echten und vermeintlichen Leiden mußte er nie an die Front und konnte schließlich im November 1942 in seine Heimatstadt Frankfurt zurückkehren. Hans Otto Jungs Überlebenswille und seine feste innere Opposition gegen den Hitlerstaat wurden ebenfalls durch seine schwache Gesundheit begünstigt. Infolge eines chronischen Lungenleidens war er bereits Anfang 1940 wieder zu Hause in Rüdesheim. Günter Boas aus Dessau entschied sich für ein Medizinstudium in Berlin, um der Kasernierung zu entgehen; dort wohnte er mit einer jüdischen Freundin zusammen, die später in einem Vernichtungslager ermordet wurde. Der Berliner Hans Blüthner, seit langem ein Gegner des Regimes und von den Behörden wegen seiner Freundschaft mit »Nichtariern« wie Franz Wolf und Gerd Peter Pick verdächtigt, rutschte im März 1940 zu seinem Glück auf einer Eisfläche aus und brach sich den Arm. Danach saß er zu Hause fest.[44]

Eine andere Kategorie von Jazzanhängern konnte sich dem Wehrdienst nicht entziehen, welche Vorwände sie auch anführen mochten, und sie lebten gefährlich. Der Soldat Joachim Ernst Berendt, dessen Vater in Dachau war, verhielt sich möglichst unauffällig, um zuerst in Holland und dann an der russischen Front ungeschoren davonzukommen. Pick, der wie viele »Halbjuden« zunächst einberufen wurde und im besetzten Frankreich stationiert war, lief ein hohes Risiko wegen seiner Abstammung *und* der von ihm geliebten Musik. Am Silvesterabend 1940 schickte man ihn zurück in die Hauptstadt, weil er der deutschen Fahne nicht würdig sei; in Berlin sah er einer ungewissen Zukunft entgegen, die ihm Zwangsarbeit bescheren konnte. Vielleicht am schlimmsten erging es dem jähzornigen Dieter Zimmerle. Ende September 1939, zwölf Tage nach Beginn seines Wehrdienstes, wurde er vor ein Kriegsgericht gestellt, weil er sich am Verprügeln eines Ausbilders beteiligt hatte, und nach Frankreich und Rußland geschickt, wo man ihn immer wieder in Strafbataillone steckte. Nur in seltenen, heimlichen Momenten konnte sich dieser einzigartige Dissident in Naziuniform Jazzschallplatten anhören, was ihm half, sich nicht geschlagen zu geben.[45]

Jazz als Propaganda

Wie Joseph Goebbels bereits vor dem Krieg entdeckt hatte, gab es beim Einsatz des Rundfunks für seine totalitäre Propaganda erhebliche Schwierigkeiten. Denn die dem Reich unfreundlich gesonnenen Länder konkurrierten mit ihm, in musikalischer Hinsicht, um deutsche Hörer. Dieses Problem machte dem Minister nach dem 1. September 1939 noch weitaus stärker zu schaffen. Goebbels mußte einsehen, daß die Briten aus drei Gründen in einer einzigartigen Position waren, um deutsche Hörer mit Hilfe ihrer Programme zu beeinflussen.[46] Erstens waren sie als einzige unter den Feinden Deutschlands immer noch unbesiegt, als Rundfunksender in Frankreich, Luxemburg und den Niederlanden bereits von den Nazis kontrolliert wurden. Zweitens verstanden es die Briten, sowohl in englischer als auch in deutscher Sprache Nachrichten auszustrahlen, die bei einigen Angehörigen der Reichsbevölkerung, darunter auch Wehrmachtspersonal, sehr begehrt waren. Und drittens waren die Londoner Informationsprogramme häufig mit attraktiver Musik zusammengestellt, um die Aufmerksamkeit der Deutschen zu erregen. Solche Musik wurde von gewöhnlichen Reichssendern so gut wie gar nicht gespielt. Dabei handelte es sich natürlich um anglo-amerikanische Tanz- und Jazzmelodien.

Überhaupt sendete London vieles, was für das Naziregime gefährlich war. Ab Januar 1940 brachte das »British Expeditionary Forces Programme« Jazz auf der Mittelwelle; dies war zwar für in Frankreich unter Lord John Gort stationierte britische Soldaten bestimmt, konnte aber auch mit Hilfe der stärkeren deutschen Empfänger gehört werden. Am 11. Januar zum Beispiel war Henry Hall der »abendliche Gast«, aber man sendete auch Nachrichten und eine Reihe mit dem Titel »Schatten des Hakenkreuzes«. Melodien von Bert Ambrose rundeten das Angebot jenes Donnerstags ab.[47]

Während die Schlacht um England eskalierte, gründete die Londoner Regierung verschiedene Propagandasender, die ihre Programme von Großbritannien ausstrahlten, um deutsche Zivilisten und Soldaten zu demoralisieren. Die bekanntesten waren Gustav Siegfried Eins (Mai 1941) und Soldatensender Calais (Herbst 1943), der eine Menge Jazz zu bieten hatte. Die BBC selbst sendete eine attraktive Mischung aus Jazzmusik und Nachrichten in englischer Sprache; daneben hatte man ein spezielles deutschsprachiges Programm (»Bush House«), das Nachrichten und Swing live ausstrahlte. Die Musik wurde von modernen britischen Gruppen gespielt, etwa von der eindrucksvollen Royal Air Force Band, deren Dirigent Dietrich Schulz-Köhns Idol Spike Hughes war.[48]

Goebbels hatte den Deutschen durch eine Verfügung vom 1. September 1939 verboten, sich irgendwelche ausländischen Sender anzuhören. Obwohl bei Zuwiderhandlungen drakonische Strafen drohten, wurde das Verbot ständig von Bürgern des Reiches übertreten. Einerseits konnten die britischen Stationen und einige andere Feindsender das deutsche Rundfunksystem mühelos durchdringen, weil die örtlichen Signale schwankten und es infolge der Luftschutzmaßnahmen periodisch zu Stillegungen kam. In dieser Situation erwiesen sich sogar die billigen »Volksempfänger« als unwirksam, obwohl sie entwickelt worden waren, um die deutschen

Hörer an nur ein paar auf Mittelwelle sendende einheimische Stationen zu binden.[49]

Andererseits waren die englischen Programme einfach zu attraktiv, als daß neugierige deutsche Hörer auf sie verzichtet hätten. Originale anglo-amerikanische Tanz- und Jazzmusik faszinierte zahllose Wehrmachtsoldaten an den verschiedenen Fronten, die immer in der Nähe eines Radios waren, seien es ihre privaten kleinen Philips-Empfänger oder die stärkeren Armeegeräte. Goebbels hielt es für besorgniserregend, daß sich an solche Jazzsendungen immer Nachrichten anschlossen. Denn auch in der Heimat fanden die Jazzfans Musik und Nachrichten gleichermaßen reizvoll; und schlimmer noch, Deutsche, die sich anfangs lediglich für die BBC-Nachrichten interessierten, könnten eine Leidenschaft für den Jazz entwickeln. Und was für ein Jazz aus London herüberkam! Zum Beispiel konnte Hans, ein Hamburger zur Wehrmacht eingezogener Swing-Boy, in den ersten Kriegsjahren nicht nur Aufnahmen von Gershwin-Klassikern, sondern auch andere Melodien hören: darunter »All the Things You Are«, gespielt von Henry Hall, und »I'm Nobody's Baby« dargeboten von Harry Roy.[50] 1943 schätzte man bei der BBC, daß sich ein bis drei Millionen Deutsche zu dem einen oder anderen Zeitpunkt in die für das Reich bestimmten Sonderprogramme einschalteten.[51]

Auch niederländische, belgische, französische, dänische und norwegische Sender brachten amerikanische Jazzmusik, selbst nachdem Deutschland an diesen Fronten gesiegt hatte. Aber Goebbels machte sich ihretwegen weniger Sorgen, denn ihre Programme waren nicht mit antideutschen Nachrichten gekoppelt; Berlin hatte den Sendern in den besetzten Staaten relative kulturelle Freiheiten gewährt – unter der Bedingung, daß sie ihre Programme zensierten. Aber diese Selbstzensur war keineswegs vollkommen. Deshalb wurden gewisse Programme von Radio Hilversum, obwohl sie nie so gut waren wie das Londoner Angebot, sehr populär bei Jazzanhängern, Zivilisten wie Soldaten. Kopenhagen und einige französische Sender rangierten weiter hinten auf der Beliebtheitsskala.[52]

In Deutschland selbst gewann Goebbels zwischen 1933 und 1943 zwölf Millionen neue deutschsprachige Rundfunkhörer hinzu – teils durch die imperialistischen Unternehmungen des Regimes,

etwa den Anschluß Österreichs. 1941 hatte das Reich absolut gesehen bereits die größte Zahl von Hörern, und in ganz Europa war die Zahl in Relation zur Bevölkerung nur in Schweden und Dänemark höher.[53]
Angesichts dieser enormen Möglichkeiten im Bereich der Massenmedien mußte Goebbels sehr geschickt zu Werke gehen, um zur Stützung der öffentlichen Moral das Gleichgewicht zwischen reiner Indoktrination und Unterhaltung zu finden, und das auf allen intellektuellen Ebenen. Außerdem mußte er wieder einmal sehr behutsam einen mittleren Weg zwischen den Wünschen des Militärs und der Zivilbevölkerung einschlagen, denn deren Interessen stimmten nicht immer überein. Und er war gezwungen, seine Programmgestaltung an die feindliche – besonders britische – Konkurrenz anzupassen. Alles in allem war es eine schwierige Aufgabe, die für die gesamte Dauer des Krieges erfüllt werden mußte, um zum »Endsieg« beizutragen. Dabei machte die Jazzmusik wiederum Fortschritte, unbeabsichtigt und manchmal unmerklich.
Im Grunde war deutscher und ausländischer Jazz seit Hadamovskys boshaftem Erlaß vom Herbst 1935 aus dem deutschen Äther verbannt. Wegen der sich verschlechternden internationalen Situation traten musikalische Programme nach 1937 hinter anderen Rundfunksendungen, besonders den Nachrichten, zurück. Diese Tendenz verstärkte sich selbstverständlich nach dem Kriegsausbruch im September 1939, verschiedene Musikgenres standen nun auf der schwarzen Liste. Im März 1940 begriff Goebbels jedoch, daß im Einklang mit der lebendigen Kulturszene auch im Rundfunk eine größere Auswahl, vor allem Unterhaltung, angeboten werden mußte. Sein überaltertes Rundfunkpersonal bemühte sich nach Kräften, die Forderungen des Ministers zu erfüllen.[54]
Dann, im Oktober desselben Jahres, ließ die Wehrmachtführung Goebbels eine aktuelle Warnung zukommen. Die Popularität, die die britischen Sender – mit ihrer geschickten Mischung aus Swingmusik und Nachrichten – bei vielen Soldaten genossen, stelle eine zunehmende Gefahr für die Kriegsbemühungen der Nationalsozialisten dar. Der Propagandaminister brauchte bis zum Frühjahr des folgenden Jahres, um einen radikaleren Wandel seiner Rundfunkprogramme ins Auge zu fassen, darunter die Einführung von mehr

»rhythmischer Tanzmusik«, obwohl er privat und in der Öffentlichkeit immer noch seinen Abscheu vor »Musik mit verzerrten Rhythmen« und »Musik mit atonaler Melodieführung« zum Ausdruck brachte.[55] Eine Woche vor dem Einmarsch nach Rußland bekräftigte Goebbels in einem berühmten Leitartikel in *Das Reich*, daß der Geschmack der Wehrmacht Priorität vor dem der Zivilbevölkerung habe; gleichzeitig erklärte er jedoch: »Wir brauchen zum Kriegführen ein Volk, das sich seine gute Laune bewahrt.«[56]
Zu diesem Zeitpunkt war Goebbels intelligent genug einzusehen, daß er nicht in der Lage sein würde, den Rundfunkapparat mit dem alten Personal zu erneuern. Denn dieses Personal war weitgehend unter dem ungehobelten Hadamovsky und dem spießigen Glasmeier ausgebildet worden und hatte kein Verständnis für moderne Programmideen. Auf das Risiko hin, unzulässigen Aktionen Vorschub zu leisten, mußte er bewährte Experten hinzuziehen, die sich mit populären Trends auskannten, zu effektiver Arbeit fähig waren und, vor allem, nicht von den Scheuklappen der nationalsozialistischen Ideologie behindert wurden. Höchstwahrscheinlich würden die neuen Männer nicht einmal Mitglieder der NSDAP oder irgendeiner ihrer Organisationen sein, und sie würden nicht zu dem eingeschworenen Kreis von »alten Kämpfern« gehören, die der Bewegung an die Macht verholfen hatten.
Deshalb kam es zwischen Oktober 1941 und Februar 1942 zu einer grundlegenden Neuorganisation der Reichs-Rundfunk-Gesellschaft. Sie wurde aufmerksam von Goebbels überwacht und in wöchentlichen Schritten von seinem erfahrenen Mitarbeiter, dem RKK-Sekretär Hans Hinkel, durchgeführt. Man räumte der Rundfunkunterhaltung, dem »nationalsozialistischen Opium« fürs Volk, einen neuen offiziellen Vorrang ein. Zehn Neuerungsgruppen wurden gebildet, jeweils geleitet von unumstrittenen Spezialisten auf ihrem Gebiet: dem Dirigenten Rudolf Schulz-Dornburg als Chef der klassischen Abteilung, dem beliebten Sportjournalisten Heinz Goedecke als Chef der Truppenunterhaltung. Der Ende der Weimarer Republik als Jazzpianist tätige Franz Grothe wurde mit der Zuständigkeit für anspruchsvollere populäre Musik, zum Beispiel Operetten, betraut. Grothe war inzwischen zusammen mit Peter Kreuder und Theo Mackeben einer der führenden Komponisten

leichter Musik, besonders für Filme, und hatte durch die Filmindustrie mit Goebbels persönlich Bekanntschaft geschlossen. Grothe sorgte dafür, daß sein alter Freund Georg Haentzschel, der besser mit dem Jazzmilieu vertraut war, zum Leiter der Gruppe A, »Leichte Tanz- und Unterhaltungsmusik«, ernannt wurde. Die genauen Umstände dieser Ernennung – und ob Goebbels sich über ihre langfristigen Konsequenzen vollauf im klaren war – sind immer noch nicht bekannt. Aber es dürfte feststehen, daß Goebbels über Haentzschels Qualifikationen unterrichtet war. Deshalb billigte er Grothes Wahl vermutlich, denn er mußte – wenn auch ungern – einsehen, daß damals mehr »rhythmische Musik« benötigt wurde.[57]
Ungeachtet der Tatsache, daß sich Normalbürger, häufig in Landgebieten und Kleinstädten, bereits über zu viele Jazzprogramme im deutschen Rundfunk beklagt hatten, eröffneten Goebbels' Maßnahmen dieser auf der schwarzen Liste stehenden Musik ein weiteres Feld. Um nicht unnötig den Zorn des breiten Publikums zu provozieren, vermieden Haentzschel und seine Kollegen natürlich die Bezeichnung »Jazz«.[58] Eine unmittelbare Folge der taktischen Änderung war, daß die gemäßigt swingende Big Band von Willi Stech, dem Mitbegründer der Goldenen Sieben, Anfang 1942 prominenter wurde. Sie gehörte zu dem auf der Langwellenfrequenz ausstrahlenden Deutschlandsender und bot einer Reihe der besseren Berliner Jazzmusiker, zum Beispiel dem Schlagzeuger Brocksieper, unter dem Parteimitglied Stech Schutz und Beschäftigung.[59] Im März gab Goebbels selbst in einer Lobrede auf die von ihm so bewunderten Soldaten eine versöhnlichere öffentliche Erklärung über den Jazz im Rundfunk ab; darin räumte er ein, daß Rhythmus »ein Grundelement der Musik« sei, tat »übeltönendes Instrumentengequieke« jedoch weiterhin als verachtenswert ab.[60] Nun war es offensichtlich Haentzschel überlassen, eine neue Gnadenfrist für die Musik zu erwirken, an deren Entwicklung er in seiner Jugend mitgearbeitet hatte.
Goebbels wußte, daß die Wehrmacht besonders dankbar für den von ihm eingeleiteten Wandel sein würde. Seit Kriegsbeginn war er ständig an die speziellen Bedürfnisse der Streitkräfte im Hinblick auf die Rundfunkunterhaltung erinnert worden. Und was seine Programmpolitik ihnen gegenüber anging, befand er sich bald in

einer bösen Zwickmühle. Einerseits spendierte er den Frontsoldaten Tausende von Radios, um ihr Leben erträglicher und sie gleichzeitig zugänglicher für seine Propaganda zu machen. Andererseits konnte er nicht verhindern, daß gerade die Soldaten seine Anweisung, nur auf besetztem Boden stationierte Sender zu hören, nicht beherzigten.[61]

Um dieses Problem zu lösen, traf Goebbels mehrere Rundfunkentscheidungen, bei denen er hauptsächlich an die Soldaten dachte – Entscheidungen, die jedoch auch die Zivilbevölkerung nicht verärgern durften. Zu Beginn des Krieges schuf er ein sonntägliches Wunschkonzert, in dem man populäre Lieder und leichte Klassiker, gespielt von bekannten Künstlern, nach Umfragen unter Soldaten sendete. Zwischen die Musikstücke waren persönliche Botschaften von Familienangehörigen – vom Reich an die Front – eingestreut; Namen wurden genannt; Kleider- oder Lebensmittelspenden wurden bekanntgegeben. Der gewandte und sachkundige Moderator war Heinz Goedecke, der 1941–42 die offizielle Verantwortung für die Rundfunkunterhaltung der Soldaten übernahm.[62]

Tanzmusik deutschen Stils hatte in diesen Programmen einen gewissen Platz, Jazz wurde praktisch ausgespart. Er wurde eher zur Spezialität der neuartigen Soldatensender, die die Wehrmacht mit Hilfe, wenn auch nicht unbedingt zur Zufriedenheit des Propagandaministeriums gründete. Diese Rundfunkstationen existierten bald überall dort, wo die Deutschen die Kontrolle übernommen hatten: in Oslo und Bergen in Norwegen, in Polen, auf dem Balkan und in den besetzten russischen Gebieten. Da man wußte, daß fünfzig Prozent aller Wehrpflichtigen kurz vor dem Krieg moderne Tanzmusik geschätzt hatten, gingen einige Sender noch einen Schritt weiter und strahlten zur Freude der Jazzpuristen den qualitativ besten einheimischen Jazz aus, den sie finden konnten.[63]

Im Herbst 1941 war den Fans zum Beispiel bekannt, daß der Sender Weichsel den ganzen Tag lang Swingschallplatten auflegte, sogar die des britischen Tanzorchesterleiters Harry Roy. Heinz Wehners Big Band herrschte in Oslo bald unumstritten. Auch die Station in Minsk war für die Liebhaber des Swings Gold wert. Be-

sonders der Sender Belgrad hatte sich mit seiner Tanzmusik einen Namen gemacht und konnte zur Freude der daheim gebliebenen Jazzfans in bestimmten Gegenden des Reiches gehört werden.[64]
Aber Goebbels war noch nicht zufrieden mit dem Grad der psychologischen Kontrolle der Armee, den er Mitte 1941 erreicht hatte. Zu dieser Zeit mußte er erkennen, daß die Kriegshelden, die ihm am teuersten waren, die Piloten, immer noch einer besonderen Gefahr ausgesetzt waren. Denn ihre Weltläufigkeit, ihre Englischkenntnisse und ihre legendäre Neigung zur Swingmusik machten sie während der Luftkämpfe über dem Kanal und in Nordafrika zwangsläufig verwundbar für die britische Propaganda. Goebbels war seit langem – seit der Weimarer »Kampfzeit« – von Flugzeugen und Piloten fasziniert, und im Laufe der ersten Luftkämpfe gegen England hatte er die Großtaten von Jagdfliegern wie Adolf Galland, Hans-Joachim Marseille und vor allem Werner Mölders bewundert.[65]
Der treue Glenn-Miller-Fan Mölders, mit siebenundzwanzig Jahren der berühmteste Pilot unter Görings Männern, konnte nie genug von Jazz und Swing im bewährten Stil bekommen. Seine Kameraden und er besuchten häufig das Savarin, in der Nähe des Hotels Eden und der exklusiven Bars im Westteil von Berlin, wo sie ihre Getränke bei den Klängen der erlesensten Jazzplatten zu sich nehmen konnten.[66] Und wenn sie sich zu ihren gefährlichen Missionen aufmachten, hörten sie regelmäßig ihre von den britischen Sendern gespielte Lieblingsmusik. Witzbolde behaupteten, daß die Piloten zum Sturzflug auf die BBC ansetzten, um sie in Grund und Boden zu bombardieren – allerdings nicht, ohne zuerst Kontakt mit ihren Ätherwellen hergestellt zu haben. Dann konnten sie, wenn sie ihre Ziele verfehlt hatten, auf dem Rückflug sowohl die britischen Nachrichten als auch die Musik hören.
Wie auch immer, laut einer häufig erzählten Geschichte erholte sich Oberst Mölders eines Tages im Winter 1940–41 in Zürs in den österreichischen Alpen von seiner anstrengenden Karriere. In einem bequemen Skihotel am Eibsee begegnete er zufällig Franz Grothe, der dort mit seiner Frau, der norwegischen Sängerin und Filmschauspielerin Kirsten Heiberg, Urlaub machte. Von Mölders und seinen Kameraden aufgefordert, setzte sich der berühmte Grothe ans Klavier und gab seine Interpretation des modernen

Swing zum besten. Daraufhin vertraute der begeisterte Mölders ihm an, daß die Luftwaffenpiloten nicht mehr der BBC zuzuhören brauchten, wenn die deutschen Sender nur endlich anständige Musik nach amerikanischem Vorbild ausstrahlten. Dies sei im Prinzip kein Problem, erwiderte Grothe, denn man habe im Reich viele Künstler, die solche Musik spielen könnten. Mölders und Grothe schmiedeten dann einen Plan, um Goebbels zur Gründung einer speziellen deutschen Big Band zu veranlassen.[67]

Anscheinend war es Mölders, der bei einer Routinebesprechung, wahrscheinlich Anfang Frühjahr 1941, an den Minister herantrat. Im März desselben Jahres war der Hauptansturm der deutschen Flieger gegen Großbritannien vorbei, und danach konzentrierte die Luftwaffe ihre Energien stärker auf die neueröffnete Ostfront. Aber Görings Piloten konnten bei Flügen über die Kriegsschauplätze auf dem Balkan und in Nordafrika – und natürlich weiterhin in West- und Nordeuropa – immer noch britische Rundfunksignale empfangen. Deshalb warnte Goebbels persönlich sein Radiopersonal, daß sich Luftwaffenangehörige zunehmend »schmissige Musik« aus England anhörten. Es müsse etwas Einschneidendes unternommen werden.[68]

Das Resultat war eine akribische Planung für ein weiteres deutsches Jazzorchester – nach dem Untergang der Goldenen Sieben, dem Fiasko des Reichswettbewerbs von 1936 und Oskar Joosts gescheitertem Vorschlag. Diese Planung, die im September 1941 begann, fiel nicht zufällig mit der Revision des deutschen zivilen Rundfunkprogramms zusammen, denn Goebbels wollte seine beiden dortigen Experten, Grothe und dessen Freund Georg Haentzschel, hinzuziehen. Diese beiden bewährten Musiker und unbeirrbaren Jazzanhänger erhielten gemeinsam den Auftrag, das staatliche Deutsche Tanz- und Unterhaltungsorchester (DTU) einzurichten. Goebbels selbst hatte die Bezeichnung gewählt, und die beiden konnten auf die organisatorische Hilfe des erfinderischen Hinkel zurückgreifen. Das neue Orchester sollte aus den besten Tanz- und Jazzmusikern des Landes gebildet werden – also aus Männern, die man in extremen Fällen vielleicht der Wehrmacht abfordern mußte. Die Band sollte einen hochoffiziellen Status haben, nur vergleichbar mit den Berliner Philharmonikern im Bereich der E-Musik, deren

Hauptakteure sämtlich für unentbehrlich erklärt worden waren. Das Reichsfinanzministerium sollte Vergütung und Spesen bereitstellen, die – mit einer Million Mark pro Jahr – überaus großzügig bemessen waren. Das DTU sollte musikalisch so gut sein, daß es nicht nur die Luftwaffe (und andere Waffengattungen) dem Einflußbereich der Briten entziehen, sondern auch zivile Jazzfreunde zufriedenstellen würde.[69]

Die Rekrutierung der besten deutschen Musiker für das DTU lief hauptsächlich in den ersten Monaten des Jahres 1942 und war etwa am 1. April abgeschlossen, als die Band ihre erste Probe im Berliner Delphi-Palast hatte. »Ich wäre ja um mein Leben gelaufen, um ukgestellt zu werden«, sagte Hans Klagemann später. Er hatte das Glück, als einer von zwei Schlagzeugern der Band verpflichtet zu werden. Da Jazzkünstler eine charakteristische Abneigung gegen das Militär hatten, wurde das DTU bald als eine sichere Zuflucht für Jazzmusiker und ihre Kunst betrachtet.[70] Grothe, Haentzschel und ihre engsten Freunde aus den goldenen Tagen des deutschen Jazz trafen die vorläufige Auswahl. Dann kümmerte sich RKK-Generalsekretär Hinkel um die eigentliche Anwerbung, die auch bei den besten Musikern mühsam war. Denn manche Männer, zum Beispiel der Gitarrist Hans Korseck, dienten bereits im Heer (er hatte das Unglück, in der Schlacht zu fallen, bevor er mitmachen konnte), während andere, etwa Willi Berking und Albert Vossen von Berliner Organisationen – nämlich autorisierten Theater- oder Varietébands – beschäftigt wurden, die sich ihrerseits für sakrosankt erklärten.[71] Noch andere, etwa der zweiundzwanzigjährige Geiger Helmut Zacharias, der damals immer noch in Berlin stationiert war, wären gekommen (oder wenigstens hätte seine fürsorgliche Mutter es gewünscht), doch die Wehrmacht stellte ihn nicht frei.[72] Hinkels Bemühungen um die besten Musiker wurden immer frustrierender, so daß sich der Propagandaminister selbst einschaltete. Und im Sommer stand dann die Swing-Elite des Reiches auf einem neuen Musikpodium – von Goebbels' Gnaden und vorbehaltlich künftigen guten Benehmens.[73]

Die Liste dieser hochprivilegierten Musiker war nach deutschen Maßstäben eindrucksvoll. Am Schlagzeug agierten Klagemann und Waldi Luczkowski, der durch die Goldene Sieben berühmt geworden war. Franz Mück saß am Klavier, und Rudi Wegener spielte den Baß. Einige der anderen bekannten Namen – mehrere aus Stenzels früherer Scala-Band, vom Theater, von Rundfunksendern und aus Filmstudios – waren die Holzbläser Herbert Müller und Detlef Lais; die Posaunisten Erhard Krause, Walter Dobschinski und – natürlich – Berking; Kurt Hohenbergers Bruder Karl von der Scala-Band an der Trompete; und der temperamentvolle Russe Serge Matul an der Gitarre. Arrangeure waren der legendäre Horst Kudritzki, ebenfalls von der Scala, und Friedrich Meyer. Dieser siebenundzwanzigjährige, aus Bremen stammende Pianist war ein alter Freund Gerd Peter Picks aus den Berliner Schallplattengeschäft- und Studiotagen, und da eine Kopfverletzung seinen Einsatz an der Front verhinderte, war er überaus geeignet für seine Position im DTU. Der musikalische Direktor Grothe diente wegen seiner vielen anderen Verpflichtungen eher als Aushängeschild, während Haentzschel die tägliche Dirigentenarbeit übernahm.[74]

Nach dem Krieg versicherten mir Haentzschel und Klagemann übereinstimmend, daß niemals irgendein politischer Druck auf diese Bandmitglieder ausgeübt worden sei. Und beide Dirigenten hätten dafür gesorgt, daß das DTU ein praktisch unpolitisches, allein der Kunst gewidmetes Orchester blieb.[75] Das entspricht jedoch nicht völlig der Wahrheit, denn zwei Musiker waren eingeschriebene Parteimitglieder, und einen von ihnen hatte man als Goebbels' politischen Spitzel in die Band eingeschleust. Während Wegener ein harmloser, nomineller Nazi war, der sich der Partei wie so viele andere im Frühjahr 1933 anschloß, hatte der Bratschist Hermann Däubner eine nachweislich rechte Vergangenheit. Er war ein antisemitischer Österreicher sudetendeutscher Herkunft und Tschechenhasser, hatte der illegalen nationalsozialistischen Partei im klerikal-faschistischen Österreich angehört und war nach seinem Umzug ins Reich der SA und 1938 dann der deutschen Mutterpartei beigetreten. Wie sich Klagemann erinnert, war er der bei weitem schlechteste Musiker von allen.[76]

Die DTU-Instrumentalisten bezogen relativ hohe Gehälter – durchschnittlich 1100 RM, was der Spitzenvergütung für führende Unterhaltungsstars im Reich entsprach, aber auch den repräsentativen Charakter der Unternehmung widerspiegelte. Allein Georg

Haentzschel verdiente siebzehnhundert Mark im Monat und bekam zweihundert für jedes von ihm dirigierte öffentliche Konzert – neben den zweitausend Mark, die er als Gruppenleiter A im Rundfunk einnahm.[77] Damals erhielt ein deutscher Facharbeiter monatlich knapp über zweihundert Mark.[78]

Der Symbolwert der Band sollte dem ursprünglichen Plan zufolge dadurch zum Ausdruck kommen, daß sie bei feierlichen Anlässen für die Ministerien und Behörden des Regimes – auch für Hitler selbst – und natürlich für die Wehrmacht spielte. Außerdem sollte die Band nach dem Endsieg das Reich im Ausland repräsentieren sowie Filmmusik und Rundfunkaufnahmen produzieren. (In diesem Sinne wurde ihr eine ähnliche Funktion zugewiesen wie Stalins unglücklichem Staatlichen Jazzorchester der dreißiger Jahre, das ebenfalls als Vorzeigeband dienen sollte.[79]) Aber diese letztgenannten Aufgaben waren nebensächlich, der Hauptzweck des DTU bestand darin, die Wehrmacht, insbesondere die Piloten, durch eine akzeptable rhythmische Musik zufriedenzustellen. Und in einem weiteren Sinne sollte es einen langgehegten Traum erfüllen und eine spezifisch deutsche Jazzmusik schaffen, die der Öffentlichkeit und sämtlichen Tanzorchestern als Vorbild dienen konnte.

Dieses Ziel machte es nötig, das Vermächtnis von Oskar Joost zu übernehmen. Dieser Tanzkapellenleiter hatte ein halbes Jahr vor seinem Tod im Mai 1941 versucht, seinen Plan einer nationalsozialistischen Jazzband wiederaufleben zu lassen, allerdings mit nicht gerade enthusiastischer Unterstützung von Hinkel.[80] Immerhin, so erklärt sich, weshalb Joosts ehemaliger Orchesterverwalter, der russische Emigrant Sergius Safronow, im Mai 1942 geschäftlicher Direktor des DTU wurde. Da Safronow ebenfalls ein ausgewiesenes Parteimitglied war, konnte er die politischen Kontrollaufgaben des Bratschisten Däubner ergänzen.[81]

Das DTU gab sehr wenige öffentliche Konzerte, denn es hatte viel zuviel damit zu tun, mit Hilfe eines neumodischen »Magnetophon«-Tonbandgeräts aus Holland Musik aufzunehmen, die zu bestimmten Zeiten von sämtlichen Soldaten- und zivilen Sendern ausgestrahlt werden sollte. Die Band nahm nicht einmal Platten auf.[82] Natürlich spielten die Piloten eine wichtige Rolle; bei einer Gelegenheit erschien Goebbels selbst, dessen persönliches Interesse an diesem Orchester nie nachließ, mit zwölf hochdekorierten Kampffliegern der Luftwaffe bei einer der planmäßigen Proben.[83] Während sich die Big Band an ihre wöchentliche Routinearbeit im Berliner Studio gewöhnte, fand sie Möglichkeiten, mit dem Regime Kompromisse zu schließen. Einerseits blieb sie an der Grenze zum bequemen süßlichen Kitsch, den die Parteigenossen gern als »deutschen Jazz« ausgaben. Andererseits erkannten Grothe und Haentzschel das gewaltige, unverfälschte Jazzpotential, das die Band durch ihre hochqualifizierten Musiker besaß. Deshalb wechselten sie, sooft sich die Chance bot, in das wirklich moderne Idiom über, wenn auch jeweils nur für ein paar Takte. Die Mischung, die so entstand, war in der Tat seltsam, die Verwässerung oder Verzerrung eines im Grunde guten Sounds sehr oft penetrant, so daß die musikalische Kritik nach 1945 recht uneinheitlich war: von »einer Band, in der es oft sehr undeutsch swingte« bis hin zu »sehr, sehr brav«.[84]

Wie abzusehen war, hielten die eingefleischten deutschen Jazzfans wenig vom DTU.[85] Streichinstrumente überwogen, und Improvisationen von Solisten fehlten fast völlig. Aber die maßgeschneiderten Arrangements der häufig mittelmäßigen deutschen Melodien durch die Jazzexperten Kudritzki, Adolf Steimel und Haentzschel selbst swingten über alle Maßen, obwohl man keinen einzigen amerikanischen Titel spielen durfte und das Kriegszeitniveau Widmanns und Wehners, von den belgischen Gruppen ganz zu schweigen, nie erreicht wurde.[86] Vorläufig waren die Behörden zufrieden – schließlich gab es entzückte Rezensionen von Fritz Stege! –, obgleich die Luftwaffenpiloten um eine Studiointerpretation von Gershwins *Rhapsody in Blue* baten und enttäuscht abzogen, als ihr Wunsch ignoriert wurde.[87] Was jedoch Grothe und Haentzschel anging, so hatten sie viele der besten Jazzmusiker Deutschlands vor dem Untergang an den Fronten gerettet; und damit nicht genug, sie hatten ihnen ein sicheres Einkommen und die Gelegenheit verschafft, ihr Können auf eine fast akzeptable Weise zu verfeinern.[88] Gleichwohl konnte die Tatsache, daß man einem staatlichen Jazzorchester – noch dazu auf Goebbels' Geheiß – angehörte, bedrückend für jemanden mit höheren moralischen Ansprüchen sein.

Ein Musiker, mit dem Haentzschel ab und zu in den Studios gearbeitet und den er ins DTU eingeladen hatte, war Fritz Brocksieper, der Münchener Swingschlagzeuger. Brocksieper erwiderte, er habe eine andere musikalische Aufgabe für das Reich übernommen und außerdem werde das geplante Orchester wahrscheinlich für ihn nicht zünftig genug swingen.[89] Seit Anfang 1940 hatte er in einer Gruppe namens Charlie and His Orchestra gespielt, zu ihr gehörten erstklassige Jazzmusiker, die Goebbels' Ministerium zur Unterstützung der Auslandspropaganda zusammengestellt hatte. Charlie and His Orchestra wurde zu dem absonderlichsten Phänomen in der Geschichte der nationalsozialistischen Volkskultur und der bemühten Propagandaarbeit des Reiches. Es war ein Versuch, der BBC den Schaden, den sie Deutschen mit ihren Sendungen zufügte, mit gleicher Münze heimzuzahlen: Jazz amerikanischen Stils sollte nun von Deutschland aus in Richtung Britische Inseln gesendet werden, um die loyalen Untertanen des Königs zu verwirren. Das Orchester war ein Teil des grotesken »Lord-Haw-Haw«-Unternehmens.

William Joyce, ein Möchtegern-Oxford-Schauspieler und einstiger Landsmann des britischen Faschistenführers Oswald Mosley, hatte Mitte September 1939 begonnen, mit einem makellosen britischen Oberschichtakzent prodeutsche Kommentare zu senden. Sein Stützpunkt war der deutsche Kurzwellensender am Berliner Kaiserdamm, unweit der Clubszene im Westteil der Stadt. Das gesamte Programm war von Wolf Mittler initiiert worden, einem hochgewachsenen, blonden Deutschen aus Polen, der eine Schwäche für Sportwagen und schöne Frauen hatte und sein Oxfordenglisch in der Vorkriegszeit während eines ausgedehnten Aufenthalts an britischen Eliteschulen erlernt hatte. Er wurde zunächst von einem anderen britischen Nazikollaborateur unterstützt, dem einstigen Captain Norman Baillie-Stewart, der bereits wegen Verrats fünf Jahre im Tower of London abgesessen und sich 1937 angewidert auf den Kontinent begeben hatte. Im August 1939 hatte sich Baillie-Stewart in Berlin niedergelassen; Mittler und er machten schon vor Kriegsbeginn englische Sendungen. Aber gegen Ende September wurde deutlich, daß Joyce, ursprünglich ein Ersatzmann für Baillie-Stewart, effektiver als die beiden anderen war. Spätestens im Januar 1940 hatte er eine feste Anstellung in der Britischen Redaktion und war in London als »Lord Haw-Haw« bereits gut bekannt.[90]

Goebbels schätzte den Iren Joyce immer mehr, besonders weil der frühere Propagandachef der britischen Faschisten zunehmend eigene Kommentare schrieb, und dies mit einem ironischen Ton, den der Minister so sehr an George Bernard Shaw bewunderte. Der amerikanische Korrespondent William L. Shirer, der im Herbst 1940 eine Nacht in einem Luftschutzkeller in Gesellschaft des alkoholkranken Joyce verbrachte, bezeichnete ihn als »amüsant und sogar intelligent«, wenn auch als verwerflich und einen unverbesserlichen Antisemiten. Goebbels wußte, was er tat, als er diesen Mann in seiner Position bestätigte. Im Januar 1940 hörten sich bereits mehr als sechs von zehn Briten ausländische Sendungen an, und drei von zehn die englischsprachigen Programme deutscher Machart.[91]

Joyce' antibritische Gehässigkeiten konzentrierten sich auf die angebliche Bestechlichkeit Winston Churchills und seiner »jüdischen« Kamarilla. Im Januar 1940 hatten die Direktoren des Kurzwellensenders die findige Idee, seine Bosheiten mit frechen Sketchen von Berufsschauspielern, die Englisch beherrschten, und fesselndem, unverfälschtem Jazz zu ergänzen, der den Briten so geläufig war. Die Musik war als Köder gedacht. Goebbels und seine Mannschaft hatten kein Problem damit, daß diese neueste Idee überhaupt nicht zu einem gleichgeschalteten Rundfunk paßte, den man im Ausland, von Kapstadt bis nach Vancouver, für seine Zurückweisung der »Jazzerei« gepriesen hatte.[92]

Aus immer noch unklaren Gründen hatte man den achtunddreißigjährigen Lutz Templin beauftragt, eine vielseitige Jazzband aufzubauen, die den anspruchsvollsten Aufgaben gewachsen sein würde. Templin, ein relativ unbedeutender Saxophonist aus Düsseldorf, hatte mit seiner eigenen kleinen Gruppe seit Jahren in und um Berlin gespielt und war nicht einmal Parteimitglied. Als Schlagzeuger wählte er den vielgelobten Brocksieper, der Anfang 1940 zufällig im Carlton Club mit Horst Winter, Detlef Lais, Charly Tabor und Willi Berking auftrat. Der Kern der Band, die mit Joyce' Programm »Germany Calling« zu tun hatte, umfaßte im Laufe des Jahres schließlich sechzehn Musiker, weitere konnten je nach Bedarf hinzugezogen werden. Dadurch war es möglich, daß nicht weniger als vierzig Musiker gleichzeitig im Kurzwellenstudio agierten. Charlie and His Orchestra war eine »bunte Mischung«, wie sich Brocksieper erinnert. So unterschiedliche Musiker wie Helmut Zacharias, Albert Vossen, Franz Mück und sogar die »halbjüdische« Sängerin Margot Friedländer sprangen längere Zeit ein.[93]

Die Hauptakteure wurden nun natürlich sehr rar, und die offiziellen Organisationen mußten sie sich je nach den Tagesbedürfnissen teilen. Gegen Ende 1940 nahm man die ersten Ausländer unter Vertrag: Primo Angeli, der zum ständigen Pianisten wurde; den italienischen Trompeter Giuseppe Impallomeni; und die Holländer Barend (»Bob«) van Venetie und Tip Tischelaar, die Saxophon beziehungsweise Posaune spielten. Da Deutsche wie Tabor eingezogen und andere wie Berking, Mück und Vossen zum DTU versetzt wurden, mußte man weitere Ausländer anstellen, ausschließlich Belgier, Holländer und Italiener: zum Beispiel den Holzbläser Mario Balbo und den Bassisten Cesare Cavaion oder die Trompeter Alfredo Marzaroli und Rimis van den Broek. Doch solange das DTU in der Hauptstadt ansässig war, gab es einen regen personellen Austausch, besonders um Schellackaufnahmen, rund 270 Titel, zu ermöglichen. Diese sorgfältig begrenzten Editionen wurden schließlich in deutschen Kriegsgefangenenlagern für englische Soldaten und durch Fallschirmspringer hinter den britischen Linien verteilt.[94]

Charlie and His Orchestra war als extravaganter Luxus locker in Joyce' reguläre Programme eingebettet. Das Propagandaministerium stellte Musikinstrumente der besten Qualität zur Verfügung, und die Künstler bezogen, wie später im Fall des DTU, großzügige Gehälter. Brocksieper behauptet nicht ganz überzeugend, bis zu fünfhundert Mark am Tag verdient zu haben, wovon er das meiste für immer seltenere Luxusartikel für sich und seine Familie ausgab (um 1941 kostete ein Pfund Butter auf dem Schwarzmarkt ungefähr fünfunddreißig Mark und echter Kaffee sogar das Doppelte). Man hatte bis zu fünf erfahrene und gleichermaßen hochbezahlte Arrangeure für die Band, darunter Friedrich Meyer. Er schrieb spezielle Charts, auf der Basis von Standardarrangements aktueller amerikanischer Swingmelodien und älterer Evergreens, die man sich auf höchster Ebene über neutrale Kanäle in Portugal oder Schweden beschafft hatte.[95]

Templin und seine Leute hielten diese Arrangements damals für die brillantesten im Reich, sie waren natürlich absolut geheim. Die

Faszination für die Briten – vor allem für die Soldaten, deren Moral man untergraben wollte – sollte darin bestehen, daß es sich um ursprünglichen modernen Jazz handelte, der so gut gespielt wurde, daß englischsprachige Hörer denken mußten, die Programme kämen aus England oder vielleicht aus dem neutralen Skandinavien.

Als Krönung – und nicht ohne ein hohes Maß an Arroganz – verfaßte Goebbels' Team Songs, die beim ersten Hören wie Jazzklassiker oder Evergreens im Jazzstil klangen; sie wurden auf englisch von Karl (»Charlie«) Schwedler gesungen, einem unscheinbaren Beamten aus dem Propagandaministerium. Um die Tarnung zu wahren, legte sich das Orchester nicht Templins, sondern Schwedlers Namen zu. Niemand kannte Schwedlers wahre Identität; der Gefreite Werner Daniels, der das Programm eines Samstag abends im März 1942 hörte, glaubte immer noch, der Sänger sei Horst Winter.[96]

Für seine Auftritte übergab man Schwedler den Originaltext eines amerikanischen Klassikers, dessen erste Strophe unverändert zu der swingenden Begleitung der Band, egal, wie groß sie war, gesungen wurde. Spätestens in der zweiten Strophe trat politische Satire an die Stelle des Originals; sie richtete sich stets gegen Churchill, britische »Pfeffersäcke«, den sowjetischen Alliierten (nach Juni 1941), den amerikanischen Freund und natürlich gegen die Juden. Kurz, man nutzte das gesamte Arsenal Goebbels' antibritischer Klischees und lobte umgekehrt die Militärmacht Nazideutschlands. Was Schwedlers musikalische Fähigkeit und seine Aussprache betraf, so gab er sich großspurig und nahezu professionell, doch jeder, der genauer hinhörte, entdeckte peinlicherweise seine deutsche Herkunft. Daneben versuchte das Orchester, gutarrangierten Jazz zu bieten, in dem es nicht nur passende Begleitung bot, sondern auch annehmbare Soli, die im echten Swingstil von irgendeinem der vortrefflichen Musiker gespielt wurde.

Eine typische Textveränderung ist die folgende, sie beruht auf »Onward, Christian Soldiers« und wird zur selben Melodie gesungen:

»Vorwärts, Wehrpflichtheere,
Fürchtet nichts zu sehr,

Isaac Hore Belisha
Führt euch von hinten her.

Kleidung: Mounty Burton,
Nahrung: Lyons Pies,
Kämpft für jüd'sche Siege,
Tod dem Briten sei's.

Vorwärts, Wehrpflichtheere,
In den Krieg marschiert.
Kämpft und sterbt für Juda,
Wie's auch uns passiert'.«

Es gibt Vermutungen, daß Haw-Haw dies alles geschrieben haben könnte. In einer anderen typischen Parodie des Klassikers »I've Got a Pocketful of Dreams« – der Lend-Lease-Act* war bereits verabschiedet – wird dem Hörer in den letzten Zeilen mitgeteilt »Werd' die Welt für Wall Street retten, / Auch für Rußland werd ich's tun, / Ich kämpf' für Demokratie, / Ich kämpf' fürs Judentum.«[97]
Diese Songs wechselten sich ab mit Haw-Haws Tiraden und mit politischen Sketchen, die die Schauspieler vor Mikrophonen sprachen. Brocksieper schilderte dem Londoner Journalisten Michael Pointon zwei Jahre vor seinem Tod in gebrochenem Englisch, welcher Art die Sketche waren: »Churchill sitzt im Badezimmer, das Wasser, und dann kommt Minister. Er sagte: ›Ah, Mr. Churchill, wir sind ausgebombt worden, wieder so viele Schiffe ...‹ Und dann sagte Churchill: ›Gib mir Whisky und Zigarre‹ – im Badezimmer, wissen Sie, er lag im Wasser, so wie das Kabarett, das sie machen.«[98]
Jedes dieser Theaterprogramme konnte, zusammen mit der Musik, bis zu zwanzig Minuten dauern. Man stellte pro Tag ungefähr vier davon her, zuerst wöchentlich und dann an sechs Tagen pro Woche; vermutlich bearbeitete Joyce diese Aufnahmen später, um sie in seine Beiträge einzufügen.

* Schon vor ihrem Kriegseintritt unterstützten die USA u. a. Großbritannien durch das Leih-Pacht-System, nach dem die Alliierten mit kriegswichtigen Gütern ohne Bezahlung auf Gegenseitigkeit versorgt wurden. (Anm. d. Red.)

Templin, Brocksieper und ihre Freunde waren offenbar nicht die einzigen Jazzmusiker des Reiches, die man auf so zynische Weise in den Dienst des Propagandaministeriums stellte. England und die Kriegsgefangenenlager waren auch nicht die einzigen Ziele für den Rundfunk oder die Schallplatten. In Berlin hoffte man, daß die Kurzwellensignale in den Vereinigten Staaten aufgefangen werden würden, und einige der Sendungen wurden in Richtung des neutralen Portugal ausgestrahlt – vielleicht weil man einige der vielen arglosen Ausländer erreichen wollte, die sich dort auf der Durchreise befanden. Außerdem wurde Jazz, den man bewußt à la Xavier Cugat arrangiert hatte, Richtung Südamerika gesendet, höchstwahrscheinlich in Verbindung mit spanischen Kommentaren.[99]

Im April 1942 kam es in Berlin zu einem seltenen Ereignis: Fud Candrix' Big Band gab im Delphi ein öffentliches Konzert, das von keinem anderen als Lord Haw-Haw selbst angesagt wurde. Er übermittelte zahlreiche persönliche Grüße von englischen Kriegsgefangenen an ihre Familien, die namentlich erwähnt wurden, wie es bei »Germany Calling« Brauch war. Candrix wurde aufgefordert, den denkbar heißesten Jazz zu spielen, und er entsprach den Wünschen mit dem »St. Louis Blues«, einem Artie-Shaw-Arrangement von »Begin the Beguine«, das damals sehr in Mode war, und Chick Webbs Arrangement von »My Heart Belongs to Daddy«. Laut einem Zuhörer aus Werner Daniels' Wehrmachtzirkel, der das Programm später auf dem deutschen Militärsender in Calais empfing, war der Applaus des Publikums »frenetisch«.[100]

Bei der Beurteilung dieser seltsamen Musik und ihrer Urheber kann man drei Kriterien anwenden: künstlerische Ästhetik, Wirksamkeit und Moral. Was die Ästhetik betrifft, so behauptete Brocksieper stets, daß dieser Jazz im Hinblick auf Technik und Inhalt den Gipfel der Kunst im Reich repräsentiert habe. »Wir machten damals die beste Musik«, teilte er Pointon mit. Und wenn man die Bedingungen 1940–43 und die für andere Bands, vornehmlich das DTU, noch geltenden Beschränkungen berücksichtigt, so hatte er unzweifelhaft recht. Freche Soli von Männern wie Tabor, Angeli, Impallomeni und Brocksieper zeigen das, denn einige dieser seltenen Singles sind neu aufgelegt worden.[101] Vielleicht mit Ausnahme von Mobiglia und Grasso, die die zusätzliche Unterstützung eines Live-Publikums hatten, gab es damals im Dritten Reich keinen besseren Swing.

Andererseits müssen die in der Nachkriegszeit geäußerten Vorbehalte von Experten wie Emil Mangelsdorff, dem erfahrenen Musiker, und Werner Daniels, dem langjährigen Fan, in Erwägung gezogen werden. Während Mangelsdorff die Musik von Charlie and His Orchestra mit dem zeitgenössischen amerikanischen Stil vergleicht und ihr zu Recht Mängel bescheinigt, betont Daniels, daß nach absoluten Maßstäben eigentlich nur der Pianist Primo Angeli herausragte. Eine Meinung, der man sich leicht anschließen kann, wenn man sich aufs Geratewohl ein paar Beispiele angehört hat.[102] Gegen April 1942 war Hans Hinkel jedenfalls von Zweifeln geplagt, ob »das Kopieren z. B. ausgesprochen englischer oder amerikanischer Musik« völlig angemessen für englischsprachige Hörer sei, da sich die Deutschen darin nicht ganz heimisch fühlten.[103]

Wenn man die Effektivität von Charlies Jazz auf die Zielgruppe beurteilen will, ist zu berücksichtigen, daß die Musik nie für sich allein wirken konnte, sondern immer in Verbindung mit politischen Sketchen und Propagandaeinschüben in den »Songs« gehört werden mußte. Hauptsächlich wegen dieser beiden Faktoren, aber auch weil Schwedlers Gesang hinter den allgemein gültigen Jazzmaßstäben zurückblieb, nahm die musikalische Qualität von Templins Combos auf Dauer ernsten Schaden. Doch so wie Goebbels glaubte, daß seine Haw-Haw-Programme ein außerordentlicher Erfolg seien, weil Hitler diesen Eindruck hatte, meinte auch Brocksieper bis zu seinem Tod im Jahre 1990, daß sein Jazz nicht nur nach nationalen, sondern auch nach internationalen Maßstäben hervorragend gewesen sei – nämlich in dem Maße, wie er anglo-amerikanische Ursprünge vortäuschte.[104]

In beiden Fällen handelte es sich um einen Irrglauben. Die Briten hörten sich Joyce' Programme in erster Linie an, weil regelmäßig die Namen gerade gefangener alliierter Soldaten genannt wurden, Haw-Haws falsches Pathos hielten sie für ärgerlich, höchstens für amüsant. Der Humor der Sketche, die sich mit Templins Stücken abwechselten, war holzhammerhaft nach teutonischer Art, ohne das für die Briten typische ironische Understatement. Und das gleiche galt für Charlie Schwedlers witzige Lieder.[105] Daher kann es nicht überraschen, daß englische Kriegsgefangene, denen man Exemplare der Schallplatten gab, die Scheiben nach einer fairen Prüfung auf deutschen Grammophonen in Stücke brachen.[106]

Der ethische Gesichtspunkt ist am kompliziertesten. Denn die gegen England und dessen Alliierte gerichteten Botschaften waren nicht allein wegen ihrer Aggressivität, die in einem Krieg zu erwarten ist, hassenswert, sondern vor allem wegen ihres Rassismus, insbesondere ihres Antisemitismus, dieser verabscheuungswürdigen Spezialität der Nazis. War es moralisch vertretbar für Jazzmusiker von Brocksiepers Ansehen, sich mit ihrer Musik, einer Schöpfung von Schwarzen und Juden, im Dienst der diktatorischen Ordnung zu prostituieren?

Wann immer Brocksieper mit diesem Dilemma konfrontiert wurde, entgegnete er, er habe sich für das geringere von zwei Übeln entschieden; das größere sei die Gefahr der Einberufung all dieser Musiker gewesen. Außerdem behauptete er, er sei als »Vierteljude« stärker gefährdet gewesen als die später angeworbenen ausländischen Kollegen.[107] Diese beiden Argumente haben etwas für sich und stehen der Rationalisierung, die Haentzschel und Grothe für das DTU mit seinen moralisch viel geringeren Problemen bemühten, in nichts nach. Man darf jedoch nicht vergessen, daß Brocksieper selbst die Einberufung letztlich nicht vermeiden konnte und daß die meisten seiner deutschen Kollegen – bis auf vier oder fünf – am Ende von Ausländern abgelöst wurden. Brocksiepers zusätzliche Erklärung, daß er den schändlichen Text der Songs und Sketche nicht verstanden habe (da er nie eine Gelegenheit hatte, Joyce zuzuhören), ist noch weniger glaubwürdig. Denn die Holländer und Belgier konnten sicherlich Englisch und dürften das Material für ihn und die anderen übersetzt haben, etwa für die Italiener, die die Sprache möglicherweise nicht kannten.[108] Noch unhaltbarer ist die abschließende Behauptung des Schlagzeugers, daß schon allein die Höhe der vom Regime gebotenen Summe eine Weigerung seinerseits unmöglich gemacht habe.

Wenn man sich lediglich Sorgen um das Schicksal des Jazz im Dritten Reich machte, ohne die Personen in Betracht zu ziehen, die ihn spielten, so könnte es legitim sein zu meinen, daß jedes Mittel zur Erhaltung oder sogar zur Entwicklung dieser Musik in einer Notsituation akzeptiert werden müsse. Aber diese These berücksichtigt nur ästhetische Grundsätze, keine moralischen. Sie berührt die gegenwärtige Debatte über die Geschichte der modernen Berufsstände in Deutschland. Heute herrscht Übereinstimmung darüber, daß Berufe wie Arzt oder Anwalt mit moralischer Verantwortlichkeit verbunden sein müssen.[109] Wenn man diesen Maßstab an die Musiker im Dritten Reich anlegt, dann besteht kein Zweifel, daß es in der Tat unmoralisch war, ihre Kunst in den Dienst der Tyrannei zu stellen. Das Beispiel von Charlie and His Orchestra zeigt, daß der Jazz in Deutschland sich als Kunstform entwickeln konnte. Doch seine Umwandlung in ein Instrument der faschistischen Propaganda und letztlich eines Angriffskrieges ließ den Jazz als Beruf suspekt werden.[110] Im Prinzip entspricht dies der Art und Weise – wenn auch nicht im selben Grad –, wie die Medizin in den Konzentrationslagern pervertiert wurde. Die Jazzmusiker konnten schwerlich von dem Vorwurf der Kollaboration freigesprochen werden, wie gering das Maß ihrer Willfährigkeit auch gewesen sein mochte.

Der Krieg im Inneren des Großdeutschen Reiches

Joseph Goebbels mag bestimmten Bevölkerungsschichten und dem Militär Zugang zum Jazz verschafft haben, zu einem Stimulanz also, das sie in Zeiten der Belastung benötigten, um die ihnen gestellten Aufgaben zu erfüllen. Aber das änderte nichts an seiner Ablehnung dieser Musik: Im Grunde wollte er sie vernichtet sehen. Als geschickter Stratege brachte er dieses Ziel jedoch nur sehr selten zum Ausdruck. Eine solche Gelegenheit bot sich im August 1942, sechs Monate nachdem Deutschland den Vereinigten Staaten, also der Quelle dieses kulturellen Unrats, den Krieg erklärt hatte. Auf typisch abschätzige Art wiederholte Goebbels seinen alten Standpunkt, Amerika besitze keine eigene Kultur: »Alles ist geborgt und durch Amerikanisierung meistens verdorben.« Und er hielt den Amerikanern vor, »aus einer gewachsenen Sprache einen Slang, aus einem Walzer einen Jazz … zu machen«.[111] In der Praxis brauchten die unter Schutz gestellten Musiker bei der Truppenbetreuung, dem

DTU oder Charlie and His Orchestra nicht viel zu fürchten, es sei denn, sie schlugen allzusehr über die Stränge oder wurden letztlich doch eingezogen. Aber verschiedene Behörden, darunter Goebbels' eigene RMK, versuchten, ihre Kampagnen gegen die Jazzkultur so weit zu verstärken, wie es die Umstände gestatteten.

Dadurch kam es zu einer Fortsetzung der zweischneidigen Politik, die das Regime bereits in der Vorkriegszeit betrieben hatte: widerwillige Toleranz einerseits und Beschuldigungen andererseits. Diese Herangehensweise bedeutete keine Spaltung des Nationalbewußtseins, wie Hans Dieter Schäfer vor einigen Jahren gemeint hat. Vielmehr ergänzten beide Haltungen einander auf seltsame, wenn auch unbeabsichtigte Weise – wie so viele scheinbar antithetische Erscheinungen in dieser merkwürdig uneinheitlichen Diktatur, in der von oben verfügte politische Richtlinien neben improvisierten Ad-hoc-Entscheidungen existierten und vorübergehend mit ihnen in Konflikt gerieten.[112]

Nirgends war die Mischung von zielgerichteter Planung und deren späterer unwillkürlicher Annullierung augenfälliger als im Bereich des Gesellschaftstanzes. Die schwankenden Regimeverfügungen, die ab September 1939 erlassen wurden, spiegelten einmal mehr die Unsicherheit der Behörden wider, was das für die Kriegsbemühungen günstigste Gleichgewicht zwischen Brot und Spielen und totaler Unterhaltungsabstinenz sei, aber sie reflektierten auch das Kriegsgeschick selbst.

Das Regime begann mit einem völligen Verbot öffentlicher Tänze, das vom 4. September 1939 an wirksam wurde. Es führte zur Entlassung mehrerer Jazzmusiker in den Clubs, bis die Gerichte zu ihren Gunsten entschieden. Bis zum Ende des Monats wurde die Anordnung dann dahingehend modifiziert, daß Tänze nur vor 19 Uhr verboten waren. Wahrscheinlich hatte das Regime rasch gelernt, sich auf die nötigen Verdunklungen einzustellen, die sich zunächst als recht selten erwiesen; außerdem wollte man die Bevölkerung, im Einklang mit Goebbels' Unterhaltungspolitik, nicht unnötig verärgern. So erklärt sich, daß die meisten Berliner Jazzclubs und Tanzetablissements ihre Tätigkeit fast wie in Friedenszeiten wiederaufnehmen und über viele Monate hinweg fortsetzen konnten. Aber als der Sitzkrieg am 10. Mai 1940 beendet war, bekräftigte Goebbels das allgemeine Verbot öffentlicher Tänze von neuem – aus Respekt vor den Soldaten, die nun eifrig den nordwestlichen Kontinent unterjochten. Da die Landser, die sich auf Heimaturlaub befanden, jedoch als erste unter dieser Maßnahme litten, wurde sie im Juli 1940 wiederum so modifiziert, daß man mittwochs und samstags tanzen durfte. Dies löste Verwirrung bei manchen Zivilisten aus, die für die Bedürfnisse der Soldaten kein Verständnis aufbrachten. Bis dahin hatte eine ziemlich regelmäßige Nachfrage nach Tanz- und Jazzmusikern bestanden.[113]

Als die ausgedehnte Schlacht um England im August 1940 tatsächlich begann, sah Goebbels keine andere Möglichkeit, als das allgemeine Tanzverbot wiedereinzuführen, denn nun waren die nächtlichen Verdunklungen zu Luftschutzzwecken häufiger nötig. Aber die öffentliche Meinung, besonders die der Soldaten, war so negativ, daß Goebbels im Dezember zu einer weiteren Änderung gezwungen wurde: Er gestattete öffentliche Tänze an drei Tagen in der Woche. Die Richtigkeit dieser Entscheidung bestätigten die Beobachtungen eines seiner *Reich*-Reporter, der im März 1941 anmerkte: »Noch nie ist so leidenschaftlich und so beseligt getanzt worden wie überall in diesem Winter im Reich.«[114]

Inzwischen hatte Goebbels einige Erfahrungen damit, den Gesellschaftstanz zur Kontrolle der Öffentlichkeit zu manipulieren. Das Tanzen wurde vor dem Hintergrund der deutschen Offensiven auf dem Balkan wiederum verboten. Ein paar Wochen später, am 10. Juni, hob man die Verfügung von neuem auf, um sowohl den Feind als auch das deutsche Volk hinsichtlich der bevorstehenden Invasion Rußlands zu täuschen. Denn wie Goebbels schlau in sein Tagebuch schrieb: Wo Leichtlebigkeit herrscht, wird niemand mit einer Offensive rechnen. Gleichwohl, sobald die Wehrmacht die sowjetische Grenze überschritten hatte, wurde der Tanz wieder auf die schwarze Liste gesetzt.[115]

Da sich herausstellte, daß »Unternehmen Barbarossa« kein Blitzkrieg war, blieb das Verbot diesmal wirksam und wurde sogar im Januar 1942 verstärkt, als man halbprivate Tanzveranstaltungen, zum Beispiel in Sportvereinen, ebenfalls untersagte. Was die Rundfunkplanung anging, so war Georg Haentzschel gezwungen, Schallplatten mit Texten, die zum Tanz aufforderten, von den Studioplattentellern verschwinden zu lassen. Dies geschah ironischerweise gerade zu dem Zeitpunkt, als er die Leitung des sogenannten Deutschen Tanz- und Unterhaltungsorchesters übernahm.[116]

Tanz- und Jazzmusiker hatten in etlichen dieser Monate viel zu tun, doch 1941–42 wurde die Lage für sie spürbar kritischer. Es war ein Zeitraum, in dem eine größere Zahl zum aktiven Dienst einrücken mußte, etwa Charly Tabor und später Kurt Hohenberger und Fritz Schulze. Außerdem wurden für selbständige Jazzmusiker mehr Verfügungen erlassen als jemals in Friedenszeiten, und man neigte dazu, die Maßnahmen hartnäckiger durchzusetzen. Goebbels nutzte die Autorität von Raabes RMK, um radikal gegen englische Texte vorzugehen, so daß es schließlich unmöglich wurde, in der Sprache des Feindes – nicht einmal in Refrains – zu singen. Auch die Melodien amerikanischer Jazzklassiker konnten nicht mehr gespielt werden, es sei denn, sie waren extrem gut getarnt (wie durch Mobiglio und Grasso in der Patria). Dies erklärt, weshalb man immer mehr alberne deutsche Stücke spielte und warum sie und nicht die unvergleichlichen amerikanischen Evergreens ständig auf Schallplatten aufgenommen wurden. Gegen April 1940 mußte der RMK jede neue Komposition mit dazugehörigem Text zur Prüfung vorgelegt werden, und es kam vor, daß man sie völlig wegzensierte.[117]

Im August 1941 gab die RMK zudem einen Erlaß heraus, der einem Verbot der Jazzmusik ziemlich nahekam. Die Maßnahme ließ sich nur deshalb umgehen, weil die Musiker wußten, daß RMK-Spione wie Erich Woschke ihre Jazzkenntnisse immer noch nicht erweitert hatten und unfähig waren, das Genre zu entdecken. Die Rede war von »hot- und swing-Musik im Original bzw. in Nachahmungen... artfremde Musik, soweit sie von Juden oder Negern stammt«. Trotzdem, Woschke und seine Jazzpolizisten machten nicht nur wie gewöhnlich ihre Runden durch Berliner Clubs und Bars, sie zeigten sich auch zunehmend tyrannischer und schonungsloser, so daß die schwindende Zahl von Jazzmusikern sie ernster nahm.[118] Und es gab ähnliche RMK-Vollstrecker in anderen Großstädten wie Hamburg und Frankfurt.[119]

Für praktische Zwecke wurden nun zwei vor dem Krieg noch nicht vorhandene Faktoren bestimmend für den Live-Jazz. Obwohl die hinzugezogenen ausländischen Bands, etwa die von Grasso oder van't Hoff, theoretisch unbekümmerter aufspielen konnten, weil ihre Mitglieder keine Einberufung zu fürchten brauchten (nur Ausweisung oder im schlimmsten Fall eine Gefängnisstrafe), mußten sie in Wirklichkeit vorsichtiger sein. Denn gerade, weil ihre Vorlieben bekannt waren, wurden sie Kontrollen unterzogen und konnten Repressalien ausgesetzt werden. Zum Beispiel wurden ein belgischer Scat-Sänger von der RMK zum Schweigen gebracht, weil er englischen Jargon hervorgesprudelt hatte; und Grasso und seine Kollegen mußten fünfunddreißig Tage im Gefängnis absitzen, weil sie den »Tiger Rag« zu überschwenglich gespielt hatten.[120] Kein Wunder, daß ein alter deutscher Swingfan in Uniform im Mai 1942 völlig entgeistert war, als er feststellen mußte, daß sich das spektakuläre Orchester von Fud Candrix im Berliner Delphi so sittsam wie ein Kirchenchor benahm. Es war gerade von der RMK gemaßregelt worden.[121]

Die andere neue Gefahr bestand darin, daß die häufig harmlosen RMK-Vorschriften nun zuweilen von der Geheimpolizei abgeändert oder aufgehoben wurden. Heinrich Himmlers Gestapo begann, sich speziell für Ausländer wie D'Orio und van't Hoff zu interessieren. Sie kümmerte sich wenig um Verfügungen, die Goebbels, Raabe oder sonstwer erlassen hatten, sondern ließ sich von der SS-Ideologie leiten. Und die zog pauschal über alles und jeden her, was oder der mit Juden oder Jazz verknüpft war. Die Journalisten Fritz Stege und Herbert Gerigk hatten in Himmlers Zeitung *Das Schwarze Korps* lange genug und recht überzeugend entsprechend indoktriniert. Die Aktivitäten der swingbegeisterten Jugendlichen in Frankfurt und Hamburg veranlaßten die Geheimpolizei bald, Experten wie Heinz Baldauf und Hans Reinhardt (von dem später noch die Rede sein wird) zu beauftragen, und 1941 wurden auf einem Gestapo-Seminar in Berlin wirksamere Praktiken zur Bekämpfung des Jazz ins Auge gefaßt. Musiker, die ihren Swing richtiggehend in Szene setzten oder sich, vielleicht im Rausch, sonstwie daneben benahmen, bekamen es mit der Gestapo zu tun – über die Maßnahmen hinaus, die die RMK für sie vorgesehen hatte.[122]

Nach dem 1. September 1939 wurden die Regimekontrollen auch auf Schallplatten ausgedehnt. Fast den ganzen Monat hindurch machten Firmen wie Brunswick und Electrola noch Reklame für

Vorkriegsproduktionen etwa der amerikanischen Orchester von Tommy Dorsey und Artie Shaw und der englischen Bands von Bert Ambrose und Ray Noble.[123] Es gab zwar noch kein generelles Verbot feindlicher englischer Platten, doch internationale Gesellschaften mußten den Import aus London (wenn auch noch nicht aus den Vereinigten Staaten) unverzüglich einstellen.[124] Englische Schallplatten kamen selektiv gemäß den verworrenen, undurchschaubaren Kriterien der RMK auf den Index; zum Beispiel verbot sie sämtliche Aufnahmen des britischen Trompeters Nat Gonella, der weder schwarz noch Jude war. Auf dieser Liste von Anfang September standen auch einige deutsche und US-Produktionen von Amerikanern, etwa das von dem Juden Charlie Chaplin mitgeschaffene »Swing for Sale« bei Odeon und Cole Porters »You Never Know« (RCA Victor).[125] Angespornt durch eine übereifrige Polemik gegen »jede englische Tanzplatte und jede englische Jazzmusik« im offiziellen *Völkischen Beobachter* Anfang 1940 und durch einen Artikel, in dem die Engländer wegen ihres allgemeinen Mangels an musikalischer Begabung heruntergeputzt wurden, gab die RMK am 15. April 1940 ein zweites Verzeichnis mit verbotenen Platten heraus, in dem unter anderem der Klassiker »Frankie and Johnny« bei Telefunken aufgeführt war.[126] Etwa zu dieser Zeit wurde die Goldene Sieben, die seit 1935 erfolgreich Schallplatten bei Electrola vermarktet hatte, endgültig aufgelöst, weil ihre angloamerikanischen Interpretationen heimtückischerweise einfach zu populär gewesen waren.[127]

Während die gehässige Polemik gegen den Jazz weiterging, etwa in dem Artikel eines kleinstädtischen Dirigenten mit dem Titel »Der Jazzbazillus«, begannen die Behörden mit der Verfolgung der Schallplattensammler. In Berlin veranlaßte Goebbels Razzien in Erholungsgebieten, beispielsweise am Wannsee, wo »englische Grammophon-Platten« heimlich von angeblichen Kriegsdrückebergern gespielt werden konnten, die dann sofort zu Strafeinheiten des Arbeitsdienstes abgeordnet wurden. Der Pianist Fritz Schulze, der damals noch für die Truppenbetreuung unterwegs war, wurde 1941 von SS-Männern aus einem Zug gezerrt, die ihn dabei ertappt hatten, wie er sich Tommy-Dorsey- und Benny-Goodman-Platten auf einem tragbaren Gerät anhörte. Er erklärte, daß er als Berufsmusiker diese Melodien für Übungszwecke benötige, und schließlich habe er nicht geahnt, daß Goodman Jude sei. Und überhaupt, es handele sich doch um amerikanische Künstler – sei das Reich etwa im Krieg mit den Vereinigten Staaten? Diese Entschuldigung (man habe sich nicht »englische«, sondern »amerikanische« Musik angehört) rettete Schallplattenliebhaber oft vor schlimmeren Konsequenzen.[128]

Die Dinge verschärften sich, nachdem die Vereinigten Staaten Anfang Dezember 1941 in den Krieg eingetreten waren. Sämtliche früheren Klischees über Amerika und seine entartete jüdisch-negroide Kultur wurden nun von Goebbels' Propagandaapparat, zum Beispiel durch *Das Reich,* verstärkt und systematisch verbreitet.[129] Logischerweise richteten sich diese Schmähungen bald auch gegen »wilde Jazzklänge« und den rhythmischen Wahn des »Swing«.[130] Die Nazis brachten einen Propagandafilm mit dem Titel »Rund um die Freiheitsstatue« heraus, der freizügige Szenen mit amerikanischen Swingbands zeigte. Die Szenen sollten abschreckend wirken. Es entbehrt nicht der Ironie, daß Jazzanhänger in allen Großstädten nichts Eiligeres zu tun hatten, als ins Kino zu gehen und sich den Film, häufig sogar mehr als einmal, anzuschauen.[131] Und dann, im Februar 1942, erließ das Propagandaministerium endlich das erste pauschale Verbot sämtlicher Schallplatten aus Feindstaaten oder mit von feindlichen Musikern komponierten oder interpretierten Melodien; dies bezog sich unmißverständlich auf alle Jazzaufnahmen aus den anglo-amerikanischen Ländern. Ebenso untersagte man jedes Live-Konzert mit amerikanischer Musik im Reich.[132]

Die Gewohnheiten der Jazzhörer bedrohte weiterhin ein viel schärferes Verbot, feindliche Rundfunkprogramme zu hören. Wer sie einschaltete, konnte mit Gefängnis, Zuchthaus, Konzentrationslager und letztlich mit dem Tode bestraft werden. Dieses Verbot betraf eindeutig nicht nur den Empfang von ausländischen Nachrichten, sondern auch von Musik, die für Jazzfans hauptsächlich von der BBC gesendet wurde. 1943 vermutete man bei der BBC, daß sich bis zu drei Millionen Deutsche wenigstens hin und wieder ihre Programme anhörten. Hörer von Feindsendern wurden normalerweise von NSDAP-Blockwarten ertappt, die die ihnen zugewiesenen Wohnhäuser bespitzelten und der örtlichen Parteizentrale alles Verdächtige meldeten; diese benachrichtigten dann die Gestapo.[133] 1939 gab es insgesamt sechsunddreißig verurteilte Rundfunksünder, 1942 war die Zahl auf 985 gestiegen. Goebbels ließ die Todesstrafe erst im Frühjahr 1941 verhängen, aber die Mehrheit der Bevölkerung war, wie verlautet, bereits im Januar 1940 eingeschüchtert.[134]

Für die verbliebenen Ausländer und »Nichtarier«, die mit der Jazzkultur zu tun hatten, wurde das Leben zunehmend riskant. Der wahrscheinlich letzte ausländische Jazzmusiker, der Deutschland verließ, war der amerikanische Gitarrist Mike Danzi, der schikaniert wurde, bevor er mit seiner Familie im Oktober 1939 unter Schwierigkeiten per Schiff nach New York abfahren konnte.[135] »Vierteljuden« wie Brocksieper und Hans Berry machten sich Sorgen um ihre Sicherheit im Reich, obwohl sie wußten, daß sie nach den Nürnberger Rassengesetzen von 1935 nicht unmittelbar in Gefahr waren. Der Saxophonist und Klarinettist Eugen Henkel war »Halbjude« und mußte Charlie and His Orchestra verlassen, um seinen Militärdienst anzutreten.[136]

»Halbjuden« wurden, je nach den Umständen, recht unterschiedlich behandelt. Die Sängerin Margot Friedländer, die irgendwann in den späten dreißiger Jahren in die RMK eintreten durfte, wurde im Februar 1940 ausgeschlossen und im August 1941 wieder aufgenommen – wahrscheinlich wegen des allgemeinen Mangels an Entertainern; sie wurde für die Truppenbetreuung benötigt.[137] Der Schallplattenexperte Pick wurde Weihnachten 1940 keineswegs »ehrenvoll« aus der Armee entlassen, kehrte kurzfristig zur Televox zurück und erhielt die Kündigung, weil er kein »Arier« war. Er arbeitete dann auf einem Schrottplatz, um der Organisation Todt zu entgehen, die häufig »Halbjuden« für schwere Rüstungsarbeiten rekrutierte. Unterdessen war sein Vater immer noch als ein jüdisches »U-Boot« in Berlin-Grunewald untergetaucht.[138]

Es gab sogar »Volljuden«, die unter Lebensgefahr illegal Jazz spielten. Einer von ihnen war Hanns-Joachim Bessunger, ursprünglich aus Darmstadt, der sich in die Anonymität des Hamburger Vergnügungsviertels St. Pauli zurückgezogen hatte, nachdem sein Vater Anfang 1940 in Buchenwald ermordet worden war. Dort spielte er Swingklavier in verschiedenen anrüchigen Clubs, etwa im Regina, wo er gewöhnlich von Prostituierten gewarnt wurde, wenn sich Gestapomänner in ihren berüchtigten Ledermänteln näherten. Für den Notfall trug er eine gefälschte RMK-Lizenzkarte bei sich, die er sich durch seine Halbweltbeziehungen verschafft hatte. Nach dem Krieg fand Bessunger heraus, daß der Gitarrist, mit dem er zusammengearbeitet hatte, ebenfalls Jude war und sich genau wie er mit falschen Papieren geschützt hatte.[139]

Coco Schumann arbeitete in Berlin. Ab und zu spielte er Gitarre in den Bands von Männern wie Tullio Mobiglia, Primo Angeli und Helmut Zacharias. Sie spielten in einigen der neueren und verborgeneren Clubs wie Gong und Groschenkeller, die mit ihrer erzwungenen Einfachheit von der soliden Eleganz eines Carlton Club oder einer Sherbini-Bar weit entfernt waren. Manchmal schloß sich ihm der selbstlose Hans Korseck an, um ihm ein paar Akkorde vorzuspielen. Schumann, 1942 sechzehn Jahre alt, war ein unerschrockener junger Mann. Da er eine jüdische Mutter hatte, galt auch Coco den Rassengesetzen zufolge als »Volljude«, was er seit Jahren bedauerte. Er war neidisch auf die Hitlerjugend gewesen und hätte sich ihr gern angeschlossen. Nun arbeitete er verwegen ohne jede RMK-Genehmigung und ließ den obligatorischen gelben Davidsstern zu Hause. Aber er wußte, daß er mit seinen blauen Augen und seiner Berliner Schnauze niemals für einen Juden gehalten werden würde. 1942, als die Berliner Juden bereits in die Todeslager abtransportiert wurden, ritt ihn der Teufel. Eines Abends betrat ein SS-Führer den Club und näherte sich der Bühne. »Sie sollten mich verhaften, denn ich bin minderjährig und dazu noch Jude«, forderte ihn der vorwitzige Junge auf. Der SS-Mann betrachtete Coco ungläubig und brach in Gelächter aus. Es war ein guter Scherz gewesen.[140]

Schumanns und Bessungers Erfahrungen sind extreme Beispiele von Musikern, die sich in konkreter Gefahr befanden. Andere Künstler waren zumindest potentiell bedroht. Dies alles war auf die Veröffentlichung des *Lexikons der Juden in der Musik* zurückzuführen; es identifizierte Juden in der deutschen Musik nach Art von Hans Brückners früherer Schwarte, doch es war weniger amateurhaft und deshalb sehr gefährlich. Die Verfasser waren die Musikkritiker Herbert Gerigk, ein für Alfred Rosenberg arbeitender

SS-Angehöriger, und Theo Stengel von der RMK. Das Buch, das offiziell von der NSDAP gefördert wurde, erschien 1940 und kam 1941 und 1942 in überarbeiteten Ausgaben heraus. Mit der Version von 1942 sollte man jüdische Musiker aller Genres, die noch getarnt im Reich aktiv waren, entlarven können.[141]

Das Handbuch erwähnte auch jüdische Musiker, die nicht »Volljuden« waren. Wenn es möglich war, sie mit der Welt des Jazz in Verbindung zu bringen, konnte nicht nur ihre Karriere, sondern sogar ihr Leben in Gefahr sein. Einer von ihnen war der Komponist ernster Musik, Boris Blacher, der einen jüdischen Großelternteil hatte und wiederholt der Nähe zum Jazz bezichtigt wurde. Zum Beispiel behauptete Fritz Stege im Dezember 1940 in einer maßgeblichen Zeitschrift, daß es Blachers Kompositionen an Substanz mangele. Blacher berechtige zwar zu Hoffnungen, aber er müsse nun eine Entscheidung für die Zukunft treffen, denn er werde zu sehr vom Jazz beeinflußt.[142]

Tanz- und Jazzmusiker mit jüdischen Ehepartnern mußten ebenfalls auf der Hut sein. Hans Bund beispielsweise, der in der Berliner Studioszene gut bekannt war und für Orchesterleiter wie Otto Stenzel arbeitete, hatte eine jüdische Frau. 1939 erwog er, nach Australien zu emigrieren, was jedoch nicht zustande kam. Danach wurde er ständig von einem nationalsozialistischen Kollegen drangsaliert, der versuchte, sich Bunds Situation zunutze zu machen.[143] Im Frühjahr 1942 wurde der niederländischen Sängerin Anny Xhofleer von der RMK eine Arbeitsgenehmigung verwehrt, weil sie vor dem Einmarsch der Deutschen in ihrem Land für kurze Zeit mit dem deutschjüdischen emigrierten Pianisten Martin Roman verheiratet gewesen war. Und der vielseitige Berliner Pianist Otto Fuhrmann, der bei zahlreichen örtlichen Bands sehr gefragt war, wurde im Juli 1942 durch eine Eintragung in den Gestapo-Akten verewigt, denn er »war mit einer Jüdin verheiratet und hat wiederholt in Berlin bei Juden in Untermiete gewohnt«. Die Tatsache, daß er sich bereits 1933 von seiner russischjüdischen Frau, der Barpianistin Faina Saponitzkaja, hatte scheiden lassen, wurde Fuhrmann nicht zu seinen Gunsten ausgelegt.[144]

Für die Jazzanhänger, die nach dem September 1939 in Konflikt mit dem Regime gerieten, gab es kaum einen Trost, abgesehen von der

Emigration (und die war nun unmöglich geworden). Aber immerhin existierte eine kleine Insel der Zuflucht, auf die sie sich gelegentlich zurückziehen konnten. Paradoxerweise war diese Insel in der Hand eines früheren SS-Mitglieds. Dr. Johann Wolfgang Schottländer, ein Musikwissenschaftler am Berliner Konservatorium, war 1933 der NSDAP und ein Jahr später der SS beigetreten. Seine Forschungen wurden zu einer gewissen Zeit von der sogenannten Stiftung Ahnenerbe, Himmlers pseudowissenschaftlicher Akademie, finanziell unterstützt. Aber nach Kriegsbeginn kam es zu einem Streit zwischen Schottländer und der Stiftung, und es ist durchaus möglich, daß er sich damals bereits von den Zielen der nationalsozialistischen Bewegung distanziert hatte. Da er Experte für Filmmusik geworden war, beauftragte ihn das Propagandaministerium Anfang der vierziger Jahre, Goebbels bei der Perfektionierung der Filmtechnik zu helfen, um die der Minister die Amerikaner so sehr beneidete. Schottländer hatte die Aufgabe, amerikanische Filme auf ihren musikalischen Gehalt hin zu untersuchen.[145]
Der Musikwissenschaftler wurde zu einer charismatischen Gestalt für die sensibleren Berliner Jazzkünstler und ihre Bewunderer. Man traf sich, um sich die seltenen Originale anzuschauen; zudem scheint sich in diesem Freundeskreis ein Konsens über Gut und Böse entwickelt zu haben. Hans Korseck traf sich dort mit dem »Halbjuden« Pick und mit Friedrich Meyer, mit Helmut Zacharias und seiner Freundin Hella, einer Tänzerin, und mit dem kritischen Hans Blüthner. Die Gruppe war im Grunde nicht konspirativ, aber sie hatte keine Zweifel an dem hohen Wert der amerikanischen Kultur, der durch diese Filme vermittelt wurde, und alle teilten eine große Bewunderung für den Jazz. Als der dickleibige Schottländer plötzlich im April 1943, im Alter von siebenunddreißig Jahren, starb, hatte der Jazz einen Verbündeten weniger in Hitlers Reich.[146]
Schottländer wäre nicht in der Lage gewesen, Otto Stenzel zu helfen, selbst wenn die beiden einander gekannt hätten, als der Bandleader der Scala ein paar Wochen nach dem Ausbruch des Zweiten Weltkriegs in der Klemme saß. Stenzels Dilemma war die Folge der Besessenheit vom Glamour, der das Showbusineß sogar im, was Äußerlichkeiten anging, anspruchslosen Nazistaat umgab, aber

auch von Stenzels freiheitlichen Neigungen – und in diesem Sinne hatte es wiederum eine politische Dimension.
Spät am 12. Oktober 1939, nach der Abendvorstellung in der Scala, besuchten die wichtigsten Ensemblemitglieder der Revue eine Party in einer nahegelegenen Wohnung, die der Mutter der Sängerin Gertie Schönfelder gehörte. Stenzel war verärgert über die Störungen, die sein internationales Unterhaltungsprogramm wegen des Krieges hinnehmen mußte, und über den bevorstehenden Verlust einiger weltberühmter Künstler. Nach mehreren Gläsern Alkohol begann er, über den Verlauf der Dinge zu schimpfen, und brachte laut Mike Danzi (dessen Abschied aus Deutschland Anlaß der Feier war) einen Trinkspruch auf das »Vierte Reich« aus. Ob diese Bemerkung ernst gemeint war oder nicht, im Krieg galt sie als Verrat. Sehr früh am nächsten Morgen wurden Stenzel und einige seiner Freunde von Gestapomännern verhaftet. Man benachrichtigte unverzüglich Goebbels, und nach mehreren Tagen mit Verhören und einer Beratung mit Polizeichef Reinhard Heydrich entschied er sich für eine Haftstrafe in einem Konzentrationslager. Stenzel wurde nach Sachsenhausen nördlich von Berlin geschickt, wo man ihm den Kopf schor und ihn drei Wochen lang entwürdigende Arbeiten verrichten ließ (zum Beispiel mußte er Abfall aus dem Lager einsammeln). Wie es SS-Brauch war, entließ man ihn unter der Bedingung, kein Wort über seine Erfahrungen im KZ verlauten zu lassen.[147]
Die Angelegenheit hatte eine Vorgeschichte, in der die Vorliebe dreier Männer für das berüchtigte Flair von Reichtum, Ruhm und Sex der Scala eine Rolle spielte. Stenzel und seine Freunde waren von dem achtundzwanzigjährigen Wilhelm Fanderl an die Gestapo verraten worden. Er war Chefredakteur beim Berliner *12 Uhr Blatt*, einer der Klatschzeitungen, die sich der Hautevolee und ihren nächtlichen Vergnügungen widmeten.[148] Fanderl hatte eine Art Pakt mit Stenzel geschlossen, der an einer guten örtlichen Presse für sich und sein Programm interessiert war. Stenzel gestattete Fanderl, die Shows der Scala jederzeit vom Orchestergraben aus zu verfolgen – vermutlich damit der Journalist die schönen Revuemädchen, die auf der Bühne hin- und herstolzierten, aus nächster Nähe in Augenschein nehmen konnte.[149] Mädchen, die er für die Nacht begehrte, lernte er dann hinter der Bühne besser kennen. Stenzel hatte für sol-

che Wünsche Verständnis, denn auch er, gutaussehend und stets elegant gekleidet, war ein notorischer Schürzenjäger.[150] Das letzte Mitglied dieses Trios war kein anderer als Hans Hinkel, der Generalsekretär der RKK, der sich ständig bemühte, so viele junge Mädchen wie sein Chef Goebbels zu verführen, vorzugsweise aus dem Showgeschäft. Wegen seiner zahlreichen Affären galt der stattliche Hinkel um 1937, jedenfalls bei Goebbels, als unglücklich verheiratet. Tatsächlich gelang es ihm 1938, sich von seiner ersten Frau scheiden zu lassen (die er während der Kampfzeit der Partei geheiratet hatte), was ihm bei amourösen Abenteuern mehr Freiheit als je verschaffte.[151]

Hinkels und Fanderls Freundschaft hatte in Berlin begonnen. Als inbrünstige Nationalsozialisten hatten beide für Gauleiter Goebbels' Parteipresse gearbeitet, insbesondere für das aggressive politische Blatt *Der Angriff*. Fanderl schloß sich zunächst 1929 der illegalen österreichischen Nazipartei an und wechselte 1932 zur Reichspartei über. Nach 1933 wurde ihm das Goldene Parteiabzeichen verliehen, und er erlangte seine einflußreiche Zeitungsposition in der deutschen Hauptstadt, die ihm viele Türen öffnete. Dadurch war dieser frühere Österreicher 1939 ein Mann von einigem Ansehen in der Partei und jemand, mit dem man rechnen mußte.[152]

Hinkel war sogar noch weiter aufgestiegen, wobei er ständig nach neuen Affären Ausschau hielt. Das war einer der Gründe, weshalb er 1937–38 versucht hatte, Stenzel und dessen Direktor Duisberg während des Mohaupt-Skandals in Schutz zu nehmen. Die erhaltene Korrespondenz zwischen Fanderl und Hinkel zeigt, daß sie ein Abkommen geschlossen hatten, um junge Mädchen zu sexuellen Abenteuern zu verleiten. Zu diesem Zweck versprachen sie den Mädchen, ihren gemeinsamen Einfluß für deren Showbusineßkarriere zu nutzen.[153] Hinkel und Fanderl kamen – unzweifelhaft mit Stenzels Hilfe – regelmäßig mit jungen Starlets in der Scala zusammen, von denen sie zwei später heirateten: Hinkel die zarte, blonde Sängerin Anneliese Kambeck, die den Künstlernamen Anita Spada annahm, und Fanderl die üppige Brünette Charlotte Treml, eine sudetendeutsche Sängerin und Schauspielerin, die sich den Künstlernamen Kary Barnet zulegte.[154]

Das Komplott, in das sich Stenzel im Oktober 1939 verwickelte,

wurde noch vielschichtiger durch die Tatsache, daß das sechsundzwanzigjährige Fräulein Kambeck zu seinen ebenfalls verhafteten Kollegen gehörte. Sie war damals bereits seit einiger Zeit Hinkels Gefährtin, doch auch sie wurde auf Goebbels' ausdrücklichen Befehl hin ins Konzentrationslager Ravensbrück gebracht – unter derselben Anklage wie Stenzel.[155]
Weshalb Fanderl, den Gertie Schönfelder damals »von einer sehr netten Seite« sah und der natürlich auch an der Party teilgenommen hatte, die Gestapo einschaltete, bleibt ein Rätsel. Denn dadurch kompromittierte er sowohl Stenzel, den »Komplizen« seines Liebeslebens, als auch Hinkel, den allmächtigen Reichskulturwalter. Eine Teilerklärung könnte sein, daß Fanderl ein Psychopath war. Aus den noch vorliegenden Dokumenten geht hervor, daß der Journalist ein gewaltiges Ego befriedigen mußte und zu Nervenzusammenbrüchen neigte.[156]
Fanderls Freundschaft mit Hinkel kühlte sich in den letzten beiden Kriegsjahren merklich ab, als der Journalist dem SS-Oberführer gegenüber andeutete, daß Kary Barnet im Herbst 1939 in eine gegen das Regime gerichtete Verschwörung mit Hinkels Freundin Spada verwickelt gewesen sei. 1944 reichte Fanderl die Scheidung von Barnet ein.[157] Damals begründete dieser unberechenbare Mann seinen Verrat an Stenzel mit nachträglicher Einsicht; dabei benutzte er die politisch opportune Wendung, daß »ich eben Nationalsozialist bin und diesen Glauben über alles stelle«.[158]
Stenzels glorreiche Showbusineßkarriere, die im Laufe der Jahre zur Entwicklung so vieler Jazzmusiker beigetragen hatte, war praktisch beendet, als es Hinkel schließlich gelang, seine (und vor allem Kambeck-Spadas) Entlassung aus dem Konzentrationslager zu erwirken.[159] Er schwieg sich danach aus, wie sich Schönfelder erinnert. Aber da er eine berühmte Persönlichkeit war, setzten Hinkel und Goebbels ihn zur Truppenbetreuung weit hinter den Feindlinien ein, während ein Ersatzmann das ursprüngliche Scala-Orchester an der Lutherstraße weiterführte.[160] Dies war eine entwürdigende Degradierung für den Lebemann. Die Gestapo behielt Stenzel im Auge; sie schätzte ihn als politisch »unzuverlässig«, wenn auch umsichtig in seinem persönlichen Verhalten ein.[161] Als leidenschaftlicher »Swingapostel« provozierte Stenzel die Geheim-

polizei gelegentlich zu Beschwerden über seine musikalische Tätigkeit. Dies war zum Beispiel im Herbst 1940 der Fall, als Stenzel, der zur Abwechslung in der Heimat dirigierte, so verwegen war, ein Jack-Hylton-Arrangement von »Clarinet Marmelade« und ein Arrangement der schwarzen Pianistin Mary Lou Williams von »Camel Hop« spielen zu lassen. Ein halbes Jahr später verjazzte er ein einfaches Seemannslied, vielleicht weil er wußte, daß Hinkel im Publikum war und ihn um der Vergangenheit willen verteidigen würde.[162]

Aber Stenzel wußte auch, daß er seinen Höhepunkt hinter sich hatte. Nach dem schrecklichen Luftangriff auf Berlin im November 1943, bei dem das Scala-Gebäude völlig zerstört wurde, schickte man ihn zum Teatro Madrid in Spanien, wo er das Scala-Programm noch einmal in Szene setzen sollte. Gewiß, auch Spanien war ein faschistisches Land, doch nicht mit der bedrückenden Diktatur zu vergleichen, die er gerade hinter sich gelassen hatte. Spada war opportunistisch genug, in Deutschland zu bleiben (Goebbels selbst war bei ihrer Eheschließung mit Hinkel im September 1942 dabei), und angeblich wurde ihre Karriere von dem Reichskulturwalter stärker gefördert als die anderer Sängerinnen, die von Experten für talentierter gehalten wurden; zu denen gehörte Lale Andersen, die durch »Lili Marlen« berühmt geworden war.[163] Kary Barnet gab ein Gastspiel bei Heinz Wehner in Oslo und hatte später Live-Auftritte bei mehreren Soldatensendern.[164] Das war das Ende des von der Scala bewirkten Jazz- und Big-Band-Phänomens.

Der »Krieg im Inneren« hatte auch Folgen für die Jazzaktivitäten in den neubesetzten Ländern, die als Teile eines »Großgermanischen Reiches« vorgesehen waren, besonders für die in West- und Nordeuropa. Die Jazztradition dieser Länder war wegen ihrer engen Beziehung zu England und Amerika stets eindrucksvoller gewesen als die Deutschlands. Oberflächlich betrachtet, spielten die Jazzmusiker in Frankreich, Belgien, Holland und Dänemark nach dem Frühjahr 1940 mehr oder weniger so weiter wie vor der deutschen Eroberung.

In Frankreich drehte sich diese Musik fast ausschließlich um den in Belgien geborenen Zigeunergitarristen Django Reinhardt, den produktivsten europäischen Jazzmusiker aller Zeiten. Reinhardt hatte seinen Hauptsitz immer noch in Paris, obwohl das ursprüngliche Hot-Club-Quintett nach der Ausreise des Geigers Stephane Grappelly nach England aufgelöst worden war. Nach dem September 1939 hatten französische Musiker sogar noch mehr zu tun, um ihr jazzverrücktes Publikum zufriedenzustellen, da die Amerikaner, seit langem als führend in der französischen Szene etabliert, eilig das Land verlassen hatten. Der Hot Club in der Rue Chaptal, hauptsächlich von Charles Delaunay geführt, war ebenfalls noch sehr wichtig; er gab Reinhardt und seinen verschiedenen Partnern – Gus Viseur (Akkordeon), Alix Combelle (Tenorsaxophon), André Ekyan (Altsaxophon), Hubert Rostaing (Klarinette) – die nötige Unterstützung. In ständig wechselnden Kombinationen traten die Musiker, darunter auch der Pianist Eddie Barclay und der Schlagzeuger Pierre Fuoad, der dem ägyptischen Königshaus entstammte, in Clubs wie Jane Stick und Le Montecristo auf. Oder sie spielten bei besonderen Festivals, die der Hot Club organisierte, ebenso wie Reinhardts eigene Gruppe im Dezember 1940 im Salle Gaveau. Es kam sogar zu Abstechern in den Süden – nach Lyon und an die Côte d'Azur, damals unter der Vichy-Regierung – sowie ins benachbarte Belgien. Deutsche Jazzfans in Uniform waren von diesen Bands begeistert, und der lateinamerikanische Playboy Porfirio Rubirosa engagierte Reinhardts Combo einmal für eine Privatparty im Pariser Vorort Neuilly.[165]

In Belgien bewegten sich die von den Deutschen beschäftigten Orchester von Fud Candrix, Jean Omer, Stan Brenders und Eddie Tower häufig zwischen Brüssel, Antwerpen und Lüttich hin und her, um ihre einheimischen Fans zufriedenzustellen. Andere hervorragende belgische Musiker, etwa die Bandleader Henry Blum und Chas Dolne, blieben dem Reich fern, vielleicht weil sie den Patriotismus besaßen, der Kollaborateuren wie Candrix fehlte. Entgegen den offiziellen Vorschriften kamen die Wehrmachtsoldaten nach Brüssel oder Lüttich, um zu der Musik unbekannter, quasilegaler und wunderbarer Jazzbands Swing zu tanzen.[166]

Die holländische Jazzszene war der belgischen mindestens gleichwertig, denn hier, wie in Frankreich, hatten große amerikanische Solisten wie Benny Carter, Duke Ellington und Coleman Hawkins einen bleibenden Eindruck hinterlassen. Amsterdam bildete den

Mittelpunkt, doch auch in Den Haag und Rotterdam traten viele gute Gruppen auf. Die berühmteste niederländische Band war Het Ramblers, geleitet von dem Pianisten Theo Uden Masman. Daneben gab es De Moochers, die Band des Trompeters Boy Edgar, oder Boyd Bachmanns häufig herumblödelnde Combo. In Amsterdam wurde der beste Jazz, gewöhnlich von völlig unbekannten Musikern, zumeist in schmierigen kleinen Kneipen direkt im Bordellviertel am Bahnhof geboten. Über eine dieser Bands schrieb ein deutscher Soldat nach einem Besuch: »Besonders in einer Kneipe, Hotel Holland, spielte eine ganz ausgezeichnete Band, 3 Mann, und zwar Tenor, Piano und Schlagzeug... Ich konnte mich kaum trennen. Vor allem der Schlagzeuger hatte einen tollen Rhythmus und auch der Tenorsaxophonist einen fabelhaften Stil und herrliche Improvisationen. Dabei war das eine Pinte übelster Sorte, voll von üblem Gesocks, aber was macht das schon bei so einer Musik. Der Name der Band war: Pim Maas. Übrigens gab es von der Sorte noch eine ganze Reihe in ähnlichen Lokalen.«[167]

An der Kleinheit des Landes gemessen, war die dänische Jazzszene verblüffend stark und vielfältig. Wie die Holländer und Franzosen hatten die Dänen seit langem von gastierenden amerikanischen Musikern wie Armstrong, Ellington, Carter, Hawkins und Fats Waller profitiert.[168] Nach 1939 wurde die Szene von dem Geiger Svend Asmussen beherrscht, dessen Können dem Grappellys gleichkam (der aber seinerseits bald von Helmut Zacharias erreicht werden sollte); von dem Posaunisten Peter Rasmussen; und in geringerem Maße von den Pianisten Leo Mathisen und Kjeld Bonfils, der auch prächtig Vibraphon à la Hampton spielte. Der Holzbläser Kai Ewans, der früher in Bernard Ettés deutschem Salonorchester gearbeitet hatte und im Reich auf Tournee gewesen war, leitete unzweifelhaft die bedeutendste Big Band. Zwischen 1940 und 1945 verfügte Kopenhagen über nicht weniger als zwölf Clubs, in denen man reinen Swing hören konnte – wahrscheinlich ein Rekord für das gesamte besetzte Europa.[169]

Es gibt einige stichhaltige Gründe, weshalb die deutschen Behörden diesen Aktivitäten keinen Riegel vorschoben. Zum einen wollte das Reich diese Territorien für eine germanische Föderation unter nationalsozialistischer Vorherrschaft gewinnen; deshalb gewährte es

ihnen ein relativ hohes Maß an Selbstverwaltung, je nach dem Besatzungsstatus des Landes. Da die kulturelle Selbstverwaltung ein Teil dieser Politik war und sich die einheimischen Zensoren entweder als nachsichtig oder als inkompetent erwiesen, konnten Kunstformen wie der Jazz gedeihen.
Zum zweiten wußte das Regime wiederum sehr gut, daß man einiges tun mußte, um die Moral der Besatzungstruppen hochzuhalten. Deshalb duldete und förderte die nationalsozialistische Regierung sogar Disziplinlosigkeiten, die für Soldaten in einem eroberten Land, mit einer ihnen nicht zu fremden Bevölkerung typisch sind: flüchtige Liebschaften mit willigen einheimischen Frauen und Mädchen, einen oft exzessiven Alkoholkonsum sowie, zur Unterstützung dieser Aktivitäten, angenehme Musik in Clubs, die im Idealfall eine Lizenz besaßen, in Bordellen und manchmal auch in Offizierskasinos. In dem oben zitierten Brief von Fiddlin' Joe Frommann aus Frankreich werden diese Ablenkungen treffend zusammengefaßt.[170]
Wenn »rhythmische Tanzmusik« (um mit Goebbels zu sprechen) gespielt wurde, so war die Grenze zum Swing immer sehr schmal. Das mochte bedauerlich sein, aber wie in der Rundfunkpolitik war es besser, die Soldaten zufriedenzustellen als ihren Zorn zu wecken. So erklärt sich, daß Soldaten in Belgien oder Holland zum Swing tanzen konnten, obwohl es vom Militärgesetz untersagt war.
Drittens ließen die Naziherrscher in West- und Nordeuropa ein gewisses Maß an Jazz zu, weil etliche Melodien an Ort und Stelle aufgenommen und auf den neuen Märkten verkauft werden konnten, wobei der Hauptprofit dem Reich zufiel. Denn nachdem England seine gewaltigen Plattenexporte in diese Länder nach Beginn der Feindseligkeiten eingestellt hatte, war ein großes Vakuum entstanden, das Deutschland nun füllen konnte.[171] Die meisten prominenten Jazzgruppen durften nach Herzenslust Schallplatten aufnehmen; die Scheiben wurden dann ungehindert von ihren Landsleuten gekauft – oft, wie Delaunay selbst erklärt hat, als Ersatz für die nun verbotenen amerikanischen Filme. Aber die Deutschen vermarkteten die Platten auch im Baltikum und im Protektorat Böhmen und Mähren.[172] Allein in Dänemark verdreifachte sich die einheimische Schallplattenproduktion zwischen 1939 und 1940; sie erreichte

1942 einen nie dagewesenen Höhepunkt, fiel jedoch 1945 wieder unter den Vorkriegsstand.[173] In dem Katalog des französischen Swinglabels von Panassié und Delaunay sind für 1941 170 Titel verzeichnet, darunter viele ältere Aufnahmen von früher in Frankreich ansässigen Amerikanern wie Bill Coleman und Hawkins.[174]

Aus demselben Grund produzierten ausländische Bands, die in Deutschland arbeiteten, etwa die von Candrix und van't Hoff und Mobiglia geleiteten, ebenfalls Platten in Berlin, die dann auf den Märkten jenseits der deutschen Grenzen verkauft wurden. Sogar die deutschen Gruppen von Templin, Brocksieper (auf einem individuellen Brocksi-Label) und Winter nahmen ihre Jazzversionen für Exportzwecke auf, und einige der Singles waren sogar in deutschen Geschäften zu haben.[175] Ironischerweise konnten die belgischen oder dänischen Schellackplatten, darunter einige Neuauflagen früherer amerikanischer Künstler, jedoch genauso leicht von Wehrmachtangehörigen aller Ränge erworben werden. Sie nahmen die Scheiben dann bei ihren Fahrten in den Heimaturlaub mit, so daß das Reich letztlich von großartigen Jazzaufnahmen überschwemmt war – von den besten, die Europa damals zu bieten hatte, und auch von älteren amerikanischen Exemplaren. Die Situation ähnelte wieder sehr stark den Verhältnissen von 1933 bis 1937, als es in ganz Deutschland nicht die geringsten Einschränkungen für den Schallplattenverkauf gegeben hatte.[176]

Einerseits war der Jazz in den besetzten Ländern also freier, weiter verbreitet und im allgemeinen von besserer Qualität als im Reich. Andererseits fand ein großer Teil der Musik im Untergrund statt, was, auch wenn die deutschen Besatzer sich mittels des Jazz gewisse Vorteile verschafften, mit erheblichen Risiken für die Künstler verbunden war. Ob diese Musiker überlebten, hing weitgehend von den Launen der Zivil- und Militärverwalter oder der Glücksgöttin ab. Die Clubs in Paris zum Beispiel blühten im verborgenen; die alten Treffpunkte waren von Amts wegen geschlossen worden. Offiziell bestand eine Zensur, die von einheimischen Quislingen wie Tobie Goedewagen, Jan Govert Goverts in Holland oder von der Gestapo und sogar von Wehrmachtpatrouillen in Frankreich und anderswo durchgeführt wurde. Zensoren in Frankreich und Holland genehmigten musikalische Repertoires entsprechend dem

jeweiligen jazzfeindlichen Katechismus der Nationalsozialisten und drohten bei Übertretungen mit den Konzentrationslagern.
Wenn Musiker amerikanische Klassiker spielten (und praktisch alle taten es), mußten die Melodien getarnt werden – was bereits, wenn auch weniger systematisch, in Deutschland geschehen war. In Paris wurde der »St. Louis Blues« zu »La Tristesse de Saint Louis« und Ella Fitzgeralds »A-Tisket, A-Tasket« zu »Sans Ticket«. Musiker benötigten offizielle Genehmigungen, um in Paris zu spielen, doch in den meisten Fällen kümmerten sie sich nicht um diese Vorschrift. Sie veranstalteten Benefizkonzerte für französische Kriegsgefangene, und einige von ihnen, zum Beispiel der Schlagzeuger Arthur Motta, wurden von der Gestapo verhaftet und zur Zwangsarbeit ins Reich geschickt. Auch Svend Asmussen, zusammen mit fünfhundert anderen prominenten Dänen aus Politik und Kultur, verbrachte vier Wochen in einem provisorischen Lager in Kopenhagen. Trotz ihrer scheinbaren Vitalität standen Jazzmusiker in den nun von Deutschland abhängigen Territorien also immer mit einem Fuß im organisierten Widerstand oder im Konzentrationslager. Dadurch kam der Jazz seiner ursprünglichen Funktion als Protestmusik wieder nahe.[177]

In einer wichtigen Hinsicht waren die Probleme dieser Künstler ganz anders – und potentiell bedrückender – als die ihrer Kollegen im Deutschen Reich. Die Künstler hatten es im Laufe der Jahre an der Kompromißhaltung fehlen lassen, zu der deutsche Jazzmusiker – stets bereit, sich in das zahmere Genre der Gesellschaftsmusik zurückzuziehen – gezwungen worden waren. Deshalb wurden sie als reine Jazzmusiker respektiert, sogar von Amerikanern wie Hawkins und Carter; es war unmöglich, sich Django Reinhardt, im Gegensatz zu Kurt Hohenberger, in einem geschniegelten Hotelorchester vorzustellen. In ihrer nun besiegten Heimat hatten diese Männer lange mit schwarzen Musikern wie dem Pianisten Freddy Johnson und der Willie-Lewis-Band gespielt, mit Künstlern also, die es nie gewagt hatten, sich den deutschen Grenzen zu nähern. Plötzlich gerieten die Schwarzen in Gefahr. Johnson trat in Amsterdamer Clubs auf, bis die Nazis ihn im Dezember 1941 – nach Pearl Harbor – verhafteten. Er wurde bis 1944 in einem bayrischen Lager festgehalten und dann im Austausch gegen einige deutsche Kriegsgefangene in die Vereinigten Staaten zurückgeschickt. Willie Lewis' ausschließlich aus Schwarzen bestehende Band hatte sich 1941 in der Schweiz in Sicherheit gebracht. Aber es gab noch Mulatten unterschiedlicher Nationalität in der Pariser Szene, dazu farbige Musiker aus niederländischen Kolonien wie Surinam, die die einheimische, rassistische Nazipartei unter Anton Adriaan Mussert zum Schweigen bringen wollte. Kopenhagen hatte während der gesamten Besatzungszeit seine Harlem-Kiddies-Gruppe, darunter zwei schwarze Brüder, Jonny und Jimmy Campbell, die Altsaxophon beziehungsweise Gitarre spielten. Da die Nationalsozialisten Dänemark relativ milde behandelten, scheinen die beiden keinen Schaden davongetragen zu haben.[178]

Das gleiche kann schwerlich für die vielen jüdischen Jazzmusiker, besonders in Holland, gesagt werden. Während der ersten Pogrome von 1940 wurden die Juden entweder sofort verhaftet, oder sie verschwanden eine Zeitlang im Untergrund. In Amsterdam war ihre Zahl Legion: der Schlagzeuger Maurice van Kleef, der Saxophonist Sally Doof, der Pianist Leo de la Fuente, um nur die bedeutendsten zu nennen. Zu dieser Gruppe müssen die Flüchtlinge aus dem Reich hinzugerechnet werden, etwa die Brüder Reininghaus, der Pianist Martin Roman und der Trompeter Rolf Goldstein. Nur wenige von ihnen überlebten den Holocaust.[179]

Sogar der Gigant unter diesen Musikern, Django Reinhardt, war gefährdet, weil er der Minorität der Zigeuner angehörte, die von der nationalsozialistischen Ideologie als rassisch minderwertig eingestuft wurde. Im Deutschen Reich hatte die Kampagne gegen die Zigeuner ernstlich im Januar 1940, noch vor der Niederlage Frankreichs, begonnen. Dr. Robert Ritter, ein Wissenschaftler, der mit der Untersuchung der Angelegenheit betraut wurde, fällte das vernichtende Urteil, daß neunzig Prozent aller bekannten Zigeuner keine Angehörigen der reinen »indogermanischen« Rasse (die von Fanatikern wie Himmler verehrt wurde), sondern asoziale Mischlinge seien, die in Lager gesteckt und zu ehrlicher Arbeit gezwungen werden müßten. Ein paar Wochen nach der Veröffentlichung dieses Berichts erklärten gewisse Juristen, daß die Zigeuner an »afrikanische oder asiatische primitive Völker« erinnerten und deshalb sterilisiert werden sollten. Auf dieses Stichwort hin machte sich die

RMK verstärkt daran, Zigeuner auszuschließen. Der nächste wichtige Schritt ereignete sich im Winter 1941–42, als Dr. Ritter an einer Konferenz teilnahm, auf der die Ermordung von dreißigtausend deutschen Zigeunern diskutiert wurde: Sie sollten auf Schiffe im Mittelmeer gebracht und die dann durch Bomben versenkt werden. Himmler befahl im Dezember 1942 schließlich, sämtliche »unreinen« Zigeuner ins Todeslager Auschwitz zu deportieren. Inzwischen hatte Reinhardt bereits schreckliche Angst; er ahnte, daß seine Verbindung zur Jazzkultur und seine Zigeunerherkunft als ruchlose Mischung betrachtet werden würden. Hatte doch der Jazzkritiker Paul Bernhard schon 1927 über die besondere Verwandtschaft geschrieben, die zwischen der Jazzmusik und den für das Zigeunerleben charakteristischen Klängen bestehe. Als Paris im Frühjahr 1940 eingenommen wurde, flüchtete Reinhardt impulsiv – »von panischem Schrecken ergriffen«, schreibt Delaunay – aus der Hauptstadt in den Süden: »Er hoffte, daß ein Wunder Frankreich vor der Niederlage retten werde. Aber das Wunder trat nie ein, und nach der Unterzeichnung des Waffenstillstandes folgte die trübselige Rückkehr nach Paris.« Dort schlug sich Reinhardt nach besten Kräften durch.[180]

Es gab Scharen von Jugendlichen in Belgien und besonders in Frankreich, die den Hamburger Swings ähnelten, was ihren Lebensstil und ihre eigentümliche Würdigung des modernen Jazz betraf. Sie nannten sich »Zazous« und wurden, wie ihre deutschen Gesinnungsgenossen, von den puristischen Jazzanhängern zumeist nicht ernst genommen. Das war ganz offensichtlich ein Fehler, denn aus ihrer Mitte kamen wahre Jazzmusiker und Jazzimpresarios – oder einfach demokratische Bürger. Sogar heute ist ein so nüchterner Kritiker der Jazzszene wie Eric Hobsbawm nicht bereit, diesen Teenagern gesellschaftliche und politische Reife zuzubilligen. Dabei trotzten sie offenkundig der Autorität – einer Autorität, die für sie in erster Linie Hitlers »Neue Ordnung« vertrat, und Hobsbawm selbst räumt ein, daß »mehrere der Ärmsten in Arbeitslagern endeten«. Bedeutet nicht allein dieser Umstand, daß diese jungen Männer und Frauen moralisch unendlich höher einzustufen sind als ihre durchschnittlichen Altersgenossen, gar nicht zu reden von den Kollaborateuren, zum Beispiel den jungen Französinnen, die mit jedem beliebigen Wehrmachtsoldaten ins Bett gingen? Mike Zwerin ist dieser Gruppe gegenüber gerechter, wenn er mutmaßt, daß sich nicht wenige Zazous später das lange Haar abschneiden ließen und ihre stutzerhaften Jacketts gegen einfache Anzüge austauschten, um sich dem Maquis, der unerschrockenen französischen Widerstandsbewegung, anzuschließen.[181]

In Deutschland sorgten die ersten drei Kriegsjahre unterdessen dafür, daß sich bereits bestehende lockere Gruppierungen von Jazzfans und -musikern konsolidierten, einige neu entstanden und daß sie alle einen Trotz-Panzer entwickelten, der sich von der politischen Naivität der Vorkriegsgruppen merklich unterschied. Schließlich war der Jazz, auch ohne schriftliche Verfügung, zu einer verbotenen Frucht geworden; man brachte ihn eng mit den äußeren Gegnern des Regimes in Verbindung, abgesehen davon, daß Goebbels' Ministerium ihn in Richtung handverlesener Zielgruppen, etwa der Wehrmachtsoldaten, kanalisierte. Die jüngeren Fans, die noch nicht zum Militärdienst eingerückt waren, oder die, die sich ihm entzogen hatten, schrieben dem Jazz nun ganz bewußt eine oppositionelle Bedeutung zu. Für sie symbolisierte er das Streben nach individueller Freiheit auf ganz andere Art, als Schulz-Köhn oder Michaelis es je für nötig gehalten hatten.

Im Frankfurter Großraum kamen der Akkordeonist Emil Mangelsdorff, der Trompeter Carlo Bohländer und der Pianist Hans Otto Jung als Gleichgesinnte zusammen und bildeten den Kern des später sehr wichtigen Harlem-Clubs. In Frankfurt hatte sich Mangelsdorff mit einer Reihe anderer Teenager zusammengetan, die alle den Ehrgeiz hatten, Jazz zu spielen. Horst Lippmann war am Schlagzeug interessiert, und seine Eltern besaßen ein Restaurant, in dem man üben konnte. Karl (»Charlie«) Petry spielte Klarinette, und es gab noch einen weiteren Schlagzeuger, Hanns Podehl. Im Frühjahr 1941 begannen sie, so gut sie konnten, in einer versteckten Bar namens Rokoko-Diele (sie gehörte zum Hotel Kyffhäuser in der Frankfurter Innenstadt) Jam Sessions abzuhalten. Der Vorteil dieses Standortes war, daß spezielle Wachtposten sämtliche Spitzel der Hitlerjugend oder der Gestapo leicht entdecken und die Musiker warnen konnten. Jung, der offiziell seine Doktorarbeit in Wirtschaftswissenschaften an der Frankfurter Universität schrieb, hatte

Podehl eines Tages durch einen gemeinsamen Freund in einem Ruderverein kennengelernt. So wurde er der Pianist der Gruppe. Bohländer diente noch in der Armee; er war im nahegelegenen Gießen stationiert und versuchte verzweifelt, aus der Wehrmacht entlassen zu werden. Er wurde Petry von einem mit beiden befreundeten Musiker vorgestellt. Gegen Mai 1941 machte sich Bohländer an Wochenenden aus der Kaserne davon, um sich der Harlem-Combo anzuschließen, deren Ansehen in der Frankfurter Subkultur sprunghaft wuchs. Bald wurde die Rokoko-Diele zu einem selbstverständlichen Treffpunkt für kritische, die Hitlerjugend ablehnende Jungen und Mädchen – insgesamt mehrere hundert.

Der Name der Combo war den ersten Takten von »Benny Moten's Swing« entnommen, der gerade durch eine Schallplatte des Briten Eddie Carroll mit dem Titel »Harlem« populär geworden war. Wie die Hamburger Swings trugen die Jungen der Frankfurter Harlem-Clique das Haar länger, als es die Anstandsregeln der Nationalsozialisten vorschrieben, und die Mädchen betonten ihre Weiblichkeit – und gewiß auch ihre Sexualität – durch ihre Kleidung und ihr Benehmen. Mit den Ausdrücken einer späteren Generation hätte man sie »cool« oder »locker« genannt. Nach einer Weile vermittelte der musikalisch versierte Bohländer, unterstützt von dem ungeheuer fähigen Pianisten Jung, der Gruppe einiges technisches Know-how, so daß manche von ihnen, etwa Mangelsdorff, Noten zu lesen begannen. Mangelsdorff wechselte bald vom Akkordeon zur Klarinette über, denn Akkordeon war schließlich ein seltsames Instrument für einen Jazzkünstler. Und nun besuchte er auch das Konservatorium.[182]

Der Harlem-Club entwickelte seine eigenen konspirativen Methoden. Die Mitglieder taten alles, was verboten war: Sie hörten sich heimlich Jazz und Nachrichten in der BBC an und mieden den Dienst in der Hitlerjugend, denn die meisten waren noch keine achtzehn Jahre alt. Wann immer es in Frankfurt jazzähnliche Vorstellungen für Soldaten gab, etwa gastierender ausländischer Bands von Ernst van't Hoff und Arne Hülphers, waren die verschworenen Freunde dort zu finden. Ein Teil der besseren Musik wurde im Café Regina gespielt, zum Beispiel von den niederländischen Bands John Kristels oder van't Hoffs oder von der belgischen Gruppe John

Witjes'. Bei diesen Gelegenheiten nahm Emil Mangelsdorff seinen mehr als drei Jahre jüngeren Bruder Albert mit. So wurde der dreizehnjährige Albert Mangelsdorff 1941, auf dem Höhepunkt des Dritten Reiches, gründlich in das quasi-illegale Jazzmilieu eingeführt. Beeinflußt von Emil und einem Onkel, der Musiker war, fing der junge Geiger Feuer. Bald wechselte er zur Gitarre über.[183]

Ebenfalls 1941 wurden Stücke, die diese Gruppe besonders gern spielte, von dem privaten Aufnahmestudio Giese & Messerklinger auf Schallplatten gepreßt: zum Beispiel »Bugle Call Rag« im Juli und »Dinah« im November, wobei Emil Mangelsdorff immer noch eine steif klingende Ziehharmonika spielte. 1942 festigten sich mit Jungs Hilfe die Beziehungen der Gruppe zu dem früheren Berliner Kreis um Hans Blüthner, was zu gelegentlichen Besuchen der Hauptstadt führte, vornehmlich von Jung. Der Volkswirtschaftsstudent mit dem absoluten Gehör hatte inzwischen Eindruck auf Hülphers und van't Hoff gemacht; er hatte Arrangements von Melodien wie »I'm Comin' Virginia« direkt von einer Benny-Carter-Platte niedergeschrieben, die beide Orchesterchefs auf der Bühne benutzten. Am 3. April 1942, Karfreitag, besuchte Jung seinen Freund Blüthner in Berlin. Hans Blüthner und Gerd Peter Pick hatten Musiker, die sie aus den Tagen des Melodie-Klubs kannten, und auch einige von van't Hoffs Männern zusammengetrommelt, die Jung gerade in Frankfurt verblüfft hatte. Eine geheime echte Jam Session wurde im Delphi-Palast abgehalten, der an diesem Tag für die Öffentlichkeit geschlossen war. Blüthner und Jung hatten es geschafft, ihn zu mieten, wobei sie einen seltenen, von Jungs Firma destillierten Cognac, damals ein kleines Vermögen wert, als Bestechungsmittel benutzt hatten. Vier Musiker aus van't Hoffs Band sowie Hans Korseck an der Gitarre und sein Kumpel, der Saxophonist Herbert Müller, spielten die fetzigsten Melodien, wobei Jung selbst am Klavier saß. Obwohl die meisten Nummern von Pick aufgenommen wurden, ist nur ein Song erhalten: ein Stomp, der später den Titel »Jam at the Delphi« bekam. Damals lernte Jung Dietrich Schulz-Köhn endlich persönlich kennen, der gerade von der Westfront her auf der Durchreise war. Am nächsten Tag stellte Dietrich ihn in Magdeburg seinen Eltern vor. Dies war der Beginn einer lebenslangen Freundschaft.[184]

Die Frankfurter Gruppe übte danach weiterhin zusammen, häufig mit gastierenden niederländischen und belgischen Musikern wie dem Bassisten Hubert Venesoen und dem Tenorsaxophonisten Freddy de Bondt, aber auch mit dem nicht »reinrassigen« deutschen Trompeter Hans Berry, der aus Belgien zurückgekehrt war und bald eingezogen wurde. Diese Musiker spielten, immer in irgendeinem Versteck, zu ihrem eigenen Vergnügen und dem ihrer Fans. Nachdem die Rokoko-Diele zugemacht worden war, nutzten sie ein leeres Fabrikgebäude, in das sich manchmal auch französische und belgische Zwangsarbeiter einschlichen. Es gab ein oder zwei personelle Änderungen, denn Emil Mangelsdorff wurde Anfang 1943 einberufen. Doch er konnte durch den zweiundzwanzigjährigen Louis Freichel angemessen ersetzt werden, einen Konservatoriumsstipendiaten, der an der Front verwundet worden war und auf Genesungsurlaub in der Heimat war. Er war Trompeter, doch er konnte auf praktisch jedem Instrument, das er anfaßte, Swing spielen.[185]

Bei der Harlem-Clique wußte man, daß man sich auf gefährlichem Boden bewegte, denn ihre Ablehnung des Regimes war offenkundig. Damals befand sich der Bruder eines engen Freundes der Familie Jung, ein Mann namens Schmidtmann, im Konzentrationslager Sachsenhausen und wurde dort schließlich ermordet.[186] Äußere Erscheinung und Ausstattung der Clubmitglieder entsprachen nicht dem, was die Wehrmacht, die Partei oder die Führung der Hitlerjugend dulden konnten. Alle waren von einer BBC-Leidenschaft infiziert. Außerhalb ihres Kreises hatten sie Bürger besetzter Länder, Musiker oder Zwangsarbeiter als Freunde, was nach nationalsozialistischen Maßstäben stets verdächtig war. Zunehmend steckten sie auch andere Gruppen von Jugendlichen an, die dann bei zufälligen Begegnungen auf der Straße die geheime Erkennungsmelodie, die ersten Noten von Carrolls »Harlem« pfiffen.

Diese jungen Männer und ihre Mädchen wurden regelmäßig von dem Gestapobeamten Heinz Baldauf beobachtet, dem sie den Spitznamen »Ganjo« gaben. Baldauf, 1915 geboren, ein ehemaliger Drucker, hatte sich 1931 der Hitlerjugend (zwei Jahre bevor Hitler Kanzler wurde), 1933 der Partei und der SS sowie im Juni 1939 hauptberuflich der Gestapo angeschlossen. Er scheint nicht das geringste von Jazzmusik verstanden zu haben, aber er war hinreichend indoktriniert, um – zu Recht – anzunehmen, daß sie bei jungen Leuten Antrieb und Symptom einer antinationalsozialistischen Haltung sein konnte. Ganjo kümmerte sich weniger um die älteren Mitglieder der Harlem-Clique, da sie entweder, wie Jung, sorgfältiger gekleidet waren oder, wie Bohländer, der Wehrmacht angehörten. Vielmehr machte er sich den Spaß, die jüngeren der wichtigen Mitglieder, nämlich Emil Mangelsdorff und Horst Lippmann, aufs Korn zu nehmen. Eine Polizeiverordnung »Zum Schutze der Jugend« vom 9. März 1940 hatte Gestapo-Angehörige wie Baldauf (und andere in Hamburg oder Berlin) bevollmächtigt, Jugendliche unter achtzehn Jahren aufzuspüren, zu schikanieren und sogar zu verhaften, wenn sie nach Einbruch der Dunkelheit auf der Straße oder nach 21 Uhr in Stätten der öffentlichen Unterhaltung, etwa Kinos oder Lokalen, angetroffen wurden.

Mangelsdorff und Lippmann übertraten diese Vorschriften häufig und wurden deshalb von Ganjo mißhandelt. Gelegentlich schleppte er Mangelsdorff ins Gestapohauptquartier, zwang ihn, sich das Haar schneiden zu lassen, und schlug ihn sogar ins Gesicht, weil er ein aufsässiger Rüpel sei. Lippmann erlitt ähnliche Schikanen. Baldauf genoß es, seine Opfer über andere als subversiv Verdächtigte zu verhören, die sie vielleicht kannten: rebellische Jugendliche, die BBC hörten und umstürzlerische Swingschallplatten auf tragbaren Geräten im Frankfurter Waldstadion oder in kleinen Kähnen auf dem Main spielten, wo die Geheimpolizei sie dann mit Schnellbooten jagen konnte.[187]

Unterdessen war in Leipzig, rund achthundert Kilometer östlich, eine neue Generation von jungen Jazzanhängern dabei, Kurt Michaelis und seinen Kreis abzulösen, obwohl sie selbst daraus hervorgegangen waren. In politischer Hinsicht fehlte ihnen die Unbekümmertheit von Hot-Geyer, Fiddlin' Joe oder Dreamy-Hot; ihre Jugend war schon von zu vielen Jahren der Naziherrschaft beeinträchtigt worden. Im November 1938 hatte Michaelis Frohwalt (»Teddie«) Neubert in den Leipziger Hot Club eingeführt. Neubert war der Sohn eines Goethe-Experten und hatte den Ehrgeiz, Schlagzeuger zu werden. Obwohl er damals erst siebzehn Jahre alt war, veranstaltete er bald einige der Clubtreffen in der mit Büchern vollgestellten Wohnung seines Vaters. Während die älteren Clubmitglieder allmählich zum Kriegsdienst einrückten, erhielt Teddies jüngere Schar Zuwachs: durch den »Halbjuden« Lutz Warschauer, Herbert Becke, der Architekt werden wollte, Stefan Kryves und durch den Kunsthochschulstudenten Ingfried Henze.

Hier wurde der Übergang von einer Generation auf die nächste von nichts anderem bestimmt als der Liebe zur Jazzmusik. Aber die Nachfolger waren bereits freizügiger in ihrer Einstellung, ihren Gewohnheiten und höchstwahrscheinlich auch in ihren politischen Ansichten als die Gründer. Dies zeigt sich daran, daß einige der Jungen ihre Freundinnen als gleichberechtigte Mitglieder, sogar als Amateurmusikerinnen, zu den Treffen mitbrachten. Herbert Beckes Liebste, Maria Rausch, sang gern Jazz, und um 1940 hatte sich auch Henzes Freundin, eine junge Graphikstudentin mit einer Begabung für das Keyboard, dem Zirkel angeschlossen.[188]

Die junge Frau hieß Jutta Hipp, und sie symbolisierte alles, was an dieser neuen Gruppe von Jazzenthusiasten beispiellos und progressiv war. Im Rückblick darf man sie als das weibliche Alter ego von Emil Mangelsdorff bezeichnen, der genau das gleiche Alter hatte, in ähnlichen Familienverhältnissen aufgewachsen war und die gleichen politischen und ideologischen Empfindungen sowie einen entsprechenden Ästhetikbegriff hatte. Dies fanden beide heraus, als sie einander später begegneten.

Jutta wurde Teddie Neuberts Freundin, nachdem Henze verschwunden war, vermutlich an die Front. Auch Kryves wurde eingezogen und später als in Rußland vermißt gemeldet. Da die Situation der Jungen im Club ungewiß war, wurden die Mädchen zum stabilen Element, denn sie konnten nicht einberufen werden. Diese Jugendlichen hörten sich nicht nur Jazzplatten und BBC-Programme an, sondern gründeten auch eine provisorische Band, wobei sich Jutta immer stärker für das Swingklavier interessierte. Vier Jahre lang ließ sie sich in Harmonielehre und im Spielen vom Blatt von der Kirchenorganistin Fräulein Selle unterrichten. Diese gehörte zu einer während des Krieges wachsenden Zahl entschlossener, selbstbewußter, im Beruf stehender Frauen, sie fuhr auf einem Motorrad herum und ließ Jutta Kirchentonarten transponieren. Juttas Idole waren Teddy Wilson, Fats Waller und Art Tatum; ihre

Lieblingsplatte war »Margie«, die Jimmy Lunceford im Januar 1938 aufgenommen hatte. Bei ihrer Verlobung mit Neubert tauschten sie Ringe; auf seinem stand »It Don't Mean a Thing«, und auf ihrem die Ergänzung: »If It Ain't Got That Swing«.[189]

Jutta und ihr Kreis entwickelten, während der Krieg mit all seinen häßlichen, sichtbaren Nebeneffekten eskalierte, ein politisches Bewußtsein. Juttas Vater, ein ehemaliger Freimaurer, hatte dem Druck nachgegeben und war der NSDAP beigetreten, um seinen Arbeitsplatz zu behalten; später verließ er angewidert die Partei. »Mein Vater hat die Nazis immer gehaßt.« Selbst auf das Risiko hin, von einem Luftschutzalarm überrascht zu werden, schlich sich Jutta dauernd nach unten zum Familienradio, um sich Jazz auf feindlichen Sendern anzuhören; sie schrieb die Melodien im schwachen Schein einer primitiven Taschenlampe auf Notenpapier nieder. In und um Leipzig sah sie Gefangene, die, mit dünnen gestreiften Anzügen bekleidet, in Fabriken Zwangsarbeit leisten mußten. Jutta versuchte sie damit zu trösten, daß bald alles vorbei sein werde. Aber es dauerte noch eine ganze Weile. Wenn sich die Gruppe zum Beispiel vor Kryves' Einberufung in seiner Wohnung versammelte, um Platten zu hören und selbst Musik zu spielen, ermahnte er seine Freunde, den Rhythmus nicht auf den Fußboden zu pochen, »da Nachbarn und Nazis dem Jazzgeräusch nicht zugetan waren«. Diese Clique kam entgegen den striktesten offiziellen Vorschriften sogar im Verlauf von Bombenangriffen zusammen.[190]

Es liegt auf der Hand, daß Jutta Hipps Ablehnung des Regimes mit ihrem persönlichen Nonkonformismus zusammenhing, und ihr Benehmen läßt, wie das der Frankfurter Fans, an das Verhalten der Hamburger Swings denken. »Ich trug immer blaue Seidenstrümpfe mit einer roten Naht und einem roten Herzen auf dem Knie«, schreibt sie. »Und da ich wie alle Teenager anders sein wollte, ging ich oft einen ganzen Häuserblock lang rückwärts, um zu sehen, ob sich jemand aufregte, und um ihn dann anzulächeln.«[191]

Nach 1940 war die Verbindung von politischer Skepsis, persönlichem Nonkonformismus und Liebe zur Jazzmusik keine so seltene Erscheinung bei bestimmten Jugendlichen in den größeren und sogar in einigen kleineren Städten Deutschlands. Unter den immer finsterer werdenden Wolken symbolisierte der Jazz den wachsenden Groll der jüngeren Generation gegen die Politik des Krieges und der Unterdrückung, die von Partei und Wehrmacht, SS und Hitlerjugend betrieben wurde. Je länger sich der Krieg hinzog, desto gefährlicher – möglicherweise tödlicher – wurde diese abweichlerische Haltung mancher deutscher Jugendlicher, denn letztlich stand, vom Standpunkt der Herrscher, die Rekrutierung für die nationalsozialistische Bewegung und ihre langfristigen Ziele auf dem Spiel. Anfang der vierziger Jahre gab es Gruppierungen in Weimar, Rostock und Breslau, und auch anderswo wurden es mehr. Der Kreis in Breslau ähnelte dem Frankfurter Zirkel darin, daß die Mitglieder freundschaftlichen Umgang mit ausländischen Arbeitern hatten, und der Leipziger Gruppe in deren Vorliebe für aktuelle Jazzaufnahmen. Die Mitglieder hatten täglich Zusammenstöße mit der Hitlerjugend. Allen verbotenen Gruppen und Cliquen diente Hamburg, wenn auch aus der Ferne, als Vorbild: darin, daß Kleidung und Verhalten herausfordernd unkonventionell waren und Mädchen zunehmend eine Schlüsselfunktion hatten.[192] Der rebellische Geist wurde ansteckend.

Gewagtes Spiel in Hamburg

Während dieser gesamten Periode, von September 1939 bis August 1942, verschlimmerten die Kriegsumstände die ohnehin kritische Situation der Hamburger Swingjugend und politisierten sie zwangsläufig weiter. Dabei kamen verschiedene Dinge zusammen. Das eine war die Fortsetzung der Vorkriegsversuche von nationalsozialistischen Fanatikern, neue germanische Tanzformen für die Nation zu entwickeln; dazu kamen die üblichen gehässigen Angriffe auf den Jazz und den Swingtanz. Das meiste davon blieb Rhetorik und war so wirkungslos wie immer, aber die starre Haltung der Reformer in RKK, NSDAP und Hitlerjugend mußte den Hamburger Swings auf lange Sicht schaden.[193] In dieser Situation hatte es sich der Musiklehrer Max Merz zur persönlichen Mission gemacht, im Reich herumzureisen und von der Partei sanktionierte öffentliche Vorträge gegen den Jazz und die mit ihm verbundenen Swingmanieren zu halten. Merz' Rausschmeißer gingen mit Gewalt gegen junge Zwischenrufer vor, die seine Tiraden störten.[194]

Auch die Uneinheitlichkeit der offiziellen Tanzverbote seit September 1939 war ein widriger Umstand für die Swingjugend. In Zeiten strenger Einschränkungen konnte sie durch ihre Leichtfertigkeit zu Fall kommen, und in toleranteren Phasen ließ sie ohnehin alle Vorsicht außer acht. Im März 1941, als Gesellschaftstänze an drei Tagen in der Woche erlaubt waren, meinte Goebbels die »Verwilderung unserer Tanzmusik« scharf tadeln zu müssen. Seine damalige Geistesverfassung trug dazu bei, daß man zwei Monate später, während der Balkanfeldzüge, ein kurzfristiges Tanzverbot verhängte, das, wenn die Berichte zutreffen, von den ungerührten Swings nicht völlig eingehalten wurde. Wie auch immer, im Januar des folgenden Jahres waren die Hamburger Swings direkt durch einen Erlaß betroffen. Er untersagte das Tanzen in halbprivaten Organisationen – zum Beispiel in ihren exklusiven Sportvereinen, die bis dahin nicht belästigt worden waren.[195]

Es war das Tanzen selbst, das die wichtigsten Anhänger dieser elitären Hamburger Bewegung in Gefahr und sogar Randfiguren der Katastrophe näher brachte. Denn ihre Verrenkungen erregten die Aufmerksamkeit der Geheimpolizei, die dann weitere Anklagen erheben und diese Heranwachsenden an den Rand der Gesellschaft drücken konnten. Die Schlüsselereignisse waren zwei halböffentliche Tanzveranstaltungen Anfang 1940, von denen die erste am 6. Februar im Hotel Kaiserhof in Hamburg-Altona stattfand. Gestapobeamte fanden heraus, daß ungefähr fünfhundert Swings ihr eigenes Fest in einem etwas unauffälligeren Raum neben dem Hauptsaal gefeiert hatten, wo ein Postsportverein seine völlig achtbare Jahresversammlung abhielt. »Es wurde in übelster und vollendetster Form geswingt... typisch, daß englische Musik mit englischem Gesang gespielt wurde, wo unsere Soldaten gegen England im Felde stehen.« Offenkundig handelte es sich nicht um das erste Ereignis dieser Art.[196]

Unter den Augen der wachsamen Gestapo fand am 2. März eine weitere Massentanzveranstaltung in einem gemieteten Flügel des Curio-Hauses in der Rothenbaumchaussee statt. Die Polizeivertreter machten ähnlich wilde Szenen aus; die Musik, gespielt von begabten Hamburger Amateuren, war genauso entlarvend. Die Veranstaltung war in großem Stil vorbereitet worden: Man hatte den Teilnehmern gedruckte Einladungskarten, unterzeichnet von einem gewissen Alfred Dreyer, gesandt; »werte Bekannte« waren herzlich willkommen, doch nur nach Anmeldung bei den Organisatoren. Genau um 23 Uhr – Heinz Beckmanns Studentenband hatte gerade »Bei mir bist du shein« angestimmt – platzte die Polizei herein. Pfeifen schrillten, vierzig Beamte verschlossen sämtliche Ausgänge, stellten lange Tische auf und nahmen den Anwesenden Fingerabdrücke ab. Belastende persönliche Habseligkeiten, etwa Lippenstifte, wurden beschlagnahmt. Das alles dauerte bis in die frühen Morgenstunden. Genau 408 Swing-Boys und -Girls wurden identifiziert, kaum jemand konnte sich unbemerkt davonmachen. Die große Mehrheit wurde in derselben Nacht bis auf weiteres freigelassen, doch man verhaftete mehrere vermeintliche Anführer, darunter einen neunzehnjährigen Juden namens Wolf. Nur siebzehn der Swings waren älter als einundzwanzig Jahre.[197] Eine Folgeparty, die für den 14. März im Weißen Saal des Curio-Hauses geplant war und für die man schon die Einladungen gedruckt hatte, kam nie zustande.[198]

Obwohl es der Gestapo gelungen war, halböffentliche Veranstaltungen der Swings zu unterbinden, hatte sie weiterhin viele Probleme mit Privatpartys und dem immer noch unverhohlen lockenden Unterhaltungsgeschäft. Die berühmten Tanzlokale der Vorkriegszeit wie Café Heinze, Trocadero und Faun, die eine Zeitlang ungestört blieben, wurden immer noch von Swings besucht; dort spielten auch die besseren ausländischen Bands, zum Beispiel die von Arne Hülphers aus dem neutralen Schweden oder die von Hohenberger, als er noch auf Tournee war.[199]

Zu einem typischen öffentlichen Treffpunkt der Swings wurde allmählich der Alsterpavillon im Stadtzentrum. Dieses große, von Glas umschlossene Tanzkasino war schon vor langer Zeit von den Nationalsozialisten mit dem boshaften Spitznamen »jüdisches Aquarium« belegt worden. Anfang 1941 trat John Kristels niederländische Swingband hier auf. Er wurde bald von den Swings zu »ihrem« Bandleader erkoren; seine Bühnenshow war einer der Höhepunkte ihrer bunten Existenz. Ein paar Wochen lang spielte John Kristel die Rolle des Rattenfängers von Hamburg. »Die Stimmung im Alsterpavillon im Jahre 1941 war toll«, erinnert sich einer der

Swings. »Sie heizte sich auf. Die Leute rasten vor Begeisterung. Unglaublich, was da passierte. Die holländische Band des John Kristel hatte einen Wahnsinns-Trompeter. Wenn der aufstand und seine Soli spielte, tobte das ganze Haus.«[200] Die Gestapo bekam natürlich Wind von der Sache und unterbrach am 28. Februar die Abendvorstellung. Kristel und seine Kollegen wurden im Kellergeschoß eingeschlossen und dann durch eine Hintertür aus dem Pavillon hinausbefördert. Gleichzeitig teilte man den versammelten Swings mit, daß das gesamte Orchester urplötzlich aus Hamburg habe abreisen müssen. Niemand glaubte der Polizei, und einige Swings entdeckten Kristels Bandmitglieder rund zwei Tage später auf der Straße.[201]

Der dreiunddreißigjährige Amsterdamer Musiker kehrte im August in den Alsterpavillon zurück, nachdem dieser vorübergehend geschlossen worden war. Hamburg, wie Berlin oder Frankfurt, brauchte für Soldaten auf Heimaturlaub musikalische Ablenkungen, denn immer weniger deutsche Künstler standen zur Verfügung. Aber diesmal war Kristel sowohl von der RMK als auch von der Gestapo gewarnt worden, die Dinge nicht zu übertreiben, und auch die Hamburger Swings selbst waren zunehmend eingeschüchtert. Tatsächlich waren die Songs »nicht mehr so toll«, wie das Swing-Girl Hannelore Evers einem Freund in Uniform schrieb. Und gleichsam zur Rechtfertigung der Gestapo wurde der Pavillon ein Jahr nach Kristels Engagement von der Royal Air Force völlig zerbombt.[202]

Die Swings hatten noch andere Lieblingstreffpunkte: das kultivierte Café Condi im Hotel Vier Jahreszeiten, wo Stauffer zu wohnen pflegte, die Moritz- und die Ex-Bar oder das behagliche Schiff Ahoi; die beiden letztgenannten wurden im Herbst 1941 vorsichtshalber von der Gestapo geschlossen.[203] Wie vor dem Krieg kamen die Swings auch im Waterloo-Kino am Bahnhof Dammtor zusammen. Hier betätigte sich der Zeitungsverleger Axel Springer, der mittlerweile Optiker geworden war, als Filmvorführer; seine angegriffene Gesundheit hatte die Einberufung zur Wehrmacht verhindert. Das Waterloo zeigte noch bis unmittelbar vor dem Kriegseintritt der Vereinigten Staaten amerikanische Filme oder halbwegs passable deutsche Streifen wie *Frau Luna.* Springer gab seinen war-

tenden Freunden immer ein Zeichen, wenn die von ihnen verschmähte Wochenschau beendet war, dann ließen sie sich im Kino nieder, um sich von dem Hauptfilm unterhalten zu lassen.[204]
Im Herbst 1942 kamen die Behörden zu dem Schluß, daß das Verbot halbprivater Swingtanzveranstaltungen à la Curio-Haus, verbunden mit dem Gesellschaftstanzverbot vom Mai 1940, eine Zunahme privater Partys ausgelöst habe.[205] Mit diesem Urteil lagen sie mehr oder weniger richtig. Angesichts der wachsenden Verfolgung durch die Geheimpolizei und auch durch die Hitlerjugend fühlten sich die Swings in den Kellern der oft luxuriösen Villen ihrer Eltern in den teuren Hamburger Vierteln einfach sicherer. Diese komfortablen Räume waren Zufluchtsstätten, in die sogar die Gestapo nur widerwillig eindrang. Inga Madlung erinnert sich, daß es in den verschlungen angelegten Kellerzimmern »schicke, knallrote Lederkissen auf den Fußböden, warm und einladend«, gab. Hinzu kamen »Wandgemälde und Spannteppiche«. Das Grammophon mit zahlreichen Swingschallplatten stand bereit, Wein und vielleicht Cognac wurden angeboten. Das alles sorgte für eine »erotische Atmosphäre«, die sexuelle Intimitäten begünstigte. Der Grad solcher Intimitäten hing weitgehend davon ab, ob die Eltern zu Hause waren oder nicht. Meistens waren sie es, weshalb die Begegnungen in der Regel ziemlich harmlos blieben. Aber manche Treffpunkte waren ganz bewußt für Verführungen eingerichtet worden, zum Beispiel die mit Spiegeldecken ausgestattete Wohnung der etwas älteren persischen Brüder Oromutchi an der Bellevue unweit der Alster.[206]
Die letzte dieser Zusammenkünfte scheint im Juni 1942 auf einem Landgut nördlich der Stadt stattgefunden zu haben: mit Cocktails im Garten und ungehemmtem Swingtanz auf dem Rasen und den Terrassen. Bei Einbruch der Dunkelheit begaben sich alle ins Haus, und nach einem üppigen Büfett begann ein Kabarett, bei dem Goebbels und der Führer imitiert wurden. Kaki Georgiadis übernahm die Verantwortung für dieses Amüsement. Ein paar Tage später wurde er von einem Spitzel aus der Gruppe an die Gestapo verraten. Dieser Skandal markierte für die Swings das Ende ihres Lebensstils.[207]
Die Schwierigkeiten wurden im Laufe der Zeit durch die unver-

söhnliche Feindschaft der Hitlerjugend verstärkt, denn die betrachtete die Swings als eine Gefahr für ihre Existenz. Die Gestapo handelte in geheimer Absprache mit der Führung der Hamburger Hitlerjugend, wann immer sie eine Razzia gegen die Swings durchführte. Das war im Kaiserhof und im Curio-Haus der Fall gewesen. Denn Mitglieder der Hitlerjugend konnten in einer Schar von Swings die Rolle gleichaltriger Gefährten spielen, wenigstens für kurze Zeit unentdeckt bleiben und dann die Polizisten herbeiholen.[208] Aber genausooft schwärmte der HJ-Streifendienst auf eigene Faust aus, um Jugendliche zu fangen, die die verschiedenen, zu ihrer Zähmung gedachten Gesetze des Regimes brachen, und natürlich auch, um die Außenseiter zu erwischen, die sich dem Swingtanz verschrieben hatten.[209] Manchmal lieferten sich die Hitlerjugend und die Swings offene Prügeleien; dazu kam es häufiger, wenn sich Mittelschichts- und zuweilen sogar proletarische Jugendliche mit den Swings verbündeten (wobei sie deren Aussehen, wenn auch durch eine weniger teure Ausstaffierung, und deren Manieren kopierten).[210] Außerdem spielte die Hitlerjugend eine entscheidende Rolle an den Gymnasien, wo sie Schüler bespitzelte und mit den Direktoren bei der Verweisung von Abtrünnigen zusammenarbeitete.[211]

In Hamburg, wie vielleicht auch in anderen Groß- und Kleinstädten des Reiches, hatte die Hitlerjugend guten Grund, um ihr Überleben als monopolistische Organisation für sämtliche Teenager bis zum Alter von achtzehn Jahren zu fürchten. Es war kein Geheimnis, daß die meisten echten Swingjugendlichen es durch den einen oder anderen Trick geschafft hatten, den Eintritt in die Hitlerjugend zu vermeiden. Aber auch Jungen und Mädchen, die ihr angehörten, wurden bereits in den ersten Kriegsmonaten allmählich vom Swingvirus infiziert. Zum Beispiel stellte man nach den Verhaftungen im Curio-Haus fest, daß von den 408 registrierten Missetätern fast die Hälfte nominelle Mitglieder der Hitlerjugend waren. Und mehr als fünfzig waren zu irgendeinem Zeitpunkt aus der Staatsjugend ausgetreten, ohne sich statt dessen einer der Erwachsenenvereinigungen des Regimes anzuschließen.[212]

Womit genau erregten die Swings den überschäumenden Zorn ihrer Gegner? Nach dem September 1939 lassen sich ihre Aktivitäten

deutlicher als vor dem Krieg nach zwei Kategorien unterscheiden: in unpolitische und politische, wobei sich die Grenze manchmal verwischte. Der Swingtanz selbst war weiterhin in erster Linie hedonistisch und ohne jede politische Botschaft, ungeachtet seiner zunehmenden Kriminalisierung und damit auch Politisierung, was das Regime betraf. Dies galt auch für die provozierende Bekleidung, etwa für Hanne-Lore Evers' elegantes, selbstgeschneidertes graues Kostüm, mit Herrenweste und offenem Jackett mit Schulterpolstern (»damals absolut ein Knüller«); oder für den weichen Filzhut des angehenden Künstlers Kurt Rudolf Hoffmann, sein schwarzes Hemd mit Fliege, das Sternenbanner auf dem Revers und den leichten Trenchcoat, der locker über die Schultern geworfen wurde.[213]
Swing-Teenager spielten ihre Jazzschallplatten zuweilen an ungünstigen Orten, zum Beispiel in öffentlichen Luftschutzkellern oder auch, so im Fall mehrerer Swinggruppierungen der unteren Schichten, bei Luftschutznachtwachen in Schlüsselindustrien. Dabei wurde selbstverständlich getanzt, und häufiger Wechsel der sexuellen Partner war nicht selten.[214] Jazzplatten wurden gehandelt und manchmal mit speziellen Geräten kopiert, so daß man sie an Freunde verteilen oder verkaufen konnte.[215] Etwas ernster als ein unreifer Scherz, aber immer noch nicht politisch, war Andreas Panagopoulos' illegaler Erwerb einer Maschinenpistole im Jahre 1941. Er probierte sie in seinem geräumigen Elternhaus aus und schoß eine Kugel durch ein Fenster auf das Nachbargrundstück, wodurch er sich natürlich verriet.[216]
Es gab aufsehenerregende Streiche, zum Beispiel als eine Gruppe von Swings, alle in Abendkleidung, in Hamburg-Harburg in ein Erste-Klasse-Abteil einstieg und dann am Hamburger Hauptbahnhof den Zug verließ. Dort wurden die Jugendlichen von einer ähnlich ausstaffierten Schar anderer Swings wie von einem Begrüßungskomitee empfangen. Diese machten zahlreiche Blitzlichtaufnahmen der »Reisenden« und begleiteten sie feierlich zu einer wartenden Pferdekutsche – alles zur Unterhaltung gaffender Zuschauer, denen man mitteilte, es handele sich um eine »Friedensaktion«.[217] Hans-Joachim (»Tommie«) Scheel und zwei Freunde verkleideten sich als Ganoven und fingierten einen Einbruch in die Villa eines Bekannten, wobei sie sorgfältig jeden Schritt ihrer »Flucht« fotografierten.

Ihr Pech, daß die Gestapo diesen Jux später ernst nahm![218] Scheel und seine Swingbande gingen auch in Filme im Waterloo, sie buhten und lärmten während der Wochenschau, bis die Lichter angeknipst wurden und die Platzanweiserinnen versuchten, sie hinauszudrängen: »Das taten wir dauernd.« In Cafés wurden abschätzige Bemerkungen gemacht, besonders wenn man Gestapobeamte in der Nähe wähnte; trotzdem beharrt Scheel darauf, daß man kein klares politisches Motiv gehabt habe. »Wir wollten diesen blöden Hunden deutlich machen, daß wir anders waren – das war alles.«[219]

Entschieden mehr war es in den Fällen, in denen man an nationalsozialistische Tabus rührte oder sie sogar brach. Die Imitationen Hitlers und anderer Parteigrößen waren weder naiv noch ohne Risiko. Neben Kaki Georgiadis tat sich hier ein junger Arzt namens Heinz Lord hervor, der bereits älter war als Tommies Gefährten und politisch zur Verantwortung gezogen werden konnte.[220] Ebenfalls nicht ohne Risiko war der beliebte Brauch, das obligatorische Führerporträt zu verhängen, das in manchen halböffentlichen Räumen, zum Beispiel in Schulen, angebracht war.[221] Nach nationalsozialistischen Maßstäben galt es als »Rassenschande«, mit »Nichtariern« umzugehen oder gar Liebschaften mit ihnen zu haben, was recht häufig vorkam.[222] Swings hörten sich regelmäßig die Nachrichten und den Jazz der BBC an, und einige kopierten gewissenhaft britische Meldungen oder pazifistische Prosa, etwa des geächteten Schriftstellers Erich Kästner, die sie dann vervielfältigten und untereinander verteilten.[223]

Die Razzia im Curio-Haus Anfang März 1940 war die erste entschlossene Aktion seitens der Gestapo gewesen, um der von den Swings ausgehenden Bedrohung zu begegnen. Damals hatte man sogar ein paar führende Mitglieder verhaftet, aber bloß kurzfristig. Danach leitete die Geheimpolizei eine systematischere Überwachung der Swing-Außenseiter ein. Dazu gehörten die Gründung eines Spionagenetzes und die direkte Kontaktaufnahme mit bestimmten Swings, die man bekehren oder abschrecken wollte.[224] An Hanne-Lore Evers, von der man sich in der Nacht im Curio-Haus ein Bild gemacht hatte, trat der siebenunddreißigjährige Hans Reinhardt (das Hamburger Gegenstück Ganjos) heran, um etwas über den Aufenthaltsort der Curio-Musiker zu erfahren. Dieser frühere Goldschmiedlehrling war 1925 in die Hamburger Ortspolizei eingetreten; er schloß sich der Gestapo 1935 an und wurde zwei Jahre später Parteimitglied. Evers schützte völlige Unwissenheit vor und konnte seinen Fragen ausweichen, aber ihr wurde peinlich bewußt, daß sich Reinhardt, der seit zehn Jahren verheiratet war, genausosehr für ihr attraktives Äußeres interessierte wie für die Delikte der Swings. Bald erwarb sich »der Fuchs« – so Reinhardts Spitzname – den Ruf eines Beamten, der sich übermäßig mit dem Liebesleben jedes Swings beschäftigte und dazu nie genug Einzelheiten sammeln konnte.[225] Reinhardts Chef war Karl Hintze, mit dunklem Teint und in den Vierzigern, ein alter Kämpfer und Karrierepolizist, der den Rang eines Sturmbannführers bei der SS innehatte. Beiden unterstand Karl-Heinz Kügler, ein ehemaliger Bankangestellter Anfang Dreißig, der sich der Partei und der SS ein paar Jahre vor der Machtübernahme angeschlossen hatte.[226]

Die ersten wirklichen Verhaftungen ereigneten sich im Oktober 1940, und Tommie Scheel gehörte zu den Opfern. Sein belgischer Freund Maurice Thomas und er waren bereits im September von einer Hausdurchsuchung der Gestapo betroffen gewesen, gerade nachdem sie belastendes Material, darunter Fotos, in die Flammen geworfen hatten. Ein paar Wochen später kehrte die Polizei zurück, um sie ins Stadthaus, das gefürchtete Hauptquartier der Hamburger Gestapo, zu bringen. Scheel wurde bei den Verhören geschlagen, weil man ihn zwingen wollte, seine Freunde zu verraten. Zwischendurch mußte er – zusammen mit anderen Swings – in einem engen Flur auf einer Bank sitzen und stundenlang die Wand anstarren. »Der Lange Paul«, einer von Reinhardts Helfershelfern, fungierte als Aufseher. Sowie jemand den Kopf wegdrehte, trat er heran und schmetterte ihn immer wieder gegen die Wand. Eine blutige Nase war unvermeidlich, wenn nicht gar etwas Ernsteres, zum Beispiel eine Gehirnerschütterung.[227]

Dem damals erst siebzehnjährigen Scheel wurde von der Gestapo vorgeworfen (allerdings nie vor einem Gericht, das war die Praxis dieses Polizeistaats), er sei einer der Anführer der aufrührerischen Swings, ein Beteiligter an der Unruhe im Curio-Haus und ein Mittäter der obszönen »Hot-Feste«. Und natürlich hielt man ihm auch den fingierten Einbruch vor. Dann wurde er in das berüchtigte Hamburger Gefängnis Fuhlsbüttel transportiert; ausschließlich von der SS

betrieben, war es eher ein Konzentrationslager als eine normale Strafanstalt. Von hier aus mußte er zur Zwangsarbeit, das heißt zu schweren Erdarbeiten, in der Nähe des Flughafens marschieren. Bewacht von SS-Männern und direkt vor den Augen der Zivilbevölkerung, fand er sich bald in der Gesellschaft anderer Swings wieder. Wenn jemand zu fliehen versuchte, wurde er unweigerlich gefangen und mit Gewehrkolben so lange zugerichtet, bis er blutend zusammenbrach. Dann mußten seine Kameraden ihn zum Gefängnis zurücktragen.[228]
Zu den anderen Swings, die das Stadthaus im Laufe der Zeit kennenlernten, gehörten Thomas, der zwanzig Jahre alt war, und B. B., ein sechzehnjähriger Junge, dem Reinhardt und seine Leute bezeichnenderweise vorwarfen, sexuelle Beziehungen zu einer fünfzehnjährigen Jüdin unterhalten zu haben.[229] In jenem Herbst wurden insgesamt dreiundsechzig Swings festgenommen, aber nur wenige verbrachten mehr als eine Woche im Gewahrsam der Gestapo; junge Männer über achtzehn mußten jedoch mit einem baldigen Einsatz an der Front rechnen.[230] Die nächste große Verhaftungswelle ereignete sich im Herbst des folgenden Jahres, als der Fuchs sich auch Kaki Georgiadis vorknöpfte und ihn in Angst und Schrekken versetzte.[231] Georgiadis verbrachte etliche Wochen in Haft. Das gleiche galt für Kurt-Rudolf Hoffmann, der zuerst in einer Einzelzelle landete und dann eine Zelle mit seinem Swingfreund Ernst Jürgensen teilte. Jürgensen fiel ein paar Wochen später an der Ostfront.[232]
Eine der abscheulichsten Machenschaften der Gestapo war ihr hinterhältiger Einsatz von Spitzeln und Informanten. Vielleicht wären nicht einmal halb so viele Swings gefangengenommen worden, wenn man nicht psychische und physische Foltermethoden angewandt hätte, um diese bemitleidenswerten Jugendlichen zur Aussage gegen ihre Altersgenossen zu veranlassen.[233] Zweifellos kam der Polizei der Umstand zustatten, daß diese jungen Männer und Frauen wenig Widerstandskraft besaßen, sobald man Druck auf sie ausübte, denn da viele von ihnen ein Luxusleben geführt hatten, fiel es ihnen um so schwerer, die Leiden der Haft zu ertragen.
Die Schuldirektoren, die der Hitlerjugend und der Gestapo in die Hände spielten, indem sie verdächtige Schüler ausschlossen, sind ein weiteres Beispiel der vorsätzlichen Kollaboration. Hier verbün-

dete sich das traditionell einflußreiche Establishment mit den allmächtigen Diktatoren gegen die Schwachen. Die zahlreichen Verweisungen stellen ein unrühmliches Kapitel in der Geschichte der stolzen Hansestadt dar, das noch nie in allen Einzelheiten erzählt worden ist.[234] Tommie Scheel wurde eines der ersten Opfer, als man ihn im November 1940 aus der ehrenwerten Gelehrtenschule des Johanneum entfernte – mit dem Ziel, ihm auch in Zukunft jede Gymnasialausbildung zu verwehren.[235]

Trotz dieser verstärkten Bemühungen war die Frage der Swings Ende 1941 jedoch keineswegs gelöst. Sie wurde zu einem peinlichen Problem für die Hamburger Parteiführung, um so mehr, als die Behörden der Hauptstadt die Hamburger Szene mit wachsender Bestürzung beobachteten. Bereits im Februar und dann wieder im August 1941 hatte ein Beamter im Propagandaministerium seinen Chef um Unterstützung gebeten und sich über die »Hot- und Swing-Demonstrationen jugendlicher anglophiler Kreise in Hamburg« beschwert. Goebbels machte sich Sorgen wegen der relativen Freiheit, die er den Vertretern der Jazzkultur gewährt hatte, um die Soldaten und die allgemeine Bevölkerung ruhig zu halten. Er zögerte etwas, sich einer Attacke auf jazzverrückte Swings oder sonstjemanden, der zeitweilig die Grenzen des akzeptablen Benehmens überschritt, anzuschließen. Aber im Grunde stimmte er mit den strengen Zuchtmeistern überein. Um dies zu beweisen, hatte er schon früh mit seinen Kabinettskollegen zusammengearbeitet, wo immer er es politisch für klug hielt, zum Beispiel beim Entwurf des restriktiven Jugendgesetzes vom März 1940.[236]

Im August 1941 wurde Staatssekretär Leopold Gutterer schließlich vom Minister ermächtigt, Polizeichef Reinhard Heydrich in einem Schreiben aufzufordern, er möge sich etwas nachdrücklicher um das Hamburger Problem kümmern.[237] Ein halbes Jahr später brachte Artur Axmann, der neue Reichsjugendführer, gegenüber SS-Chef Himmler seine wohlbegründeten Sorgen zum Ausdruck und bat ihn, »mit den schärfsten Mitteln« gegen die Swingjugend vorzugehen. Himmler stimmte ihm zu, daß im Fall dieser widerspenstigen Elemente nur brutale Gewalt helfen könne; deshalb teilte er Heydrich am 26. Januar 1942 mit, »das ganze Übel müsse radikal ausgerottet werden«, und er empfahl, »alle Rädelsführer«, ob Männer oder Frauen, ins Konzentrationslager zu schicken. Dort sollten sie zuerst geprügelt, dann gedrillt und zum Arbeitseinsatz gebracht werden. Ihre Haftstrafen sollten mindestens zwei oder drei Jahre lang sein, und man dürfe ihnen nie wieder gestatten, ihre Ausbildung fortzusetzen. Gegen die Eltern müsse man wegen Komplizenschaft ermitteln; auch in ihrem Fall seien KZ und Eigentumsbeschlagnahme keineswegs auszuschließen. »Nur, wenn wir brutal durchgreifen, werden wir ein gefährliches Umsichgreifen dieser anglophilen Tendenz in einer Zeit, in der Deutschland um seine Existenz kämpft, vermeiden können.«[238]

Die Hamburger Gestapo machte sich sofort daran, die außergewöhnlich grausamen Direktiven anzuwenden, womit sie die letzte Phase in der Geschichte dieser seltsamen Jazzanhänger einleitete. Bereits im Januar 1942 ließen Hintze und Reinhardt Jugendliche in Lager bringen, die bekanntesten waren Moringen, Uckermark, Ravensbrück und Neuengamme.[239]

Moringen war ein spezielles Arbeitslager südlich von Hannover für männliche Aufrührer zwischen sechzehn und achtzehn oder manchmal sogar von einundzwanzig Jahren, die nicht mehr auf den erzieherischen Einfluß der Hitlerjugend ansprachen. Sie wurden als asoziale und verbrecherähnliche Typen eingestuft, die man, nachdem sie strenge Strafen verbüßt hatten, immer noch zum Nutzen der nationalsozialistischen Gesellschaft retten könne. Doch vor 1945 wurden nur fünf Prozent jemals freigelassen. Denn derselbe Robert Ritter, der sich mit einer endgültigen Lösung für das »Zigeunerproblem« abmühte (sie lief schließlich auf die Vergasung hinaus), war in erster Linie für die Bestrafungsphilosophie der Lager und die Kategorisierung ihrer Gefangenen, nämlich als wertlose soziale Außenseiter, verantwortlich. Dieser Ort, mit bis zu achthundert Insassen, wurde von rund fünfundachtzig SS-Männern bewacht. Sie beaufsichtigten die Häftlinge während eines elf Stunden dauernden, mit schwerer Fabrikarbeit ausgefüllten Tages. Die Ernährung war minimal, und körperliche Züchtigung, strapaziöse sportliche Übungen sowie extreme Einzelhaft dienten als zusätzliche Strafmaßnahmen. Die ersten Swings aus Hamburg scheinen im Juni 1942 dorthin gebracht worden zu sein.[240]

Das Pendant für Mädchen war Uckermark, eine Unterabteilung des berüchtigten Mecklenburger Frauen-Konzentrationslagers Ravensbrück, mit dessen Ordnungssystem es eng verknüpft war. Das Leben dort ließ sich in fast jeder Hinsicht mit dem in Moringen vergleichen. Zwei Hamburger Swing-Girls, die man im August 1942 dorthin brachte, waren Eva Rademacher (wegen ihrer jüdischen Freunde) und Helga Rönn, eine sehr attraktive Siebzehnjährige, die die Polizeibeamten mit ihren perversen Phantasien schon seit langem für die Verkörperung der Swing-Promiskuität gehalten hatten.[241]

Swings, die bereits um Zwanzig waren, kamen jedoch meistens in reguläre Konzentrationslager, denn hier konnten sie als politische Kriminelle stärker belangt werden. Diese Voraussetzung war erfüllt, wenn man zur »nichtarischen« Minderheit gehörte oder mit ihr unter einer Decke steckte, aber auch rein ideologische Gründe konnten ausreichen.

Das war bei Ursula Nielsen der Fall. Ihr Vater war ein bekannter sozialdemokratischer Gewerkschafter; 1940, nachdem sie Alfred Dreyer beim Eislaufen kennengelernt hatte, war sie, mit ein paar anderen aus den unteren sozialen Schichten, zu den im allgemeinen der Oberschicht angehörenden Swings gestoßen. Bereits im März 1941 hatte man sie ins Stadthaus und dann nach Fuhlsbüttel gebracht; im Januar 1942, kaum achtzehn Jahre alt, befand sie sich im KZ-Ravensbrück. Zwei Monate später entging ihr eine Gelegenheit, nach Auschwitz verlegt zu werden; die SS hatte es empfohlen, weil man von dort aus rascher nach Hause zurückkehren könne. Sie war enttäuscht, wurde jedoch durch die Ankunft der zwanzigjährigen Jutta und der zweiundzwanzigjährigen Inga Madlung aufgemuntert. Die beiden Enkelinnen eines jüdischen Kaufmanns hatten versucht, einigen für die Evakuierung vorgesehenen Hamburger Juden zu helfen. Auch Eva Petersen traf in Ravensbrück ein, allerdings nicht für lange Zeit: Diese Protestantin, die eine jüdische Mutter hatte, wurde nach Auschwitz abtransportiert und nie wieder gesehen. Eva wurde die *mater dolorosa* der Swingbewegung. Im April kam Ingeborg Jarms und im November Verena Kerber nach Uckermark, beide nach monatelanger Haft in Fuhlsbüttel.[242]

Ihre auffälligeren männlichen Freunde – zum Beispiel Maurice Thomas, Eva Petersens Bruder Uwe und Günther Koppe – wurden mit Lastwagen in andere Stätten der Hölle befördert: nach Buchenwald oder Sachsenhausen und, am häufigsten, in das neue Lager Neuengamme, fünfunddreißig Kilometer südöstlich von Hamburg. Hans-Joachim Scheel ist heute überzeugt, daß die SS ihn nur deshalb in Fuhlsbüttel zurückbehielt und schließlich zum Dienst in der Wehrmacht weiterleitete, weil der amtierende Bürgermeister von Altona im Haus seiner Mutter wohnte und sich für Hans-Joachim verwendete.[243]

Wer versucht, das Phänomen der Swings in diesem Stadium zu bewerten (der Leser wird ihnen später wiederbegegnen), sei es in einem psychologischen oder einem politischen Zusammenhang, wird erhebliche Kategorisierungsprobleme haben, denn in Nazideutschland existierte damals nichts Vergleichbares – auch nicht davor oder danach. Wenn Erik Erikson über eine »Identitätsverwirrung« in der Entwicklung nonkonformistischer Heranwachsender in Amerika schreibt, deuten seine Beispiele auf eine moderne Gesellschaft hin, in der Jugendliche ihren Eltern hauptsächlich mit symbolischen Handlungen einer Generationsrevolte zusetzen, die sich nur in zweiter Linie gegen den Staat richten.[244] Dieses Muster ist natürlich nicht neu. In früheren Phasen der deutschen Geschichte, zum Beispiel in der Weimarer Republik, hatte sich die Ernüchterung junger Leute über die bestehende Ordnung, also auch über das politische System, in einer Feindseligkeit gegenüber ihren Eltern ausgedrückt, weil diese die Ordnung nicht zu ändern vermochten. Diese Spannung wurde sogar, wie manche meinen, zu einem der ausschlaggebenden Faktoren für den Aufstieg des Nationalsozialismus, den die junge Generation für den Vorboten eines umfassenden Wandels hielt.[245]

Doch der Fall der Hamburger Swings stellt sich genau umgekehrt dar. Obwohl sie das Regime unzweifelhaft ablehnten, verzichteten sie darauf, den Widerspruch ihrer Eltern, die bequem als Machtsymbole hätten herhalten können, herauszufordern. Gelegentliche Ausnahmen gingen, wie es dem Chronisten scheint, eher auf elterliche Sorgen zurück, *nachdem* der geliebte Sprößling einen so gefährlichen Kurs eingeschlagen hatte. Prinzipielle Einwände gegen den Lebensstil der Swings wurden offenbar überwiegend von den Müttern und Vätern gesellschaftlich weniger privilegierter Kinder erhoben, die nach 1939 zum Swingmilieu stießen. Solche Einwände waren naheliegend, denn der Nationalsozialismus war im großen und ganzen eine Bewegung, die sich viel besser mit den Werten der unteren Mittelschicht vereinbaren ließ – mit Werten also, die den Jazzanhängern verhaßt waren.[246] Deshalb hatten die Hamburger Swings wenig mit den proletarischen Jugendlichen in Köln oder Leipzig gemein, die die Hitlerjugend mit ihren Waffen bekämpften, denn man darf mit Sicherheit annehmen, daß viele der Eltern dieser nichtprivilegierten Swings, wie marxistisch sie auch gewesen sein mochten, nun stramme Nationalsozialisten waren.[247]

Aus einer engeren, politischen Perspektive – und ganz abgesehen vom Elternproblem – läßt ein Überblick über die Positionen der Swings nach 1945 die Extreme entweder totalen Nichtengagements oder bewußten politischen, um nicht zu sagen ideologischen, Widerstandes erkennen.[248] Hans Engel bemerkte 1985, man habe »mit langem Haar und kurzem Verstand« an der Bewegung teilgenommen, und der Schriftsteller Walter Jens, der einst mit den Swings sympathisierte, hat sich gegen die Bezeichnung »Widerstandskämpfer« gewandt.[249] Axel Springer befand sich genau zwischen den beiden scheinbar unversöhnlichen Gegensätzen, wenn er sagte, daß er als Produkt der Swingsubkultur kein Widerständler gewesen sei, während er im selben Atemzug zugab, den Unterdrückten, darunter auch Juden, geholfen zu haben.[250]

Tatsächlich bildete sich ein mittlerer Standpunkt heraus, während die Swings älter und reifer wurden, so daß sie 1942 merklich von den naiven Anfängen – diese lagen nur fünf Jahre zurück – entfernt waren. Hanne-Lore Evers schrieb einem Freund im Oktober 1940, daß Günter, einer ihrer gemeinsamen Swingfreunde in Uniform, »ernster geworden« sei; vielleicht hatte er eine Vorahnung auf Dinge, die kommen sollten, auch seinen eigenen Tod nur ein paar Monate später, als er kaum zweiundzwanzig Jahre alt war.[251] Fast ein Jahr danach zeigte Hanne-Lore größere Nachdenklichkeit, als sie darüber nachsann, daß sie die Abwesenheit von Kristel und Hohenberger unter einer einzigen Voraussetzung ertragen könne: »Nur ich möchte, daß dieser elende Krieg da zum Schluß kommt und dann bald überhaupt ein Ende ist und dann wieder alles so wird wie früher oder noch besser.« Es schien sie nicht zu berühren, daß

die Gestapo solche Briefe abfangen und ihr Defätismus vorwerfen konnte![252] Uwe Storjohann hat geäußert, daß die meisten Swings, die so waren wie er, gewaltsam von einem Regime politisiert worden seien, das sie verabscheute, weil sie ihm ihren Respekt vorenthielten und sich von ihm losgelöst hatten.[253]
Diese Politisierung wurde einigen allerdings erst an dem Tag deutlich, als sie sich hinter Gittern wiederfanden. Im Fall der Hamburger Swings – wenn auch nicht sämtlicher Fans im Reich und schon gar nicht der Musiker – bewegte sich der Jazz über manchen gewundenen Pfad, bis eine mehr oder minder sensible Gruppe junger Deutscher zu einem verantwortungsbewußten Verständnis der politischen und sozialen Ungleichheit gelangte – ein Verständnis, das enger als das anderer deutscher Jazzfreunde mit der Geisteshaltung der ursprünglichen Anhänger dieser Musik verknüpft war.

4. Vor der Niederlage
Mit Jazz dem »Endsieg« entgegen, September 1942 bis Mai 1945

Kompromiß und Scheitern

Nach dem Sommer 1942 begann sich das Blatt gegen das nationalsozialistische Reich zu wenden. Feldmarschall Erwin Rommel hatte auf dem nordafrikanischen Kriegsschauplatz das Nachsehen, und in Rußland mußte die Wehrmacht weitere Schmach über sich ergehen lassen. Im Mai 1945 standen die schrecklichen Konsequenzen von drei oder vier katastrophalen Entwicklungen fest. Erstens hatte sich Hitler am 3. Februar 1943 mit der Niederlage bei Stalingrad abfinden müssen. Dann waren die alliierten Truppen am 6. Juni 1944 an der Normandieküste gelandet. Zehn Wochen später hatte der Führer den bis dahin ernstesten Attentatsversuch seiner Karriere überlebt. Und schließlich war in der letzten Aprilwoche 1945 die Rote Armee in Berlin eingezogen. Am 8. Mai, nur acht Tage vor Hitlers und Goebbels' Selbstmord, erklärte die Regierung die bedingungslose Kapitulation.[1]

Das Schicksal des deutschen Jazz war in hohem Maße mit diesen Ereignissen verknüpft. Am unmittelbarsten und augenfälligsten wurde die Jazz- und Tanzmusik, sowie ihre unverwüstliche Subkultur, von den ständigen Bombenangriffen beeinträchtigt, besonders wenn sie sich gegen Berlin richteten. Die erste wirklich ernste Attacke stürzte Berlin im Januar 1943 in Verwirrung; die nächste folgte am 1. März. An diesem Tag gab es mehr als siebenhundert Tote, über 60 000 Menschen verloren ihre Wohnung. Die schrecklichen Brandbombenangriffe auf Hamburg im Juli, als Zehntausende von Menschen starben, kündigten auch für die Hauptstadt Tragödien an. Die schwarzen Tage Berlins waren der 22. und der 23. November. Nach einem Angriff von 776 Bombern der Royal Air Force war die gesamte Stadt von einem Feuerball eingehüllt, und der Asphalt brannte auf den Straßen. Man hatte fast viertausend Opfer zu beklagen, und nahezu eine halbe Million Menschen war obdachlos. Berliner Wahrzeichen wurden getroffen: die Kaiser-Wilhelm-Gedächtniskirche unweit des Kurfürstendamms, der legendäre Zoo und das Romanische Café. Und traurigerweise ging auch die Scala in Flammen auf. In den folgenden Monaten, während sich die Angriffe fortsetzten, verließen immer mehr Berliner die Stadt, um an weniger gefährdeten Orten des Reiches Zuflucht zu finden.[2]

In seiner Funktion als Gauleiter von Großberlin reagierte Joseph Goebbels äußerlich unbewegt, doch innerlich beklommen auf die Geschehnisse. Während sich die Katastrophe von Stalingrad Ende Januar 1943 bereits abzeichnete, warnte er die Deutschen öffentlich, daß ihnen eine neue Zeit der Entbehrungen bevorstehe. Goebbels bekräftigte den durch und durch totalitären Charakter des Regimes, indem er erklärte, daß die »persönliche Freiheit« des Individuums im Rahmen der kollektiven Volksgemeinschaft nicht die geringste Rolle spiele.[3] Zwei Wochen nach der Niederlage bei Stalingrad hielt er vor fanatischen Anhängern im Sportpalast eine lange, leidenschaftliche Rede, in der er wiederum eine Senkung des allgemeinen Lebensstandards zugunsten verdoppelter Kriegsbemühungen forderte. Er zog auch eine künstliche Grenze zwischen nutzlosen Vergnügungen einerseits, etwa dem Herumsitzen in »Bars und Nachtlokalen« sowie der Schwelgerei in »Luxusrestaurants«, und hochwertiger Unterhaltung andererseits, wie sie von Theatern, Kinos und Konzertsälen geboten werde. Und obwohl er eiserne Entschlossenheit demonstrierte, indem er die Zustimmung des Volkes zum »totalen Krieg« verlangte, machte er sich insgeheim große Sorgen darüber, daß die Deutschen, insbesondere seine Berliner, durch die Ereignisse aus der Fassung gebracht werden könnten.[4] Wie angedroht, ließ Goebbels also die Bars und Nachtclubs aus Ehrerbietung für die Märtyrer von Stalingrad schließen, ebenso wie Kinos und Theater. Aber dies galt nur für ein paar Tage. Durch Erfahrung klug geworden, wußte er, daß das normale Leben um der inneren Stabilität willen weiterzugehen hatte.[5] Zahlreiche Soldaten kamen nun auf Heimaturlaub und wollten den Krieg vergessen, und die allgemeine Bevölkerung würde die Schicksalsschläge um so eher ertragen, wenn man sie bei Laune hielt – jedenfalls in gewissen Grenzen.

Goebbels hoffte, daß Showbusineß und gehobene Kultur in angemessener Dosierung den Deutschen helfen würden, diese Feuerprobe zu überstehen und sie für den Widerstand gegen den Feind zu stärken. Seine Taktik wurde nach den historischen Luftangriffen auf Berlin im November überdeutlich, als er darauf beharrte, daß populäre Etablissements wie das Nollendorftheater und der Wintergarten wiedereröffnet werden müßten, sobald man den Schutt fortgeräumt habe. Eine Schauspielerin, die außer sich vor Furcht in das friedlichere Ostpreußen geflüchtet war, wurde sofort bestraft.[6] Erst nach dem Attentatsversuch vom 20. Juli 1944 gegen Hitler, wonach Goebbels zum »Reichsbevollmächtigten für den totalen Kriegseinsatz an der Heimatfront« ernannt worden war, ließ er sämtliche Varietés, Theater und die letzten noch bestehenden Clubs schließen. Allerdings ging er nicht gegen klassische Konzerte und das propagandistisch wertvolle Filmgeschäft des Reiches vor.[7] Deshalb konnten sich Soldaten, die auf Besuch waren, immer noch bei vielen der alten und geschätzten Freizeitbeschäftigungen unterhalten lassen.

Nach dem Herbst 1942 herrschte also weder in Berlin noch anderswo in Deutschland eine Atmosphäre, in der eine so leichte Muse wie der Jazz blühen konnte. Von ein paar Ausnahmen abgesehen, war der Kern der Jazzanhänger abwesend. Während sich Berlin allmählich von Deutschen leerte, füllte es sich mit ausländischen Arbeitern – Franzosen und Polen, Belgiern und Italienern. Sie besuchten ihre eigenen Restaurants, wo sie sich, wie es den Deutschen schien, laut in allen möglichen Sprachen unterhielten. Telefonverbindungen und Verkehrsmittel wurden zunehmend beeinträchtigt, und frühe Sperrstunden belasteten die Einwohner.[8] Berühmte Hotels wie das Eden und der Kaiserhof wurden ausgebombt, nur das Adlon hielt fast bis zum Ende durch. Das Ambiente der Restaurants und die Mahlzeiten, die man anzubieten wagte, wurden unerträglich.[9]

Erschöpft nicht nur von ständigen Luftschutzfehlalarmen, sondern auch manchen echten Warnungen, wurde die Bevölkerung langsam demoralisiert; zuweilen machte man sich trotz der Lebensgefahr nicht einmal die Mühe, einen Luftschutzkeller aufzusuchen. Gräßliche Szenen, zum Beispiel über die Trümmerlandschaft verstreute Leichen und brennende Straßenfassaden, wurden zur Normalität und vertieften die allgemeine Niedergeschlagenheit.[10] Gegen 1944 war Berlin für niemanden mehr – ob Jazzliebhaber oder nicht – eine Stätte der Unterhaltung, denn mittlerweile gab es, abweichend von den Hoffnungen des Ministers, keine irgendwie geartete Ablenkung, die die brutale Realität des Krieges verdrängen konnte. Eine interessante, wenn auch abgeschmackte Neuheit waren im Frühjahr 1943 – allerdings nur für abgehärtete Soldaten, die sich ein paar Stunden lang in der Hauptstadt aufhielten – ununterbrochen laufende B-Filme und billige, die ganze Nacht geöffnete Kabaretts in den Bahnhöfen; einige boten Sexshows vor einem jazzähnlichen Hintergrund. Der Eintritt war frei.[11]

Was immer auch an Jazz in diesen letzten Jahren des Regimes gespielt wurde, es gab hauptsächlich drei Möglichkeiten dafür. Ein paar bekannte Lokale blieben für prominente Combos geöffnet, die ausschließlich für Wehrmachtangehörige und Diplomaten spielten (ein paar eigenwilligen Zivilisten gelang es jedoch, sich dort einzuschleichen). Daneben gab es entlegene, durchweg nicht legitimierte Stätten, von denen nur ein paar Eingeweihte, darunter unzweifelhaft auch Soldaten, wußten. Und schließlich konnten Personen mit ausreichendem Vermögen oder Einfluß Privatpartys abhalten und Musiker engagieren, doch sie wollten eher Tanzmusik und Hintergrundmusik als etwas für Kenner. Die Berliner Schallplattenproduktion wurde irgendwann 1943 – nicht unerwartet – eingestellt.[12]

In Berlin, der ursprünglichen Heimat des deutschen Jazz, waren die prominentesten Clubs immer noch Patria, Rosita und Uhlandeck, aber auch im Swing, Gong und Groschenkeller, die relativ neu und ein wenig provisorisch waren, wurden hin und wieder Schallplatten gespielt. Der Bulgare Lubo D'Orio und die beiden Italiener Tullio Mobiglia und Alfio Grasso traten in ihren alten Stammlokalen auf, wo sie in wechselnden Kapellen Musik von unterschiedlicher Qualität spielten. Im großen und ganzen hatten die Lokale nun ihr sachkundiges Publikum und damit ihren Enthusiasmus verloren – Berlin wurde balkanisiert. Im November 1942 berichtete ein Jazzfan

nach einer Nacht soldatischer Exzesse in der Patria: »Groß der Lärm, sauer der Wein, gesalzen der Preis.«[13] Kurt Widmann beherrschte die Szene im Hotel Imperator, bis dort 1943 Bomben einschlugen.[14] Im legendären Delphi-Palast konnte man John Kristels Band hören – für echte Fans eine recht enttäuschende Show –, bis der Palast im Frühjahr desselben Jahres in ein Wehrmachtsnachschublager umgewandelt wurde.[15]
Diese Clubs wurden vom Regime etwa so geduldet, wie ein Regimentskommandeur Feldbordelle tolerieren würde.[16] Entsprechende Etablissements in Hamburg waren Faun und Trichter, die bereits in gewöhnlichen Zeiten als anrüchig, wenn auch nicht als absolut unanständig gegolten hatten.[17] Frankfurt hatte sein Regina, Wien seine verräucherte Steffel-Diele in der Nähe des Stephansdoms. Die Steffel-Diele präsentierte ausgezeichnete Swingmusiker wie den jungen Wiener Pianisten Ernst Landl und die Ausländer Vittorio Ducchini und Arthur Motta (der aus Paris nach Wien deportiert worden war).[18]
Diese Bands und ihre Lokale, soweit sie unter irgendeiner Tarnung weiterarbeiteten, gerieten immer tiefer in die Illegalität, besonders nachdem Goebbels im Sommer 1944 die meisten Formen der leichten Unterhaltung verboten hatte. Dem Blickfeld der Regimeführung entzogen, gingen tschechische Musiker in einem obskuren Café in den bayerischen Alpen das Risiko ein, »Tiger Rag«, »Harlem« und »Bei mir bist du shein« zu spielen, wobei ihnen junge Offiziere und deren nicht einmal zwanzigjährige Freundinnen zujubelten. In der örtlichen Parteizentrale war man außer sich und informierte die SS.[19] Als das Uhlandeck am Kurfürstendamm 1943 eines Tages zerstört wurde, wechselte D'Orio ins Café Leon über, ein paar Häuser weiter am Lehniner Platz. Der Bulgare und seine Band spielten nun völlig ungesetzlich und hinter mit Brettern zugenagelten Fenstern – einigen Beobachtern zufolge bis Februar 1945, als die Rote Armee bereits vor den Toren stand. Dies war fast mit Sicherheit die letzte professionelle Jazzband, die noch in der Hauptstadt auftrat.[20]
Im Privatleben wurde der Jazz immer noch wie ein seltener Likör genossen. Es galt als chic und modisch, am Tanz zwischen den Ruinen teilzunehmen, der nun von Freunden wie Feinden des Regimes

gepflegt wurde. Zynische preußische Aristokraten engagierten im Januar 1944 eine tschechische Studentenband für so eine Party. Das Fest dauerte bis in die frühen Morgenstunden, und dann wurden auf einem Teller mehrere hundert Mark für die Musiker gesammelt. Das Motto der Feier war »Der Untergang des Abendlandes«. Im Juni desselben Jahres lud Außenminister Joachim von Ribbentrop ausländische Diplomaten und ihre Begleiterinnen zu Getränken und einem erlesenen Büfett ein; diesmal kam der Swing von Schallplatten, nach denen in der Bücherei der Sommervilla vereinzelt getanzt wurde. »Nach uns die Sintflut«, murmelten die Journalisten, die das Glück hatten, dabeizusein. Die faschistische Gesandtschaft der Kroaten, die in Frau von Pannwitz' Dahlemer Wohnsitz untergebracht war, veranstaltete im März 1945 jeden Abend »Abschiedsfeste«. Dabei erfreute sie deutsche und ausländische Nachtschwärmer mit Brandy, einem Volksliedchor und Jazz, der von »einer in der Nähe stationierten kroatischen Flakbatterie« gespielt wurde.[21]

Daneben hatten Jazzkünstler weiterhin Arbeitsmöglichkeiten innerhalb des Truppenbetreuungsprogramms, doch unter sich ständig verschlechternden Bedingungen. Seit 1940, als die Truppenbetreuung bei deutschen Musikern und Schauspielern beiderlei Geschlechts recht beliebt gewesen war, hatte ein Wandel eingesetzt, der das ganze Unternehmen immer fragwürdiger werden ließ. Einerseits begannen die relativ hohen Gagen, die man allen möglichen Künstlern zahlte, gewöhnlich völlig unabhängig von ihren wirklichen Fähigkeiten, die Wehrmachtsoldaten zu verärgern, denn ihr Sold machte nur einen Bruchteil dieser Summen aus. Doch als Goebbels und Dr. Robert Ley, die beiden Gründer des Programms, eine viel niedrigere fixe Gage festsetzten, waren die Künstler, die noch immer ihre Dienste anboten, bestürzt, denn sie konnten zu Hause im Zivilbereich bedeutend mehr verdienen, wobei sie sich allerdings damit abfinden mußten, aus einer gewissen Entfernung von Goebbels, Himmler oder Göring zensiert zu werden.[22]

Andererseits wurde die Truppenbetreuung mit jedem Monat gefährlicher, denn Künstler, die geruhsame Auftritte in der Sicherheit besetzter Länder wie Norwegen oder Frankreich vorgezogen hätten, wurden häufiger denn je bedrohlich nahe an die Kampflinien geschickt, besonders an die Ostfront, und das jeweils wochenlang.

Das bedeutete auch starke körperliche Belastungen; vor allem bestand das Risiko, sich durch längere Aufenthalte bei Temperaturen unter Null eine Lungenentzündung zuzuziehen. Von wenigstens einem Musiker weiß man, daß er einen bleibenden Gehörschaden davontrug.[23]

Infolge der wachsenden Gefahren, die in keinem Verhältnis mehr zu den psychologischen und materiellen Vorteilen standen, zogen sich Künstler höheren Kalibers vornehm von der Truppenbetreuung zurück und überließen sie fast ausschließlich ihren zweit- und drittklassigen Kollegen. Neben stümperhaften Amateurdarbietungen, die das gesamte militärische Publikum verärgerten, waren deren Spezialität schlüpfrige Witze und sexuelle Anspielungen, die von der Mehrheit der Soldaten enthusiastisch begrüßt, von denen mit einer besseren Ausbildung und einem Gefühl für Anstand aber rundweg abgelehnt wurden. Und nach wie vor hielt das Militär die meisten der ungefähr achttausend 1943–44 an den Fronten beschäftigten Künstler trotz der reduzierten Gagen für stark überbezahlt.[24]

Paradoxerweise war die insgesamt niedrige Qualität der Truppenbetreuung hilfreich für die wenigen aktiven Jazzmusiker, denn ihr im allgemeinen hohes professionelles Niveau wurde von den ansonsten düpierten Zuhörern doppelt geschätzt. Diese Beurteilung trifft selbst dann noch zu, wenn man bedenkt, daß die besten deutschen Musiker, etwa Kurt Hohenberger oder Fritz Schulze, nicht dabei waren, weil sie selbst beim Militär dienten. Aber einige gute Künstler machten immer noch die Runde, beispielsweise Kurt Widmann oder der Pianist Willi Stech, während Heinz Wehner mit seiner Big Band stationären Dienst beim Soldatensender Oslo leistete.[25]

Manchmal liefen solche Jazzprogramme unter tragischen Bedingungen ab, manchmal am Rande der Katastrophe. 1943 sollte Evelyn Künneke ein bei Warschau einquartiertes Selbstmordkommando unterhalten, kurz bevor man die Männer unter ihrem drahtigen Befehlshaber »Knochenkarl« auf eine Sondermission nach Rußland schickte. Der General gestattete der Scat-Sängerin, amerikanische Swingmelodien vorzutragen, denn »übermorgen ist Abmarsch, und danach wird's kaum noch irgendwelche Lieder für sie geben«[26]. Und eine Tänzerin namens Lieselotte, eine Bewunderin von Ellington, erhielt den Befehl, ihren »Rauschtanz« vor Soldaten in der Nähe von Breslau vorzuführen. Als sie auf die Bühne kletterte, wurde sie von einem gewaltigen Führerporträt überrascht, vor dem sie tanzen mußte. Sie überreichte dem Bandleader ihr Arrangement von »Sophisticated Lady«, das von Hans Rosenfelder, einem alten und makellos »arischen« Freund Brocksiepers aus München stammte. Und dann kamen die Bandmitglieder, jeder ein untadelig beherrschter SS-Mann, perfekt ausgebildet und wunderbarerweise fähig, das Arrangement für den »Rauschtanz« vom Blatt zu spielen. Die Musik sei sehr schön gewesen, sagte der SS-Kapellmeister danach zu Lieselotte, aber der Name des Arrangeurs auf den Notenblättern habe doch ein bißchen jüdisch geklungen![27]

Diesem unfreiwilligen Kompromiß entsprachen bewußte Zugeständnisse auf höheren Ebenen. Lutz Templins Jazzband, Charlie and His Orchestra, wurde angewiesen, für Goebbels' Propagandazwecke weiterhin Swing zu spielen. Im September 1943, als es keine Garantie mehr gab, daß man risikolos Aufnahmen in Berlin machen konnte, wurde Templins Gruppe in das provinzielle Stuttgart verlegt. Der Sänger Karl Schwedler, William »Lord Haw Haw« Joyce und sein weibliches Pendant »Axis Sally« – ihr Wortschwall war für die Amerikaner – blieben in der Hauptstadt zurück. Fortan wurden die Propagandaaufnahmen, nun ausschließlich Hot-Jazz, nach Berlin geschickt und dort mit anderen Programmen gemischt. Beim Rundfunksender in Stuttgart waren Templin, Brocksieper, der Bassist Otto Tittmann und der Bandoneonist Max Gursch die einzigen noch in der Band arbeitenden Deutschen; die anderen waren Italiener, Belgier und Niederländer. Aber sogar in der bis dahin ruhigen schwäbischen Hauptstadt wurden die Luftangriffe immer schlimmer, bis die Stadt, und damit auch der Rundfunksender, völlig von Brandbomben zerstört wurde. Erst jetzt stellte die bereits dezimierte Band Charlie and His Orchestra ihre phantastischen Großtaten ein.[28]

Das hätte schon früher der Fall sein können, wäre es nach einigen skeptischen Funktionären in der Rundfunkzentrale des Reiches gegangen. Denn ihnen wurde allmählich klar, daß Templins »Diktatur-Jazz« nicht unbedingt den Geschmack der ausländischen Hörer traf. Zum anderen entdeckten sie, daß deutsche Hörer sich auf

Kurzwelle einschalten konnten, um sich durch höchst unerlaubte Unterhaltung berieseln zu lassen.[29] Anscheinend wurde auch die Verteilung der Jazzschallplatten von Charlie and His Orchestra in alliierten Kriegsgefangenenlagern gestoppt – wiederum infolge ihrer Wirkungslosigkeit. Statt dessen händigte man ganz nach dem Ermessen der örtlichen Befehlshaber ganze Kisten mit Schallplatten an bestimmte Wehrmachteinheiten aus. Solch eine Sammlung wurde im Dezember 1944, nach dem Rückzug der deutschen Truppen, von britischen Soldaten in einem früheren Wehrmachtsender in Griechenland gefunden.[30]

Fritz Brocksieper versteckte sich bei einem Bauern in der Umgebung von Tübingen und überlebte so die letzten Kriegsmonate.[31] Den Mitgliedern der Schwesterorganisation, des Deutschen Tanz- und Unterhaltungsorchesters (DTU), widerfuhr ein komplizierteres Schicksal. Nachdem der Übungssaal des Orchesters in der Berliner Reichstheaterkammer im Sommer 1943 bombardiert worden war, begab sich die übergroße Band, einschließlich ihrer Arrangeure, nach Prag. Die Stadt wurde von alliierten Flugzeugen verschont, besaß funktionierende Rundfunkstudios und hatte viele Vorzüge zu bieten, die an ein Leben im Frieden erinnerten, darunter Alkohol im Überfluß. Im Prinzip hätte diesen Musikern, die der Front entgehen wollten, nichts Besseres passieren können.[32]

Dann, im Februar 1944, entband Goebbels plötzlich Franz Grothe und Georg Haentzschel ihrer Pflichten und ersetzte sie in Prag durch den Streicherkönig Barnabas von Géczy und den Pianisten Willi Stech. Ihre Entlassung ging zum Teil auf die Resignation zurück, die sich nach der Niederlage bei Stalingrad zunehmend im Propagandaministerium breitmachte. Denn so wie ihr Jazz sämtliche Regeln gebrochen hatte und zu leidenschaftlich geworden war, hatten sich auch die Musiker selbst zu viele Freiheiten herausgenommen und waren schließlich aufsässig geworden.

Bis Ende 1943 hatte es den Anschein gehabt, als gelänge dem DTU die Quadratur des Kreises: Arrangements, die die Swingfans genauso zufriedenstellten wie die maßvolleren deutschen Hörer. Soldaten, vor allem die der Luftwaffe, mochten den zweimal wöchentlich ausgestrahlten zurückhaltenden Swing, was in Werner Daniels' »Musikalischer Feldpost« Ende 1942 gebührend anerkannt wurde.

Ein Schweizer Hörer verglich das DTU sogar mit den besten britischen Musikern wie Harry Roy oder Caroll Gibbons.[33] Andererseits gab es Beschwerden, besonders aus ländlichen Gebieten, über »ein Trompeten- und Saxophongetöse«.[34] Hinkel und Goebbels, die persönlich Grothes und Haentzschels Produktionen sehr aufmerksam überwachten, argwöhnten, daß vornehmlich Haentzschel zu viele satte Jazzarrangements einschmuggele. Und das durfte nicht sein, denn sie wollten das DTU zu einem Vorbild für alle anderen Tanzorchester des Landes – jedenfalls für die noch existierenden – machen.[35] Viele Monate lang legte Fritz Stege in seiner Parteizeitung Lippenbekenntnisse zu diesem Hirngespinst ab – sogar noch Ende 1943, denn die DTU-Dirigenten waren gewitzt genug gewesen, ihrem weniger jazzigen Repertoire die lahme Komposition des Musikkritikers hinzuzufügen, nämlich den Tango »Kleine Hirtin«.[36] Haentzschel und Grothe wurden tollkühn; im November 1943 sendeten sie »Alles wird gut« von Ernst van't Hoff, das auf den ersten vier Noten von Beethovens fünfter Sinfonie basierte. Dabei war diese Notenfolge seit langem ein Erkennungszeichen der individualistischen Hamburger Swings sowie des deutschen BBC-Programms, das sie häufig einschalteten.[37]
In Prag eingetroffen, mußten die deutschen Jazzmusiker Überstunden machen, was trotz des relativen Luxus, der sie umgab, erhebliche Unruhe auslöste. Ihre rebellische Haltung wurde durch Konzertmeister Kurt Henneberg unterstützt, der früher ein prominentes Mitglied der Peter-Kreuder-Combo gewesen war. Als vorzüglicher klassischer Geiger hatte er den Ehrgeiz, nach dem Krieg eine Solokarriere zu beginnen.[38] Henneberg war »demokratisch« zum Sprecher dieser eigenwilligen Musiker gewählt worden – sehr zum Verdruß von Goebbels' Verwaltungsbeamten, die wohl oder übel hinnehmen mußten, daß ihr Parteispitzel, der Bratschist Hermann Däubner, die für ihn vorgesehene Aufgabe nicht erfüllen konnte. In den Augen von Hinkel und Goebbels versagten auch die beiden Dirigenten, die offenkundig nicht in der Lage waren, einer Gruppe von dreißig Musikern hinreichende Disziplin aufzuerlegen. Diese Musiker galten als »eine politische Gefahrenquelle«, zumal kaum einer von ihnen sich irgend etwas unter der SA vorstellen konnte![39]
Wahrscheinlich hatte Goebbels die Entscheidung nicht allein ge-

troffen. Er war von SS-Brigadeführer Karl Cerff unter Druck gesetzt worden, den der immer mächtiger werdende Himmler im Sommer 1941 als seinen Verbindungsmann für die Rundfunkprogramme im Propagandaministerium untergebracht hatte. Cerff, ein Nazi der ersten Stunde und ein ehemaliger regionaler HJ-Führer, hatte Himmler geholfen, »germanische« kulturelle Objekte und Rituale in die SS-Zeremonien einzuführen; er teilte den Fanatismus seines Chefs, was die Reinheit der nationalsozialistischen Ideologie betraf. In dieser Hinsicht stand Cerff mit Sicherheit im Gegensatz zu dem zynischen Goebbels, der diesen Polizeispitzel haßte. Allerdings wußte der Minister durchaus, daß der Einfluß Himmlers und seines Apparates seit Kriegsbeginn in sämtlichen Bereichen des Regimes wuchs. Cerff muß sogar auf die gemilderte Jazzversion, die Goebbels dem DTU zugestehen wollte, geradezu paranoid reagiert haben. Denn, wie er bemerkte: Wäre es nicht albern, wenn SS-Männer tagsüber Schädel mäßen und dann die Nacht hindurch Tango tanzten?[40]

Nachdem Barnabas von Géczy, dieser »Vorkämpfer der ›deutschen‹ Tanzmusik«, und sein Stellvertreter Willi Stech die Leitung von Grothe und Haentzschel übernommen hatten, verschlechterte sich das DTU hörbar.[41] Daran war ganz allein Géczy schuld, dem Hitler 1939 den Titel »Professor« verliehen hatte. Er vergrößerte das ohnehin sehr umfangreiche Orchester nun durch viele seiner ursprünglichen Streicher. Das Monatsbudget für das gesamte Unternehmen stieg noch weiter, wobei Géczy eine unmäßig stattliche Gage für sich selbst abzweigte.[42] Stech als aktiven Dirigenten in die Band aufzunehmen, war nicht ganz ohne Risiko. Denn obwohl man den Pianisten als treuen Parteigenossen kannte, wurde seine Tanzkapelle, die dem Langwellensender zugeordnet war (und zu der beliebte Ausländer, Mitglieder von Templins Gruppe und des DTU gehörten), bis Anfang 1944 von so manchem deutschen Jazzfan sehr geschätzt.[43]

Von nun an ließ ein extrem strenges Regiment das Leben der Bandmitglieder so unangenehm werden, daß fast nur der Ruf zu den Fahnen schlimmer gewesen wäre. Henneberg und ein paar andere wurden wegen Aufwiegelung gemaßregelt, und man strich jedem einzelnen den vertraglich zugesicherten Urlaub. Sogar Stech und

Géczy mußten mit ihren Äußerungen vorsichtig sein, und die Musik wurde sehr sorgfältig überprüft.[44] Die recht mutigen Klänge der Blasinstrumente waren nun verschwunden; Geigen überwogen.[45] Das alles diente weiterhin dem offiziellen Ziel, ein vorbildliches Tanzorchester zu schaffen, und zwar über den erwarteten Endsieg hinaus.[46] Doch das gesamte Konzept wurde von dem Unbeschreiblichen gefährdet: von Einberufungen zum Frontdienst, die selbst der Minister nicht mehr kontrollieren konnte. Bis November 1944 waren vier Musiker eingezogen worden, und im Dezember machte sich auch Serge Matul, der alkoholkranke Gitarrist, in den Krieg auf.[47]

Das Ende des DTU war überraschend undramatisch. Kurz bevor die Tschechen ihre Hauptstadt Anfang 1945 wiedereroberten, wären die Musiker fast vom Deutschen Volkssturm – jener allerletzten Verteidigungsorganisation, die hauptsächlich aus alten Männern und Kindern bestand – zwangsverpflichtet worden. Später konnten sich die meisten in ihren Hotels gegen die aufgebrachten Tschechen verbarrikadieren, bevor sie ihre mühsamen Reisen nach Westen in ihre vom Krieg zerstörte Heimat antraten.[48] Der vielleicht begabteste Mann der Gruppe – und derjenige, der sein Schicksal am wenigsten verdient gehabt hätte – kehrte nicht zurück. Als sich der neunundzwanzigjährige Henneberg, guten Glaubens und ohne Tschechischkenntnisse, auf den Platz hinauswagte, war er rasch vom Mob umringt. Man hängte ihn an einem Laternenpfahl auf und setzte ihn gleichzeitig in Brand.[49]

Der Fall des DTU ist ein typisches Beispiel des Kompromisses und des Scheiterns. Doch letztlich blieb Goebbels auch mit seiner Rundfunkpolitik (für die das DTU als Vorbild diente) erfolglos. Einer der Gründe war, daß die Briten, kurz darauf von den Amerikanern unterstützt, ihn auf seinem eigenen Feld, der Propaganda besiegten. Der deutsche Rundfunkdienst der BBC hatte zwar Ende 1942 sein Sonderprogramm mit viel Swing und älterem Jazz sowie gegen Hitler gerichteten Nachrichten und Kommentaren eingestellt, weil Goebbels die Sendungen stören ließ. Aber die regulären deutschen BBC-Programme auf Kurz-, Lang- und Mittelwelle boten immer noch einigen Jazz an, etwa in der Reihe »Aus der Freien Welt«. Zu den Mitwirkenden gehörten Mischa Spoliansky, der sich im Weimarer Kabarett einen Namen gemacht hatte (im April 1943), Spike Hughes, der bewährte britische Jazzpionier, als Autor und Sprecher, sowie Nobelpreisträger Thomas Mann und seine exzentrische Tochter Erika, deren mahnende Ansprachen vorher in Amerika aufgenommen wurden. Dieser tägliche Dienst, angekündigt von Beethovens Notenfolge (»Alles wird gut«), war so durchschlagend, daß sogar Himmler bei dessen abendlichen Rückfahrten in seinen Befehlsbunker in Ostpreußen beeindruckt war. Viele Ansager des Dienstes waren bekannte, nun emigrierte deutsche Juden. Deshalb beschwerte sich ein einfältiger Hamburger Nazi im Oktober 1944, man habe »dreckige Judenlümmel« an die Mikrophone gesetzt, um den geliebten Führer und die gesamte deutsche Weiblichkeit zu beleidigen.[50]

Deutsche, die an der Nordseeküste wohnten, oder in Nordwesteuropa stationierte Soldaten konnten häufig die inländischen BBC-Programme empfangen und sich so originale englische Nachrichten sowie viel Jazz von britischen und amerikanischen Bands anhören.[51] Oder sie konnten das British Forces Network einschalten; zum Beispiel sendete es am 15. April 1943 Aufnahmen von Earl Hines, dem Nat King Cole Trio und Artie Shaw, und am Tag zuvor war das Trio des blinden Schlagzeugers Carlo Krahmer, des alten Londoner Freundes von Hot-Geyer, zu hören.[52]

Viel tückischer als die BBC waren für die Deutschen jedoch Sefton Delmers Stationen, die ihren Sitz in Großbritannien hatten: der Kurzwellensender Atlantik und der Soldatensender Calais mit einem ähnlichen Programm auf Mittelwelle. Der deutschsprachige Sender Atlantik, mit deutschen Kriegsgefangenen als Personal, zielte ursprünglich auf die deutsche Marine. Er startete am 5. Februar 1943 mit Nachrichten, Jazz, allerlei leichter Musik und Propaganda. Vom 24. Oktober an war er auch auf stets wechselnden Mittelwellenfrequenzen zu hören; man gab ihn als einen deutschen, angeblich in Calais beheimateten Soldatensender aus, der sich an andere Militäreinheiten ebenso wie an die Bevölkerung des Reiches richte. Mit seinen 600 Kilowatt war Calais der stärkste Sender auf dem Kontinent; wegen seiner Wellenbandflexibilität konnte er mehrere regionale deutsche Rundfunksender verdrängen. Wegen der scharfen Musik und einiger vorsichtig kritischer Kommentare glaubten viele Deutsche tatsächlich, es handele sich um einen deutschen Wehrmachtsender wie den in Belgrad. Anderen jedoch war bald klar, daß es sich um eine britische Station handeln müsse, die nach oder sogar vor der Invasion an der französischen Küste versteckt worden war. Nur sehr wenige – nicht einmal Goebbels – wußten, daß der Sender stets auf den Britischen Inseln operierte. Es war ein Meisterstück der sogenannten Schwarzen Propaganda, die der in Berlin geborene Delmer perfektioniert hatte, und als Instrument der psychologischen Kriegsführung von den Amerikanern wie von den Deutschen unerreicht.[53]

Soldatensender Calais lieferte reichlich »amerikanischen Jazz mit einer deutschen Färbung«, das heißt ein paar US-Aufnahmen, darunter spezielle Songs von Marlene Dietrich, aber vor allem die besseren deutschen Jazzschallplatten à la Brocksieper oder Zacharias, die man aus Stockholm oder von deutschen Kriegsgefangenen erhielt. Während Brocksieper seine Musik auf Atlantik hörte, erinnert sich Zacharias, seine Platten während eines Aufenthalts in Holland – höchstwahrscheinlich im Soldatensender Calais – gehört zu haben.[54] Für jüngere, am Jazz interessierte Soldaten wie den Frankfurter Emil Mangelsdorff, der damals in Rußland war, wurden diese täglichen Sendungen zu einem Rettungsanker oder auch zu einem Ritual; in den besten Fällen wurden die Programme (auf Kurzwelle) von verständnisvollen Offizieren geduldet, die einfach behaupteten, daß Calais wirklich eine Einrichtung der Wehrmacht sei und deshalb ohne Sicherheitsbedenken eingeschaltet werden dürfe.[55]

1943 empfingen einige Bürger des Reiches, besonders im Süden, anscheinend immer noch Sendungen der American Armed Forces, darunter viel Jazz, die von Stationen in Italien ausgestrahlt wurden.[56] Aber was Goebbels noch mehr beunruhigte, war das Rundfunkunterhaltungsprogramm der Allied Expeditionary Forces (AEF), das weitgehend Swing brachte und sich an britische und amerikanische Soldaten richtete. Die treibende Kraft dieses Programms war der amerikanische Luftwaffenhauptmann (später Major) Glenn Miller. AEF war ursprünglich eine Idee von General Dwight Eisenhower und stand unter den Auspizien der BBC in London. Die Sendungen wurden zu fünfzig Prozent mit amerikanischen, zu fünfunddreißig Prozent mit britischen und zu fünfzehn

Prozent mit kanadischen Programmen bestritten, was dem Verhältnis in den alliierten Streitkräften entsprach. Die dominierenden Amerikaner machten den Swing trotz einiger britischer Proteste zur Grundlage des gesamten Programms, das Vierzig-Mann-Orchester des Posaunisten Miller, das man eigens nach England gebracht hatte, wurde zum Dreh- und Angelpunkt der Sendungen. In den Vereinigten Staaten war es das berühmteste Tanzorchester gewesen; es verfügte über beispiellose Disziplin, ungeheuer geschickte Arrangements und ließ genug Möglichkeiten für Swingsoli, die die manchmal süßlichen Geigenklänge ausglichen. Mehr noch, die Kapelle war zur offiziellen amerikanischen Air Force Band gemacht worden, bevor sie Ende 1944 in Großbritannien eintraf.[57]

Die AEF-Sendungen begannen einen Tag nach der Landung der Alliierten in der Normandie, also am 7. Juni, mit vielen amerikanischen Swingschallplatten und einigen britischen Live-Darbietungen. Am 8. Juni zum Beispiel konnte man sich Platten von Woody Herman, Bert Ambrose, Benny Goodman und anderen angloamerikanischen Jazzstars, aber auch eine Live-Show mit Kay Kaisers britischer Society Dance Band anhören. Diese Programme wurden direkt nach Nordfrankreich ausgestrahlt, wo die alliierten Soldaten sie empfangen konnten, was natürlich auch für die nun im Rückzug befindliche Deutsche Wehrmacht galt. Hauptmann Millers Band kam am Montag, dem 10. Juni, hinzu. Neben diesem charakteristischen Big-Band-Sound waren auch kleinere – und zwangsläufig schärfere – Gruppen zu hören, die von dem erst zwanzigjährigen, hervorragenden Goodman-Pianisten Mel Powell und dem erfahrenen Schlagzeuger Ray McKinley geleitet wurden und die Jazzfans in ihren Bann schlugen. Der Sänger Johnny Desmond, einst Mitglied der Gene-Krupa-Gruppe, hatte eine ähnlich offene Einstellung zum Jazz wie damals Frank Sinatra.

Ein typisches AEF-Programm war am Freitag und Samstag, dem 4. und 5. August 1944, zu hören: die frühmorgendliche Sendung »Raus aus den Federn« mit einem Medley aus Swingschallplatten, die »amerikanische Band des Alliierten Oberkommandos« (das Glenn Miller Orchestra), Henry Halls Band, Aufnahmen des Trompeters Harry James, Powells glänzendes Swing Sextett, McKinleys American Dance Band, Mel Powell und Jack Rusin, der

Klavierersatzmann, an zwei Keyboards, eine Aufnahme von Tommy Dorseys Orchester und schließlich Platten mit Xavier Cugats lateinamerikanischem Jazz. Zum Ausgleich sendete man auch Stücke von Georges Bizet und Richard Strauss sowie der Northumbrian Fiddlers, der Royal Canadian Air Force Band und der British Army Pipes and Drums, ganz zu schweigen von Nachrichten, Kommentaren und leichtem Humor. Doch insgesamt hielten diese achtundvierzig Stunden eine faszinierende Auswahl für Liebhaber des zeitgenössischen Jazz bereit, und das auch noch kontinuierlich. Das Programm setzte sich mit nur geringen Veränderungen fort, auch nachdem Miller am 15. Dezember auf seinem Flug nach Paris über dem Kanal abgestürzt war (alle anderen Bandmitglieder erreichten die französische Hauptstadt). Die äußerst populäre Unternehmung wurde erst im Juli 1945 eingestellt.[58]

Da die Alliierten von dem Faible der Wehrmacht für ihre AEF-Programme sehr wohl wußten, wurde Glenn Millers Swing auf eine Weise für Demoralisierungsversuche eingesetzt, die sich im Prinzip nicht allzusehr von Goebbels' Bemühungen mit dem Jazz von Charlie and His Orchestra unterschied. Allerdings hatte dieses Unterfangen viel mehr Überzeugungskraft, weil die Musik unverfälscht war und die Botschaften echt klangen. Offenbar plante man weitere Folgen in wöchentlichen Abständen. Falls es dazu kam, scheinen sie jedoch weder archiviert noch aufgezeichnet worden zu sein. Nur die Privataufnahme eines deutschen Soldaten ist der Nachwelt erhalten geblieben.

Eines Tages im November 1944 wurde Miller am Mikrophon von einer jungen Frau namens Ilse interviewt – zweifellos eine deutsche Emigrantin, die für die Alliierten arbeitete. Man hört, wie sie liebenswürdig sagt: »Guten Abend, deutsche Soldaten!« Dann kündigt sie Miller auf deutsch an, und seine Band spielt ihre Kennmelodie »In the Mood«. Zwischen »Star Dust«, »Tuxedo Junction« und »Now I Know«, schmachtend in verstümmeltem Deutsch gesungen von Sergeant Desmond (»Ik vursteh«), macht Miller etwas klägliche Versuche, Ilses Kommentare in der Sprache des Feindes zu beantworten. Der geplante Höhepunkt des »Interviews« ist eine kurze Moralpredigt Ilses an die Soldaten, ein Stück unverfälschter Propaganda: »Es ist doch wirklich wunderbar, daß es für einen amerikanischen Musiker kein ›Verboten‹ und keine Einschränkungen gibt. Er spielt die Musik, die er will, die Musik, die seinen Hörern gefällt. Gleichgültig ist, ob es amerikanische, deutsche, russische, chinesische oder jüdische Musik ist.« »Ich weiß, was Sie meinen«, erwidert Miller in seinem schleppenden Amerikanisch. »Amerika bedeutet Freiheit, und nichts drückt die Freiheit so aufrichtig aus wie die Musik!« Ilse fährt fort (auf deutsch): »Sehr richtig, Herr Major! Hoffentlich haben das, was Sie soeben sagten, auch alle verstanden.« Das Orchester verleiht ihren Worten durch eine temperamentvolle Version des amerikanischen Swingtanzklassikers »Poinciana« Nachdruck.[59]

Wie viele deutsche Soldaten sich diese Sonderprogramme sowie die regulären AEF-Sendungen anhörten, darunter auch englischsprachige Nachrichten, ist nicht bekannt. Aber man darf von einem recht hohen Prozentsatz ausgehen, denn bei den in Frankreich stationierten deutschen Streitkräften herrschte ein freieres Klima. Leutnant Schulz-Köhn hörte AEF im Frühjahr 1945, als er in der Festung St. Nazaire von feindlichen Soldaten umzingelt war. Keiner seiner Kameraden störte ihn, sie wußten, wie sehr er die Sendungen genoß.[60]

Ungeachtet der Gefahr drakonischer Strafen schalteten immer mehr Deutsche diese ausländischen Sender ein, und das aus einer Reihe von Gründen. Erstens: Als sich das Kriegsgeschick wendete, die Lebensbedingungen, besonders in den Städten, schlechter wurden und Goebbels dem Volk weiterhin die Wahrheit vorenthielt, wuchs mit jedem Tag die Versuchung, sich zum Beispiel die BBC anzuhören – gleichgültig, welches Risiko man einging. Zweitens gab es mehr Gelegenheiten, weil immer mehr Deutsche nachts arbeiten mußten, so daß sie nicht so leicht von Kontrolleuren am Radio erwischt werden konnten. Drittens war man praktisch überall auf ein Rundfunkgerät angewiesen, schon wegen der plötzlichen Luftschutzwarnungen der Regionalsender. Und viertens hatte es die Regimeführung, wie Himmler scharfsinnig feststellte, wieder einmal nicht geschafft, mit technischen Mitteln zu verhindern, daß die ausländischen Signale empfangen werden konnten. Der Drahtfunk, den Hitler seit Jahren gefordert hatte, wurde erst gegen Kriegsende eingeführt und war zu diesem Zeitpunkt so gut wie nutzlos für eine absolute Kontrolle der öffentlichen Meinung. Zudem waren die Deutschen nicht in der Lage, feindliche Programme mittels Erhöhung des Kilowattpotentials ihrer eigenen Sender permanent abzublocken. Der SS-Chef klagte, es würden »selbst Leute, die den besten Willen haben, keine ausländischen Sender zu hören, dazu kommen«, ohne daß sie es wollten.[61]

Goebbels erhielt Himmlers schriftliche Beschwerde zu einem Zeitpunkt, als es ihm selbst überaus schwerfiel, angemessene rundfunkpolitische Entscheidungen zu treffen, besonders hinsichtlich der Rolle des Jazz. Wie in früheren Jahren wurde seine offizielle Haltung von fünf Variablen bestimmt: seinem persönlichen Geschmack, insbesondere soweit er durch das Diktat der nationalsozialistischen Weltanschauung festgelegt war; den Wünschen der Soldaten an den Fronten und, was genauso wichtig war, auf Heimaturlaub; den durchschnittlichen Ansprüchen der Masse ziviler Hörer; dem konkurrierenden Angebot des Feindes und schließlich von äußeren Umständen, die auf die eine oder andere Weise mit dem Kriegsverlauf zusammenhingen. Es war für Goebbels wichtiger als je zuvor, zwischen all dem eine Balance zu finden und aufrechtzuerhalten. Wie sich erwies, wurde er vor allem von den Kriegsereignissen beeinflußt.

Es gab vier – teils sich hinziehende – Ereignisse, auf die er keineswegs konsequent reagierte, obwohl seine vorsichtigen Maßnahmen mehr oder minder mit seinen Entscheidungen über die kulturelle Kontinuität als Ganzes zu vereinbaren waren. Der Minister hatte erstens die Niederlage bei Stalingrad vom 3. Februar 1943 und zweitens die schrecklichen Luftangriffe auf Berlin im November zu berücksichtigen. Nach dem gescheiterten Attentatsversuch auf Hitler im Juli 1944 mußte er sich wiederum umstellen, und schließlich, viertens, war er Anfang 1945 mehrere Wochen lang gezwungen, die bevorstehende sichere Niederlage in Betracht zu ziehen.

Während des Krieges hatte es bereits Zensurtendenzen gegeben, die sich bequemerweise mit dem mittelmäßigen Geschmack der Hörermehrheit hatten rechtfertigen lassen. Diese Tendenzen verstärkten sich wegen Stalingrad und dauerten ungefähr von Januar bis zum Frühsommer 1943 (damals nahm bezeichnenderweise der

Kurzwellensender Atlantik seine Arbeit auf). Am 3. Februar, nachdem Feldmarschall Friedrich Paulus den Sowjets gegenüber kapituliert hatte, genehmigte Hinkel nur ernste klassische Musik für alle deutschen Sender, darunter – war es Zufall? – auch die »Eroica«, die Beethoven einst zu Ehren des Feldherrn Napoleon komponiert hatte. Später, im Einklang mit Goebbels' Sportpalastrede vom 18. Februar, wurde jede Form der Tanzmusik im Rundfunk – und sogar jeder Hinweis darauf – abgelehnt.[62]

Die Rückkehr zu rhythmischerer Musik war ebensosehr den hartnäckigen Feindsendern wie den Forderungen der Wehrmachtsprecher zu verdanken, deren Argumenten der rationale Goebbels kaum etwas entgegensetzen konnte. Die Erinnerung an Stalingrad war schon ein wenig verblaßt, die Soldaten verlangten das Ihre. Deshalb wollte Goebbels im Oktober 1943 eine Mischung aus populären Klassikern – mit Rücksicht auf die vorherrschende düstere Stimmung – und lockerer Unterhaltung, wie sie das DTU liefern konnte.[63] Dieses Konzept behielt er sogar nach den furchtbaren Luftangriffen vom November bei, denn er war der Meinung, daß »es keinen Zweck hat, in diesem traurigsten aller Monate Traurigkeit aufs Programm zu setzen«. Während der Minister gezwungen war, Grothe und Haentzschel als DTU-Dirigenten zu entlassen, weil sie ihre Grenzen überschritten hatten, durften sie im Interesse der Ausgewogenheit ihre Rundfunkposten als für Tanz- und leichte Unterhaltungsmusik zuständige Abteilungsleiter behalten, denn andere Experten waren nirgends in Sicht.[64]

Im Mai 1944 wurde Hinkel als Hauptrundfunkaufseher von dem aalglatten Hans Fritzsche abgelöst, der fortan die regulären Programmkonferenzen leitete, während Hinkel sich um die gleichermaßen propagandaträchtige Filmindustrie kümmerte. Hinkel wie Fritzsche mußten zornige Briefe beantworten, die zunehmend von eingefleischten, doch desillusionierten Nationalsozialisten eingingen. Die beiden erklärten, weshalb der »Jazz« immer noch einen Platz im deutschen Rundfunk habe und weshalb es sich, im Gegensatz zur irrigen Meinung der Briefschreiber, keineswegs um die alte Art des Jazz handele.[65]

Der Anschlag auf Hitler Ende Juli 1944 schuf ein nationales Trauma, das dem von Stalingrad sehr ähnlich war. Und es erforderte nicht Ablenkung, sondern Würde. Gleichzeitig erkannte Goebbels ein neues Dilemma, denn die alte Formel, die den Jazz in der Vergangenheit gerechtfertigt hatte, galt im Grunde nicht mehr: Wenn die Wehrmacht den Krieg verlor, war Deutschland dem Untergang geweiht, und es hatte keinen Sinn, Soldaten und Zivilisten mit leichter Unterhaltung zu belohnen. Doch paradoxerweise setzten sich Wehrmachtvertreter in jenen aufreibenden Zeiten mehr denn je für die Sache der »rhythmischen Musik« ein.

Wie auch immer, genau zwei Monate vor dem Attentatsversuch erhielt die Rundfunkzentrale zum erstenmal eine unmißverständliche Anweisung aus Hitlers Hauptquartier in Ostpreußen. In einer so kritischen Periode wie dieser dürfe der Rundfunk im Hinblick auf den sogenannten Jazz nicht mehr verfahren wie früher! Haentzschel erwiderte rasch, daß er seine inhaltliche Programmplanung bereits so vorsichtig gestalte, wie es menschenmöglich sei. Drei Wochen später erfuhr er bei einem Treffen mit dem Minister, daß keine entscheidenden Änderungen vorgesehen seien: Goebbels stand offenkundig noch immer unter doppeltem Druck: der militärischen Notwendigkeit und der alliierten Sendungen, so daß er seinen persönlichen Geschmack und die allgemeine Verzweiflung hintanstellte.[66]

Ob Goebbels zu diesem Zeitpunkt tatsächlich noch optimistisch oder einfach nur zynisch war, kann nur gemutmaßt werden. Den veröffentlichten Fragmenten seines Tagebuches von 1945 zufolge war er völlig realistisch, was die bevorstehende Niederlage des Reiches allein aus strategischen Gründen betraf. Allerdings notierte er, für seine eigenen Zwecke, auch noch die kleinste Einzelheit, die für Deutschland zu sprechen schien. Vielleicht lag es an der Anfang 1945 herrschenden allgemeinen Verwirrung, daß nicht ganz Deutschland von der absoluten Zensur erfaßt wurde. Im Februar ordnete Fritzsche leichte Unterhaltungsmusik an, die »gedämpft fröhlich« zu sein habe.[67] Diese Wendung spiegelt Goebbels' zwiespältige Vision für Deutschland getreulich wider: Am 1. April vertraute er seinem Tagebuch an, daß der Krieg so gut wie verloren sei, während er am selben Tag in *Das Reich* – in seinem letzten je veröffentlichten Essay – historische Präzedenzfälle von glücklichen Kriegswendungen heraufbeschwor.[68] In einer so düsteren Situation

war der Jazz im nationalsozialistischen Rundfunk, unterstützt von Haentzschels Doppelzüngigkeit, auch jetzt noch nicht tot.
Zweifellos kamen die Soldaten Haentzschel dabei zu Hilfe. Nach dem Krieg erklärte der einstige Star unter den Jazzpianisten, daß die zügellose Musik der Soldatensender stets als Vorwand genutzt werden konnte, um auch in den Reichsprogrammen Spuren von Jazz beizubehalten.[69] Einige der Soldatensender waren sehr mutig und kümmerten sich kaum um die Direktiven aus dem Nazihauptquartier. Beim Soldatensender Weichsel zum Beispiel legte man immer wieder Kurt Widmanns wildeste Platten auf, ebenso wie die einer anderen deutschen Combo, die im Stil von »Benedict Gutmann« (so lautete die erfinderische Tarnung der »Musikalischen Feldpost«) spielte – vielleicht war es Horst Winters Band. Klassiker wie »Tiger Rag« und »Dinah«, die im Zivilrundfunk keine Chance hatten, gehörten beim Radiosender Weichsel zum täglichen Programm.[70]
Was von den Soldaten am meisten gefürchtet wurde, war die Umstellung auf die regulären Reichsprogramme. Goebbels wünschte sich im Februar 1944 im Interesse der Zentralisierung und Konformität verstärkte Schritte in diese Richtung. Die Wehrmacht stimmte einer solchen Maßnahme zwar zu, ignorierte sie jedoch ständig in der Praxis, denn die Generale wußten sehr gut, daß es eine Belastung für die Soldaten und ihre Moral sein würde, wenn sie nicht hören durften, was sie wollten. Sie konnten ihre Argumente sogar durch statistische Angaben untermauern. Zum Beispiel verlangten siebzig Prozent der auf der Halbinsel Krim stationierten Soldaten »moderne Tanz- und Unterhaltungsmusik«, und für die Luftwaffe im Zentrum des Kriegsschauplatzes konnten die Programme »nicht ›heiß‹ genug sein!«.[71]
Goebbels, der letztlich nicht für Armeeangelegenheiten zuständig war, mußte sich fügen. Er glaubte allerdings, daß sein DTU das Problem für die Soldaten ein- für allemal gelöst habe, und verabscheute die Auswüchse der Soldatensender in Anlehnung an echten amerikanischen Jazz – ob auf Schallplatten oder durch Live-Imitationen. In dieser Haltung sah er sich von den konservativeren Feldkommandeuren und, was noch wichtiger war, von der völlig indoktrinierten Waffen-SS bestätigt. Zum Beispiel sollte gegen einen deutschen Soldatensender irgendwo in Italien wegen Ausstrahlung von

»entarteter Musik« ermittelt werden. Dabei war in diesem Fall nicht einmal sicher, ob man es nicht vielleicht mit einer der wenigen mobilen deutschen Propagandaeinheiten zu tun hatte. Diese Einheiten waren speziell für die Alliierten organisiert worden, damit sie in den Genuß der Produktionen von Charlie and His Orchestra und der Hetzreden von Haw Haw und Axis Sally kommen konnten. Die Alliierten warnten ihre Männer vor den Sendungen.[72]

Deutsche Musiker, die den Soldatensendern zugewiesen worden waren, gingen durchaus ein Risiko ein, wenn sie versuchten, die Jazztradition unbekümmert aufrechtzuerhalten. Gerüchten zufolge wurde Heinz Wehner, dem es fast bis zum Ende gelungen war, mit seiner Big Band beim Soldatensender Oslo zu bleiben, 1944 einem der berüchtigten Strafbataillone zugeteilt und an die Ostfront geschickt, weil er eine Swingvariante gespielt hatte, die für Goebbels und letztlich für sämtliche Parteigenossen sicher zu heiß gewesen war. Wehner wurde zum letztenmal am 21. Februar 1945 in Landsberg an der Warthe gesehen, von wo er versuchte, zurück nach Westen zu gelangen, dann verschwand er spurlos.[73]

Friedrich Meyer, der Freund des »Halbjuden« Gerd Peter Pick und seit Juni 1942 einer der musikalischen Direktoren des Soldatensenders Belgrad, lebte mindestens so gefährlich wie Wehner. Meyer traf ungefähr ein Jahr, nachdem »Lili Marlen« zu einem täglichen Muß geworden war, in Belgrad ein. Ein Discjockey hatte das Lied zum erstenmal im Mai 1941 immer wieder aufgelegt, weil keine anderen Stücke greifbar hatte. Electrola hatte es 1939 mit der mäßig bekannten Bremerhavener Sängerin Lale Andersen aufgenommen; sie wurde von einer Combo mit Brocksieper am Schlagzeug begleitet. Praktisch aus heiterem Himmel wurde Lale Andersen zu einer deutschen Berühmtheit, und die Alliierten nahmen bald englische Versionen von »Lili Marlen«, gesungen von Vera Lynn und Marlene Dietrich, für ihre Streitkräfte auf. Gegen Kriegsende spielte Delmers Soldatensender Calais die Ballade jeden Abend.[74]

Nach dem Februar 1943 baute Meyer systematisch eine mit Streichinstrumenten garnierte Jazz-Big-Band mit Serben und, was wichtiger war, eminent musikalischen Zigeunern auf. Durch seine frühere Tätigkeit als DTU-Arrangeur und seine persönliche Freundschaft mit dem einflußreichen Willi Stech war er in der Lage, die Noten der modernsten Arrangements zu besorgen. Das Belgrader Orchester trat häufig in der städtischen Universität auf, wo es zur Freude der einheimischen Jugendlichen bewährte Stücke wie Harry James' »Backbeat Boogie« spielte. Unterstützt von einem außergewöhnlich verständnisvollen Vorgesetzten, Oberleutnant Karl-Heinz Reintgen, komponierte Meyer selbst jazzähnliche Songs und improvisierte ungehemmt auf dem Konzertflügel des Senders, zum Beispiel zwischen den oftmals amerikanischen Jazzschallplatten. Ein Jazzfan der Wehrmacht, der ihn sein »Wiegenlied« spielen hörte, hielt es für »eine Mischung zwischen einer Rhapsodie und einem Hotpiano-Solo«. Außerdem überredete Meyer einige der kreativeren Künstler des Reiches, etwa die Scat-Sängerin Evelyn Künneke, Kary Barnet aus der alten Scala und den Klarinettisten Horst Winter, zu Kurzauftritten beim Sender. Mittlerweile machte Stech in Berlin eine Jazzaufnahme von Meyers Komposition »Ohne Verspätung« mit dem Schlagzeuger Brocksieper, dem Pianisten Primo Angeli und dem Klarinettisten Kurt Wege.[75]

Soldatensender Belgrad war nicht nur bekannt, weil er so leistungsstark war, daß er in ganz Europa und Nordafrika von Freund und Feind gehört werden konnte, er erregte auch durch seine respektlose Jazzpolitik und seine bewußte Nähe zur Kabarettkultur der Weimarer Republik den Unwillen des Berliner Regimes. Kadeko-Mitglieder, verdächtig, aber immer noch präsent, traten Ende 1943 beim Sender auf.[76] Unwiderruflich fiel Meyer in Ungnade, als er Anfang 1944 bezichtigt wurde, für eine seiner Klavierdarbietungen »jüdisch-amerikanische Nummern« benutzt zu haben. Er hatte tatsächlich Variationen von Melodien aus *Shall We Dance* und *Broadway Melody* verwendet, die nach dem Februar 1942 absolut tabu waren! Die Sache wurde vor der RKK verhandelt, und nur die Kriegsentwicklung verhinderte Meyers sofortigen Ausschluß aus dem deutschen Musikerverband: Wegen des allgemeinen Mangels an Experten empfahl es sich, bis nach dem Endsieg zu warten. Immerhin wurde er mit einem Auftrittsverbot belegt, das für sämtliche deutschen Zivilsender galt.[77] In letzter Minute hatte irgendein hoher Würdenträger verfügt, einen der offeneren Vertreter des Jazz im Deutschen Reich zu erniedrigen.

1943 klopfte es eines Tages sehr früh an die Tür des Zimmers, das der Pianist Martin Roman in Amsterdam gemietet hatte. Gestapomänner befahlen ihm schroff, sich anzuziehen. Dann erschossen sie Romans Hund vor dessen Augen und nahmen den Musiker mit. Später kam er in das holländische Konzentrationslager Westerbork und begegnete dort anderen deutschjüdischen Künstlern, die wie er selbst in die Niederlande geflüchtet waren. Da der Lagerkommandant, ein früherer Polizist aus Düsseldorf, der nun der SS angehörte, vom Kabarett fasziniert war, durfte Roman mehrere Monate lang als Jazzmusiker arbeiten. Der sogenannten Westerborker Bühnengruppe gehörte auch Kurt Gerron an, der einst als Komiker und Operettensänger in Deutschland berühmt gewesen war. Er hatte 1928 bei der Premiere von Kurt Weills *Dreigroschenoper* den »Tiger Brown« gespielt und im *Blauen Engel* neben Marlene Dietrich mitgewirkt.[78]
Die Nazis hatten endlich einen Mann dingfest gemacht, der wie alle anderen Jazzmusiker in den besetzten Ländern Nordwesteuropas immer größere Risiken für seine Kunst eingegangen war. In Amsterdam und auf Tourneen vor 1940 hatte der Pianist Roman das Glück gehabt, die berühmten Amerikaner Coleman Hawkins, Lionel Hampton und Louis Armstrong zu begleiten. Der ehemalige Weintraub Syncopator war auch mit Django Reinhardt im Amsterdamer Hotel Carlton aufgetreten.
Nach dem Herbst des Jahres 1942 hing die Karriere französischer, belgischer, niederländischer und dänischer Musiker immer stärker genausosehr von der örtlichen Kulturpolitik in ihrer Heimat wie von den starren Grundsätzen der NS-Ideologie ab. Da es keine bindenden Verpflichtungen für die Verwaltung dieser Länder gab und vieles dem Zufall überlassen blieb, kamen die Künstler häufig ungeschoren davon. Beispielsweise ließ man französische und belgische Jazzmusiker, solange sie keine Juden waren, im allgemeinen in Ruhe, obwohl die Hot Clubs von Paris und Brüssel einen mehr oder minder politischen Standpunkt bezogen und Kontakte zu jazzbegeisterten Kriegsgefangenen in Deutschland aufnahmen, um deren Moral zu stärken. Berlin beabsichtigte offenkundig, die zahl-

losen, von Entbehrungen geplagten Soldaten weiterhin von diesen Musikern unterhalten zu lassen. Wie Dietrich Schulz-Köhn erklärt: »Wer draußen war, selbst wenn es relativ friedlich war wie z. B. in Frankreich, der konnte ja jeden Tag nach Rußland versetzt werden. Da sagte man sich wahrscheinlich, wer weiß, wie lange der arme Junge noch lebt. Also gab es eine gewisse Freizügigkeit.«[79]
Nicht einmal der Zigeunergitarrist Django Reinhardt wurde belästigt. Allerdings hätte er sich 1943 fast sein eigenes Grab geschaufelt, als er versuchte, aus Südfrankreich in die Schweiz zu fliehen, weil er gehört hatte, daß man mit der Vergasung von Zigeunern aus dem Reich begonnen habe. Aber er wurde von dem deutschen Grenzkommandeur, zufällig ein Jazzfan, freigelassen. Als Reinhardt ein paar Tage später einen neuen Versuch machte, verweigerten ihm Schweizer Zollbeamte die Einreise und schickten ihn, schlammbedeckt wie er war, zurück auf das Territorium von Vichy. Daraufhin fuhr Django schließlich wieder nach Paris. Dort spielten seine Freunde und er in verschiedenen Formationen weiter – zur Freude vieler deutscher Soldaten, die genau wußten, wo er zu finden war.[80]
In Brüssel, Paris und Hilversum wurden sogar zu einer Zeit, als dies im bedrängten Reich unmöglich war, Schallplatten gepreßt.[81] Niederländische Musiker wurden weiterhin von fanatischen Quislingen (die wahrscheinlich an Romans Ergreifung beteiligt gewesen waren) zensiert und schließlich viel strengeren Vorschriften unterworfen. Dagegen scheint man die Dänen ganz im Einklang mit der allgemeinen Besatzungspolitik am wenigsten belästigt zu haben.[82]
Anfang Januar 1944 gehörten Gerron und Roman zu Hunderten von Westerbork-Insassen, die man mit Zügen in das tschechische Konzentrationslager Theresienstadt, eine frühere geschlossene österreichisch-ungarische Garnison, brachte. Die bescheidene städtische Anlage diente den Nationalsozialisten als Muster-KZ für den Fall, daß sie dem Internationalen Roten Kreuz in aller Eile prominente jüdische Gefangene vorführen mußten. Deshalb wurden hierher viele ehemals bekannte Künstler, Menschen aus gehobenen Berufsgruppen und bedeutende Führer örtlicher jüdischer Gemeinschaften wie der Deutsche Dr. Paul Eppstein, der spätere Bürgermeister von Theresienstadt, deportiert. Aber niemand konnte mit

einem problemlosen Aufenthalt in Theresienstadt rechnen, denn regelmäßig gab es Transporte, unweigerlich mit Kranken und Alten, nach Auschwitz.[83]
Roman und Gerron wurden als »Künstler« kategorisiert, wodurch sie die Voraussetzungen für dieses Lager erfüllten. Während Kommandant Karl Rahm, ein weiterer kulturhungriger SS-Offizier, Gerron sofort die Leitung eines Kabaretts mit der Bezeichnung »Karussell« übertrug, mußte der Pianist zuerst als Straßenkehrer arbeiten. Später wurde Roman von einem tschechischen Amateurtrompeter, Eric Vogel, entdeckt. Vogel hatte ein Orchester zusammengestellt, das hauptsächlich jüdische Melodien spielte, vorwiegend zur Belustigung des Kommandanten. Vogel bat sofort – mit Erfolg – um Erlaubnis, Roman, der unter Musikern besonderes Ansehen genoß, die Leitung der Band zu übertragen. Der Pianist brauchte ein paar Wochen, um das gesamte Orchester nach dem Muster einer damaligen amerikanischen Swingband umzubilden.[84]
Der begabteste Musiker der Ghetto Swingers – so hieß die Band – war Bedřich Weiss, ein bereits angesehener fünfundzwanzigjähriger jüdischer Klarinettist aus Prag, der Fricek genannt wurde. Er ähnelte Benny Goodman und spielte auch fast genauso. Der namhafte tschechisch-kanadische Romanschriftsteller Josef Škvorecký hat ihn kürzlich als einen »Musiker von seltenem Genie« bezeichnet.[85] Ein anderer Musiker, dem Roman hier begegnete, war der junge Berliner Gitarrist Coco Schumann. Da er nach rassischen Maßstäben als Jude galt, hatte die Gestapo ihn 1943 verhaftet und nach Theresienstadt – nicht nach Auschwitz – geschickt, weil sein Vater, ein »Arier«, im Ersten Weltkrieg Soldat gewesen war. Als sich Coco dem Orchester anschloß, hatte es bereits einen Gitarristen; deshalb übernahm er den Platz des Schlagzeugers, den man gerade nach Auschwitz transportiert hatte. Coco verstand einiges von Perkussionsinstrumenten, weil ihm sein Onkel in früheren Tagen, vor dessen Emigration nach Amerika, ein Schlagzeug hinterlassen hatte.[86] In der relativ freien Atmosphäre von Theresienstadt durften die gewöhnlichen Insassen bei seltenen Gelegenheiten das Café am zentralen Marktplatz besuchen, wo die Ghetto Swingers auftraten. Doch normalerweise durfte nur die Elite der Konzentrationslager-

gesellschaft, also die Kapos und Blockwarte, erscheinen – abgesehen natürlich von der allmächtigen SS.[87]
Eine Chance, ihre Leistungen unter Beweis zu stellen – so glaubten die Künstler jedenfalls –, bot sich im Sommer 1944, als die Regimeführung beschlossen hatte, einen Propagandafilm zu drehen. Darin wollte man der deutschen Öffentlichkeit zeigen, wie gut die Juden, die angeblichen Verfolgungsopfer, in Wirklichkeit versorgt würden. Dieser Plan stand in Zusammenhang mit einem Besuch des Internationalen Roten Kreuzes am 22. Juni. Als Showexperte wurde Gerron beauftragt, den Film zu produzieren, der ein völlig falsches Bild von der Lagersituation zeichnen sollte. Die Planung war peinlich genau. Zuvor deportierte man ungefähr siebentausend ältere Insassen nach Auschwitz, um den Eindruck von Jugendlichkeit zu erwecken. Die Zurückgebliebenen säuberten die Straßen und strichen die Fassaden, und man eröffnete sogar eine Pseudobank für die wertlose Ghettowährung. Das Café im Zentrum wurde prächtig ausgestattet, und man hielt spezielle Proben für mehrere Theatervorstellungen und für die Jazzband ab. Rahm hatte deren Leiter Roman gedroht: »Ich will dir was sagen, wenn du dirigierst, wird dein Haar wehen. Denn wenn dein Haar nicht weht, packe ich dich am Kragen und dann, das verspreche ich dir, weht dein Haar!«[88]
Der Film, der den zynischen Titel »Der Führer schenkt den Juden eine Stadt« trug, erwies sich als eine der niederträchtigsten Lügen, die die Nationalsozialisten je auf Zelluloid bannten. In dem Streifen sah man Kinder, die frisches Obst aßen und Karl Rahm, dem menschenfreundlichen Kommandanten, zuriefen: »Schon wieder Sardinen, Onkel Rahm, müssen wir schon wieder Sardinen essen?« In einem neuerrichteten Holzpavillon im Stadtzentrum spielte Karel Ančerls Streichkammerorchester ausgewählte Klassiker, dann heizten die Ghetto Swingers dem Publikum mit einem Swingarrangement von »Bugle Call Rag« ein. Wie es heißt, hatte Fricek Weiss seine Klarinette nie besser gespielt. Die anderen Bandmitglieder und er trugen einen makellosen blauen Blazer, der mit dem Davidsstern geschmückt war. Sofort nach den Aufnahmen wurden diese Blazer eingesammelt, und es herrschten wieder normale Verhältnisse. Man schickte den Film zum Schneiden nach Berlin, aber er

wurde nie für die deutschen Kinos fertiggestellt. Kopien davon erreichten später tschechische und israelische Archive.[89]

Die »Belohnung« für die Hauptbeteiligten war der Transport nach Auschwitz. Schumann traf dort am 4. September zusammen mit seinem Freund Fricek Weiss ein; andere Musiker, darunter Roman und Vogel, ein paar Wochen später. Während der »Selektion« an der Rampe in Auschwitz fragte der unheimliche SS-Arzt Josef Mengele den neunzehnjährigen, blauäugigen Coco, woher er komme und was sein Beruf sei. »Aus Berlin, Herr Obersturmbannführer!« rief Schumann in seinem besten Hochdeutsch. »Beruf: Klempner-Rohrleger, Herr Obersturmbannführer!« Mengele, der rasch die direkte Art, die Berliner Herkunft und das ehrbare Handwerk des Jungen zur Kenntnis nahm, befahl ihm, nach links zu treten, was Coco das Leben rettete. Dann waren Fricek und seine Eltern an der Reihe. Nachdem das alte Ehepaar nach rechts hatte treten müssen, bat Fricek Mengele sofort, sich ihnen anschließen zu dürfen. Mit diabolischem Grinsen erfüllte der Arzt den Wunsch. Innerhalb weniger Stunden war die Familie Weiss tot.[90]

Irgendwann gelang es Schumann, zusammen mit Roman und Vogel so etwas wie eine Band zu organisieren. Es gab genügend Instrumente, weil Tausende von Juden und Zigeunern sie seit Monaten als Teil ihres Gepäcks mit ins Lager gebracht hatten. Übrigens gab es in Auschwitz bereits mehrere Orchester, darunter eine ausschließlich weibliche Gruppe, die durch Fania Fénelons Beschreibung gut bekannt ist, und Die Fröhlichen Fünf (»Wesoła Piątka«), eine Swingcombo. Da selbst der niedrigste SS-Wächter aus Prestigegründen ein Orchester, wie klein es auch sein mochte, in seinem Block unterhalten wollte, hatten einigermaßen gesunde Musiker, die am Bahnhof eintrafen, eine gute Chance, sich zu retten. Henryk Eisenman stammte aus einer alten Musikerfamilie in Lodz und hatte am Saxophon und am Klavier mit Deutschen, Polen und Juden sowohl klassische als auch Tanzmusik gespielt. Er erinnerte sich an seine Ankunft im Todeslager, etwa zur gleichen Zeit, als auch Schumann eintraf: »Wir wurden in Auschwitz von einem vollständigen, erstklassigen Sinfonieorchester empfangen, das Richard Wagners ›Lohengrin‹ spielte.«[91]

In Auschwitz begegneten Eisenman und andere Musiker, die sich mit Swing und älteren Jazzstilen auskannten, einem Phänomen, das seltsam erscheinen mag, doch niemanden überraschen wird, der bereits das ganze Spektrum von Absurditäten und Widersprüchen im Dritten Reich kennengelernt hat: Sie trafen auf einen SS-Unteroffizier, der sich unbedingt an modernem Jazz berauschen wollte. Im Herbst 1944 war Pery Broad vierundzwanzig Jahre alt. Als Sohn einer Deutschen und eines brasilianischen Kaufmanns hatte er, damals ein Kleinkind, seine Mutter zurück ins Reich begleitet. Er war in Berlin zur Schule gegangen, hatte offenbar mehrere Sprachen gelernt und war ein leidenschaftliches Mitglied der Hitlerjugend geworden – wie so viele Deutsche, die sich ihres Erbguts nicht ganz sicher waren. 1941 meldete sich der exzentrische junge Mann freiwillig zur Waffen-SS und wurde wegen extremer Kurzsichtigkeit zur Ausbildung nach Auschwitz abkommandiert. Dort blieb er und trat im Juli 1942 in die gefürchtete Politische Abteilung ein. 1964/65 war Broad einer der Angeklagten in den Frankfurter Auschwitz-Prozessen, wo ich ihn von der Zuschauergalerie aus sehr gut beobachten konnte. Man legte ihm tödliche Selektion an der Auschwitzer Rampe, vielfachen Mord, besonders an Zigeunern, und individuelle Tötungen zur Last. Doch da man nichts davon beweisen konnte, wurde er lediglich wegen »Beihilfe zum Mord« verurteilt.[92] Unter den Insassen von Auschwitz galt er als unberechenbarer Killer, Henryk Eisenman hat ihn im Rückblick einen »Sadisten« genannt. War Broad besserer Laune, hörte er zu, wenn moderner Jazz gespielt wurde, oder nahm selbst daran teil, wobei er mit fachmännischer Leichtigkeit auf einem Multiregisterakkordeon swingte. Im Herbst 1941, bereits als SS-Soldat, hatte Broad versucht, sich Werner Daniels' Wehrmacht-Jazzinformationskreis anzuschließen und sogar eine Geschichte über die jüdischen Musiker Benny Goodman und Artie Shaw beigesteuert. Daniels erklärt heute überzeugend, daß Broad nur ein einziges Mal an dem Jazznachrichtendienst mitgewirkt habe.[93]

War es Broad, der Notenblätter an bestimmte Lagermusiker verteilte? Man hatte unter anderem Foxtrotts von Horst Kudritzki und Billy Bartholomew und sogar ein Arrangement für das Lied »Joseph, Joseph« der Andrews Sisters. Geschrieben von vier Juden, darunter Charlie Chaplin, war es – in einer getarnten Version – eines

der Lieblingsstücke der Swingfans von Breslau bis Frankfurt, weil sie damit Goebbels veralbern konnten.[94] Wie auch immer, es ist klar, daß Coco Schumann, nachdem er sich wieder mit einigen der Theresienstädter Musiker zusammengetan hatte, weder diese Arrangements noch irgendwelche anderen Jazzmelodien spielte, jedenfalls nicht sehr häufig. Statt dessen mußten sie hauptsächlich in Deutschland populäre Lieder bringen, zum Beispiel »La Paloma«, manchmal auch gängige Operettenmelodien und immer wieder Militärmärsche. Sie spielten zur privaten Unterhaltung ihrer Wärter, aber auch für mächtige Kapos. Man zwang sie regelmäßig, während der obligatorischen Tätowierung neuer Insassen zu arbeiten, doch oft war ihre Aufgabe sogar noch gespenstischer. Sie mußten spielen, wenn Männer auf Lastwagen zu den Galgen gekarrt wurden, ebenso wie während der Exekutionen selbst oder auch, wenn ganze Reihen ausgemergelter Häftlinge zu den Gaskammern marschierten. Und manche ihrer Freunde spielten in leeren Gaskammern für SS-Männer, die sich dort mit SS-Frauen vergnügten – Szenen wie aus Dantes Inferno.[95]
Der legendäre Kurt Gerron wurde auf dem Marsch zur Gaskammer gezwungen, die Melodie zu singen, die ihn berühmt gemacht hatte, den »Kanonensong« aus der *Dreigroschenoper.* Coco Schumann, Martin Roman und Eric Vogel waren die einzigen Gründungsmitglieder der Theresienstädter Ghetto Swingers, die den Holocaust überlebten. Sie wurden schließlich befreit, als alliierte Truppen Auschwitz und weiter westlich liegende Lager erreichten. Jeder von ihnen hat seitdem immer wieder bekräftigt, daß ihm die Musik das Leben gerettet habe. Mehr noch, der Jazz habe es gerettet – Jazz, ausgenutzt, mißbraucht und entwürdigt von Vertretern eines Regimes, das sich im selben Grade gegen den Einfluß einer universellen Kultur abgehärtet hatte, wie es gefühllos für die Leiden der Menschheit geworden war.[96]
In Lagern wie Auschwitz oder Buchenwald durften Juden – manchmal wurde es ihnen auch befohlen – zur Belustigung der SS »jüdische« Musik spielen.[97] In Deutschland selbst, wo sich nur ein paar Eingeweihte im Flüsterton über die Greuel in den Konzentrationslagern äußerten, wurde nun eine etwas widersprüchliche, um nicht zu sagen kontraproduktive, Politik gegenüber der Jazzmusik ver-

folgt. Offiziell gab es Jazz amerikanischen Stils seit der Gründung des DTU im Sommer 1942 im Reich nicht mehr. Die Musik des DTU wurde unbesehen als hinreichender Ersatz akzeptiert, und nachdem das Orchester gegen Ende 1943 vom Kurs abgekommen war, hatte man seine Entwicklung entsprechend korrigiert.
Die Position des Jazz in den letzten beiden Jahren des Dritten Reiches läßt sich mehr oder weniger mit der des Whiskys in Saudi-Arabien heute vergleichen: Obwohl er auf der schwarzen Liste stand, konnte man ihn sich heimlich verschaffen, wenn man die Quellen kannte, natürlich zu einem hohen Preis. Was das größere NS-Reich betrifft, wurde der Jazz, den die Wehrmachtsender weiterhin ausstrahlten, in einem speziellen Kurzwellenstudio produziert, und Wehrmachtangehörige konnten klammheimlich in den besetzten Gebieten gemachte Aufnahmen kaufen. Man konnte, wenn auch unter großem Risiko, anglo-amerikanische Programme einschalten, und Fangruppen in Hamburg, Frankfurt, Leipzig und Breslau tanzten entweder Swing zu Jazzmelodien, die verbotenerweise aus Lautsprechern erklangen oder produzierten selbst Jazz für ihre private Unterhaltung.
In dieser Situation, in der sogar die SS begriff, daß sich die Frontsoldaten mit Hilfe von Swingmusik entspannen mußten, hatten die pedantischen Parteifanatiker der alten Art, vor allem Herbert Gerigk und Fritz Stege, große Mühe, in ihren Pamphleten mit dem verhaßten, immer noch bestehenden Phänomen fertig zu werden. Einerseits konnten sie sich an den offiziellen Kurs halten, den Goebbels zu empfehlen schien, nämlich die Behauptung, daß das Übel ausgerottet worden sei. Deshalb wurden Lobhudeleien auf den Beginn einer neuen Ära, also ohne den Jazz früherer Machart, gedruckt. Andererseits wurde die alte Polemik von denjenigen Kritikern fortgesetzt, die wußten, daß der Swing und der Jazz alten Stils immer noch in verschiedenen Winkeln blühte, und dem DTU-Modell – aus gutem Grund! – nicht trauten.
In diesen Schmähschriften brachte man den Jazz wie gewohnt mit Schwarzen, Juden und Entartung in Zusammenhang.[98] Besonders bösartig waren die Sprecher der Hitlerjugend. Die Organisation hatte bei Auseinandersetzungen mit großstädtischen Abweichlern nicht selten den kürzeren gezogen und wollte nun unbedingt mit

ihrer echten, neuen teutonischen Subkultur in die Offensive kommen.[99] Ein abscheuliches Beispiel, das eindeutig auf Jugendliche abzielte, erschien gegen Ende 1944, also nach der Landung der Alliierten in der Normandie, in einer führenden Berliner Wochenzeitung. Dort wurde der »Swingjude« Benny Goodman als »Rattenfänger von Neuyork« mit den Händen eines Verbrechers dargestellt, der die amerikanische Jugend sexuell verderben wolle.[100] Der Artikel könnte von einem gewissen Professor Gotthold Frotscher verfaßt worden sein, der an der Berliner Staatlichen Hochschule für Musikerziehung unterrichtete und daneben als Abteilungsleiter in der zentralen HJ-Hierarchie diente.[101] Ein anderer Autor, der fähig gewesen wäre, so etwas zu schreiben, war der berüchtigte Max Merz, ein ehemaliger österreichischer Volksschullehrer. Die Glaubwürdigkeit des unverbesserlichen Merz hatte in letzter Zeit gelitten, weil er seine »arische« Herkunft nicht zweifelsfrei belegen konnte (dabei hatte die Partei ihm schon im Februar 1940 einen Mitgliedsausweis ausgestellt).[102]

Im Laufe dieser Entwicklungen wurde die Position der RMK – des ursprünglichen Instruments, mit dem Goebbels die Musik im Land hatte kontrollieren wollen – allmählich untergraben. Gewiß, ihr Präsident, Professor Peter Raabe, hätte gern das Verdienst für jegliche Überwachungsmaßnahmen der Vergangenheit – für die der Gegenwart ohnehin – in Anspruch genommen. Zum Beispiel kamen 1942 und 1943 Erlasse mit neuen Vorschriften für Tanzmusiker heraus; gleichzeitig schloß man hier und da einen Instrumentalisten aus der RMK aus, weil er »jüdische« Musik gespielt habe, und warnte deutsche Orchester davor, den »U-Bahn-Fox« in einem Arrangement der ziemlich heißen Candrix-Band vorzutragen.[103] Es gab sogar den Versuch, diesem fetzigen Stil, in dem Fritz Brocksieper einige seiner besseren Platten für Brunswick aufnahm, ein Ende zu machen.[104]

Insgesamt jedoch war Raabe frustriert, weil Goebbels es aus irgendwelchen praktischen Gründen niemals – nicht einmal während der dunkleren Stunden Deutschlands – für ratsam gehalten hatte, ein unumschränktes Jazzverbot zu verhängen. Und der Professor hatte keine Illusionen, was die Wehrmachtsender, den deutschen Zivilrundfunk und die Rolle, die das DTU dort spielte, anging. Nach

Ansicht dieses salbungsvollen alten Mannes strahlten die Reichssender immer noch unverfälschte Jazzmusik aus, und solange das der Fall sei, erklärte er unmißverständlich im Juli 1943, »ist ein wirksamer Kampf gegen sie unmöglich«[105]. Raabe war ungemein verärgert wegen seiner Ohnmacht im Bereich des Rundfunks, dessen Funktionäre all seine RMK-Maßnahmen durchkreuzten. Und es dürfte ihn beleidigt haben, daß regionale Parteichefs sich immer wieder genötigt sahen, für ihre eigenen Zwecke autonome Jazzverbote auszusprechen (wie etwa Gauleiter Martin Mutschmann für Sachsen ungefähr zu dem Zeitpunkt, als Raabe seinen Brief schrieb). Verbote, die nichts mit ihm selbst oder Minister Goebbels zu tun hatten.[106]

Nicht nur die Partei schaltete sich in Raabes Zuständigkeitsbereich ein, sondern auch die SS und die Gestapo, was ihm im Fall der Hamburger Swings schmerzlich demonstriert worden war. Doch damit nicht genug, sogar das Gesellschaftstanzverbot, an dessen Formulierung Raabe mitgewirkt hatte, wurde im April 1944 fast aufgehoben – angeblich, weil sich die Hitlerjugend bei Goebbels über einen Mangel an gemeinschaftlicher Freizeitgestaltung beschwert hatte![107] Noch komplizierter wurde die Lage, als Hinkel zwei Monate später seinen Posten in der übergreifenden RKK verließ, was zu einer weiteren Entwertung der RMK führte. Denn Hinkels vorläufiger Nachfolger als Generalsekretär war Dr. Hans-Erich Schrade, eine Null in der Reichskulturverwaltung und ein Mann, der noch weniger als der SS-General daran interessiert war, Raabes Wünsche zu erfüllen.[108]

Ob die unglückselige RMK daran beteiligt war oder nicht, von Herbst 1942 bis zum Ende des Regimes wurden aktive Instrumentalisten und Sänger, die mit der Jazzkultur zu tun hatten, jedenfalls ausgiebig schikaniert oder sogar verfolgt. Die betroffenen Männer und Frauen mußten sich nun wirklich als Geächtete fühlen – und genau das waren sie nach dem nationalsozialistischen Dogma bereits seit langem. Sängerinnen hatten aus einer Vielzahl von Gründen zu leiden, die beispielhaft für das intolerante System waren. Diese Frauen – keine von ihnen eine echte Jazzsängerin, die gab es in Deutschland gar nicht – hatten manchmal eher eine amerikanische als eine deutsche Einstellung; sie waren häufig ausländischer Herkunft, hatten jüdische Wurzeln oder verkehrten mit Juden. In erster Linie waren sie unabhängige Frauen, die oft hohe Gagen bezogen. Ihre professionelle Existenz war ein großes Ärgernis für dieses von Grund auf frauenfeindliche Regime. Es ist aufschlußreich, daß einer der gehässigen Vorwürfe der männlich-elitären SS im Juli 1944 lautete, Sängerinnen hätten sich nun häufig »weibliche Bierbässe« zugelegt.[109] Diese Breitseite galt Zarah Leander, Kirsten Heiberg (Franz Grothes norwegischer Frau), Rosita Serrano und Lale Andersen, die alle eine tiefe Stimme hatten und stilbildende Diven für den Gesang und im Showgeschäft waren. Leider hatten die meisten von ihnen zu dem Zeitpunkt, als die SS-Kritik veröffentlicht wurde, das Reich bereits verlassen müssen – aus Gründen, die noch erläutert werden.

Ende 1939 war Margot Hielscher eine ungewöhnlich attraktive, zwanzigjährige Brünette, die in der Kostümabteilung von Terra Filmkunst arbeitete. Dies war eine der Berliner Filmgesellschaften, in denen Joseph Goebbels gern nach geeigneten Starlets Ausschau hielt, die ihm das Bett wärmen sollten. Er begegnete Margot, nachdem sie bereits eine kleine Rolle in dem Maria-Stuart-Film *Herz der Königin* erhalten hatte. 1940 lud er sie ein, mit ihm zu Abend zu essen und sich mit ihm, was typisch war, eine Privatvorführung von *Vom Winde verweht* anzuschauen. Dabei versuchte er, intim zu werden. Goebbels sagte, sie erinnere ihn an Vivien Leigh, was Margot mißfiel, da sie sich Katherine Hepburn als Vorbild auserkoren hatte. Das Filmsternchen widersetzte sich mehreren Versuchen des Ministers, sie zu verführen, 1942 gelang es ihr schließlich, eine größere Rolle in *Frauen sind keine Engel* zu bekommen. In diesem Film spielte Margot, die Swingjüngerin und unbeirrbare Stauffer-Anhängerin, eine betörende Nachtclubsängerin an Bord eines riesigen Luxusdampfers. Die Filmmusik stammte von echten Jazzern, und auf der Tonspur, ebenso wie auf einer Odeon-Aufnahme, die gleichzeitig mit der Jazzband von Benny de Weille produziert wurde, sang Hielscher fast genauso wie ihre amerikanischen Kolleginnen jener Zeit.[110]

Obwohl sie nun ein Star war, wurde die Schauspielerin im Mai 1943 von Hans Hinkel gemaßregelt, nachdem sie einige ihrer Filmsongs im Rundfunk wiederholt hatte. Er warf ihr vor, zu heiß gesungen zu haben. Mittlerweile waren die nach Stalingrad erlassenen Direktiven in Kraft, die jegliche aufgelockerte Musik untersagten. Das dürfte allerdings nicht der einzige Grund gewesen sein. Denn Margot Hielscher war bereits zum Sinnbild der amerikanisierten Frau geworden, die von der Nazipresse abgelehnt wurde. Goebbels selbst teilte ihr aus Rache persönlich mit, daß ihr Mund viel zu groß sei; sie habe einen amerikanischen, »keinen guten deutschen Mund«. Daraufhin ging Hielscher als Chansonniere mit Peter Kreuder auf Tournee und versuchte, mehr Zeit in Prag als in Berlin zu verbringen, um sich von den boshaften Lüstlingen in Goebbels' Ministerium fernzuhalten. Inzwischen hatte Sefton Delmers Dienst für Schwarze Propaganda bereits ein Flugblatt mit der zweifelhaften Behauptung abwerfen lassen, daß Margot Hinkels Geliebte sei und von ihm in einer geheimen Villa ausgehalten werde.[111]

Die Frau, die Margot Hielscher 1940 bei jener Filmvorführung vor Goebbels beschützt hatte, war Zarah Leander. Die schwedische Schauspielerin und Sängerin war im Dritten Reich über lange Zeit hinweg *der* Star in deutschen Filmstudios. Sie behauptet ebenfalls, daß es Goebbels nie gelungen sei, sie zu besitzen. Wie auch immer, mit ihrer tiefen Altstimme war sie dem Jazz vielleicht noch ferner als Hielscher, aber sie war mit dem schwedischen Big-Band-Chef Arne Hülphers befreundet, den sie später heiratete. Gleichgültig, wie ihre Privatbeziehung zu Goebbels ausgesehen haben mochte, die hochgewachsene, dunkelhaarige Leander war jahrelang der absolute Liebling der deutschen Unterhaltungswelt – ein Superstar, der das seltene Privileg genoß, ein Drittel der großzügigen Gagen in harter schwedischer Währung zu beziehen.[112]

Ihr Bruch mit dem Regime ging höchstwahrscheinlich auf verstärkte persönliche Ängste ihrerseits zurück, besonders, da nun Bomben auf Berlin fielen und der Fremdenhaß im Reich anstieg. Nach Stalingrad galten sämtliche Ausländer als potentielle Spione, weshalb man ihre persönliche Freiheit einschränkte. Die Ausgaben von Werner Daniels' »Musikalischer Feldpost« belegen, daß echte deutsche Jazzfans Leanders Gesang an der Grenze zwischen kommerziellen Melodien und reinem Jazz nie besonders gemocht hatten. Eine Grenze, an die jeder Musiker aus dem einen oder anderen

Lager früher oder später gerät, Größen wie Charlie Parker, Oscar Peterson oder Stan Getz nicht ausgenommen.[113]

Zwar war Leander Expertin für die Rolle der Kriegerwitwe in den Durchhaltefilmen geworden, doch ihre charakteristisch tiefe Stimme wurde bereits im Dezember 1940 von gewöhnlichen Rundfunkhörern als »fremdländisch« abgelehnt. Im Juni 1943 erhielt Goebbels einen Brief von einem deutschen Arzt, in dem es hieß: »Zarah Leander mag ihre Lieder mit amerikanischer Jazzbegleitung in Dirnenlokalen singen, aber der Deutsche Rundfunk darf für derartige ›Kunst‹ keinen Platz haben.«[114] Ein paar Wochen zuvor war die Villa des Stars in Berlin-Grunewald von einer Bombe getroffen und unbewohnbar geworden. Goebbels hatte bereits versucht, ihre Gagen in schwedischen Kronen zu streichen, und nun wollte er, daß sie die deutsche Staatsbürgerschaft und den Status einer »Staatsschauspielerin« annahm. Daraufhin reiste Leander im Oktober eilig nach Schweden ab; danach wurden all ihre Filme im Reich verboten, und man erklärte sie selbst zur Persona non grata.[115]

Auf ihrem Höhepunkt war die in Chile geborene Rosita Serrano fast so populär wie »die Leander«. Nur ihre unvollkommenen Deutschkenntnisse verhinderten eine Filmkarriere, die ihr Bewunderer Goebbels ihr sonst angeboten hätte. Sie war im September 1937 als Dreiundzwanzigjährige in Berlin eingetroffen, um ihre Mutter Sophia del Campo, eine berühmte Opernsängerin, zu besuchen. Sophia del Campo war ein Star der Pariser Oper gewesen und nun zu ihrem zweiten Mann – einem deutsch-chilenischen Geschäftsmann mit Wohnsitz im Reich – gezogen. Eines Abends gingen die beiden Damen in die Show im Wintergarten, in der eine bekannte Sängerin auftrat. Die Amateurin Rosita zeigte sich nicht sonderlich beeindruckt und überredete den Geschäftsführer in fließendem Französisch, sie ein paar Tage später vorsingen zu lassen. Sie erschien mit ihrer spanischen Akustikgitarre und begleitete sich selbst, während sie den ungeheuren Umfang ihrer phänomenalen, unausgebildeten Stimme – vom tiefsten Baß bis zum Koloratursopran – demonstrierte. Die Deutschen, die solche Klänge nie zuvor gehört hatten, applaudierten stürmisch. So startete eine der buntesten Showbusineßkarrieren des Dritten Reiches.[116]

Bald wurde die exotisch aussehende Nachfahrin eines chilenischen

Araukanerindianers begehrt bei den Komponisten und Arrangeuren aller populären Genres, auch des Swing. Innerhalb von zwei Wochen nach ihrer heftig gefeierten Premiere im Wintergarten unterzeichnete die »Chilenische Nachtigall« einen Kontrakt bei Telefunken, die auch Teddy Stauffer und Peter Kreuder unter Vertrag hatte. Nachdem Serrano den ersten Preis beim Berliner Rundfunkfestival von 1938 gewonnen hatte, organisierte Telefunken für sie eine Konzerttournee durch Deutschland, bei der sie zusammen mit Kreuders bekannter Gruppe als Sängerin auftrat. So wurde die Sängerin in die Jazzkultur eingeführt, denn obwohl Kreuders Musik immer einen kommerziellen Zug gehabt hatte, war er im tiefsten Inneren Jazzpianist vom Anfang seiner Karriere geblieben. Serrano, deren Primadonna-Allüren häufig mit Peter Kreuders außerordentlicher Eitelkeit in Konflikt gerieten, schloß Freundschaft mit Hans Korseck, Kreuders ganz und gar jazzorientiertem Gitarristen. Von ihm und von dem Holzbläser Kurt Wege lernte sie nicht nur Ausdrucksmittel des Jazz für ihren Gesang, sondern auch mehrere technische Tricks für ihr Gitarrenspiel. Doch Rositas Stil blieb stets unnachahmlich der ihre. Die jazzigsten Elemente ihrer Darbietung waren das unbedingte Rhythmusgefühl, das so viele Lateinamerikaner besitzen, und das einmalige Timbre ihrer Stimme; diese verschmolz häufig, wenn auch nicht immer, mit den Harmonien der sie begleitenden Jazzinstrumente. Rosita improvisierte und benutzte ihre Stimmbänder »wie ein Instrument«, wie sie heute erklärt.[117]

Von Telefunken veranlaßt, nahm Serrano eine Latin-Jazz-Platte mit Teddy Stauffer auf, dem sie sich während eines Schweizer Engagements kurzfristig als Sängerin anschloß. Kurz vor Kriegsausbruch stieß Serrano zu Kurt Hohenbergers neugegründeter Combo, mit Fritz Schulze am Klavier und Detlef Lais an Klarinette und Saxophon. Bis ins Jahr 1942 hinein arbeitete sie mit dieser Gruppe für die Truppenbetreuung, und zwischendurch sang sie Hits – live und auf Schallplatten –, von denen einige speziell für sie geschrieben worden waren. Ihr Name wurde zu einem Begriff, und wo immer sie Soldaten begrüßte, wurde sie umschwärmt.[118] Auch die deutschen Jazzfans akzeptierten sie mit Einschränkungen, denn ihre Versionen von Swingmelodien waren, trotz der

notwendigen Tarnung, eine vorzügliche Ergänzung zu der Virtuosität der Hohenberger-Solisten.[119]
Wie Zarah Leander wurde die chilenische Sängerin gegen Ende 1940 ein Opfer des nationalistischen Fremdenhasses. 1942 machte sie sich zu einer dreimonatigen Gastspielreise durch Schweden auf; sie wurde von einem schwedischen Orchester begleitet und gab eine Spezialvorstellung für König Gustav V. Nach Berlin zurückgekehrt, erhielt sie anonyme Anrufe, in denen behauptet wurde, daß sie die Mätresse des Königs sei; außerdem schickte man ihr als Drohung eine Postkarte aus einem deutschen Konzentrationslager. Die Gestapo besuchte ihr Haus ein paarmal und überraschte sie eines Abends, als sie ein BBC-Programm mit Jack Hylton eingeschaltet hatte. Gebieterisch verscheuchte sie die Geheimpolizisten mit Hilfe des chilenischen Botschafters, den sie sofort herbeizitiert hatte. (Er solle, wenn nötig, sogar im Schlafanzug kommen.) Aber zum Jahresende – das Debakel von Stalingrad stand bevor – wurde in den Rundfunkanweisungen festgelegt, daß die Teilnahme der Künstlerin an künftigen Programmen zwar nicht zensiert zu werden brauche, aber doch »unerwünscht« sei.[120]
Danach verstärkten sich Serranos Schwierigkeiten. Im Frühjahr 1943 schüchterten die heftiger werdenden Bombenangriffe sie genauso ein wie Zarah Leander. Am deutschen Horizont war der sprichwörtliche Silberstreifen nun von den Leuchtspuren feindlicher Kampfflugzeuge abgelöst worden. Es kam zu weiteren häßlichen Telefonanrufen. Auf Anraten ihrer kranken Mutter reiste die Entertainerin im Frühsommer nach Schweden aus und wurde sofort als alliierte Spionin verdächtigt. Als sie beschloß, Sondervorstellungen für jüdische Flüchtlingskinder aus Dänemark zu geben, verbot die Gestapo all ihre Aufnahmen und bereitete sich darauf vor, sie zu verhaften, falls sie je ins Reich zurückkehrte.[121]
Gewiß, die Pressionen des Regimes belasteten diese drei Sängerinnen nicht allzusehr. Margot Hielscher, die nie verfolgt wurde, geriet nur an den Rand der Zensur, und die beiden Ausländerinnen müssen sich den Vorwurf gefallen lassen, die materiellen Zuwendungen eines totalitären Regimes akzeptiert zu haben. Schließlich erhielten sie einen stattlichen Lohn für ihre Zurschaustellung von Loyalität und temperamentvollem Charme, die der Glaubwürdigkeit des Re-

gimes im Ausland nützte. Es ist sehr fraglich, ob Leander und Serrano das Reich je verlassen hätten, wenn der Krieg nicht zu dieser Ausländerfeindlichkeit geführt hätte und sie selbst nicht physisch bedrängt worden wären. Nach dem Krieg mußten die beiden Sängerinnen ihren offenkundigen Opportunismus teuer bezahlen: Leander wurde von ihren schwedischen Mitbürgern geschnitten, und Serrano hatte Mühe, in einem demokratischen Deutschland ein künstlerisches Comeback zu starten.[122]

Drei andere Frauen befanden sich in einer viel bedrohlicheren Situation, weil sie als deutsche Bürgerinnen das Reich nicht verlassen konnten, selbst wenn sie es gewollt hätten. Und ihr Vergehen war nicht bloß die Liebe zum Jazz, sondern auch eine nachweisliche Beziehung zu Juden.

An der Spitze dieser Liste steht Lale Andersen, die »Lili Marlen« zum Leben erweckte. Diese blonde, blauäugige Friesin, die die »arische« Idee der rassischen Überlegenheit wie keine andere zu verkörpern schien, fiel beim Regime in Ungnade. Dafür waren nicht ihre ohnehin nur schwachen Verbindungen zum Jazz, sondern wichtigere, allerdings auch mit dem Jazz zusammenhängende Gründe verantwortlich.[123]

Erstens war sie als knapp über zwanzigjährige Berliner Chansonniere eng mit dem politischen Kabarett der Republik verbunden gewesen und hatte im November 1931 sogar bei der Berliner Aufführung der Oper *Mahagonny* von Bert Brecht und Kurt Weill mitgewirkt. Danach blieb sie eine recht prominente Angehörige des Kadeko, in dem sie noch 1938 als Schauspielerin auftrat. Zweitens war sie bei einem Aufenthalt in Zürich 1933 die Geliebte Rolf Liebermanns geworden, des jungen jüdischen Studenten der Kompositionskunst und Verfechters der atonalen Musik. (Er wurde übrigens nach 1945 zu einem bedeutenden europäischen Befürworter des Jazz.) Lale hätte Liebermann fast geheiratet, doch sie wollte eine eigene unabhängige künstlerische Karriere einschlagen, was in der engstirnigen Schweiz unmöglich war. Zu Beginn des nationalsozialistischen Regimes half sie Liebermann, Wertsachen von jüdischen Emigranten über die deutsch-schweizerische Grenze zu schmuggeln. Sie kehrte 1933 ins Reich zurück und korrespondierte weiter mit den emigrierten Freunden, insbesondere mit Kurt

Hirschfeld, dem künstlerischen Direktor der Zürcher Städtischen Bühne.

Drittens – und das war der gewichtigste Grund – wurde sie zum Opfer ihres eigenen Erfolges. Denn nachdem der Soldatensender Belgrad sein phänomenales Unternehmen gestartet hatte, wurde sie 1941–42 international als die ursprüngliche »Lili Marlen« bekannt. Zwar heißt es, Goebbels selbst habe Andersen um ihre plötzliche Popularität beneidet, aber es ist viel wahrscheinlicher, daß Anita Spada, Hinkels damalige Hauptgeliebte, eifersüchtig auf die Sängerin war und ihre Neutralisierung wünschte. Dieser Verdacht wird durch Material erhärtet, das belegt, wie Hinkel eigenhändig jeden Schritt der Kampagne gegen Andersen plante.[124]

Andersens schwere Prüfung begann im November 1941, auf dem Höhepunkt ihres neuen Ruhms, als Hinkel dem Propagandaminister mitteilte, daß die Sängerin nun wegen »Lili Marlen« viel höhere Gagen fordere, obwohl sie das Lied seiner Meinung nach keineswegs perfekt dargeboten habe. Im Dezember verbot Hinkel die Produktion neuer Schallplatten mit der Sängerin, und sechs Monate später hatte die Veröffentlichung ihres Porträts in den Medien Rügen des Ministeriums zur Folge.[125] Im September 1942 benutzte man Andersens letzten Brief an Hirschfeld – wie alle übrigen, die von der Gestapo abgefangen worden waren – als Vorwand, um sie aus dem Unterhaltungsgeschäft hinauszudrängen. Eine formelle Anklage wegen Verrats und eine Haftstrafe in einem Konzentrationslager wurden erwogen; ihre Stimme verschwand für immer aus dem Programm des Belgrader Senders. Im November schrieb die verzweifelte Andersen in ihr Tagebuch, es gebe Gerüchte, daß sie Hinkels Geliebte gewesen sei und nun von ihrer Nachfolgerin ausgeschaltet werde.[126]

Im Mai 1943, als die nach Stalingrad wirksamen Restriktionen langsam aufgehoben wurden, durfte Lale Andersen wieder öffentlich auftreten, doch das Verbot ihrer Kennmelodie »Lili Marlen« blieb bestehen. Wahrscheinlich hatte Goebbels selbst beschlossen, diese Frau nicht zur Märtyrerin zu machen, denn ihr ältester Sohn diente mittlerweile an der Ostfront, und sie hatte schließlich nur persönliche Naivität und keine politischen Absichten erkennen lassen. Im Oktober überstand Andersen einen weiteren üblen Affront: Sie gab,

begleitet von dem belgischen Jazzmusiker John Witjes, ein Konzert in Gablonz (Sudetenland) und wurde von einer HJ-Delegation niedergebrüllt, die man speziell zu diesem Anlaß dorthin gefahren hatte. Mittlerweile hatte sie auch einen Gestapo-Aufpasser.[127]
Zwei andere Sängerinnen hatten unter dem Jazz in Verbindung mit ihrer teilweise jüdischen Herkunft zu leiden. Evelyn Künneke hatte einen jüdischen Großelternteil, und Margot Friedländer war eine sogenannte Halbjüdin. Nach der heutigen Erinnerung von Jazzfans kam Künnekes Scat-Gesang dem Original nahe; sie war unzweifelhaft swingorientiert. Da sie viel Truppenbetreuung gemacht hatte, war sie bei den Soldaten sehr beliebt.[128] 1944 ließ sie in Amsterdam eines Tages eine defätistische Bemerkung fallen, derzufolge die Rote Armee bald ganz Deutschland besetzen werde. Nach Berlin zurückgekehrt, wurde sie im Dezember von der Gestapo verhaftet. Sie wurde geschlagen und mußte am 28. Januar 1945 vor einem Sondergericht erscheinen. Das Urteil sah ihre Hinrichtung wegen Hochverrats vor, und man brachte sie in eine Todeszelle. Es gelang ihren Fans in der SS, sie unter dem Vorwand herauszuholen, daß ihre Stimme für Ella-Fitzgerald-Imitationen im Rahmen von Programmen benötigt werde, mit denen Charlie and His Orchestra die Alliierten beeinflussen sollte. Da die Lage gegen Kriegsende bereits sehr verworren war, überlebte Künneke, die bei ihren Eltern in Berlin blieb.[129]
Margot Friedländer geriet in eine ähnliche Falle, in die man sie vielleicht sogar vorsätzlich gelockt hatte. Während einer Reise zur Truppenbetreuung an der Front unweit von Leningrad kümmerte sie sich um eine Gruppe einheimischer russischer Musiker, die von der Wehrmacht beschäftigt wurden. Sie brachte ihnen Zigaretten und Süßigkeiten und erwähnte, daß Hitler und Stalin als Diktatoren vieles gemeinsam hätten. Einer der Musiker war ein Gestapospitzel und machte sofort Meldung. Friedländer wurde in Gewahrsam genommen und von dem Militärpolizisten Major Egon Baron von Wackerbarth, einem Partei- und SA-Mitglied, verhört. Da der Baron Mitleid mit der Sängerin hatte, ließ er die ursprüngliche, tödliche Anklage des Defätismus durch »Spionageverdacht« ersetzen. Er muß gewußt haben, daß man keine Beweise für Spionage finden würde. Deshalb konnte Wackerbarth die Sängerin nach Berlin zurückschicken lassen, statt sie der gnadenlosen Gestapo auszuliefern.

Friedländer kehrte 1944 ins Gesangsgeschäft zurück, doch sie mußte weiteren Kummer ertragen, als man Anklage gegen ihren Musikerkollegen Heinz Sandberg erhob. Die Gestapo interessierte sich von neuem für sie. Friedländer sollte einem Trupp aneinandergeketteter Häftlinge an den permanent gefährdeten Eisenbahngeleisen zugewiesen werden, doch einer der in Berlin ansässigen italienischen Musiker versteckte sie, bis der Krieg vorbei war.[130]

Auch männliche Jazzkünstler bewegten sich nach dem August 1942 auf viel gefährlicherem Boden, denn ihr privates und öffentliches Verhalten wurde nun von den Behörden weitaus sorgfältiger unter die Lupe genommen. Peter Kreuder ist in diesem Buch mehrere Male als ein normalerweise kommerziell ausgerichteter Musiker erwähnt worden, dessen zahlreiche Originalsongs man auf Schallplatten und in Filmen hören konnte. Überall im Reich waren seine Gier nach materiellem Besitz, seine Gefühllosigkeit gegenüber Musikerkollegen und seine Eitelkeit geradezu legendär. Aber gleichzeitig wußte jeder, daß dieser frühere Assistent von Weintraub Syncopator Friedrich Hollaender ein Jazzmann mit einem einzigartigen Klavieranschlag war. Seine Vorkriegsgruppe, bestehend aus Korseck, Klagemann, Wege, Henneberg und Otto Tittmann am Baß, war auf dem ganzen Kontinent berühmt geworden. Im Herbst 1943 (vorher hatte man ihn recht glaubhaft bezichtigt, Robert Schumanns *Träumerei* plagiiert zu haben) fiel Kreuder in Ungnade, weil er sich geweigert hatte, Konzerte im hochindustrialisierten Rheinland abzuhalten, das stärker als jedes andere deutsche Gebiet von alliierten Bombenangriffen bedroht war. Kreuder wurde der Feigheit angeklagt, und um ein Haar hätte man seine Freistellung vom Militär aufgehoben und ihn aus der RMK ausgeschlossen. Aber Goebbels wollte diesem beliebten Entertainer, für dessen abgedroschene Kommerzstücke Hitler viel übrig hatte, noch eine Chance geben, und außerdem benötigte man ihn im propagandistisch so wichtigen Filmgeschäft.[131]

Im Gegensatz zu dem politisch unbedarften Kreuder, der seine prächtigen Jazzqualitäten und seinen zweifelhaften Charakter mühelos unter einen Hut kriegte, hatte der Pianist Peter Igelhoff ein unbeirrbares politisches Gewissen und einen scharfen, satirischen Humor, mit dem er die Texte seiner Lieder zu würzen verstand.

Einige dieser Lieder kritisierten nahezu unverhohlen die Diktatur.[132] Igelhoff war der Werner Finck der Musik. Jahrelang hatte er allabendlich in der Uhu-Bar unweit der Scala gespielt; die Besucher der Scala kamen nach der Revuevorstellung häufig in die Bar, um ihm zuzuhören. Igelhoff griff in die Tasten und setzte seine Stimme ganz ähnlich wie Fats Waller ein. Billy Bartholomew und Fritz Brocksieper hatten mit ihm gespielt, und zusammen mit Hans Korseck hatte er Jazzklassiker wie »Organ Grinder's Swing« und »Pennies from Heaven« aufgenommen.[133]

Kurz vor der Katastrophe von Stalingrad stufte man Igelhoff, der wie Kreuder für die Truppenbetreuung gearbeitet hatte, als respektlosen Künstler ein, der nicht den Mund halten könne, und plötzlich empfand man auch seine langjährige Beziehung zum Kadeko als unerträglich. Mitte Januar 1943 zog man den Pianisten zur Armee ein und beschäftigte ihn, hauptsächlich in Frankreich, als Schreibkraft. Gleichzeitig verschwanden seine Aufnahmen aus den deutschen Rundfunkprogrammen. Noch im März 1945 erwogen die rachsüchtigen RMK-Funktionäre einen Kampfeinsatz für den vierzigjährigen Pianisten, und nur die Verwirrung in den letzten Wochen des Regimes verhinderte dieses Unheil.[134]

Drei anderen Jazzmusikern erging es viel schlechter als Kreuder oder Igelhoff, die zu prominent waren, um ohne großes Aufsehen ausgeschaltet werden zu können. Einer war Heinz Sandberg, ein junger Pianist und Akkordeonist, der früher der HJ angehört hatte; im Frühjahr 1944 arbeitete er in den Hamburger Bars Faun und Trichter mit Margot Friedländer und einer Swingband, die sich vorwiegend aus Tschechen zusammensetzte. »Wir haben's ja ziemlich bunt gemacht«, bestätigt Friedländer, die zum Beispiel Nummern wie »Cotton Pickers' Congregation« unter dem Tarnnamen »Rhythmische Studie, A, B, C« ankündigte. Der dreiundzwanzigjährige Sandberg stand bereits im Verdacht, für in Norwegen stationierte Soldaten ganz ungezügelt Jazz gespielt zu haben, und mit seinem letzten bekannten Auftritt in Hamburg brach er offen das seit 1939 sorgfältig konstruierte Regelsystem. Nach seiner Verhaftung durch die Gestapo Anfang 1944 wurde er den Wehrmachtbehörden übergeben, die ihn ohnehin wegen Kriegsdienstverweigerung suchten. Sandbergs Ausschluß aus der RMK folgte im August. Es ist ein

Wunder, daß er den Krieg unversehrt überstand; Friedländer sah ihn 1946 in Berlin, nachdem er seinen Namen in Charlie Sanders geändert und eine kleine Hamburger Konzertagentur eröffnet hatte.[135]

Karl Hohenberger, der jüngere Bruder des viel berühmteren Kurt, hatte das Glück gehabt, im DTU, wohin er von der Scala gekommen war, eine Anstellung als Trompeter zu erhalten. Wie viele dieser Musiker trank er ausgiebig, doch im Unterschied zu ihnen verlor er oft völlig die Beherrschung und sagte dann freimütig seine Meinung. Trotz seiner beneidenswerten Position im DTU litt er offenkundig darunter, den von den Nazis verordneten Ersatzjazz zu spielen und nicht den Originaljazz aus Amerika, dem er sich verschrieben hatte. Am 18. September 1943, kurz vor der Verlegung des DTU nach Prag, wurde der junge Mann nach einer der üblichen Orchesterproben verhaftet. DTU-Geschäftsführer Safronow erwartete eine sofortige Exekution und besetzte die Stelle sofort neu.[136]

Folgendes war geschehen: Knapp eine Woche zuvor hatte Hohenberger das Berliner Lokal Cantina in recht alkoholisiertem Zustand betreten. Er taumelte auf den Pianisten zu und forderte ihn auf, nur jüdische Lieder zu spielen, und zwar solche, die den Frontoffizieren gefallen würden. Der Eigentümer, ein Parteimitglied, versuchte, ihn zu beruhigen, doch Hohenberger deutete auf das NSDAP-Abzeichen des Mannes und fluchte: »Auf das Ding brauchst Du Dir nichts einzubilden, Du Sch...kerl! Mit Adolf Hitler ist es sowieso vorbei!«[137]

Aus dem Gestapohauptquartier wurde Hohenberger im Dezember 1943 ins Konzentrationslager Sachsenhausen gebracht, wo er auf seine Verhandlung wegen Defätismus und Verrat wartete. Im Juni 1944 wertete der Richter eines Berliner Sondergerichts Hohenbergers Rausch als mildernden Umstand und verurteilte ihn nur zu zwei Jahren Gefängnis. Natürlich war das Motiv des Musikers nicht nur politisch gewesen, denn er war als Raufbold bekannt, und seine Freunde hatten ihn öfters gewarnt, sich in acht zu nehmen. Eine doppelte Ironie kennzeichnet diesen Fall: Hohenberger entkam bei Kriegsende aus dem Gefängnis, während er in Sachsenhausen wahrscheinlich umgebracht worden wäre. Doch kurz nach dem Mai

1945, als er auf dem Rückweg in die Hauptstadt war, forderten ihn die Soldaten einer sowjetischen Patrouille auf, sich auszuweisen. Karl griff in die Tasche, woraufhin ihn die Soldaten – sie glaubten, er wolle eine Pistole herausziehen – auf der Stelle erschossen.[138]

Karl Hohenberger hatte sich, aus welchem Grund auch immer, 1938 von seiner ersten Frau, einer Jüdin, scheiden lassen, wodurch er den Nürnberger Rassengesetzen zuzustimmen schien. Vielleicht nahm das den Richter noch mehr für ihn ein. Aber es liefert auch einen weiteren aufschlußreichen Hinweis auf die im Grunde apolitische Haltung vieler dieser Musiker, denen der Jazz eine vage Idee von Unabhängigkeit und künstlerischer Freiheit vermittelt hatte, ohne ihnen die entsprechende persönliche oder politische Moral nahezulegen.[139] Wäre Hohenberger selbst Jude gewesen, hätte man ihn zweifellos gar nicht erst vor Gericht gestellt, sondern in Sachsenhausen auf sein Verhängnis warten lassen.

Der jüdische Pianist Hanns-Joachim Bessunger, der unter dem Schutz der Prostituierten immer noch illegal im Hamburger Vergnügungsviertel spielte, wurde 1944 rein zufällig verhaftet, als die Gestapo nach seiner Schwester fahndete. Selbst nach nationalsozialistischen Maßstäben hatte Bessunger nur das Verbrechen begangen, »der Sohn einer in Buchenwald getöteten Person zu sein«, wie die seltsame Formulierung der Gestapo lautete. Man verzichtete auf eine Gerichtsverhandlung, und Bessunger verbrachte den Rest des Krieges in Fuhlsbüttel in einem Arbeitskommando, das die Opfer anderer Konzentrationslager beerdigte. Später erfuhr Bessunger aus erbeuteten Dokumenten, daß er, hätten die Briten die Lagerinsassen nicht an jenem Tag Anfang Mai 1945 befreit, zweiundsiebzig Stunden später liquidiert worden wäre.[140]

Im Januar 1945 soll Joseph Goebbels den Jazz für die allgemeine Kriegsmüdigkeit der deutschen Jugend verantwortlich gemacht haben.[141] Wenn dies zutrifft, wäre es eine Erklärung dafür, weshalb die Hamburger Swings nach dem Herbst 1942 so brutal gejagt wurden. Himmler – und mit ihm Goebbels – waren überzeugt, daß der Jazz in seiner absolut unakzeptablen Form endlich ausgelöscht werden könne, wenn man führende Swings ins Konzentrationslager schickte. Nachdem Jutta und Inga Madlung im Sommer 1942 in Ravensbrück eingetroffen waren, bestraften die SS-Wärter sie speziell deshalb, weil sie Swingfans waren. Man schlug ihnen ins Gesicht, als sie zugaben, die berüchtigten Schwestern Madlung zu sein, die obszönen Jazz gesungen hätten. Dies wiederholte sich, als sie gestanden, in England gewesen zu sein. Sie versengten Ingas Bein mit einer glühenden Münze, und um ihre Qual zu vergrößern, brachte man sie in der Nähe des Zimmers unter, in dem die berüchtigte Lagerärztin Dr. Herta Oberheuser die Lebenden zum Tode beförderte. Inga konnte die Schreie der Opfer hören, die tödliche Injektionen erhielten. Wie alle anderen Häftlinge litten Inga und Jutta unter Nahrungsentzug und Kälte. In ihren monatlichen Briefen brachten die Schwestern verschlüsselte Botschaften an ihre Eltern unter. Wenn sie schrieben, daß »Jutta Carsten schreibt«, dann bedeutete dies, daß sie hungrig waren; und »Ich hätte so gern von Pilschen, dem Reizenden, Kekse«, bedeutete, daß sie warme Kleidung benötigten. Aber nur sehr wenig konnte von draußen ins Lager geschafft werden.

Wegen der Unterernährung entwickelten sich an den Innenseiten von Ingas Beinen offene Wunden, die einfach nicht heilen wollten. Zudem wurde sie individuell von einem der sadistischen Lagerärzte gefoltert, dessen Name den Historikern bisher noch unbekannt ist. Inga befand sich im Anfangsstadium einer Krankheit, die, später als Scharlach diagnostiziert, ihre Augen in Mitleidenschaft zog. Als sie dies einem SS-Arzt mitteilte, zwang er sie, vierzehn Tage hintereinander direkt in die Sonne zu schauen; ein Schäferhund wachte neben ihrem Gesicht, so daß sie weder den Kopf wenden noch nicken konnte. Danach hatte das Swing-Baby Inga, die das Leben so liebte, neunzig Prozent ihres Sehvermögens verloren.[142]

In Ravensbrück trafen die Schwestern Madlung auf ihre alte Freundin Ursula Nielsen, die andere Qualen durchzustehen hatte, darunter die sexuellen Annäherungsversuche eines lüsternen SS-Wächters. Ursula wurde zu Weihnachten 1942 und Jutta acht Monate später entlassen. Inga durfte endlich im November 1943 nach Hause zurückkehren. Im Alter von dreiundzwanzig Jahren war dieses einst schöne Mädchen durch eine Kombination von Unterernährung und täglichen Salpetergaben fettleibig geworden. Salpeter hatte man ihr verabreicht, um ihre Libido einzudämmen, denn Swings galten als sexuell zügellos. Erst nach Monaten sorgfältiger

Pflege in ihrem Elternhaus erreichte sie wieder ihr Normalgewicht, doch beiden Augen blieben geschädigt.[143]

Bekannte männliche Swings, die noch nicht einberufen worden waren oder sich bisher der Haft entzogen hatten, erlitten ein ähnliches Schicksal im KZ Neuengamme. Der Belgier Maurice Thomas wurde schließlich mit einem Lastwagen aus Buchenwald nach Bergen-Belsen gebracht und dort von den Briten befreit.[144] Der in Griechenland geborene Andreas Panagopoulos wurde im Januar 1943 verhaftet. Seltsamerweise kannte die Gestapo sämtliche Einzelheiten seiner Vorkriegsreise nach England. Nach ungefähr drei Wochen in Fuhlsbüttel verfrachtete man ihn nach Neuengamme, das er nur dem Namen nach kannte. Andreas traf bei Einbruch der Dunkelheit ein. Während er die mittlere Spur entlanggefahren wurde, erblickte er vor sich einen weißen Berg. Bald begriff er, daß es Leichen waren. Man zwang ihn, im Steinbruch zu arbeiten; dabei trug er nur eine dünne Jacke und Holzschuhe, die bei jedem Schritt im Schlamm steckenblieben, und er wurde von brutalen Kapos geprügelt. Die Leichenberge wurden jeden Morgen entfernt und wuchsen bis zum Abend wieder. Dies setzte sich bis zum Sommer fort, als man Andreas ebenfalls entließ. Danach verschwand der finanziell unabhängige junge Mann aus Hamburg nach Berlin, wo er sich an verschiedenen Orten mit einer »halbjüdischen« Freundin versteckte und die mehr oder minder illegalen Jazzkneipen besuchte – jeden Abend ein neues Risiko.[145]

Unterdessen hatte man den »Halbjuden« Hans Hirschfeld zur Arbeit in der Rüstungsindustrie herangezogen, denn er war ein hervorragender Automechaniker geworden und sollte dabei helfen, Mercedes-Triebwerke für Messerschmitt-Flugzeuge zu konstruieren. 1943 wurde sein Vater, der Inhaber eines Textilgeschäfts war, zum zweitenmal verhaftet und nun in einen Zug nach Auschwitz gesetzt. Dieses Schicksal traf einen deutschen Juden, der mit einer »Arierin« verheiratet war, nur selten, doch ein bestimmter Hamburger Gestapobeamter bestand darauf – höchstwahrscheinlich wegen der Swingkinder des Ehepaares. Hans' Vater kehrte nie zurück. Und während der mit seinen seltenen Fertigkeiten einigermaßen sicher war, wurde sein jüngerer Bruder Kurt zu einem weiteren Swingopfer der Nazis.

Kurt war durch die Organisation Todt zur Arbeit in einer Kesselschmiede verpflichtet worden. Ihm stand die Versetzung auf einen anstrengenderen Posten bevor, als er sich Anfang 1944 zusammen mit zwei anderen »halbjüdischen« Freunden, Rolf Berensohn und Werner Möller, zu einer kleinen Feier aufmachte. Kurts Freundin Ursula Herbatz, eine »Arierin«, schloß sich ihnen an. Irgendwie geriet die Gruppe in eine der wenigen versteckten Kneipen an der Hamburger Reeperbahn, in der man noch echten Wein kaufen konnte. Die Freunde amüsierten sich und hatten bald einen Schwips. Auf dem Heimweg stimmten sie, angeheitert wie sie waren, die gute alte Swingmelodie »Begin the Beguine« an und legten einen kleinen Steptanz hin. Sie ahnten nicht, daß sie von einem hartnäckigen alten Polizisten verfolgt wurden, der sie bereits in der Bar beobachtet hatte. Er war nicht von der Gestapo, sondern nur ein normaler Polizeibeamter, der dienstfrei hatte und sich für einen guten Patrioten hielt. Er zog seinen Dienstrevolver und zwang die vier, ihn zu einem Polizeirevier zu begleiten, wo sie von der Gestapo empfangen wurden.

Die Geheimpolizisten erkannten Kurt Hirschfeld sofort, denn dessen jüdischer Vater war ja gerade nach Auschwitz abtransportiert worden. Und sie hatten nichts Besseres zu tun, als die drei jungen Männer zu foltern und sie dann der Volksverhetzung zu bezichtigen; das harmlose kleine Swingliedchen war plötzlich zur »Kommunistischen Internationale« geworden. Der Vorwurf des organisierten Kommunismus brachte den drei »nichtarischen« Verdächtigen eine Haft von unbestimmter Dauer in einem Konzentrationslager ein, während Herbatz unter Druck gesetzt wurde, Spitzeldienste unter den Swings zu leisten. Der undurchschaubaren SS-Logik zufolge brachte man Möller und Hirschfeld nach Neuengamme und Berensohn nach Buchenwald. Möller und er überlebten unglaublicherweise. Doch Hirschfeld wurde eines Tages von einem Gewehrkolben am Hals getroffen, zog sich eine Blutvergiftung zu und starb unter Qualen am 28. Januar 1945. Seine Mutter erhielt eine dieser typischen SS-Benachrichtigungen, nach der er der Diphtherie erlegen sei. Und noch schlimmer, die SS-Lagerverwaltung bot den Hinterbliebenen eine amtliche Todesurkunde für zweiundsiebzig Pfennig an, umgehend zahlbar.[146]

Man schätzt, daß vierzig bis siebzig männliche und weibliche Swings zwischen 1942 und 1944 in Konzentrationslager, darunter Uckermark und Moringen für Jugendliche, kamen. Die SS stufte sie alle als »politische« Häftlinge ein, was auf die hohe ideologische Bedeutung hinweist, die dem Jazz in den letzten Kriegsjahren von den Nationalsozialisten zugeschrieben wurde.[147]

Bei gutem Betragen konnten Jugendliche in Moringen sich wenigstens der Wehrmacht anschließen, das heißt, wenn sie nicht doch in ein KZ für Erwachsene gebracht wurden.[148] Die Einberufung zur Armee war in gewisser Weise eine Lösung für das Dilemma der Swing-Boys, dadurch konnten sie das Lager vermeiden und sich einer anderen Gerichtsbarkeit unterstellen. Denn die Gerichtsbarkeit der Wehrmacht war von derjenigen der Partei und gewöhnlicher Regierungsbehörden getrennt und bot ihnen im Rahmen des Kriegsrechts größere Freiheiten. Es war ein offenes Geheimnis, daß solche Freiheiten auch Jazzmusik, wenn auch nicht den Swing-Lebensstil, an den sich diese Jugendlichen gewöhnt hatten, einschloß. Gleichwohl wissen wir, daß viele Swing-Boys an der Front gefallen sind, vielleicht weil man sie bewußt auf gefährliche Positionen stellte, um sie ihrem Ruf entsprechend als unmännliche Feiglinge bloßzustellen. Von den überlebenden Wehrmacht-Swings haben wenigstens drei ausgesagt, daß sie darauf achteten, nie einen Schuß auf einen Menschen, sei er Russe oder nicht, abzugeben. Zwei von ihnen, Hans Engel und Tommie Scheel, schafften es, zu den feindlichen Linien überzulaufen: Engel 1944 in Italien und Scheel 1945 am Stadtrand von Hamburg. Daß es Amerikaner und Briten waren, mit denen sie letztlich fraternisierten, stand im Einklang mit ihrer grundlegenden Lebensphilosophie. Es ist kein Zufall, daß sich beide nach dem Ende der Kampfhandlungen in Nordamerika niederließen, Scheel in Toronto und Engel in New York.[149]

Die Internierung oder Einberufung dieser jungen Männer und Frauen setzte der vom Jazz inspirierten Regimekritik unter der Hamburger Jugend keineswegs ein Ende. Wie in Leipzig und Frankfurt wurden neue Mitglieder klammheimlich in den höheren Schulen und auch in der Hitlerjugend rekrutiert. Diese jüngeren Anhänger waren bereits – aus der Ferne und durch das, was sie so gehört hatten – von den aufregenden Swings fasziniert. Obwohl es wegen der starken Abschreckungsmittel weniger waren als je zuvor, gibt es an ihrer Existenz keinen Zweifel. Einige hatten – im Unterschied zu den älteren Swings, die manchmal kaum mehr als Genußmenschen waren – ein geschärftes Gefühl für Gerechtigkeit und Demokratie, abgesehen von ihrer Bewunderung für den Glamour der eigentlichen Swing-Subkultur.

Der fünfzehnjährige Thorsten Müller, der im Gegensatz zu den meisten seiner Idole aus den unteren Schichten der Hamburger Gesellschaft stammte, war 1943 ein intelligenter, sensibler, ästhetisch bewußter Junge. Er liebte Gedichte, moderne Kunst und klassische Musik, denen er eine ähnliche Bedeutung wie dem Jazz Benny Goodmans oder Duke Ellingtons zumaß. Irgendwie hatte er auch einen eklektischen Geschmack entwickelt, was Kleidung und Verhalten anging, und wenn er noch kein typischer Swing war – die Bewegung löste sich nun auf –, wäre er früher, hätte sein Alter es zugelassen, bestimmt einer geworden.

Müller war reifer als die Swings von 1940, denn die Ansprachen von Thomas Mann und ähnliche Programme des deutschen BBC-Rundfunkdienstes hatten ihn politisch beeinflußt, ebenso wie seine Freundschaft mit zwei anderen Swings, Gerd Spitzbart und Bruno Himpkamp. Sie waren ein oder zwei Jahre älter und hatten Kontakt zu Studentenvertretern der Widerstandsbewegung »Weiße Rose« in München, nämlich zu den Hamburgern Heinz Kucharski und Hans Leipelt. Leipelt war ein brillanter »halbjüdischer« Biologiestudent in München, der zuweilen Hamburg besuchte und die Ziele von Hans und Sophie Scholl und ihren Freunden – alle waren Anfang 1943 verhaftet und hingerichtet worden – verwirklichen wollte.[150] Müller, Spitzbart und Himpkamp, alle mehr oder weniger am Rande der eigentlichen Swingbewegung, nahmen durch diese Beziehung zur Weißen Rose Verbindung mit einem anderen unabhängigen Kreis Hamburger Studenten und junger Akademiker auf, die das Hitlerregime ins Wanken bringen wollten. Einer von ihnen war Kaki Georgiadis' älterer Freund Dr. Heinz Lord, der hämische Nachahmer von Goebbels und Hitler, nun die Stütze einer politischen Widerstandszelle in der chirurgischen Klinik der Universität.[151]

Als Swing war Himpkamp 1942 in Fuhlsbüttel gewesen und dann

entlassen worden. Strikten SS-Befehlen zum Trotz erzählte er seinem Freund Müller von der Haft. Zusammen mit Spitzbart – und in lockerer Abstimmung mit Kucharski und anderen wie Heinz Lord – planten die beiden, eine strategisch wichtige Brücke in der Stadt zu sprengen. Aber im Mai 1943 wurden Müller und Himpkamp, dieser zum zweitenmal, von der Gestapo verhaftet. Während Himpkamp in Fuhlsbüttel blieb, wurde Müller kurzfristig entlassen, aber im Juni erneut verhaftet und für den Transport nach Moringen vorgemerkt. Im Juli marschierte er mit einer Gruppe von mehreren Jungen unter SS-Bewachung zu dem Bahnhof, von dem der Zug ins Konzentrationslager abfahren sollte. Gerade zu der Zeit fanden die schrecklichen Luftangriffe statt, in deren Verlauf Zehntausende von Hamburger Bürgern umkamen. In der Verwirrung durch den betäubenden Lärm und die blendenden Flammen – der Asphalt unter ihren Füßen fing bereits Feuer – konnten Müller und ein paar andere fliehen.
Unterstützt von einigen Verwandten und Freunden trat Müller nun eine scheinbar ziellose Reise durch ganz Deutschland und das besetzte Polen an. Er reiste ohne Fahrkarte per Zug, schlief im Heu oder in irgendeiner Dachkammer, stets auf der Flucht vor der Polizei und ohne zu wissen, was der nächste Tag bringen mochte. Damals gab es in seinem Leben keinen Jazz! Im Dezember, als er wieder in Hamburg war und versuchte, sich in einen Zug zur Schweizer Grenze zu schleichen, wurde er erneut von der Gestapo verhaftet. Diesmal wußte die Polizei, die mittlerweile andere jüngere Gefangene gefoltert hatte, Bescheid über Müllers Beziehungen zur Weißen Rose. Man brachte ihn nach Fuhlsbüttel, wo er wieder mit seinen Kameraden Himpkamp und Spitzbart zusammentraf.
Dies war eine Phase, in der man fast alle Mitglieder des Kucharski-Leipelt-Kreises ausgehoben hatte; mehrere mußten mit der Todesstrafe wegen Verrats rechnen. Müller wurde brutal geschlagen und dann für vierzehn Monate in eine Einzelzelle gesperrt. Unter diesem Druck mußte sich der Junge zu einem Anklagepunkt nach dem anderen bekennen: zu seiner Vorliebe für die BBC, seiner Anglophilie, seiner Jazzleidenschaft, zu vorsätzlicher Sabotage. Nach dem Militärputschversuch gegen Hitler im Juli 1944 brüllte Gestapo-Agent Reinhardt (»der Fuchs«) ihn an: »Was mit Ellington

anfängt, das hört mit dem Attentat auf den Führer auf!«[152] Müller hatte Mühe, ihm zu widersprechen.
Zu diesem Zeitpunkt waren Spitzbart, Himpkamp und Lord in Neuengamme; Spitzbart und Himpkamp wurden Anfang April 1945 von der britischen Armee befreit. Lord war von der SS auf die *Cap Arcona* gebracht worden, ein schwimmendes Gefängnis an der Ostseeküste; das Schiff ankerte vor Timmendorf, dem alten Tummelplatz der Hamburger Jazzliebhaber. Als die *Cap Arcona* von der Royal Air Force bombardiert wurde, war Lord einer der wenigen, die den Angriff überlebten. Hans Leipelt, kein Swing im Hamburger Sinne, aber ein bekannter Ellington-Fan, wurde am 29. Januar im Münchener Gefängnis Stadelheim enthauptet; seine jüdische Mutter hatte ein Jahr zuvor Selbstmord begangen. Schließlich, am 19. April 1945, mußte sich Thorsten Müller zu einer Vielzahl von Anklagepunkten vor dem Hamburger Volksgericht verantworten. Der Staatsanwalt forderte eine zehnjährige Gefängnisstrafe, doch es kam nicht zur Verkündung des Urteils, denn die Stadt wurde ein paar Tage später vom Naziterror befreit.[153] Müller war beispielhaft für die extrem seltenen Fälle, in denen der Jazz, eine von Freiheit durchdrungene Musik, seine Anhänger indirekt zu echter politischer Aktion bewogen hatte.
So paradox es scheinen mag, 1943 und 1944 war die Situation der Hamburger Swings, obwohl sie so erschreckend gefährlich war, stillschweigend zu einem Vorbild für andere Gruppen im Reich geworden. Es ist unklar, auf welche Weise sich diese Gruppen miteinander verständigten, doch einiges deutet darauf hin, daß die archetypische Hamburger Bewegung das Rückgrat für den Widerstand gegen die Hitlerjugend und sogar gegen die SS bildete. Sie ließ die Hoffnung auf einen anderen Typ von Deutschen aufkommen, der den Hitlerismus verabscheuen und sich statt dessen der Humanität zuwenden würde, auf Deutsche, die das Land nach der Niederlage nach demokratischen Prinzipien wiederaufbauen würden. Dies ist bedeutsam, denn die Hilfsorganisationen der Partei, genau wie die Partei selbst, hatten seit etwa 1940 allmählich an Popularität verloren und klagten über Nachwuchsmangel.[154]
In den beiden letzten Kriegsjahren gab es eine neue Gattung junger Soldaten, die der Flakhelfer. Es handelte sich gewöhnlich um Gym-

nasiasten zwischen sechzehn und neunzehn Jahren, die aus den Klassenzimmern zu Luftwaffenverteidigungseinheiten im Reich abgeordnet wurden, um bei der Bedienung der Flakgeschütze zu helfen. Interessanterweise übernahmen diese jugendlichen Kämpfer vieles vom Geist der einst berühmten Luftwaffenpiloten, vor allem ihr Elitedenken. Wie ihre Idole haßten sie die Uniformität, die in plebejischen Parteigruppierungen wie der Hitlerjugend herangezüchtet wurde. Aber sie durchschauten auch die hirnlos arrogante SS, ebenso wie deren schreckliche Waffendivisionen, als roboterähnliche Erzeugnisse des blinden Fanatismus, der intellektuellen Armut und der absoluten Brutalität.

Die Flakhelfer von 1943 und 1944 schmückten sich mit einigen sichtbaren Zeichen der einstigen Luftwaffenasse, um eine Individualität zu verdeutlichen, die an Abweichlertum grenzte. Sie trugen weiße Schals und lehnten den kurzen Militärhaarschnitt der Heeressoldaten ab; ihr Haar hatte eine elegante Länge, war aber niemals so lang wie das der Swings. Während die Luftwaffenpiloten die Parteifanatiker und bis zu einem gewissen Grade auch die regulären Wehrmachteinheiten verachtet hatten, brachten die Hilfsflakschützen ihre Feindseligkeit gegenüber der Hitlerjugend offen zum Ausdruck, der die meisten immer noch offiziell angehörten. Diese Jungen versuchten auch, eine neue, vielleicht ritterlichere Haltung zum anderen Geschlecht zu entwickeln, das heißt, sie lehnten die Einstellung der Hitlerjugend und der SS, daß alle Frauen Freiwild seien, ab.

Folglich liebten sie amerikanischen Jazz, er war Ausdruck ihres völligen Desinteresses an der damaligen gesellschaftlichen und politischen Ordnung, von deren Vertretern sie als künftige Führer umworben wurden. Man konnte diese Musik leicht von den liberalen dänischen Stationen oder manchmal von den Soldatensendern empfangen, oder man hörte Schallplatten, die geschickt mit Hilfe von Verwandten erworben oder von verständnisvollen Wehrmachtoffizieren weitergereicht worden waren. Die Flakhelfer kannten Sefton Delmers' Soldatensender Calais, die BBC-Programme und die besonders beliebten Sendungen der Allied Expeditionary Forces sehr gut. »Der Jazz hat das in mir latent vorhandene Oppositionsgefühl bestimmt noch verstärkt«, erinnert sich Werner Wunderlich, der nach seinem Dienst bei der schweren Artillerie an der Nordseeküste eine zweifelhafte Ausbildung an einer SS-Eliteschule durchlief, wo er hauptsächlich nach seinen »BBC-Gepflogenheiten« lebte. Er wurde 1944 erwischt und konnte sich nur durch die zufällige Einberufung zur regulären Wehrmacht retten. Fast alle seine Klassenkameraden entschieden sich laut Wunderlich um diese Zeit für den Dienst in der Marine, dem Heer oder der Luftwaffe, statt sich erwartungsgemäß zur Waffen-SS zu melden.[155]

Diese jüngeren Fans wurden nicht im selben Maße zu Opfern der Verhältnisse wie die älteren aktiven Instrumentalisten und Sänger. Erstens waren sie optimistisch, was das Vorrecht der Jugend ist, und zweitens war der Jazz nicht ihre Hauptbeschäftigung, über die sie sich definierten.

Die älteren, erfahreneren Fans hatten mit ihnen gemein, daß sie den Jazz nicht als Beruf betrachteten, aber sie konnten die Hoffnungen dieser oft naiven Gruppe nicht teilen. Viele der älteren Fans blieben dem Jazz von Anfang an durch alle Schwierigkeiten, die die Diktatur bereitete, treu. An den Fronten und in den zertrümmerten Stadtzentren hatten sie gelernt, sich mit allen Mitteln durchzuschlagen, aber ihr Optimismus war längst von einer realistischeren, um nicht zu sagen resignierten Haltung abgelöst worden. In diesen Zeiten der Not fiel es ihnen schwer zu glauben, daß sich die Dinge je ändern würden.

Und sie schienen recht zu haben. Werner Daniels hatte seine »Musikalische Feldpost« im Frühjahr 1943 aufgegeben, als er an die russische Front versetzt wurde. Die »Post« schleppte sich noch ein paar Monate unter einem weniger dynamischen Herausgeber dahin. Daniels wurde später von den Sowjets gefangengenommen.[156] Dieter Zimmerle, immer noch ein Dissident, kämpfte weiter und führte seine Auseinandersetzung mit dem Kriegsrecht in verschiedenen Strafbataillonen fort. Zur Abschreckung zwang man ihn, bei der Hinrichtung von Kameraden zuzusehen, und er entging seiner eigenen nur um Haaresbreite. In solchen Notsituationen hatte der Jazz kaum eine Gelegenheit, sich weiterzuentwickeln.[157] Joachim Ernst Berendt, nun einundzwanzig Jahre alt, gehörte zu der gewaltigen deutschen Streitmacht, die Leningrad belagerte. Im August 1943 wurde ihm mitgeteilt, daß man seinen Vater, den Theologen, im

Konzentrationslager Dachau durch eine tödliche Injektion umgebracht hatte. Konnte es ein Trost für ihn sein, daß sein Befehlshaber ihm gestattete, in den Heimaturlaub zu fahren, von dort seine besten Jazzplatten mitzubringen und im Soldatensender Pleskau vorzustellen? Jedenfalls begründete dies Berendts lange und bemerkenswerte Nachkriegskarriere als Jazzimpresario und Rundfunkpersönlichkeit.[158]

Nur den beiden aus Leipzig erging es besser. Kurt Michaelis leistete eine ruhige Dienstzeit bei der Wehrmacht in Skandinavien und im nördlichsten Deutschland ab und konnte alle möglichen live gespielten Jazzstücke sowie Schallplatten hören; Frommann »besetzte« immer noch Frankreich auf seine unbekümmerte Art, reiste zwischen Paris und Lyon hin und her, aß gut, traf sich mit Schulz-Köhn und Delaunay und verführte eine Frau nach der anderen. Einer von Fiddlin' Joes neuesten Manierismen war nun, mit einem amerikanischen Akzent französisch zu sprechen; er beherrschte die Sprache fließend, und auf diese Weise konnte er noch bequemer durch das Land reisen, denn wie er sarkastisch bemerkte: »Oft spreche ich hier französisch mit amerikanischem Akzent, da merkt überhaupt keiner, daß ich ein Großdeutscher bin!!«[159]

Die alten Fans, die der Einberufung mit allen Mitteln entgangen waren, schlugen sich im Reich weiter nach Kräften durch, doch sie mußten mit manchen Nachteilen fertig werden. Ihr größtes Problem war, ihre unverminderte Vorliebe für angloamerikanische Sendungen zu verheimlichen, denn damals wurden immer häufiger Todesurteile wegen dieses Vergehens verhängt.[160] Günter Boas war aus Berlin nach Jena gezogen, vorgeblich, um dort sein Medizinstudium fortzusetzen. Eine kleine Clique von Gesinnungsgenossen kam im örtlichen Café Mankel zusammen, um Jazzplatten zu spielen. Das war bereits riskant genug. Aber im September 1944 wurde er von seiner Hauswirtin bei der Gestapo angezeigt, weil er AEF-Programme eingeschaltet hatte. Man schickte Boas ins Konzentrationslager Kalag, wo gefangene Europäer aller Nationalitäten an den neuartigen Düsenjägern des Reiches arbeiteten. Belgische SS-Männer waren die Wächter. Die Insassen wurden im April 1945 von amerikanischen GIs befreit.[161]

Die Mitglieder des informellen Frankfurter und Berliner Kreises hielten mit aller Macht zusammen. Der Volkswirtschaftsstudent Hans Otto Jung rettete die Überreste der Harlem-Gruppe und veranstaltete Sessions, bei denen Horst Lippmann Schlagzeug, Carlo Bohländer Trompete und Charlie Petry Klarinette spielten. Der Konservatoriumsstudent und Multiinstrumentalist Louis Freichel ersetzte im Frühjahr 1943 Emil Mangelsdorff, der eingezogen worden war. Heiner Merkel preßte fachmännisch privat Schallplatten, die letzte am 22. März 1944, als Frankfurt von Bomben zerstört wurde. Im Sommer 1943 reiste Jung zwischen Luftangriffen nach Berlin, um seinen Freund Hans Blüthner zu besuchen. Sie gingen zu Alfio Grassos Band, weil sie Primo Angelis berühmten Klavierswing hören wollten. Doch Angeli war an dem Abend krank, so daß Jung selbst für ihn einsprang; er jazzte überaus professionell mit der Gruppe, deren Schlagzeuger Fritz Brocksieper war.[162]

Die Angehörigen des Frankfurter Zirkels hatten allen Grund, vorsichtig zu sein, denn der Gestapomann »Ganjo« Baldauf beobachtete sie aufmerksam. Anfang 1943 nahm er Emil Mangelsdorff unter Defätismusverdacht fest, denn Mangelsdorff hatte einen Freund gewarnt, sich nicht für den Dienst in einem nahegelegenen Ausbildungslager zu melden, in dem es unangemessen hart zugehen sollte. Baldauf steckte Mangelsdorff für zwanzig Tage in eine Einzelzelle, doch anscheinend war es wieder die Armee, die dem achtzehnjährigen Musiker zu Hilfe kam, denn er wurde im April eingezogen und nach Rußland geschickt. Aber wo immer an der Front er sich aufhielt, seine Vorgesetzten hatten seine Personalakte, in der »politisch unzuverlässig« stand.[163]

Um Mangelsdorff und andere Freunde auf dem laufenden zu halten, hatte der Schlagzeuger Horst Lippmann einen informellen Nachrichtendienst nach Art von Daniels gestartet. Lippmann bezog internationale Informationen aus der schwedischen Zeitschrift *Orkester Journalen* und aus einigen alliierten Sendungen, doch er berichtete auch über örtliche Ereignisse und privatere Entwicklungen. Die Rundschreiben trugen den verdächtig englisch klingenden Titel »News for Friends of Modern Dance Musik«. Sogar in sowjetischen Kriegsgefangenenlagern hatte Mangelsdorff ein Exemplar in seiner Brusttasche; es handelte sich dabei um einen klugen, von Jung angestellten Vergleich von Teddy Wilsons Klavierstil mit anderen, klassischen Stilen. Aber Lippmann wurde ertappt. Im Winter 1943/44 ließ Baldauf ihn im Gestapohauptquartier inhaftieren, wo er, unzureichend bekleidet, mehrere Wochen lang in eine ungeheizte Zelle gesperrt wurde. Man klagte ihn an, BBC und AEF gehört zu haben, was er nicht leugnen konnte. Außerdem warf man ihm vor, er habe in seinem Rundschreiben gegen das Regime gerichtete Propaganda verbreitet, und der dritte Anklagepunkt lautete natürlich, er habe sich aktiv und intensiv mit Jazz befaßt. Nachdem Lippmann schwer erkrankt war, konnte sein Vater die Entlassung des Jungen erwirken, doch vorher hatte Baldauf noch versucht, ihn in den Dienst der Waffen-SS zu pressen. In den letzten Kriegsmonaten versteckte sich Horst im Keller eines Freundes, bis auch er im Frühjahr 1945 von amerikanischen Truppen befreit wurde.[164]

Bereits 1944 war die Frankfurter Gruppe merklich dezimiert, denn Mangelsdorff, Podehl, Petry und Freichel (der sich nun von seinen Verletzungen erholt hatte) dienten in der Wehrmacht, und Lippmann war ausgeschaltet.[165] Jam Sessions waren nahezu unmöglich, doch Jung und Bohländer machten immer noch Versuche mit jedem, der gerade zur Verfügung stand. Diese jungen Männer hatten zumeist entweder Gesundheitsprobleme wie die beiden selbst, oder es waren ironischerweise von der Einberufung freigestellte »Nichtarier«. Einer ihrer Freunde war der Amateur-Schlagzeuger Hans Gräf, der Neffe eines früheren Frankfurter Bürgermeisters. Aber Gräf und seine jüdische Mutter mußten zeitweilig im Konzentrationslager einsitzen, weshalb man nicht immer mit ihm rechnen konnte. Ein anderer »halbjüdischer« Schlagzeuger war Willi (»Atatürk«) Berk, der der Gruppe bis Anfang 1945 angehörte, als die Organisation Todt ihn zur Zwangsarbeit in der Rüstungsindustrie nach Thüringen transportierte. Seine Mutter war bereits in Theresienstadt, und man hatte drei seiner Onkel liquidiert.[166]

Es leuchtet ein, daß der führende musikalische Kopf dieser lose organisierten Jazzkolonie um seine Sicherheit besorgt sein mußte. Jung hatte es geschafft, wegen seiner Lungenkrankheit noch einige Male vom Wehrdienst zurückgestellt zu werden, doch dieses Glück konnte jederzeit ein Ende finden. Er selbst geriet unter Druck, als sein Vater, Besitzer eines Weinguts und katholischer Würdenträger in Rüdesheim, von einem boshaften Dienstmädchen an die Gestapo verraten wurde. Die Anklage war mittlerweile vertraut: Er habe sich die BBC-Nachrichten angehört. Die Geheimpolizei holte ihn am 20. April 1943 ab, also am Führergeburtstag, dem höchsten deutschen Feiertag. Das Problem war äußerst heikel: Wegen Mangels an Beweisen konnte kein ordentliches Gericht ihn verurteilen, und er würde mehr oder weniger ungeschoren davonkommen. Deshalb stand praktisch fest – schließlich galt er als langjähriger Regimegegner –, daß die regionale SS ihn am Gerichtsausgang erwarten und auf unbestimmte Zeit in ein Konzentrationslager bringen würde. Als der fünfundsechzigjährige Grandseigneur schließlich doch zu ein paar Monaten Gefängnishaft verurteilt wurde, mußten einige Freunde der Familie ihren Einfluß bei der SS nutzen, um eine ordnungsgemäße Entlassung zu erwirken. Dies wurde unter großen Schwierigkeiten im August erreicht. Der Vorfall verhieß nichts Gutes für Ottos eigene Zukunft. Seine Gesundheit war nicht allzu schlecht, und er hatte zur Zeit keinen Vorwand für eine Freistellung. Aber es gelang ihm, die Behörden mit fünfzig Flaschen erlesenen Hausweins zu bestechen, so daß er das Familienunternehmen weiterführen durfte, das nach großzügiger Auslegung als »kriegswichtig« eingestuft wurde.[167]

Unterdessen versuchten Hans Blüthner und Gerd Peter Pick weiterhin, in Berlin zurechtzukommen. Pick drohte, von der Organisation Todt zur Zwangsarbeit verpflichtet zu werden. Um dies zu verhindern, bemühte sich Blüthner, ihm eine Stellung in der Firma seines Onkels zu verschaffen. Der Versuch scheiterte, und Pick fand Unterschlupf in irgendeinem anderen Berliner »kriegswichtigen« Geschäft, in dem er ein erträgliches Auskommen hatte, während sich sein jüdischer Vater immer noch in Berlin-Grunewald versteckte. Wie leicht es für die Gestapo gewesen wäre, den Sohn zum Verrat zu zwingen![168]

Blüthner selbst spielte mit dem Feuer, als man ihm Ende 1944 ebenfalls vorwarf, seit Jahren BBC gehört zu haben. Die Geschäftspartner seines Onkels hatten ihn bespitzelt und sogar mit ständigen Fragen nach dem Kriegsverlauf in eine Falle gelockt. Die Gestapo erhob die nun üblichen Anklagen gegen den jungen Mann: Er habe sich vor dem aktiven Kriegsdienst gedrückt (Blüthner litt immer noch an der schweren Armverletzung und an Knochenmarkentzündung), habe Umgang mit Ausländern, sei Jazzanhänger und – nicht zuletzt – ein Freund der Juden. In diesem Zusammenhang wurde speziell Pick erwähnt, und die Geheimpolizei warf Hans vor, daß er versucht hatte, Pick zu helfen. Doch da der Krieg dem Ende entgegenging, in der Hauptstadt völlige Verwirrung herrschte und es absolut keinen Platz für weitere politische Gefangene gab, wurde Blüthner zu seinem Glück um Weihnachten 1944 freigelassen.[169]

Es war der Gestapo entgangen, daß Pick und Blüthner bis zu diesem Zeitpunkt in eine geheime Aktivität verwickelt waren, die ihnen Anklagen wegen Hochverrats oder Defätismus hätten einbringen können. Zumindest hätten sie ähnliche Schwierigkeiten haben können wie Horst Lippmann mit seinen informellen Jazzrundschreiben. Denn zusammen mit Dietrich Schulz-Köhn, der dann und wann aus dem besetzten Frankreich kam, verfaßten, redigierten und verschickten sie ein eigenes Jazzrundschreiben, doch unter erheblich höherem Risiko als Daniels und sogar Lippmann. Blüthner erklärt die Gründe: Sie benutzten Papiervorräte, die für den Krieg bestimmt waren, wodurch sie, besonders nach der Niederlage bei Stalingrad, gegen die Kriegsmaterialsperren verstießen; sie schrieben in aller Offenheit Artikel über verurteilte Personen und unerwünschte Elemente, etwa Juden (Artie Shaw und Benny Goodman), Schwarze (Benny Carter) und degenerierte Franzosen und Zigeuner (Eddy Barclay und Django Reinhardt); sie veröffentlichten schamlose Lobeshymnen auf den amerikanischen Jazz und seine Subkultur; und, was vielleicht das schlimmste war, sie verschickten diese ausführlichen »Briefe«, insgesamt vier, ohne offizielle Genehmigung an Soldaten an den Fronten und in neutrale Länder wie Schweden.

Anders als Daniels in seinen Rundschreiben, die vor den strikteren Kriegsbeschränkungen eingestellt worden waren, verzichteten sie auf jegliche Tarnungsversuche. Und während Daniels seine Mitteilungen mehr oder weniger vorschriftsmäßig von einem Soldaten an den anderen geschickt und sich bemüht hatte, die Regeln der Militärzensur einzuhalten, war es nicht Leutnant Schulz-Köhn, sondern Blüthner, der die Versendung aus Berlin zu verantworten hatte. Einige der Nachrichten waren tatsächlich ungeheuerlich, denn sie wurden im Reich als Geheiminformationen behandelt. Ein Artikel betraf zum Beispiel den schwarzen, im Ausland lebenden amerikanischen Trompeter Harry Cooper; er sei irgendwo in Paris aufgetreten, und zwar »frisch aus dem KZ, in das er wandern mußte, da er Amerikaner ist«. Noch belastender war die Tatsache, daß der »Halbjude« Pick, der allen Grund gehabt hätte, im Hintergrund zu bleiben, wenigstens einen der Artikel unterzeichnet hatte (den Bericht über Carter mit einer deutlichen Zeichnung des Schwarzen). In gewisser Hinsicht handelte es sich um eine Fortsetzung des verbotenen Berliner Clubs Magische Note, was gleichfalls illegal war. »Da hätten wir siebenmal gehenkt werden können«, sinniert Hans Blüthner im Rückblick.[170]

Schulz-Köhn und Blüthner stimmen darin überein, daß es Schulz-Köhn, also der Luftwaffenleutnant, war, der die meisten militärischen Adressaten lieferte, er brachte auch ein Porträt von sich, in voller Uniform, Ende 1942 auf den Umschlag der ersten Ausgabe. Das Porträt war als Schutz gedacht, wobei unklar ist, wie es ihm hätte nützen können.[171] Jedenfalls gibt es keinen Zweifel daran, daß Schulz-Köhn trotz seiner Wehrmachtstellung – oder gerade deshalb – ein beträchtliches persönliches Risiko einging: wegen der Form, in der der fragwürdige Inhalt präsentiert wurde, wegen seiner Zusammenarbeit mit den beiden hochverdächtigen Berlinern und wegen der unzulässigen Versandmethode.

Schulz-Köhns Beispiel liefert das abschließende Rätsel in dieser Geschichte des Jazz im Dritten Reich. Das mag den Leser nicht überraschen, nach allem, was er über diesen äußerst individualistischen Jazzverfechter in der Vorkriegszeit erfahren hat. Bis Mai 1945 blieb Dietrich Schulz-Köhn der gute deutsche Offizier, der mehrere Jahre vorher seinen Eid auf das Vaterland abgelegt hatte, und gleichzeitig riskierte er praktisch sein Leben für den Jazz. Er hielt weiterhin engen Kontakt zu Hugues Panassié und Charles Delaunay; Delaunay war nach 1942 überaus aktiv für die Résistance, wobei er den Hot Club de France als Tarnung benutzte. Darüber war Dietrich zweifellos unterrichtet; außerdem half er Delaunay bei dessen Bemühungen, die *Discography* von 1938 illegal neu zu veröffentlichen.

Ende 1942 reiste der Luftwaffenoffizier wiederum nach Paris, um sich seinen über alles geliebten Zigeunergitarristen anzuhören. Er

ließ sich mit ihm vor dem Club unweit des Place Pigalle fotografieren, wo Reinhardt damals auftrat. Auf diesem denkwürdigen Foto wird Schulz-Köhn von dem Zigeuner und vier schwarzen Musikern aus den Kolonien flankiert; außen links steht Henri Battut, ein französischer Jude, der sich damals verstecken mußte und dem Dietrich mit Lebensmittelmarken aushalf.[172]
Im Juni 1943 hielt Schulz-Köhn, mit seiner Offiziersuniform bekleidet, in fließendem Französisch einen Rundfunkvortrag in Nîmes, in dem er Django Reinhardt feierte und dessen Schallplatten spielte. Im Hot Club de Marseille, in Vichy-Frankreich, legte der Leutnant die neuesten amerikanischen Scheiben auf, die er gerade aus Stockholm erhalten hatte – als Gegenleistung für seine Korrespondentenarbeit für die schwedische Zeitschrift *Orkester Journalen*.[173]
Um diese Zeit machte er auch auf dem Weg nach Berlin oder Magdeburg Zwischenstation in Frankfurt, um sich mit seinen Freunden Jung, Bohländer und nun außerdem Charlie Petry zu treffen. Bis in die frühen Morgenstunden hinein hatten sie eine Auseinandersetzung in Hans Ottos Studentenbude. Dabei äußerten die Frankfurter ihre Bedenken, ihre Zweifel und Befürchtungen, was das Dritte Reich und insbesondere was die Folgen für den Jazz anging. Schulz-Köhn erwiderte, man brauche sich keine Sorgen zu machen, denn nach dem Endsieg werde der Jazz in Deutschland und im gesamten deutschen Einflußbereich viel stärker werden; schließlich ergehe es ihm im Moment auch gar nicht so schlecht. Bohländer und Jung verbürgen sich für den Inhalt dieser Unterhaltung, doch Schulz-Köhn hat nicht die geringste Erinnerung daran. Andererseits leugnet er nicht, daß das Gespräch stattfand.[174]
War dies wiederum ein Versuch, die Quadratur des Kreises zustande zu bringen? Wenn man die Bemerkungen des Leutnants über die Zukunft der Jazzmusik in Deutschland einfach nur für gedankenlos hält, dann könnte seine Beteiligung an dem Rundschreibenunternehmen mit Blüthner und Pick als gleichermaßen naiv beurteilt werden; in beiden Fällen vermißt man jeden politischen Scharfsinn. Aber das könnte eine zu einfache Gleichung sein. Es ist wahrscheinlicher, daß Schulz-Köhn den Jazznachrichtendienst – eine bewußte Aktivität mit möglichen politischen Konsequenzen –

genauso ernst nahm wie die Zukunft eines von den Nationalsozialisten beherrschten Deutschland. Er war geblendet von der militärischen Stärke des Reiches und seiner eigenen Rolle als Offizier. Dadurch sah er seine persönliche Autorität untermauert, die stets wichtig für ihn gewesen war. Gleichzeitig war er überzeugt, daß der Jazz keineswegs das Übel verkörpere, als das er von den Nazis hingestellt wurde, und daß man sie irgendwann eines Besseren belehren könne. Also hielt er gründliche Klarstellungen und Demonstrationen – selbst unter einem gewissen persönlichen Risiko – für nötig. Und genau darum bemühte sich Schulz-Köhn in aller Rechtschaffenheit sowohl in Deutschland wie in Frankreich. Deshalb war er kein echtes Jazzopfer (obwohl er in den letzten Kriegsjahren einige Male große Schwierigkeiten hätte bekommen können), aber er gehörte auch nicht zu den Verfolgern der Musik. Bis heute ist das Geheimnis dieses Mannes undurchschaubar.
Das Ende von Dietrich Schulz-Köhns Jazz- und Militärkarriere im Dritten Reich war sehr spektakulär. Alliierte Truppen hatten seine Kompanie seit Sommer 1944 monatelang in St. Nazaire an der Loire, unweit von Rennes, eingeschlossen. Die deutschen Soldaten hielten in diesem Kessel französische Kriegsgefangene fest, von denen einige verwundet waren. Daher machte das Internationale Rote Kreuz mehrere Versuche, den letzten Anfang 1945, die Freilassung der Gefangenen zu erreichen. Schulz-Köhn, der ja fließend Französisch und Englisch sprach, wurde von der deutschen Seite zum Unterhändler mit den Alliierten bestimmt. Unter dem Schutz einer weißen Fahne näherte er sich dem amerikanischen Offizier im feindlichen Lager. Der Amerikaner musterte die Rolleiflex-Kamera des Leutnants, die an einem Trageriemen über dem Wehrmachtsledermantel hing, und bot an, sie gegen Lucky-Strike-Zigaretten zu tauschen. Schulz-Köhn lehnte ab und sagte, er sei an Jazzschallplatten interessiert. Nun offerierte der Amerikaner ihm Aufnahmen des Budapest String Quartet oder Leopold Stokowskis, was zu folgendem Dialog führte, den Schulz-Köhn später aufzeichnete: »›Nein, ich würde gern wissen, wie sich Count Basie, Benny Goodman und Lionel Hampton zur Zeit anhören.‹ Er war entgeistert. Er sah mich an und fragte: ›Haben Sie jemals von Panassié gehört? Kennen Sie Delaunay?‹ Ich sagte: ›Mann, Sie sind ein Kenner!‹« Damit war das

Eis gebrochen, man einigte sich rasch auf eine Waffenruhe und tauschte Gefangene von beiden Seiten aus. Die Geschichte wurde von verschiedenen amerikanischen Medien aufgegriffen, auch von den *Stars and Stripes* der U.S. Army. Die Zeitschrift stellte Schulz-Köhn im März 1945 ein wenig unfreundlich als den »hochgewachsenen, bebrillten Oberleutnant Schulz-Kroehn [*sic!*]« vor, »einen nervösen Berliner Jazzfan mit schriller Stimme, dessen Leidenschaft Hot-Platten sind«.[175]

Am 8. Mai 1945, dem Tag der Kapitulation des Dritten Reiches wurde Oberleutnant Dr. Dietrich Schulz-Köhn von den Amerikanern gefangengenommen. Während er im Kriegsgefangenenlager einsaß, erhielt er aufmunternde Briefe und Carepakete von Hugues Panassié und Charles Delaunay.[176] Beide Männer hatten den deutschen Jazzfan fast fünfzehn Jahre zuvor entscheidend beeinflußt. Der Jazz hatte gesiegt.

Nachwort
Der Endsieg
Triumph des Nachkriegsjazz

In der Populärkultur des Dritten Reiches liefert die Geschichte des Jazz mit ihren Widersprüchen, Ungereimtheiten und Paradoxien ein gutes Beispiel für den improvisatorischen Charakter eines diktatorischen Regimes, dessen angeblicher Totalitarismus weder nahtlos noch unvermeidlich war. Er war durchlöchert von Kompromissen und Anpassungen; besonders gute Beispiele dafür waren die Ausführungsorgane des Reichspropagandaministeriums und Joseph Goebbels selbst, der ein doppeltes Spiel trieb und oft untätig blieb. Während der gesamten Dauer des Naziregimes geriet Goebbels' ursprünglicher blinder Glaube an den Nationalsozialismus mit seinem scharfen Verstand in Konflikt. Als Privatperson scheint er unter den ständigen Anpassungen gelitten zu haben, die er als Staatsdiener vornehmen mußte. Im Fall des Jazz wurde der Politiker Goebbels durch eine endlose Folge neuer Umstände gezwungen, die Fortdauer dieses Phänomens zu dulden, das er persönlich aus ästhetischer Sicht wie aus der Perspektive eines rassistischen Reinheitsfanatikers für nichtswürdig hielt.

Und es gab andere Beispiele für Widersprüchlichkeiten, die den uneinheitlichen Charakter des NS-Staates und seiner Verwaltung im weitesten Sinne bestätigen: Da war ein Reichskulturwalter, der seine Prinzipien für sexuelle Freuden verkaufte, oder da waren ideologisch gefestigte SS-Offiziere, die die nationalsozialistische Weltanschauung Lügen straften, indem sie sich an jüdischem Swing erfreuten. Auch auf seiten des Jazz waren die Grenzen nicht so deutlich gezogen, wie man das bei einer ideologisch verurteilten, aber trotzdem selbstbewußten Musik hätte erwarten können: Einige sehr achtbare Jazzmusiker wie Willi Stech oder Fritz Schulze fanden nichts dabei, sich der NSDAP oder Himmlers Schwarzem Orden anzuschließen; ein »Nichtarier« wie Fritz Brocksieper bot dem Feind gedankenlos seine Seele dar, nämlich im Austausch für eine gutgefüllte Speisekammer und die Chance, seiner musikalischen Leidenschaft auf ewig nachgehen zu können. Dietrich Schulz-Köhn, der bemerkenswerteste Förderer des Jazz im Dritten Reich von 1933 bis 1945 (und auch einer der uneigennützigsten, was den Umgang mit den Musikern selbst betraf), versicherte seinen ängstlichen Freunden, daß der nationalsozialistische Staat dem Jazz nach dem Endsieg zu einem gewaltigen Aufschwung verhelfen werde!

Wie es die Ironie des Schicksals wollte, war es nicht das Dritte Reich, sondern der Jazz, der den so häufig von der Naziführung heraufbeschworenen Endsieg erlebte. Dieser Sieg war möglich, weil genug echte Musiker und wahre Jazzanhänger überlebt und die Musik in ihren Herzen bewahrt hatten. Als die Atmosphäre der Freiheit wiederkehrte, waren Künstler und Fans plötzlich überwältigt und zu Tränen der Dankbarkeit gerührt für ein wiedergewonnenes Privileg. Ein paar kostbare Wochen lang empfand man den Jazz von neuem als ein mächtiges Symbol der Freiheit. Hanne-Lore Evers aus Hamburg war außer sich, weil sie sich in aller Offenheit »Sentimental Journey«, gesendet vom neuen British Forces Network, anhören konnte; dabei wurde das Stück nicht einmal von einer richtigen Jazzband, sondern nur von einigen Popmusikern gespielt. »Ich fing furchtbar an zu weinen und hatte eine Gänsehaut.«[1] Kurt Weges Klarinettenimprovisationen, so lange unterdrückt, veranlaßten im Herbst 1945 Horst Lippmann zu dem Kommentar: »Wege ist für jeden eine Überraschung, wenn er ihn das erste Mal ›frei‹ hört.«[2]

Allerdings hatten deutsche Jazzkünstler fast vergessen, wie diese Musik gespielt wird; da man sie gezwungen hatte, eine Art Ersatz zu spielen, waren sie viel zu lange aus der Übung und hatten das Gefühl für den Jazz verloren. Auch in den besten Zeiten, zwischen 1932 und 1939, hatte man den Jazz in Deutschland keineswegs als bahnbrechend bezeichnen können; im Gegenteil, er war isoliert und hatte später, während des Krieges, praktisch stagniert. Wie konnten die deutschen Musiker, selbst wenn sie dazu bereit waren, zu den amerikanischen Entwicklungen aufschließen, unter denen der Bebop 1945/46 die verheißungsvollste war?

Deshalb erstand der Jazz in Deutschland in den ersten paar Jahren nach der Kapitulation des Dritten Reiches nicht gerade wie ein Phönix aus der Asche. Vielmehr spielte im Land kommerzielle Musik eine gewichtige Rolle, ausgelöst dadurch, daß führende DTU-Musiker, nun auch etwas älter und gesetzter geworden, Subventionen erhielten und für ein paar wichtige Rundfunksender arbeiteten. Dort spielten sie weiterhin nach Art des früheren Vorzeigeorchesters. Die Anwesenheit von amerikanischen und britischen Streitkräften in Deutschland war nicht unbedingt förderlich, denn die hatten ihre eigenen Bands, Nachtclubs, Rundfunksender und Schallplatten.

Nirgends war dies offensichtlicher als in Berlin, wo DTU-Musiker wie Walter Dobschinski und Horst Kudritzki in das Radio Berlin Tanzorchester (RBT) eintraten. Das bezahlte in diesen wirtschaftlich extrem schwierigen Zeiten stattliche Gagen für gut vorgetragene kommerzielle Tanzmusik, so daß echter Jazz, der schwerer zu spielen war als je, für unerwünscht gehalten wurde. Der Pianist Fritz Schulze und der Trompeter Kurt Hohenberger, beide aus dem Krieg zurückgekehrt, verschafften sich ein so bequemes Auskommen durch diese und ähnliche Rundfunkunternehmungen, daß ihre parallelen Versuche, Swing zu spielen, höchstens zwei Jahre dauerten. Aus vielen Gründen, finanzielle Aspekte nicht ausgeschlossen, gingen sowohl Schulze als auch Hohenberger dem Jazz in den frühen fünfziger Jahren verloren. Schulze änderte seinen Namen in Schulz-Reichel und verlegte sich auf eine komische Rolle (»Crazy Otto«, der verstimmte Pianist), während Hohenberger die Musikszene verließ und ins Textilgeschäft wechselte. Im Privatleben wurde der finanziell erfolgreiche »Crazy Otto« ein bedingungsloser Playboy, der sich ins süße Leben – so typisch für das deutsche Wirtschaftswunder – stürzte. Schließlich hatte er einen Unfall mit seinem Sportwagen und litt danach an einer allmählichen Lähmung. Als ich ihn 1987 besuchte, konnte der im Rollstuhl sitzende Pianist noch in seinem charakteristischen Berliner Dialekt sprechen, aber kaum eine Zigarette zwischen den Fingern halten. Sein Steinway-Konzertflügel stand nur ein paar Meter von seinen einst so virtuosen Händen entfernt. Hohenberger war mehrere Jahre zuvor als Alkoholiker gestorben, aber Schulze starb erst im Februar 1990.

Die Sängerinnen Evelyn Künneke und Margot Friedländer, faszi-

niert von den kommerziellen Möglichkeiten und ohne echte Tradition des Jazzgesangs, arbeiteten beide mehr oder weniger regelmäßig für das RBT. Sie gerieten allzu früh in Vergessenheit. Das Orchester selbst blieb für die Geschichte des westdeutschen Jazz unbedeutend, eine peinliche Erinnerung an die Perversion, durch die Goebbels einst das Original hatte ersetzen wollen.
Es gab zeitweilig ein paar Ausnahmen in dieser sterilen Situation, vornehmlich Hans Berry, der aus einem russischen Kriegsgefangenenlager zurückkehrte und wieder zu Kurt Widmanns Swing-Band stieß. Die Band spielte eine Weile in der früheren Hauptstadt und verschwand dann ebenfalls, wahrscheinlich weil sie keinen lohnenden Rundfunkvertrag bekam. Auch der Hot-Geiger Helmut Zacharias hatte ein paar kleine Gruppen und war selbst noch jung genug, um sich den aufregenden Bebop recht überzeugend anzueignen. Er produzierte ein paar interessante Platten und veröffentlichte sogar ein Handbuch für Jazzgeiger. Aber die finanziellen Verlockungen waren für diesen außergewöhnlich begabten Violinisten zu stark, so daß er irgendwann in den fünfziger Jahren beschloß, den modernen Jazz völlig zugunsten populärer Unterhaltungsmusik aufzugeben. Er wurde international als der »Zaubergeiger« bekannt; bis Ende der achtziger Jahre hatte er vierzehn Millionen kommerzielle Schallplatten abgesetzt und sich mehrere Villen (eine davon in den Schweizer Alpen) sowie ein nicht unbeträchtliches Bankkonto zugelegt. Er folgte dem Beispiel des als Pianist erfolgreichen Nat King Cole in den Vereinigten Staaten.
München war immer viel provinzieller gewesen, was den deutschen Jazz betraf. Aber durch die Zerrissenheit des Nachkriegsberlins wurde es schließlich zur »heimlichen Hauptstadt« des demokratischen Deutschland – mit einer blühenden Kunst- und Musikszene und einer Universität, die bald die größte Studentenzahl des Landes anzog. Außerdem war München, anders als Berlin, von mehreren amerikanischen Militärstützpunkten umgeben, so daß die Nachfrage nach abendlicher Jazzunterhaltung stark genug war, um ein paar gute einheimische Jazzcombos zu stützen. Das war eine Chance für Fritz (nun »Freddie«) Brocksieper, der zusammen mit ein paar alten Freunden, wie dem Trompeter Charly Tabor, in amerikanischen Clubs auftrat, den besten Swing bot und nie einen Takt

ausließ. In diesen Jahren vor der Währungsreform von 1948 waren amerikanische Zigaretten und Nylonstrümpfe die Zahlungsmittel. Waren, die sich die GIs mühelos leisten konnten und die den einheimischen Musikern auf dem Schwarzmarkt erhebliche Möglichkeiten eröffneten.

Irgendwann in den fünfziger Jahren konnte Freddie Brocksieper mit seinen Ersparnissen zwei vorzügliche Nachtclubs im modischen Stadtviertel Schwabing eröffnen: das Studio 15 und den Klub Reitschule. Dort stellten sich die legendären Jazzmusiker Amerikas – Harry James, Dizzie Gillespie, Oscar Peterson und, nicht zuletzt, die Schlagzeuger Gene Krupa und Buddy Rich – als Gäste ein. 1987 zeigte mir Brocksieper in seiner Schwabinger Wohnung ein Album mit Fotos und Autogrammen praktisch aller amerikanischer Jazzgiganten, die Freddies Stil geschätzt hatten. In den vier Jahrzehnten nach dem Krieg behielt der Schlagzeuger seine phantastische Technik bei; irgendwie schaffte er es, sich nie zu kompromittieren und dem Jazz treu zu bleiben. Er spielte nicht nur in der Münchner Club- und Rundfunkszene, sondern überall in Deutschland, wodurch er um 1955 zu dem bekanntesten deutschen Jazzmusiker der frühen Nachkriegszeit wurde. Obwohl er seinen eigentlichen Swingstil nie ändern konnte, war er trotzdem in der Lage, sich moderneren Bebop-Musikern anzupassen – ein weiterer Grund dafür, daß die gastierenden Amerikaner so gern mit ihm zusammen auftraten. Im Unterschied zu seinen Münchner Kollegen Tabor und Hans Klagemann, die zwischenzeitlich Angestellte des Münchner Studios wurden, blieb Brocksieper Freiberufler und riskierte niemals seine persönliche Unabhängigkeit, obwohl er deshalb im Alter finanzielle Einbußen hinnehmen mußte. Er produzierte seine Trommelwirbel bis zum Schluß und starb im Januar 1990, nachdem er infolge eines chronischen Magengeschwürs auf der Bühne zusammengebrochen war. Er war siebenundsiebzig Jahre alt. Klagemann ging ihm um fast drei Jahre voraus, drei Wochen nachdem er mir im Zusammenhang mit diesem Buch ein Interview gewährt hatte.

Andere frühere deutsche Jazzgrößen schlugen entweder den kommerziellen Weg ein oder verabschiedeten sich, wie Kurt Hohenberger, völlig vom Musikgeschäft. Georg Haentzschel und Franz Grothe setzten ihre erstaunlich erfolgreiche Filmmusikkarriere

fort; Haentzschel wurde nach Grothes Tod mit dem Westdeutschen Filmmusikpreis ausgezeichnet. Unterdessen war er zu einer Art Legende in diesem Metier geworden, zumal er 1943 die Musik für den großartigen Farbfilm *Baron Münchhausen* komponiert hatte! Sowohl Haentzschel als auch Grothe hatten zudem üppige Verträge für die Leitung von Rundfunkorchestern, doch nach 1945 hätte niemand darauf kommen können, daß die beiden einst die führenden Jazzpianisten Deutschlands gewesen waren.
Friedrich Meyer gelangte sicher aus Belgrad zurück und schloß sich Radio Bremen an; dort leitete er ein Tanzorchester, in dem ein junger Musiker namens Hansi Last Kontrabaß spielte. Dies war der beruflich entscheidende Start für den kommerziell erfolgreichen James Last, dessen Beziehung zum Jazz aber stets dürftig war. Meyer selbst ging letztlich in den Ruhestand nach München, wo er freiberuflicher Komponist und Arrangeur leichter Musik – mit nur ganz schwachen Jazzanklängen – wurde. Es reflektiert seine Vergangenheit, daß er zur Zeit meines Gesprächs mit ihm mit der Schauspielerin und früheren Swingsängerin Margot Hielscher verheiratet war. Der Filmstar hatte nach dem Krieg mit Gene Hammers Big Band gearbeitet und mehrere Jahre lang amerikanische GIs in Deutschland unterhalten; danach kehrte die Künstlerin ins Filmgeschäft zurück. Auch Meyer ist unlängst gestorben.
Otto Stenzel, einst Mitglied der Berliner Scala, siedelte später ganz nach Madrid um. Es gab Pläne, die Scala in Berlin zu rekonstruieren, aber sie wurden nie verwirklicht. Ihr Gründer Jules Marx war in Frankreich gefangengenommen und in Sachsenhausen ermordet worden, und außerdem änderte sich die Populärkultur inzwischen unter dem Einfluß des Fernsehens. Stenzel reiste bald als musikalischer Direktor mit der »Holiday on Ice«-Revue um die Welt. Nahezu vergessen starb er im März 1989 in Baden Baden an einem Prostataleiden.
Jemand, der nie der eigentlichen deutschen Jazzszene angehört und doch einen so ungeheuren Einfluß auf ihre Swingphase ausgeübt hatte, war Teddy Stauffer. Nach Kriegsausbruch hatte der Schweizer Saxophonist mit den Überresten seiner Band, darunter der deutsche Klarinettist Ernst Höllerhagen, nicht viel Erfolg in seiner Heimat. Vom Pech verfolgt, beschloß er 1941, sich in Kalifornien

niederzulassen. Nach heißen Liebschaften mit verschiedenen Hollywood-Starlets und unterstützt von seinen neuen Freunden Frank Sinatra und Errol Flynn, begann er ein neues Leben in Mexiko. Die USA hatten ihm als verdächtigem Ausländer kein permanentes Aufenthaltsrecht gewährt. Schließlich heiratete Stauffer den Filmstar Hedy Lamarr und später fast auch Rita Hayworth nach deren katastrophaler Verbindung mit Orson Welles. Mit Hilfe seines ausgeprägten Geschäftssinns verwandelte Staufer dann das kleine Fischerdorf Acapulco in einen der großen Ferienorte der Welt; er selbst wurde »Mr. Acapulco« und vielfacher Millionär. Einige Zeit vor seinem Tod, im August 1991, sah und hörte man den alten Mann, stets umringt von jungen Schönheiten, wie er an Swimmingpools Geige spielte. 1976, im Alter von siebenundsechzig Jahren, gab er ein verblüffendes, wenn auch wohl typisches Statement ab: »Sollte ich, Teddy Ernest Stauffer, bei der Liebe mit irgendeiner jungen Dame sterben, wird besagte junge Dame von meinen Anwälten die Summe von fünfzigtausend Dollar erhalten, es sei denn, meine Ärzte entdeckten durch eine Autopsie ein Verbrechen.«[3] Wäre dies nicht ein angemessenes Ende für einen Mann gewesen, dessen lebenslanger Erfolg nicht nur auf den Reigen des Swing, sondern auch auf der Verehrung durch das schönere Geschlecht beruhte?
Wie Kurt Henneberg und Karl Hohenberger fielen mehrere andere Musiker den Turbulenzen der Nachkriegszeit zum Opfer; andere erholten sich nie von den Schlägen, die ihnen ihre faschistischen Peiniger beigebracht hatten. Der Trompeter Rolf Goldstein hatte den Ansturm der Nazis nach seiner Flucht nach Holland überlebt, 1945 wanderte er in die Vereinigten Staaten aus, wo er auf Klavier umstieg. Aber er wurde dort nie anerkannt, besonders weil der ihm eigene Swingstil rasch altmodisch wurde. Als gebrochener Mann ging er dann in die Schweiz und schlug sich mühsam und erschöpft als Solounterhalter in Hotelbars durch.
Etwas ähnliches widerfuhr Coco Schumann und Martin Roman, die Auschwitz überlebt hatten. Schumann spielte für eine Weile in verschiedenen Swinggruppen in Berlin, besonders denen seines alten Gefährten Zacharias. Doch dann beschloß er, von Deutschland desillusioniert, nach Australien zu gehen. Nach mehreren Jahren in

Melbourne, wo die Jazzszene nicht gerade überwältigend war, trieb ihn das Heimweh zurück nach Berlin. Er arbeitete an Bord mehrerer Kreuzfahrtschiffe, und Ende der achtziger Jahre war er immer noch in einigen der weniger bekannten Berliner Nachtclubs zu hören, wo seine Gitarre nicht mehr mit der neuen Zeit zu harmonieren schien.

Roman reiste in die Vereinigten Staaten, um sich in der New Yorker Gegend niederzulassen. Er war ein viel reiferer Musiker, als Schumann es je gewesen war, und hatte eine Zeitlang Erfolg in kommerziellen Gruppen, mit denen er hauptsächlich in Salons und exklusiven Nachtclubs spielte. Aber keiner von denen, die heute in der Jazzwelt aktiv sind, hat jemals seinen Namen gehört.

Drei Veteranen der alten Berliner Jazzszene kamen auf unerwartete Weise um. Waldi Luczkowski, einst Schlagzeuger bei der Goldenen Sieben und im DTU, überwarf sich nach 1945 mit dem Musikgeschäft und wurde Postkartenverkäufer in der Nähe eines berühmten Erholungsortes am Rhein. Er litt unter schweren Depressionen, hatte eines Tages einen Nervenzusammenbruch und stürzte sich in den Fluß. Als man ihn stromabwärts fand, war er tot.

Auch der geniale Klarinettist Ernst Höllerhagen war den Belastungen der Nachkriegszeit nicht gewachsen. Nachdem Stauffer die Schweiz verlassen hatte, spielte Höllerhagen mit verschiedenen Schweizer Nachfolgegruppen und begegnete in Schweden einmal sogar seinem Vorbild Benny Goodman. Der King of Swing war so beeindruckt, daß er den Deutschen sein Instrument ausprobieren ließ – etwas, das vorher und nachher beispiellos war! Aber in den fünfziger Jahren begann Höllerhagen, weder als Bandleader noch bei Frauen erfolgreich, stark zu trinken und gewaltige Schulden zu machen. Als schwerkranker Mann beging er im Juni 1956 in einem Schweizer Hotelzimmer Selbstmord.

Erhard »Funny« Bauschke hatte die Nazizeit mit einem großen Teil seiner Big Band unversehrt und wie immer in guter Gemütsverfassung überstanden. Wie andere deutsche Musikerkollegen arbeitete er bereits im Sommer 1945 für amerikanische Clubs im Frankfurter Raum. Aber im Durcheinander eines solchen Lebens konnte manches schiefgehen. Am 9. Oktober 1945 stand er hinter einem mit Instrumenten beladenen amerikanischen Militärlastwagen und wurde

von einem herankommenden Jeep, mit einem betrunkenen Soldaten am Steuer, angefahren. Der Saxophonist war auf der Stelle tot.
Die hessische Metropole war der natürliche Ort für eine Wiedergeburt des Jazz als Kunst. Denn hier gab es ein starkes Kontingent der amerikanischen Armee, mit dem Hauptquartier im nahegelegenen Heidelberg und einer Kerngruppe junger Jazzmusiker, die in keiner Weise durch nationalsozialistische Zwänge prostituiert worden waren. Carlo Bohländer, Hans Otto Jung und ihre jüngeren Kollegen, einige immer noch in Kriegsgefangenenlagern, waren sozusagen künstlerische Hebammen. Während Jung, der gerade den Doktortitel erworben hatte, sich bald um das Familienunternehmen kümmern mußte und deshalb immer nur nebenbei spielen konnte, wurde Bohländer auf verschiedene Weise wichtig. Als gutausgebildeter Experte für Trompete verfaßte er Handbücher des Swing und war ein geduldiger Lehrer für seine jüngeren Freunde. Er gründete Jazzclubs und wurde, nicht zuletzt, Leiter mehrerer zukunftsweisender Combos in Frankfurt. Diese Gruppen traten nicht nur in amerikanischen Militärclubs auf, was in den fünfziger Jahren üblich war, sondern auch vor deutschen Zuhörern und bald vor den erfrischend aufgeschlossenen Direktoren des neugegründeten Hessischen Rundfunks.
Gegen Ende des Jahrzehnts waren die meisten Feinde des Gestapobeamten Ganjo in die aufregende Frankfurter Jazzszene zurückgekehrt, die jetzt nicht mehr durch die Vorgaben des früher populären Swingstils eingegrenzt wurde. Die alte, ehemals im verborgenen wirkende Harlem-Gruppe wurde zu einem Katalysator für die Entwicklung des moderneren Jazz in ganz Deutschland. Mehrere ihrer jüngeren Musiker, etwas Louis Freichel, bekamen nun sichere Rundfunk- und Studioengagements. Als der Klarinettist Emil Mangelsdorff 1949 aus einem russischen Kriegsgefangenenlager nach Hause entlassen wurde, stellte er fest, daß seine Freunde einen neuen, Bebop genannten Stil spielten, von dem er nie gehört hatte. Der Musiker, der diesen Stil am vielversprechendsten beherrschte, war zufällig sein jüngerer Bruder Albert. Er hatte 1948 von der Gitarre zur Posaune gewechselt und brachte Emil dazu, sich dem aktuelleren Saxophon zuzuwenden.
Bis in die sechziger Jahre hinein war der »Frankfurter Sound« maß-

gebend für den modernen Jazz in ganz Deutschland. Damals war Albert Mangelsdorff – der Junge, den Emil in Hotels mitgenommen hatte, damit er sich Ernst van't Hoff und andere Größen der Kriegszeit anhören konnte – vielleicht bereits einer der drei besten Posaunisten der Welt und neben Brocksieper der bekannteste deutsche Musiker (er hatte in mehreren Hörerumfragen an erster Stelle gestanden). Während dieses Buch geschrieben wurde, galt Albert in sämtlichen Ländern als Spitzenposaunist, und sein Bruder Emil ist praktisch der einzige Musiker aus dem Dritten Reich, der nicht nur bis heute professionell Jazz spielt, sondern auch die stets wechselnden Postbebop-Stile, einschließlich der neuesten avantgardistischsten, beherrscht.

Der anfängliche Nachkriegserfolg Frankfurts zog andere Musiker, Fans und Impresarios an; er förderte die Jazzprogramme im Rundfunk und brachte den führenden westdeutschen Jazzverband hervor. Die vielversprechendste neue Musikerin, die in Frankfurt eintraf, war die eigenwillige Pianistin Jutta Hipp aus Leipzig. Sie war aus Ostdeutschland geflüchtet, als die Russen Leipzig von den Amerikanern übernommen hatten. In den frühen fünfziger Jahren war ihr ehemals amateurhaftes Spiel zu voller professioneller Blüte gereift, so daß sie 1954 nach Umfragen in der Sparte »Klavier« siegte. Mittlerweile hatte sie sehr viel von dem »coolen« Westküstenspiel ihres Idols Lennie Tristano an sich. Zu ihrer eigenen Gruppe gehörten damals hin und wieder die Brüder Mangelsdorff, aber auch neuere Musiker wie der Tenorsaxophonist Joki Freund und der Gitarrist Attila Zoller, wie Django Reinhardt ein Zigeuner.

Es heißt, daß der Impresario Leonard Feather 1955 in Köln Hipp gehört habe, als sie zusammen mit den amerikanischen Gästen Billie Holiday und Buddy De Franco auftrat. Er hielt sie für eine Musikerin der Weltklasse und forderte sie auf, im November desselben Jahres nach Amerika zu kommen. Für kurze Zeit begeisterte Jutta Hipp die Jazzszene an der Ostküste; sie spielte ein paar Monate im New Yorker Hickory House mit Musikern wie dem Tenorsaxophonisten Zoot Sims, dem Schlagzeuger Ed Thigpen (im Oscar Peterson Trio berühmt geworden) und Paul Motian, der später Bill Evans' Schlagzeuger wurde. Dann machte sie Tourneen durch den ganzen Kontinent und nahm Schallplatten für Franz Wolfs Label Blue Note auf. Doch plötzlich wurde der »Hard Bop« von Künstlern wie dem Pianisten Horace Silver modern, der von ihr bevorzugte »coole« Jazz kam aus der Mode, und die Pianistin hatte Mühe, sich anzupassen. 1958 nahm Jutta Hipp ihren ursprünglichen Beruf als Graphikerin wieder auf, heute lebt sie bescheiden in New York unter Malern, Fabrikarbeitern und Sozialarbeitern.

Werner Wunderlich, der einst die SS-Eliteschule besucht hatte, machte Frankfurt nach einer langen Internierung durch die Polen zu seiner Heimat. Zusammen mit früheren Mitgliedern des Berliner Melodie-Klubs und der Magischen Note, vornehmlich Hans Blüthner und Olaf Hudtwalcker, organisierte er den nationalen Jazzverband, der Jazzkonzerte, ein aktives Clubleben und die Veröffentlichung verschiedener Zeitschriften förderte. Bald schloß sich Günter Boas aus Jena diesem Kreis an, ebenso wie Gerd Peter Pick aus Berlin, der als Frankfurter Rundfunkimpresario arbeitete, bevor er das Angebot annahm, den deutschsprachigen Dienst der Canadian Broadcasting Corporation in Montreal zu leiten.

Der Jazzverband wurde rege von Horst Lippmann unterstützt, der eine Konzertagentur gegründet hatte. Sie war darauf spezialisiert, führende amerikanische Musiker, zum Beispiel das Modern Jazz Quartet, nach Deutschland zu holen. Blüthner, nun ein Partner in der früheren Firma seines Onkels, wurde neben dem ehemaligen Melodie-Klub-Mitglied Günter von Drenkmann der Hauptrepräsentant des Verbandes im westlichen Sektor von Berlin. Drenkmann, ein hoher Richter, wurde bedauerlicherweise das Opfer einer anderen Art von Fanatismus: Er war der erste, der (1974) von der Baader-Meinhof-Bande ermordet wurde.

In Baden-Baden, südlich von Frankfurt, hatten die Franzosen das Sagen. Sie wollten dort einen neuen, demokratischen Rundfunkdienst einrichten und baten Joachim Ernst Berendt, der von der russischen Front heimgekehrt war, um Hilfe. Berendt machte es mit dem Jazz, er gründete bahnbrechende Programme und lud angesehene amerikanische Musiker, wie den Bassisten Oscar Pettiford, zu längeren Engagements ein. Auch die Gründung der erfolgreichsten deutschen Big Band aller Zeiten, des Orchesters von Kurt Edelhagen, war Berendts Werk. Wie der Hessische Rundfunk konnte der

Südwestfunk Baden-Baden eine neue Generation demokratisch gesonnener Deutscher zum modernen Jazz hinführen. Berendt nahm seinen eigenen politischen Einsatz so ernst, daß er in den fünfziger Jahren einem jungen, unbekannten sozialdemokratischen Politiker bei dessen Wahlkampagne – Jazz dröhnte aus mobilen Lautsprechern – half. Dieser Mann war Willy Brandt. Berendts *Jazzbuch* – eine maßgebliche, auf gründlichen Recherchen beruhende Einführung in das Thema – wurde mit über einer Million verkauften Exemplaren in unzähligen Sprachen zu dem am stärksten verbreiteten Musikbuch der Welt. Danach krönte Berendt seinen Erfolg als westdeutscher Jazzimpresario mit weiteren Büchern sowie der Gründung und Leitung der heute klassischen Berliner Jazztage.

Der freiheitsliebende Dieter Zimmerle unternahm weiter östlich, bei Radio Stuttgart, etwas Ähnliches, wenn auch in viel kleinerem Format. Dr. Schulz-Köhn dagegen wurde Berendts Pendant beim Westdeutschen Rundfunk in Köln, und seit 1950 konkurrieren die beiden in aller Freundschaft um die Doyenrolle im deutschen Jazz. Auch Schulz-Köhn verfaßte mehrere Bücher. Als sich »Dr. Jazz«, wie er immer noch weiterhin genannt wird, Mitte der achtziger Jahre als Jazz-Moderator zurückzog, lud der Sender Benny Carter zum Auftritt auf der gewaltigen Abschiedsparty ein. Berendt und Schulz-Köhn – beide mit der amerikanischen Jazzszene durchaus vertraut – erhielten gegen Ende ihrer Karrieren Ehrenprofessuren, wodurch der recht spezialisierte, aber sehr notwendige Jazzunterricht an den Hochschulen gefördert wurde.

Die jungen Leipziger Jazzanhänger, Jutta Hipps alte Freunde, wurden in alle Winde zerstreut; die meisten übernahmen angesehene Stellungen in den Westzonen, etwa Herbert Becke, heute ein Architekt im Ruhestand in Düsseldorf. Einige waren im Krieg verschollen; andere, zum Beispiel der »Halbjude« Lutz Warschauer, wurden von den Sowjets verhaftet und verschwanden spurlos. Hipps musikalische Vorgänger, Kurt »Hot-Geyer« Michaelis und Joachim-Ernst »Fiddlin' Joe« Frommann, verließen ihre geliebte Heimatstadt, wo die Begeisterung für die Jazzkultur bald vom ostdeutschen kommunistischen Regime ähnlich verfolgt wurde wie unter den Nazis. Michaelis wurde Angestellter bei der Lufthansa in Frankfurt, und Frommann, der die deutsche Besatzung Frankreichs glücklich überlebt hatte, arbeitete in der hessischen Jazzhauptstadt als Salonpianist, bis er in den sechziger Jahren einer Herzkrankheit erlag.

Praktisch alle überlebenden Fans, die sich einst um den Düsseldorfer Werner Daniels geschart hatten, kehrten von den Fronten in wohlgeordnete bürgerliche Verhältnisse zurück. Es gab nur eine einzige Ausnahme: Wie Frommann wurde der Hobbypianist Theo Hoeren Berufsmusiker und spielte für Feriengäste an der amerikanischen Westküste. Daniels selbst wurde ein einflußreicher Geschäftsmann.

Der Endsieg, den der Jazz, wenn auch verspätet und nicht ohne Wechselfälle, in einem demokratischen Deutschland erlebte, entging den einst in dieser Szene aktiven Nazis völlig. Goebbels' Vertrauensmann Hans Hinkel wurde zunächst von den Amerikanern in Dachau interniert. Danach wurde er den Polen übergeben und fast zu Tode geprügelt, da jemand ihn mit Martin Bormann verwechselt hatte, den man auf der Flucht wähnte und der ihm etwas ähnlich sah. Man stellte Hinkel wegen Kriegsverbrechen vor Gericht, sprach ihn jedoch frei. Schließlich wurde er in einem Rollstuhl als physisches und geistiges Wrack nach Deutschland zurückgeschickt.

Parteigenosse Willi Stech, der letzte Dirigent des Deutschen Tanz- und Unterhaltungsorchesters, war in einem russischen Arbeitslager, bis er fliehen konnte. Später wurde er von Berendts Südwestfunk Baden-Baden angestellt, wo er bis zu seinem Tod durch und durch mittelmäßige Tanzorchester leitete. Die nationalsozialistischen Musikkritiker Fritz Stege und Herbert Gerigk wurden beide oberflächlich »entnazifiziert«. Gerigk setzte seine journalistische Karriere zur Schande der neuen Republik bei einer Provinzzeitung fort. Stege, der vielleicht noch stärker kompromittiert war, scheint sich beruflich gesehen in Luft aufgelöst zu haben. Der Renegat Alfred Baresel erinnerte sich plötzlich seines demokratischen Erbes und seiner früheren Neigung zum Jazz; fortan publizierte er wieder zu diesem Thema, als wäre überhaupt nichts geschehen.

Heinz »Ganjo« Baldauf von der Frankfurter Gestapo wurde rund zehn Jahre nach dem Krieg vor ein deutsches Gericht gestellt, das Naziverbrechen verfolgte. Er erhielt, was damals für solche Verfahren typisch war, zuerst eine sehr milde Strafe, die man später noch weiter reduzierte. Baldauf, der vor ein paar Jahren starb, dürfte seine Pension als früherer Polizist unbehelligt bis zum Schluß bezogen haben. Hans Reinhardt, der Hamburger Henker der Swings, rechnete mit Schlimmerem und beging Selbstmord. Sein Mitarbeiter Karl-Heinz Kügler kam mit einer leichten Strafe davon und wurde wiederholt von früheren Swings gesehen – ein Erlebnis, das bei ihnen einmal mehr Alpträume ausgelöst haben muß. In diesem Zusammenhang mag darauf hingewiesen werden, wie wichtig es ist, daß die Historiker endlich die definitive Geschichte der unvollständigen Entnazifizierung in Deutschland schreiben.

Nichts hätte die Theorie Himmlers und seiner Gestapo, daß die Swings einen Hang zum Verbrechertum hätten, überzeugender widerlegen können als der offenkundige Erfolg fast aller überlebenden Swings in ihrem Privat- und Berufsleben. In diesem Überblick können nur ein paar ausgewählte Beispiele genannt werden. Hans-Joachim Scheel und Hans Engel machten in Nordamerika Karriere: Scheel als Architekt und Bergingenieur und Engel als Reiseunternehmer. Axel Springer stieg bekanntlich zum Medienzaren Westeuropas auf. Er soll seinen Schneider in der Londoner Savile Row bis zu seinem Tod im Jahre 1985 stark auf Trab gehalten haben.

Der Zypriot Demitrius »Kaki« Georgiadis siedelte bald nach England über, änderte seinen Namen in Harry Stephens und wurde ein hochrangiger Luftfahrtmanager. Er starb plötzlich an einem Herzinfarkt, als er im Februar 1991 in Zypern Urlaub machte. Auch Hajo Hartwig gründete eine einträgliche Firma in New York. In den Sechzigern besuchte er seine Jugendfreundin Inga Madlung in London und sah bestürzt zu, wie sie unter extrem starker Beleuchtung Karten spielte – die Karten waren so groß wie Schuhsohlen.

Inga Madlung war immer noch fast blind, doch das Schicksal hätte vielleicht noch ungnädiger sein können. 1945 war ihr »halbjüdischer« Vater der erste Rechtsanwalt, den die britische Militärregierung in Hamburg wieder zuließ. Er spezialisierte sich darauf, bei der Anklageerhebung gegen frühere KZ-Wärter, etwa aus Neuengamme und Fuhlsbüttel, mitzuwirken. Eines Abends kam Derek Shelton, ein junger britischer Besatzungsberater – ehemals ein österreichisch-jüdischer Flüchtling –, zum Essen. Er verliebte sich in die schöne junge Frau, heiratete sie und nahm sie 1948 mit nach

London. Während er ein profitables Transportunternehmen leitete, zog Inga Shelton ihre Tochter auf – eine mühselige Arbeit in Anbetracht ihres unzureichenden Sehvermögens. 1971 gelang es einem geschickten Londoner Augenarzt, fast ihre ganze frühere Sehfähigkeit wiederherzustellen. Danach wurde sie zu einer unersättlichen Leserin, doch sie hat nie aufgehört, Jazz zu hören. Was eine Rückkehr nach Hamburg betrifft, wo ihre jüngere Schwester Jutta mit ihrer Familie in angenehmen Verhältnissen lebt, so erklärt Inga Shelton: »Ehrlich gesagt, ich glaube nicht, daß ich das könnte.«[4] Nicht jeder ist fähig, einfach alles zu vergessen.

Gelegentlich erhält Inga Shelton Besuch von Helga Rönn, die einst im Konzentrationslager Uckermark saß. Sie heiratete einen in Hamburg stationierten Engländer. Helga Rönn mit ihrem eindrucksvollen Äußeren wurde Fotomodell und erhielt Rollen beim britischen Film und im Fernsehen. Heute lebt sie im Ruhestand in London.

Ihre Schwägerin Ursula Nielsen-Rönn, die aus Ravensbrück entkommen konnte, wird immer noch von den gräßlichen Szenen verfolgt, die sie miterleben mußte. Ein Beispiel ist der Tod eines jungen Mädchens namens Edith, der Tochter eines Danziger Richters, der man Währungsvergehen vorwarf. Edith hatte die noch jüngere Ursula stets getröstet, doch dann wurde sie langsam durch ständig auf ihren Kopf tröpfelndes Eiswasser umgebracht. Ursula Rönn erinnert sich auch an die Szene mit Eva Petersen, die sich nichtsahnend auf den Todestransport nach Auschwitz vorbereitete. Nach dem Krieg sah Evas jüdische Mutter eines Tages, wie Kügler von der Gestapo ohne die geringsten Skrupel eine Hamburger Bank betrat. Westdeutschland war zu hohem Wohlstand gelangt; Frau Petersens Beschwerden blieben wirkungslos.

Tatsächlich erhielten diese Jazzopfer für ihre Leiden so gut wie keine Entschädigung von den westdeutschen Behörden. Ihre Erfahrung bleibt ein nicht auszulöschender schwarzer Fleck in der Geschichte der ansonsten bewundernswerten Nachkriegsdemokratie. In den schlimmsten Fällen war die Gesundheit der Opfer für immer ruiniert, und einige starben frühzeitig infolge ihrer schweren Leiden, zum Beispiel Heiner Fey, der als Swing ins Lager Moringen gekommen war. Günter Discher, ebenfalls einst in Moringen, trug chronische Gesundheitsschäden davon, die seine Karriere beeinträchtigten: Er mußte sich einer Magenoperation, einer Bruchoperation und zwei Augenoperationen unterziehen. Dr. Heinz Lord, der die traumatische Versenkung der *Cap Arcona* überlebt hatte, wanderte 1954 in die Vereinigten Staaten aus, wo er Chirurg in einer Kleinstadt in Ohio wurde. Zum Präsidenten der World Medical Association gewählt, starb er im Alter von dreiundvierzig Jahren an einer Herzkrankheit – als Folge von Gefangenschaft und Folter.

Auch die unermeßlichen psychischen Schäden müssen genannt werden. Thorsten Müller, der über die Weiße Rose eine lockere Verbindung zu Heinz Lord hatte, litt nicht nur an kavernöser Tuberkulose, sondern auch an seelischem Schock. Dadurch wurde dieser sensible, kreative junge Mann daran gehindert, jemals ein ihm angemessenes Universitätsstudium abzuschließen. Trotz dieser Krankheiten hat Müller eine produktive Karriere als einer der überragenden Journalisten Westdeutschlands gemacht und war bis zu seinem unerwarteten Tod vor ein paar Jahren auf diesem Gebiet tätig. Es war seine dankbarste Aufgabe, als Chronist sowie als beredter Sprecher für die zersplitterten Swings aufzutreten. Zudem hat Thorsten Müller sehr viel geleistet, um schon Vergessenes aus der Versenkung zu holen und zahlreiche Teilstücke zu einem Ganzen zusammenzufügen. Dadurch erst wurde ein sinnvoller Beitrag zur Geschichte des Jazz im Dritten Reich überhaupt möglich. Dieses Buch ist ihm stark verpflichtet.

Anmerkungen

Einführung

1. Josephine Baker und Jo Bouillon, *Josephine* (New York, 1977), S. 58; Eugen Szatmari, *Das Buch von Berlin* (München, 1927), S. 11.
2. Willy Fritsch, ... *das kommt nicht wieder: Erinnerungen eines Filmschauspielers* (Zürich und Stuttgart, 1963), S. 60–62; Hermann Behr, *Die Goldenen Zwanziger Jahre. Das fesselnde Panorama einer entfesselten Zeit* (Hamburg, 1964), S. 112–14; Felix Gilbert, *A European Past: Memoirs, 1905–1945* (New York und London, 1988), S. 57–58.
3. Friedrich Hollaender, *Von Kopf bis Fuß. Mein Leben mit Text und Musik* (München, 1965), S. 82–83; Lothar Fischer, *Tanz zwischen Rausch und Tod. Anita Berber, 1918–1928 in Berlin* (Berlin, 1984), bes. S. 60, 66–67, 90.
4. Klaus Budzinski, *Die Muse mit der scharfen Zunge. Vom Cabaret zum Kabarett* (München, 1961), S. 162–65; Walter Rösler, *Das Chanson im deutschen Kabarett, 1901–1933* ([Ost-]Berlin, 1980), S. 173–75; Nico Dostal, *Ans Ende deiner Träume kommst du nie. Berichte, Bekenntnisse, Betrachtungen* (Innsbruck und Frankfurt am Main, 1982), S. 126.
5. Maurus Pacher, *Sehn Sie, das war Berlin. Weltstadt nach Noten* (Frankfurt am Main und Berlin, 1987), S. 254–56; Michael Danzi, *American Musician in Germany, 1924–1939. Memoirs of the Jazz, Entertainment, and Movie World of Berlin during the Weimar Republic and the Nazi Era – and in the United States*, as told to Rainer E. Lotz (Schmitten, 1986), S. 52–230.
6. *Musik* 21 (1929), S. 833–34; Monika Sperr (Hg.), *Schlager. Das Große Schlager-Buch: Deutscher Schlager, 1800–Heute* (München, 1978), S. 117.
7. Pacher, *Berlin*, S. 209–10.
8. Behr, *Jahre*, S. 91–94; Rösler, *Chanson*, S. 177–79.
9. Szatmari, *Berlin*. S. 78–85; Pacher, *Berlin*, S. 206.
10. Szatmari, *Berlin*, S. 84, 151; Axel Eggebrecht, *Der halbe Weg. Zwischenbilanz einer Epoche* (Hamburg, 1975), S. 247–48.
11. Fischer, *Tanz*, S. 70, 85; Szatmari, *Berlin*, S. 153–54; Danzi, *American Musician*, S. 52; Günter Boas, *Rudi Anhang: Ein Musiker im Hintergrund* (Menden, 1986), S. 6.
12. Rösler, *Chanson*, S. 174; Budzinski, *Muse*, S. 164.
13. Danzi, *American Musician*, S. 230; Hollaender, *Von Kopf bis Fuß*, S. 118; *Artist*, 6. September 1929.
14. Behr, *Jahre*, S. 92, 94.
15. Chris Goddard, *Jazz away from Home* (New York und London, 1979), S. 14; Mitteilung des Bassisten Otto Tittmann in Christian Kellermann, »Jazz in Deutschland von 1933–1945«, Wissenschaftliche Hausarbeit zur Erlangung des akademischen Grades eines Magister Artium der Universität Hamburg, 1989, S. 8; Ekkehard Jost, »Jazz in Deutschland: Von der Weimarer Republik bis zur Adenauer-Ära«, in *That's Jazz. Der Sound des 20. Jahrhunderts. Eine Ausstellung der Stadt Darmstadt ... 29. Mai bis 28. August 1988* (Darmstadt, 1988), S. 357.
16. Bärbel Schrader und Jürgen Schebera, *The »Golden« Twenties. Art and Literature in the Weimar Republic* (New Haven und London, 1988), S. 136.

17. *Artist,* 24. April 1925; Franz Born, *Berliner Luft. Eine Weltstadt und ihr Komponist Paul Lincke* (Berlin, 1966), S. 160.
18. *Tanz,* Nr. 2 (November 1927), S. 14–15; Danzi, *American Musician,* S. 21.
19. Hedda Adlon, *Hotel Adlon,* 2. Aufl. (München, 1979), S. 169–80; Interview mit Haentzschel.
20. Horst H. Lange, *Jazz in Deutschland. Die deutsche Jazz-Chronik 1900–1960* (Berlin, 1966), S. 44; Danzi, *American Musician,* S. 19; Blüthner-Rundfunktagebuch, 5. Dezember 1931, PA Blüthner.
21. Horst J. P. Bergmeier und Rainer E. Lotz, *Eric Borchard Story* (Menden, 1988), S. 24, 33, 48, 53–55, 64; *Neue Leipziger Zeitung,* 13. Juni 1931. Zitiert in Szatmari, *Berlin,* S. 147.
22. Horst J. P. Bergmeier, *The Weintraub Story incorporated The Ady Rosner Story* (Menden, 1982), bes. S. 5, 7, 9; Hollaender, *Von Kopf bis Fuß,* S. 118; Blüthner-Rundfunktagebuch, 2. Juni 1930, PA Blüthner.
23. Whitney Balliett, *American Musicians. Fifty-Six Portraits in Jazz* (New York und Oxford, 1986), S. 122; Jim Godbolt, *A History of Jazz in Britain, 1919–1950* (London, 1984), S. 66, 71; Danzi, *American Musician,* S. 24.
24. Bergmeier und Lotz, *Borchard Story,* S. 28; Danzi, *American Musician.*
25. Horst J. P. Bergmeier und Rainer E. Lotz, *Billy Bartholomew. Bio-Discography* (Menden, 1985); Danzi, *American Musician,* S. 36; *Artist,* 6. September 1929.
26. Bergmeier und Lotz, *Bartholomew,* S. 23; Interview mit Haentzschel.
27. Bergmeier und Lotz, *Borchard Story,* S. 20; Danzi, *American Musician,* S. 35; *Artist,* 5. Juli 1934.
28. Wie der Boston »Zwei, so wie wir«, gespielt von der Béla-Band im Februar 1930 (Blüthner-Rundfunktagebuch, 3. Februar 1930, PA Blüthner). Auch Danzi, *Amerian Musician,* S. 22, 32; Bergmeier und Lotz, *Borchard Story,* S. 42.
29. Danzi, *American Musician,* S. 47; Bergmeier, *Weintraub Story,* S. 25, 27; Interview mit Haentzschel.
30. Gerhard Conrad, *Posaunen-Dob. Kleine Biographie Walter Dobschinskis* (Menden, 1983), S. 7–11 (Zitat S. 9); Interview mit Dobschinski.
31. Wolfgang Muth, *Ernst Höllerhagen. Ein deutscher Jazzmusiker* (Magdeburg, 1964), S. 6; *Artist,* 27. Januar 1933.
32. *Artist,* 18. November 1932; Teddy Stauffer, *Forever Is a Hell of a Long Time: An Autobiography* (Chicago, 1976), S. 64; Interview mit Haentzschel.
33. Michaelis an Autor, 6. Februar 1989.
34. Interview mit Brocksieper; Peter Kreuder, *Schön war die Zeit. Musik ist mein Leben* (München, 1955), S. 214–15; Ernst Höchstötter, »Als der Jatz nach München kam ...«, *Fox auf 78,* Nr. 4 (Herbst 1987), S. 54–57.
35. Albert McCarthy, *Big Band Jazz* (New York, 1974), S. 310; Egino Biagioni, *Herb Flemming: A Jazz Pioneer Around the World* (Alphen aan de Rijn [1977]), S. 15–25.
36. *Neue Leipziger Zeitung,* 18. August 1928; Goddard, *Jazz Away* S. 111; S. Frederick Starr, *Red and Hot. The Fate of Jazz in the Soviet Union, 1917–1980* (New York und Oxford, 1983), S. 57; Gunther Schuller, *Early Jazz. Its Roots and Musical Development* (New York und Oxford), S. 325, Anm. 8.
37. McCarthy, *Big Band Jazz,* S. 310; Cheatham, zitiert in Goddard, *Jazz Away,* S. 292, 296, und in Balliett, *Musicians,* S. 70; Muth, *Höllerhagen,* S. 7.
38. Schuller, *Early Jazz,* S. 325, Anm. 8.

39. McCarthy, *Big Band Jazz,* S. 187; Goddard, *Jazz Away,* S. 76–78; Hodes, zitiert in Balliett, *Musicians,* S. 149.
40. Danzi, *American Musician,* S. 23; Neil Leonard, *Jazz and the White Americans. The Acceptance of a New Art Form* (Chicago und London, 1962), S. 13, 75–84.
41. Schuller, *Early Jazz,* S. 192, Anm. 21; auch Starr, *Red and Hot,* S. 67.
42. Fritsch, *Erinnerungen,* S. 111; Jack de Graef, *De Swingperiode (1935–1947). Jazz in België* (Wettelijk, 1980), S. 73.
43. *Artist,* 27. Januar 1928.
44. Ibid.; *Artist,* 16. November 1928; Joachim Ernst Berendt, *Das Jazzbuch. Entwicklung und Bedeutung der Jazzmusik* (Frankfurt am Main und Hamburg, 1953), S. 10.
45. *Artist,* 28. Oktober 1932; *Neue Leipziger Zeitung,* 10. Dezember 1931, *Skizzen,* Nr. 4 (April 1934), S. 15; Blüthner-Rundfunktagebuch, 27. September 1930, PA Blüthner.
46. Sidney Bechet, *Treat It Gentle* (New York, 1975), S. 147, 157; Hopkins, zitiert in Goddard, *Jazz Away,* S. 289–90; Balliett, *Musicians,* S. 28.
47. Danzi, *American Musician,* S. 50–51; Rainer E. Lotz, »A True Jazz Hound. Die Geschichte des Trompeters Nick Casti«, *Fox auf 78,* Nr. 5 (Frühjahr 1988), S. 61.
48. Kurt Michaelis, »A Historic Milestone – Louis Armstrong's Debut in Europe«, *The Second Line* 24 (Sommer 1982), S. 11–14; Michaelis an Autor, 6. Februar 1989; Michaelis, »Reminiszenzen«, 12. Februar 1989, PA Michaelis; Interviews mit Michaelis und Schulz-Köhn; Blüthner-Orchestertagebuch, 8. April 1931 und 28. Oktober 1932, PA Blüthner.
49. Rolf Goldstein an Werner Daniels, 3. Juli 1977, PA Daniels; Interviews mit Schulz-Reichel, Schulz-Köhn und Jung.
50. Franz Wolfgang Koebner (Hg.), *Jazz und Shimmy. Brevier der neuesten Tänze* (Berlin, 1921), S. 89.
51. Horst J. P. Bergmeier und Rainer E. Lotz, *Alex Hyde. Bio-Discography* (Menden, 1985), S. 21; Danzi, *American Musician,* S. 14.
52. Dietrich Schulz-Köhn, *Die Schallplatte auf dem Weltmarkt* (Berlin, 1940), S. 91; »Gesamtkatalog Brunswick. Elektrische Aufnahmen bis einschl. Oktober 1930«, S. 17 (PA Jung). Zitat in *Melos* 9 (1930), S. 482.
53. Interview mit Schulz-Köhn; Charles Delaunay, *New Hot Discography. The Standard Directory of Recorded Jazz,* ed. Walter E. Schaap und George Avakian (New York, 1948), S. 85; *Statistisches Jahrbuch für das Deutsche Reich 1932* (Berlin, 1932), S. 255.
54. Michaelis, »Milestone«, S. 13; Interview mit Boas; Delaunay, *New Hot Discography,* S. 36. Eine ausgezeichnete Beurteilung von Armstrongs Arbeit im Jahre 1928 findet sich in Schuller, *Early Jazz,* S. 89, 115–19; auch Berendt, *Jazzbuch,* S. 35–40, 207.
55. Interview mit Michaelis; Michaelis an Autor, 6. Februar 1989; Schuller, *Early Jazz*; S. 144, 180, 346.
56. Franz Heinrich, *»Swing Generation«. Selbsterlebtes* (Menden, 1988), S. 9.
57. Anzeige in Koebner, *Jazz and Shimmy,* S. 124; *Musik* 21 (1929), S. 359–60; Reproduktionen in *Fox auf 78,* Nr. 5 (Frühjahr 1988), S. 32; Schrader und Schebera, *Twenties,* S. 117; Interviews mit Michaelis, Schulz-Köhn und Blüthner.
58. Schulz-Köhn, *Schallplatte,* S. 108, 111–13, 137.
59. Heinz Pohle, *Der Rundfunk als Instrument der Politik. Zur Geschichte des*

deutschen Rundfunks von 1923/38 (Hamburg, 1955), S. 245–46, 250; Winfried B. Lerg, *Die Entstehung des Rundfunks in Deutschland. Herkunft und Entwicklung eines publizistischen Mittels* (Frankfurt am Main, 1965), S. 213, 272–73; Max Butting, »Rundfunkmusik – wie wir sie brauchen«, *Musik* 21 (1929), S. 444.

60. Interviews mit Michaelis, Blüthner und Schulz-Köhn; Lerg, *Entstehung*, S. 185–87; Gerhard Eckert, *Der Rundfunk als Führungsmittel. Studien zum Weltrundfunk und zum Fernsehrundfunk* (Heidelberg, 1941), S. 218–19.
61. Joachim Ernst Berendt, *Ein Fenster aus Jazz. Essays, Portraits, Reflexionen* (Frankfurt am Main, 1977), S. 290; Kellersmann, »Jazz«, S. 10.
62. Blüthner-Rundfunktagebuch, PA Blüthner. Zu Bird siehe auch John Kolda in »Musikalische Feldpost«, 1. und 15. Mai 1943, PA Daniels.
63. Michaelis an Autor, 6. Februar 1989; Interview mit Jung; Ansgar Diller, *Rundfunkpolitik im Dritten Reich* (München, 1980), S. 272–73.
64. Schuller, *Early Jazz*, S. 6; idem, *The Swing Era. The Development of Jazz, 1930–1945* (New York und Oxford, 1989), S. 79.
65. Balliett, *Musicians*, S. 108.
66. Schuller, *Early Jazz*, S. 124.
67. Goddard, *Jazz Away*, S. 103–106; Arthur Briggs, zitiert in Goddard, S. 287; Godbolt, *History*, S. 268; Danzi, *American Musician*, S. 25; Interview mit Boas.
68. *Artist*, 12. Februar 1926, 16. November 1928; Interview mit Haentzschel.
69. In der Rundfunkreihe »Jazz in Germany. A Survey of Hot Dance, Swing and Traditional Jazz in Germany, 1924 to Present«, produziert und ausgestrahlt vom Sender KALW FM, San Francisco, von Dave Radlauer und Ray Taubert, o. J., Bandkopien zur Verfügung gestellt durch Goethe-Institut, Toronto (Programm 5).
70. Siehe Anzeigen, »›The joyful brothers‹ Jazz-Dancing-Band«, *Artist*, 30. Januar 1925; »Der heitere Fridolin mit seinem Jazz-Stimmungs-Trio! Kanonen«, *Artist*, 30. Januar 1925; »The buffoon Orig. American Jazz-Trio«, *Artist*, 8. Mai 1925; »The Bobby Stanlay Jazz-Band das vielseitige und vornehme Stimmungs-Trio«, *Artist*, 26. Mai 1925.
71. Leonard, *White Americans*, S. 13.
72. Interview mit Haentzschel. Schlagzeuger Fritz Brocksiepers Meinung, im Interview ausgedrückt, lautete: »Vorbild für Jazz waren sie nicht.«
73. *Artist*, 26. März 1926; Paul Bernhard, *Jazz. Eine musikalische Zeitfrage* (München, 1927), S. 53–54; Astrid Eichstedt und Bernd Polster, *Wie die Wilden. Tänzer auf der Höhe ihrer Zeit* (Berlin, 1985), S. 49; Leonard, *White Americans*, S. 119–20.
74. Letzteres wurde Anfang 1925 von The Ding's Jazz Company in Altenburg, Sachsen-Anhalt, gespielt (*Artist*, 6. Februar 1925). Zur traditionellen Musikerausbildung siehe *Artist*, 21. Mai 1926.
75. Die erste wurde am 20. August 1931 von Billy Bartholomews Band im Delphi-Palast gespielt (Blüthner-Rundfunktagebuch, gleiches Datum, PA Blüthner). Der Hit »Wo sind deine Haare, August?« wurde 1926 durch Richard Fall (Musik) und Beda (Text) urheberrechtlich geschützt (Sperr, *Schlager*, S. 133).
76. Siehe *Artist*, 20. Mai 1927.
77. Michael H. Kater, »The Jazz Experience in Weimar Germany«, *German History* 6 (1988), S. 152. Der liebliche Geigenklang ist hier und dort in Dajos Béla's Version von »Deep Henderson« (1927) zu hören, die in Radlauer und

Tauberts Rundfunkreihe »Jazz in Germany« vorgestellt wird, Programm 5 (siehe Anm. 69).

78. *Artist,* 18. März 1927.

79. John Kolda in »Musikalische Feldpost«, Anfang März 1942, PA Daniels; Interview mit Haentzschel; McCarthy, *Big Band Jazz,* S. 316; Dostal, *Ende,* S. 110–11; Danzi, *American Musician,* S. 24; Jost, »Jazz«, S. 360.

80. Interviews mit Haentzschel und Brocksieper; Goldstein an Daniels, 13. Juni 1977, PA Daniels; Danzi, *American Musician,* S. 28; Jost, »Jazz«, S. 357–58. 1925 präsentierte Curry Wehner, Leiter eines Sechs-Mann-Jazzensembles, dessen Mitglieder dreißig (!) verschiedene Instrumente beherrschten, den Song »a Miste« [»In a Mist«] von »Biggs-Büderlegg« [Bix Beiderbecke] auf dem Klavier (*Artist,* 8. November 1929).

81. »Deep Henderson« (1927), »Crazy Rhythm« (1928) in der Rundfunkreihe »Jazz in Germany« (siehe Anm. 69).

82. *Artist,* 18. November 1927; Rainer E. Lotz, »Amerikaner in Europa«, in *That's Jazz,* S. 294; *Artist,* 13. März 1925 (Zitate).

83. *Deutsches Musiker-Lexikon,* hg. Erich H. Müller (Dresden, 1929), S. 50; »Lebenslauf« Alfred Baresel, o. J., BDC, RKK Baresel; *Neue Leipziger Zeitung,* 19. Juli 1931.

84. Alfred Baresel, *Instruktive Jazz-Etüden für Klavier* (Leipzig, 1928); idem, *Das neue Jazzbuch. Ein praktisches Handbuch für Musiker, Komponisten, Arrangeure, Tänzer und Freunde der Jazzmusik* (Leipzig, 1929), S. 6 (Zitat), 62.

85. Alfred Baresel, »... and his Boys: Das moderne Orchester und seine Musik«, *Musik* 24 (1932), S. 580–83; idem, »Jazz als Rettung«, *Auftakt* 6 (1928), S. 213–16; idem, »Kunst-Jazz«, *Melos* 7 (1928), S. 354–57.

86. Siehe Eberhard Preußner in *Musik* 20 (1927), S. 136–37; Hans Heinz Stuckenschmidt in *Vossische Zeitung,* Berlin, 15. Dezember 1928; auch E. J. Müller, »Jazz als Karikatur«, *Auftakt* 6 (1928), S. 216–18; Manfred Bukofzer, »Soziologie des Jazz«, *Melos* 8 (1929), S. 387–91.

87. Adolf Aber, »Ernst Krenek: ›Jonny spielt auf‹: Uraufführung in Leipzig«, *Anbruch* 9 (1927), S. 127–32; Geoffrey Skelton, *Paul Hindemith. The Man Behind the Music: A Biography* (London, 1975), S. 59–60; Starr, *Red and Hot,* S. 94; Kater, »Jazz Experience«, S. 149–50.

88. Siehe Sekles' Vita in *Deutsches Musiker-Lexikon,* S. 1334, und Sekles' Proklamation, nachgedruckt in *Zeitschrift für Musik* 94 (1927), S. 706.

89. Matyas Seiber, *Schule für Jazz-Schlagzeug* (Mainz, 1929); idem, »Jazz als Erziehungsmittel«, *Melos* 7 (1928), S. 281–86; idem, »Jazz-Instrumente, Jazz-Klang und neue Musik«, *Melos* 9 (1930), S. 122–26; *Frankfurter Zeitung,* 18. November 1932; Interview mit Schulz-Köhn.

90. Matyas Seiber, »Jugend und Jazz«, *Zeitschrift für Schulmusik* 3 (1930), S. 29–32.

91. *Anbruch* 9 (1927), S. 193; *Deutsche Kultur-Wacht,* Nr. 6 (1933), S. 14.

92. *Wille und Werk* 2, Nr. 9 (1927), S. 70–71; *Deutsche Turnzeitung* 75 (1930), S. 76; Walter Kiefner, »Singbewegung und Jazz«, *Singgemeinde* 8, Nr. 6 (1932), S. 162–69.

93. Hans M. Wingler, *The Bauhaus. Weimar, Dessau, Berlin, Chicago* (Cambridge, Mass., 1986), S. 485. Siehe auch Otto Alfred Palitzsch, »Jazz«, *Kreis* 4 (1927), S. 288–90; Egon Larsen, »Das Geheimnis der Jazzmusik«, *Zwiebelfisch* 22 (1930), S. 259–63.

94. Koebner, *Jazz und Shimmy*, S. 17; *Singgemeinde* 9, Nr. 1 (1932), S. 26; M. Kay Flavell, *George Grosz. A Biography* (New Haven und London, 1988), S. 83.
95. Zitiert in Hans-Ulrich Wehler, *Historische Sozialwissenschaft und Geschichtsschreibung. Studien zu Aufgaben und Traditionen deutscher Geschichtswissenschaft* (Göttingen, 1980), S. 235.
96. Siehe Fritz Giese, *Girlkultur. Vergleiche zwischen amerikanischem und europäischem Rhythmus und Lebensgefühl* (München, 1925), S. 19, 29, 32, 35–36; auch *Anbruch* 7 (1925), S. 426; Bernhard, *Jazz*, S. 90; Karl Schaetzler, »Jazz«, *Hochland* 25 (1927/28), S. 441.
97. Hermann Hesse, *Der Steppenwolf* (Frankfurt am Main, 1955), S. 126. Siehe auch Modris Eksteins, *Rites of Spring: The Great War and the Birth of the Modern Age* (Toronto, 1989), S. 271.
98. R. G. S. Weber, *The German Student Corps in the Third Reich* (Basingstoke und London, 1986), S. 50–51; Margret Boveri, *Verzweigungen. Eine Autobiographie*, hg. Uwe Johnson (München, 1982), S. 193–94; Eggebrecht, *Weg*, S. 230–31.
99. Siehe *Artist*, 9. November 1928.
100. Cheatham zitiert in Goddard, *Jazz Away*, S. 296; Samuel Wooding, »Eight Years Abroad with a Jazz Band«, *Etudes* 57, Nr. 1 (April 1939), S. 233–34.
101. Wiser, *Years*, S. 157–65; Robert Goffin, *Jazz from the Congo to the Metropolitan* (New York, 1975), S. 68–84; Goddard, *Jazz Away*, S. 14–16, 114–33, 139–41.
102. Bergmeier und Lotz, *Borchard Story*, S. 48–49.
103. *Artist*, 11. Februar 1927; 23. März 1928; 18. Oktober 1929; 7. August 1931; 22. Januar 1932.
104. *Artist*, 28. Mai 1926.
105. Eichstedt und Polster, *Wilden*, S. 71.
106. Johann Kull in *Artist*, 16. April 1926; Richard H. Stein, »Auslandspropaganda«, *Musik* 19 (1927), S. 642.
107. Siehe Paul Schwers, »Die Frankfurter Jazz-Akademie im Spiegel der Kritik«, *Allgemeine Musikzeitung* 54 (1927), S. 1246–48 (Zitate von Hausegger und Pfitzner).
108. Ibid; *Zeitschrift für Musik* 94 (1927), S. 706–07; *Artist*, 2. Dezember 1927; *Vossische Zeitung*, Berlin, 10. Dezember 1927.
109. Vgl. [Julius] Steinhardt, *»Ehombo«* (Neudamm, 1922), S. 22–27, 49, 154, 161, 225, 234, 280–83, 290–91; und Dietrich Schäfer, *Kolonialgeschichte*, 4. Aufl., Bd. 2 (Berlin und Leipzig, 1921), S. 117–18.
110. Eugen Fischer, »Spezielle Anthropologie. Rassenlehre«, in Eugen Fischer u. a., *Anthropologie* (Leipzig und Berlin, 1923), S. 189–90; Fritz-Lenz-Zitat aus »Die krankhaften Erbanlagen«, in Erwin Baur u. a., *Menschliche Erblichkeitslehre*, 3. Aufl., Bd. 1 (München, 1927), S. 530. Siehe auch Alfred Ploetz, *Die Tüchtigkeit unsrer Rasse und der Schutz der Schwachen* (Berlin, 1895), S. 132–33.
111. Sally Marks, »Black Watch on the Rhine. A Study in Propaganda, Prejudice and Prurience«, *European Studies Review* 13 (1983), S. 297–33; George L. Mosse, *Toward the Final Solution. A History of European Racism* (New York, 1978), S. 175–76; Giese, *Girlkultur*, S. 64.
112. Richard Thurnwald in *Archiv für Rassen- und Gesellschaftsbiologie* 15 (1923/24), S. 99; Fischer, »Anthropologie«, S. 193–94; Lenz, »Erbanlagen«, S. 529

(Zitat). Zu einer objektiven Analyse der unstreitigen Verbindung zwischen Jazz und Sexualität siehe Neil Leonard, *Jazz. Myth and Religion* (New York und Oxford, 1987), S. 58–61. Siehe auch idem, *White Americans,* S. 38–39.

113. Regina Bruss, *Die Bremer Juden unter dem Nationalsozialismus* (Bremen, 1983), S. 13; Mosse, *Final Solution,* S. 176.
114. Bukofzer, »Soziologie«, S. 387; George E. Sokolsky, *We Jews* (London, 1935), S. 280; John Katz, »Chasidism in Jazz«, *Journal of Synagogue Music* 2, Nr. 4 (1970), S. 28–33; Heinrich August Winkler, »Die deutsche Gesellschaft der Weimarer Republik und der Antisemitismus«, in Bernd Martin und Ernst Schulin (Hg.), *Die Juden als Minderheit in der Geschichte,* 2. Aufl. (München, 1982), S. 277.
115. Interview mit Klagemann; Danzi, *American Musician,* S. 55.
116. *Song-Magazin* (November/Dezember 1946), S. 14; Lange, *Jazz in Deutschland,* S. 60; Goldstein an Daniels, 15. Oktober 1977, PA Daniels; Starr, *Red and Hot,* S. 196.
117. Interviews mit Blüthner und Daniels.
118. Hans Pfitzner, *Gesammelte Schriften,* Bd. 3 (Augsburg, 1929), S. 256; Paul Schwers, »Die Frankfurter Jazz-Akademie im Spiegel der Kritik«, *Allgemeine Musikzeitung* 54 (1927), S. 1246–48; *Zeitschrift für Musik* 94 (1927), S. 706–07; Ernst Klein in *Vossische Zeitung,* Berlin, 10. Dezember 1927; A. von Gizycki-Arkadjew, »Jazz-Hetze«, *Artist,* 1. Februar 1929.
119. Hans Pfitzner, *Gesammelte Schriften,* Bd. 2 (Augsburg, 1926), S. 113–20 (Zitat S. 115); ibid, Bd. 3, S. 309–10.
120. Dok. 307 in *Der Strom der Töne trug mich fort. Die Welt um Richard Strauss in Briefen,* hg. Franz Grasberger (Tutzing, 1967), S. 298–99; Muck an Matthes, 10. März 1929, BDC, RMK Wilhelm Matthes.
121. Wagner laut Zitat in Starr, *Red and Hot,* S. 95; Palitzsch, »Jazz«, S. 288.
122. Zu *Jonny* siehe die teils immer noch wohlwollende Rezension von Heinrich Kralik in *Musik* 20 (1928), S. 386. Zu Antheil siehe *Musik* 19 (1927), S. 530 (Zitat); George Antheil, *Bad Boy of Music* (New York, 1981), S. 59–65.
123. Joel Sachs, »Some Aspects of Musical Politics in Pre-Nazi Germany«, *Perspectives of New Music* 9 (Herbst-Winter 1970), S. 84–85.
124. Alfred Einstein, *Geschichte der Musik,* 3. Aufl. (Leipzig und Berlin, 1927), S. 130.
125. Zu Amerika siehe Leonard, *White Americans,* S. 30–46.
126. Günther Dehn, *Proletarische Jugend. Lebensgestaltung und Gedankenwelt der großstädtischen Proletarierjugend* (Berlin, [1929]), S. 39; Flugblatt des Jungstahlhelms, o. J. [1930], SAB, 4, 65, II E 3a 1.1; Eichstedt und Polster, *Wilden,* S. 71. Siehe auch Walter Laqueur, *Weimar: Die Kultur der Republik* (Frankfurt am Main, 1977), S. 106–07.
127. Hermann Reichenbach, »Jugend und Musik«, *Junges Deutschland* 24 (1930), S. 229–30; Kurt Westphal, »Voraussetzungen des Musikunterrichts in großstädtischen Oberklassen«, *Zeitschrift für Schulmusik* 5 (1932), S. 174; Erwin Liek, *Der Arzt und seine Sendung. Gedanken eines Ketzers,* 4. Aufl. (München, 1927), S. 72; Liek, *Krebsverbreitung, Krebsbekämpfung, Krebsverhütung* (München 1932), S. 237; Otto Lubarsch, *Ein bewegtes Gelehrtenleben. Erinnerungen und Erlebnisse. Kämpfe und Gedanken* (Berlin, 1931), S. 419; Oswald Bumke, *Erinnerungen und Betrachtungen. Der Weg eines deutschen Psychiaters* (München, 1952), S. 156–57.

128. Kater, »Jazz Experience«, S. 154.

129. Kurt Blome, *Arzt im Kampf. Erlebnisse und Gedanken* (Leipzig, 1942), S. 23–25; Ernst von Salomon, *Die Geächteten. Roman* (1929; Nachdruck Reinbek, 1968), S. 32 (Zitat); Kurt Hutten, *Kulturbolschewismus. Eine deutsche Schicksalsfrage* (Stuttgart, 1932), S. 12–15, 29, 82–91.

130. Edwin Erich Dwinger, *Wir rufen Deutschland. Heimkehr und Vermächtnis* (1932; Nachdruck Jena, 1941), S. 350; Gerhard Schumann, *Entscheidung* [geschrieben 1931] (1943; Nachdruck Bodmann, 1980), S. 71–73, 82–85, 136–37. Zur völkischen Sozialisation des jungen Schumann siehe Jay W. Baird, *To Die for Germany. Heroes in the Nazi Pantheon* (Bloomington und Indianapolis, 1990), S. 131–36.

131. Martin Green, *Mountain of Truth. The Counterculture Begins. Ascona, 1900–1920* (Hanover, N. H., und London, 1986), S. 153; G. R. Halkett, *The Dear Monster* (London, 1939), S. 202–09.

132. Berger an Snaga, 27. Januar 1939, BDC, RMK Snaga (Zitat).

133. Heuss zitiert in Fritz Stege, *Bilder aus der deutschen Musikkritik. Kämpfe in zwei Jahrhunderten* (Regensburg, 1936), S. 93; siehe auch ibid, S. 94–99 und Sachs, »Aspects«.

134. »König Jazz«, *Allgemeine Musikzeitung* 57 (1930), S. 929–32.

135. F. Woweries, »Wir rechnen ab mit euch«, *H.=J.=Z.* Nr. 1/2 (Hartung/Hornung, 1928), S. 5; Werner Müller, »Begegnungen mit der Hitler-Jugend«, *Die Kommenden*, 10. Mai 1929, S. 218.

136. *Studierstube* (1927), S. 252–55; Satzung des Deutschen Frauenordens [2. Mai 1929], SAB, 4, 65, II A 9a 13; Memorandum des Polizeipräsidenten von Hannover, 27. Januar 1930, NHSA, Hann. 122a, XI, 79; *Nordwestdeutscher Freiheitskämpfer*, 25. November 1931; Benedikt Lochmüller, *Hans Schemm*, Bd. 2 (München, 1940), S. 128; Guida Diehl, *Die Deutsche Frau und der Nationalsozialismus* (Eisenach, 1933), S. 66; Stauffer, *Forever*, S. 63.

137. *Ziel und Weg* 2 (1932), S. 23.

138. Punkt 23 des Programms laut Gerd Rühle, *Das Dritte Reich. Dokumentarische Darstellung des Aufbaues der Nation. Die Kampfjahre, 1918–1933* (Berlin, [1933]), S. 51; Hitlers Reden in München (Mai 1921–November 1923), Dok. 232, 264, 313, 355, 436 und 598 in *Hitler. Sämtliche Aufzeichnungen, 1905–1924*, hg. Eberhard Jäckel (Stuttgart, 1980), S. 380, 444, 531, 565–66, 753, 1057.

139. Michael H. Kater, »Inside Nazis. The Goebbels Diaries, 1924–1941«, *Canadian Journal of History* 25 (1990), S. 238.

140. *Die Tagebücher von Joseph Goebbels. Sämtliche Fragmente*, hg. Elke Fröhlich, Bd. 1 (München, 1987), S. 144.

141. Ibid., S. 33–34, 159–60, 236, 277, 417, 488, 490, 524, 586.

142. Siehe ibid., Bd. 1, S. 356, 458; Bd. 2 (München, 1987), S. 113, 218. Auch Alfred Rosenberg, *Letzte Aufzeichnungen. Ideale und Idole der nationalsozialistischen Revolution* (Göttingen, 1955), S. 188–92; Helmut Heiber, *Joseph Goebbels* (München, 1965), S. 111.

143. Alfred Rosenberg, *Der Sumpf. Querschnitte durch das »Geistes«-Leben der November-Demokratie* (München, 1930), S. 23–36, 87–89.

144. [Proklamation von Alfred Rosenberg], »Kampfbund für deutsche Kultur, München, im Januar 1929«, bei S. 4 in *Mitteilungen des Kampfbundes für deutsche Kultur* 1 (1929).

145. *Die Tagebücher ... Goebbels,* Bd. 2, S. 313.
146. Siehe Hans Hinkel, *Einer unter hunderttausend,* 9. Aufl. (München, 1942). Goebbels hielt Hinkel zu Recht für einen Intriganten wie sich selbst, was die Beziehung zwischen den beiden Männern komplizierte. Siehe *Die Tagebücher ... Goebbels,* Bd. 1, S. 550; Bd. 2, S. 47, 57, 60, 66, 72–73, 76, 89, 100.
147. *Mitteilungen des Kampfbundes für deutsche Kultur* 1 (1929), S. 29 (Zitat); Kater, »Jazz-Experience«, S. 156–57.
148. *Mitteilungen des Kampfbundes für deutsche Kultur* 2 (1930), S. 36 (Zitat); Kater, »Jazz-Experience«, S. 157.
149. *Artist,* 6. und 20. Februar, 13. März, 15. Mai, 12. Juni 1925; 12. und 26. März 1926; 7. Januar, 20. Mai, 16. Dezember 1927.
150. *Artist,* 23. April 1926; 7. Januar, 18. Februar, 25. November 1927; 11. Januar 1929 (Zitat).
151. *Artist,* 20. Dezember 1929; 12. September 1930; 4. Dezember 1931; 23. September 1932; 13. Januar 1933.
152. Interview mit Haentzschel; *Artist,* 3. April 1925 und 26. Februar 1926; Fritsch, *Erinnerungen,* S. 28–29.
153. Curt Riess, *Das gab's nur einmal. Die große Zeit des deutschen Films* (Wien und München, 1977), Bd. 2, S. 80–83; *Fox auf 78,* Nr. 6 (Herbst 1988), S. 18–19.
154. *Artist,* 15. März und 6. September 1929; 8. August und 17. Oktober 1930; 15. Januar 1932; 21. Juli 1933; Jost, »Jazz«, S. 361.
155. *Artist,* 15. Mai und 1. August 1930; 2. Januar 1931.
156. Lange, *Jazz in Deutschland,* S. 58; idem, »Zwischen Optik und Hot-Takt. Max Rumpf«, *Fox auf 78,* Nr. 5 (Frühjahr 1988), S. 4; *Artist,* 7. Februar 1930; Eichstedt und Polster, *Wilden,* S. 72; Bernd Polster, »Es zittern die morschen Knochen. Orchestrierung der Macht«, in Bernd Polster (Hg.), *»Swing Heil«. Jazz im Nationalsozialismus* (Berlin, 1989), S. 10.
157. Electrola Gesellschaft M. B. H. an Schulz, 8. November 1932, PA Schulz-Köhn; Danzi, *American Musician,* S. 62–63; Schulz-Köhn, *Schallplatte,* S. 111.
158. Interviews mit Haentzschel und Klagemann. Telefonat des Autors mit Schulz-Reichel, Berlin, 14. Mai 1987; Goldstein an Daniels, 13. Juni 1977, PA Daniels.
159. *Artist,* 6. Februar, 20. März, 12. Juni, 10. Juli 1925; 12. März 1926; 11. Oktober 1929.
160. *Artist,* 7. Februar, 15. Mai, 1. August, 7. November 1930; 31. Juli, 20. und 27. November, 4. Dezember 1931; Interview mit Haentzschel.
161. Danzi, *American Musician,* S. 62, 69–70, 73–74, 77; Lange, *Jazz in Deutschland,* S. 58–59.
162. Etté nach Paraphrasierung in *Musik* 22 (1929), S. 230; Hans T. David, »Abschied vom Jazz«, *Melos* 9 (1930), S. 416; Wilhelm Twittenhoff, »Musikalische Jugendbewegung und Jazz«, *Zeitschrift für Schulmusik* 4 (1931), S. 9; *Artist,* 22. Januar und 9. September 1932; Sperr, *Schlager,* S. 104; Eichstedt und Polster, *Wilden,* S. 72; Polster, »Knochen«, S. 11.
163. Schuller, *Early Jazz,* S. 203, 241, 292, 356–57.
164. Siehe Michael H. Kater, »The Revenge of the Fathers. The Demise of Modern Music at the End of the Weimar Republic«, *German Studies Review* 15 (1992), S. 295–315.
165. Karol Rathaus, »Jazzdämmerung?«, *Musik* 19 (1927), S. 336; Matyas Seiber, »Jazz-Instrumente, Jazz-Klang und neue Musik«, *Melos* 9 (1930), S. 126; Josef Robert Harrer, Joe Charles Fischer und Gerhard Winkler in *Artist,* 1. März

1929, 11. September 1931, 18. November 1932; Eberhard Preußner in *Musik* 20 (1928), S. 362; David, »Abschied«, S. 413–17; Heinrich Strobel und Frank Warschauer in *Melos* 9 (1930), S. 482; Richard Baum in *Singgemeinde* 9, Nr. 1 (1932), S. 26.

166. *Zeitschrift für Instrumentenbau* 50 (1930), S. 708; *Artist*, 15. Januar 1932; István Deák, *Weimar Germany's Left-Wing Intellectuals. A Political History of the Weltbühne and Its Circle* (Berkeley und Los Angeles, 1968), S. 189–28; Modris Eksteins, *The Limits of Reason. The German Democratic Press and the Collapse of Weimar Democracy* (London, 1975), S. 194–263; Laqueur, *Weimar*, S. 322–38.
167. *Musiker-Lexikon*, S. 1574; Adorno in *Musik* 21 (1929), S. 625; Theodor Wiesengrund-Adorno, »Kleiner Zitatenschatz«, *Musik* 24 (1932), S. 738; Anthony Heilbut, *Exiled in Paradise. German Refugee Artists and Intellectuals in America, from the 1930s to the Present* (Boston, 1984), S. 163, 167–68.

1. Kapitel

1. *Deutsches Podium*, 31. Juli 1936, S. 4.
2. BDC, RMK Stein; Fritz Stein, »Chorwesen und Volksmusik im neuen Deutschland«, *Zeitschrift für Musik* 101 (1934), S. 285–86.
3. Friedrich Hussong, *»Kurfürstendamm«. Zur Kulturgeschichte des Zwischenreichs* (Berlin, [1933]), S. 7.
4. Zu Beispielen des letzteren siehe Walter Kempowski, *Tadellöser & Wolff. Ein bürgerlicher Roman* (München, 1975), S. 68; Franz Heinrich, *»Swing-Generation«. Selbsterlebtes* (Menden, 1988), S. 34.
5. *Die Tagebücher von Joseph Goebbels. Sämtliche Fragmente,* hg. Elke Fröhlich (München, 1987), Bd. 2, S. 564; Bd. 3, S. 155, 426. Fritz Wiedemann, *Der Mann der Feldherr werden wollte. Erlebnisse und Erfahrungen des Vorgesetzten Hitlers im 1. Weltkrieg und seines späteren persönlichen Adjutanten* (Velbert und Kettwig, 1964), S. 214–15; Gerhard L. Weinberg, »Hitler's Image of the United States«, *American Historical Review* 69 (1964), S. 1010–13; Fritz Stege in *Unterhaltungsmusik*, 22. Juni 1936, S. 852.
6. Joseph Goebbels, »Der neue Stil«, nicht identifiziertes Zeitungsfragment [Juni 1939], PA Jung. Siehe auch Ludwig Altmann, »Untergang der Jazzmusik«, *Musik* 25 (1933), S. 749; *Ziel und Weg* 6 (1936), S. 317.
7. Zitat aus *Skizzen*, Mai 1934, S. 17. Auch zu typischen Beispielen siehe ibid., Juni/Juli 1934, S. 18–19; *Allgemeine Musikzeitung* 61 (1934), S. 448–49.
8. Siehe Amadou Booker Sadji, *Das Bild des Negro-Afrikaners in der Deutschen Kolonialliteratur (1884–1945). Ein Beitrag zur literarischen Imagologie Schwarzafrikas* (Berlin, 1985), S. 57–58, 113–16.
9. Kapitän Alfred Schneider an Lucht, 11. Dezember 1936, BA, R 561/90. Siehe auch *Schwarzes Korps*, 18. März 1937; Reiner Pommerin, *»Sterilisierung der Rheinlandbastarde«. Das Schicksal einer farbigen deutschen Minderheit, 1918–1937* (Düsseldorf, 1979), S. 63.
10. Martha Dodd, *Through Embassy Eyes* (New York, 1940), S. 211–12; *Die Tagebücher... Goebbels,* Bd. 2, S. 655; Arnd Krüger, *Die Olympischen Spiele 1936 und die Weltmeinung. Ihre außenpolitische Bedeutung unter Berücksichtigung der USA* (Berlin, 1972), S. 197, 208.
11. Klaus an Konzertdirektion C. Ebner, 9. April 1936, BA, R 55/1177. Siehe auch die anschließende Tirade in der Musikerfachzeitschrift *Deutsches Podium*, 13. Dezember 1935, S. 9; 3. April 1936, S. 4.

12. Joachim Mrugowsky (Hg.), *Das ärztliche Ethos. Christoph Wilhelm Hufelands Vermächtnis einer fünfzigjährigen Erfahrung* (München und Berlin, 1939), S. 9; Theodor Mollison, »Rassenkunde und Rassenhygiene«, in Ernst Rüdin (Hg.), *Erblehre und Rassenhygiene im völkischen Staat* (München, 1934), S. 36–37; Ernst Rodenwaldt, »Die Rückwirkung der Rassenmischung in den Kolonialländern auf Europa«, *Archiv für Rassen- und Gesellschaftsbiologie* 32 (1938), S. 388–89, 391–95.
13. Erstes Zitat von Prof. Heinrich Wilhelm Kranz, Gießen (1934), in Dok. 164, in Walter Wuttke-Groneberg (Hg.), *Medizin im Nationalsozialismus. Ein Arbeitsbuch* (Tübingen, 1980), S. 283; zweites Zitat aus *Musik* 28 (1936), S. 432.
14. Arthur Gütt, *Dienst an der Rasse als Aufgabe der Staatspolitik* (Berlin, 1935), S. 11; Gerd Rühle, *Das Dritte Reich. Dokumentarische Darstellung des Aufbaues der Nation;* Bd. 3 (Berlin, 1935), S. 282; Rodenwaldt, »Rückwirkung«, S. 393.
15. Hans Macco, *Rasseprobleme im Dritten Reich* (Berlin [1933]), S. 13–14; Pommerin, *Sterilisierung,* S. 71–84.
16. Zitiert aus Dietz Degen, »Warnung und Vorschlag«, *Musik in Jugend und Volk* 2 (1939), S. 259.
17. Siehe Max Merz, »Der volkstumszersetzende Einfluß des Jazz«, *Studentische Kameradschaft* (Sonderausgabe), Nr. 10 [1937]; idem, »Der Jazz und wir«, *Volkstum und Heimat* 48 (1939), S. 151–53, 182–85, 206–10; *Deutsches Podium,* 5. September 1935, S. 5, und 20. Dezember 1935, S. 7–8; Hans Brückner, »Rund um den Hot«, *Deutsches Podium,* 15. Juli 1937, S. 1–3; *Artist,* 19. Mai und 21. Juli 1933; ibid., 9. Januar 1936, S. 3; ibid., 26. März 1936, S. 354; ibid., 14. Mai 1936, S. 555–56; *Unterhaltungsmusik,* 9. Juni 1938, S. 713; ibid., 14. Juli 1938, S. 850; ibid., 24. November 1938, S. 1548–49; ibid., 25. Mai 1939, S. 739; *Zeitschrift für Musik* 100 (1933), S. 491; Walter Hochschild, »Was ist Niggerjazz?«, *Königsberger Allgemeine Zeitung* [nach 12. Oktober 1935], Faksimile in *That's Jazz. Der Sound des 20. Jahrhunderts. Eine Ausstellung der Stadt Darmstadt... 29. Mai bis 28. August 1988* (Darmstadt, 1988), S. 391; Hermann Blume (1936), zitiert in Joseph Wulf, (Hg.), *Musik im Dritten Reich. Eine Dokumentation* (Reinbek, 1966), S. 387; Horst H. Lange, *Jazz in Deutschland. Die deutsche Jazz-Chronik 1900–1960* (Berlin, 1966), S. 64–65. Zu einer objektiven Darstellung von Adolf Sax siehe *The Grove Dictionary of Music and Musicians,* hg. Stanley Sadie, Bd. 16 (London, 1980), S. 530–31.
18. Hans F. K. Günther, *Kleine Rassenkunde des deutschen Volkes,* 3. Aufl. (München, 1933), S. 52, 56; Eugen Fischer, zitiert in Benno Müller-Hill, *Tödliche Wissenschaft. Die Aussonderung von Juden, Zigeunern und Geisteskranken, 1933–1945* (Reinbek, 1984), S. 16; *Deutsches Podium,* 16. Oktober 1936, S. 2.
19. Bei der Erwähnung der »jüdischen Physik« bemerkte Lenard sarkastisch: »Bis jetzt ist noch nichts über Negerphysik bekannt« (*Deutsche Physik,* Bd. 1 [München, 1936], S. IX). Siehe auch Fritz von Borries in *Zeitschrift für Musik* 199 (1933), S. 839–40; Georg Gräner, »Kunst und Künstler von heute. Tagebuchblätter«, *Allgemeine Musikzeitung* 60 (1933), S. 165–67; Friedrich Welter, »Um die deutsche Musik – Ein Bekenntnis«, *Musik* 25 (1933), S. 727–30.
20. Hans Severus Ziegler, *Entartete Musik. Eine Abrechnung* (Düsseldorf, [1938]), bes. S. 26; Albrecht Dümling und Peter Girth (Hg.), *Entartete Musik. Eine kommentierte Rekonstruktion* (Düsseldorf, [1988]).
21. *Unterhaltungsmusik,* 12. August 1937, S. 961; ibid., 15. Dezember 1938,

S. 1630; Hans Brückner, »Und unsere Antwort«, *Deutsches Podium,* 31. Juli 1936, S. 6; *Schwarzes Korps,* 25. November 1937.

22. Zitat aus Ludwig K. Mayer, »Unterhaltungsmusik«, *Musik* 31 (1938), S. 163. Siehe auch Richard Litterscheid, »Nachruf auf den Jazz«, *Musik* 28 (1936), S. 824; Hans Brückner, »›Jazz‹ und ›Jazz‹«, *Deutsches Podium,* 19. Juni 1936, S. 2; *Unterhaltungsmusik,* 3. November 1938, S. 1443; *Stuttgarter NS-Kurier,* 7. Januar 1939; Merz, »Der Jazz«, S. 185.
23. Zitiert in *Deutsches Podium,* 14. August 1936, S. 2.
24. Breuers an Goebbels, März 1933, BDC, RMK Breuers.
25. Reinmar von Zweter [Fritz Stege] in *Artist,* 29. Juli 1936, S. 872. Siehe auch *Unterhaltungsmusik,* 15. Dezember 1938, S. 1635; und die biomedizinische Metaphorik von Friedrich Bartels, »Die berufstätige Frau«, *Ziel und Weg* 3 (1933), S. 15.
26. Zuerst unter dem Pseudonym Reinmar von Zweter, dann unter seinem eigenen Namen. *Der Artist* wurde im Herbst 1936 in *Die Unterhaltungsmusik* umbenannt.
27. Stege an Hinkel, 16. August 1933, BDC, RKK Stege; *Deutsches Musiker-Lexikon,* hg. Erich H. Müller (Dresden, 1929), S. 1387.
28. BDC, RKK und SS Gerigk; *Musiker-Lexikon,* S. 403.
29. Siehe S. 42 f.
30. BDC, RKK und MF Baresel; Alfred Baresel, »Detektiv und Musikkritiker«, *Deutsche Kultur-Wacht,* Nr. 32 (1933), S. 9–10; Baresel in *Artist,* 9. Januar 1936, S. 4; Merz, »Einfluß«, S. 13; Michael H. Kater, »Forbidden Fruit? Jazz in the Third Reich«, *American Historical Review* 94 (1989), S. 15.
31. Theodor Wiesengrund-Adorno, »Abschied vom Jazz«, *Europäische Revue* 9 (1933), S. 315. Siehe auch seine Exilpolemik: Hektor Rottweiler [Adorno], »Über Jazz«, *Zeitschrift für Sozialforschung* 5 (1936), S. 235–59; Kater, »Forbidden Fruit«, S. 14.
32. *Deutsche Kultur-Wacht,* Nr. 3 (1933), S. 12, und Nr. 11 (1933), S. 18; »Reichskulturkammergesetz«, 22. September 1933, in Karl-Friedrich Schrieber und Karl-Heinz Wachenfeld (Hg.), *Musikrecht. Sammlung der für die Reichsmusikkammer geltenden Gesetze ...* (Berlin, 1936), S. 1–2; Heinz Ihlert, *Die Reichsmusikkammer. Ziele, Leistungen und Organisation* (Berlin, 1935).
33. BDC, SS Hinkel.
34. Hintergrund in Fred K. Prieberg, *Musik im NS-Staat* (Frankfurt am Main, 1982), S. 203–11. Siehe auch S. 90.
35. *Zeitschrift für Musik* 101 (1934), S. 255–73; Zitat von S. 269. Siehe auch Ihlert, *Reichsmusikkammer,* S. 6–8, 11, 27–28; Martin Thrun, »Die Errichtung der Reichsmusikkammer«, in Hanns-Werner Heister und Hans-Günther Klein (Hg.), *Musik und Musikpolitik im faschistischen Deutschland* (Frankfurt am Main, 1984), S. 75–81; Prieberg, *Musik,* S. 176–78.
36. *Berufszählung. Die berufliche und soziale Gliederung des deutschen Volkes. Textliche Darstellung der Ergebnisse (Statistik des Deutschen Reichs. Volks-, Berufs- und Betriebszählung vom 16. Juni 1933, Bd. 458)* (Berlin, 1987), S. 49.
37. Michael H. Kater, *Doctors Under Hitler* (Chapel Hill und London, 1989), S. 19–25, 35–40; Konrad H. Jarausch, *The Unfree Professions. German Lawyers, Teachers, and Engineers, 1900–1950* (New York und Oxford, 1990).
38. Prieberg, *Musik,* S. 179. Als repräsentatives Beispiel siehe die RMK-Lizenzkarte für Hans Klagemann, BDC, RMK Klagemann.

39. *Die Tagebücher... Goebbels*, Bd. 3, S. 438. Die meisten Musikerfragebögen sind heute im BDC, RMK.
40. Ihlert, *Reichsmusikkammer*, S. 8–9; Horst H. Lange, »Zwischen Optik und Hot-Takt. Max Rumpf«, *Fox auf 78*, Nr. 5 (Frühjahr 1988), S. 5.
41. BDC, RMK Klagemann; Interview mit Klagemann.
42. Michael Danzi, *American Musician in Germany, 1924–1939. Memoirs of the Jazz, Entertainment, and Movie World of Berlin during the Weimar Republic and the Nazi Era – and in the United States*, as told to Rainer E. Lotz (Schmitten, 1986), S. 83; Interview mit Brocksieper.
43. *Daily Mirror*, 13. März 1937; *Artist*, 9. Februar 1939, S. 164–65; Arthur Maria Rabenalt, *Joseph Goebbels und der »Großdeutsche« Film*, hg. Herbert Holba (München und Berlin, 1985), S. 80–83; *Die Tagebücher... Goebbels*, Bde. 2 und 3, vom 2. März 1933 bis zum 4. August 1938; Michael H. Kater, »Inside Nazis. The Goebbels Diaries, 1924–1941«, *Canadian Journal of History* 25 (1990), S. 237–38. Die am Jazz orientierten Musiker Hans Klagemann und Friedrich Meyer erklärten beide in Interviews, daß ihre Bands regelmäßig bei Goebbels' gesellschaftlichen Veranstaltungen aufgetreten seien. Bei einem dieser Anlässe erfuhr Meyer von Magda Goebbels, daß ihr seine Klavierimprovisationen zum Thema von »Everything I Have Is You« gefallen hätten. Siehe auch S. 199.
44. Zitat aus Goebbels, »Zehn Grundsätze deutschen Musikschaffens« (28. Mai 1938), in Fred K. Prieberg, *Kraftprobe. Wilhelm Furtwängler im Dritten Reich* (Wiesbaden, 1986), S. 41. Siehe auch *Artist*, 9. Juni 1937, S. 712.
45. Gerüchte laut Interviews mit Zimmerle und Brocksieper. Georg Haentzschel (Interview) bestätigte überzeugend: »Goebbels hatte kein Ohr für Jazz.«
46. *Artist*, 13. Februar 1936, S. 154; *Deutsches Podium*, 11. Dezember 1936, S. 8; *Unterhaltungsmusik*, 7. April 1938, S. 421; Rabenalt, *Goebbels*, S. 82; Johannes Heesters. *Es kommt auf die Sekunde an. Erinnerungen an ein Leben im Frack* (München, 1978), S. 125–28.
47. *Allgemeine Musikzeitung* 60 (1933), S. 237; *Artist*, 4. und 18. Mai 1934; ibid., 13. September 1934; ibid., 15. November 1934, S. 147.
48. Siehe *Artist*, 13. Dezember 1934, S. 242, und 14. November 1935, S. 1275; *Statistisches Handbuch von Deutschland, 1928–1944* (München, 1949), S. 468–69.
49. *Zeitschrift für Musik* 101 (1934), S. 255, 261; Ihlert; *Reichsmusikkammer*, S. 9, 15.
50. *Artist*, 25. April 1935, S. 424; Ihlert, *Reichsmusikkammer*, S. 15, 18, 23.
51. *Artist*, 16. April 1936, S. 427–30; ibid., 17. September 1936, S. 1166–67; ibid., 1. Oktober 1936, S. 1144–46; *Deutsches Podium*, 7. August 1936, S. 10.
52. Siehe *Artist*, 12. August 1937, S. 994–95.
53. Paragraph 6 von »Erste Verordnung zur Durchführung des Reichskulturkammergesetzes«, 1. November 1933, in Schrieber und Wachenfeld, *Musikrecht*, S. 3–4; *Unterhaltungsmusik*, 10. März 1938, S. 285; Fragebogen für den italienischen (zeitweiligen Jazz-)Gitarristen Athos Micheli, Berlin, 14. April 1937, BDC, RMK Micheli.
54. Schrieber und Wachenfeld, *Musikrecht*, S. 23–24; *Deutsches Podium*, 24. Juli 1936, S. 9; *Unterhaltungsmusik*, 24. Februar 1938, S. 231.
55. *Unterhaltungsmusik*, 7. Oktober 1937, S. 1216; *Amtliche Mitteilungen der Reichsmusikkammer*, 15. Januar 1938, BA, RD 33/1–2.
56. *Amtliche Mitteilungen...*, 12. Mai und 21. Juli 1933.

57. Ibid., 7. Februar 1935, S. 110, und 10. September 1936, S. 1127; *Unterhaltungsmusik,* 1. Dezember 1938, S. 1581; Danzi, *American Musician,* S. 90.
58. *Deutsches Podium,* 3. September 1937, S. 3.
59. *Artist,* 28. Mai 1936, S. 628.
60. Danzi, *American Musician,* S. 83, 99, 125; Horst J. P. Bergmeier und Rainer E. Lotz, *Billy Bartholomew. Bio-Discography* (Menden, 1985), S. 45–46, 52.
61. *Deutsches Podium,* 24. September 1937, S. 3 und 8. Oktober 1937, S. 5–6; *Unterhaltungsmusik,* 7. Oktober 1937, S. 1217, und 26. Januar 1939, S. 109.
62. *Deutsches Podium,* 25. September 1936, S. 13; ibid., 27. November 1936, S. 8; ibid., 14. August 1937, S. 26; ibid., 24. September 1937, S. 6–7; Teddy Stauffer, *Forever Is a Hell of a Long Time. An Autobiography* (Chicago, 1976), S. 104–5, 112–18; Stauffers Story auf dem Video »Heiße Ware Swing« (ARD, 1983), ausgestrahlt ARD am 4. Januar 1984; Interview mit Hirschfeld; Becke an Autor, 8. Februar 1990.
63. *Deutsches Podium,* 10. April 1936, S. 9 und 15. Oktober 1937, S. 1; Stauffer, *Forever,* S. 103.
64. Rühle, *Das Dritte Reich,* S. 282; *Deutsches Podium,* 20. August 1937, S. 1–5 und 3. September 1937, S. 1–2; *Unterhaltungsmusik,* 27. April 1939, S. 595 und 4. Mai 1939, S. 619.
65. Joseph Walk (Hg.), *Das Sonderrecht für die Juden im NS-Staat. Eine Sammlung der gesetzlichen Maßnahmen und Richtlinien – Inhalt und Bedeutung* (Karlsruhe, 1981), S. 70.
66. *Die Tagebücher ... Goebbels,* Bd. 2, S. 509, 515, 529, 540, 753; Bd. 3, S. 32, 64, 134, 165, 189, 272, 294, 343, 354, 399, 437–38, 445, 562; Goebbels zitiert in *Deutsches Podium,* 3. Dezember 1937, S. 1.
67. *Wer ist's?,* 10. Aufl., hg. Herrmann A. L. Degener (Berlin, 1935), S. 683.
68. BDC, SS Hinkel; *Artist,* 14. April 1933; *Deutsche Kultur-Wacht,* Nr. 8 (1933), S. 5–6.
69. BDC, SS Hinkel; *Wer ist's?,* S. 683.
70. Prieberg, *Musik,* S. 179–80; RMK-Lizenzkarte für (den halbjüdischen Jazzmusiker) Eugen Henkel, BDC, RMK Henkel; *Amtliche Mitteilungen der Reichsmusikkammer,* 14. August 1935, BA, RD 33/2–1; RMK-Fragebogen für (den jüdischen Schlagzeuger) Günter Heilborn, 8. November 1934, BDC, RMK Heilborn.
71. *Amtliche Mitteilungen der Reichsmusikkammer,* 25. Mai 1937, BA, RD 33/2–1; *Deutsches Podium,* 22. August 1935, S. 6.
72. Paragraph 10 von »Erste Verordnung zur Durchführung des Reichskulturkammergesetzes«, 1. November 1933, in Schrieber und Wachenfeld, *Musikrecht,* S. 4; Raabe an (den »vierteljüdischen« Jazztrompeter) Hans Berry, 19. August 1935, BDC, RKK Berry (Zitat); Fall von Felix Sztal in *Deutsches Podium,* 12. September 1935, S. 9–10.
73. Eberhard Fechner, *Die Comedian Harmonists. Sechs Lebensläufe* (Weinheim und Berlin, 1988), S. 240–69.
74. Pettack an Amtsvorsteher, 8. November 1937, BDC, RMK Fritz Wellnitz; Interview mit Friedländer-Reimann.
75. Uwe Dietrich Adam, *Judenpolitik im Dritten Reich* (Düsseldorf, 1979), S. 46–232.
76. Hans-Joachim Teichler, »1936 – ein olympisches Trauma. Als die Spiele ihre Unschuld verloren«, in Manfred Blödorn (Hg.), *Sport und Olympische Spiele* (Reinbek, 1984), S. 64, 66; Krüger, *Spiele,* S. 198, 229.
77. Reklamebroschüre, »Sid Kay's Fellows« [1929], PA Petrushka [Petruschka];

Petrushka an Autor, 28. Juni 1990; Horst J. P. Bergmeier und Jürgen W. Susat, »Spitzenband im Hintergrund. Sid Kay Fellows«, *Fox auf 78,* Nr. 9 (Winter 1990/91), S. 34–39.

78. Petrushka [Petruschka] an Autor, 28. Juni 1990.
79. Ibid.; auch »›Lukraphon‹ Schallplatten«, Berlin, o. J., PA Eike Geisel; Zitat von Susat an Autor, 24. Juni 1990. Zum Kulturbund siehe Prieberg, *Musik,* S. 79–104. Ein Tonbeispiel der Fellows liegt vor auf einer Kassette in Christian Kellersmann »Jazz in Deutschland von 1933–1945«, Wissenschaftliche Hausarbeit zur Erlangung des akademischen Grades eines Magister Artium, Universität Hamburg, 1989 (siehe dort S. 131).
80. *Artist,* 31. März 1933; Stietz an NSDAP-Landtagsfraktion, 11. April 1933, BDC, RMK Marek Weber, Danzi, *American Musician,* S. 78–79; *Fox auf 78,* Nr. 3 (Frühjahr 1987), S. 12.
81. Günter Boas, *Rudi Anhang. Ein Musiker im Hintergrund* (Menden, 1986), S. 12; Interview mit Boas.
82. Horst J. P. Bergmeier, *The Weintraub Story incorporated The Ady Rosner Story* (Menden, 1982), S. 13, 23, 31–51; Stauffer, *Forever,* S. 84–85; S. Frederick Starr, *Red and Hot. The Fate of Jazz in the Soviet Union, 1917–1980* (New York und Oxford, 1983), S. 122, 194–225; Erik Wiedemann, *Jazz i Danmark. Ityverne, trediverne og fyrrerne* (Kopenhagen, 1982), Bd. 2, S. 79; Interview mit Schulz-Köhn.
83. Bernd Polster, »Es zittern die morschen Knochen. Orchestrierung der Macht«, in Polster (Hg.), *»Swing Heil«. Jazz im Nationalsozialismus* (Berlin, 1989), S. 21–22; *Fox auf 78,* Nr. 3 (Frühjahr 1987), S. 4.
84. Danzi, *American Musician,* S. 55–56; Boas, *Anhang,* S. 13; Polster, »Knochen«, S. 25. Siehe S. 178.
85. Interview mit Haentzschel.
86. Starr, *Red and Hot,* S. 196.
87. Goldstein an Werner Daniels, 3. Juli und 22. November 1977, PA Daniels.
88. Bergmeier, *Weintraub Story,* S. 25; Aufzeichnung des Roman-Interviews für britische Videoserie, »Swing under the Swastika«, Yorkshire Television, London, 1988.
89. Anzeige in *Artist,* 15. Januar 1932; Lange, *Jazz in Deutschland,* S. 67.
90. Zitat aus Interview mit Schulz-Reichel.
91. Ibid.; Kok laut Interview durch Inge Klaus (Ort und Datum unbekannt), Kassette freundlicherweise zur Verfügung gestellt von Werner Daniels; *Artist,* 14. Februar 1935, S. 129–30; ibid., 14. März 1935, S. 243; ibid., 11. April 1935, S. 349; ibid., 18. April 1935, S. 392–93; ibid., 9. Mai 1935, S. 469; ibid., 16. Mai 1935, S. 492; ibid., 6. Juni 1935, S. 581; *Deutsches Podium,* 17. April 1935, S. 5 und 16. Mai 1935, S. 7; Hans Brückner, »Wie sie lügen!«, *Deutsches Podium,* Juni 1935, S. 1–3; *Melody Maker,* 1. Juni 1935; Lange, *Jazz in Deutschland,* S. 68; Petrushka [Petruschka] an Autor, 28. Juni 1990.
92. Robert König, »Wir gratulieren!«, *Deutsches Podium,* 8. Oktober 1937, S. 2.
93. *Deutsches Podium,* 17. April 1935, S. 4; ibid., 22. August 1935, S. 7; ibid., 12. September 1935, S. 9–10; ibid., 8. November 1935, S. 2.
94. *Deutsches Podium,* 23. März 1935, S. 8; ibid., 17. April 1935, S. 4, ibid., 24. April 1935, S. 6–7; ibid., 16. Mai 1935, S. 6; ibid., 30. Mai 1935, S. 8 (Zitat); Interview mit Schulz-Reichel.
95. *Deutsches Podium,* 15. August 1934, S. 4 und 24. Januar 1936, S. 8 (Zitat).

96. *Artist,* 29. Mai 1936, S. 595; *Unterhaltungsmusik* 15. Oktober 1936, S. 1293; Danzi, *American Musician,* S. 110; Interview mit Haentzschel.
97. *Deutsches Podium,* 25. September 1936, S. 8; ibid., 18. Dezember 1936, S. 3; ibid., 8. Januar 1937, S. 5; ibid., 12. Februar 1937, S. 6; ibid., 24. September 1937, S. 3; *Artist,* 17. September 1936, S. 1169; *Unterhaltungsmusik,* 21. Januar 1937, S. 66–67.
98. *Deutsches Podium,* 18. September 1936, S. 13; ibid., 20. November 1936, S. 3; ibid., 26. März 1937, S. 6; *Unterhaltungsmusik,* 19. November 1937, S. 1402.
99. *Deutsches Podium,* 12. November 1937, S. 5.
100. *Deutsches Podium,* 23. Februar 1935, S. 3; ibid., 15. August 1935, S. 1–2; ibid., 29. August 1935, S. 11; ibid., 11. Juni 1937, S. 1. Siehe auch *Unterhaltungsmusik,* 15. Oktober 1936, S. 1291, und 20. November 1936, S. 1470.
101. Siehe S. 79f; *Unterhaltungsmusik,* 10. Februar 1938, S. 155.
102. *Deutsches Podium,* 26. März 1937, S. 4–5, und 21. Mai 1937, S. 20. Siehe Christa Maria Rock und Hans Brückner (Hg.), *Judentum und Musik. Mit dem ABC jüdischer und nichtarischer Musikbeflissener,* 2. Aufl. (München, 1936), S. 57, 128, 230–31.
103. Brückner in Rock und Brückner, *Judentum,* S. 18.
104. Bürgermeister von Essen an Hinkel, 25. September 1933, BDC, RMK Ralph Benatzky; Rock und Brückner, *Judentum,* S. 88; *Deutsches Podium,* 16. Mai 1935, S. 3 und 12. Februar 1937, S. 7–8; Leonard Feather, *The Encyclopedia of Jazz* (New York, 1960), S. 229–31, 416; Interview mit Zimmerle. Goebbels verehrte George Bernard Shaw.
105. *Deutsches Podium,* 10. März 1935, S. 2; ibid., 9. Mai 1935, S. 1; ibid., 12. September 1935, S. 8; ibid., 8. Oktober 1937, S. 3; ibid., 19. November 1937, S. 4; Theo Stengel und Herbert Gerigk, *Lexikon der Juden in der Musik. Mit einem Titelverzeichnis jüdischer Werke* (Berlin, 1941); Aufzeichnung einer Rundfunksendung von Fred Prieberg, »Das musikalische Juden-ABC«, Produktion 21. Juni 1988, Deutschlandfunk, Köln.
106. *Die Tagebücher... Goebbels,* Bd. 2, S. 540; Prieberg, *Musik,* S. 179–81. Fall Berry: Berry-RMK-Korrespondenz, August 1935–Oktober 1937, BDC, RKK Berry. Zeitgenössisches Lob für Berry erscheint in *Artist,* 6. Dezember 1934, S. 225 und 18. April 1935, S. 393. Lange, *Jazz in Deutschland,* S. 91, bezeichnet Berry fälschlich als »halbarisch«.
107. RMK-Lizenzkarte für Eugen Henkel, BDC, RMK Henkel; Interview mit Brocksieper; Lange, *Jazz in Deutschland,* S. 83.
108. Interview mit Brocksieper; Leiter der Reichsstelle für Sippenforschung, »Abstammungsbescheid« für Bruno Hans Friedrich (Fritz) Brocksieper, 24. Juli 1939, PA Brocksieper.
109. Reichs-Rundfunk-GmbH an Reichsrundfunkkammer, 22. Februar 1938, BA, R 78/1162; *Amtliche Mitteilungen der Reichsmusikkammer,* 19. Juni 1935, BA, RD 33/2–1; Prieberg, *Musik,* S. 57; Evelyn Künneke, *Sing, Evelyn, Sing. Revue eines Lebens* (Reinbek, 1985), S. 42.
110 Raabe laut Wiedergabe in *Deutsches Podium,* 8. Juli 1937, S. 3. Siehe auch Raabes Erklärung, *Deutsches Podium,* 27. März 1936, S. 1; Peter Raabe, *Die Musik im Dritten Reich,* 16.–20. Aufl. (Regensburg, 1935), bes. S. 33, 48, 56; *Musiker-Lexikon,* S. 1103. Zu Strauss' Ablehnung des Jazz siehe Gerhard Splitt, *Richard Strauss, 1933–1935. Ästhetik und Musikpolitik zu Beginn der nationalsozialistischen Herrschaft* (Pfaffenweiler, 1987), S. 117–19.

111. Thon zitiert in Kellersmann, »Jazz«, S. 28; Interview mit Tabor.
112. *Deutsche Kultur-Wacht,* 24 (1933), S. 14; *Musik* 25 (1933) S. 672; *Artist,* 19. Mai 1933; Interview mit Schulz-Köhn.
113. *Pommersche Zeitung,* Stettin, 6. November 1938; *Unterhaltungsmusik,* 18. November 1938, S. 1507–8.
114. *Unterhaltungsmusik,* 16. März 1939, S. 367 und 19. Mai 1939, S. 689.
115. *Unterhaltungsmusik,* 19. Januar 1939, S. 74–75 und 13. April 1939, S. 510–11; Uwe Dietrich Adam, *Hochschule und Nationalsozialismus. Die Universität Tübingen im Dritten Reich* (Tübingen, 1977), S. 114; *Frankfurter Zeitung,* 23. August 1933.
116. Zum letzteren siehe *Artist,* 28. April, 5. und 19. Mai 1933; Wilhelm Hartseil, »Rassestimmen und Hörerbriefe zur Sendereihe ›Rundfunkball des Reichssenders Leipzig‹ (Reichssender Leipzig, Neue Wege zum Deutschen Tanzstil)«, vervielfältigtes Ms., [Leipzig 1938], S. 45, 78 (BDC, Library, Rundfunk 62).
117. Siehe *Die Tagebücher ... Goebbels,* Bd. 2, S. 728; Bd. 3, S. 7.
118. Raabe zitiert in *Unterhaltungsmusik,* 25. Mai 1939, S. 738.
119. *Amtliche Mitteilungen der Reichsmusikkammer,* 29. Mai 1935, BA, RD 33/2–1; *Deutsches Podium,* 7. Mai 1937, S. 4.
120. Goebbels' Verordnung vom 5. September 1938 in *Unterhaltungsmusik,* 8. September 1938, S. 1187.
121. *Allgemeine Musikzeitung* 66 (1939), S. 268; *Amtliche Mitteilungen der Reichsmusikkammer,* 1. Juli 1939, BA, RD 33/2–2; *Unterhaltungsmusik,* 10. August 1939, S. 1169.
122. Kurt Pabst, »Nazi-›Kultur‹: Dokumente über Kunstpflege im Dritten Reich«, unveröffentlichtes Ms., Erfurt, [1946], S. 38 (BDC, RKK Pabst); *Artist,* 15. November 1934, S. 148.
123. »Musikalische Feldpost«, Anfang Mai 1942, PA Daniels; Bessunger an Autor, 26. April 1989.
124. Interviews mit Klagemann, Brocksieper, Haentzschel und Tabor; BDC, RKK Woschke, Research Föhl, MF Föhl; *Deutsches Podium,* 27. September 1935, S. 1–2; ibid., 6. Dezember 1935, S. 3–4; ibid., 11. September 1936, S. 5–6; *Fox auf 78,* Nr. 4 (Herbst 1987), S. 11.
125. *Unterhaltungsmusik,* 15. Juni 1939, S. 822; Gestapo-Eintragung vom 15. Dezember 1941 in Personalakte, BDC, RMK Leschetitzky; Gerhard Conrad, *Heinz Wehner. Eine Bio-Discographie* (Menden, 1989), S. 41–42; Klaus Krüger, »Wir machen Musik. Tanzorchester im Dritten Reich«, in Polster, *»Swing Heil«,* S. 55.
126. *Die Tagebücher ... Goebbels,* Bd. 2, S. 398; Heinz Pohle, *Der Rundfunk als Instrument der Politik. Zur Geschichte des deutschen Rundfunks von 1923/38* (Hamburg, 1955), S. 172–78, 188–90, 213–16; Ansgar Diller, *Rundfunkpolitik im Dritten Reich* (München, 1980), S. 9, 111, 142, 155.
127. Pohle, *Rundfunk,* S. 186; Gerhard Eckert, *Der Rundfunk als Führungsmittel. Studien zum Weltrundfunk und Fernsehrundfunk* (Heidelberg, 1941), S. 219; Hans-Joachim Weinbrenner (Hg.), *Handbuch des Deutschen Rundfunks 1938* (Heidelberg und Berlin, 1938), S. 284.
128. Jochen Klepper, *Unter dem Schatten deiner Flügel. Aus den Tagebüchern, 1932–1942* (München, 1976), S. 46; Korrespondenz Reichssendeleitung der Reichs-Rundfunk-Gesellschaft, November 1933–August 1936, BA, R 78/902, 909, 912 und 913.

129. *Artist,* 13. August 1936, S. 1011; *Zeitschrift für Musik* 103 (1936), S. 774.
130. *Die Tagebücher... Goebbels,* Bd. 2, S. 417, 545, 706 und Bd. 3, S. 11–12; Eugen Hadamovsky, *Der Rundfunk im Dienste der Volksführung* (Leipzig, [1934]), S. 21; Kurt Wagenführ, *Rundfunk dem Hörer vorgestellt* (Leipzig, 1938), S. 14; Wolfgang von Bartels, »Verpflichtung des Rundfunks zur musikalischen Kultur«, *Zeitschrift für Musik* 102 (1935), S. 1112; Diller, *Rundfunkpolitik,* S. 147.
131. Siehe *Die Tagebücher... Goebbels,* Bd. 3, S. 121; Werner Bergold, »Das Problem der Jazzmusik im Rundfunk«, *Preußische Zeitung,* Königsberg [Herbst 1934], PA Schulz-Köhn; Pohle, *Rundfunk,* S. 282–83, 343–44.
132. Die Vielzahl von Märschen wird erwähnt in Wolfgang Hallgarten an Eckart Kehr, 24. März 1933, in Joachim Radkau und Imanuel Geiss (Hg.), *Imperialismus im 20. Jahrhundert. Gedenkschrift für George W. F. Hallgarten* (München, 1976), S. 278; *Melos* 12 (1933), S. 130. Siehe auch Goebbels am 25. März 1933, zitiert in Diller, *Rundfunkpolitik,* S. 144 und Pohle, *Rundfunk,* S. 319.
133. Zur Streichung des Jazz siehe *Deutsche Kultur-Wacht,* Nr. 37 (1933), S. 10; *Artist,* 31. März 1933; »Anhang zu Bericht über die Personalveränderungen beim Süddeutschen Rundfunk Stuttgart«, 15. März 1933, BA, R 78/622; Pohle, *Rundfunk,* S. 321.
134. RMK-Lizenzkarte für Willi Stech, BDC, RMK Stech; *Artist,* 28. Dezember 1934, S. 310; ibid., 14. März 1935, S. 242; ibid., 18. April 1935, S. 392; ibid., 25. April 1935, S. 425; Interview mit Haentzschel.
135. Interview mit Haentzschel; Besprechung des Swing-Arrangements der Goldenen Sieben von »Jawohl, meine Herr'n«, Electrola 3970, ORA 1964–2, Mai 1937, in *Fox auf 78,* Nr. 4 (Herbst 1987), S. 41.
136. *Musik* 27 (1935), S. 466; Helmut Klare zitiert in Kellersmann, »Jazz«, S. 36; *Melody Maker,* 16. Oktober 1937.
137. Dank Dr. Rainer E. Lotz aus Bonn, der mir eine Tonkassette schickte, habe ich mehrere Melodien prüfen können. Alle, obwohl keineswegs überwältigend, können als Jazz durchgehen. Ein Urteil wird dadurch erschwert, daß die Auswahl undatiert ist.
138. Interview mit Haentzschel.
139. *Völkischer Beobachter,* 13. Oktober 1935; Reichssendeleitung A2 an Reichssendeleitung A3b, 4. September 1936, BA, R 78/912. Laut dem Interview mit Haentzschel handelte es sich bei dem Rundfunkfunktionär, der die Goldene Sieben ablehnte, um den Komponisten Dr. Willy Richartz.
140. *Deutsches Podium,* 25. Oktober 1935, S. 3–4; *Artist,* 29. Januar 1936, S. 107; *Zeitschrift für Musik,* 103 (1936), S. 774.
141. Detaillierte Aufzeichnung der Sendung von Fricke am 9. Dezember 1935, »Vom Cake-Walk zum Hot. Ein Stück Sittengeschichte unserer Zeit«, hergestellt durch Schulz-Köhn, PA Schulz-Köhn. Siehe auch Bessunger (der dies in der Frankfurter Gegend hörte) an Autor, 25. April 1989; *Musik* 28 (1936), S. 292; Pohle, *Rundfunk,* S. 325.
142. Reichssendeleitung A2b, Rundschreiben A2b Nr. 127, 5. Februar 1936; Rundschreiben A2b Nr. 135, 13. März 1936, BA, R 78/694.
143. Klagemann laut Krüger, »Musik«, S. 60.
144. Zu diesen Beziehungen siehe Dietrich Schulz-Köhn, *Die Schallplatte auf dem Weltmarkt* (Berlin, 1940), S. 64–94; Lange, *Jazz in Deutschland,* S. 62–63.
145. *Deutsche Kultur-Wacht,* Nr. 8 (1933), S. 17–18; *Deutsches Podium,* 30. April 1937, S. 3 und 15. Juli 1937, S. 7.

146. *Artist,* 15. Oktober 1936, S. 1290; Aufzeichnung vom Interview mit Schulz-Köhn für britische Videoreihe, »Swing under the Swastika« (siehe Anm. 88 oben).
147. *Artist,* 6. Mai 1935, S. 492; Hinrich Schlüter, »Neue Schallplatten«, *Musik* 28 (1936), S. 377–80.
148. Interviews mit Blüthner, Hielscher, Jung und Vogel; Bessunger an Autor, 25. April 1989.
149. *Die Tagebücher ... Goebbels,* Bd. 3, S. 361.
150. Ibid., S. 373; Deutsche Grammophon, Berlin-Tempelhof, Schallplattenverzeichnis, »Achtung! Achtung! Nur dieses numerische Verzeichnis ... hat Geltung!«, o. J., PA Jung (Zitat).
151. Hitler zitiert in Max Domarus, *Hitler. Reden und Proklamationen, 1932–1945,* Bd. 2 (Wiesbaden, 1973), S. 730; siehe auch ibid., S. 717, 727–29; Ian Kershaw, *The »Hitler Myth«. Image and Reality in the Third Reich* (Oxford, 1987), S. 237–38.
152. Goodmans Mitwirkung an dem Benefizkonzert wird von Lange, *Jazz in Deutschland,* S. 86, bezeugt, ist jedoch leider, wie sämtliche Aussagen Langes, nicht dokumentiert. Trotzdem kann das von dem Hamburger Jazzexperten Thorsten Müller in *Deutsches Allgemeines Sonntagsblatt,* 6. Dezember 1981, vorgebrachte Gegenargument nicht überzeugen. Siehe auch James Lincoln Collier, *Benny Goodman and the Swing Era* (New York, 1989), S. 205–6.
153. »Swing Music auf Electrola«, [1937], PA Jung. Zu Goodman-Schallplattenanzeigen bei Electrola siehe *Skizzen,* April 1936, S. 22; ibid., Dezember 1936, S. 18; ibid., Januar 1937, S. 20; ibid., November 1937, S. 21. Zu Goodman bei Brunswick siehe Brunswick-Minikataloge für Februar, Oktober und Dezember 1937, PA Jung.
154. Lange, *Jazz in Deutschland,* S. 87.
155. Siehe S. 92.
156. Interview mit Schulz-Köhn.
157. Ibid.; Kleindin zitiert in Conrad, *Wehner,* S. 58.
158. Dieter Zimmerle, »Jazz im Nationalsozialismus«, PA Zimmerle.
159. Interview mit Jung; Jung an Electrola, 7. Juni 1938 (Zitat); Deutsche Grammophon an Jung, 13. Juni 1938; Kristall-Schallplatten an Jung, 20. Juni 1939. Siehe auch Verzeichnis »Brunswick Platten 1937«, S. 13, 21. Sämtliche Dokumente PA Jung.
160. *Schwarzes Korps,* 25. November 1937.
161. »Brunswick Platten-Verzeichnis«, bis einschließlich März 1939, S. 10, 24–25 (PA Jung); Reginald Rudorf, *Jazz in der Zone* (Köln und Berlin, 1964), S. 19.
162. Interview mit Boas; Hans Blüthner, »Plattensammeln und was sonst noch so war«, *Fox auf 78,* Nr. 7 (Sommer 1989), S. 18; Brunswick-Plattenverzeichnis »Swing-Musik«, [1936], S. 15 (Zitat) (PA Schulz-Köhn); »Brunswick Platten 1937«, S. 19 (PA Jung). »Brunswick Platten-Verzeichnis«, bis März 1939 (PA Jung), enthält keinen Eintrag für Trumbauer. Trumbauers deutsche Herkunft wird nicht bestätigt in Feather, *Encyclopedia,* S. 445–46.
163. *Artist,* 12. März 1936, S. 272; ibid., 19. März 1936, S. 304; ibid., 29. Juli 1936, S. 872; Peter Raabe, »Die Musik im Dritten Reich«, *Zeitschrift für Musik* 101 (1934), S. 729; *Deutsches Podium,* 8. Oktober 1937, S. 6; Oskar Joost, »Denkschrift zur Kultivierung der Tanzmusik in Deutschland«, Anlage zu Joost an Hinkel, 16. November 1936, BDC, RMK Joost.

164. Zum Zusammenhang zwischen den beiden Ereignissen siehe *Deutsches Podium,* 8. November 1935, S. 3; Pohle, *Rundfunk,* S. 322–23.
165. *Artist,* 14. November 1935, S. 1279.
166. *Deutsches Podium,* 20. März 1936, S. 3.
167. Interviews mit Vogel, Blüthner, Bohländer, Madlung-Shelton.
168. Keudell an Hinkel, 7. Oktober 1935, BA, R 65I/87; Reichssendeleitung A2 an Reichssendeleiter, 28. Dezember 1937, BA, R 78/913; Schlüter, »Neue Schallplatten«, S. 377; *Deutsches Podium,* 9. Mai 1935, 3. und 29. Juli 1937, S. 8; *Skizzen,* Dezember 1935, S. 19; ibid., Februar 1937, S. 16; ibid., April 1937, S. 11–12; *Artist,* 6. Mai 1933; Hans Schnoor, *Barnabás von Géczy. Aufstieg einer Kunst. Rhapsodie in zehn Sätzen* (Dresden, [1937]); *Schwarzes Korps,* 25. November 1937. Géczys »Vieni, Vieni« (Juli 1938) liegt vor auf Tonbandkassette, *Wir tanzen wieder Swing Time,* Nr. 2, Bob's Music, Hamburg 1989.
169. Joost war NSDAP-Amtswalter und damit dem NS-Ortsgruppenleiter unterstellt. Siehe »Fragebogen« Joost und Postskriptum, 10. Juni 1933, RMK Joost; und Reichssendeleitung A2 an Reichssendeleiter, 28. Dezember 1937, BA, R 78/913; Schlüter, »Neue Schallplatten«, S. 377; *Deutsches Podium,* 23. Februar 1935, S. 5 und 31. Oktober 1935, S. 7; Danzi, *American Musician,* S. 82; Interview mit seinem Bruder und Musikerkollegen Albert Joost in Polster, *»Swing Heil«,* S. 95–98; Boas, *Anhang,* S. 12–13; Krüger, »Musik«, S. 47–48; *Fox auf 78,* 4 (Herbst 1987), S. 40. Joosts »Oh Muki Muki Oh« (Mai 1935) ist zu hören auf *Wir tanzen* (siehe Anm. 168).
170. *Deutsches Podium,* 14. November 1935, S. 1280; Fritz Stege, »Gibt es eine ›deutsche Jazzkapelle‹?«, *Zeitschrift für Instrumentenbau* 56 (1936), S. 251.
171. Zitat aus *Artist,* 19. März 1936, S. 303. Siehe auch *Artist,* 6. Februar 1936, S. 129; ibid., 26. Februar 1936, S. 228; ibid., 5. März 1936, S. 244; *Deutsches Podium,* 14. Februar 1936, S. 3.
172. Fred Malige, »Was ist Tanzmusik – und was ›Wettbewerb‹?«, *Deutsches Podium,* 7. Februar 1936, S. 1–2, und 24. Januar 1936, S. 4; *Artist,* 3. Februar 1936, S. 156.
173. Pohle, *Rundfunk,* S. 322; *Artist,* 20. Februar 1936, S. 189.
174. Interview mit Zimmerle; *Artist,* 13. September 1934 und 28. August 1935, S. 961. Webers »Ich tanz mit Fräulein Dolly Swing« (Juni 1938), ein aktuelles Zugeständnis an die Swingtanzmanie jener Zeit (siehe S. 202 f), verfügt über relativ gut swingendes Section-Spiel, ist aber zu straff arrangiert, läßt das Tempo schleifen und enthält mäßige Soli (Tonbandkassette, *Wir tanzen* [wie in Anm. 168]).
175. *Artist,* 9. März 1936, S. 304–5 und 4. Juni 1936, S. 651–52; *Deutsches Podium,* 3. April 1936, S. 1–2; Heinrich, *»Swing-Genration«,* S. 14–15.
176. *Deutsches Podium,* 25. September 1936, S. 13 und 22. Januar 1937, S. 3; *Unterhaltungsmusik,* 25. Mai 1938, S. 674.
177. Stege, »Gibt es«, S. 252.
178. Joost an Hinkel, 12. Juni 1936, BDC, RMK Joost; *Deutsches Podium,* 28. Februar 1936, S. 5 und 22. Mai 1936, S. 7.
179. Joost an Hinkel, 19. September 1936, BDC, RMK Joost.
180. Reichssendeleitung A2, »Aktennotiz über die Schaffung eines mustergültigen Rundfunk-Tanzorchesters«, unterzeichnet von Joost, Richartz u. a., 6. November 1936, BDC, RMK Joost.
181. Oskar Joost, »Denkschrift zur Kultivierung der Tanzmusik in Deutschland«, Anlage zu Joost an Hinkel, 16. November 1936, BDC, RMK Joost.

182. Joost an Hinkel, 17. März 1937 (Zitat), Joost an Glasmeier, 22. März 1937, Joost an Hinkel, 5. April 1937, BDC, RMK Joost; Diller, *Rundfunkpolitik*, S. 198.
183. BDC, Personalakten Hartseil; Diller, *Rundfunkpolitik*, S. 204.
184. »Rassestimmen und Hörerbriefe« (siehe Anm. 116), bes. S. 1, 3, 5–6, 10–15, 18, 24, 35, 79, 102, 123; *Unterhaltungsmusik*, 6. Januar 1938, S. 4.
185. *Unterhaltungsmusik*, 14. April 1938, S. 451 und 11. August 1938, S. 1054–55; *Musik in Jugend und Volk* 2 (1939), S. 33.

2. Kapitel

1. Joachim Ernst Berendt, *Ein Fenster aus Jazz. Essays, Portraits, Reflexionen* (Frankfurt am Main, 1977), S. 300; Ray Taubert in der Rundfunkreihe »Jazz in Germany. A Survey of Hot Dance, Swing and Traditional Jazz in Germany, 1924 to Present«, produziert und ausgestrahlt vom Sender KALW FM, San Francisco, von Dave Radlauer und Ray Taubert, , o. J., Bandkopien zur Verfügung gestellt durch Goethe-Institut, Toronto (Programm 1).
2. Zitate in der Reihenfolge des Auftretens: *Artist*, 11. März 1937, S. 260; *SA-Mann*, 19. Februar 1938, S. 10; *Bewegung*, 6. Dezember 1938; Joachim-Ernst [»Fiddlin' Joe«] Frommann an Kurt [»Hot-Geyer«] Michaelis, 17. Dezember 1935, PA Michaelis; Aufzeichnung einer Rundfunksendung von Hajo Steinert, »Und Abends in die Scala. Girls, Bonzen und die Partei«, Produktion 25. August 1987, Deutschlandfunk, Köln.
3. Gunther Schuller, *The Swing Era. The Development of Jazz, 1930–1945* (New York und Oxford, 1989), S. 3–45; siehe S. 62 dieses Buches. Siehe auch Neil Leonard, *Jazz and the White Americans. The Acceptance of a New Art Form* (Chicago, 1970), S. 119–27; Carlo Bohländer, *Jazz-Geschichte und Rhythmus* (Mainz, 1960), S. 42–48; James Lincoln Collier, *Benny Goodman and the Swing Era* (New York, 1989), S. 122–229.
4. Schuller, *Swing Era*, S. 4. Siehe auch Albert McCarthy, *Big Band Jazz* (New York, 1974), S. 321.
5. *Deutsches Podium*, 21. August 1936, S. 36–37 und 4. September 1936, S. 4–5.
6. *Artist*, 21. April 1933.
7. Interview mit Zacharias.
8. Interviews mit Panagopoulos, Berendt, Bohländer und Mangelsdorff; Franz Heinrich, *»Swing-Generation«. Selbsterlebtes* (Menden, 1988), S. 29–30; Interview mit Blüthner, laut Aufzeichnung einer Rundfunksendung von Astrid Eichstedt, »›Swing Heil!‹ Jazzcliquen im nationalsozialistischen Deutschland«, Produktion 17. März 1989, Westdeutscher Rundfunk I.
9. Michael Danzi, *American Musician in Germany, 1924–1939. Memoirs of the Jazz, Entertainment, and Movie World of Berlin during the Weimar Republic and the Nazi Era – and in the United States*, as told to Rainer E. Lotz (Schmitten, 1986), S. 102.
10. Martha Dodd, *Through Embassy Eyes* (New York, 1940), S. 291.
11. Henry H. Sklow an Kurt Michaelis, 6. August 1938, PA Michaelis.
12. Charles Delaunay, *Hot Discography. 1938 Edition* (New York, 1943), S. 211, 250, 252, 257–58.
13. S. Frederick Starr, *Red and Hot. The Fate of Jazz in the Soviet Union, 1917–1980* (New York und Oxford, 1983), z. B. S. 115; Jim Godbolt, *A History of Jazz in Britain, 1919–50* (London, 1984), z. B. S. 212.

14. Hawkins zitiert nach Whitney Balliett, *American Musicians. Fifty-Six Portraits in Jazz* (New York und Oxford, 1986), S. 109.
15. Interview mit Lehn.
16. Aufzeichnung der Rundfunksendung von Lutz Adam, »Swingstadt Berlin. Die Stauffer-Zeit«, Produktion 1. Mai 1986, RIAS Berlin I; Kurt-Hohenberger-Orchester, aufgenommen 23. Dezember 1937, neu herausgegeben auf *Swing tanzen verboten,* Telefunken 6.28360 DP, 1976. Siehe auch Wolfgang Muth, *Ernst Höllerhagen. Ein deutscher Jazzmusiker* (Magdeburg, 1964), z. B. S. 8–10.
17. Interview mit Schulz-Reichel.
18. In der Rundfunkreihe »Jazz in Germany«, Programm 5 (siehe Anm. 1 oben).
19. Interviews mit Klagemann und Schulz-Reichel.
20. *Down Beat,* Dezember 1937, S. 15.
21. Interview mit Schulz-Reichel. Auch Interviews mit Schulz-Köhn, Meyer und Haentzschel; *Unterhaltungsmusik,* 10. August 1939, S. 1169.
22. Vgl. Tatums solistische Klavierversion von »It Had to Be You« im August 1937.
23. Korseck an Autor, 15. November 1988; *Unterhaltungsmusik,* 28. Februar 1940, S. 177.
24. Vgl. »What Will I Tell My Heart« (Hohenbergers Combo, 23. Dezember 1937), »Rücksichtslos« und »Evelyn« (beide von Peter Kreuder und seinen Tanzrhythmikern, 4. Januar 1938), *Swing tanzen verboten* (siehe Anm. 16). Aber siehe auch die positive Kritik von »Cherokesen-Fox«, aufgenommen für Kristall (3629 C 9770) im August 1936 von Kurt Engels Tanzrhythmikern, in *Fox auf 78,* Nr. 6 (Herbst 1988), S. 14.
25. Hans Korseck, handschriftliche Liste von privater Jazzschallplattensammlung [1939/40], PA Hilde Korseck.
26. Interview mit Brocksieper.
27. Siehe Schuller, *Swing Era,* S. 21, 27–28.
28. Interview mit Klagemann. Klagemanns knapper, zurückhaltender Stil läßt sich in Hohenbergers »What Will I Tell My Heart« ebenso wie in Kreuders »Rücksichtslos« ausmachen (siehe Anm. 16, 24).
29. Muth, *Höllerhagen,* S. 8; Interview mit Haentzschel.
30. Auf »San Francisco«, 1936 aufgenommen und noch nicht vom klassischen Swing beeinflußt, spielt Engel kompetent, wenn auch nicht sehr mitreißend Xylophon; Haentzschel swingt eindrucksvoll, ohne allerdings an Schulze heranzureichen (Rundfunkreihe »Jazz in Germany«, Programm 3 [siehe Anm. 1]). Siehe weiter *Artist,* 14. Februar 1935, S. 130; *Deutsches Podium,* 8. Oktober 1937, S. 16; Muth, *Höllerhagen,* S. 8–9; Interview mit Haentzschel. Siehe auch die Engel-Kritik in Anm. 24.
31. Gerhard Conrad, *Posaunen-Dob. Kleine Biographie Walter Dobschinskis* (Menden, 1983), S. 15.
32. *Artist,* 10. September 1936, S. 1139; Willy Fritsch, *... das kommt nicht wieder. Erinnerungen eines Filmschauspielers* (Zürich und Stuttgart, 1963), S. 128–29. Ein gemäßigt swingendes »Caravan« (Ellington) von 1939 ist zu hören auf einer Tonbandkassette, geliefert von Christian Kellersmann. »Jazz in Deutschland von 1933–1945«, Wissenschaftliche Hausarbeit zur Erlangung des akademischen Grades eines Magister Artium der Universität Hamburg, 1989 (siehe S. 130 der Hausarbeit).

33. *Deutsches Podium,* 15. Juli 1937, S. 8; Gunter und Lissy Lust, ... *und sie drehen sich immer noch!* (Menden, 1984), S. 33; Interview mit Daniels; Heinrich, *»Swing-Generation«,* S. 30. Auch Muth, *Höllerhagen,* S. 9–10; Gunther Schuller, *Early Jazz. Its Roots and Musical Development* (New York und Oxford, 1986), S. 194, Anm. 23.
34. Siehe Anm. 16.
35. Hans Blüthner, »Jazz in Berlin«, *Orkester Journalen,* Dezember 1947, S. 33; *Artist,* 6. Dezember 1934, S. 225 und 14. März 1935, S. 242.
36. Der Pianist jener Gruppe war Otto Fuhrmann, den man nie als einen harten Jazzmusiker kannte (Interview mit Tabor). Zu Abriani, der Deutschland in jenen Jahren häufig besuchte, siehe Horst J. P. Bergmeier und Rainer E. Lotz, »Weltenbummler mit Koffer in Berlin – John Abriani«, *Fox auf 78,* Nr. 7 (Sommer 1989), S. 38–44; *Deutsches Podium,* 15. Oktober 1937, S. 9, und 29. Oktober 1937, S. 9.
37. *Down Beat,* Dezember 1937, S. 15. Siehe auch die Beschreibung des Belgiers E. van Gils in *Music* [Brüssel], Dezember 1937, S. 147; Interviews mit Schulz-Reichel, Klagemann, Brocksieper und Schulz-Köhn.
38. Erstes Zitat aus *Down Beat,* Dezember 1937, S. 15; Interview mit Schulz-Reichel. Auch Interview mit Klagemann; *Deutsches Podium,* 13. März 1936, S. 10; Luis Trenker, *Alles gut gegangen. Geschichten aus meinem Leben* (München, 1975), S. 349.
39. Hubert von Meyerinck, *Meine berühmten Freundinnen* (Düsseldorf und Wien, 1967), S. 111–14.
40. *Deutsches Podium,* 15. Oktober 1937, S. 9.
41. Interview mit Schulz-Köhn (Zitat). Auch Femina-Programm, 1. November 1938, PA Jung; Marko Paysan, »Zauber der Nacht. Tanz- und Vergnügungsbetriebe im Berlin der Dreißiger Jahre«, in Bernd Polster (Hg.), *»Swing Heil«. Jazz im Nationalsozialismus* (Berlin, 1989), S. 87; Interview mit Michaelis.
42. *Artist,* 13. September 1934 und 25. Oktober 1934, S. 82; *Deutsches Podium,* 10. März 1935, S. 9. Koks Version des »Tiger Rag« (1935) enthält diszipliniertes Section-Spiel, gut improvisierte Klarinettenläufe, anscheinend von Bauschke, und ein hübsches Solo mit dichten Akkorden von Schulze; sie läßt jedoch auch ein enttäuschendes, »genudeltes« Altsaxophonsolo zu Gehör kommen (Rundfunkreihe »Jazz in Germany«, Programm 3 [siehe Anm. 1]).
43. *Artist,* 8. August 1935, S. 805 und 15. August 1935, S. 874.
44. *Artist,* 23. Januar 1936, S. 77 und 16. Juli 1936, S. 821; Horst H. Lange, *Jazz in Deutschland. Die deutsche Jazzchronik: 1900–1960* (Berlin, 1966), S. 68; Interview mit Lehn.
45. Zitate in Reihenfolge des Auftretens: *Unterhaltungsmusik,* 24. Dezember 1936, S. 1660; *Deutsches Podium,* 24. September 1937, S. 3; Schulz-Köhn, »Programm eines Abends im ›Moka Efti‹ bei Erhard Bauschke«, [1937], PA Schulz-Köhn. Siehe auch Horst Lippmann in »Jazz-Club News«, Oktober–November 1945, PA Jung.
46. RMK-Lizenzkarte für Heinz Wehner, BDC, RMK Wehner; *Artist,* 13. September 1934 und 25. Oktober 1935, S. 82; *Deutsches Podium,* 25. Oktober 1935, S. 16; ibid., 6. November 1936, S. 18; ibid., 12. März 1937, S. 7; *Unterhaltungsmusik,* 1. April 1937, S. 379; ibid., 3. Februar 1938, S. 142; ibid., 29. März 1939, S. 461–62; Lange, *Jazz in Deutschland,* S. 75; Gerhard Conrad, *Heinz Wehner. Eine Bio-Discographie* (Menden, 1989), S. 5–64.

47. *Orkester Journalen* zitiert nach Conrad, *Wehner,* 337; *Down Beat,* Dezember 1937, S. 15; Schulz-Köhn, »Programm eines Abends im ›Moka Efti‹ bei Erhard Bauschke«, [1937], PA Schulz-Köhn; »Das Fräulein Gerda«, aufgenommen am 2. September 1938, mit Berking, Müller, Wernicke, neu aufgelegt auf *Swing tanzen verboten* (siehe Anm. 16). Der Struktur nach sehr ähnlich sind Wehners »Cherokesen-Fox«, 29. September 1936, ibid., und die »Bugle Call Rag«-Aufnahme von 1937, Rundfunkreihe »Jazz in Germany«, Programm 1 (siehe Anm. 1).
48. *Artist,* 8. August 1935, S. 806; 5. September 1935, S. 982; und 27. November 1935, S. 1358; *Unterhaltungsmusik,* 24. Dezember 1936, S. 1659 und 25. Mai 1938, S. 673; *Deutsches Podium,* 23. März 1935, S. 12, S. 12; ibid., 20. Juni 1935, S. 8; ibid., 27. September 1935, S. 13–14; ibid., 7. August 1936, S. 10; ibid., 11. Dezember 1936, S. 11; ibid., 18. Dezember 1936, S. 8; Horst H. Lange, »Zwischen Optik und Hot-Takt. Max Rumpf«, *Fox auf 78,* Nr. 5 (Frühjahr 1988), S. 4–9; idem, *Jazz in Deutschland,* S. 83; Otto Stenzel laut Interview durch Hajo Steinert, »Und Abends in die Scala« (siehe Anm. 2).
49. *Artist,* 28. Dezember 1934 und 14. Februar 1935, S. 129–30; *Skizzen,* März 1937, S. 16; Lange, *Jazz in Deutschland,* S. 82; Fred K. Prieberg, *Musik im NS-Staat* (Frankfurt am Main, 1982), S. 293; »Club der Schellackfreunde Hessen e. V.«, Frankfurt am Main, September 1987, S. 41; Pointon an Autor, 25. April 1989; Interview mit Daniels.
50. Lange, *Jazz in Deutschland,* S. 93; Danzi, *American Musician,* S. 122; Heinrich, *»Swing-Generation«,* S. 32.
51. Persönliche Mitteilung an Autor durch Roy Ackerman von Yorkshire Television, in London, 8. Mai 1988.
52. Henry Hall, »I Played in Nazi Germany«, *Rhythm,* April 1939, S. 3–6.
53. Ibid., S. 4; nicht identifiziertes Fragment, »Besuch aus London. Henry Hall in Berlin«. [1939], PA Jung; Charles Fox, »Jazz in England«, in *That's Jazz. Der Sound des 20. Jahrhunderts. Eine Ausstellung der Stadt Darmstadt ... 29. Mai bis 28. August 1988* (Darmstadt, 1988), S. 437; *Unterhaltungsmusik,* 5. September 1940, S. 829.
54. Teddy Stauffer, *Forever Is a Hell of a Long Time. An Autobiography* (Chicago, 1976), S. 101–18; *Deutsches Podium,* 17. April 1935, S. 7; *Melody Maker,* 16. Oktober 1937; Femina-Programm, 1. November 1938, PA Jung; Conrad, *Posaunen-Dob,* S. 11–25; Lange, *Jazz in Deutschland,* S. 78. Die beiden ersten Melodien sind zu hören auf *Swing tanzen verboten* (wie in Anm. 16); die letzte ist in Radlauer und Tauberts Rundfunkreihe »Jazz in Germany« enthalten, Programm 1 (siehe Anm. 1). Vgl. Lutz Adam, »Swingstadt Berlin« (siehe Anm. 16).
55. *Deutsches Podium,* 11. Dezember 1936, S. 8; ibid., 18. Dezember 1936, S. 7; ibid., 29. Oktober 1937, S. 8; *Unterhaltungsmusik,* 2. Februar 1939, Innenumschlag; Lange, *Jazz in Deutschland,* S. 81. Man lausche Hülphers' Fassung von »Don't be that Way« (1937) im unstrittigen Swingstil. Sie wird nur durch ein etwas amateurhaftes Tenorsaxophonsolo beeinträchtigt (Rundfunkreihe »Jazz in Germany«, Programm 3 [siehe Anm. 1]).
56. Interview mit Zimmerle.
57. Siehe *Artist,* 27. November 1935, S. 1358.
58. Interview mit Zacharias; Heinrich, *»Swing-Generation«,* S. 27–29.
59. Egino Biagioni, *Herb Flemming. A Jazz Pioneer around the World* (Alphen aan

de Rijn, [1977]), S. 5–7, 49–53; Interview mit Schulz-Reichel; Hans Blüthner, »Sweet and Hot. Blick in die Vergangenheit«, *Jazz-Podium* 35 (September 1986), S. 9.

60. Interview mit Vogel; Heinrich, *»Swing-Generation«*, S. 31.
61. Dietrich Schulz, »Lebenslauf«, 30. April 1936, BDC, RSK Schulz; Dietrich Schulz-Köhn, »Lebenslauf«, auf Rückseite von *Die Schallplatte auf dem Weltmarkt* (Berlin, 1940).
62. Zitat aus Aufzeichnung von Schulz-Köhn-Interview für britische Videoreihe, »Swing under the Swastika«, Yorkshire Television, London, 1988.
63. Milton »Mezz« Mezzrow und Bernard Wolfe, *Really the Blues* (New York, 1949), S. 194–95; Alfred A. Goodman, *Musik im Blut. Amerikanische Rhythmen erobern die Welt* (München, 1968), S. 118; Chris Goddard, *Jazz Away from Home* (New York und London, 1979), S. 138–60; Schuller, *Swing Era,* S. 245; Dietrich Schulz-Köhn, *Django Reinhardt. Ein Portrait* (Wetzlar, 1960), S. 29–31; Interview mit Schulz-Köhn.
64. Zitat aus Brief von D. Schulz an W. Schulz, 23. September 1936; Hot Club, »carte de membre« für Dietrich Schulz, unterzeichnet von Präsident Panassié, November 1935, PA Schulz-Köhn. Auch Schulz-Köhn, *Reinhardt,* S. 7–8; Interview mit Schulz-Köhn durch Annette Hauber, in *That's Jazz,* S. 335, 339; Interview mit Schulz-Köhn; Charles Delaunay, »Introduction«, in idem, *Hot Discography. 1938 Edition;* Balliett, *Musicians,* S. 5–10.
65. Interview mit Schulz-Köhn; Goddard, *Jazz Away,* S. 174–79; Godbolt, *History,* S. 73–76.
66. Interviews mit Schulz-Köhn und Schulz-Reichel.
67. Interview mit Schulz-Köhn; Paesike an Schulz, 23. September 1935, PA Schulz-Köhn (Zitat).
68. Zitat aus Aufzeichnung von Schulz-Köhn-Interview (siehe Anm. 62); Programme des »Brunswick-Schallplatten-Abends«, von Deutscher Grammophon-Aktiengesellschaft Berlin, für 20. Januar, 5. März, 2. April 1936, PA Schulz-Köhn; »Einführung in die Swing-Musik. Vortrag von Dietrich Schulz«, 20. Januar 1936, PA Schulz-Köhn; »Einteilung der Swing-Musik«, in *Händlernachrichten* [Deutsche Grammophon], Sommer 1936, PA Schulz-Köhn; Interview mit Schulz-Köhn.
69. Brunswick-Schallplattenkatalog, »Swing-Musik«, [1936], bes. S. 19 (PA Schulz-Köhn).
70. *Metronome,* August 1936, S. 41.
71. Reinmar von Zweter [Stege] in *Artist,* 17. September 1936, S. 1169; idem in *Unterhaltungsmusik,* 22. Oktober 1936, S. 1335 (Zitat).
72. *Tempo,* März 1937, S. 12.
73. Moser an Autor, 2. Februar und 14. März 1990.
74. Zu Bands, für die in Königsberg Reklame gemacht wurde, siehe *Deutsches Podium,* 23. März 1935, S. 11; *Artist,* 28. Dezember 1935, S. 1478. Zu Börschel siehe Jan Grundmann, »Erich Börschel und sein Orchester«, *Fox auf 78,* Nr. 3 (Frühjahr 1987), S. 4–7.
75. »Programm No. 50 zum Sonntag d. 2. 2. 1936«, PA Schulz-Köhn; Ekkehard Jost, »Jazz in Europa – Die frühen Jahre«, in *That's Jazz,* S. 321.
76. Hans Blüthner, »Plattensammeln und was sonst noch so war«, *Fox auf 78,* Nr. 7 (Sommer 1989), S. 20; Interview mit Blüthner. Siehe S. 32.
77. Interview mit Michaelis; Schulz-Köhn an Autor, 10. September 1990; siehe die

Fotografie in diesem Buch, datiert 19. Januar 1936, mit Schulz, Michaelis, Flemming, Fromman und Schulze um 3 Uhr morgens im Sherbini-Club.

78. Interviews mit Michaelis und Jung; »Programm No. 179 (1. Septemberwoche 1938)« und ähnliche Programme (Nr. 181, 182, 190, 196) für den Rest des Septembers und für November und Dezember 1938; PA Jung; Anlage zu Brief von Michaelis an Autor, 6. Februar 1989.
79. Zitat aus Interview mit Blüthner.
80. Blüthner-Orchestertagebuch, PA Blüthner.
81. Heinrich, *»Swing-Generation«*, S. 19–20, 26, 32–34; Interview mit Hielscher; Moser an Autor, 14. März 1990.
82. Hans Blüthner, »Plattensammeln und was sonst noch so war«, *Fox auf 78*, Nr. 6 (Herbst 1988), S. 37; Lange, *Jazz in Deutschland*, S. 69–70; Interview mit Blüthner.
83. Interviews mit Blüthner und Pick; Schulz-Köhn an Autor [August 1990].
84. Interviews mit Blüthner, Pick und Jung; Blüthner, »Plattensammeln« (1988), S. 36–39; ibid. (1989), S. 18–21; Blüthner an Jung, 22. Mai 1938; Mitgliedsausweis der Magischen Note für Jung, datiert Berlin, 7. März 1939, beide PA Jung; Delaunay, *Hot Discography. 1938 Edition*, S. X. Siehe auch die Anzeige für Blue Note, New York, »Getreu der Tradition des Hot-Jazz und der echten Improvisation«, ibid.; Michael Cuscuna, »The Blue Note Story«, Manhattan Records Liner Notes (1984), PA Schulz-Köhn.
85. Interview mit Jung; Geoffrey Skelton, *Paul Hindemith. The Man behind the Music. A Biography* (London, 1975), S. 45, 74–75.
86. Siehe auch Deutsche Grammophon an Jung, 20. August 1936; Jung an Electrola und an Disques Swing (Paris), beide 7. Juni 1938, und an »Werte Firma«, 10. November 1938, alle PA Jung.
87. Originale dieser Broschüren, 1935–38, PA Jung.
88. Jung an *Melody Maker*, 2. Oktober (Zitat) und 11. November 1937, PA Jung.
89. Interview mit Jung.
90. Siehe *Deutsches Podium*, 17. April 1935, S. 6 und 15. Januar 1937, S. 16; auch Interview mit Schulz-Köhn und Bohländer.
91. Interview mit Bohländer; Fotografie von Schulz, Bohländer u. a. (Frankfurt, 1934), PA Jung.
92. Interview mit Bohländer.
93. Interview mit Mangelsdorff; RCA-Victor-Aufnahme 22938 von »Dinah«, verzeichnet in Charles Delaunay, *New Hot Discography. The Standard Directory of Recorded Jazz*, hg. Walter E. Schaap und George Avakian (New York, 1948), S. 87.
94. *Deutsches Podium*, 13. November 1936, S. 8–9 und 20. November 1936, S. 3–4; *Artist*, 27. November 1935, S. 1358; *Unterhaltungsmusik*, 22. Dezember 1938, S. 1687–88; Programm »1. Gastspiel der Kapelle Karl Ballaban. Wiener Tanzsymphoniker, August–September 1936«, PA Michaelis; Anlage zu Brief von Michaelis an Autor, 6. Februar 1989; Becke an Autor, 8. Februar 1990; Interview mit Michaelis.
95. Interview mit Michaelis; Michaelis an Autor, 1. Januar 1990; Fox, »Jazz in England«, S. 437–38. Siehe auch Geoffrey Butcher, *Next to a Letter from Home. Major Glenn Miller's Wartime Band* (Edinburgh, 1986), S. 150; Godbolt, *History*, S. 192, 219, 234.
96. *Tempo*, September 1937, S. 26.

97. *Melody Maker,* 15. April 1939.
98. *Tempo,* März 1937, S. 12; Sklow an Michaelis, 2. Oktober 1937 (Zitate) und 30. Oktober 1937, PA Michaelis.
99. Sklow an Michaelis, 10. Dezember 1937, PA Michaelis.
100. Ibid.
101. Zitat aus Sklow an Michaelis, 28. Januar 1938; auch Briefe, datiert 10. Dezember 1937, 6. August 1938, 15. Februar 1939, alle PA Michaelis. Siehe auch die interessante Aussage eines anderen zeitgenössischen New Yorker Goodman-Fans, Edward Pessen, »The Kingdom of Swing. New York City in the Late 1930s«, *New York History* (Juli 1989), bes. S. 278–79, 281; und Collier, *Benny Goodman,* S. 216–19.
102. Ross Russell an Michaelis, 1. Mai 1937, PA Michaelis.
103. Russell an Michaelis, 20. April 1937, PA Michaelis.
104. Russell an Michaelis, 19. Juli [1937], 10. November 1937, 16. Dezember [1937], PA Michaelis. Siehe Leonard Feather, *The Encyclopedia of Jazz* (New York, 1960), S. 406.
105. Russell an Michaelis, 22. Januar 1938, PA Michaelis; Ross Russell, *Bird Lives! The High Life and Hard Times of Charlie (Yardbird) Parker* (New York, 1973), S. 376; James M. Ethridge und Barbara Kopala (Hg.), *Contemporary Authors. A Bio-Bibliographical Guide to Current Authors and Their Works* (Detroit, 1967), S. 822; Michaelis an Autor, 26. April 1989. Siehe auch Delaunay, *New Hot Discography,* S. X; Schuller, *Swing Era,* S. 367, Anm. 31.
106. Dietrich Schulz in *Tempo,* März 1937, S. 12; Walter Kempowski, *Tadellöser & Wolff. Ein bürgerlicher Roman,* 2. Aufl. (München, 1975), S. 62; Bernd Polster; »Treudeutsch, treudeutsch. Swingheinis unterwandern den Kolonnenzwang«, in Polster, *»Swing Heil«,* S. 130; Interviews mit Boas und Pick; Bessunger an Autor, 25. April 1989.
107. *Artist,* 15. September 1933 und 27. November 1935, S. 1357; *Deutsches Podium,* 20. Juni 1935, S. 6; ibid., 18. Oktober 1935, S. 11; ibid., 20. März 1936, S. 20; ibid., 10. April 1936, S. 15; ibid., 21. August 1936, S. 40–41; *Unterhaltungsmusik,* 24. August 1939, S. 1248; Interview mit Daniels.
108. »ISRC. The International Swing Rhythm Club Germany at Dusseldorf«, Mitgliedsausweis für Werner Daniels; »Oliver« an »James«, [1937], beide PA Daniels; Interview mit Daniels.
109. Maschinenschriftlicher Durchschlag, Musterseite, »Mitteilungsblatt des Internationalen Swing-Rhythm Club«, [1937]; [Swing Rhythm Club] an [Zeitungsredakteur] Heiling, [März 1938]; »Reminiszenzen«; Privataufnahme von Theo Hoeren, Anlage zu Brief von Daniels an Autor, 15. Juni 1990, alle PA Daniels; Daniels an Autor, 2. Februar 1989; Interview mit Daniels.
110. *Unterhaltungsmusik,* 29. September 1937, S. 1203, und 3. März 1938, S. 272; *Deutsches Podium,* 18. Dezember 1936, S. 14; Dieter Zimmerle, »Jazz im Nationalsozialismus«, PA Zimmerle; Interviews mit Pick und Zimmerle; Schulz-Köhn an Autor, 10. September 1990.
111. Francis Newton [Eric J. Hobsbawm], *The Jazz Scene* (New York, 1975), S. 235, 238, 247.
112. Schulz-Köhn an Reichsschrifttumskammer, 8. Dezember 1938, BDC, RSK Schulz; Interview mit Schulz-Köhn.
113. Interviews mit Blüthner, Michaelis und Bohländer.
114. Interviews mit Daniels, Zimmerle, Michaelis und Boas.

115. Interviews mit Mangelsdorff, Jung und Blüthner.
116. Dies wurde sowohl von Blüthner als auch von Daniels unterstrichen (Interviews).
117. »Reminiszenzen«, PA Daniels.
118. Interviews mit Blüthner, Pick und Michaelis. Siehe das »Teegesellschafts«-Foto in diesem Buch, das die Leipziger Fans zeigt.
119. Ibid.; »Wichtige Mitteilung« [für Melodie-Klub, Königsberg], 3. April 1935, PA Schulz-Köhn. Siehe das in Anm. 118 erwähnte Foto; ein anderes Foto, datiert 7. März 1937 (PA Michaelis), zeigt vier gepflegte junge Männer mit Anzug und Krawatte.
120. Schulz-Köhn, *Reinhardt*, S. 7 (Zitat); Interview mit Michaelis.
121. Interviews mit Zimmerle und Daniels.
122. In meinen Interviews mit Fans und Musikern erkundigte ich mich immer ausdrücklich nach der Beziehung zu ihren Eltern. Kein einziges Mal begegnete ich jemandem, der gegen seinen Vater oder seine Mutter rebelliert hätte – ganz im Gegenteil.
123. Siehe Newton [Hobsbawm], *Jazz Scene*, S. 230, 232, 237, 238 (Zitat). Auch Leonard, *White Americans*, S. 147.
124. Interviews mit Pick und Blüthner.
125. Interview mit Blüthner. Vgl. Interview mit Michaelis: »Die Fräuleins verstanden nichts, lenkten uns bloß ab..., eigentlich nur am tanzen interessiert... wir sagten ihnen: ›Das ist Männersache, da wird Englisch gesprochen.‹« Daniels machte in seinem Interview mit mir ähnliche Bemerkungen über Düsseldorf.
126. Kurt Michaelis, »Rückblende zum Jahre 1938«, PA Michaelis; Interview mit Michaelis.
127. Interview mit Blüthner.
128. Interview mit Zimmerle.
129. Interviews mit Blüthner und Pick; Rundschreiben der Magischen Note vom 3. Mai und 28. Juni 1938, PA Jung; Lange, *Jazz in Deutschland*, S. 70; Delaunay, *New Hot Discography*, S. 435; Rudi Blesh, »This is Jazz«, *Arts and Architecture* 66 (März 1944), S. 20; Newton [Hobsbawm], *Jazz Scene*, S. 231, 250.
130. Interview mit Michaelis; Russell an Michaelis, 10. November 1937, [Ende November 1937] (Zitat), 22. Januar 1938, PA Michaelis; Schuller, *Swing Era*, S. 192.
131. Newton [Hobsbawm], *Jazz Scene*, S. 233.
132. *Artist*, 16. Mai 1935, S. 492; *Unterhaltungsmusik*, 14. Januar 1937, S. 39; *Skizzen*, Juni/Juli 1938, S. 23; Femina-Programm, 1. November 1938, PA Jung; Muth, *Höllerhagen*, S. 20; Lange, *Jazz in Deutschland*, S. 84; Stauffer, *Forever*, S. 111; Horst J. P. Bergmeier und Rainer E. Lotz, *Billy Bartholomew. Bio-Discography* (Menden, 1985), S. 47; Conrad, *Wehner*, S. 51.
133. Lange, *Jazz in Deutschland*, S. 87; Starr, *Red and Hot*, S. 118; Interview mit Meyer.
134. *Skizzen*, April 1935, S. 15; ibid., Januar 1936, S. 20; ibid., März 1936, S. 19; ibid., Dezember 1938, S. 22; *Deutsches Podium*, 12. Februar 1937, S. 8.
135. *Artist*, 11. April 1935, S. 349, und 16. Mai 1935, S. 493; *Deutsches Podium*, 29. Januar 1937, S. 9, und 22. Juli 1937, S. 4.
136. *Skizzen*, Dezember 1935, S. 22, und Februar 1938, S. 12; *Deutsches Podium*,

11. Dezember 1936, S. 13; Deutsche-Brunswick-Minibroschüre, September 1937, PA Jung; McCarthy, *Big Band Jazz,* S. 317–18; Godbolt, *History,* 187, 222.

137. Deutsche Brunswick-Minibroschüren für Februar 1938, Januar und Mai 1939; »Brunswick Platten-Verzeichnis« bis einschließlich März 1939; Alberti-Plattenverzeichnis, [Dezember 1938], alle PA Jung; *Skizzen,* Dezember 1938, S. 21, und März 1939, S. 22.

138. Russell an Michaelis, 20. April, 23. Oktober, 16. Dezember 1937, 22. Januar 1938, PA Michaelis; Deutsche Brunswick-Minibroschüre, Dezember 1936, PA Jung; Dietrich Schulz, »Classic Swing Album«, [November 1936], PA Schulz-Köhn.

139. Deutsche Brunswick-Minibroschüren für März und April 1939; »Brunswick Platten-Verzeichnis« bis einschließlich März 1939, bes. S. 6, 32, PA Jung: Feather, *Encyclopedia,* S. 215; Joachim Ernst Berendt, *Das Jazzbuch. Entwicklung und Bedeutung der Jazzmusik* (Frankfurt am Main und Hamburg, 1953), S. 58–61; Schuller, *Swing Era,* S. 293.

140. Kurt Michaelis, »Das Swing & Hot-Rhythm Jahr 1938«, PA Michaelis; Russell an Michaelis, 10. November 1937, beide PA Michaelis; Michaelis an Autor, 12. Februar und 26. April 1989, 1. Januar 1990; Interviews mit Michaelis.

141. Interview mit Blüthner; Blüthner an Autor, 29. März 1989; Blüthner, »Plattensammeln« (1989), S. 18, 20; ibid., (1988), S. 39; E. van Gils in *Music,* Dezember 1937, S. 211 (Zitat); *Orkester Journalen* (August 1938), S. 5; Godbolt, *History,* S. 175–77.

142. Zitat aus Interview mit Zimmerle; auch Interviews mit Jung und Daniels.

143. Kurt Michaelis, »Rückblende zum Jahre 1938«, PA Michaelis; Interview mit Michaelis.

144. Interviews mit Blüthner und Pick.

145. Michael H. Kater, »Inside Nazis. The Goebbels Diaries, 1924–1941«, *Canadian Journal of History* 25 (1990), S. 239–40.

146. *Skizzen,* Januar 1935, S. 19; ibid., Februar 1937, S. 21; ibid., März 1937, S. 18; ibid., Februar 1938, S. 15–16; ibid., April 1938, S. 22.

147. Interviews mit Hielscher und Leonore Boas; Interview mit Friedländer-Reimann. Siehe auch Heinrich, *»Swing-Generation«,* S. 20; *Skizzen,* Februar 1936, Titelseite; ibid., August/September 1937, S. 21; Lange, *Jazz in Deutschland,* S. 95; Karsten Witte, »Gehemmte Schaulust. Momente des deutschen Revuefilms«, in Helga Belach (Hg.), *Wir tanzen um die Welt. Deutsche Revuefilme, 1933–1945* (München und Wien, 1979), S. 24; Astrid Eichstedt und Bernd Polster, *Wie die Wilden. Tänze auf der Höhe ihrer Zeit* (Berlin, 1985), S. 80; *Fox auf 78,* Nr. 6 (Herbst 1988), S. 9.

148. Zitate aus Frommann an Michaelis, 6. April 1936; Kurt Michaelis, »Rückblende zum Jahre 1938«; beide PA Michaelis. Auch Rundschreiben der Magischen Note vom 26. April 1938, PA Jung; Blüthner, »Plattensammeln« (1989), S. 18.

149. Heinz Pohle, *Der Rundfunk als Instrument der Politik. Zur Geschichte des deutschen Rundfunks von 1923/38* (Hamburg, 1955), S. 251; Rundschreiben der Magischen Note vom 7. Juni 1938, PA Jung; Interviews mit Jung, Pick und Daniels.

150. Pohle, *Rundfunk,* S. 247, 251; Interviews mit Jung, Pick und Bohländer.

151. Pohle, *Rundfunk,* S. 251; Muth, *Höllerhagen,* S. 10; Interviews mit Pick, Daniels und Jung.

152. Zum Phänomen der Künstler unter den Jazzfans vgl. Newton [Hobsbawm], *Jazz Scene*, S. 234; auch Kurt Michaelis, »Rückblende aus dem Jahre 1938«, PA Michaelis; Interviews mit Michaelis und Blüthner; Heinrich, *»Swing-Generation«*, S. 32, 34.
153. Zitat aus Newton [Hobsbawm], *Jazz Scene*, S. 232. Auch Interview mit Zimmerle; Anlage zu Brief von Michaelis an Autor, 6. Februar 1989; Postkarte mit dem Bild des Leipziger Felsenkellers, wo Stauffer 1938 auftrat, mit Unterschriften Stauffers, Höllerhagens, Herbert Müllers u. a. auf der Rückseite, Anlage zu Brief von Becke an Autor, 6. Februar 1990.
154. Interview mit Zimmerle.
155. Interviews mit Pick und Blüthner; Rundschreiben der Magischen Note vom 26. April 1938, PA Jung.
156. Memorandum, 4. Juli 1947; Auszug aus Brief von Richard an Hanns Mohaupt, o. J., BDC, RMK Siegfried Muchow.
157. Muchow war Parteimitglied seit dem 1. Februar 1933. Siehe BDC, MF Siegfried Muchow; »Fragebogen« Muchow, 12. Dezember 1933, BDC, RMK Muchow; RMK-Vernehmungsprotokoll für Muchow, 25. Mai 1937, BDC, RMK Mohaupt. Georg Haentzschel, der Muchow gut kannte, bestätigt dessen fanatische Nazihaltung (Interview mit Haentzschel). Zu Stenzel siehe *Berliner Morgenpost*, 10. April 1983.
158. Danzi, *American Musician*, S. 119; Interview mit Haentzschel.
159. Memorandum von Muchow, 7. April 1937; RMK-Vernehmungsprotokoll für Stenzel, 13. Mai 1937, und für Muchow, 25. Mai 1937, BDC, RMK Mohaupt; *Stürmer*, Mai 1937. Haentzschel bezeugt Muchows Schuld (Interview).
160. RMK-Vernehmungsprotokoll für Stenzel, 13. Mai, und für Muchow, 25. Mai 1937; Bericht von Woschke, 31. Mai 1937; Andreß an RMK-Präsident, 18. Juni 1937, BDC, RMK Mohaupt.
161. *Die Tagebücher von Joseph Goebbels. Sämtliche Fragmente*, hg. Elke Fröhlich, Bd. 2 (München, 1987), S. 500, 527, 539, 542, 546, 595, 731; Woschke-Memorandum, 1. März 1938, BDC, RMK Mohaupt; Aussagen der früheren Scala-Sängerin Gertie Schönfelder und Stenzels in Rundfunkreihe »Und Abends in die Scala« (siehe Anm. 2).
162. *Stürmer*, Mai 1937 (erstes Zitat); *Die Tagebücher ... Goebbels*, Bd. 3, S. 161–62, 165–66 (zweites Zitat), S. 293, 326, 346 (drittes Zitat), S. 393 (viertes Zitat), S. 428; Joseph Walk (Hg.), *Das Sonderrecht für die Juden im NS-Staat. Eine Sammlung der gesetzlichen Maßnahmen und Richtlinien – Inhalt und Bedeutung* (Karlsruhe, 1981), S. 255.
163. Korr. von August 1937–Oktober 1938, BDC, RMK Mohaupt; *Skizzen*, November 1937, S. 23; Prieberg, *Musik*, S. 286–87; Danzi, *American Musician*, S. 119. Auch *Artist*, 17. Oktober 1935, S. 1163.
164. RMK-Vernehmungsprotokoll für Stenzel, 13. Mai 1937, BDC, RMK Mohaupt; Fritsch, *Erinnerungen*, S. 126; Danzi, *American Musician*, S. 94; Stenzel laut Interview durch Götz Kronburger, Aufzeichnung der Rundfunksendung »Funkbesuch bei Otto Stenzel«, Produktion 24. August 1983, Sender Freies Berlin II.
165. Woschke-Bericht, 31. Mai 1937, BDC, RMK Mohaupt.
166. Danzi, *American Musician*, S. 90.
167. *Artist*, 25. Oktober 1934, S. 81; Sprecher in Aufzeichnung der Rundfunksendung von Helmut Miesner, »Und Abends in die Scala« (Poppenhusen, 1986),

PA Molkenbur-Schönfelder; Eintragung für 30. Oktober 1935 in Blüthner-Orchestertagebuch, PA Blüthner.

168. Bernd Ruland, *Das war Berlin. Erinnerungen an die Reichshauptstadt* (Bayreuth, 1972), S. 118; Bergmeier und Lotz, *Bartholomew*, S. 49.
169. Stenzel starb in einem Baden-Badener Krankenhaus, kurz bevor ich ihn interviewen konnte.
170. Danzi, *American Musician*, S. 119; Schönfelder laut Interview durch Hajo Steinert, »Und Abends in die Scala« (siehe Anm. 2); *Deutsches Podium*, 4. Dezember 1936, S. 12; *Unterhaltungsmusik*, 10. November 1938, S. 1470; »Lebenslauf« Horst Kudritzki, »Club der Schellackfreunde Hessen e. V.«, Frankfurt am Main, September 1987, S. 65.
171. RMK-Vernehmungsprotokolle für Stenzel und Weiland, beide 13. Mai 1937; Woschke-Bericht, 13. Mai 1937; Woschke-Bericht, 31. Mai 1937, BDC, RMK Mohaupt.
172. *Die Tagebücher ... Goebbels*, Bd. 2, S. 539; *Berliner Morgenpost*, 10. April 1983; Stenzel laut Interview durch Hajo Steinert, »Und Abends in die Scala« (siehe Anm. 2); Interview mit Haentzschel.
173. Interview mit Haentzschel; Evelyn Künneke, *Sing, Evelyn, Sing. Revue eines Lebens* (Reinbek, 1985), S. 37; Stenzel laut Interview durch Fritz Köhler, Aufzeichnung der Rundfunksendung »Zu Gast bei Otto Stenzel in Poppenhusen«, Norddeutscher Rundfunk Welle Nord (1986), PA Molkenbur-Schönfelder.
174. *Die Tagebücher ... Goebbels*, Bd. 3, S. 293; Danzi, *American Musician*, S. 120.
175. Eugen Kurt Fischer, *Dramaturgie des Rundfunks* (Heidelberg, 1942), S. 63.
176. Helga Bemmann, *Berliner Musenkinder-Memoiren. Eine heitere Chronik von 1900–1930* ([Ost-]Berlin, 1981), S. 131–46; Klaus Budzinski, *Die Muse mit der scharfen Zunge. Vom Cabaret zum Kabarett* (München, 1961), S. 162–85; siehe S. 22. Ich danke Professor Peter Jelavich von der University of Texas in Austin für seine Informationen über die politische Entschärfung des Kadeko 1930 (Jelavich an Autor, 19. Mai 1991). Vgl. seine Studie *Berlin Cabaret* (Cambridge, Mass., 1993).
177. Aufzeichnung der Rundfunksendung »Und Abends in die Scala« (siehe Anm. 167); Stenzel laut Interview durch Hajo Steinert, »Und Abends in die Scala« (siehe Anm. 2).
178. Interview mit Haentzschel; Bemmann, *Musenkinder-Memoiren*, S. 146.
179. Ruland, *Berlin*, S. 113–14; Helga Bemmann, *Wer schmeißt denn da mit Lehm? Eine Claire-Waldoff-Biographie* ([Ost-]Berlin), 1982), S. 129–30, 142–44, 153.
180. *Angriff*, 13. November 1936; Wintergarten-Geschäftsführung an Hinkel, mit Anlage, 20. November 1936, BDC, RKK Heuser.
181. *Völkischer Beobachter*, 4. Februar 1939; *Unterhaltungsmusik*, 9. Februar 1939, S. 163; Werner Finck, *Alter Narr – was nun? Die Geschichte meiner Zeit* (München und Berlin, 1972), S. 73–75, 11–15; Frauke Deißner-Jenßen (Hg.), *Die zehnte Muse. Kabarettisten erzählen* ([Ost-]Berlin, 1982), S. 345–69; Budzinski, *Muse*, S. 227; Maurus Pacher, *Sehn Sie, das war Berlin. Weltstadt nach Noten* (Frankfurt am Main und Berlin, 1987), S. 306 (Zitat); Axel Eggebrecht, *Der halbe Weg. Zwischenbilanz einer Epoche* (Hamburg, 1975), S. 292–93; Bemmann, *Musenkinder-Memoiren*, S. 357–69.
182. *Die Tagebücher ... Goebbels*, Bd. 3, S. 108, 113, 117, 302, 565–68.
183. Newton [Hobsbawm], *Jazz Scene*, S. 260–77.
184. Siehe meine Korrespondenz mit Edward Pessen in *American Historical Review*

94 (1989), S. 932–34; Starr, *Red and Hot,* S. 204–34; *New York Times,* 4. Januar 1987; H. Gordon Skillings Brief in *Globe and Mail* (Toronto), 13. September 1986; ibid., 12. und 14. März 1987.
185. Interview mit Berendt; Michael H. Kater, »Forbidden Fruit? Jazz in the Third Reich«, *American Historical Review* 94 (1989), S. 42.
186. Interviews mit Jung, Daniels, Mangelsdorff, Boas, Zimmerle und Bohländer.
187. Interview mit Berendt.
188. Michael H. Kater, »Bürgerliche Jugendbewegung und Hitlerjugend in Deutschland von 1926 bis 1939«, *Archiv für Sozialgeschichte* (1977), S. 171; Interview mit Jung.
189. Interviews mit Schulz-Reichel und Haentzschel.
190. F. Scott Fitzgerald zitiert nach Starr, *Red and Hot,* S. 16.
191. Interview mit Korseck; Korseck an Autor, 15. November 1988.
192. Zitat aus Hans Blüthner, »Berlin und Jazz«, 22. September 1950, PA Blüthner; auch Interview mit Blüthner, zitiert nach Mike Zwerin, *La Tristesse de Saint Louis. Swing under the Nazis* (New York, 1985), S. 24.
193. Interviews mit Pick und Blüthner.
194. Interview mit Brocksieper.
195. Lange, *Jazz in Deutschland,* S. 70.
196. Dieter Zimmerle, »Jazz im Nationalsozialismus«, PA Zimmerle; Interview mit Zimmerle.
197. Siehe S. 75.
198. Interview mit Klagemann.
199. Interview mit Zacharias.
200. Interview mit Michaelis; Michael H. Kater, *The Nazi Party. A Social Profile of Members and Leaders, 1919–1945* (Cambridge, Mass., 1983), S. 158.
201. Siehe S. 152–55.
202. Interviews mit Haentzschel und Brocksieper.
203. Peter Kreuder, *Schön war die Zeit. Musik ist mein Leben* (München, 1955), S. 254–55, 292–95; BDC, MF Kreuder.
204. Zitat aus SS-Gruppenführer Moser an SS-Mann Schulze, 24. Januar 1938, BDC, RMK Schulze. Siehe auch die gesamte SS-Akte Schulze, BDC, RMK Schulze; Interview mit Schulz-Reichel.
205. Interview mit Schulz-Reichel.
206. »Lebenslauf« Schulz-Köhn, auf Rückseite seiner Schrift *Schallplatte.*
207. Manfred Franze, *Die Erlanger Studentenschaft, 1918–1945* (Würzburg, 1972), S. 214–15; Geoffrey J. Giles, *Students and National Socialism in Germany* (Princeton, 1985), S. 139–40; Tabelle 5.2 in Michael H. Kater, *Doctors Under Hitler* (Chapel Hill und London, 1989), S. 254.
208. Schulz-Köhn an Autor, 10. September 1990.
209. Zu dem Prinzip eines solchen Verhaltens, mit dem gewöhnliche Deutsche das Alltagsleben meisterten, siehe Ian Kershaws aufschlußreiche Studie *Popular Opinion and Political Dissent in the Third Reich. Bavaria, 1933–1945* (Oxford, 1983).
210. Interview mit Jung; Schulz-Köhn an Autor, 3. Juli 1987.
211. Dietrich Schulz, »Lebenslauf«, 30. April 1936, BDC, RSK Schulz.
212. In seinem Vortrag vom 20. Januar 1936 wiederholt Schulz-Köhn den Nazimythos von Adolphe Sax' deutscher Herkunft, verlangt »eine neue Tanzmusik« (fast im Einklang mit Oskar Joost) und redet von Orchester-»Führern«,

denen die Instrumentalisten folgen würden (»Einführung in die Swing-Musik. Vortrag von Dietrich Schulz«, 20. Januar 1936, PA Schulz-Köhn).

213. *Schwarzes Korps,* 16. Juli 1936.

214. *Unterhaltungsmusik,* 28. Oktober 1936, S. 1377.

215. Denn aufgrund einer Sonderverfügung konnten 1938 nur HJ-Mitglieder in die NSDAP aufgenommen werden. Sieh Kater, *Nazi Party,* S. 146; BDC, MF Schulz-Köhn.

216. Schulz-Köhn an Autor, 3. Juli 1987.

217. Meyerinck, *Freundinnen,* S. 113; Interviews mit Schulz-Reichel, Schulz-Köhn und Friedländer-Reimann.

218. Moser an Autor, 2. Februar und 14. März 1990.

219. Hans-Otto Meißner, *Magda Goebbels. A Biography* (London, 1980), S. 201.

220. Interview mit Friedländer-Reimann. Frau Friedländer-Reimann versicherte mir, daß sie Wedels körperliche Zudringlichkeit zurückweisen konnte. Wedel, 1910 auf einem Pommerschen Gut geboren, war seit 1929 Partei- und SA-Mitglied. Er war 1930 bei einer Straßenschlägerei mit Kommunisten verletzt worden. Da er im Zivilleben versagt hatte, war er im Hauptberuf SA-Führer, als Goebbels ihn im November 1934 zu seinem Adjutanten machte. In dieser Funktion diente er bis Anfang 1939 (BDC, Personalakten Wedel).

221. Eberhard Fechner, *Die Comedian Harmonists. Sechs Lebensläufe* (Weinheim und Berlin, 1988), S. 250–51.

222. Siehe S. 138f.

223. Interview mit Brocksieper.

224. Kurt Grosskopf, »Gesellschafts-Tanz und kulturelle Erziehung der Jugend«, [Dezember 1932], Anlage zu Brief von Grosskopf an Hinkel, 24. Mai 1935, BA, R 56I/85.

225. Grosskopf an Hinkel, 24. Mai 1935, BA, R 56I/85; Joseph Wulf (Hg.), *Theater und Film im Dritten Reich. Eine Dokumentation* (Reinbek, 1966), S. 38–39.

226. *Artist,* 21. Juli 1933 und 17. Oktober 1935; *BZ am Mittag,* 13. März 1936; K. Hennemeyer in Joseph Wulf (Hg.), *Musik im Dritten Reich. Eine Dokumentation* (Reinbek, 1966), S. 293–94; Alfred Müller-Hennig, »Deutscher Tanz«, *Musik* 29 (1937), S. 776–78; *Unterhaltungsmusik,* 5. August 1937, S. 883–84, und 2. September 1937, S. 1058; Wilhelm Stauder, »Tanzmusik«, in Joseph Müller-Blattau (Hg.), *Hohe Schule der Musik. Handbuch der gesamten Musikpraxis* (Potsdam, 1938), S. 273–315. Zu einer kritischen Betrachtung: Astrid Eichstedt, »Wir tanzen ins Chaos. Swing als Bewegung«, in Polster: *»Swing Heil«,* S. 99–108.

227. *Unterhaltungsmusik,* 28. Oktober 1937, S. 1316–17.

228. *Unterhaltungsmusik,* 23. September 1937, S. 1163; ibid., 29. September 1937, S. 1200; ibid., 18. August 1938, S. 1093; ibid., 27. Oktober 1938, S. 1408; ibid., 10. November 1938, S. 1469; *Musik in Jugend und Volk* 2 (1939), S. 16–20; Eichstedt, »Wir tanzen«, S. 109–10. Siehe auch *Jahrbuch der deutschen Musik 1943,* S. 62.

229. Diese Kritik wurde dem Autor gegenüber immer noch in Interviews mit Blüthner und Daniels ausgedrückt; Daniels' Brief an Autor, 2. Februar 1989, Bessungers Brief an Autor, 1. Februar 1990. Vgl. Lange, *Jazz in Deutschland,* S. 76; Berendt, *Jazzbuch,* S. 203–5.

230. Fachschaft Tanz an Weinhaus Bei Toni, 24. November 1937, Reproduktion in

»Reminiszenzen«, PA Daniels; *Unterhaltungsmusik,* 9. Juni 1938, S. 713; ibid., 8. Dezember 1938, S. 1600.

231. *Unterhaltungsmusik,* 5. Januar 1939, S. 3–4; ibid., 19. Januar 1939, S. 75, 81; ibid., 26. Januar 1939, S. 111; ibid., 9. Februar 1939, S. 165; ibid., 16. März 1939, S. 367; ibid., 25. Mai 1939, S. 738–39; ibid., 1. Juni 1939, S. 764–65.

232. *Unterhaltungsmusik,* 28. April 1938, S. 521; ibid., 19. Mai 1939, S. 689; *Bewegung,* 6. Dezember 1938; Uwe Dietrich Adam, *Hochschule und Nationalsozialismus. Die Universität Tübingen im Dritten Reich* (Tübingen), 1977), S. 114.

233. Siehe oben und *Unterhaltungsmusik,* 19. Januar 1939, S. 74–75.

234. Heinrich, *»Swing-Generation«,* S. 30; Lange, *Jazz in Deutschland,* S. 91; Interview mit Blüthner.

235. Eichstedt und Polster, *Wilden,* S. 81; Werner Daniels, »Als Swingtanzen verboten war«, PA Daniels.

236. *Unterhaltungsmusik,* 18. November 1938, S. 1507; ibid., 24. November 1938, S. 1550; ibid., 9. März 1939, S. 323; ibid., 25. Mai 1939, S. 738; *Die Tagebücher... Goebbels,* Bd. 3, S. 566, 578; Erklärung von Raabe und Körner, 13. Mai 1939, in *Amtliche Mitteilungen der Reichsmusikkammer,* 1. Juli 1939, BA, RD 33/2-2.

237. *Hamburger Fremdenblatt,* 7. Januar 1938 (erstes Zitat); *Unterhaltungsmusik,* 6. Juli 1939, S. 906 (zweites Zitat).

238. »Einzelbeispiele für die Cliquen- und Bandenbildung neuerer Zeit«, Anhang zu »Reichsjugendführung – Personalamt – Überwachung, ›Cliquen- und Bandenbildung unter Jugendlichen‹«, September 1942, BA, R 22/1177.

239. Thorsten Müller in *Hamburger Abendblatt,* 2./3. Februar 1985.

240. *Deutsches Podium,* 20. Juni 1935, S. 7; ibid., 27. September 1935, S. 10; ibid., 17. September 1937, S. 19; ibid., 17. Dezember 1937, S. 7; *Unterhaltungsmusik,* 4. August 1938, S. 995; ibid., 22. Dezember 1938, S. 1691–92; ibid., 10. August 1939, S. 1169; *Artist,* 6. Juni 1935, S. 581; Lange, »Optik«, S. 5; Conrad, *Wehner,* S. 13; Bergmeier und Lotz, *Bartholomew,* S. 43.

241. Anzeige in *Unterhaltungsmusik,* 12. November 1936; ibid., 13. Juli 1939, S. 946–47; *Deutsches Podium,* 17. April 1935, S. 7; Stauffer, *Forever,* S. 70.

242. Interviews mit Madlung-Shelton, Vogel, Panagopoulos, Hartwig, Engel und Hirschfeld; Thorsten Müller in *Deutsches Allgemeines Sonntagsblatt,* 27. Februar 1983.

243. Interview mit Panagopoulos; Harry [Georgiadis] Stephens, »Swing Threatens Third Reich«, unveröffentlichtes Ms. (Beccles [Suffolk], 1988), S. 1–40; Telefonat des Autors mit Stephens, London-Beccles, 10. Mai 1988; Stauffer, *Forever,* S. 113; Axel Springer, *An meine Kinder und Kindeskinder. Auszüge aus einer Niederschrift* (Berlin, 1985), S. 9–12; Erik Blumenfeld in Friede Springer (Hg.), *Axel Springer. Die Freunde dem Freund* (Frankfurt am Main und Berlin, 1986), S. 18.

244. Stephens, »Swing Threatens Third Reich«, S. 1–40; Interviews mit Hartwig und Madlung-Shelton; Gerd Bucerius in *Die Zeit,* 27. September 1985.

245. Interview mit Madlung-Shelton (Zitate); Interviews mit Vogel, Panagopoulos, Engel, Hartwig; Stephens, »Swing Threatens Third Reich«, S. 12–13, 16–18, 23–26, 30–31, 38–39.

246. Interviews mit Madlung-Shelton, Vogel, Engel, Hartwig, Scheel, Panagopoulos, Hirschfeld; Stephens, »Swing Threatens Third Reich«, S. 12–13, 19, 22.

247. Krogmann wurde später Bürgermeister unter dem Hamburger Gauleiter Karl

Kaufmann, der aus dem Rheinland stammte. Siehe Carl Vinzent Krogmann, *Es ging um Deutschlands Zukunft, 1932–1939. Erlebtes täglich diktiert von dem früheren Regierenden Bürgermeister von Hamburg,* 2. Aufl. (Leoni, 1977); Stephens, »Swing Threatens Third Reich«, S. 158. Erstaunlicherweise war Krogmanns Tochter ein Swing-Baby (Interview mit Hirschfeld).

248. Kater, »Bürgerliche Jugendbewegung«, S. 169.
249. Arno Klönne, *Jugend im Dritten Reich. Die Hitler-Jugend und ihre Gegner* (Düsseldorf und Köln, 1982), S. 242; Interviews mit Hirschfeld (Zitat), Vogel, Engel, Panagopoulos, Evers-Frauboes.
250. Interview mit Engel.
251. Springer, *Kinder,* S. 28.
252. Interview mit Panagopoulos.
253. Interview mit Scheel; Scheel an Autor, 9. Januar 1991.
254. Interview mit Hartwig; Stephens, »Swing Threatens Third Reich«, S. 39.
255. Interview mit Hirschfeld.

3. Kapitel

1. Ernst Schliepe, »Musik, die wir nicht wünschen«, *Musik* 32 (1939), S. 9; Ilse Deyk, »Der Jazz ist tot – es lebe die Jazzband!«, *Zeitschrift für Musik* 109 (1942), S. 12 (Zitat).
2. Zitate der Reihe nach: *Reich,* 2. Juni 1940, 19. Januar 1941, 25. Januar 1942. Siehe auch ibid., 25. August und 27. Oktober 1940, 26. Oktober 1941.
3. *Amtliche Mitteilungen der Reichsmusikkammer,* 1. Oktober 1939, BA, RD 33/2-2; *Unterhaltungsmusik,* 7. Dezember 1939, S. 1513; ibid., 23. Mai 1940, S. 484; *Reich,* 20. Juli 1941.
4. Marie Vassiltchikov, *Berlin Diaries, 1940–1945* (New York, 1987), S. 3; Hans Dieter Schäfer, *Berlin im Zweiten Weltkrieg. Der Untergang der Reichshauptstadt in Augenzeugenberichten* (München, 1985), S. 14; Howard K. Smith, *Feind schreibt mit. Ein amerikanischer Korrespondent erlebt Nazi-Deutschland* (Frankfurt am Main, 1986), S. 102, 112–13, 130–33.
5. *Unterhaltungsmusik,* 14. Dezember 1939, S. 1528; ibid., 18. Januar 1940, S. 50; *Reich,* 2. Juni und 29. September 1940; 19. Januar 1941; Schäfer, *Berlin,* S. 82–83.
6. Interview mit Brocksieper; Vassiltchikov, *Berlin Diaries,* S. 32–33. Siehe auch ibid., S. 28; *Reich,* 27. Oktober 1940; Schäfer, *Berlin,* S. 34.
7. *Reich,* 25. Mai 1941, Smith, *Feind,* S. 56–57; Schäfer, *Berlin,* S. 34–35.
8. Infolge der sich herausbildenden Professionalisierung von Musikern während des Dritten Reiches mußten sie laut Gesetz rasch wiedereingestellt werden. Siehe RMK-Akten Kettel und Henkel in BDC; *Unterhaltungsmusik,* 28. September 1939, S. 1348; Interview mit Brocksieper. Zum Tanzverbot siehe S. 255 f dieses Buches.
9. Michael Danzi, *American Musician in Germany, 1924–1939. Memoirs of the Jazz, Entertainment, and Movie World of Berlin during the Weimar Republic and the Nazi Era – and in the United States,* as told to Rainer E. Lotz (Schmitten, 1986), S. 132; Horst H. Lange, »Zwischen Optik und Hot-Takt. Max Rumpf«, *Fox of 78,* Nr. 5 (Frühjahr 1988), S. 6; Jan Grundmann, »Erich Börschel und sein Orchester«, *Fox of 78,* Nr. 3 (Frühjahr 1987), S. 5.
10. Teddy Stauffer, *Forever Is a Hell of a Long Time. An Autobiography* (Chicago, 1976), S. 119; Hans Blüthner, »Jazz in Berlin«, *Orkester Journalen,* Dezember 1947, S. 33.

11. Gerhard Conrad, *Heinz Wehner. Eine Bio-Discographie* (Menden, 1989), S. 65–69.
12. Interviews mit Tabor und Zacharias.
13. Fall des Jazzschlagzeugers Jens Kröger in Bernt Engelmann, *Bis alles in Scherben fällt. Wie wir die Nazizeit erlebten, 1939–1945* (Köln, 1983), S. 101; Interviews mit Scheel, Tabor, Engel und Michaelis.
14. Stengel an RMK-Landesleiter, 24. Februar 1940, BDC, RMK Karl Hohenberger; »Musikalische Feldpost«, Anfang Februar 1942, PA Daniels; Gerhard Conrad, *Posaunen-Dob. Kleine Biographie Walter Dobschinskis* (Menden, 1983), S. 27–29; Interview mit Schulz-Reichel.
15. Korseck an Autor, 15. November 1988; Telefonat des Autors mit Korseck, Berlin, 24. Mai 1988. Siehe auch »Musikalische Feldpost«, September und 7. November 1941, Anfang Februar und Mitte April 1942, PA Daniels; Interviews mit Meyer, Brocksieper und Molkenbur-Schönfelder.
16. Interviews mit Meyer und Angeli; Horst J. P. Bergmeier und Rainer E. Lotz, »Rudi Rischbeck – der singende Geiger«, *Fox of 78*, Nr. 6 (Herbst 1988), S. 45. Angeli ist zu hören auf »Klarinetten-Zauber«, mit Brocksieper am Schlagzeug und Teddy Kleindin an der Klarinette, aufgenommen in Berlin 12. Juni 1941 (neu aufgelegt auf *Swing tanzen verboten*, Telefunken 6.28360 DP, 1976). Im Frühjahr 1942 waren wenigstens ein Viertel sämtlicher Bandleader und ein Drittel aller Bandmusiker Ausländer (*Jahrbuch der deutschen Musik 1943*, S. 37–38).
17. Knud Wolffram, »Ein Bulgare in Berlin. Die Geschichte des Lubo D'Orio«, *Fox of 78*, Nr. 8 (Frühjahr 1990), S. 9.
18. «Musikalische Feldpost«, September, 7. November und Mitte Dezember 1941, Anfang Juli 1942, PA Daniels; Horst H. Lange, *Jazz in Deutschland. Die deutsche Jazz-Chronik, 1900–1960* (Berlin 1966), S. 112–13.
19. »Musikalische Feldpost«, Anfang Februar, Mitte April, Anfang und Mitte Mai, Anfang Juli und Anfang August 1942, PA Daniels.
20. Innenumschlag von *Unterhaltungsmusik*, 9. Oktober 1941; *Meldungen aus dem Reich. Die geheimen Lageberichte des Sicherheitsdienstes der SS, 1938–1945*, hg. Heinz Boberach (Herrsching, 1984), Bd. 6, S. 2076, 2151–52; RMK-Aktenkarte van't Hoff, BDC, RMK van't Hoff (Zitat); »Musikalische Feldpost«, 17. Oktober 1941 und April 1942, PA Daniels; Gerhard Rückert zitiert in Wolfgang Muth, »Wir hotten weiter. Erlebtes, Überliefertes, Hinterlassenes«, in Bernd Polster (Hg.), *»Swing Heil«. Jazz im Nationalsozialismus* (Berlin, 1989), S. 202.
21. *Meldungen aus dem Reich*, Bd. 11, 4054–57; »Musikalische Feldpost«, Anfang und Mitte Mai 1942, PA Daniels; Franz Heinrich, *»Swing-Generation«. Selbsterlebtes* (Menden, 1988), S. 41–42; Günter Boas zitiert in Muth, »Wir«, S. 203.
22. »Musikalische Feldpost«, September und Mitte Dezember 1941, Mitte Januar 1942, PA Daniels; Heinrich, *»Swing-Generation«*, S. 35; Interview mit Klagemann.
23. Interview mit Zacharias (Zitat); Interviews mit Brocksieper und Meyer; Margarete Zacharias an Rückert, 18. März 1942, BDC, RMK Zacharias; Wolffram, »Bulgare«, S. 9; Bergmeier und Lotz, »Rischbeck«, S. 43. Die berühmte Schallplatte, auch mit Mitwirkung von Alfio Grasso und Meg Tevelian, ist Od 0-31689; die Hitmelodie ist »Bei dir war es immer so schön« (laut Zacharias' Erinnerung war es »das erste deutsche, harmonisch interessante Schlagerstück«).

24. Gunther Schuller, *The Swing Era. The Development of Jazz, 1930–1945* (New York und Oxford, 1989), S. 703. Drei repräsentative Beispiele von Zacharias' Arbeit (Anfang 1942) sind enthalten in der Rundfunkreihe »Jazz in Germany. A Survey of Hot Dance, Swing, and Traditional Jazz in Germany, 1924 to Present«, von Dave Radlauer und Ray Taubert, o. J., produziert und ausgestrahlt vom Sender KALWF FM, San Francisco, Bandkopien zur Verfügung gestellt durch Goethe-Institut, Toronto (Programm 5).
25. Ich urteile nach Beispielen von Fud Candrix, »Introducing Mr. Basie«, Berlin, 22. November 1940, und »Tiger Rag«, Berlin, 28. April 1941; Jean Omer, »Star Dust«, Berlin, 1. Mai 1941; Stan Brenders, »Fascination«, Berlin, 18. November 1941; Eddie Tower, »Temptation Rag«, Berlin, 22. November 1941 (neu aufgelegt auf *Swing tanzen verboten* [siehe Anm. 16]). Auch Ernst van't Hoff, »In the Mood«, Berlin 1942 (Rundfunkreihe »Jazz in Germany«, Programm 1 [siehe Anm. 24]).
26. Friedrich Meyer, »Mich hat noch nie ein Mädel angelacht«, Dezember 1940; Horst Winter, »Ich mache alles mit Musik«, »Carlton-Bar«, Berlin, März 1941; Albert Vossen, »Am Montag fängt die Woche an«, 26. April 1941; Lutz Templin, »Die Männer sind schon die Liebe wert«, August 1942 (Tonbandkassette, *Wir tanzen wieder Swing Time,* Nr. 1 und 2, Bob's Music, Hamburg, 1989); Kurt Hohenberger, »Ich mache alles mit Musik«, 5. Februar 1941, und »Improvisation«, 8. November 1941 (*Swing tanzen verboten* [siehe Anm. 16]); Kurt Widmann, »Wenn der weiße Flieder«, 16. November 1941 (Tonbandkassette geliefert von Christian Kellersmann, »Jazz in Deutschland von 1933–1945«, Wissenschaftliche Hausarbeit zur Erlangung des akademischen Grades eines Magister Artium der Universität Hamburg, 1989 [siehe dort S. 129]).
27. Candrix in Rundfunkreihe »Jazz in Germany«, Programm 6 (siehe Anm. 24); Widmanns »Heiße Tage« auf Tonbandkassette, *Wir tanzen,* Nr. 2 (siehe Anm. 26). Siehe auch Jim Godbolt, *A History of Jazz in Britain, 1919–50* (London, 1984), S. 217; Schuller, *Swing Era,* S. 133–40, 441–45, 703–05, 817–18.
28. Siehe *Reich,* 25. August 1940, 17. August und 26. Oktober 1941.
29. Heinrich, *»Swing-Generation«,* S. 41–42; »Musikalische Feldpost«, Mitte Februar 1942, PA Daniels.
30. Michael H. Kater, »Forbidden Fruit? Jazz in the Third Reich«, *American Historical Review* 94 (1989), S. 30; idem, »Inside Nazis. The Goebbels Diaries, 1924–1941«, *Canadian Journal of History* 25 (1990), S. 240–41.
31. Goebbels' Rede vom 27. November 1939 abgedruckt in Gerd Albrecht (Hg.), *Der Film im 3. Reich* (Karlsruhe, 1979), S. 65–69; Verfügungen in *Unterhaltungsmusik,* 29. August 1940, S. 813; *Zeitschrift für Musik* 109 (1942), S. 233; *Podium der Unterhaltungsmusik,* 23. April 1942, S. 130.
32. Rudolf Sonner, »Kriegsauftrag von ›Kraft und Freude‹«, *Musik* 33 (1940), S. 9–13; K. B. Metzmacher, *Wir sind bei euch, ihr seid bei uns. Ein Buch schlägt eine Brücke* (Kaiserslautern, 1941); Reimer-Memorandum, 5. März 1942, BA R 55/129.
33. Hinkel an Joost, 3. Juli 1940, BA, R 56I/93; Interview mit Molkenbur-Schönfelder; Lale Andersen, *Leben mit einem Lied,* 5. Aufl. (München, 1981), S. 138–39, 160–66; Evelyn Künneke, *Sing, Evelyn, Sing. Revue eines Lebens* (Reinbek, 1985), S. 59–60; Hildegard Knef, *Der geschenkte Gaul. Bericht aus meinem Leben,* 8. Aufl. (Wien, 1970), S. 51.
34. »Musikalische Feldpost«, 24. September und 17. Oktober 1941, Mitte Juli

1942, PA Daniels; Siegfried Scheffler, »Deutsche Unterhaltungsmusik«, *Musik* 33 (1941), S. 230; Interviews mit Lehn, Molkenbur-Schönfelder, Tabor, Schulz-Köhn und Brocksieper; Günter Lust laut Interview in Polster, *»Swing Heil«*, S. 170; Künneke, *Sing*, S. 57–58.

35. Interviews mit Klagemann, Schulz-Reichel und Brocksieper; »Musikalische Feldpost«, Anfang Februar 1942, PA Daniels; Bergmeier und Lotz, »Rischbeck«, S. 43.

36. Schulz-Köhn an Autor, 10. September 1990; Interview mit Schulz-Köhn; Zitat nach Aufzeichnung von Schulz-Köhn-Interview für britische Videoreihe »Swing under the Swastika«, Yorkshire Television, London, 1988.

37. Schulz-Köhn an Autor, 10. September 1990.

38. Sklow an Michaelis, 21. August 1939, PA Michaelis; Interview mit Michaelis; Michaelis an Autor, 26. April 1989.

39. Frommann an Michaelis, 28. September 1940 (erstes Zitat) und 22. Juni 1941 (zweites Zitat); auch Frommann an Michaelis (Pariser Postkarte von Mai 1941), alle PA Michaelis; Michaelis an Autor, 1. August 1990; Interview mit Schulz-Köhn.

40. Michaelis an Autor, 1. August 1990.

41. Beispielsweise paraphrasierte Daniels eine in der offiziellen Musikerfachzeitschrift *Unterhaltungsmusik* abgedruckte Nachricht, daß schwedische Kühe nach längerer Jazzberieselung ihre Milchproduktion verringert hätten. Daniels kommentierte: »Bravo, Unterhaltungsmusik. Du hast mir aus dem Herzen gesprochen. Deine Charakterisierung der Leute, denen Jazzmusik *miß*fällt, trifft zu« (»Musikalische Feldpost«, Anfang Februar 1942, PA Daniels). Auch Interview mit Daniels; »Reminiszenzen«, PA Daniels.

42. Daniels an Autor, 18. Januar 1990 (Zitat); »Musikalische Feldpost«, Anfang Dezember 1941, PA Daniels; Interview mit Daniels.

43. Zitate der Reihe nach: »Musikalische Feldpost«, Anfang April 1942; 24. September 1941; Mitte Dezember 1941; Anfang Februar 1942 (PA Daniels).

44. Interviews mit Bohländer, Jung, Boas und Blüthner.

45. Interviews mit Berendt, Pick und Zimmerle.

46. *Die Tagebücher von Joseph Goebbels. Sämtliche Fragmente,* hg. Elke Fröhlich (München, 1987), Bd. 3, S. 665, 668, 670 (1939); Joseph Goebbels, *Das eherne Herz. Reden und Aufsätze aus den Jahren 1941/42,* hg. M. A. von Schirmeister (München, 1943), S. 32 (1941); *The Goebbels Diaries,* hg. Louis P. Lochner (London, 1948), S. 58 (1942).

47. DIA, BEF-Programm laut Sendung, 11. Januar 1940.

48. Charles J. Rolo, *Radio Goes to War. The »Fourth Front«* (New York, 1942), S. 161–67; Carl Brinitzer, *Hier spricht London. Von einem der dabei war* (Hamburg, 1969), S. 163–64; Ellic Howe, *The Black Game. British Subversive Operations against the Germans during the Second World War* (London, 1982), S. 102–32, 267, 270.

49. Ansgar Diller, *Rundfunkpolitik im Dritten Reich* (München, 1980), S. 304–12, 378–82; *Meldungen aus dem Reich,* Bd. 3, S. 845–46; ibid., Bd. 5, S. 1691–92, 1740; ibid., Bd. 6, S. 1789; ibid., Bd. 8, S. 3077–78.

50. Hörernotizen von Hans, [1940–42], PA Evers-Frauboes; Interviews mit Pick und Freichel; Becke an Autor, 11. September 1989; Willi A. Boelcke, *Die Macht des Radios. Weltpolitik und Auslandsrundfunk, 1924–1976* (Frankfurt am Main, 1977), S. 444–46; Kristina Söderbaum, *Nichts bleibt immer so. Rückblenden auf ein Leben vor und hinter der Kamera* (Bayreuth, 1983), S. 169–70.

51. Diller, *Rundfunkpolitik,* S. 316. Siehe auch Jay W. Baird, *The Mythical World of Nazi War Propaganda, 1939–1945* (Minneapolis, 1974), S. 38, 79, 133.
52. Diller, *Rundfunkpolitik,* S. 309, 426; Michael Crone, *Hilversum unter dem Hakenkreuz. Die Rundfunkpolitik der Nationalsozialisten in den besetzten Niederlanden, 1940–1945* (München, 1983), S. 69–71, 125–26, 199–200; »Musikalische Feldpost«, Anfang Dezember 1941, 15. Dezember 1942, PA Daniels; Interviews mit Freichel und Evers-Frauboes.
53. Heinz Pohle, *Der Rundfunk als Instrument der Politik. Zur Geschichte des deutschen Rundfunks von 1923/38* (Hamburg, 1955), S. 186; Daniel Lerner, *Psychological Warfare against Nazi Germany. The Sykewar Campaign, D-Day to VE-Day* (Cambridge, Mass., und London, 1971), S. 137.
54. Pohle, *Rundfunk,* S. 284; *Die Tagebücher ... Goebbels,* Bd. 4, S. 149, 165; *Meldungen aus dem Reich,* Bd. 5, S. 1626.
55. Diller, *Rundfunkpolitik,* S. 312; *Die Tagebücher ... Goebbels,* Bd. 4, S. 516, 650 (erstes Zitat), S. 653–57, 685; Goebbels nach Paraphrase in Willi A. Boelcke (Hg.), *Kriegspropaganda, 1939–1941. Geheime Ministerkonferenzen im Reichspropagandaministerium* (Stuttgart, 1966), S. 10 (zweites Zitat).
56. »Der Rundfunk im Kriege«, *Reich,* 15. Juni 1941.
57. Protokoll der Rundfunkplanungskonferenz vom 14. Oktober 1941, 7. Januar 1942 (Zitat), 16. Februar 1942, BA, R 55/69; Hinkel an Goebbels, 17. Oktober 1941, BA, R 55/1254; Goebbels, »Anordnung zur Neugestaltung des Rundfunkprogramms«, 15. Februar 1942, BA, R 78/1000a; Interview mit Haentzschel.
58. Siehe *Meldungen aus dem Reich,* Bd. 8, S. 2931–32, 2950, 2976, 3076; ibid., Bd. 9, S. 3225, 3266. Den Jazzinhalt, der, was nicht überrascht, als unzureichend galt, bestätigte Hanns J. Maassen von »Musikalische Feldpost«, 17. Oktober 1941, PA Daniels (Erwähnung von Winter und Candrix). Auch Protokoll der Rundfunkplanungskonferenz vom 2. Dezember 1941 und 29. April 1942, BA, R 55/695; Interview mit Haentzschel.
59. »Musikalische Feldpost«, Mitte Januar 1942, PA Daniels; *Meldungen aus dem Reich,* Bd. 9, S. 3229, 3369; Bade an Hinkel, 25. April 1942, BA, R 56I/82; Interview mit Brocksieper.
60. In Leitartikel »Der treue Helfer«, *Reich,* 1. März 1942.
61. *Die Tagebücher ... Goebbels,* Bd. 3, S. 611, 623, 649; ibid., Bd. 4, S. 61, 458.
62. *Reich,* 8. Dezember 1940; Eugen Kurt Fischer, *Dramaturgie des Rundfunks* (Heidelberg, 1942), S. 135–36; Diller, *Rundfunkpolitik,* S. 341–43; Maurus Pacher, *Sehn Sie, das war Berlin. Weltstadt nach Noten* (Frankfurt am Main und Berlin, 1987), S. 319–21.
63. Zu der Untersuchung siehe Gerhard Eckert, *Der Rundfunk als Führungsmittel. Studien zum Weltrundfunk und Fernsehrundfunk* (Heidelberg, 1941), S. 192–201, und Tabelle bei S. 204.
64. »Musikalische Feldpost«, 17. Oktober 1941, Mitte Februar, Mitte Juli und Anfang August 1942, PA Daniels; *Meldungen aus dem Reich,* Bd. 8, S. 2750; ibid., Bd. 9, S. 3137; Boelcke, *Macht,* S. 265; Conrad, *Wehner,* S. 70.
65. *Die Tagebücher ... Goebbels,* Bd. 1, S. 592; ibid., Bd. 3, S. 32; ibid., Bd. 4, S. 27, 29, 336, 339, 374, 436; *Reich,* 8. und 21. Juli, 1. September, 6. und 13. Oktober, 3. November, 8. und 22. Dezember 1940; Kater, »Inside Nazis«, S. 240–41.
66. Zu Mölders' Luftwaffenkarriere siehe die zeitgenössische [Auto-]Biographie, hg. Fritz von Forell, *Mölders und seine Männer* (Graz, 1941).

67. Kurt Pabst, »Nazi-›Kultur‹. Dokumente über Kunstpflege im Dritten Reich«, unveröffentlichtes Ms., Erfurt, [1946], S. 138 (BDC, RKK Pabst); Heinz Schröter, *Unterhaltung für Millionen. Vom Wunschkonzert zur Schlagerparade* (Düsseldorf und Wien, 1973), S. 113; Werner Burkhardt, »Musik der Stunde Null«, *Zeitmagazin,* 11. November 1983, S. 50; Gerhard Conrad, *Posaunen-Dob. Kleine Biographie Walter Dobschinskis* (Menden, 1983), S. 31; Interviews mit Molkenbur-Schönfelder und Haentzschel.
68. Zitate laut Boelcke, *Kriegspropaganda,* S. 730–31. Zum Umschwung der Feldzüge siehe Lothar Gruchmann, *Der Zweite Weltkrieg. Kriegführung und Politik* (München, 1967), S. 76–87.
69. Gutterer an Hinkel, 29. September 1941, BA, R 55/200; Pauli, »Tanzmusik im Rundfunk«„ 3. Oktober 1941, BA, R 55/695, Lucerna-Memoranden, 7. und 9. Oktober 1941; Ott und Drewes an Goebbels, 18. Oktober 1941, BA, R 55/242/1; Interview mit Haentzschel.
70. Interview mit Klagemann.
71. Anlage zu Brief von Hinkel an Goebbels, 10. März 1942, BA, R 56I/34; [RMK-] Leiter BV an Abteilung Pro u. a., 1. Juni 1942, BDC, Research Vossen.
72. Margarete Zacharias an Rückert, 18. März 1942, BDC, RMK Helmut Zacharias.
73. Siehe RMK-Memorandum, 14. März 1942, BA, R 56I/34.
74. Siehe Anlage zu Brief von Hinkel an Goebbels, 10. März 1942, BA, R 56I/34; DTU-Vertrag von Haentzschel, unterzeichnet von Kunitz und Haentzschel, 27. März 1942, BDC, RMK Haentzschel; »Liste 1«, o. J., BDC, Research Friedrich Meyer; Interview mit Haentzschel.
75. Interviews mit Haentzschel und Klagemann.
76. Personalakte Däubner, BDC, MF und RMK Däubner; BDC, MF Wegener; Interviews mit Klagemann und Meyer.
77. Lucerna-Memoranden, 2. und 9. Oktober 1941, BA, R 55/242/1; DTU-Vertrag von Haentzschel, unterzeichnet von Kunitz und Haentzschel, 27. März 1942, BDV, RMK Haentzschel, Interview mit Haentzschel.
78. *Statistisches Handbuch für Deutschland, 1928–1944* (München, 1948), S. 469.
79. Staatssekretär an Hinkel, 29. September 1941, BA, R 55/242/1; Bückert an Intendant und an Universum Film AG, beide 10. März 1942, BA, R 56I/34; Interview mit Haentzschel; S. Frederick Starr, *Red and Hot. The Fate of Jazz in the Soviet Union, 1917–1980* (New York und Oxford, 1983), S. 175–89.
80. Joost–Hinkel–Korr. (September 1940), BDC, RMK Joost.
81. Personalakte Safronow, BDC, RMK Safronow; *Unterhaltungsmusik,* 8. Mai 1941, S. 460.
82. Safronow an Propagandaministerium, 8. Juli 1942, BA, R 55/242/1; »Musikalische Feldpost«, Mitte August 1942, PA Daniels; Schröter, *Unterhaltung,* S. 114.
83. Pabst, »Nazi-›Kultur‹«, S. 113.
84. Werner Burkhardt, »Musik der Stunde Null«, *Zeitmagazin,* 11. November 1983, S. 50 (erstes Zitat); Interview mit Daniels (zweites Zitat). Siehe auch Lange, *Jazz in Deutschland,* S. 99; Joachim Ernst Berendt, *Ein Fenster aus Jazz. Essays, Portraits, Reflexionen* (Frankfurt am Main, 1977), S. 302; Kellersmann, »Jazz«, S. 52.
85. Interview mit Pick.
86. Interviews mit Dobschinski und Haentzschel. Einundzwanzig DTU-Melodien sind kürzlich neu aufgelegt worden; der Bonner Jazzimpresario Dr. Rainer

E. Lotz hat sie mir großzügigerweise auf einer Tonbandkassette zur Verfügung gestellt (mit Brief an mich vom 15. August 1990). Bei der Analyse fand ich eine Kombination aus geradlinigen, melodischen Spielweisen, häufig mit einer Blas- oder einer Unisono-Gruppe; jazzartig arrangierte Section-Musik in einem unverfälschten Swingstil; und immer wieder zart begleitende Streichinstrumente. In rhythmischer Hinsicht sind die Stücke gut ausgeführt; auf eine disziplinierte teutonische Art und gewiß nicht ohne Synkopen, doch ohne Upbeats und Downbeats. Die instrumentelle Intonation ist sauber, vielleicht manchmal zu sauber (es mangelt an mikrotonalen »Blue Notes«). Ab und zu wird echter Jazz angedeutet: In »Auf dem Dach der Welt« spielt Mück Bruchstücke improvisatorischer Pianoläufe hinter einer langweiligen Tenor-Tonfolge. Mücks seltene Swingstilläufe, die in ihrem aufbrausenden Temperament an Fritz Schulzes beste Leistungen erinnern, sind auch in »Großstadtlied«, einer der erfolgreicheren authentischen deutschen Melodien, zu hören. Das gleiche gilt für »Schönes Wetter«, bei dem auch der jazzorientierte Vossen durchweg am Akkordeon mitwirkt. Es gibt mehrere gute, wenn auch allzu kurze Schlagzeugbreaks, genau wie im »Großstadtlied«. Das beste Stück von einem Jazzstandpunkt aus ist »Ganz leis erklingt Musik«, mit einer wunderschönen Einführung, einem hervorragenden Arrangement und Spuren von Klarinettensoli. Seine Melodie erinnert an »Blue Moon«, doch es ist ausgeklügelter.

87. Stege in *Freiburger Zeitung*, 5. August, 1942, und *Podium der Unterhaltungsmusik*, 20. August 1942, S. 256.
88. Interview mit Haentzschel.
89. Interviews mit Brocksieper und Haentzschel.
90. John Alfred Cole, *Lord Haw-Haw – and William Joyce* (London, 1964), S. 111, 113; Winfried B. Lerg, »Deutscher Auslandsrundfunk im Zweiten Weltkrieg. Bemerkungen zu einer William-Joyce-Biographie«, *Rundfunk und Fernsehen* 14, Nr. 1 (1966), S. 25–27; Norman Baillie-Stewart, *The Officer in the Tower* (London, 1967), S. 148–58; Interview mit Zacharias.
91. *Die Tagebücher ... Goebbels*, Bd. 4, S. 4, 8, 27, 32–33, 72, 75, 80, 144, 290, 318, 335, 556; *Goebbels Diaries*, S. 263; William L. Shirer, *Berlin Diary. The Journal of a Foreign Correspondent, 1934–1941* (Toronto, 1961), S. 390 (Zitat); Lerg, »Auslandsrundfunk«, S. 25. Auch *Reich*, 29. September 1940.
92. Herbert Schroeder, *Ein Sender erobert die Herzen der Welt. Das Buch vom deutschen Kurzwellenrundfunk* (Essen, 1940), S. 218 (Zitat), S. 223, 227. Auch Cole, *Lord Haw-Haw*, S. 166; Interview mit Brocksieper.
93. Personalakte Lutz Templin, BDC, RMK Templin; auch *Deutsches Podium*, 16. Mai 1935, S. 6; *Unterhaltungsmusik*, 1. April 1937, S. 378. Brocksieper laut Interview durch Michael Pointon, Aufzeichnung [1987], PA Pointon; Brocksieper laut Interview für Sendung »Swingtime for Hitler« von Michael Pointon, ausgestrahlt BBC London 16. August 1987, Aufzeichnung PA Pointon (Zitat); Interviews mit Brocksieper, Friedländer-Reimann und Zacharias; Kellersmann, »Jazz«, S. 54–56. Am 22. Juni 1941 schrieb Frommann aus Paris an Hot-Geyer, er habe Vossen im Rahmen eines Programms mit dem Titel »Germany Calling« eine »heiße Harmonika-Platte« spielen hören (Brief PA Michaelis).
94. Brocksieper laut Interview durch Pointon [1987] (siehe Anm. 93); Liner Notes für Discophilia-LP-Neuauflage *Charlie and His Orchestra*, 2 Bde, DIS 13/UT-C-1/2; *Spiegel*, 18. April 1988, S. 229. Siehe auch Robert Pernet, *Jazz in Little Belgium. Discography (1895–1966)* (Brüssel, 1966), S. 60–62.

95. Brocksieper laut Interview durch Pointon [1987] (siehe Anm. 93); Interviews mit Brocksieper und Meyer; Smith, *Feind,* S. 101, 117.
96. »Musikalische Feldpost«, Mitte März 1942, PA Daniels.
97. Der erste Song wurde ca. November 1940 in Berlin aufgenommen (*Charlie and His Orchestra,* Bd. 1), der zweite im April 1942 (ibid., Bd. 2) (siehe Anm. 94). Siehe auch *Spiegel,* 18. April 1988, S. 236.
98. Brocksieper laut Interview durch Pointon für: »Swingtime for Hitler« (siehe Anm. 93).
99. Interviews mit Friedländer-Reimann und Tabor; Brocksieper laut Interview durch Pointon [1987] (siehe Anm. 93).
100. Aufzeichnung von Boas-Interview für »Swing under the Swastika« (siehe Anm. 36); »Musikalische Feldpost«, Anfang Juni 1942, PA Daniels (Zitat); Wolfgang Muth in *Sonntag,* Nr. 26 (1984), S. 8; Protokoll von Rundfunkplanungskonferenz vom 13. Mai 1942, BA, R 55/695; Interview mit Boas.
101. Brocksieper laut Interview durch Pointon [1987] (siehe Anm. 93). Vor allem anderen muß berücksichtigt werden, daß die Band richtige Jazzklassiker spielte, etwa »Dinah«, »Night and Day«, »St. Louis Blues«, »Bye, Bye, Blackbird« und »Avalon«. *Charlie and His Orchestra,* 2 Bde (siehe Anm. 94).
102. Mangelsdorff laut Interview in Polster, *»Swing Heil«,* S. 150; Interview mit Daniels. Angeli ist mit Sicherheit der Pianist in »You're the Top«, »Boom, Why Did My Heart Go Boom« und »Night and Day«, für die der Posaunist Tischelaar in den Liner Notes fälschlich als Pianist aufgeführt wird: *Charlie and His Orchestra,* Bd. 1 (siehe Anm. 94). Man lausche Angelis vorzüglichem Klavierspiel in Aufnahmen von Brocksiepers Solisten-Orchester, einem Ableger der Templin-Gruppe für die eigenen Aufnahmezwecke des Schlagzeugers (Anfang 1943), neu aufgelegt als *Freddie Brocksieper,* Deutsche Grammophon 2664208 (o. J.).
103. Protokoll von Rundfunkplanungskonferenz vom 22. April 1942, BA, R 55/695.
104. Siehe *Die Tagebücher ... Goebbels,* Bd. 4, S. 75; Brocksieper laut Interview durch Pointon [1987] (siehe Anm. 93).
105. Cole, *Lord Haw-Haw,* S. 166; Pointons und Martin Esslins kluge Bemerkungen in »Swingtime for Hitler« (siehe Anm. 93).
106. Wolfgang Muth laut Kellersmann, »Jazz«, S. 58. Siehe auch Künneke, *Sing,* S. 75; sie behauptet (ohne es belegen zu können), daß die Schallplatten mit Fallschirmen über England abgeworfen worden seien.
107. Aufzeichnung von Brocksieper-Interview für »Swing under the Swastika« (siehe Anm. 36); Brocksieper laut Interview durch Pointon [1987] und für »Swingtime for Hitler« (siehe Anm. 93).
108. In meinem Interview mit ihm brachte Angeli auch das Argument vor, daß er die englische Sprache nicht gekannt habe. Jedenfalls reagierte er sehr empfindlich auf die Abstempelung als Kollaborateur, etwa im *Spiegel,* 18. April 1988, S. 231. Dies steht im Widerspruch zu einer Aussage von Friedrich Meyer, der anfangs an den Programmen mitwirkte, daß Schwedler wegen seiner »blöden Texte« von den Musikern »zur Sau gemacht« worden sei (zitiert in Kellersmann, »Jazz«, S. 56).
109. Siehe Konrad H. Jarausch, *The Unfree Professions. German Lawyers, Teachers, and Engineers, 1900–1950* (New York und Oxford, 1990); Geoffrey Cocks und Konrad H. Jarausch (Hg.), *German Professions, 1800–1950* (New York und

Oxford, 1990); Michael H. Kater, *Doctors Under Hitler* (Chapel Hill und London, 1989).

110. Hier pflichte ich dem Urteil von Ekkehard Jost bei, »Jazz in Deutschland. Von der Weimarer Republik bis zur Adenauer-Ära«, in *That's Jazz. Der Sound des 20. Jahrhunderts. Eine Ausstellung der Stadt Darmstadt ... 29. Mai bis 28. August 1988* (Darmstadt, 1988), S. 365–66.
111. »Aus Gottes eigenem Land«, *Reich*, 9. August 1942.
112. Siehe Hans Dieter Schäfer, *Das gespaltene Bewußtsein. Über deutsche Kultur und Lebenswirklichkeit, 1933–1945*, 2. Aufl. (München und Wien, 1982), bes. S. 132–40, und meine frühere Kritik dieser Meinung in *Archiv für Sozialgeschichte* 22 (1982), S. 668–71.
113. Verfügungen über öffentliche Tänze vom 4. und 27. September 1939, 25. Juli 1940, *Amtliche Mitteilungen der Reichsmusikkammer*, BA, RD 33/2-2; *Die Tagebücher ... Goebbels*, Bd. 4, S. 154; *Unterhaltungsmusik*, 6. Juni 1940, S. 526; *Meldungen aus dem Reich*, Bd. 5, S. 1413, 1425. Siehe auch S. 217.
114. Verfügungen vom 15. August und 18. Dezember 1940, *Amtliche Mitteilungen der Reichsmusikkammer*, BA, RD 33/2-2; *Die Tagebücher ... Goebbels*, Bd. 4, S. 281, 439; *Reich*, 9. März 1941 (Zitat).
115. Verfügungen vom 6. April, 10. und 23. Juni 1941, *Amtliche Mitteilungen der Reichsmusikkammer*, BA, RD 33/2-2; *Die Tagebücher ... Goebbels*, Bd. 4, S. 575, 681, 685; *Meldungen aus dem Reich*, Bd. 7, S. 2394.
116. *Podium der Unterhaltungsmusik*, 6. Februar 1942, S. 41; Protokoll der Rundfunkplanungskonferenz vom 20. Mai 1942, BA, R 55/695; Schäfer, *Berlin*, S. 24; Interview mit Haentzschel.
117. Verfügungen vom 19. Dezember 1939 und 25. April 1940, *Amtliche Mitteilungen der Reichsmusikkammer*, BA, RD 33/2-2; *Unterhaltungsmusik*, 19. Oktober 1939, S. 1388; ibid., 9. November 1939, S. 1434; ibid., 4. April 1940, S. 301; Raabe in *Zeitschrift für Musik* 107 (1940), S. 454; Interview mit Molkenbur-Schönfelder.
118. Verfügung vom 9. August 1941, *Amtliche Mitteilungen der Reichsmusikkammer*, BA, RD 33/2-2 (Zitat); Interview mit Brocksieper.
119. Einer der damaligen Frankfurter Spitzel hieß Daniel (Interview mit Mangelsdorff).
120. »Musikalische Feldpost«, 15. Januar 1943, PA Daniels.
121. »Musikalische Feldpost«, Anfang April 1942, PA Daniels; Heinrich, *»Swing-Generation«*, S. 44; Interview mit Pick.
122. Wolffram, »Bulgare«, S. 9; Baldauf laut Zitat in Mike Zwerin (der die Gestapo zu Recht mit der SS gleichsetzt), *La Tristesse de Saint Louis. Swing under the Nazis* (New York, 1985), S. 90; Fall von van't Hoff in Stuttgart, BDC, RMK van't Hoff; Fall von Otto Fuhrmann in Oslo, BDC, RMK Fuhrmann.
123. *Skizzen*, August/September 1939, S. 22; Deutsche-Brunswick-Minibroschüre, September 1939, PA Jung.
124. Langes (*Jazz in Deutschland*, S. 98) und Kellersmanns (»Jazz«, S. 64) Behauptung, daß ein ausdrückliches Verbot des Verkaufs englischer Schallplatten auf einem Goebbels-Erlaß vom 2. September 1939 beruht habe, trifft nicht zu. In dem Erlaß waren nur Live-Auftritte, keine Schallplatten erwähnt worden. Siehe *Allgemeine Musikzeitung* 67 (1940), S. 32; *Amtliche Mitteilungen der Reichsmusikkammer*, 15. September 1939; BA, RD 33/2-2.
125. »Erste Liste unerwünschter musikalischer Werke«, *Unterhaltungsmusik*, 14. September 1939, S. 1306–07.

126. *Unterhaltungsmusik,* 25. Januar 1940, S. 70, Nachdruck des Statements im *Völkischen Beobachter* vom 12. Januar; Waldemar Rosen, »Bilder aus dem englischen Musikleben«, *Musik in Jugend und Volk* 3 (1940), S. 2–4; »Zweite Liste...«, *Beilage zu den Amtlichen Mitteilungen der Reichsmusikkammer,* 15. April 1940, BA, RD 33/2-2.
127. Interview mit Haentzschel; Korseck an Autor, 15. November 1988.
128. Hans Petsch, »Der Jazzbazillus«, *Zeitschrift für Musik* 107 (1940), S. 455–57; Protokoll der Goebbels-Direktive (Juli 1940) nachgedruckt in Boelcke, *Kriegspropaganda,* S. 418–19 (Zitat); Interview mit Schulz-Reichel; Kellersmann, »Jazz«, S. 22.
129. Siehe zum Beispiel *Reich,* 10. Mai und 9. August 1942.
130. *Podium der Unterhaltungsmusik,* 8. Januar 1942, S. 9 (Zitat); »Der neueste Modeirrsinn Anglo-Amerikas. Sind Sie nicht entzückend ›swing‹!?« *Mittag,* 17. August 1942.
131. Lange, *Jazz in Deutschland,* S. 103; Werner Burkhardt, »Musik der Stunde Null«, *Zeitmagazin,* 18. November 1983, S. 42.
132. Von Borries an RMK-Präsident, 4. Februar 1942, BDC, RMK Fritz von Borries; *Podium der Unterhaltungsmusik,* 6. März 1942, S. 75–76.
133. *Unterhaltungsmusik,* 14. Dezember 1939, S. 1529; Aufzeichnung von Schulz-Köhn-Interview für »Swing under the Swastika« (siehe Anm. 36); Boelcke, *Macht,* S. 451; Diller, *Rundfunkpolitik,* S. 316; Smith, *Feind,* S. 96–97.
134. *Meldungen aus dem Reich,* Bd. 3, S. 630; Boelcke, *Macht,* S. 454.
135. Danzi, *American Musician,* S. 133–39.
136. Mündliche Mitteilung an mich von Gertie Molkenbur-Schönfelder, Lindau, 2. Juni 1988.
137. *Amtliche Mitteilungen der Reichsmusikkammer,* 15. Februar 1940, BA, RD 33/2-2; RMK-Lizenz für Friedländer, Nr. 75124, datiert 22. August 1941, PA Friedländer-Reimann.
138. Interview mit Pick.
139. Bessunger an Autor, 25. April und 1. August 1989, 1. Februar 1990.
140. Interview mit Schumann; Aufzeichnung von Schumann-Interview für »Swing under the Swastika« (siehe Anm. 36). Berufsmusiker unter achtzehn Jahren arbeiteten illegal, wenn sie keine spezielle RMK-Genehmigung besaßen (*Amtliche Mitteilungen der Reichsmusikkammer,* 15. Mai 1942, BA, RD 33/2-2).
141. Theo Stengel und Herbert Gerigk, *Lexikon der Juden in der Musik. Mit einem Titelverzeichnis jüdischer Werke* (Berlin, 1941); *Amtliche Mitteilungen der Reichsmusikkammer,* 15. Januar 1941, BA, RD 33/2-2; Wolfgang Sachses begeisterte Rezension in *Musik* 34 (1942), S. 167–68.
142. *Zeitschrift für Musik* 107 (1940), S. 766. Siehe auch Fred K. Prieberg, *Musik im NS-Staat* (Frankfurt am Main, 1982), S. 127, 275–76, 285–86. Ich erfuhr zuerst von Blachers heikler Situation durch meinen Onkel, den Pianisten Helmut Roloff, der nach dem Krieg als Rektor der Berliner Hochschule der Künste amtierte. Er war ein enger Freund Blachers und wurde ebenfalls wegen seiner Widerstandstätigkeit von den Nationalsozialisten verfolgt.
143. Danzi, *American Musician,* S. 124; Sely-Memorandum, 23. Februar 1946, BDC, RMK Bund.
144. »Musikalische Feldpost«, Anfang April 1942, PA Daniels; Memorandum des Reichssicherheitshauptamtes; 6. Juli 1942, BDC, RMK Fuhrmann; Urkunde des Kammergerichts Berlin, 18. September 1947, PA Molkenbur-Schönfelder;

Horst J. P. Bergmeier, *The Weintraub Story incorporated The Ady Rosner Story* (Menden, 1982), S. 25.

145. Siehe *Die Tagebücher ... Goebbels,* Bd. 3, S. 599; ibid., Bd. 4, S. 634–35; Kater, »Inside Nazis«, S. 239–40; Personalakte Schottländer, BDC.
146. Interviews mit Blüthner, Pick, Zacharias, Hielscher und Korseck; Hans Blüthner, »Plattensammeln und was sonst noch so war«, *Fox auf 78,* Nr. 7 (Sommer 1989), S. 21; *Podium der Unterhaltungsmusik,* 13. Mai 1943, S. 116.
147. Interview mit Molkenbur-Schönfelder; Molkenbur-Schönfelder an Autor, 24. Juni 1989; Stenzel in Aufzeichnung von Rundfunksendung durch Hajo Steinert, »Und Abends in die Scala. Girls, Bonzen und die Partei«, Produktion 25. August 1987, Deutschlandfunk, Köln; *Die Tagebücher... Goebbels,* Bd. 3, S. 612–15; Danzi, *American Musician,* S. 137; Memorandum des Reichssicherheitshauptamtes, 14. Oktober 1942, BDC, RMK Stenzel.
148. Stenzel laut »Und Abends in die Scala« (siehe Anm. 147); Fanderl an Hinkel, 17. Juni 1944, BDC, Personalakte Fanderl.
149. Siehe Danzi, *American Musician,* S. 137; Stenzel laut »Und Abends in die Scala« (siehe Anm. 147).
150. Siehe das Foto von Stenzel als Leiter seiner Band auf dem Umschlag von *American Historical Review* 94 (1989) und das Foto in diesem Buch, das ihn auf der Bühne der Berliner Scala zeigt; *Berliner Morgenpost,* 10. April 1983; Interview mit Haentzschel. Stenzels Bemühungen um häufig mehrere seiner innigen Mitarbeiterinnen werden bezeugt von Gertie Molkenbur-Schönfelder, die damals selbst Objekt seiner amourösen Aufmerksamkeit war (Telefonat des Autors mit Molkenbur-Schönfelder, München–Lindau, 11. Dezember 1990).
151. *Das Tagebuch ... Goebbels,* Bd. 3, S. 76; Scheidungsurkunde für Hinkel, 1. Dezember 1938, BDC, SS Hinkel; Geza von Cziffra, *Kauf dir einen bunten Luftballon. Erinnerungen an Götter und Halbgötter* (München und Berlin, 1975), S. 252; Curt Rieß, *Das gab's nur einmal. Die große Zeit des deutschen Films* (Wien und München, 1977), Bd. 3, S. 42; Kellersmann, »Jazz«, S. 33. Hinkel hatte seine erste Frau Anny Danzer, eine Apothekertochter aus Neuötting, 1927 geheiratet (Hans Hinkel, *Einer unter hunderttausend,* 9. Aufl. [München, 1942], S. 174, 207).
152. Personalakte Fanderl, BDC; BDC, SS Hinkel.
153. Siehe Fanderl an Hinkel, 28. November 1939 und 9. Oktober 1940, sowie Hinkel an Fanderl, 30. November 1939, BDC, Personalakte Fanderl.
154. *Artist,* 17. Oktober 1935, S. 1163; Lebenslauf von Anneliese Kambeck [Spada], o. J., BDC, SS Hinkel; Molkenbur-Schönfelder an Autor, 24. Juni 1989; BDC, RMK Charlotte Fanderl geb. Treml.
155. Interview mit Haentzschel; Leiter von Sipo und SD an SS-Rasse- und Siedlungshauptamt, 14. November 1942, BDC, SS Hinkel.
156. Molkenbur-Schönfelder an Autor, 3. Februar 1989; Personalakte Fanderl, BDC.
157. Personalakte Fanderl, BDC.
158. Fanderl an Hinkel, 17. Juni 1944, BDC, Personalakte Fanderl.
159. Das letztere ist von Haentzschel bestätigt worden (Interview).
160. Interview mit Molkenbur-Schönfelder; Metzmacher, *Wir sind bei euch,* S. 74, 106–07; Hinkel an Terboven, 18. Juni 1940, BA, R 56I/93; Heilig an Hinkel, 1. September 1941, BDC, RKK Hinkel; Vertrag von Stenzel, 1. Februar 1942, BDC, RMK Stenzel; Stenzel laut »Und Abends in die Scala« (siehe Anm. 147).

161. Memorandum des Reichssicherheitshauptamtes, 14. Oktober 1942, BDC, RMK Stenzel.
162. Fischer an Berliner Gauleitung, 20. September 1940; Ohlendorf an Hinkel, 26. Mai 1941, BDC, RMK Stenzel. Siehe auch Schmidt-Memorandum, 21. August 1940, BDC, RMK Stenzel; »Musikalische Feldpost«, 7. November 1941, PA Daniels.
163. Leiter von Sipo und SD an SS-Rasse- und Siedlungshauptamt, 14. November 1942, BDC, SS Hinkel; Stenzel laut »Und Abends in die Scala (siehe Anm. 147); Andersen, *Leben*, S. 163.
164. Fanderl an Hinkel, 17. Oktober 1942, BDC, Personalakte Fanderl; Conrad, *Wehner*, S. 72, 101. Siehe auch 4. Kapitel, S. 338.
165. Charles Delaunay, *Django Reinhardt* (New York, 1981), S. 100–03, 108–11; »Musikalische Feldpost«, Mitte August 1942, PA Daniels; Ekkehard Jost, »Jazz in Europe – die frühen Jahre«, in *That's Jazz*, S. 322.
166. Jack de Graef, *De Swingperiode (1935–1947). Jazz in België* (Wettelijk, 1980), S. 21–32, 43–50, 58–59, 63–68; Robert Pernet, *Jazz in Little Belgium. History (1881–1966)* (Brüssel, 1966), S. 103–15; »Musikalische Feldpost«, 24. September 1941 und Anfang Juni 1942, PA Daniels; Interview mit Engel.
167. »Musikalische Feldpost«, Anfang Januar, Mitte April und Mitte Juli 1942 (Zitat), PA Daniels; Kees Wouters, »Krieg dem Jazz! Holland vor und während der Nazi-Besetzung«, in Polster, *»Swing Heil«*, S. 179.
168. Werner Daniels hat mir freundlicherweise eine Tonbandkassette zur Verfügung gestellt, auf der von Kai Ewans, Kjeld Bonfils, Leo Mathisen und Bjorge Roger Henrichsen geleitete Gruppen (1940–44) zu hören sind; sie demonstrieren europäischen Jazz der höchsten Qualität.
169. Erik Wiedemann, *Jazz i Danmark. Ityverne, trediverne, og fyrrerne* (Kopenhagen, 1982), Bd. 1, S. 64, 24–56, 268–92; Bd. 2, S. 12–13, 18–19, 34, 44–45, 48–50, 62, 79–80, 83–84.
170. Siehe Anm. 39 oben.
171. Lange, *Jazz in Deutschland*, S. 101–2; Wouters, »Krieg«, S. 191.
172. Dietrich Schulz-Köhn, *Django Reinhardt. Ein Portrait* (Wetzlar, 1960), S. 45–47; Pernet, *Jazz ... Discography;* Wiedemann, *Jazz*, Bd. 2; Delauney, *Django*, S. 101–2, 111; Jost, »Jazz in Europe«, S. 324.
173. Wiedemann, *Jazz*, Bd. 1, S. 262.
174. »Swing. Catalogue General 1941 Disques«, PA Jung.
175. Lange, *Jazz in Deutschland*, S. 110, 112, 114, 116; idem in *Jazz-Podium*, Nr. 6 (1957), S. 21; »Musikalische Feldpost«, Mitte März und Anfang Juni 1942, PA Daniels; Pernet, *Jazz ... Discography*, S. 54, 172, 337, 317; Interviews mit Haentzschel und Brocksieper; Neuauflagen der Brocksieper-Band (1942–43) auf Polydor 2459032 und 2664208, o. J.
176. »Musikalische Feldpost«, 24. September 1941; ibid., Anfang Januar, Anfang Februar, Anfang August 1942, PA Daniels; Aufzeichnung von Schulz-Köhn-Interview (siehe Anm. 36); Günter Lust und Lissy Lust, ... *und sie drehen sich immer noch!* (Menden, 1984), S. 30; Lange, *Jazz in Deutschland*, S. 103; Becke an Autor, 11. September 1989.
177. Jost, »Jazz in Europe«, S. 323; Schulz-Köhn laut Interview in ibid., S. 337; »Musikalische Feldpost«, 24. September 1941 und Mitte April 1942, PA Daniels; Schulz-Köhn, *Reinhardt*, S. 39; Alfred A. Goodman, *Musik im Blut. Amerikanische Rhythmen erobern die Welt* (München, 1968), S. 118–19; De-

launay, *Django*, S. 104, 109; Zwerin, *La Tristesse*, S. 179; Muth, »Wir«, S. 207; Wouters, »Krieg«, S. 181–96.

178. »Musikalische Feldpost«, August 1942, PA Daniels; Henk Niesen, Jr., »Occupations Blues«, *Jazz Forum* (1946), S. 15–16; Delaunay, *Django*, S. 99; Albert McCarthy, *Big Band Jazz* (New York, 1974), S. 312–13; Wiedemann, *Jazz*, Bd. 1, S. 284–85; ibid., Bd. S. 52; Wouters, »Krieg«, S. 191, 194, 197.

179. Niesen, Jr., »Occupation Blues«, S. 15; »Musikalische Feldpost«, 10. Dezember 1941, PA Daniels; Wouters, »Krieg«, S. 182–87.

180. Benno Müller-Hill, *Tödliche Wissenschaft. Die Aussonderung von Juden, Zigeunern und Geisteskranken, 1933–1945* (Reinbek, 1984), S. 17–18, 20–21; Erklärung des Grazer Staatsanwalts vom 5. Februar 1940 laut Zitat in Klaus Oldenhage, »Justizverwaltung und Lenkung der Rechtsprechung im Zweiten Weltkrieg«, in Dieter Rebentisch und Karl Teppe (Hg.), *Verwaltung contra Menschenführung im Staat Hitlers. Studien zum politisch-administrativen System* (Göttingen, 1986), S. 110 (erstes Zitat); *Amtliche Mitteilungen der Reichsmusikkammer*, 15. Februar und 25. April 1940, BA, RD 33/2-2; Paul Bernhard, *Jazz. Eine musikalische Zeitfrage* (München, 1927), S. 77; Delaunay, *Django*, S. 100 (zweites Zitat).

181. Francis Newton [Eric J. Hobsbawm], *The Jazz Scene* (New York, 1975), S. 261 (Zitat); »Musikalische Feldpost«, Mitte April und Anfang August 1942, PA Daniels; de Graef, *Swingperiode*, S. 27–29; Jost, »Jazz in Europe«, S. 324; Zwerin, *La Tristesse*, S. 147–49.

182. Interviews mit Bohländer, Jung und Mangelsdorff; Aufzeichnung von Lippmann-Interview für »Swing under the Swastika« (siehe Anm. 36); Mangelsdorff laut Interview in Polster, *»Swing Heil«*, S. 145–46, 151; Carlo Bohländer, *Jazz-Geschichte und Rhythmus* (Mainz, 1960), S. 67.

183. Bohländer, *Jazz-Geschichte*, S. 67; *Unterhaltungsmusik*, 17. Juli 1941, S. 646; »Musikalische Feldpost«, Anfang August 1942, PA Daniels.

184. Hans Otto Jungs Liner Notes für *Swing under the Nazis* (1986), Harlequin HQ 2051; Interviews mit Blüthner, Pick und Jung.

185. Interview mit Freichel; Jungs Liner Notes (siehe Anm. 184).

186. Interviews mit Jung und Mangelsdorff.

187. *Reichsgesetzblatt Teil I* (1940), S. 499–500; BDC, SS Baldauf; Interviews mit Bohländer, Freichel, Jung und Mangelsdorff.

188. Michaelis an Autor, 26. April 1989; Hipp an Autor, 17. März und 22. April 1989; Becke an Autor, 11. September 1989.

189. Hipp an Autor, 17. März, 29. März (Poststempel) und 22. April 1989; Hipp zitiert in Richard W. Fogg, »Jazz under the Nazis«, in *Down Beat Musik '66. 11th Yearbook* (Chicago, 1966), S. 98; Charles Delaunay, *New Hot Discography. The Standard Directory of Recorded Jazz*, hg. Walter E. Schaap und George Avakian (New York, 1948), S. 436.

190. Hipp an Autor, 17. März 1989 (erstes Zitat); Becke an Autor, 11. September 1989 (zweites Zitat); Hipp zitiert in Fogg, »Jazz under the Nazis«, S. 98.

191. Hipp an Autor, 22. April 1989.

192. Zu Weimar siehe Muth, »Wir«, S. 204–5; zu Rostock siehe Walter Kempowski, *Tadellöser & Wolff. Ein bürgerlicher Roman*, 2. Aufl. (München, 1975), S. 151–56; Werner Burkhardt, »Musik der Stunde Null«, *Zeitmagazin*, 18. November 1983, S. 42; zu Breslau siehe Interview mit Koleczek.

193. Ludwig Kelbetz, »Vom Gesellschaftstanz in unserer Zeit«, *Musik in Jugend*

und Volk 3 (1940), S. 58–60; Hans Frucht, »Tanz und Musik im nationalsozialistischen Staat«, *Zeitschrift für Musik* 107 (1940), S. 261–65; Reinhold Sommer, »Neugestaltung des Gesellschaftstanzes«, *Musik* 34 (1942), S. 253–55; Raabes Erklärungen in *Unterhaltungsmusik*, 26. Oktober 1939, S. 1405, und *Zeitschrift für Musik* 109 (1942), S. 410.

194. Max Merz, »Deutsches Volkstum und der Jazz«, *Musik in Jugend und Volk* 3 (1940), S. 51–58; idem, »Wir und der Jazz«, *Westermanns Monatshefte* 85 (1940), S. 3–6; *Unterhaltungsmusik* 28. Dezember 1940, S. 1225; *Meldungen aus dem Reich*, Bd. 5, S. 1657; »Musikalische Feldpost«, Mitte Januar 1942, PA Daniels.

195. Siehe S. 255f; *Unterhaltungsmusik*, 2. November 1939, S. 1421; *Die Tagebücher ... Goebbels*, Bd. 4, S. 533 (Zitat).

196. Schult an Kohlmeyer, 8. Februar 1940, SAH, Jugendbehörde I, 343c.

197. Dokumente von März 1940 in SAH, Jugendbehörde I, 343c; Interviews mit Scheel, Hirschfeld und Evers-Frauboes.

198. »Einladung zum Tanzabend am Donnerstag, 14. März«, SAH, Jugendbehörde I, 343c. Siehe auch »Einzelbeispiele für die Cliquen- und Bandenbildung in neuerer Zeit«, Anhang zu »Reichsjugendführung – Personalamt – Überwachung, ›Cliquen- und Bandenbildung unter Jugendlichen‹«, September 1942, BA, R 22/1177.

199. Thorsten Müller in *Hamburger Abendblatt*, 1. Februar 1985.

200. Uwe Storjohann zitiert in Ursula Prückner, »Wilde Jahre. Begegnungen mit Hamburger Swings«, in Polster, *»Swing Heil«*, S. 224–25.

201. Thorsten Müller in *Hamburger Abendblatt*, 30. Januar 1985; Hanne-Lore Evers an Hans, 11. August 1941, PA Evers-Frauboes; Interview mit Nielsen-Rönn.

202. Evers an Hans, 13. August 1941 (Zitat); auch Brief vom 20. August 1941, beide PA Evers-Frauboes; *Unterhaltungsmusik*, 11. September 1941, Innenumschlag; Thorsten Müller in *Hamburger Abendblatt*, 31. Januar 1985.

203. Thorsten Müller in *Hamburger Abendblatt*, 1. Februar 1985; Evers an Hans, 21. September 1941, PA Evers-Frauboes.

204. Axel Springer, *An meine Kinder und Kindeskinder. Auszüge aus einer Niederschrift*, 2. Aufl. (Berlin, 1985), S. 36; Harry [Georgiadis] Stephens, »Swing Threatens Third Reich«, unveröffentlichtes Ms., Beccles (Suffolk), 1988, S. 64; Interviews mit Evers-Frauboes, Vogel, Scheel und Müller.

205. »Einzelbeispiele« (siehe Anm. 198).

206. Interview mit Madlung-Shelton und Aufzeichnung von Madlung-Shelton-Interview für »Swing under the Swastika« (siehe Anm. 36); Interview mit Scheel; Aussage von A. v. d. E. in Gestapoprotokoll, 16. Oktober 1941, SAH, Oberschulbehörde VI, 2F, VIIIa2/40/1.

207. Stephens, »Swing Threatens Third Reich«, S. 92–93.

208. Schult an Kohlmeyer, 8. Februar 1940, SAH, Jugendbehörde I 343c; Lust, *drehen*, S. 36; Rainer Pohl, »›Das gesunde Volksempfinden ist gegen Dad und Jo‹. Zur Verfolgung der Hamburger ›Swing-Jugend‹ im Zweiten Weltkrieg«, in *Verachtet – verfolgt – vernichtet. Zu den »vergessenen« Opfern des NS-Regimes* (Hamburg, 1986), S. 16, 28–29.

209. Uwe Storjohann, »In Hinkeformation hinterher. Swing-Jugend an der Bismarck-Schule«, in Reiner Lehberger und Hans-Peter de Lorent (Hg.), *»Die Fahne hoch«. Schulpolitik und Schulalltag in Hamburg unterm Hakenkreuz*

(Hamburg, 1986), S. 404; Günther Lust laut Interview in Polster, *»Swing Heil«*, S. 167; Pohl, »Volksempfinden«, S. 29; Interview mit Engel.

210. Oberschule für Jungen am Stadtpark an Schulverwaltung Hamburg, 9. Januar 1942, SAH, Oberschulbehörde VI, 2 F VIII a 2/3/1; Günther Lust laut Interview in Polster, *»Swing Heil«*, S. 167–68; Bernd Polster, »Treudeutsch, treudeutsch. Swingheinis unterwandern den Kolonnenzwang«, in ibid., S. 142; Pohl, »Volksempfinden«, S. 23.
211. Pohl, »Volksempfinden«, S. 29.
212. HJ-Memorandum, 12. März 1940, SAH, Jugendbehörde I, 343 c. Siehe auch Aussage von H. P. in Gestapoprotokoll, 18. Oktober 1941, SAH, Oberschulbehörde VI, 2 F VIII a 2/40/1; »Einzelbeispiele« (siehe Anm. 198).
213. Interview mit Evers-Frauboes (Zitat); Prückner, »Jahre«, S. 227. Hoffmann zierte sich mit dem Pseudonym »K. H. Sonderburg«.
214. »Einzelbeispiele« (siehe Anm. 198); Günter Lust und Günter Discher laut Interview in Polster, *»Swing Heil«*, S. 161–62, 166–67; Prückner, »Jahre«, S. 224–226.
215. Aussagen von W. D. und W. J., 18. und 21. Oktober 1941, SAH, Oberschulbehörde VI, 2 F VIII a 2/40/1.
216. Interview mit Panagopoulos.
217. Interview mit Scheel (Zitat); Pohl, »Volksempfinden«, S. 23–24.
218. »The Alligators ›Hot‹ Club«, English-language documentation and photographs, o. J., PA Scheel; Interview mit Scheel.
219. Interview mit Scheel.
220. Stephens, »Swing Threatens Third Reich«, S. 67–68.
221. Telefonat des Autors mit Volker Jürgen Seitz, Hamburg, 20. Juni 1988; Interview mit Scheel.
222. »Einzelbeispiele« (siehe Anm. 198); Interviews mit Scheel, Engel und Madlung-Shelton.
223. Aussage von O. K. S. in Gestapoprotokoll, 18. Oktober 1941, SAH, Oberschulbehörde VI, 2 F VIII a 2/40/1; Storjohann, »Hinkeformation«, S. 399–400; Springer, *Kinder*, S. 39; Pohl, »Volksempfinden«, S. 25; Interview mit Evers-Frauboes.
224. Interview mit Scheel; Pohl, »Volksempfinden«, S. 36.
225. Interview mit Evers-Frauboes; BDC, MF und SS Reinhardt; Pohl, »Volksempfinden«, S. 39; Stephens, »Swing Threatens Third Reich«, S. 98.
226. BDC, MF und SS Hintze; ibid., SS Kügler. Siehe auch Pohl, »Volksempfinden«, S. 37.
227. Interview mit Scheel; Scheel an Autor, 7. April 1988.
228. Interview mit Scheel; Scheel an Autor, 7. April 1988; Gestapo Hamburg an Schulverwaltung Hamburg, 13. November 1940, PA Scheel.
229. Scheel an Autor, 7. Mai 1940; SD Hamburg an Züge, 3. Dezember 1940, SAH, Oberschulbehörde VI, f VIII a 2/3/2.
230. Siehe das Dokument in Pohl, »Volksempfinden«, S. 32.
231. Thorsten Müller, »Synopsis aus ›Veränderungsberichte (Zu- und Abgänge) des Polizeigefängnisses Fuhlsbüttel‹ für die Zeit vom 2. 1. 1941 bis zum 7. Mai 1943«, PA Scheel; Stephens, »Swing Threatens Third Reich«, S. 75–77, 94–95.
232. Müller, »Synopsis«; Prückner, »Jahre«, S. 229; Pohl, »Volksempfinden«, S. 24.
233. Siehe Aussage von H. F. in Gestapoprotokoll, 13. Oktober 1941, SAH, Oberschulbehörde VI, 2 F VIII a 2/40/1; Interview mit Panagopoulos; Telefonat des

Autors mit Volker Jürgen Seitz, Hamburg, 20. Juni 1988; Stephens, »Swing Threatens Third Reich«, S. 94.

234. Ich beabsichtige, mich in einer späteren Untersuchung über Jugendliche und Frauen im Dritten Reich mit diesem Thema zu befassen; siehe Pohl, »Volksempfinden«.

235. Oberschule für Jungen an der Armgardstraße an Schulverwaltung Hamburg, 4. April 1942, SAH, Oberschulbehörde VI, 2 F VIII a 2/3/1; Unterlagen über Hans-Joachim Scheels Verweisung von der Gelehrtenschule des Johanneum (November 1940), PA Scheel; Schulverwaltung Hamburg an Hintze, 29. Juli 1942, einschließlich einer Liste bestrafter Schüler, PA Scheel; Interview mit Scheel; Scheel an Autor, 7. April 1988.

236. Abteilung Musik, Reichspropagandaministerium, an Goebbels, 18. August 1941, nachgedruckt in *Deutsches Allgemeines Sonntagsblatt,* 8. November 1981; *Die Tagebücher ... Goebbels,* Bd. 4, S. 30.

237. Gutterer an Heydrich, 20. August 1941, IfZ, Ma 667/5484201-02.

238. Axmann an Himmler, 8. Januar 1942; Himmler an Axmann, 26. Januar 1942; Himmler an Heydrich, 26. Januar 1942, BA, NS 19/neu 219.

239. Siehe Pohl, »Volksempfinden«, S. 41.

240. Dokumente über Moringen (1941–42) in BA, R 22/1176; Detlev Peukert, »Arbeitslager und Jugend-KZ. Die ›Behandlung Gemeinschaftsfremder‹ im Dritten Reich«, in Peukert und Jürgen Reulecke (Hg.), *Die Reihen fast geschlossen. Beiträge zur Geschichte des Alltags unterm Nationalsozialismus* (Wuppertal, 1981), S. 422–25; Wolf-Dieter Haardt, »›Was denn, hier – in Moringen?!‹ Die Suche nach einem vergessenen KZ«, in Detlef Garbe (Hg.), *Die vergessenen KZs? Gedenkstätten für die Opfer des NS-Terrors in der Bundesrepublik* (Bornheim–Merten, 1983), S. 97–107. Siehe auch Pohl, »Volksempfinden«, S. 25; Thorsten Müller, »Feindliche Bewegung«, in *That's Jazz,* S. 386.

241. Michael Hepp, »Vorhof zur Hölle. Mädchen im ›Jugendschutzlager‹ Uckermark«, in Angelika Ebbinghaus (Hg.), *Opfer und Täterinnen. Frauenbiographien des Nationalsozialismus* (Nördlingen, 1987), S. 191–216. Ich hatte eine seltene Gelegenheit, die gesamte Akte über Helga Rönn (SAH, Amtsgericht Hamburg, Abtlg. Vormundschaftswesen, 115 XI, R 1886, 1653 Rönn) durchzusehen; dabei wurde ich unterstützt von ihrem Bruder Herbert Rönn und dessen Frau Ursula Nielsen-Rönn, die gleichfalls als Swings verfolgt worden waren. Ihren Aussagen zufolge hatten die Behörden für ihre eigenen Zwecke Helgas angeblich Promiskuität und andere »asoziale« Verfehlungen gewaltig übertrieben.

242. Interviews mit Nielsen-Rönn und Madlung-Shelton; Müller, »Synopsis«.

243. Müller, »Synopsis«; Interview mit Scheel.

244. Erik H. Erikson, *Identity. Youth and Crisis* (New York, 1968), Zitat S. 165 und passim.

245. Peter Loewenberg, »The Psychohistorical Origins of the Nazi Youth Cohort«, *American Historical Review* 76 (1971), S. 1457–1502; Michael H. Kater, »Generationskonflikt als Entwicklungsfaktor in der NS-Bewegung vor 1933«, *Geschichte und Gesellschaft* 11 (1985), S. 217–43.

246. Aussagen von H. F. und H. P. in Gestapoprotokollen, 13. und 18. Oktober 1941, SAH, Oberschulbehörde VI, 2 F VIII a 2/40/1; Storjohann, »Hinkeformation«, S. 401; Günter Lust laut Interview in Polster, *»Swing Heil«,* S. 167; Interviews mit Scheel und Engel; Michael H. Kater, *The Nazi Party. A Social Profile of Members and Leaders, 1919–1945* (Cambridge, Mass., 1983).

247. Siehe Arno Klönne, *Jugend im Dritten Reich. Die Hitlerjugend und ihre Gegner* (Düsseldorf und Köln, 1982); Detlev J. K. Peukert, *Inside Nazi Germany. Conformity, Opposition and Racism in Everyday Life* (London, 1982); Detlef Mühlberger, *Hitler's Followers. Studies in the Sociology of the Nazi Movement* (London, 1991).
248. Die erstere Position wurde von fast allen Hamburger Swings verteidigt, die ich interviewte. Zur letzteren siehe einen Brief von [Georgiadis] Stephens an Autor, 18. Juli 1990. Vgl. auch sein Ms. »Swing Threatens Third Reich«.
249. Engel an Redaktion von *Hamburger Abendblatt,* 26. September 1985, PA Engel; Walter Jens laut Interview in Polster, *»Swing Heil«,* S. 157.
250. Springer, *Kinder,* S. 41.
251. Evers an Hans, 21. Oktober 1940, PA Evers-Frauboes (ihre handschriftliche Bemerkung über Günters Tod auf meiner Kopie).
252. Evers an Hans, 11. August 1941, PA Evers-Frauboes; Interview mit Evers-Frauboes.
253. Storjohann zitiert in Prückner, »Jahre«, S. 228.

4. Kapitel

1. Lothar Gruchmann, *Der Zweite Weltkrieg. Kriegführung und Politik* (München, 1967), S. 216–450.
2. Hans Dieter Schäfer, *Berlin im Zweiten Weltkrieg. Der Untergang der Reichshauptstadt in Augenzeugenberichten* (München, 1985), S. 36–41; Ursula von Kardorff, *Berliner Aufzeichnungen. Aus den Jahren 1942–1945* (München, 1964), S. 78–79; Kristina Söderbaum, *Nichts bleibt immer so. Rückblenden auf ein Leben vor und hinter der Kamera* (Bayreuth, 1983), S. 197–98.
3. Goebbels in *Reich,* 17. Januar und 31. Januar 1943 (Zitat).
4. Rede vom 18. Februar 1943 gedruckt in Joseph Goebbels, *Der steile Aufstieg. Reden und Aufsätze aus den Jahren 1942/43,* hg. M. A. von Schirmeister (München, 1943), S. 167–204, Zitate S. 186; *The Goebbels Diaries,* hg. Louis P. Lochner (London, 1948), S. 310–11, 354.
5. Goebbels, *Aufstieg,* S. 186; *Podium der Unterhaltungsmusik,* 11. März 1943, S. 64; Evelyn Künneke, *Sing, Evelyn, Sing. Revue eines Lebens* (Reinbek, 1985), S. 61.
6. *Podium der Unterhaltungsmusik,* 14. Oktober 1943, S. 178; Schönicke an Fritzsche, 17. Juli 1944, BA, R 55/557; Konrad Warner, *Schicksalswende Europas. Ich sprach mit dem deutschen Volk ... Ein Tatsachenbericht* (Rheinfelden, 1944), S. 210; Schäfer, *Berlin,* S. 42–43.
7. Helmut Heiber, *Joseph Goebbels* (München, 1965), S. 315–16; *Jahrbuch der deutschen Musik 1944,* S. 39–41, 75–103; Maurus Pacher, *Sehn Sie, das war Berlin. Weltstadt nach Noten* (Frankfurt am Main und Berlin, 1987), S. 338.
8. *Reich,* 5. Dezember 1943; Kardorff, *Aufzeichnungen,* S. 193–94; Matthias Menzel, *Die Stadt ohne Tod. Berliner Tagebuch 1943/45* (Berlin, 1946), S. 96, 153; Interview mit Haentzschel.
9. Menzel, *Stadt,* S. 93–94, 124; Hedda Adlon, *Hotel Adlon,* 2. Aufl. (München, 1979), S. 306–08.
10. Interview mit Friedländer-Reimann; *Reich,* 30. Juli 1944.
11. »Musikalische Feldpost«, 1. April 1943, PA Daniels; *Reich,* 16. Mai 1943; Walter Kempowski, *Tadellöser & Wolff. Ein bürgerlicher Roman,* 2. Aufl. (München, 1975), S. 453.

12. Dazu siehe Liner Notes für *Helmy's Swing*, EMI Electrola 1 C 134-45 361/62 M; Horst H. Lange, *Jazz in Deutschland. Die deutsche Jazzchronik, 1900–1960* (Berlin, 1966), S. 110, 117; Robert Pernet, *Jazz in Little Belgium. Discography (1895–1966)* (Brüssel, 1966), S. 102–3, 315–16; *Fox auf 78*, Nr. 3 (Frühjahr 1987), S. 21.
13. »Musikalische Feldpost«, Anfang September und 1. Oktober 1942, 1. November 1942 (Zitat), 1. März, 15. April, 1. und 15. Juni 1943, PA Daniels; Interview mit Pick, Blüthner und Daniels.
14. Klaus Krüger, »Wir machen Musik. Tanzorchester im Dritten Reich«, in Bernd Polster (Hg.), *»Swing Heil«. Jazz im Nationalsozialismus* (Berlin, 1989), S. 58.
15. »Musikalische Feldpost«, 15. November und 1. Dezember 1942, 1. April 1943, PA Daniels.
16. Vgl. die verächtlichen SS-Bemerkungen in *Meldungen aus dem Reich. Die geheimen Lageberichte des Sicherheitsdienstes der SS, 1938–1945*, hg. Heinz Boberach (Herrsching, 1984), Bd. 13, S. 5066. Das hier erwähnte »Café Melodie« ist in Wirklichkeit D'Orios Uhlandeck.
17. Evers an Hans, 30. Dezember 1943, PA Evers-Frauboes; Lola Rolfs Reminiszenz im *Hamburger Abendblatt*, 22. Februar 1985.
18. Dietrich Heinz Kraner und Klaus Schulz, *Jazz in Austria. Historische Entwicklung und Diskographie des Jazz in Österreich* (Graz, 1972), S. 13–14; Jandl laut Interview in Polster, *»Swing Heil«*, S. 155; oben, S. 273.
19. Bericht, SD-Leitabschnitt München, 11. April 1944; Schiede an Press, 18. Mai 1944, SAM, NSDAP/31.
20. Lange, *Jazz in Deutschland*, S. 117; Künneke, *Sing*, S. 64; Interview mit Wunderlich. Im Gegensatz zu diesen Aussagen heißt es in Knud Wolfframs Darstellung aus zweiter Hand, daß D'Orio nur bis Mitte 1944 dort gespielt habe (»Ein Bulgare in Berlin. Die Geschichte des Lubo D'Orio«, *Fox auf 78*, Nr. 8 [Frühjahr 1990], S. 9).
21. Zitate der Reihenfolge nach: Kardorff, *Aufzeichnungen*, S. 97–98; Theo Findahl, *Letzter Akt – Berlin, 1939–1945* (Hamburg, 1946), S. 15–16; *While Berlin Burns. The Diary of Hans-Georg von Studnitz, 1943–1945* (London, 1964), S. 254–55.
22. »Auszug aus dem Tätigkeitsbericht für Monat Februar Gau Pommern«, 10. März 1944; Stemmer an Hinkel, 20. März 1944; Ley an Goebbels, 8. Mai 1944, BA, R 56I/37.
23. Hinkel an Reinecke, 11. Januar 1943; Stemmer an Hinkel, 20. März 1944, BA, R 56I/37; Fall von Bandleader Walter Graf in Herrmann an Rückert, 4. Januar 1945, BDC, RMK Graf; Interview mit Friedländer-Reimann.
24. Cammer an Ehlers, 9. März 1943, BA, R 56I/83; Auszug aus Balzers Bericht vom 1. Juli 1943 über Reise an Ostfront, BA, R 56I/82; Kramer an Feldpostnummer 12 111, 20. März 1944; »Abschrift«, [Juli 1944]; Heinrichsdorff an Schrade, 1. Juli 1944, BA, R 56I/37; Uebelhör an Goebbels, 15. Januar 1945, BDC, RMK Uebelhör.
25. Protokoll der Rundfunkplanungskonferenz vom 30. Juni 1943, BA, R 55/696; Liste »Fronttheater«, 1. November 1943, BA, R 56I/84; Lorey an Abteilung Rfk., 9. August 1944, BA, R 55/559; »Musikalische Feldpost«, 15. Oktober 1942, PA Daniels.
26. Künneke, *Sing*, S. 61–62.

27. Werner Burkhardt, »Musik der Stunde Null«, *Zeitmagazin,* 11. November 1983, S. 48; Interview mit Brocksieper.
28. Brocksieper (Interview) erklärt glaubhaft, daß der Sender im Januar und Februar ausgebombt sei, während es im *Spiegel* (8. April 1988, S. 236) heißt, daß die Programme bis Anfang April 1945 fortgedauert hätten. Siehe auch »Kapelle Lutz Templin«, Anlage zu Brief von Schönicke an Fritzsche, 18. September 1944, BDC, RMK, Rundfunk-Liste; John Alfred Cole, *Lord Haw-Haw – and William Joyce* (London, 1964), S. 223–24; Heinz Bardua, *Stuttgart im Luftkrieg, 1939–1945. Mit Dokumentenanhang und 67 Abbildungen* (Stuttgart, o. J.).
29. Winkelnkemper-Memorandum, 24. Januar 1943, BDC, RSK Toni Winkelnkemper; Schönicke an Fritzsche, 24. Mai 1944; »Vorschläge, Wünsche, Kritiken«, Juli 1944; Fritzsche an Roddewicz, 21. September 1944; Fritzsche an Goebbels, 11. Dezember 1944, BA, R 55/557.
30. Franz Heinrich, *»Swing-Generation«. Selbsterlebtes* (Menden, 1988), S. 64, 66; Leslie Perowne laut Interview für Sendung »Swingtime for Hitler« von Michael Pointon, ausgestrahlt BBC London 16. August 1987, Aufzeichnung PA Pointon.
31. Interview mit Brocksieper.
32. Interview mit Haentzschel; RKK an Haushaltsabteilung, 3. August 1943, BA R 56I/34. Der Prager Lebensstil wird dokumentiert in Geza von Cziffra, *Kauf dir einen bunten Luftballon. Erinnerungen an Götter und Halbgötter* (München und Berlin, 1975), S. 296, 310; Gustav Fröhlich, *Waren das Zeiten. Mein Film-Heldenleben* (München und Berlin, 1983), S. 316; Johannes Heesters. *Es kommt auf die Sekunde an. Erinnerungen an ein Leben im Frack* (München, 1978), S. 160, 162.
33. Hinkel an Goebbels, 9. Dezember 1942, BA, R 55/1254; Kainersdorfer an Schwerkolt, 26. November 1942, BA, R 56I/41; »Musikalische Feldpost«, Mitte September und 15. Dezember 1942, PA Daniels.
34. *Meldungen aus dem Reich,* Bd. 11, S. 4333.
35. Hinkel an Goebbels, 9. Dezember 1942, BA, R 55/1254; Protokolle der Rundfunkplanungskonferenzen vom 9. Dezember 1942, 21. Januar und 19. Mai 1943, PA, R 55/696; *Podium der Unterhaltungsmusik,* 15. Juli 1943, S. 135; Interview mit Haentzschel.
36. *Podium der Unterhaltungsmusik,* 22. Oktober 1942, S. 316; ibid., 4. Dezember 1942, S. 362; ibid., 25. März 1943, S. 83; ibid., 14. Oktober 1943, S. 179; ibid., 18. November 1943, S. 203.
37. *Podium der Unterhaltungsmusik,* 18. November 1943, S. 203; Interview mit Blüthner; Aufzeichnung von Interview mit Müller für britische Videoreihe »Swing under the Swastika«, Yorkshire Television, London, 1988; Interview mit Müller.
38. Personalakte Henneberg, BDC, RMK Henneberg, bes. Korr. mit Hinkel.
39. Rückert-Memorandum, 1. April 1943 (Zitat); Safronow an Tackmann, 30. März 1944, BA, R 56I/34.
40. BDC, persönliche Unterlagen Cerff; *Goebbels Diaries,* hg. Lochner, S. 445; Kurt Pabst, »Nazi-›Kultur‹. Dokumente über Kunstpflege im Dritten Reich«, unveröffentlichtes Ms., Erfurt, [1946], S. 110 (BDC, RKK Pabst); Interview mit Haentzschel.
41. Zitat Stege in *Unterhaltungsmusik,* 17. Februar 1938, S. 194.

42. Korr. in BA, R 55/242/1 und R 56I/34.
43. Interviews mit Klagemann, Haentzschel und Brocksieper; »Musikalische Feldpost«, 1. Oktober 1942 und 15. Januar 1943, PA Daniels; »Jazz-Mitteilungen«, [1943], PA Schulz-Köhn.
44. Safronow an Tackmann, 30. März 1944; Rückert an DTU, 20. April 1944; RKK-Präsident an Safronow, 14. Juni 1944, BA, R 56I/34; »Bemerkungen zur Aufführung ›Schräge Musik‹, [1944]; Schönicke an Stech und Géczy, 6. November 1944, BA, R 55/557.
45. Es haben sich keine beglaubigten Beispiele dieses Sounds erhalten. Aber man kann ihn sich leicht vorstellen, wenn man sich Stücke der früheren Band von Grothe und Haentzschel angehört hat. Der Unterschied zu einem zeitgenössischen amerikanischen Orchester liegt auf der Hand, etwa dem von Woody Herman, während es 1944 (Mitschnitt einer Rundfunksendung) den Blues »Red Top« spielte – mit Herman (Klarinette), Flip Phillips (Tenorsaxophon), Bill Harris (Posaune) und Pete Condoli (Trompete)!
46. Schönicke an Fritzsche, 18. September 1944, und beigelegtes Verzeichnis, BDC, RMK, Rundfunk-Liste; Interview mit Haentzschel.
47. Rückert an DTU, 9. November 1944, BA, R 56/I34; Hildegard Matul an RMK Berlin, 30. November 1944, BDC, RMK Serge Matul.
48. Jähnert an Rückert, 30. November 1944; Rückert an Jähnert, 6. Dezember 1944, BA, R 56I/34; Interviews mit Dobschinski und Klagemann.
49. Interview mit Haentzschel.
50. Schlegel an Goebbels, 18. Oktober 1944, BA, R 55/532 (Zitat); Bernhard Wittek, *Der britische Ätherkrieg gegen das Dritte Reich. Die deutschsprachigen Kriegssendungen der British Broadcasting Corporation* (Münster, 1962), S. 127; Conrad Pütter, *Rundfunk gegen das »Dritte Reich«. Deutschsprachige Rundfunkaktivitäten im Exil, 1933–1945. Ein Handbuch* (München, 1986), S. 84–91; Himmler an Goebbels, 11. August 1943, Dok. 8 in Conrad F. Latour, »Goebbels' ›Außerordentliche Rundfunkmaßnahmen‹, 1939–1942«, *Vierteljahrshefte für Zeitgeschichte* 11 (1963), S. 435; Thorsten Müller in *Deutsches Allgemeines Sonntagsblatt,* 4. September 1988.
51. Interview mit Zacharias.
52. DIA, Programm der [British] Forces laut Sendung, 14. und 15. April 1943.
53. Sefton Delmer, *Black Boomerang. An Autobiography* (London, 1962), S. 81, 108–10; Ellic Howe, *The Black Game. British Subversive Operations against the Germans during the Second World War* (London, 1982), S. 174–91, 240–41, 259; Pütter, *Rundfunk,* S. 125–27; *Goebbels Diaries,* hg. Lochner, S. 358, 606.
54. Zitat aus Howe, *Black Game,* S. 175, 250; Delmer, *Black Boomerang,* S. 84–85; Interviews mit Brocksieper und Zacharias; *New Yorker,* 13. Oktober 1945, S. 21–22.
55. Protokoll der Rundfunkplanungskonferenz vom 6. September 1944, BA, R 55/556; Werner Burkhardt, »Musik der Stunde Null«, *Zeitmagazin,* 18. November 1983, S. 42; Rolf Schörken, *Luftwaffenhelfer und Drittes Reich. Die Entstehung eines politischen Bewußtseins,* 2. Aufl. (Stuttgart, 1985), S. 156; Mangelsdorff laut Interview in Polster, *»Swing Heil«,* S. 150.
56. Interview mit Viera.
57. Geoffrey Butcher, *Next to a Letter from Home. Major Glenn Miller's Wartime Band* (Edinburgh, 1986), S. 43–47, 57–58.

58. Ibid., S. 60–75, 195–210; DIA, AEF-Programm laut Sendung, 8. Juni 1944; [BBC] *Radio Times,* 23. Juni 1944, S. 1; ibid., 14. Juli 1944, S. 1; ibid., 18. Juli 1944, S. 20; ibid., 12. Januar 1945, S. 2, 4; *Melody Maker,* 10. Juni 1944; ibid., 25. Mai 1945. Zu Powell siehe auch Gunther Schuller, *The Swing Era. The Development auf Jazz, 1930–1945* (New York und Oxford, 1989), S. 8–39.
59. *Glenn Miller and His AAF [sic!] Orchestra,* Soundcraft Records, Kingston, Jamaika, o. J. Von dieser Neuveröffentlichung habe ich durch Professor Clark Reynolds, College of Charleston, erfahren, für dessen Hilfe ich mich bedanken möchte (Reynolds an Autor, 23. Juni 1989).
60. Interview mit Schulz-Köhn.
61. Himmler an Goebbels, 11. August 1943 (siehe Anm. 50) (Zitat); Hinkel an Goebbels, 19. November 1942, BA, R 56I/27; Bade an Scharping, 2. Oktober 1944, BA, R 55/557; *Meldungen aus dem Reich,* Bd. 14, S. 5447, 5602; *Goebbels Diaries,* hg. Lochner, S. 452; Daniel Lerner, *Psychological Warfare against Nazi Germany. The Sykewar Campaign, D-Day to VE-Day* (Cambridge, Mass., und London, 1971), S. 132–33; Ansgar Diller, *Rundfunkpolitik im Dritten Reich* (München, 1980), S. 383–84.
62. »Programmwoche vom 13.–19. Dezember 1942«; Protokoll der Rundfunkplanungskonferenzen vom 6. Januar, 4. und 11. Februar, 17. Juni 1943, BA, R 55/696; Hinkel an Goebbles, 25. Januar und 3. Februar 1943, BA, R 55/1254. Siehe auch Jay W. Baird, *The Mythical World of Nazi War Propaganda, 1939–1945* (Minneapolis, 1974), S. 175–90.
63. *Goebbels Diaries,* hg. Lochner, S. 358; *Podium der Unterhaltungsmusik,* 15. Juli 1943, S. 135; »Neuordnung der Sendegruppen zum 1. Oktober [1943]«; »Protokoll über die Zusammenberufung der Gruppenleiter beim Herrn Staatssekretär«, 6. Oktober 1943, BA, R 56I/41.
64. *Goebbels Diaries,* hg. Lochner, S. 589–90 (Zitat); Interview mit Haentzschel.
65. Naumann an Hinkel, 26. Mai 1944, BA, R 55/559; Diller, *Rundfunkpolitik,* S. 370; Interview mit Haentzschel; Korr. BA, R 55/532, R 55/557 und R 56I/27 (1943–44).
66. Protokoll der Rundfunkplanungskonferenzen vom 20. September und 11. Oktober 1944, BA, R 55/556; Fritzsche laut Zitat in Willi A. Boelcke, *Die Macht des Radios. Weltpolitik und Auslandsrundfunk, 1924–1976* (Frankfurt am Main, 1977), S. 509–10.
67. Protokoll der Rundfunkplanungskonferenz vom 21. Februar 1945, BA, R 55/556.
68. Joseph Goebbels, *Tagebücher 1945. Die letzten Aufzeichnungen* (Hamburg, 1977), S. 479–91; idem, »Die Geschichte als Lehrmeisterin«, *Reich,* 1. April 1945.
69. Interview mit Haentzschel.
70. »Musikalische Feldpost«, 15. November, 1. und 15. Dezember 1942, 1. Januar 1943, PA Daniels; Hinkel an Fritzsche, 28. Juni 1943, BA, R 56I/41; Interview mit Viera.
71. »Musikalische Feldpost«, 1. Juni 1943, PA Daniels; Hinkel an Leiter Rundfunk, 18. Februar 1944; Chef vom Dienst, Memorandum, 23. Februar 1944, BA, R 56I/41 (Zitate); »Stellungnahme zu unserem Rundbrief vom 8. 6. 1944 an die bei der Wehrmacht stehenden Gefolgschaftsmitglieder der Reichsrundfunkgesellschaft«, BA, R 55/557.
72. Protokoll der Rundfunkplanungskonferenz vom 2. August 1944, BA, R 55/

556 (Zitat); Boelcke, *Macht*, S. 162, 167; [BBC] *Radio Times*, 12. Januar 1945, S. 1.

73. Leiter Rundfunk an Leiter M., 12. August 1944, BA, R 55/559; Gerhard Conrad, *Heinz Wehner. Eine Bio-Discographie* (Menden, 1989), S. 76–77; Conrad an Autor, 22. Juni 1990.
74. Litta Magnus-Andersen, *Lale Andersen – die Lili Marleen. Das Lebensbild einer Künstlerin* (München, 1981), S. 107–11, 137–40, 212–13, 233; Interview mit Brocksieper; Boelcke, *Macht*, S. 234.
75. »Musikalische Feldpost«, 15. November 1942, PA Daniels; Künneke, *Sing*, S. 69; Interviews mit Meyer und Haentzschel; Heinz Schröter, *Unterhaltung für Millionen. Vom Wunschkonzert zur Schlagerparade* (Düsseldorf und Wien, 1973), S. 116–18; private Bandaufnahme von Bemerkungen Friedrich Meyers und Margot Hielschers, München, o. J., PA Meyer; Memorandum über »Sender Belgrad mit Kurzwellensender Belgrad II«, 20. Juni 1944, BA, R 55/559.
76. Hinkel an Goebbels, 10. Januar 1944, BA, R 55/1254; Boelcke, *Macht*, S. 230–31.
77. Passavant-Memorandum, 10. Mai 1944; Hinkel an OKW, 30. Mai 1944; OKW an Kommandeur der Prop. Abteilung Südost, 26. Juni 1944, alle PA Meyer; Safronow an Rückert, 1. Februar 1945, BDC, RMK Meyer; private Bandaufnahme von Bemerkungen Friedrich Meyers und Margot Hielschers, München, o. J., PA Meyer; Interview mit Meyer.
78. Aufzeichnung von Interview mit Roman für »Swing under the Swastika« (siehe Anm. 37); *Connecticut Jewish Ledger*, 20. Juni 1985; Horst J. P. Bergmeier, »Sie spielten um ihr Leben ...«, in *Fox auf 78*, Nr. 3 (Frühjahr 1987), S. 17.
79. »Musikalische Feldpost«, 1. Oktober 1942, 15. März 1943, PA Daniels; »Jazz-Mitteilungen« [1942–43], PA Schulz-Köhn; Jack de Graef, *De Swingperiode (1935–1937). Jazz in België* (Wettelijk, 1980), S. 31–32, 49, 59; Wolfgang Muth, »Musik hinter Stacheldraht. Swing im Ghetto und KZ«, in Polster, *»Swing Heil«*, S. 212; Schulz-Köhn laut Interview in *That's Jazz. Der Sound des 20. Jahrhunderts. Eine Ausstellung der Stadt Darmstadt ... 29. Mai bis 28. August 1988* (Darmstadt, 1988), S. 339 (Zitat); Al Livat laut Zitat in Mike Zwerin, *La Tristesse de Saint Louis, Swing under the Nazis* (New York, 1985), S. 40.
80. Charles Delaunay, *Django Reinhardt* (New York, 1981), S. 114–21; Zwerin, *La Tristesse*, S. 86–87.
81. Pernet, *Jazz ... Discographie*, S. 8, 143, 234–35, 243, 269, 318–19, 327, 335–36.
82. Kees Wouters, »Krieg dem Jazz! Holland vor und während der Nazi-Besetzung«, in Polster, *»Swing Heil,«* S. 199–200; »Musikalische Feldpost«, 1. Dezember 1942, 15. Januar 1943, PA Daniels.
83. István Deák, *Beyond Nationalism. A Social and Political History of the Habsburg Officer Corps, 1848–1918* (New York und Oxford, 1990), S. 143; H. G. Adler, *Theresienstadt, 1941–1945. Das Antlitz einer Zwangsgemeinschaft* (Tübingen, 1955); *Connecticut Jewish Ledger*, 18. Januar 1979.
84. Eric T. Vogel, »Jazz in a Nazi Concentration Camp. Part 2«, *Down Beat*, 21. Dezember 1961, S. 16–17; Aufzeichnung von Interview mit Roman für »Swing under the Swastika« (siehe Anm. 37); Joža Karas, *Musik in Terezín, 1941–1945* (New York, 1985), S. 147–52.
85. Josef Škvorecký, »I Like to Sing Hot. The Fate of Jazz in the *Protektorat Böhmen und Mähren*«, nicht veröffentlichtes Ms. eines Vortrags auf der Jahresver-

sammlung der American Historical Association, Washington, D. C., Dezember 1987 (Zitat); Karas, *Music,* S. 149.

86. Interview mit Schumann.
87. Videoreihe »Swing under the Swastika« (siehe Anm. 37).
88. Aufzeichnung von Interview mit Roman für »Swing under the Swastika« (siehe Anm. 37).
89. Ibid., *Aufbau,* New York, 4. April 1947; Karas, *Music,* S. 154–56; Adler, *Theresienstadt,* S. 179–81; Interview mit Schumann.
90. Interview mit Schumann. Siehe auch Antonin Truhlar, »Dem Vergessen geweiht. Czechoslowak Jazz Story«, *Jazz-Podium* 4, Nr. 2 (1955), S. 12; er erwähnt nur den Vater.
91. Eisenman an Autor, 1. Oktober 1990 (Zitat); Fania Fenelon, *Das Mädchenorchester in Auschwitz,* 4. Aufl. (München, 1984); Anlagen zu Briefen von Bozena Markiewicz an Yorkshire Television, (1987–88), PA Ackerman.
92. Bernd Naumann, *Auschwitz. Bericht über die Strafsache gegen Mulka und andere vor dem Schwurgericht Frankfurt* (Frankfurt am Main und Bonn, 1965), S. 24, 530.
93. »Musikalische Feldpost«, 24. September 1941, PA Daniels; Interview mit Daniels; Eisenman an Autor, 1. Oktober 1990; Anlage zu Brief von Markiewicz an Yorkshire Television, 25. Januar 1988, PA Ackerman; Szymon Laks, *Music of Another World* (Evanstown, Ill., 1989), S. 79–82. Telefonat des Autors mit Eisenman, Toronto, 27. März 1991.
94. »Stapel von Arrangements, die Mr. Wiktor Zielinski unmittelbar nach dem Krieg, nach der Befreiung des Lagers, in Auschwitz fand«, angeheftet an Brief von Markiewicz an Yorkshire Television, 6. Dezember 1987, PA Ackerman.
95. Interview mit Schumann; Aufzeichnung von Interview mit Roman für »Swing under the Swastika« (siehe Anm. 37).
96. Aufzeichnung von Interview mit Roman für »Swing under the Swastika« (siehe Anm. 37); Bergmeier, »Sie spielten«, S. 19; Eric T. Vogel, »Jazz in a Nazi Concentration Camp. Part 3«, *Down Beat,* 4. Januar 1962, S. 20–21.
97. Zu Jazzversuchen in Buchenwald siehe Wolfgang Schneider, *Kunst hinter Stacheldraht. Ein Beitrag zur Geschichte des antifaschistischen Widerstandskampfes* (Weimar, 1973), S. 92, 96, 98–102.
98. *Schwarzes Korps,* 16. März und 27. Juli 1944; Karl Blessinger, »Zur Frage der Unterhaltungsmusik«, *Musik* 35 (1942), S. 67–68; *Podium der Unterhaltungsmusik,* 30. Dezember 1942, S. 393–94; ibid., 15. Februar 1944, S. 263; *Musik im Kriege* 1 (1943), S. 105; Herbert Gerigk, »Die Jazzfrage als eine Rassenfrage«, ibid. 2 (1944), S. 41–45; *Koralle,* 20. August 1944.
99. Carl Hannemann, »Der Jazz als Kampfmittel des Judentums und des Amerikanismus«, *Musik in Jugend und Volk* 6 (1943), S. 57–59; Erklärungen von 1944 des HJ-Musikchefs Wolfgang Stumme, nachgedruckt in Joseph Wulf (Hg.), *Musik im Dritten Reich. Eine Dokumentation* (Reinbek, 1966), S. 395–96.
100. *Illustrierter Beobachter,* Nr. 26 (1944). Siehe Thorsten Müllers scharfsinnige Analyse in *Deutsches Allgemeines Sonntagsblatt,* 6. Dezember 1981.
101. Personalakten Frotscher, BDC, RMK Frotscher; Gotthold Frotscher, »Amerikanismus in der Musik«, *Musik in Jugend und Volk* 6 (1943), S. 94–97. Frotschers Biographie bis 1933 ist zu finden in *Deutsches Musiker-Lexikon,* hg. Erich H. Müller (Dresden, 1929), S. 374.

102. BDC, MF Merz; Korr. (Februar–März 1944), BDC, RKK Merz.
103. *Amtliche Mitteilungen der Reichsmusikkammer,* 15. November 1942, 15. Januar 1943, 15. Oktober 1943, BA, RD 33/2-2; *Podium der Unterhaltungsmusik,* 25. März 1943, S. 80; ibid., 19. August 1943, S. 144; *Musik im Kriege* 1 (1943), S. 37.
104. Elschlepp an Brocksieper, 15. September 1943; Brocksieper an Elschlepp, 17. September 1943, PA Brocksieper. Siehe auch »Musikalische Feldpost«, 15. Juni 1943, PA Daniels; *Podium der Unterhaltungsmusik,* 19. August 1943, S. 145; *Musik im Kriege* 1 (1943), S. 74.
105. Raabe an Salb, 15. Juli 1943, BA, R 56I/41.
106. *Chemnitzer Zeitung,* 5. Juli 1943; *Musik im Kriege* 1 (1943), S. 75.
107. Hamel an Hadamovsky u. a., 25. April 1944, BA, R 56I/92. Siehe S. 204f.
108. *Musik im Kriege* 2 (1944), S. 116.
109. *Schwarzes Korps,* 27. Juli 1944. Siehe auch Eric J. Hobsbawms allgemeineren Bemerkungen über Jazzsängerinnen als »Benachteiligte«, Francis Newton [Eric J. Hobsbawm], *The Jazz Scene* (New York, 1975), S. 275.
110. Personalakte Hielscher (1939–42), BDC, RFK Hielscher; Söderbaum, *Nichts,* S. 180; *Fox auf 78,* Nr. 6 (Herbst 1988), S. 10–11; Michael H. Kater, »Inside Nazis. The Goebbels Diaries, 1924–1941«, *Canadian Journal of History* 25 (1990), S. 237; Interview mit Hielscher; Telefonat des Autors mit Hielscher, Berlin, 25. Mai 1988.
111. Telefonat des Autors mit Hielscher, Berlin, 25. Mai 1988 (Zitat); Hinkel an Goebbels, 25. Januar 1943, BA, R 55/1254; Protokoll der Rundfunkplanungskonferenz vom 5. Mai 1943, BA, R 55/696; Peter Kreuder, *Schön war die Zeit. Musik ist mein Leben* (München, 1955), S. 311; Curt Rieß, *Das gab's nur einmal. Die große Zeit des deutschen Films* (Wien und München, 1977), Bd. 4, S. 276; Interview mit Hielscher.
112. Pfennig an Göring, 12. Januar 1938, BDC, RMK Leander; *Unterhaltungsmusik,* 9. Februar 1939, S. 164; Zarah Leander, *Es war so wunderbar! Mein Leben* (Hamburg, 1973), S. 164–72; Dietrich Schulz-Köhn, *Die Schallplatte auf dem Weltmarkt* (Berlin, 1940), S. 114–15; Francis Courtade und Pierre Cadars, *Geschichte des Films im Dritten Reich* (München und Wien, 1975), S. 229–33.
113. Siehe z. B. »Musikalische Feldpost«, 1. Juni 1943, PA Daniels.
114. *Meldungen aus dem Reich,* Bd. 6, S. 1849, 2105; Protokoll der Rundfunkplanungskonferenz vom 29. April 1942, BA, R 55/695; Peter an Goebbels, 17. Juni 1943, BA, R 56I/27 (Zitat).
115. Hinkel an Schaub, 22. März 1943, BA, R 56I/93; Richartz an Hinkel, 31. Dezember 1944 (und Anlage), BDC, RKK Leander; Leander, *Es war,* S. 173–75, 185–88, 208–9, 214–15.
116. RKK-Aktenkarte Serrano, BDC, RKK Serrano; Interview mit Serrano; *Frankfurter Allgemeine Zeitung,* 14. August 1989. Goebbels äußert sich sehr positiv über Serrano in seinem Tagebucheintrag vom 13. Dezember 1940; *Die Tagebücher von Joseph Goebbels. Sämtliche Fragmente,* hg. Elke Fröhlich (München, 1987), Bd. 4, S. 431.
117. Interview mit Serrano (Zitat); Interview mit Haentzschel; Kreuder, *Schön war die Zeit,* S. 280–81.
118. *Unterhaltungsmusik,* 6. Februar 1941, S. 119, 122; ibid., 20. Februar 1941, S. 186; Monika Sperr (Hg.), *Schlager. Das Große Schlager-Buch. Deutsche Schlager, 1800–Heute* (München, 1978), S. 210; Interview mit Serrano.

119. Hanne-Lore Evers an Hans, 21. Oktober 1940; PA Evers-Frauboes; »Musikalische Feldpost«, Anfang Februar 1942, PA Daniels; Günter und Lissy Lust, ... *und sie drehen sich immer noch!* (Menden, 1984), S. 3; Interview mit Jung.
120. Interview mit Serrano; *Meldungen aus dem Reich,* Bd. 6, S. 2849, 2105; ibid., Bd. 8, S. 3011; Protokoll der Rundfunkplanungskonferenz vom 24. November 1941 und 24. September 1942, BA, R 55/695 und 696.
121. May an Staatssekretär, 4. November 1943, BA, R 55/125; RKK-Aktenkarte Serrano, BDC, RKK Serrano; Interview mit Serrano.
122. Leander, *Es war,* S. 210–13, 216, 220–23; *Frankfurter Allgemeine Zeitung,* 14. August 1989.
123. Andersen sang im Juli 1942 mit Heinz Wehners Jazzband in Oslo, bevor das belgische Jazzorchester von John Witjes 1943 ihre reguläre Band wurde (Conrad, *Wehner,* S. 71–72; Magnus-Andersen, *Lale Andersen,* S. 162).
124. Lale Andersen, *Leben mit einem Lied,* 5. Aufl. (München, 1981), S. 162–63; Magnus-Andersen, *Lale Andersen,* S. 9, 14, 33, 48, 101; Aussage von Liebermann, 13. Oktober 1946; Lale Andersen, »Stellungnahme«, 7. Oktober 1946; Andersen, »Story of Life«, [1946], BDC, RKK Andersen.
125. Hinkel an Goebbels, 8. November 1941, BA, R 55/1254; Protokoll der Rundfunkplanungskonferenz vom 2. Dezember 1941, BA, R 55/695; Magnus-Andersen, *Lale Andersen,* S. 167–68.
126. Personalakte Lale Andersen (1942–43), BDC, RKK Andersen; Protokoll der Rundfunkplanungskonferenz vom 16. September 1942, BA, R 55/696; Magnus-Andersen, *Lale Andersen,* S. 169, 177–80, 189, 192, 195–98.
127. Protokoll der Rundfunkplanungskonferenz vom 5. Mai 1943, BN, R 55/696; May an Staatssekretär, 4. November 1943, BA, R 55/125; Personalakte Andersen (1943), BDC, RKK Andersen; Magnus-Andersen, *Lale Andersen,* S. 201–21.
128. Interviews mit Vogel und Viera; Wolfgang Borchert, *Das Gesamtwerk* (Hamburg, 1949), S. 256–57.
129. Künneke, *Sing,* S. 66–78.
130. Interview mit Friedländer-Reimann; Friedländer-Reimann an Autor, 27. Januar 1989; Protokoll von Entschädigungsverfahren, Friedländer-Reimann gegen Bundesrepublik Deutschland, Frankfurt am Main, 22. Juni 1973, PA Friedländer-Reimann; BDC, MF Wackerbarth; RMK an Gestapo Hamburg, 19. Juni 1944; Gestapo Hamburg an RMK-Präsident, 5. Juli 1944, BDC, RMK Heinz-Wilhelm Sandberg.
131. *Amtliche Mitteilungen der Reichskulturkammer,* 15. Oktober 1943, BA, RD 33/2-2; Korr. über Kreuder (April–Dezember 1943), BA, R 55/126; Hinkel an Tießler, 4. Mai 1944, BDC, RMK Kreuder; Interviews mit Klagemann und Brocksieper.
132. Ebenso wie sein populäres Liedchen »In meiner Badewanne bin ich Kapitän«, das die Art Individualismus rühmte, die von den Nazis mißbilligt wurde.
133. *Skizzen,* August–September 1937, S. 18; ibid., Oktober 1939, S. 17; Lange, *Jazz in Deutschland,* S. 80; Künneke, *Sing,* S. 47; Horst J. P. Bergmeier und Rainer Lotz, *Billy Bartholomew. Bio-Discography* (Menden, 1985), S. 50; Interviews mit Zimmerle, Brocksieper und Molkenbur-Schönfelder.
134. Igelhoff-Korr. (1942–44), BA, R 55/556 und 696; Igelhoff-Korr. (1944–45), BA, RKK Igelhoff.
135. Interview mit Friedländer-Reimann (Zitat); Friedländer-Reimann an Autor,

27. Januar 1989; Personalakte Heinz-Wilhelm Sandberg (1944), BDC, RMK Sandberg.

136. Rückert-Memorandum, 20. September 1943, BA, R 56I/34; Interviews mit Molkenbur-Schönfelder, Haentzschel und Dobschinski.

137. Laut Midow an RMK-Präsident, 14. September 1943, BDC, RMK Karl Hohenberger.

138. Personalakte Karl Hohenberger, BDC, RMK Karl Hohenberger; Interviews mit Molkenbur-Schönfelder und Haentzschel.

139. Wallmeyer an RMK Berlin, 20. Februar 1930, BDC, RMK Karl Hohenberger.

140. Bessunger an Autor, 1. August 1989 und 10. Januar 1990 (Zitat).

141. Pabst, »Nazi-›Kultur‹«, S. 138.

142. Interview mit Madlung-Shelton; Aufzeichnung von Interview mit Madlung-Shelton für »Swing under the Swastika« (siehe Anm. 37); Brief von Inga Madlung aus dem Konzentrationslager an »Ihr Lieben«, Mai 1943, PA Ackerman.

143. Interview mit Madlung-Shelton; Aufzeichnung von Interview mit Madlung-Shelton für »Swing under the Swastika« (siehe Anm. 37); Interview mit Nielsen-Rönn.

144. Thorsten Müller, »Synopsis aus ›Veränderungsberichte (Zu- und Abgänge) des Polizeigefängnisses Fuhlsbüttel‹ für die Zeit vom 2. 1. 1941 bis zum 7. Mai 1943«, PA Scheel; Interview mit Scheel.

145. Interview mit Panagopoulos.

146. Interview mit Hirschfeld; Kommandant von Neuengamme an Betty Hirschfeld, 3. Februar 1945, PA Hirschfeld.

147. Rainer Pohl, »›Das gesunde Volksempfinden ist gegen Dad und Jo‹. Zur Verfolgung der Hamburger ›Swing-Jugend‹ im Zweiten Weltkrieg«, in *Verachtet – verfolgt – vernichtet. Zu den »vergessenen« Opfern des NS-Regimes* (Hamburg, 1986), S. 43. Als britischer Bürger gelangte Kaki Georgiadis im Januar 1943 aus dem Konzentrationslager Fuhlsbüttel in verschiedene Internierungslager und überlebte den Krieg (Harry [Georgiadis] Stephens, »Swing Threatens Third Reich«, unveröffentlichtes Ms., Beccles [Suffolk], 1988, S. 119–49).

148. SS-Reichssicherheitshauptamt an Kümmerlein, 6. September 1944, BA, R 22/1191.

149. Interviews mit Vogel, Engel und Scheel; Scheel an Autor, 7. April 1988, und in Privatgespräch, Mississauga, 10. April 1991.

150. Interview mit Müller; Aufzeichnung von Interview mit Müller für »Swing under the Swastika« (siehe Anm. 37); Thorsten Müller, »Ich war ein Widerstand«, in Richard Löwenthal und Patrik von zur Mühlen (Hg.), *Widerstand und Verweigerung in Deutschland, 1933–1945* (Berlin und Bonn, 1982), S. 202–10; Christian Petry, *Studenten aufs Schafott. Die Weiße Rose und ihr Scheitern* (München, 1968); Angela Bottin, »Hans Leipelt, 23, cand. mort.«, *Deutsches Allgemeines Sonntagsblatt*, 27. Januar 1985, S. 14.

151. Ursel Hochmuth und Gertrud Meyer, *Streiflichter aus dem Hamburger Widerstand, 1933–1945. Berichte und Dokumente* (Frankfurt am Main, 1969), S. 387–421; Angela Bottin und Hendrik van den Bussche, »Opposition und Widerstand«, in Hendrik van den Bussche (Hg.), *Medizinische Wissenschaft im »Dritten Reich«. Kontinuität, Anpassung und Opposition an der Hamburger Medizinischen Fakultät* (Berlin und Hamburg, 1989), S. 405.

152. Reinhardt laut Zitat in Interview mit Müller.

153. Ibid.; Müller »Ich war«; Hochmuth und Meyer, *Streiflichter*, S. 413–21.

154. Ian Kershaw, *Popular Opinion and Political Dissent in the Third Reich. Bavaria, 1933–1945* (Oxford, 1983), S. 279–372; Michael H. Kater, *The Nazi Party. A Social Profile of Members and Leaders, 1919–1945* (Cambridge, Mass., 1983), S. 116–38, 213–33; Gerhard Rempel, *Hitler's Children. The Hitler Youth and the SS* (Chapel Hill und London, 1989).
155. Interview mit Wunderlich (Zitat); *Walter *1927 †1945 an der Ostfront. Leben und Lebensbedingungen eines Frankfurter Jungen im III. Reich*, hg. Cornelia Rühlig und Jürgen Steen (Frankfurt am Main, 1983), S. 116–45; Interview mit Koleczek; Schörken, *Luftwaffenhelfer*, S. 112, 155–56, 160, 179–80, 199, 212–14; Klaus Granzow, *Tagebuch eines Hitlerjungen, 1943–1945* (Bremen, 1965), S. 85–86, 111; Kempowski, *Tadellöser*, S. 340–44, 351, 355, 360–61, 395–400, 406–15; Muth, »Wir«, S. 209.
156. Interview mit Daniels.
157. Interview mit Zimmerle. Zu den strengen internen Disziplinarmaßnahmen der Wehrmacht dieser Zeit siehe Omer Bartov, *Hitler's Army. Soldiers, Nazis, and War in the Third Reich* (New York und Oxford, 1991), S. 96–101.
158. »Fragebogen« Berendt, 20. April 1943, BDC, RKK Berendt; Interview mit Berendt.
159. Frommann an Michaelis, 2. September 1943, PA Michaelis (Zitat); Interview mit Michaelis. Zu einem schmeichelhaften Bild des besetzten Paris, das Goebbels' Propagandazwecken diente, siehe Franz Rodens, »Paris 1943. Eindrücke dieses Sommers«, *Reich*, 1. August 1943.
160. Siehe *Rundfunkarchiv* 16 (Oktober–Dezember 1943), S. 207–8; ibid., S. 17 (April–September 1944), S. 67.
161. Interview mit Boas; Aufzeichnung von Interview mit Boas für »Swing under the Swastika« (siehe Anm. 37).
162. Interviews mit Freichel, Jung, Mangelsdorff, Bohländer und Blüthner; Aufzeichnung von Interview mit Merkel für »Swing under the Swastika« (siehe Anm. 37); Hans Otto Jungs Liner Notes für *Swing under the Nazis* (1986), Harlequin HQ 2051, und die Auswahl auf jener Schallplatte (1942–44); Foto in Michael H. Kater, »Forbidden Fruit? Jazz in the Third Reich«, *American Historical Review* 94 (1989), S. 40.
163. Interview mit Mangelsdorff.
164. [Hans Otto Jung], »Teddy Wilson«, [1943], PA Jung; Interviews mit Freichel, Jung und Mangelsdorff; Aufzeichnung von Interview mit Lippmann für »Swing under the Swastika« (siehe Anm. 37); Richard W. Fogg, »Jazz under the Nazis«, in *Down Beat Music '66. 11th Yearbook* (Chicago, 1966), S. 98.
165. Siehe Horst Lippmann, »Die Bilanz«, »Jazz-Club News«, 30. September 1945, PA Jung.
166. Interviews mit Berk und Bohländer.
167. Jung laut Zitat in *Stars and Stripes*, 8. Mai 1985; Interview mit Jung.
168. Interviews mit Pick und Blüthner.
169. Interview mit Blüthner. Blüthner kam regelmäßig mit dem Schweden Folke Johnson und dem Belgier »Coco« Collignon sowie mit Pick zusammen (Blüthner, »Geschichte des Hot-Club Berlin«, 14. Oktober 1947, PA Blüthner). Die »gehässige« (sein eigener Ausdruck) Charakterisierung des früheren Woody-Herman-Posaunisten Mike Zwerin von Blüthner als unbedarft ist nicht nur boshaft, sondern aus Mangel an gründlichen Recherchen auch unzutreffend. Sie ist, was immer die Vorzüge des Buches sonst sein mögen, ein weiterer Be-

weis für die Oberflächlichkeit, die diese impressionistische Geschichte des Swing im nationalsozialistischen Deutschland kennzeichnet (*La Tristesse,* S. 43).

170. Interview mit Pick; Interview mit Blüthner (Zitat); »Jazz-Mitteilungen« [1942–43], PA Schulz-Köhn.
171. Interviews mit Blüthner und Schulz-Köhn; Schulz-Köhn an Autor, 20. Juli 1987.
172. Schulz-Köhn laut Interview in *That's Jazz,* S. 236, 339; Interview mit Schulz-Köhn; Schulz-Köhn an Autor, 8. Januar 1989. Die verschiedenen Einzelheiten, die Zwerin über Schulz-Köhn anführt, darunter über dessen Aktivitäten in Frankreich (*La Tristesse,* S. 31–42), sind teilweise verzerrt, wie viele Tatsachenbehauptungen in dem Buch (etwa »alle Jazzmusiker [in Deutschland] waren deutsche Juden«, S. 41). Sie wurden für mich von Schulz-Köhn selbst (Brief vom 20. Juli 1987) und in meinen Interviews mit seinen Berliner und Frankfurter Freunden korrigiert. Siehe das Foto in diesem Buch, das Schulz-Köhn vor einem Pariser Club bei der Place Pigalle zeigt.
173. Interview mit Schulz-Köhn; Schulz-Köhn laut Interview in *That's Jazz,* S. 340–41; Notizen zu Vortrag bei Radio Nîmes, [Juni 1943]; Jean Vuloudjiou (?) an Schulz-Köhn, 19. Juli 1959, beide Dok. PA Schulz-Köhn.
174. Das genaue Datum des Gesprächs läßt sich nicht mehr feststellen. Laut Bohländer fand es im März 1943 nach der Niederlage bei Stalingrad statt. Jung meint, es habe sich näher am Jahresende 1943 ereignet (Interviews mit Jung und Bohländer; Jung an Autor, [Dezember 1987]; Schulz-Köhn an Autor, 3. Juli 1987 und 8. Januar 1989).
175. Interview mit Schulz-Köhn (Zitate); *Stars and Stripes,* 4. März 1945. Siehe auch Collie Small, »100,000 Nazi Clowns on the Zany Front«, *Saturday Evening Post,* 21. April 1945, S. 18–19, 89–91.
176. Interview mit Schulz-Köhn; Schulz-Köhn laut Interview in *That's Jazz,* S. 341; Marshall W. Stearns; *The Story of Jazz* (New York, 1957), S. 285.

Nachwort

1 Evers-Frauboes an Autor [16. Juli 1988].
2. »Jazz-Club News«, Oktober–November 1945, PA Jung.
3. Teddy Stauffer, *Forever Is a Hell of a Long Time. An Autobiography* (Chicago, 1976), S. 298.
4. Aufzeichnung von Interview mit Madlung-Shelton für britische Videoreihe »Swing under the Swastika«, Yorkshire Television, London, 1988.

Primärquellen

Archivdokumente und mündliche Überlieferungen

BA	Bundesarchiv Koblenz
	NS 19/neu, 219
	R 22/1176, 1177, 1191
	R 55/125, 126, 129, 200, 242/1, 532, 556, 557, 559, 695, 696, 1254
	R 56I/27, 34, 37, 41, 82, 83, 84, 85, 92, 93
	R 59I/90
	R 78/622, 694, 902, 909, 912, 913, 1000a, 1162
	RD 33/2–1
	RD 33/2–2
BDC	Berlin Document Center
	Library, Rundfunk 62
	MF
	Research
	RFK
	FKK
	RMK
	RSK
	SS
	verschiedene Personalakten
DIA	BBC Data Inquiry Service Archive, London
	AEF-Programme laut Sendung
	BEF-Programme laut Sendung
	[British-] Forces-Programme laut Sendung
Goethe-Institut, Toronto	Rundfunkreihe »Jazz in Germany: A Survey of Hot Dance, Swing and Traditional Jazz in Germany, 1924 to Present«, produziert und ausgestrahlt vom Sender KALW FM, San Francisco, von Dave Radlauer und Ray Taubert, o. J.
IfZ	Institut für Zeitgeschichte München
	Ma 667/5484201-02
NHSA	Niedersächsisches Hauptstaatsarchiv Hannover
	Hann. 122a, X, I, 79
SAB	Staatsarchiv Bremen
	4, 65, II E 3a, 1.1
	4, 65, II A 9a 13
SAH	Staatsarchiv Hamburg
	Amtsgericht Hamburg, Abtlg. Vormundschaftswesen, 115 XI, R 1886, 1653 Rönn
	Jugendbehörde I, 343c
	Oberschulbehörde VI, 2 F VIII a 2/3/1
	Oberschulbehörde VI, 2 F VIII a 2/3/2
	Oberschulbehörde VI, 2 F VIII a 2/40/1
SAM	Staatsarchiv München
	NSDAP/31

Korrespondenz
Becke, Herbert, Düsseldorf (Deutschland)
Bessunger, Hanns Joachim [H. John], Hampton Bays, N. Y. (USA)
Blüthner, Hans, Hemsbach (Deutschland)
Conrad, Gerhard, Menden (Deutschland)
Daniels, Werner, Düsseldorf (Deutschland)
Eisenman, Henryk [Henry], Toronto (Kanada)
Friedländer-Reimann, Margot, Berlin (Deutschland)
Hipp, Jutta, Sunnyside, N. Y. (USA)
Jung, Dr. Hans Otto, Rüdesheim/Rhein (Deutschland)
Korseck, Dr. Hilde, Berlin (Deutschland)
Lotz, Dr. Rainer E., Bonn (Deutschland)
Michaelis, Kurt, Dreieich (Deutschland)
Molkenbur-Schönfelder, Gertie, Lindau/Bodensee (Deutschland)
Moser, Max, Rolandia (Brasilien)
Petrushka, Shabtai, Jerusalem (Israel)
Pointon, Michael, London (Großbritannien)
Reynolds, Professor Clark, Charleston, S. C. (USA)
Scheel, Hans-Joachim, Mississauga (Kanada)
Schulz-Köhn, Professor Dr. Dietrich, Erftstadt (Deutschland)
Stephens, Harry, Beccles, Suffolk (Großbritannien)
Susat, Jürgen W., Hamburg (Deutschland)

Privatarchive
Ackerman, Roy, London (Großbritannien)
Adam, Lutz, Berlin (Deutschland)
Becke, Herbert, Düsseldorf (Deutschland)
Blüthner, Hans, Hemsbach (Deutschland)
Brocksieper, Freddie, München (Deutschland)
Daniels, Werner, Düsseldorf (Deutschland)
Evers-Frauboes, Hanne-Lore, Hamburg (Deutschland)
Friedländer-Reimann, Margot, Berlin (Deutschland)
Geisel, Eike, Berlin (Deutschland)
Hirschfeld, Hans, Hamburg (Deutschland)
Jung, Dr. Hans Otto, Rüdesheim/Rhein (Deutschland
Korseck, Dr. Hilde, Berlin (Deutschland)
Lotz, Dr. Rainer E., Bonn (Deutschland)
Meyer, Friedrich, München (Deutschland)
Michaelis, Kurt, Dreieich (Deutschland)
Molkenbur-Schönfelder, Gertie, Lindau/Bodensee (Deutschland)
Petrushka, Shabtai, Jerusalem (Israel)
Pointon, Michael, London (Großbritannien)
Scheel, Hans-Joachim, Mississauga (Kanada)
Schulz-Köhn, Professor Dr. Dietrich, Erftstadt (Deutschland)
Zacharias, Helmut, München (Deutschland) und Ascona (Schweiz)
Zimmerle, Dieter, Stuttgart (Deutschland)

Auf Tonträger aufgezeichnete Interviews

Angeli, Primo, München, in München (Deutschland), 3. Juni 1988
Berendt, Professor Joachim Ernst, Baden-Baden, in Kampen/Sylt (Deutschland), 15. Juni 1988
Berk, Willi, Frankfurt am Main, in Rüdesheim/Rhein (Deutschland), 26. Juni 1988
Blüthner, Hans, Hemsbach, in Hemsbach (Deutschland), 5. Juni 1987
Boas, Günter, Cappenberg, in Cappenberg (Deutschland), 22. Juni 1988
Boas, Leonore, Cappenberg, in Cappenberg (Deutschland), 22. Juni 1988
Bohländer, Carlo, Frankfurt am Main, in Frankfurt am Main (Deutschland), 7. Juni 1987
Brocksieper, Freddie, München, in München (Deutschland), 25. bis 29. und 31. Mai 1987
Daniels, Werner, Düsseldorf, in Badenweiler (Deutschland), 29. Juni 1988
Dobschinski, Walter, Berlin, in Berlin (Deutschland), 9. Mai 1987
Engel, Hans, Mamaroneck, N. Y., in Mamaroneck (USA) 5. März 1988
Evers-Frauboes, Hanne-Lore, Hamburg, in Hamburg (Deutschland), 18. Juni 1988
Freichel, Louis, Frankfurt am Main, in Rüdesheim/Rhein (Deutschland), 26. Juni 1988
Friedländer-Reimann, Margot, Berlin, in Berlin (Deutschland), 22. Mai 1989
Haentzschel, Georg, Köln, in Köln (Deutschland), 1. Oktober 1988
Hartwig, Hajo [Harald], New York, in New York (USA), 12. April 1988
Hielscher, Margot, München, in München (Deutschland), 4. Juni 1988
Hirschfeld, Hans, Hamburg, in Hamburg (Deutschland), 19. Juni 1988
Jung, Dr. Hans Otto, Rüdesheim/Rhein, in Rüdesheim/Rhein (Deutschland), 5. Juni 1987 und 27. Juni 1988, und in Toronto (Kanada), 23. Januar 1988
Klagemann, Hans, München, in München (Deutschland), 24. Mai 1987
Koleczek, Herbert, Rüdesheim/Rhein, in Rüdesheim/Rhein (Deutschland), 25. Juni 1988
Korseck, Dr. Hilde, Berlin, in Berlin (Deutschland), 27. Mai 1988
Lehn, Erwin, Stuttgart, in Stuttgart (Deutschland), 23. Juni 1986
Madlung-Shelton, Inga, London, in London (Großbritannien), 9. Mai 1988
Mangelsdorff, Emil, Frankfurt am Main, in München (Deutschland), 30. Mai 1987
Meyer, Friedrich, München, in München (Deutschland), 4. Juni 1988
Michaelis, Kurt, Dreieich, in Dreieich (Deutschland), 23. Juni 1988
Molkenbur-Schönfelder, Gertie, Lindau/Bodensee, in Lindau/Bodensee (Deutschland), 2. Juni 1988
Müller, Thorsten, Hamburg, in Hamburg (Deutschland), 13. und 16. Juni 1988
Nielsen-Rönn, Ursula, Hamburg, in Hamburg (Deutschland), 20. Juni 1988
Panagopoulos, Andreas, Hamburg, in Hamburg (Deutschland), 16. Juni 1988
Pick, Gerd Peter, Toronto, in Toronto (Kanada), 10. Juli 1987
Scheel, Hans-Joachim, Mississauga, in Mississauga (Kanada), 29. März 1988
Schulz-Köhn, Professor Dr. Dietrich Erftstadt, in Baden-Baden (Deutschland), 4. und 5. September 1986
Schulz-Reichel, Fritz, Berlin, in Berlin (Deutschland), 1. Mai 1987
Schumann, Coco, Berlin, in Berlin (Deutschland), 18. Mai 1988
Serrano, Rosita, Hohenroda, in Hohenroda (Deutschland), 17. Juni 1988
Tabor, Charly, München, in München (Deutschland), 28. Mai 1987

Viera, Professor Joe, München, in München (Deutschland), 16. Juni 1986 und 31. Mai 1987
Vogel, Robert, Hamburg, in Hamburg (Deutschland), 21. Juni 1988
Wunderlich, Werner, Baden-Baden, in Baden-Baden (Deutschland), 5. September 1986
Zacharias, Helmut, München und Ascona, in Ascona (Schweiz), 1. Juli 1988
Zimmerle, Dieter, Stuttgart, in Stuttgart (Deutschland), 24. Juni 1986

Register

(aufgenommen wurden die Namen von Personen und Orchestern bzw. Bands)

Antje Vollmer
Heisser Frieden

Über Gewalt, Macht und das Geheimnis der Zivilisation

Leinen

Eine grundlegende Untersuchung über das Verhältnis von Zivilisation und Gewalt und der Entwurf eines politischen Handlungsmodells angesichts der Wiederkehr der Gewalt in Europa.

Themen u. a.:
Der Terrorismus und die Fähigkeit zum Dialog. Die Entspannungspolitik der SPD. Die neue Rolle der Intellektuellen. Mahatma Gandhi, Martin Luther King, Nelson Mandela und die Strategie der Gewaltfreiheit. Die Medien. Gibt es eine Gesellschaft ohne Religion? Polizei und Militär. Der Bürgerkrieg. Ein neues Bürgertum und die soziale Aufgabe der Citoyens.

Mark Terkessidis
Kulturkampf

Volk, Nation, der Westen und die Neue Rechte

Broschur

Eine kritische Untersuchung der theoretischen Konzepte, Strategien und Ziele der »Neuen Rechten« in Deutschland und deren Einflüsse vor allem auf die jüngere Generation.

Mark Terkessidis hat sich u. a. als Redakteur der Musikzeitschrift SPEX seit langem mit dem Einfluß dieses Denkens vor allem auf die jüngere Generation beschäftigt. Er untersucht die theoretischen Konzepte, die Strategien und Ziele dieser »Kulturrevolution von rechts« (Alain de Benoist).